乐平年鉴

LEPING NIANJIAN

2021（总第二十七卷）

中共乐平市委党史和地方志工作办公室　编

方志出版社
Publishing House of Local Records

图书在版编目（CIP）数据

乐平年鉴. 2021 / 中共乐平市委党史和地方志工作办公室编. —北京:方志出版社, 2021.12
ISBN 978-7-5144-5158-0

Ⅰ. ①乐… Ⅱ. ①乐… Ⅲ. ①乐平－2021－年鉴
Ⅳ. ①Z525.64

中国版本图书馆 CIP 数据核字(2021)第 275423 号

责任编辑：丛珺
责任校对：刘玉霞
责任印制：赵楚
出 版 者：方志出版社
地　　址：北京市朝阳区潘家园东里 9 号（国家方志馆 4 层）
邮　　编：100021
网　　址：http://www.zgfzcb.cn
发　　行：方志出版社图书营销中心（010-67110500）
印　　刷：南昌焦点印刷有限公司
开　　本：889 毫米×1194 毫米　1/16
印　　张：24
字　　数：703 千字
版　　次：2021 年 12 月第 1 版
印　　次：2021 年 12 月第 1 次印刷
定　　价：168.00 元

3 月 25 日，省委书记刘奇（左三）到乐平调研，现场观看景德镇中药樟帮传人、老药工黄学炎（左一）切药工艺　　（刘勇　摄）

5 月 21 日，省政府副省长陈小平（中）到洪岩仙境调研自然保护区、生态环境治理工作　　（周建红　摄）

7 月 12 日，省政府副省长吴忠琼（左四）到接渡续湖联圩大塘洲段调研防汛救灾工作

（柴有江　摄）

8 月 22 日，省委常委、宣传部部长施小琳（右二）到天湖社区调研全国文明城市创建、新时代文明实践中心建设工作

（刘定远　摄）

2月11日，景德镇市委书记钟志生(中)到乐平调研检查新冠肺炎疫情防控工作

（柴有江　摄）

4月3日，景德镇市政府市长刘锋（右二）到乐平工业园区企业赛复乐医药化工有限公司调研疫情防控，指导复工复产工作

（周建红　摄）

1月7日，中共乐平市委六届九次全体（扩大）会议在市为民服务中心召开

（柴有江　摄）

4月2日，乐平市政府六届七次全体（扩大）会议在市为民服务中心召开

（李振宇　摄）

5月17—18日，中国人民政治协商会议乐平市第六届委员会第五次会议在市文化中心召开

（徐天泽　摄）

5月18—19日，乐平市第六届人民代表大会第五次会议在市文化中心召开

(徐天泽　摄)

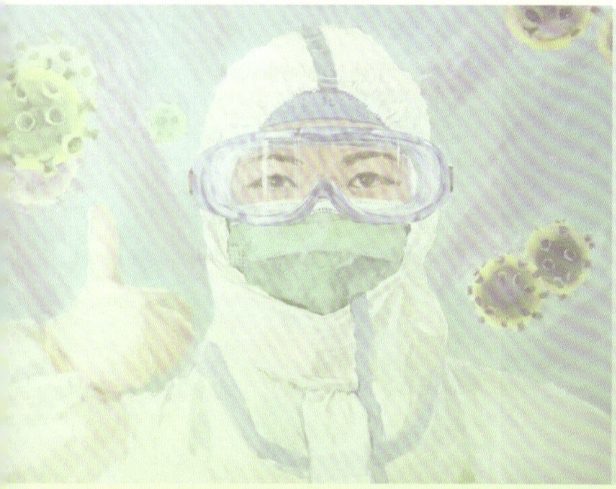

共筑疫情　坚固防线

2020 年，面对突如其来的新冠肺炎疫情，全市人民在市委、市政府的领导下，开启了全民抗疫的防控模式。面对首例新冠肺炎患者，科学应对，治愈出院；面对全国的严峻疫情，援武汉、战新余，展现了“一方有难、八方支援”的大爱精神；为了人民的生命安全，疫情防控夜以继日、捐款捐物奉献爱心、复工复产保障发展……万众一心，筑起一道坚不可破的疫情防控线。

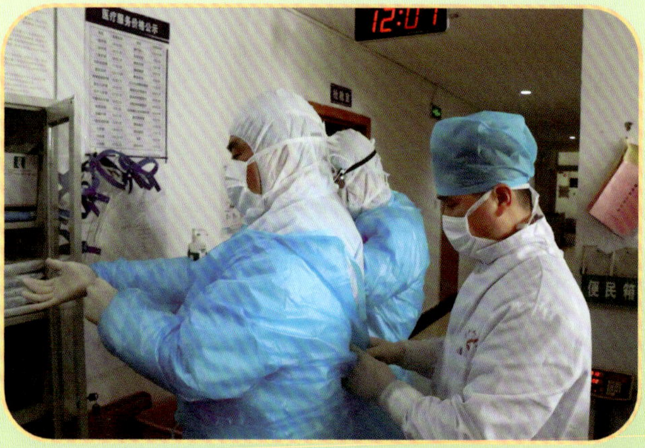

1 月 28 日，市人民医院感染科医护人员坚守一线（汪嘉琪　摄）

1 月 30 日，乐平首例新冠肺炎患者在人民医院出院（柴有江　摄）

2 月 4 日，江西锦溪水泥有限公司为乐平抗疫捐款（周建红　摄）

2 月 7 日晚，公安交警等防控人员守护乐平北大门（徐天泽　摄）

◀2 月 7 日，医护人员深入乡村开展疫情防控宣传
（徐天泽　摄）

▶2 月 10 日，蓝天救援队志愿者在社区消毒　（徐天泽　摄）

◀2 月 12 日，乐平蓝天救援队援鄂队员出征　（徐天泽　摄）

复工复产>>>

◀2月17日，博浩源化工有限公司各车间忙碌有序

（柴有江　摄）

3月2日，乐平复工复产务工人员抵达浙江永康，受到热烈欢迎

（徐天泽　摄）

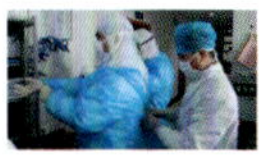

◀3 月 6 日，市人民医院徐靓、史立伟、张雪文、徐辉四名“80 后”女医护人员在抗疫一线入党　　（市人民医院　供）

▶3 月 13 日，乐平市援助新余抗疫医疗队平安凯旋
（周建红　摄）

开学复课>>>

◀4 月 7 日，乐平中学开学，学生戴口罩、测体温，井然有序进入校园
（市教体局　供）

决战脱贫攻坚　同步小康社会

“全面建成小康社会，一个也不能少；共同富裕路上，一个也不能掉队。”乐平市委、市政府紧盯这个目标，在脱贫攻坚道路上凝聚全社会力量，尽锐出战、善作善成，通过发展扶贫产业、强化政策保障，做到分类施策、整体推进、精准扶贫，使全市6215户13929人贫困人口全部脱贫，6个贫困村全部出列。

安居扶贫>>>

◀6月21日，贫困户入住十里岗镇白塔村“颐养之家”　（徐天泽　摄）

▼9月30日，亚洲单体规模最大、最先进的光伏发电区——占地1500亩的鸬鹚龙口村光伏发电基地全貌　（徐天泽　摄）

产业扶贫>>>

社会扶贫>>>

8月8日，“百企帮村”助学金发放仪式在市三中举行

（柴有江　摄）

健康扶贫>>>

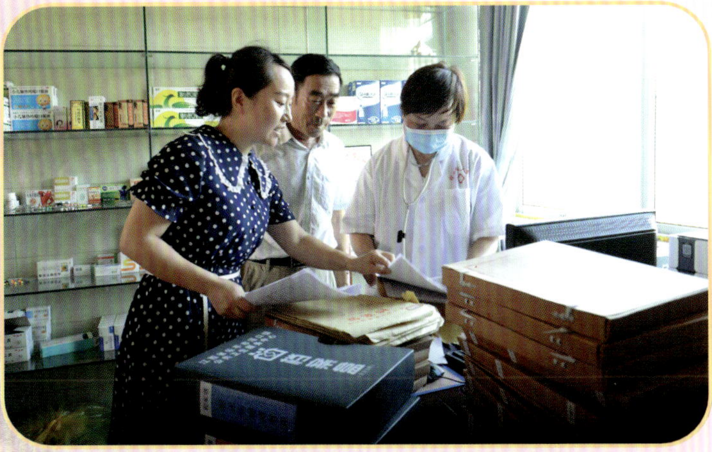

◀6月12日，浯口镇程家墩第一书记李燕（左）和村干部到村卫生所为贫困户更新健康档案　（徐天泽　摄）

<<< 消费扶贫

▶6月12日，鸬鹚乡上脑村第一书记胡理聪（右二）介绍扶贫产品

（刘风雷　摄）

金融＋就业扶贫>>>

9 月 24 日，乐港镇龙塘村贫困户程满忠（中）在养殖基地投放饲料

（陈雪明　摄）

<<<教育扶贫

◀9 月 3 日，浯口瑶冲村瑶族小学学生放学

（胡木水　摄）

就业扶贫>>>

▶1 月 9 日，接渡、乐港、后港的贫困户在江西欧美亚电子有限公司车间工作　（柴有江　摄）

10 月 10 日，省级贫困村——众埠秧畈村新貌

（徐天泽　摄）

4 月 28 日，鸬鹚龙口村第一书记罗晓敏（中）和摘帽脱贫的村民共舞

（徐天泽　摄）

1 月 3 日，江西世龙实业股份有限公司顺利通过海关 AEO 高级认证，是江西省化工行业首个通过海关高级认证的企业。10 月 20 日，该企业再次荣获“2020 中国石油和化工企业 500 强”称号
（柴有江　摄）

2 月 26 日，2020 年乐平市线上网络招商对接会举行，并在线进行项目签约活动
（周建红　摄）

4 月 14 日，浯口镇韩塘村高标农田建设航拍画面

（来源：乐平之窗）

8 月 12 日，江西宏柏新材料股份有限公司在上海证券交易所挂牌上市，系全省首家 A 股上市台资企业

（张怡　摄）

10 月 18 日，2020"中国体育彩票杯"环鄱阳湖自行车精英赛第四站在乐平怪石林景区举行

（江西省体育发展有限公司　供）

10 月 20 日，乐平市重点建设项目集中开（竣）工仪式在返乡创业园二期项目工地举行

（吴文　摄）

10 月 23 日，市委书记俞小平（前排左）走访抗美援朝老战士兰景林（前排右），并颁发“中国人民志愿军抗美援朝出国作战 70 周年”纪念章　　（张竞　摄）

10 月 27 日，“红十军”建军 90 周年纪念活动在众埠镇举行

（徐天泽　摄）

11 月 8 日，乐平三家企业（江西天新药业股份有限公司、江西世龙实业股份有限公司、江西中远现代农业投资开发有限公司）分获“2020 江西制造业民营企业 100 强”“2020 江西民营企业 100 强”称号

（来源：景德镇在线）

11 月 16 日，义乌市乐平商会成立大会在义乌市幸福湖国际会议中心举行

（柴有江　摄）

11 月 27 日，2020 年“宏柏杯”赣东北地区篮球邀请赛开幕式在乐平市体育中心举行

(柴有江　摄)

城乡美景入画来

人文底蕴与自然美景并重的洪岩乡村、红色历史与赣剧文化相宜的后港大田、干净整洁与畅通便捷的城市街巷……乐平市城乡环境在“双创双修”中，通过城乡联动、项目带动，实施旅游小镇、背街小巷、美丽校园等项目建设，实现了城乡环境的“蝶变”，为打造特色鲜明的赣东北明珠营造了良好的发展环境。

2020 年，开展“双创双修”工作后市区联盟路新貌
（徐天泽　摄）

2020 年，开展“双创双修”工作后后港大田村新貌
（徐天泽　摄）

2 月，乐平市洎阳帮帮团荣获“全国最佳志愿服务组织“称号。11 月，被授予第五届“全国 119 消防先进集体”
（徐天泽　摄）

3 月 31 日，洪岩镇 15.7 千米“樱花大道”迎来赏花期

（徐天泽　摄）

6 月 29 日，景德镇市百余名嘉宾在有“乐平门户”“城市客厅”之称的一方公园开展“双创双修”项目大巡查

（刘文龙　摄）

11 月 20 日，乐平市洪岩镇洪岩村荣获“全国文明村镇”称号。图为洪岩村一角

（徐天泽　摄）

11 月 20 日，乐平市第十小学荣获“全国文明校园”称号。图为第十小学大门

（徐天泽　摄）

编辑说明

一、《乐平年鉴》以马克思列宁主义、毛泽东思想、邓小平理论、“三个代表”重要思想、科学发展观、习近平新时代中国特色社会主义思想为指导，坚持辩证唯物主义和历史唯物主义的立场、观点和方法，为存史、资政、育人服务，也为社会各界人士了解和研究乐平提供资料和信息。

二、《乐平年鉴》于1993年首卷内部出版，2018年开始公开出版，是全面系统地记述本行政区域自然 、政治、经济、文化、社会等方面情况的年度资料性文献。《乐平年鉴(2021)》是第27卷。

三、《乐平年鉴（2021)》由中共乐平市委、市人民政府主办，《乐平年鉴》编纂委员会组织编纂，全面真实地反映2020年度乐平市工业、农业、交通、城建、生态环境、科教文卫、疫情防控、脱贫攻坚等各方面的大事、要事、新事，对于个别涉及跨年度事件的条目稍有上溯或下延。稿件由市委各部门、市直各单位、各乡镇（街道)、驻乐平各单位及有关单位提供，并经撰稿单位负责人审核，由年鉴编辑部精选精编。

四、《乐平年鉴（2021)》采用栏目化、条目体编写，分地图及专题图片、综合情况、动态信息和辅助资料四大部分。综合情况设特载、专记、乐平概览、大事记4个栏目；动态信息设中国共产党乐平市委员会、乐平市人民代表大会、乐平市人民政府、中国人民政治协商会议江西省乐平市委员会、民主党派、纪检监察、群众团体、军事、法治、经济管理与监督、农业、工业、交通通信、金融、商贸、城乡建设、生态环境、教育科技、文旅新闻、卫生体育、民政民生、乡镇（街道)，共22个栏目；辅助资料设附录、统计资料、索引3个栏目。

五、专题图片设领导调研、重要会议、疫情防控、脱贫攻坚、经济社会、双创双修6个专题。

六、《乐平年鉴（2021)》中数字、标点符号采用《出版物上数字用法》（GB/T15835—2011)、《标点符号用法》（GB/T15834—2011)，计量单位采用国家技术监督局1993年12月发布的《量和单位》系列国家标准。

七、《乐平年鉴（2021)》收录的各种数据，来自统计部门或供稿单位。由于统计口径不一，有的数据不尽一致，如引用某种数据，应以统计部门提供的数据为准。

八、《乐平年鉴（2021)》内容层次设置是为了方便分类编辑和读者阅读，并不反映严格的科学分类体系，机关、企事业单位等排序和层次并不表示其地位和规模。

《乐平年鉴（2021）》编纂委员会

名誉主任　林卫春

主　　任　吴　艳

副 主 任　谢秋华　丁　巍

委　　员　（按姓氏笔画排列）

王蓓蓓　方克华　方跃华　石卫果　石必太

朱小平　吴　杰　吴　雄　汪长征　汪雪芳

张金良　胡有根　胡旺仁　饶　玮　徐　波

徐正金　徐亚涛　徐德文　黄天赐　梁彩东

《乐平年鉴（2021）》编辑部

特约编审　徐行溥　方克华

主　　编　汪雪芳

执行主编　徐行溥

副 主 编　汪小龙　胡东海

编　　辑　李金香　徐行溥　方克华　朱媛媛　曹涛勇

彭建光

图片组稿　徐天泽　徐凡林

组稿打字　许淑琴　王小珍

目　录

特　载

决胜全面建成小康社会
绘就现代化赣东北明珠崭新画卷

——在市委六届十次全体(扩大)会议上的讲话
(2020年8月8日)

市委书记　俞小平

各位委员、同志们:

经市委常委会研究决定,今天召开市委六届十次全体(扩大)会议。主要任务是:以习近平新时代中国特色社会主义思想为指导,深入贯彻党的十九大和十九届二中、三中、四中全会精神,全面落实省委十四届十一次全会、景德镇市委十一届九次全会部署要求,总结今年以来工作,分析当前形势,安排下半年任务,动员全市上下坚持大学大干大变,坚定信心奋勇争先,全力夺取全面建成小康社会的伟大胜利,奋力开创全市经济社会高质量发展新局面,奋力绘就特色鲜明的现代化赣东北明珠的崭新画卷。

下面,我代表市委常委会向全会报告工作。

一、回顾半年努力,好形势来之不易,我们合力交出了可以欣然自慰的答卷

今年是极不平凡、极不寻常、极不容易的一年。我们站在百年未有之大变局的历史关口,处于中华民族伟大复兴战略全局的关键时期,面对突如其来的新冠肺炎疫情、复杂多变的国际国内环境和中华人民共和国成立以来历史第四高水位洪水,市委常委会坚持以习近平新时代中国特色社会主义思想为指导,坚持以人民为中心发展理念,在省委,景德镇市委的正确领导下,团结带领全市各级党组织和广大党员干部群众,奋力夺取了疫情防控、经济社会发展和防汛救灾"三场战役"的阶段性胜利。倍感振奋的是,半年时间刘奇书记两次来乐平调研指导,对我市各项工作给予了肯定、寄予了希望。

第一,坚持大学理论、深悟理论,初心使命意识更加自觉。坚定不移把政治建设作为党的根本性建设,把践行"两个维护"作为首要的政治任务,始终抓牢党的创新理论武装头脑工作,深入推进"不忘初心、牢记使命"制度建设。召开市委常委会会议20次,举行市委理论学习中心组集体学习7次,举办党员干部培训主体班5期533人次参加,中共十九届四中全会精神培训班计划共举办9期1500余人次参加(第一期已结业),实现乡科级干部学习十九届四中全会精神全覆盖,及时传达学习了习近平总书记重要讲话和重要批示指示精神以及省委、景德镇市委贯彻意见,推动了习近平新时代中国特色社会主义思想往深里走、往心里走、往实里走,全市党员干部"四个意识"更为增强、"四个自信"更加坚定、"两个维护"更加坚决。

第二,坚持生命第一、健康第一,新冠肺炎疫情防控扎实有力。坚持把人民群众生命安全和身体健康放在第一位,严格落实早发现、早报告、早隔离、早治疗要求,坚持高位推动、提早部署、全速响应,坚持全面动员、群防群治、联防联控,坚持"四个全到"促防控、"五个报告"防疏漏、"六个一律"抓管控,疫情防控取得公认成果,开创了全省县级二甲医院治愈确诊患者的先河。市财政拨付防疫资金近2000万元。社会各界捐资捐物合计 1200 万元。18 名医务人员和志愿者义无反顾驰援武汉、随州、新余。发挥“江南菜乡”优势支援疫情防控期间周边地区蔬菜等农副产品的供应。进入常态化疫情防控时期，严把重点关口，严加人员管控，严格核酸检测，严整环境卫生，补齐短板弱项，市人民医院建成全市首个核酸检测实验室，连续 196 天全市无新增确诊病例、疑似病例和无症状感染者。

*第三，坚持人民至上、生命至上，防汛救灾取得胜利人民满意。*面对 20 年一遇洪水，我市紧急动员、压实责任，科学调度、有效应对，同心抗洪、同力抢险，四套班子领导挺在一线，市乡村组四级干部及解放军、应急民兵战斗在前，形成了一个领导力量、一队技术力量、一组机械设备、一支救援队伍组成的“四个一”救援体系，成功处置了 18 处较大型的泡泉、管涌，最大限度保证了人民群众生命财产安全，得到了人民群众的真诚拥护和肯定，夺取了防汛救灾工作重大胜利。

*第四，坚持发展为先、富民为先，高质量发展迈出坚实步伐。*上半年，全市地区生产总值同比实现正增长，达 156.17 亿元，同比增长 0.9%；财政总收入完成 25.85 亿元，完成年初预算 52.9%；固定资产投资同比增长 9.7%，完成全年目标的 72%；社会消费品零售总额增速持平，城镇居民人均可支配收入 19494 元、同比增长 4.5%，农村居民人均可支配收入 8578 元、同比增长 6.5%。

*一是主抓产业升级，发展动能更加充足。*项目建设扎实有力。扎实推进“项目建设提速年”活动，赛复乐投资 21 亿元的高端精细化学品项目顺利开工，重点项目完成投资比例同比增长 9.8%，其中省、景德镇市重点调度项目分别增长 12.3%、7.2%。积极融入江西内陆开放型经济试验区和景德镇国家陶瓷文化传承创新试验区建设。上半年，引进项目 33 个，与世界 500 强企业丰益国际集团签约投资 1 亿美元活性白土生产建设项目。加快实施近 10 平方公里乐平工业园区调区扩区工作。服务企业扎实有效。出台有效应对疫情稳定经济增长措施 30 条，制定实施产业链链长制工作方案，加大市场主体帮扶力度，全市 128 家规模以上工业企业全部复工复产，产能恢复率 99.74%，员工返岗率 100%。天新、景德中药等企业拟上市工作顺利推进，宏柏新材顺利获中国证监会批准，将于 8 月 12 日在上交所挂牌上市，成为江西省首家本土培育的主板上市台资企业。天新药业和中远现代农业荣获“江西企业 100 强”。远洋威利入选江西省专业化小巨人企业，宏柏新材料、晨航照明、博浩源通过江西省“专精特新”中小企业认定。我市又荣获 2019 年全省工业高质量发展先进县（市、区）。

*二是狠抓“双创双修”，环境品质更加提升。*品质提升全面推进。实施城市“双修”项目 29 个，乡村环境整治项目 33 个。火车站周边环境完成改造升级，洪皓森林公园二期投入使用，气门厂老旧小区改造基本完成，一江两岸循环道建设等项目有序推进。推进农村前端扫保洁第三方治理，实现环卫“全域一体化”，拆除旱厕 1600 多座，新建、改建公厕 117 座，拆除违建 2 万多平方米、蓝皮棚 1 万多平方米，清运垃圾近 10 万吨。功能修补全面铺开。实施棚改 200 户，推进新农村建设点 696 个、美丽宜居示范村建设 28 个，殡葬改革稳步有序推进，全面实现火化率、入墓率 100%。在全省县（市、区）级 2019 年度城乡环境整治综合考核中排名第三、全省县（市、区）级“五定包干”村庄环境整治长效管护工作考核中排名第八，荣获 2019 年度城市功能与品质提升考核全省 12 个优秀县（市、区）之一。

*三是大抓民生改善，社会治理更加牢固。*脱贫攻坚扎实推进。顺利通过全省 2019 年县级党委政府脱贫攻坚成效考核，5521 名贫困人口实现就业，132 户 298 名边缘人口基本消除致贫风险，37 户 75 名脱贫监测人口消除返贫风险。全面改革深入推进。巩固完善“四个一”机制，评比表彰“改革创新特别奖”10 个优秀课题和 16 名先进个人，在全省率先开展改革工作述职评议和专项督察工作，充分激发了改革创新活力和动力。乡村振兴大力推进。全面消除 118 个村集体经济经营性收入“空壳村”，超标完成高标准农田建设任务，荣获 2019 年度全省实施乡村振兴战略实绩考核优秀县。社会保障日趋完善。技能培训成效明显，城镇新增就业 12682 人，城镇登记失业率控制在 4.5% 以内。地摊经济管理有序，新增 8000 多个就业岗位。社会事业蓬勃发展。投资 4946.6 万元实施临港镇区域小水电网并入国家电网工程，近 3 万名居民用上国家电网“安全电”“优质电”。G206 国道、景鹰高速连接线和县、乡、村公路升级改造全面铺开，“大交通”网络初见雏形。乐安河流域国控、省控断面水质优良率 100%，全市集中饮用水源地水质达标率 100%。成功完成 2019 年国家森林公园乡村创建工作，100% 完成了

人工造林任务。如期全面复学，有序组织中考、高考工作，高考取得理科全省第二、文理科首次景德镇市双双第一的好成绩，已有6名同学确定被清华、北大录取。新建5个社会足球场等“为民办十件实事”完成过半。在全省县(市、区)级党政领导干部履行教育职责督导评价中获“优秀等次”。

第五，坚持同心同向、同力同行，治理能力不断加强。民主政治建设取得新进展。对人大工作的领导切实加强，支持政协依照章程履行职能。充分发挥统一战线独特优势，积极做好民族宗教工作。群团改革深入推进，党管武装、国防动员和后备力量建设全面加强。法治建设迈出新步伐。法治政府建设取得明显成效，司法体制改革取得阶段性成果，司法公信力不断增强。开展法治宣传主题活动，“七五”普法扎实推进。社会治理开创新局面。推进社会治理模式创新，市乡村三级综治中心实体化标准化建设正在有序推进；社会稳定风险评估、突发事件应急处置等机制更加完善；扎实推进平安乐平、法治乐平建设，纵深推进扫黑除恶专项斗争，在政法系统中开展了违规参与民间借贷等金融活动和营利活动专项整治。进一步抓实信访突出问题专项治理。

第六，坚持组织过硬、作风过硬，党的建设更加扎实有效。全面加强基层党组织建设。重点推进“三基三化三起来”建设，狠抓驻村第一书记驻村管理。隆重开展庆祝中国共产党成立99周年暨“七一”表彰活动。洎阳帮帮团荣获“全国百佳志愿服务组织”。扎实推进基层减负工作。疫情防控表现突出的8人“火线入党”，14名“90后”化工类专业干部组成“招商小分队”下沉一线。全面强化意识形态工作。牢牢把握意识形态工作领导权，扎实开展农村意识形态典型问题专项整治活动，不断推动意识形态工作责任制在基层落地见效。在中央、省市级媒体刊发“抗疫”新闻稿件达140余篇，传递了同心抗疫正能量。加强和完善党对统战工作的领导，中央脱贫攻坚专项巡视“回头看”反馈意见涉及宗教问题整改工作基本完成。全面落实从严治党主体责任。认真履行全面从严治党主体责任，推动全面从严治党向纵深发展、向基层延伸，同级监督实践探索成效明显，“一卡两问三书四单”做法得到省纪委肯定，列为景德镇市2020年全面深化改革“1 + 10”重点改革项目。上半年，共立案116起，其中科级干部立案10起13人，结案148件，处分172人，其中第一种形态处理388人次。查处违反中央八项规定精神问题30起，处理37人。查处形式主义官僚主义问题151起，处理213人。持续深化扶贫领域腐败和作风问题专项治理，查处典型问题47起，处理52人。

回顾今年以来的工作，我们深感来之不易。这些成绩的取得，最根本的在于以习近平同志为核心的党中央坚强领导，在于习近平新时代中国特色社会主义思想科学指引，在于省委省政府、景德镇市委市政府正确领导，在于全市党员干部大学、大干、大变。实践再次证明，习近平新时代中国特色社会主义思想、习近平总书记视察江西重要讲话精神，是我们做好各项工作的总纲领、总遵循、总要求，我们必须坚定不移学懂弄通做实。

回顾今年以来的工作，虽然取得了一定的成绩，但离上级要求还有努力的空间，离“全省十强”还有一定的差距，离人民群众对美好生活的向往还有很多的期待。主要表现为：

一是面对“十三五”目标，时间紧迫、责任重大。到2021年换届，只有不到10个月的时间。对照第六次党代会确定的目标任务，对标“十三五”规划安排，我们还有不小的距离，且相比全省100县(市、区)百舸争流的势头，我们慢进也是退。比如地区生产总值，2019年底我市实现340亿元，到“十三五”末要实现400亿元，需要增长17.6%(按现价计算)，但今年上半年只有0.9%的增长率；又如财政总收入，2019年底实现46.53亿元，到“十三五”末要达到50亿元，必须要保持7.5%的增长率，但今年上半年却是负增长；再如项目建设，上半年，全市新开工项目入库10个，去年同期新开工项目26个，同比减少16个，固投的新开工项目相比同期有较大减少。这说明我市项目建设压力相当大。面对时间之问，面对目标任务，最重要的就是做好自己的事情，不断深化改革，扩大开放，心无旁骛，同心同力实现经济的高质量发展。

二是面对“两个大局”，信心、决心还须坚强有力。去年5月，习近平总书记在江西考察时指出：“领导干部要胸怀两个大局，一个是中华民族伟大复兴的战略全局，一个是世界百年未有之大变局，这是我们谋划工作的基本出发点。”面对这“两个大局”，我们有些党员干部信心、决心不够，解决问题思路不明、处理问题办法不多，存在“用老办法解决新问题、用突击的办法迎接上级的检查、用老观念认识新时代的事物”的现象，上半年的老百姓的安全感、满意率还不理想。归根到底,还是我们学习不够,对新知识、新理念、新要求掌握不够,对新矛盾、新问题分析研判不力。为此,我们一定要让读书成为一种生活方式,让学习成为生活习惯,不断增强我们应对风险挑战的能力,不断提升回答时代之问的水平,不断增强答好时代答卷的信心、决心,向着我们既定目标奋勇前进。

三是面对初心使命,要以一流标准作风时时鞭策全市上下。完成肩负使命不仅要有饱满的热情和干劲,还要有科学的方法和一流的标准、一流的作风。然而,在面临困难和挑战时,还有人精神疲软,没有激情,没有斗志,没有闯劲拼劲,缺乏要做一流的豪情、久久为功的恒心;还有单位搞虚假"材料政绩",回避组织要求、群众期待、使命担当;办事难、见干部难、找干部解决问题难等作风问题,仍时有反映。工作推进上,坚守一流标准不够,开放的视野狭窄,改革的劲头不足。面对使命之问,我们要把学习贯彻习近平新时代中国特色社会主义思想作为首要任务,加强政治历练,培养斗争精神,增强斗争本领,立足岗位、履职尽责,为实现新时代党的历史使命建功立业。

二、分析研判形势,新挑战前所未有,我们必须坚定信心、保持定力、奋勇向前

当前,世界处在百年未有之大变局,处在大挑战、大变革、大调整时期。如果不坚定信心、保持定力、于危机中抢先机、于变局中开新局,大好形势将逐渐消失,我们就会输在当下、输在未来。我们要站在全省看乐平,立足实际谋发展,树立历史思维、长远眼光,准确识变、科学应变、主动求变,坚定在全省找位置、在景德镇树标杆的信心决心,奋勇向前。

第一,面对大变革大调整,我们必须增强历史感,坚定信心、主动求变、科学应变。今年以来,突如其来的新冠肺炎疫情带来的冲击前所未有,世界经济陷入二战以来最为严重的衰退,世界各种势力相互角逐,世界处在大变革、大调整时期,我们要在应对、适应"两个大局"中增强历史使命感,强化学习,认清形势,坚定信心,科学应变。一是全球经济形势严峻,世界经济格局处在大变革时期。国际货币基金组织6月发布的《世界经济展望》,预测2020年全球经济萎缩4.9%,发达经济体预测将萎缩8.0%;新型市场国家和发展中经济体预计将萎缩3.0%,世界经济深度衰退,而中国经济将增长1%,成为全球主要经济体唯一正增长的国家。我市也与全国一道保持正增长,实现稳中有进。为此,我们要坚定发展信心,坚定必胜信心,坚定改革决心,在大变中开新局,我们一定会保持上扬势头,保持向前发展势头。二是区域发展你追我赶,县域发展处在大竞争时期。当前,中部地区加速崛起,区域之间竞争你追我赶。可以预计,百年未有之大变局下,县域经济发展"两极化"趋势必将越来越凸显,乐平从全省看体量大、从景德镇看块头大、从自身看压力大。但有压力才有动力,有差距才知不足,知不足方知路在何方。我市改革发展一直以来在合理区间,只要我们不被困难所吓倒,坚定政治定力,保持发展定力,提升发展质量,我们一定能在县域发展中"脱颖而出",成为"先头兵"。三是科技革命应势而来,产业发展处在大调整时期。当前,新一轮科技革命正处在实现重大突破的历史关口,数字经济成为经济增长的新"风口"。乐平建有"5+2"特色产业体系,精细化工首位产业优势强劲,产业链条较为完善,产品结构较为优化。只要我们在这大调整时期,持续推动产业结构调整优化,实施一批变革性、牵引性、标志性举措,大力发展新基建、新技术、新材料、新装备、新产品、新业态,不断推动全市产业迈向中高端,我们就一定能在这大调整时期中,发展得更优、更强、更有竞争力。

第二,面对好政策好时机,我们必须增强机遇感,坚定决心、把握先机、抢抓机遇。必须看到,乐平发展的有利条件、内在优势和长期向好的态势没有改变,仍然处在大有可为的战略机遇期。一是迎来了国家宏观政策调整的红利。为应对国际国内形势变化,做好"六稳"工作,落实"六保"任务,中央实施抗疫特别国债、减税降费、减租降息、扩大消费和投资等利好政策,并明确要求建立特殊转移机制,资金直达市县基层。习近平总书记还提出"构建以国内大循环为主体、国内国际双循环相互促进的新发展格局",乐平人口多、总量大,这些利好政策将为我们扩投资、促消费起到极大推动作用。二是站在了国家区域战略叠加的窗口。江西国家内陆开放型经济试验区、景德镇国家陶瓷试验区已步入实施阶段,乐平工业有基础、农业有特色、服务业有活力,是传统全省十强县,为我们全面对接国家区域发展战略、深化双向开放提供了重要契机。三是打下了在全省争先进位的基础。天新药业、宏柏化工等企业在新冠肺炎疫情冲击下,不受影响仍然"风景正好",保持强劲发展势头。赛复乐、凯光城市综合体等“5020”项目相继落地，世界500强丰益国际企业牵手乐平。这种长期向好的发展态势为乐平未来发展坚定了信心、增强了动力。

第三，面对大困难大挑战，我们必须增强责任感，坚定恒心、敢于攻坚、善于破难。当前，乐平的发展面临着困难和挑战：一是进位有差距。2019年，我市各项指标在全省县（市、区）中离十强还有一定差距。如GDP，排名第16位，追赶第十名广丰区有一定距离，第17名南康区GDP虽比我们低1.3亿元，但人均GDP比我们高5870元。可以说标兵越走越快，追兵越走越近，“拼搏全省十强、建设六大明珠”要走就要急走、就要快步走、就要大步走。二是环境有短板。乐平美则景德镇美。如今景德镇越来越像一个大景区、大花园。乐平城市品质逐渐提升，农村环境不断改善，但离花园要求、景区标准还有不小差距和不少短板。三是问题有不少。受全球疫情冲击，产业链供应链循环受阻，消费、投资、出口下滑，特别是民营企业、中小微企业压力凸显，落实“六保”任务还有很多工作要做。但我们改革发展向好趋势没有改变，经济发展潜力也在逐步厚植，比如，上市企业，全省目前只有50家，我市有世龙、宏柏2家（8月12日前后将在上海证券交易公司正式敲锣上市，IPO第一次发行），天新药业、景德中药上市准备也在稳步推进。我们连续三年荣获全省工业高质量发展先进县（市、区）称号，城乡环境整治、城市功能与品质提升都得到了省、市的高度肯定，只要我们同心同力、抢抓机遇、大干快上、奋力拼搏、主动加压、主动提速，“拼搏全省十强、建设六大明珠”的目标一定能实现，我们必须坚持目标导向、问题导向、效果导向相统一，坚定恒心、敢于攻坚、善于破难，办好乐平的事情。

第四，面对大梦想大目标，我们必须增强使命感，坚定初心、奋力拼搏、努力追梦。一代人有一代人的使命，一代人有一代人的担当。在这百年未有之大变局、百年未遇之大疫情、百年未逢之大机遇，要实现我们乐平的大梦想大目标，就是要增强使命感，坚定信心、坚守初心、全力以赴、奋力拼搏，向着现代化赣东北明珠阔步前进。实现大梦想，我们须百倍努力。没有等出来的精彩，只有干出来的辉煌。打造“六大明珠”，不仅是第六次党代会向全市人民的郑重承诺，更是2018年8月19日全省县（市、区）委书记座谈会上向全省的庄严宣誓。对“明珠成色”，省委书记刘奇相当关注，已经五次莅临我市调研指导，给予厚爱。关怀是最大的褒奖，支持是最大的鼓励。艰难困难、攻坚破难就不难；艰苦辛苦、舍得吃苦就不苦；想法说法、拿出办法就有法。我们要满怀感恩之心，担当区域使命，再难也要往前冲，再苦也要往前赶；我们要坚持用心谋事、专心干事、全心成事，不忘奋斗初心、不减拼搏激情、不负艰辛努力，把主体责任扛起来，把发展举措干起来。实现大梦想，我们须抢抓机遇。抓住机遇、赢得美好未来，错失机遇、落后一个时代。战略机遇、政策机遇、现实机遇前所未有，我们要战略上抢先机、发展上开新局，把握现实机遇、抢抓发展主动、争取最大支持。实现大梦想，我们须努力追梦。我们都是“追梦人”，我们要敢于有梦、勇于逐梦、勤于圆梦，让“六大明珠”之梦“梦想成真”；我们都是“拓荒人”，我们要不负省委省政府厚望、不辱时代使命、不负人民期待，众志成城直面大考、迎难而上艰辛赶考、不胜不休从容应考，拉开攻坚必胜的架势，掀起大干快上的声势，让乐平跨越之势“势不可挡”；我们都是“赶路人”，我们要风雨无阻、风雨兼程、风雨同舟，让明珠之光“光耀赣鄱大地”。

三、聚焦目标定位，新使命任重道远，我们必须牢记使命、合力攻坚、大学大干

今年，是全面建成小康社会和“十三五”规划收官之年，是脱贫攻坚决战决胜之年，也是棚户区改造、农村人居环境整治、扫黑除恶专项斗争收官之年。2020年只有5个月不到的时间。使命任务任重道远。习近平总书记指出：“伟大梦想不是等得来、喊得来的，而是拼出来、干出来的。”“大学大干大变”的核心在干。要圆满收官，要如期交账，就要大干，就要苦干、巧干、全力拼搏干，就要万众一心加油干，每个人都要干好每一天、干好每件事、干出新天地，全力打赢全面小康收官战，全力绘就高质量发展新画卷。重点在“六个大干”上下功夫：

第一，要心无旁骛大干项目

一要全力推进项目建设提速。坚持“项目为王”，资金向项目倾斜、人员向项目集中，落实好领导干部包抓项目责任制，成立工作专班推进重点项目，提高招商引资项目落地率和资金到位率。要千方百计争资金、挤资金、筹资金，千方百计抢时间、抢进度、抢成效，千方百计给政策、给保障、给激励，快速推进总投资373亿元的146个重点建设项目建设。

二要全力推进交通提质升级。要全力推进“大干交通、干大交通”战略，全速推进景鹰高速连接线升级改造、206 国道乐平段改造升级、接渡大桥、S306、S411 等工程建设，加快东风北路三期建设速度；继续抓好“四好农村路”建设和危桥改造工作，抢抓有利天气，抓紧已经启动的项目和上级批复的项目开工，全力构建“大交通”格局。

三要全力推进发展平台拓展。要全力推进乐平工业园调区扩区工作，重点抓好返乡创业园二期（乐港杨范工业集聚区和后港食品小镇）建设，推进创新型城市建设和国家精细化工园区、现代农业示范园等园区建设，积极打造一批具有竞争优势，能引领带动地方特色的新兴产业及众创空间、星创天地和工程技术中心。要大力培育新业态，加快大型商贸综合体、五星级酒店等服务业平台落地开业。

四要全力推进“十四五”规划编制。要坚持站位全省看乐平，把“十三五”和“十四五”连贯起来，把加强顶层设计和坚持问计于民统一起来。要坚持开门问策、广开言路，让广大人民群众和社会各界能讲话、敢讲话、出真招、献良谋，为“十四五”规划积极建言献策，让经济发展与增强人民群众的获得感、幸福感目标融合、方向一致，切实把“十四五”规划编制成科学的、有效的、能实现的“十四五”发展纲要、美好蓝图。

第二，要心无旁骛大干环境

一要全力推进生态文明建设。像保护眼睛一样保护生态环境，像对待生命一样对待生态环境，坚决打好污染防治攻坚战，深入推进净空、净水、净土行动，突出园区环境、农业面源污染、城市建筑施工扬尘整治，让秸秆焚烧真正禁止，河长制、林长制真正运转，环保林业督察整改真正到位，确保断面水质不下降、园区异味不进城、优良空气天数不减少，生态环境更优美。

二要全力推进城市品质提升。继续巩固“创卫”成果，积极推进城市“双创”。按照“300 米见绿、500 米见园”的要求，推进城市绿化多样化、色彩化、本土化，提升城市绿化品质。加快棚户区特别是历年未完成的棚户区改造，加速推进老旧小区改造，做好背街小巷空间整治和地面维修。推进双拥路和凤凰大道延伸工程，对 32 条城市主次干道进行全面修补。启动不停车称重和电子抓拍系统，实现治超科学化、规范化、制度化。坚持深化城市管理体制改革，继续推进“数字城管”建设，着力推动“城管 + 交警”“媒体 + 执法”联动工作机制，积极推行网格化管理，推动城市管理工作更加人性化、精细化。

三要全力推进农村环境整治。要加快城中村改造，全面提升城中村环境质量；要持续推进“五拆五清一树”行动，严格管控违规、无序建房，禁止耕地建房，精心打造一批富有乐平特色、深得人民点赞的示范村。持续抓好乡镇所在地、城区边环境整治提升。着力改善农村人居环境，重点做好垃圾污水治理、村容村貌提升，让旱厕村、泥巴路村、无路灯村成为历史，把乡村建设得更加美丽，让居民看得见山、望得见水、记得住乡愁。

四要全力推进社会文明提升。充分发挥社会志愿者作用，让社会志愿服务深入人心，成为引领社会文明风气的新时尚。要充分彰显“红马甲”“蓝马甲”的社会标志性和社会美誉度，让“红马甲”“蓝马甲”等社会志愿团体和社会志愿者，成为人人“见贤思齐”的学习榜样，自觉形成规则意识和自律意识，进而带动整个社会文明程度的提升。同时，社会志愿团队与社会志愿者，也应不断加强自身建设，提升志愿服务能力和水平，不断促进社会文明水平提升。

第三，要心无旁骛大干发展

一要深化为企服务。要完善惠企政策推送机制，深入开展“纾困惠企”行动，落地《有效应对疫情稳定经济增长 30 条政策措施》，使广大市场主体实现更大发展。要深化“放管服”改革，全面打造“办理事项最少、办事效率最高、办结时限最短、办理流程最简”的服务环境，推行“保姆式”“店小二”政务服务，要有企业的事就是我的事、企业家的反映就是我的反映的服务精神，真正让在乐平投资兴业的人感觉到家的感受。

二要深化产能升级。大力推进传统产业转型升级，实施好金山工业区拎包入驻地产项目，大力推进“腾笼换鸟”和“僵尸企业”回购，助力赛复乐、恒盛、德孚科技等一批已落户工业重点项目建设和投产。全力推进“映山红行动”，助力宏柏新材料主板上市加速发展，加快天新药业上市步伐。贯彻落实“藏粮于地、藏粮于技”战略，扎实推进高标准农田建设和建后管护，巩固我市粮食主产区地位。以江南菜乡品牌为依托，重点建设好绿色生态蔬菜产业园、乐以科农业科技示范园、花正红镇桥农业示范园等 5 个标准化绿色有机农产品基地，努力形成以蔬菜、粮油、中药材等为主导的农业特色产业体系，使乐平的菜篮子成为强市富民的钱袋子。

三要深化链长制度。要围绕“5+2”特色产业体系，突出精细化工首位产业，延链、补链、强链、优链；要抓住新机遇，培育新产业，推动更多新基建、新技术、新材料、新装备、新产品、新业态落户园区，打造新的产业链、价值链、供应链，着力推进全市产业迈向中高端。

第四，要心无旁骛大干改革

一要全力推进改革落实。不断巩固发展“四个一”改革工作机制，用好用活改革述职、督察考核、奖励评比等手段，通过挂账销号、逐项攻坚，全面完成今年240项改革课题和32项自选举措，推出推进乡村人居环境整治、全域特色生态旅游发展、探索市域社会治理现代化试点、壮大村级集体经济、同级监督制度化常态化等一批改革成果。要做好“十三五”规划改革工作收尾，积极谋划和启动实施一批以集成改革为特色的重大改革举措，推出辨识度更高、首创度更好、美誉度更强的改革亮点，努力打造乐平改革“升级版”。

二要全力拓展开放空间。要突出支柱产业、新兴产业、首位产业上下游产业招商，做好延链、补链、优链文章；要大力破解落地不快、审批不快、服务不及时等难题，促进更多企业如期落地、快速开工、快速建设、快速投产；要大力开展“三请三回”招商活动，努力做东部地区产业转移承接区、创新产业发展的新高地。

三要全力融入瓷都建设。要围绕景德镇国家陶瓷文化传承创新试验区建设“两地一中心”战略定位，全力做优全国精细化工产业基地，全力做强“5+2”支柱产业，全力做大新兴产业，全力做好南窑瓷源遗址保护开发利用，全心用好“中国古戏台之乡”“赣剧之乡”金字招牌，升级手工木雕产业，全力做好古戏台文化推广；依托洪岩仙境、文山石林及古戏台等特色资源，做大做优旅游产业，大力发展乡村旅游，全力做好全域旅游发展，努力将乐平打造成景德镇工业产业的主平台、服务业的特色补充、瓷都市民享受乡村振兴成果的不二选地。

第五，要心无旁骛大干民生

一要决战决胜脱贫攻坚。要始终把脱贫攻坚作为首要政治任务和头等大事，努力克服疫情影响，坚定不移夺取脱贫攻坚战全面胜利。要把牢目标标准，围绕“一收入两不愁三保障”和饮水安全重点任务，对全市还未脱贫1017户2117人，落细“一户一策”，严格落实挂牌督战机制，坚决攻克最后的贫困堡垒。要下大力气抓好产业、就业、消费扶贫，注重抓好油茶、白莲、果业等产业扶贫，夯实贫困群众和帮扶企业的利益联结机制，巩固高质量脱贫成色。要高度重视防止返贫致贫，严格落实“四个不摘”要求，及时监测预警、跟进帮扶，有效防范和化解返贫致贫风险。要加强普查质量控制，高水准高质量完成普查任务。要见底见效抓好问题整改，确保脱贫工作务实、脱贫过程扎实、脱贫结果真实。

二要全力抓好疫情防控。健全完善统一高效的指挥体系和常态化防控机制，持续筑牢“思想防线、责任防线、锁源防线、救治防线、舆论防线”，杜绝麻痹思想、厌战情绪、侥幸心理、松劲心态，围绕“外防输入、内防反弹”这个重点，严防聚集性疫情，做好秋冬季防控工作，取得我市疫情防控全面胜利，确保乐平人民群众的生命安全和身体健康。

三要强化社会治理创新。以市域社会治理现代化试点工作为抓手，建立健全“党委领导、政府负责、民主协商、社会协同、公众参与、法治保障、科技支撑”的社会治理体制机制，加快打造集综治中心、矛盾纠纷调解中心、“12345”服务热线、智慧城管、雪亮工程于一体的社会治理共同体。深入推广新时代“枫桥经验”，做好矛盾纠纷排查化解工作，狠抓信访领域突出问题化解攻坚，巩固殡葬改革双百成果，开展天价彩礼、红白喜事大操大办等专项整治行动。纵深推进扫黑除恶专项斗争，完善社会治安防控体系，严格落实安全生产责任制，杜绝重特大事故发生，建设更高水平的“平安乐平”；加强民法典宣传，深入推进法治乐平建设。

四要强化民生事业保障。坚持把稳就业摆在突出位置，优先发展教育事业，抓好义务教育质量提升，抓强高中教育质量，提升高中阶段教育普及水平，做大做优中等职业教育，努力办好人民满意的教育。深化医药卫生体制改革，加强医疗卫生体系建设，加快推进市公共卫生应急医疗救治中心项目建设，建强基层医疗卫生人才队伍，着力提高基层医疗卫生机构服务水平和质量。

第六，要心无旁骛大干基层建设

一要坚定基层向心力。始终做到党中央、省委、景德镇市委要求的坚决照办、禁止的坚决不干、部署的坚决落实。推进“不忘初心、牢记使命”主题教育常态化制度化，全力擦亮全国古戏台讲堂先进集体品牌，全力办好全省基层理论宣传会，全力做好宗教工作，把思想和行动统一到党中央决策部署上来。要坚持和完善党的领导制度体系，强化党对一切工作的领导，充分发挥市委把方向、谋大局、定政策、促改革的作用，坚持先说好再干、干中不说不，坚决做到想清楚、说明白、干到位，把对党绝对忠诚落实到具体行动上。

二要提升基层组织力。要提高基层党建质量，深化基层党建质量提升行动，纵深推进全国城市基层党建示范市建设，扎实推进基层党建“三化”建设，扎实推进城市社区党建提升，扎实破解机关党建工作难题，不断发展壮大村级集体经济。出台村干部待遇保障提升办法，进一步完善党员网格化管理体系。抓实在职党员进社区活动，打造更多非公组织党建示范点。全面推动村办公场所“三化”建设，打造一批农村党建精品村；加强村干部管理，促使其职业化，更加专心为民办事；提升村干部工资性收入，保障村支书、主任人均工资年收入达到农村人均纯收入的 2 倍。

三要提升队伍执行力。坚持德才兼备、以德为先，坚持“做事是最好的作风”。要坚持用好的标准选人用人，牢固树立“为做事者撑腰”的用人导向，以做事论英雄、看担当用干部、凭实绩给平台，不看唱功看做功、不看文凭看水平、不看资历看能力；坚持用好作风选人，坚持“只为事业用干部，不为个人谋官位”，让做事者“有底气”，“跑官要官”者“无市场”；坚持选作风好的人，把坚守基层一线、适应艰苦环境、完成重大任务、应对重大事件作为检验和考察干部的主战场，作为识别和使用干部的主阵地，真正把那些政治上靠得住、工作上有本事、作风上过得硬、人民群众信得过的干部选拔出来。

四要提升基层廉洁力。要持之以恒加强纪律建设，督促各级干部严格依纪依规履职尽责。要强化作风建设，坚决防止和整治形式主义、官僚主义问题，坚决整治“怕慢假庸散”作风顽疾，进一步减轻基层负担。要以严格的执纪执法增强制度刚性，推动形成不断完备的制度体系、严格有效的监督体系，紧盯重大工程、重点领域、关键岗位，用好巡察利剑，加大反腐治腐力度，巩固和发展反腐败斗争压倒性胜利。

同志们！我们工作生活在 1980 平方公里的乐平大地上，汇聚着 95 万乐平人民的磅礴伟力。乐平繁荣昌盛的历史将在我们手中延续，全面小康的未来将在我们手中创造。让我们更加紧密地团结在以习近平同志为核心的党中央周围，高举习近平新时代中国特色社会主义思想伟大旗帜，始终以“做长远、强基础，去功利、留口碑”的精神境界，以永不懈怠的精神状态、一往无前的奋斗姿态，万众一心加油干，越是艰险越向前，坚持不懈大学大干大变，抓好百年大计、办好乐平大事、干好发展大业，为实现同步全面小康目标、打造特色鲜明的现代化赣东北明珠接续奋斗！

政府工作报告

——2021 年 4 月 13 日在乐平市第六届人民代表大会第六次会议上

市长 高 翔

各位代表：

现在，我代表市人民政府向大会报告工作，请予审议，并请各位市政协委员和列席会议的同志提出意见。

一、2020 年工作及"十三五"发展回顾

2020 年是极其特殊、极具考验、极不平凡的一年，面对突如其来的新冠肺炎疫情、超历史汛情和艰巨繁重的改革发展稳定任务，全市上下在上级党委、政府和市委的坚强领导下，坚持以习近平新时代中国特色社会主义思想为指导，全面贯彻党的十九大和十九届二中、三中、四中、五中全会精神，开足马力大学大干大变、齐心协力战疫战贫战洪，扎实做好"六稳"工作、全面落实"六保"任务，从容应考，沉着应战，交出了一份让人民群众满意、经得起历史检验的合格答卷。

——这一年，我们逆水行舟，经济运行稳步回升。在多重压力下稳住了基本盘，全年地区生产总值完成 353.26 亿元，增长 3.6%；财政总收入完成 47.26 亿元，增长 1.6%；规模以上工业增加值增长 4.5%；固定资产投资增长 8.5%；社会消费品零售总额完成 148 亿元，增长 3.1%。

——这一年，我们携手奋进，小康目标如期实现。统筹推进经济社会高质量发展，城镇居民人均可支配收入达到 39214 元，增长 5.8%；农村居民人均可支配收入达到 19150 元，增长 6.9%。27 项全面建成小康社会统计监测指标基本达成，标志着"十三五"规划圆满收官，百万乐平人民同全国一道同步迈入全面小康社会。

——这一年，我们攻坚克难，各项工作成绩斐然。多项"国字号""省字号"花落乐平，我市被评为全省实施乡村振兴战略实绩考核优秀单位，荣获全省双拥模范城"八连冠"，获批第九批国家农业科技园区建设单位。洪岩镇被命名为国家卫生乡镇，礼林镇人民调解委员会荣获全国模范人民调解委员会称号，农业农村局荣获全国农村承包地确权登记颁证工作先进集体。全市全年共获得市（厅）级以上荣誉 40 项（次）。

回顾我们走过来的这一年，主要是抓了以下几方面工作。

（一）牢牢把握一个重点，慎终如始抓防疫

一是精准阻击断蔓延。坚决闻令而动，第一时间按下"暂停键"，踩下"急刹车"，迅速形成运转高效的指挥体系和联防联控、群防群控的防控机制。以最强力的组织、最超前的谋划、最精准的措施，取得了最理想的成绩，仅用 9 天就治愈唯一一例确诊病例，成功遏制了疫情蔓延，较早实现了"双清零"，为全市人民的生命安全和身体健康筑起了坚固屏障。在这场抗疫大战中，令人感动的是，全市党员干部服从指挥、尽锐出战，广大医务工作者不畏艰险、坚守前沿，广大志愿者挺身而出、冲在一线，广大企业家和省内外乡贤情系家乡、无私奉献，广大人民群众守望相助、风雨同舟，广大社区工作者、快递小哥、环卫工人、商超售货员不辞辛劳、日夜奔忙，特别是 5 名医务人员、13 名蓝天救援队员逆行出征，驰援武汉、随州、新余，服务全国抗疫大局。在此，向积极参与疫情防控的广大干部群众，向关心支持疫情防控的社会各界致以最崇高的敬意！

二是贴心服务促复工。坚持"两面作战、撑伞干活"，统筹疫情防控和经济社会发展，科学动态调整防控策略，有节奏地推进复工复产、复学复市，推动上级稳增长政策措施和"乐 30 条"落地生效，打了一套漂亮的组合拳。一年来，共发放防疫保供专项贷款 1.28 亿元、复工复产专项贷款 1.35 亿元；为 510 家企业阶段性减免社保费 6015.2 万元；减免国有资产房屋租金 335.73 万元，惠及 426 个企业和个体工商户。重点项目迅速全面复工，市四套班子领导带领 62 个帮扶工作组深入一线，"一企一策"精

准帮扶,“一项目一方案”跟进服务,从复工复产到达产达效,转段及时、效果显著。精心组织“春风行动”,打通江浙粤农民工外出务工专线,“一站式”输送10多万人返岗就业。早在3月份,全市126家规模以上工业企业就全部复工复产,展现了乐平“重启速度”。

三是常态防控保安全。坚持“外防输入、内防反弹”,严格实行首诊负责制,着力加强120指挥体系建设,有序开展疫苗接种,全年无新增确诊病例、疑似病例和无症状感染者。持续巩固防控成果,采取任务“派工单”的模式,保证防控体系“点对点”精准落实,做到物资向一线配置、力量向一线下沉、监督向一线延伸。重点抓好医院管控、冷链物流等重点场所、重点环节、重点人群的常态化管理。加快推进人民医院、中医医院、疾控中心核酸检测能力建设,全市单日核酸检测可达到3500人份。截至3月底,累计核酸检测9.03万人,开展流调、追踪与管理2523人,集中隔离1773人,疫苗接种21046剂次。

(二)聚焦聚力两个关键,项目产业两相宜

一是抓项目强支撑。我们始终坚定“抓项目建设就是抓未来发展”的理念,扭住推动发展的“牛鼻子”,安上加快发展的“新引擎”。一年来,共引进项目44个,其中亿元以上项目9个、“5020”项目6个,认定总进资135.27亿元,增长8.4%,为历年来亿元以上项目最多、质量最高的一年,也是单体项目投资额度最大的一年。扎实开展“项目建设提速年”活动,坚持“一切围着项目转,一切围着项目干”的鲜明导向,通过“五个一”项目负责机制和“4+1”推进工作机制,掀起“大干项目、干大项目”发展热潮。先后举办3次重点项目集中开(竣)工仪式,全市30个重点项目竣工投产,85个重点项目稳步推进,累计完成投资97.1亿元。

二是抓产业强引擎。农业基础更扎实,稳步实施“中国好粮油”行动示范县项目,水稻良种覆盖率达97%,耕地保护连续三年获得全省先进,粮食产量稳中有升,摘得全省农业农村工作先进集体、粮食生产先进集体等荣誉。全年蔬菜完成总交易额20.7亿元,中远农业入围江西民营企业100强。工业势头更强劲,深入实施产业链链长制,着力完善协同调度机制,加快推进产业强链、延链、补链工程,全年新增规模以上工业企业19家,蝉联全省工业高质量发展先进县(市)。园区扩区调区工作进展顺利,返乡创业园二期基础设施建设全面启动。宏柏新材成为全省第一家台资A股上市企业。天新药业、世龙实业继续保持江西制造业民营企业100强。创新动力更充足,实现全社会研发投入3.59亿元,通过国家级科技型中小企业评价24家,获批景德镇市级科技特派员站23个,新增国家高新技术企业7家,突破40家大关。成功组建市国资集团,并承建了启德教育培训中心等一批重点项目。

(三)坚决打好“三大战役”,决战决胜促攻坚

一是脱贫攻坚取得全面胜利。全市6215户、13929名建档立卡贫困户全部脱贫,6个省级贫困村全部出列,绝对贫困问题得到历史性解决。坚持以扶志为本、扶智为先、扶勤为要、扶德铸魂,开展“三讲一评”等感恩教育600余场,激发脱贫内生动力。全年安排扶贫专项资金6949.2万元,建设扶贫“四个一”长效产业项目2万余亩,套种中草药、花生、大豆等经济作物万余亩;实施扶贫产品“六进”行动,在2020年全省消费扶贫月暨第四届江西省扶贫产品展销活动中,我市获得最佳展位奖;扎实开展脱贫成效巩固工作,“两不愁三保障”突出问题全面清零,建档立卡贫困人口住院报销比例达90.8%,家庭医生履约率100%。积极落实社保扶贫政府代缴政策,9502名城镇贫困群众参保到位。

二是污染防治取得显著成果。成功创建“省级森林城市”,十里岗镇篁坞村等4个村庄、礼林镇杨桥村等10个村庄分别荣获“国家森林乡村”“全省森林乡村”荣誉称号,双田镇双溪村等5个村庄荣获全省第十一批省级生态村称号。全面落实河长制+林长制,持续打好蓝天、碧水、净土保卫战,生态环境持续向好。中央环保督察及“回头看”反馈的问题已完成整改25个,1个正在实施之中,其中园区卫生防护距离内的2540户已全部搬迁。7家矿山企业启动了绿色矿山建设。全市国控、省控断面水质优良率达100%,全年空气质量优良天数达到349天,青山常在、绿水长流、空气常新的生态明珠逐步成型。

三是风险防控取得阶段成效。按照“疏堵结合、稳妥处置”的原则,开源节流防范化解债务风险。进一步加强了全市政府债务管理,持续完善债务风险防控制度,积极化解隐性债务,平台公司市场化转型成效明显。国资集团由单一融资平台扩展到涉及资金管理、资产运营、资源开发等多个领域的国有企业。清理盘活资产、化解债务存量等措施有力有效,负债率低于风险预警指标,经济领域风险总体可控。大力保障水稻、生猪、蔬菜、油料等重要农产品的有效安全供给,开展粮食节约行动,粮食安全“压舱石”更加牢固。

(四)着力补齐“四块短板”,善作善成增福祉

*一是社会事业齐头并进。*全面落实为民办十件实事,完成了52个农村薄弱学校新建(改造)项目,接渡大桥等重点交通项目进展迅速。新建了100个“瓷都爱心食堂”,建制村覆盖率达73.7%。社会保障体系全面建成,城镇新增就业7200人,基本养老保险参保率达95%,社保卡发放退休人员养老金启用率达到94%,排在全省前列。新的城乡居民医保信息系统正式上线,实现异地就医直接结算全覆盖。实施了涌山、浯口等7家公办敬老院提升改造,全市养老床位数提高到966张。科教文卫事业发展迅速,加快实施19个教育重点项目建设,持续做好城镇小区配套幼儿园治理,公开招聘教师475名,教师年龄和学科结构得到优化,义务教育更加优质均衡。加快市人民医院综合大楼、公共卫生应急医疗救治中心等基础设施建设,大力开展爱国卫生运动,纵深推进医共体建设,分级诊疗制度不断完善,更多的优质医疗资源实现下沉。持续开展“文化下乡”活动,送书籍1.9万余册、送电影5041场、送戏106场。荣获全省慈善工作先进单位、全省社会救助工作先进县等荣誉。

*二是基础设施加速完善。*统筹推进城乡建设、生态治理、老城改造和新城建设。城市功能品质不断提升,143个老旧小区改造项目一体推进,城区公厕改厕率达100%,荣获全省城市功能与品质提升考核先进县(市)。实现环卫“全域一体化”,建立“五定包干”村庄环境长效管护机制。实施农村人居环境整治三年行动,全面启动垃圾分类工作,建设美丽宜居示范村35个。水利基础设施日益完善,启动实施共产主义水库除险加固、塘西联圩、续湖联圩等一批重点水利工程建设。县乡道路建设步伐加快,完成公路改建200余公里,完成危桥改造27座。涌临公路、吴乐秧挂线等公路建成通车,景鹰连接线、G206桃林至大田段改造、S306 A标等重点交通项目取得突破性进展。农村公路实现组组通,建制村100%通客车。

*三是改革创新激发动能。*持续打造“四最”营商环境,坚持让信息多跑路,让企业和项目少跑腿,全年累计减税降费2.34亿元。实施技改投资项目“一条龙”服务,全年完成技改项目总投资达48.4亿元。全市16家从事生产经营活动的事业单位全面完成改革。“放管服”改革持续深入,赋予乡(镇)、街道首批县级审批服务执法权限74项,全市90%以上依申请类服务事项纳入大厅办理,全面实行“错时延时”服务,“赣服通”乐平分厅接入事项达102项,“好差评”系统满意率100%。成立全省首家打击“两违”和矿产资源行政执法指挥中心。启动了规划用地“多审合一、多测合一、多验合一、多证合一”改革,为企业降低30%经济成本,《江西日报》头版头条报道我市改革经验做法。涌山镇荣获全省基层改革管理创新成果展示类一等奖。殡葬改革成果持续巩固。

*四是社会秩序和谐稳定。*市域社会治理现代化试点率先行动,“帮帮团”被评为全国最佳志愿服务组织和119消防先进集体,社会组织参与基层社会治理成为新风尚。大力开展安全生产专项整治三年行动,连续18年未发生重大及以上事故。扫黑除恶专项斗争成效明显,公众安全感进一步提升。“12345”政府服务热线全年共接受市民来电10万余个,办结率96.9%。精心打造洎阳、镇桥等14个“尊崇式示范型退役军人服务站”。法治建设迈出新步伐,获评全国“七五”普法中期先进县(市、区)、全国法治县(市、区)创建活动先进单位等荣誉称号。深入开展“绿色社区”和“农村社区治理”等示范创建活动,培养了洎阳街道东湖社区、乐港镇里首村等有影响力的示范点。

各位代表,2020年,我市遭遇多轮强降雨,面对乐安河流域超历史水位,我们众志成城、严防死守,1.2万余名干部群众奋战在抗洪一线,成功处置了18处较大险情,取得了“不死一人、不溃一堤、不垮一坝”的重大胜利,有力保护了群众生命财产安全。

各位代表,2016年至2020年是“十三五”规划实施的五年。这五年,面对大战大考,我们始终咬定目标、坚定信心,保持定力、加速推进,充分展现了乐平广大干部群众勇于拼搏、担当实干的精神风貌,取得了令人欣喜的成绩,书写了浓墨重彩的“六大明珠”新篇章。

*——这是经济明珠实力更强的五年。*跻身全国县域经济与县域综合发展百强县(市),荣获全省加快工业发展加速工业崛起“年度贡献奖”等70余项国家、省级奖项。生产总值逐年攀升,从266.1亿元增加到353.3亿元,较2015年增长43.4%,人均突破4万元大关。财政总收入从37亿元增加到

47.26 亿元，增长 27.7%。固定资产投资增长 70.5%。新增“四上”企业 218 家，三次产业结构由 12.9∶56.2∶30.9 优化为 11.5∶46.2∶42.3。

——*这是开放明珠平台更广的五年*。全面融入景德镇国家陶瓷文化传承创新试验区，积极参与赣东北开放合作，全力推进景乐一体化，荣获中国古戏台、赣剧之乡称号，南窑遗址被国务院核定并公布为第八批全国重点文物保护单位。天新维生素系列产品、宏柏硅烷偶联剂、世龙 AC 发泡剂等“乐平制造”享誉世界，广东同宇新材料、浙江山裕集团、深圳凯光集团等“5020”项目相继落户乐平。

——*这是活力明珠后劲更足的五年*。我们完成了 754 项改革课题，“赣服通”乐平分厅上线运行，行政审批和政务服务事项“一次不跑”“只跑一次”办理率达 90% 以上。企业注册开办时间压缩至 1.5 个工作日。持续实施“归雁计划”，做好柔性人才引进工作，吸引各类高素质人才来乐创新创业。

——*这是生态明珠成色更美的五年*。城区“全面禁燃”，空气优良率达 95.4%，实现了“废气不进城”的群众期盼；乐安河野鸡山国控断面水质长期保持Ⅲ类以上，全市范围内 105 座砖瓦窑全部一次性拆除。洪岩镇入选江西省首批特色小镇、省级旅游风情小镇和全省秀美乡村建设典范。

——*这是和谐明珠百姓更乐的五年*。实现了昌景黄铁路乐平北站同步建设。顺利打通了昌平北路、通站路、新平北路等 19 条断头路，精心修复了西后街、宫保巷等背街小巷，唤醒了老街区的历史记忆。根治了“红皮车”乱象。新增校舍 18.3 万平方米，14 人被北大、清华录取。临港片区 3.4 万居民用上国家电网“安全优质电”。

——*这是廉洁明珠风气更正的五年*。党员干部充分发挥担当实干精神，严格落实全面从严治党主体责任，以“五型”政府建设为引领，持续纠治形式主义、官僚主义，严格落实中央八项规定及其实施细则精神。政治生态更加风清气正，各部门团结协作，在最紧要的关头、在最吃劲的时候，都能义不容辞、上下一心，营造了“千斤重担万人挑”的团结氛围。

与此同时，国防动员、民族宗教、对台事务、外事侨务、档案史志、防震减灾、气象水文等工作取得新成绩，工会、共青团、妇联、红十字会、残联和关心下一代等工作实现新进步。

各位代表，五年发展，成之维艰；五年耕耘，收获满满。这是上级党委、政府和乐平市委坚强领导的结果，是全市干部群众团结一心、奋力拼搏的结果。我代表市人民政府，向奋战在各行各业的建设者、劳动者，向人大代表、政协委员、驻乐部队官兵和离退休老同志，向所有关心支持乐平建设发展的各界朋友，致以衷心的感谢和崇高的敬意！

成绩和进步有目共睹，矛盾和问题依然突出。主要是经济效益不高、产业结构不优的现状仍未根本改变；创新创造动能不足，绿色发展面临较多困难，营商环境有待进一步优化；基本公共服务不均衡的问题依然存在；涉及人民群众切身利益的住房、教育、医疗等方面还存在不少短板；改革攻坚还需持续深化，政府效能还不够高；少数地方和部门仍然不同程度存在“怕慢假庸散”问题，干部创新思维和工作能力不适应新的发展等，这些都需要我们下大力气予以解决。

二、“十四五”时期发展的主要考虑

“十四五”时期，是我市向全面建设社会主义现代化迈进的起步期，是全面建设景德镇国家陶瓷文化传承创新试验区的关键期，是我市打造特色鲜明的现代化赣东北明珠的决胜期。根据《中共乐平市委关于制定乐平市国民经济和社会发展第十四个五年规划和二〇三五年远景目标的建议》（以下简称《建议》），市政府编制了《乐平市国民经济和社会发展第十四个五年规划和二〇三五年远景目标纲要（草案）》（以下简称《纲要（草案）》），提交大会审查。

（一）关于“十四五”时期发展的时代背景

当前及今后一个时期，虽然国际形势依旧云诡波谲，不稳定性不确定性明显增加，但是国内经济社会发展长期向好的基本面没有改变，我市仍处于大有可为但充满挑战的战略机遇期，随着新发展格局加快构建，推动生产要素纵深布局，加快产业在国内有序转移，必将为我们带来新一轮政策机遇、市场机遇和开放机遇，我市的资源、市场、产业、文化的优势将更加巩固。我们要胸怀“两个大局”，紧紧抓住打造新时代特色鲜明的现代化赣东北明珠和全面融入景德镇国家陶瓷文化传承创新试验区的重要发展期，进一步振奋精神，准确识变、科学应变、主动求变，以确定性工作应对不确定性形势，善于在危机中育先机、于变局中开新局，努力做好乐平的工作，尽力办好乐平的事情。

《纲要（草案）》锚定 2035 年远景目标，明确了今后五年乐平的发展定位、战略布局和目标任务，提出了一系列高质量发展的重大政策、重大工程和重大项目，坚定朝着经济强、百姓富、生态美的目标迈进。未来五年，乐平发展迎来“新风口”，我们既要“赶考”，也要“补考”；既要当“追兵”，更要当“标兵”；既要解决“有没有”的问题，还要解决“好不好”的问题，其时已至、其势已兴，这是我们必须担负的历史使命。

（二）关于“十四五”时期发展的总体要求

以习近平新时代中国特色社会主义思想为指导，统筹推进“五位一体”总体布局，协调推进“四个全面”战略布局，坚持党的全面领导，坚持以人民为中心，立足新发展阶段，贯彻新发展理念，构建新发展格局，以推动高质量发展为主题，以深化供给侧结构性改革为主线，以改革创新为根本动力，以满足人民日益增长的美好生活需要为根本目的，统筹发展和安全，聚焦“六大明珠”发展定位，推进“求提升、作表率、谋振兴”，全面融入国家战略，努力构建科学完备、衔接协同、集成高效的现代产业体系、城乡生态体系、民生保障体系、社会治理体系、基层党建体系，着力实现高质量跨越式发展，基本建成特色鲜明的现代化赣东北明珠。

（三）关于“十四五”时期发展的主要目标

《纲要（草案）》围绕市委《建议》提出的今后五年奋斗目标，规划了一系列定量和定性的目标。一是坚持发展为要。聚焦《建议》目标，坚持把做大经济总量、提升发展质量摆在首位，支柱产业体系更加壮大，农业基础更加稳固，三次产业比例更加优化，主要经济指标保持全省“第一方阵”。二是坚持协调为重。全面推进乡村振兴战略，城市功能品质不断提升，“1+4”新型城镇化空间布局不断优化，“无废城市”试点和绿色示范成功创建，文明城市创建取得突破性进展，人居环境进入全省前列。三是坚持民生为先。始终以人民之心为心，实现巩固拓展脱贫攻坚成果同乡村振兴有效衔接，教育现代化水平不断提高，医药卫生体制改革深入推进，社会保障体系日益完善，“五型”政府建设取得更大成效，共建共治共享的社会治理新格局基本建成。

各位代表，《纲要（草案）》经大会审议通过后，将为乐平接下来五年的发展指明方向、提供遵循。蓝图已经绘就，奋进正当其时，全市上下要凝心聚力谋发展，砥砺前行谱新篇，奋力把擘画的宏伟蓝图一步步变为美好现实！

三、2021 年工作安排

2021 年是建党 100 周年和“十四五”规划全面实施的开局之年，也是换届之年，做好今年的工作至关重要。今年政府工作的总要求是：以习近平新时代中国特色社会主义思想为指导，全面贯彻党的十九大和十九届二中、三中、四中、五中全会以及习近平总书记视察江西重要讲话精神，积极做好常态化疫情防控工作，坚持稳中求进工作总基调，扎实做好“六稳”工作，全面落实“六保”任务，以高水平开放促进高质量发展，以高质量发展实现高品质生活，确保完成全年各项目标任务，加快建设特色鲜明的现代化赣东北明珠，以优异成绩庆祝建党 100 周年。

主要预期目标是：地区生产总值增长 8.3% 左右，财政总收入增长 7% 左右，一般公共预算收入增长 6% 左右，规模以上工业增加值增长 9.5% 左右，固定资产投资增长 9.5% 左右，社会消费品零售总额增长 9.5% 左右，出口总额量稳质升，实际利用外资增长 7% 左右，城乡居民人均可支配收入分别增长 8%、8.5% 左右，居民消费价格总水平涨幅在 3% 左右，城镇登记失业率控制在 4.5% 以内，节能减排完成国家和省下达的任务。以上经济指标设定，既结合了“十四五”规划要求，又综合了今年的宏观经济走势和一系列改革政策对乐平的影响。

围绕上述目标，主要是做好以下几个方面的工作：

（一）聚焦提质，让产业更具竞争力

深化工业集聚。全面实施“工业发展三年倍增计划”，把推动产业高质量发展作为稳增长的重要依托，全力打造千亿级精细化工和医药产业集群。聚焦产业链关键流程和关键环节，推动上下游、产供销、大中小企业配套协作。积极培育和发展新材料、电子信息等战略性新兴产业，加快新旧动能转换。积极引导企业实施技术改造，调整产品结构，不断提升产业核心竞争力。加大跟踪服务力度，努力培育规上工业企业，增加规模以上工业总量。继续推进“映山红行动”，力争天新药业上市走上快车道。持续加大培育和申报“专精特新”企业力度，打造更多的省级“专业化小巨人”。积极申报国家级和省级“两化”融合示范项目，推进“两化”融合贯标工作。

强化农业供给。实施优质粮食工程，大力推进“中国好粮油”富硒农业产业观光园建设，打造中高端富硒大米区域公共品牌。依托"江南菜乡"优势资源,积极推行蔬菜振兴计划。启动景德镇国家农业科技园区建设,加快发展后港食品特色小镇。牢牢守住耕地红线,实施高标准农田建设工程,规范耕地占补平衡,强化农业科技和装备支撑,提高农业良种化水平,健全动物防疫和农作物病虫害防治体系,建设智慧农业。

优化服务业布局。深入实施商贸消费升级三年行动计划,引导培育一批现代服务业示范企业。围绕"老字号"品牌和特色农产品,打造一批智慧商圈和直播基地,提高"乐平特产"线上销售比重,助推"江西小炒"乐平大军走向全国。加快服务消费提质升级,大力发展美食经济、夜间经济。积极助力凯光新天地旅游度假区项目落地,培育发展古戏台文化游等新业态。扎实推进省级全域旅游示范区创建活动,全面提升景区景点品质,打造一批省 AAAA 级、AAA 级乡级旅游点和有特色的民宿、农家乐,大力发展乡村休闲、农业体验等旅游业态,着力培育一批"网红打卡点",促进旅游产业高质量发展。

(二)聚焦项目,让发展更具支撑力

用心谋划项目。坚持以园区为载体,依托院士工作站、重点实验室等平台,以龙头企业为引擎,以优势产品为主攻,形成 300 亿元级、100 亿元级和 50 亿元级的产业梯次发展格局。重点实施天新维生素科技园、宏柏新材特种硅烷及气凝胶生产基地、杨范装配式产业园、赛复乐年产 1.9 万吨高端精细化工、广东同宇年产 20 万吨电子级树脂等重大项目,确保完成建设任务,不断壮大龙头企业,带动产业转型升级。

用力推动项目。大力开展重点项目攻坚,扎实推进工业、农业、服务业、重大基础设施、新基建、公共服务六大领域"项目大会战",在继续培育和支持本地企业的基础上,切实提高招商引资项目落地率和资金到位率。力争全年新开工项目 67 个以上,积极助力大泗医疗、晟德医疗等项目落地实施,全面完成磻溪河美丽乡村田园综合体项目建设,全力推进全市产业迈向中高端。

用情服务项目。围绕重点项目的规划、审批、环评等关键环节,加强政企联系服务机制,强化调度,积极解决企业困难,持续做好重点项目建设协调和服务工作。抓好乐平工业园扩区调区和返乡创业园二期建设,推进配套市政道路、市政管网等基础设施建设,为南、北部片区入驻企业陆续竣工投产提供有利条件。力争扩园后面积达 19.62 平方公里,构建经济增长新平台。做强国资集团,积极搭建乐平工业园区投融资平台。

(三)聚焦品质,让城乡更具感染力

高标准推进功能提升。持续深化城市管理改革,加快"智慧城市"建设,实现数字城管、数字环卫的多网融合、统一管理。高标准建设昌景黄铁路乐平北站,力争乐平北站与昌景黄铁路同步运营。加快推进棚户区及老旧小区改造,打造乐平民俗文化一条街、古戏台特色小镇和若干城市运动型休闲公园,实现"小城市、大活力"。积极引进大型商业综合体,促进城市核心商圈建设,提升城市功能档次和品位。

高品质衔接乡村振兴。大力实施乡村建设行动,持续开展美丽宜居示范建设,努力打好"厕所革命"收官战和垃圾分类攻坚战。打造新时代"五美"乡村。积极推进村(社区)综合文化服务中心标准化建设,打造文化服务中心示范点,擦亮"南窑、古戏台、赣剧"三大文化名片,实现我市基本公共文化设施全覆盖。认真组织实施水利项目建设,不断提高水利工程防洪除涝抗旱能力。加强农村思想道德建设,探索解决天价彩礼、婚丧大办等问题,推动形成文明乡风、良好家风、淳朴民风。

高水准深化文明创建。以创建全国文明城市为契机,整体提升城市文明程度。持续开展文化下乡、文化进景区、戏曲进校园等活动,认真办好 2021 年全省旅游产业发展大会乐平现场点活动和第七届文化艺术节,不断推动群众文化活动向规模化、品牌化、特色化发展。完善养老服务体系建设,实施福利院、民办养老机构和养老服务信息平台建设。继续深化"童伴妈妈"项目,加大对失能半失能特困人员的集中照护力度。实现全市村(社区)每户培养 1 名"法律明白人"的目标。

(四)聚焦创新,让改革更具原动力

持续优化服务。全面推广使用"赣服通",通过"互联网 +"服务模式,推动更多事项"不见面审批",更多领域"无证办理",更多业务"一次不跑"。坚决落实减税降费政策,建立清理和防止拖欠民营企业账款长效机制。持续完善公共法律服务体系,推动公共法律服务业务与"三大平台"融合升级。加快推进国土空间总体规划编制,统筹布局优化发展空间。

持续对外开放。立足国内国际双循环,契合江西内陆开放型经济试验区和景德镇国家陶瓷文化传承创新试验区建设，咬住“5020”目标，精选干部组成专业招商小分队，紧扣优质产业开展精准招商、链式招商、以商招商，对接引进一批优质项目。深入实施“互联网＋商贸流通”行动，加快电子商务产业配套功能提升，引导优质外贸产品开拓国内市场，加大对外贸企业出口转内销支持力度。深入开展“三请三回”“三企入乐”行动，鼓励引导乡贤回乡创业，力争引进内资增长8%，外贸出口增长10%，限额以上零售销售额增长10%。

持续创新驱动。推进创新型县（市）创建工作，积极引导科技型企业加大研发投入，新增工程技术中心（重点实验室）1—2家、高新技术企业8家、科技型中小微企业20家。建设一批“星创天地”、科技示范基地，培育创新创业主体，加快先进适用科技成果转化应用。完善人才服务机制，积极吸引各类高素质人才来乐创新创业。加大与省内外及景德镇市大专院校联办力度，推进高等职业院校建设，促进产学研用合作平台倍增发展，全面支持各类各级工作站建设。实施科普进农村、社区、学校、企业、机关，不断提升全民科学素质。

（五）聚焦生态，让山水更具生命力

全力做好污染防治。持续抓好中央、省环保督察反馈问题整改工作。坚决落实长江流域十年禁捕要求，提升园区公共通道绿化标准，推动废弃露天矿山生态修复，坚决整治农村乱占耕地建房问题。持续打好蓝天、碧水、净土保卫战，重拳整治“散乱污”企业，切实保护好乐平的绿水青山。

全域提升生态文明。坚持“山水林田湖草”生命共同体理念，深入实施河长制湖长制林长制，努力让山更绿、水更清、景更美。全面推进河长“清河”行动，努力打造河长制升级版。持续推进林长制工作，落实林长办标准化建设，完善森林资源网格化管理，重点抓好主要区域的“四化”建设，不断扩大“绿色增量”，全面完成2020—2021年松材线虫病除治任务。

全面推进绿色发展。加大绿色债券发行，积极发展节能环保、清洁生产、清洁能源等绿色产业。加强企业排污指标监测，引导企业节能减排。坚持以实现碳排放峰值为目标，践行低碳发展为主线，推进绿色低碳试点示范工作，完成温室气体排放考核目标任务。倡导简约适度、绿色低碳、全民节能的生活方式。

（六）聚焦民生，让社会更具亲和力

谋民生之利，解群众之忧，是政府职责的根本所在，我们一定要竭尽全力把群众“急难愁盼”的问题解决好。具体来说，我们将着重实施十大民生工程、36件民生实事，扎实推动各项社会事业又好又快发展。

实施乡村振兴工程。（1）完成乐港、镇桥、名口等14个乡镇（街道）集镇提升改造，以及湘官线、乐涌线、田乐线、南高速出入口沿线提升和节点改造项目建设。（2）改造农村户厕4000户。（3）建设高标准农田3万亩。（4）完成洪岩旅游总体开发建设（近期）并投入运行，启动乡村旅游项目建设。

实施教育强市工程。（5）完成第三小学改扩建、第九小学改扩建、第十九小学新建、教育园区初中部和小学部建设，累计新增中小学学位5600个；加快推进第十中学建设和210余所农村中小学新建或改造；启动第五小学迁建、第十七小学建设、镇桥镇坑口小学建设。（6）完成城市经典、城市之星、翰林新城、瑞启花园等4所幼儿园装修改造，启动翡翠城、大连路等2所幼儿园建设，累计新增学前教育学位1200个。（7）完成职业中等专业学校改扩建，容纳职业教育学位6000个；探索实施职业教育“公办民营”校企合作新模式。

实施医疗健康工程。（8）完成市中医医院改扩建并投入使用，床位达到800张；完成市人民医院综合大楼建设并进行装修和设备采购，加快推进市公共卫生应急医疗救治中心建设。（9）组织实施“老年健康促进行动”，大力开展3周岁以下托幼服务试点工作。

实施交通提升工程。（10）完成G206桃林至大田段改建、景鹰高速连接线建设、塔前至荷塘公路改建并通车。（11）完成流芳等5座大桥、高阳等7座中桥、马路口等2座小桥重建并通车，加快景鹰挂线跨铁路大桥建设。（12）开展争创“四好农村路”省级示范县建设，完成松树岭至黄柏、接渡袁家亭至礼林等县乡公路建设，完成安保工程建设135公里、县乡路面改造70公里、产业公益路建设23.7公里、通村组公路建设60公里。（13）优化公交线路和公交运力，稳步有序推进城乡客运公交一体化。

实施优质供水工程。（14）快速推进城乡供水一体化工程建设，完成共产主义水库至润泉水厂的第二根原水管线铺设，使城区润泉水厂由日供水5万吨扩建至日供水10万吨；完成礼林水厂扩建，由日供水0.5万吨扩建至日供水1万吨；新建城区配水管网延伸工程及农村供水工程。（15）开展二次供水设施排查，推进二次供水设施改造，委托或移交乐平润泉供水有限公司实施专业化管理。

实施高效供电工程。（16）启动后港 220 千伏、杨范 110 千伏变电站建设工程和沈家岭 110 千伏变电站升级改造工程。（17）实施 10 千伏线路升级改造 133.56 公里，新建改造配电台区 22 台/3700 千伏安，配套建设低压线路 47.25 公里，提升 12 个乡镇 26 个村 5000 余户群众供电保障能力。（18）启动实施涌山、接洄区域电网重建项目。（19）对 2020 年度跳闸在 3 次及以上的 22 条线路进行综合整治，力争配电自动化实现全覆盖。

实施防洪保安工程。（20）完成碧湾灌区节水改造和车溪水、礌溪水、安殷水河道治理工程建设。（21）加快推进共产主义水库、续湖联圩、塘西联圩除险加固工程建设，对 2020 年发生险情的乐安河中路亭崩岸、中洲圩进行除险加固。

实施城市提质工程。（22）完成东风北路三期、第十三小学北侧道路工程建设，打通东风南路、春华路西延、站南路等 3 条断头路，启动双拥路北延伸、双拥路与景鹰高速连接线互通交叉、大连路升级改造、中远路西延、城市经典南侧道路工程建设。（23）启动建设大型货车公共停车场，建设一批城市停车场，新增 2000 个泊车位。（24）完成一江两岸循环道景观工程建设，加快推进劳模公园一期建设。（25）建设城区污水管网 10 公里，启动北内河水环境综合整治。（26）建设 5G 基站 200 个，基本实现 5G 信号覆盖我市重点集镇、工业园区等关键区域。（27）实施南内河、童家山安置小区城市棚户区改造安置房建设，新建安置房 1321 套，安置群众 5000 人以上。（28）启动实施上罗源、洎阳北片区安置房建设，总建筑面积 13.89 万平方米。（29）加快推进市殡仪馆和城市公益性公墓建设。（30）实施“城市文明畅通”行动，持续开展“机非混行”和摩托车、电动车非法加装遮阳伞集中整治行动，着力缓解中小学校等重点区域的交通梗阻问题，维护文明和谐、安全有序的交通秩序。

实施老有所养工程。（31）市社会福利中心建成并投入使用，全面推进“互联网 +”式养老，启动洪岩老年养老护理院建设。（32）巩固提升“爱心食堂”工作，新增村级“爱心食堂”70 个，实现建制村全覆盖的目标。（33）完成 10 所农村敬老院改造升级，开展社区养老服务设施建设，建成 2 所社区嵌入式养老服务机构。

实施和谐稳定工程。（34）完成市综治中心提档升级建设，使其成为依法治市、维护社会稳定的工作平台和为民办实事的重要场所。（35）推进“交所融合”改革，在全市公安派出所户籍窗口开通全面办理简单高频交管业务。（36）开展白蚁专项整治行动，控制白蚁危害。

答好民生发展题。巩固脱贫攻坚成果，健全和落实防止返贫监测和帮扶机制。增强就业创业扶持力度，实施新时代“乐平工匠”培育工程，全面落实职业技能提升行动，实现零就业家庭动态清零。健全多层次社会保障体系，加快推进全民参保计划，提升农民工、新业态从业人员、灵活就业人员社保覆盖面，提高城乡居民基础养老金最低标准。探索建立乡村医生养老退出机制，解决其后顾之忧。实施工伤预防五年行动计划和重点行业职业病工伤保险扩面专项行动，完善社保关系转移接续政策，大力推广社会保障“一卡通”应用工作。深化尊崇工作法，推进双拥工作和军民共建，保障退役军人合法权益。支持和规范民办教育发展，加强校外培训机构管理。深化全民健身运动，提升体育中心、社会足球场等现有各类体育场地设施的开放服务水平。

交出平安优秀卷。慎终如始地抓好常态化疫情防控，健全重大突发公共卫生事件应急管理体系，有序推进新冠肺炎疫苗接种。深入开展爱国卫生运动，引导群众养成良好卫生习惯和文明健康生活方式。积极开展安全生产专项整治三年行动，深入推进综合性应急指挥平台建设。进一步落实食品安全责任制，大力开展市乡两级食品安全办公室规范化建设。积极防范化解政府债务风险，坚决杜绝债务增量，妥善化解债务存量。加强对地方金融机构监管，防范非法集资。积极稳妥化解问题楼盘，持续强化房地产市场和物业公司后期管理的监管，促进房地产业健康稳定发展。以推进市域社会治理现代化试点工作为抓手，全面完善“天网工程”建设，加快推进“雪亮工程”建设，构建立体化、信息化社会治安防控体系。推动扫黑除恶常态化，让城乡更安宁，群众更安乐。

四、政府自身建设

各位代表，面对新的发展形势和任务，我们将扎实开展党史学习教育，继续巩固深化“不忘初心、牢记使命”主题教育成果，以建设“五型”政府和打造“四最”营商环境为统领，大力发扬“孺子牛、拓荒牛、老黄牛”精神，开创政府工作新局面。

*一是切实提高政治站位。*坚持把政治建设摆在首位，始终胸怀“两个大局”，心系“国之大者”，不断提高政治判断力、政治领悟力、政治执行力，把学习教育成效转化为谋发展、抓落实、办实事、开新局的实际举措。以落实中央巡视、省委巡视“回头看”反馈意见整改工作为契机，全面加强政府系统党的领导和党的建设。

*二是切实强化法治观念。*严格依照宪法法律行使职权、履行职责。自觉接受人大法律监督、政协民主监督和社会舆论监督，用心尽责办好每一件代表建议、每一项委员提案。坚持科学民主依法决策，严格执行重大决策合法性审查机制和政府法律顾问制度。大力推行政务公开，提高政府工作透明度。

*三是切实增强责任担当。*努力营造干事创业氛围，大力纠治“怕慢假庸散”作风顽疾。坚持问题导向、目标导向和结果导向，实施“挂图作战”，落实“揭榜挂帅”和“派工单”制度，推进工作往深处想、往细处抓、往高处走，以“务实”展现政府作为，当好“施工队长”。善于在攻坚战场中创业创新创优，勇于在区域竞争上争先率先领先，激励担当，提高效率。

*四是切实做到廉洁自律。*坚定不移地把纪律和规矩挺在前面，严格落实党风廉政建设责任制，持之以恒正风肃纪，涵养清风正气。紧盯重大资金、重要资源、重点工程等关键领域和环节，加大公共资金、国有资产、国有资源和领导干部履行经济责任审计力度。树牢过“紧日子”思想，进一步压缩一般性支出，严控“三公”经费。

各位代表，乐平这一方热土，正焕发着蓬勃的生机与活力。新开局、新任务，我们不仅要按下“快进键”，更要跑出“加速度”。让我们更加紧密地团结在以习近平同志为核心的党中央周围，以习近平新时代中国特色社会主义思想为指导，在市委的坚强领导下，重整行装再出发，为奋力谱写全面建设社会主义现代化国家乐平篇章，在与世界对话中打造特色鲜明的现代化赣东北明珠接续奋斗，以优异成绩喜迎建党100周年！

名词解释

1. **双清零：**即新冠肺炎在院患者清零、疑似病例清零。

2. **乐30条：**即乐平市有效应对疫情稳定经济增长30条政策措施。

3. **三讲一评：**即讲政策、讲帮扶、讲成效、集中评议。

4. **“四个一”长效产业：**即帮助每户建档立卡贫困户建成“一亩茶园、一亩果园，养一笼鸡并加入一个合作社”。

5. **五定包干：**即定管护范围、定管护标准、定管护责任、定管护经费、定考核奖惩措施。

6. **“四最”营商环境：**即打造“政策最优、成本最低、服务最好、办事最快”的营商环境。

7. **赣服通：**即依托江西政务服务网和支付宝移动端开发的一款手机软件，旨在实现江西政务服务由PC端向手机端延伸。

8. **两违：**即违法用地、违法建设。

9. **5020：**即国家级开发区和省级开发区每年分别至少引进一个投资超50亿元、超20亿元的产业项目。

10. **“两化”融合贯标：**即通过在企业内部推行并建立一套管理体系，形成企业长期推动两化融合的内在机制，实现企业工业化和信息化的提升，进而提升企业的竞争力。

11. **童伴妈妈：**即中国扶贫基金会、中国公益研究院联合共青团四川省委在蓉启动留守儿童关爱项目——童伴计划，从10个县的100个村分别选聘、培训一名“童伴妈妈”，每人负责一个村的留守儿童，目的是弥补留守儿童的亲情缺失。

12. **“四化”建设：**即森林绿化、美化、彩化、珍贵化。

13. **天网工程：**为满足城市治安防控和管理需要，对固定区域进行实时监控和信息记录的视频监控系统。

14. **雪亮工程：**通过发动社会力量，和广大群众共同监看视频监控，真正实现治安防控“全覆盖、无死角”。

专　记

打赢脱贫攻坚战　全面建成小康社会

乐平市区域面积1980平方公里。2016年底有贫困人口8530户14799人，分布在全市303个村（居、场）；有“十三五”省级贫困村6个。经过五年的动态调整，2020年有在档建档立卡贫困人口6215户13929人。脱贫攻坚以来，乐平市委、市政府以习近平新时代中国特色社会主义思想为指导，以脱贫攻坚统筹经济社会发展，按照“核心是精准，关键在落实，实现高质量，确保可持续”总要求，领导全市人民在脱贫攻坚的道路上一鼓作气、尽锐出战，善始善终、善作善成，以务实的工作、扎实的过程、真实的结果，增强了人民群众的幸福感、获得感、安全感。

全市各乡镇坚持识别标准，严守识别程序，加强动态管理，应纳尽纳、应扶尽扶。2016年以来共新增贫困人口1333户6027人，减少3648户6897人，扶贫对象更加精准。坚持精准方略，对症下药、靶向治疗，提高脱贫实效。特别是2020年以来，面对战贫、战疫、战灾的三重压力，市委市政府领导全市人民紧盯“一收入两不愁三保障”和饮水安全，重点推进，只争朝夕，坚决打赢疫情防控“阻击战”、剩余脱贫任务“歼灭战”、重点堡垒“强攻战”、减贫任务“接续战”，在迈进全面小康道路上不让一个贫困人口掉队。

抓住就业扶贫这个关键　举办“春风行动”春季就业招聘会，实施就业技能培训，设置就业扶贫专岗，落实外出务工贫困劳动力交通补贴，鼓励帮助贫困劳动力广泛就业。2020年为克服疫情影响，实施“一对一、点对点”的就业帮扶，大力依托龙头企业、乡村就业扶贫车间、农业合作社、就业扶贫专岗、市重点工程帮助贫困劳动力就近就业。脱贫攻坚以来共开展建档立卡贫困户技能培训64期，培训建档立卡贫困户1145人次；2019—2020年11月中旬为全市外出贫困劳动力发放交通补贴2008人次964200元。2020年12月底，全市外出务工贫困人口6072人，占2019年外出务工数比例为138.47%。

突出产业扶贫这个根本　以“有”（即产业有规模、发展有主体、资金有保障）、“优”（即优化服务、优化管理、优化机制）、“强”（即增强产业竞争力、壮大经济实力、增强带贫益贫力）为目标，坚持长短结合，在全市16个乡镇的62个村委会建设分布和集中式光伏电站167个，装机容量12557.14千瓦，2020年底累计结算电费约680万元。建设油茶、马家柚、茶叶等“四个一”长效产业20000余亩；发展白莲、芡实、马铃薯种植加工等短平快特色产业约3000余亩。2016年以来，全市财政专项扶贫资金、结对帮扶单位共投入产业扶贫约2.7亿元。

打好安居扶贫这场硬仗　全市安居扶贫做到“两早”（谋划早、实施早）、“五严”（严把申请程序审批关、严把房屋等级核定关、严把工程质量安全关、严把监督验收关、严把户档资料关），以重建、维修、“交钥匙工程”三种模式实施危房改造，严格排查、完善台账、精准管理。脱贫攻坚以来，对所有贫困户房屋实施鉴定，完成危房改造2317户（含动态调整），发放补助资金4133.85万元，保障了全市农村贫困户住房安全。

夯实教育扶贫这个基础　实施乡镇属地和学校双负责制，创新实施教育扶贫联络员制度，精准落实教育扶贫“9+5”资助政策（“9”是指国家指定的9项教育资助政策，“5”是指市创新的教育资助政策，即学校校服，空白作业本，义务教育阶段“规定目录教辅”，普通高中“电教教材、音像教材”，“学生、幼儿意外伤害身故保险”资助减免），实施贫困学生精准控辍。脱贫攻坚以来，教育扶贫政策惠及学生

18390人次，资助金额1307.95万元；落实“雨露计划”培训补助1859人次363.4万元，确保了贫困家庭适龄学生不因贫失学辍学。政府兜底保障异地就读政策落实，2019年春至2020年春，共发放异地就读学生教育资助金381人次37.7万元。

筑牢健康扶贫这道防线 实施健康扶贫“四道保障线”，落实“一站式”服务、“先诊疗后付费”、家庭医生签约履约、35种大病救治等政策，建立为60岁以上及6岁以下建档立卡贫困人口免费注射流感疫苗和肺炎疫苗的“零道免疫”防线。加强健康扶贫基层基础建设，全市建设公有产权村级卫生室295所，落实公有产权村级卫生室坐诊、巡诊制度，实现村级卫生室医保及时结算“村村通”，及时报销村级卫生室门诊费用。贫困人口住院费用按照90%左右适度要求报销。截至2020年10月，建档立卡贫困人口签约13518人，履约13518人，履约率100%。2018年至2020年10月，35种大病救治6617人次。2017年实施健康扶贫免费疫苗接种以来，惠及贫困人群近4000人。

布好饮水保障这张网络 实施城乡供水一体化，加强水质检测，贫困人口与城区供水“同质、同价、同网、同服务”，为贫困户免费安装管网，每月定量免费供水5吨，确保贫困人口安全饮水有保障。

兜住保障扶贫这条底线 加强最低生活保障与建档立卡“两项制度”衔接，应纳尽纳、应保尽保。落实最低生活保障、残疾人两补、特困群体供养提标提补，织牢编密贫困群众基本生活兜底保障网。2020年底建档立卡贫困户中纳入五保909人，纳入低保10932人，五保低保总人数占建档立卡总人数的85%。6个贫困人口享受了敬老院集中供养。全市乡村建立了196个爱心食堂，133名建档立卡老年人在“爱心食堂”就餐吃饭“不用愁”。

用活金融扶贫这根杠杆 通过“一领办四参与”金融扶贫，扶持所有建档立卡贫困户增收。贫困户每年增收3750元，2017年以来贫困户共受益4815.94万元。用扶贫小额信贷帮助贫困户自主发展和抱团合作入股，使梁廷祥、张有根等一大批贫困群众借助扶贫小额信贷创业就业，实现增收脱贫甚至致富。截至2020年底，全市扶贫小额信贷余额2633万元，每百户贷款余额42.4万元。

用好生态扶贫这个梯队 全市以持续改善贫困村生态环境、落实生态补偿扶贫、发展林业产业扶贫、促进林业就业扶贫等为抓手，大力实施生态扶贫工程。为全市乡镇(街道)3276名贫困人口投入生态公益林补偿16743.03亩301374.54元；安排贫困户护林员公益性岗位73个，每人年收入5000元。加强农村水环境连片综合整治，2017年以来投入了425.85万元，对全市8个乡镇13个村的农村水环境进行连片综合整治，并配套建设了污水处理设施。

拓宽消费扶贫这个平台 实行线上线下双重对接，开展扶贫产品“专区、专馆、专柜”建设与销售，实施扶贫产品“六进”行动。在2020年全省消费扶贫月暨第四届江西省扶贫产品展销活动中，乐平市获得最佳展位奖。2020年底，全市认定扶贫产品132个、供应商57个，商品总价值约3.9亿元。全市扶贫产品累计销售金额约1.44亿元。尤其是10月13日晚上，乐平市创下了第一单直联直报中国社会扶贫网消费扶贫产品的网络交易记录。

画好村庄整治这幅图画 结合“整洁美丽，和谐宜居”新农村建设，实施贫困村村庄整治行动。54个省、市级贫困村全部纳入新农村建设点，严格按照贫困村退出九大体系指标完成村庄整治任务。目前6个省级贫困村主干道全部硬化，入户道硬化95%以上，饮水安全率100%，住房安全率100%，100%农户通生活用电，村委会所在地通动力电，宽带村村通，电视家家看。建立了环境建设长效机制，95%以上农户享有无害化卫生厕所，公共服务设施齐全。建起了村级综合服务平台，配备了党员教育及便民服务一体综合楼，建立了“爱心超市”，修缮了村民活动广场，丰富了农民生活。6个省级贫困村都建立了光伏电站和“四个一”长效产业，村集体经济收入稳步增长。

夯实基础设施这项底子 加大交通基础设施扶贫力度，实现了建制村通硬化路100%，建制村通客车率达到100%，为全市脱贫攻坚工作提供了强有力的交通保障。党的十八大以来，全市1438个自然村道路建设4881.6333公里，受益贫困人口1.3929万人，总投入6.275415亿元，其中建设省、市级贫困村通村路58.85公里，总投入1826.8万元。

攻克战疫战灾这个堡垒 在脱贫攻坚收官之年，遭遇突如其来的新冠肺炎疫情和严重洪涝灾害。市委、市政府积极贯彻落实习近平总书记关于疫情防控重要批示指示和全国、省、景德镇市有关疫情防控文件精神，制定了《关于有效应对新型冠状病毒感染的肺炎疫情坚决打赢脱贫攻坚战的实施意见》(乐发〔2020〕3号)。协同有关部门深入开展了15

次应对疫情影分析调度。扎实做好“六稳”工作,全面落实“六保”任务,从产业、就业、保障、复工复产等有关方面采取有力措施,及时排查、联防联控、精准应对,把疫情对脱贫攻坚影响降至最低。积极应对洪涝灾害,市委、市政府拨付192万元专项资金用于帮助受灾贫困户恢复生产生活,加快村集体经济恢复;全市各级干部、社会组织积极参与抗灾救灾。因措施得力,全市没有出现贫困人口确诊或疑似病例,没有产生因疫因灾致贫和返贫现象。

调动重点推进这个动力 2020年脱贫攻坚收官之年,针对全市18个乡镇(街道)21个重点推进行政村的产业扶贫、就业扶贫、消费扶贫、保障扶贫、资金项目等工作实施重点推进。成立重点推进指挥部和13个专项工作小组,实施定期调度,较真碰硬“推”、凝心聚力“战”,确保高质量完成剩余脱贫任务。

答好专项调查这套考题 2020年选调了78名普查员、12名指导员、11名数据审核员参与脱贫成效专项调查;集中组织或送训下乡调查培训4次;扎实做好清查摸底,逐户筛查、逐人比对,确保了信息完整、真实、准确。完成了户表、村表、县表填报工作的指导、审核与报送。9月15日至9月底,专项调查有序进行,并于10月25日通过了省级抽样核查。

高悬纪律监督这把利剑 脱贫攻坚以来,乐平市始终狠抓扶贫领域监督执纪问责工作,为打赢“脱贫攻坚战”提供坚强保障。突出“准、实、稳、效”,全力抓好中央巡视反馈问题的整改;紧盯重要人员、重点资金、重要环节开展督查问效;建立机制,拓宽线索,在扶贫领域重要问题上严格执纪;发挥“利剑”威力,扎实开展扶贫巡察。2017年以来共查处扶贫领域问题649起,处理人数1028人,党纪政务处分269人,对759人运用“第一种形态”,通报182起291人。

艰难方显勇毅,磨砺始得玉成。经过八年的不懈努力、持续奋斗,2020年底全市6215户13929名贫困人口全部脱贫,6个贫困村全部出列,贫困人口“两不愁三保障”和饮水安全全部解决,贫困人口年人均纯收入从2015年的2192元增加到2020年的13385元。脱贫攻坚取得决定性胜利,为全面建成小康社会打下坚实基础。

人居环境显著改善 贫困村呈现出新的发展局面:普及村级卫生室建设,公共服务水平不断提高,群众看病更方便;贫困村通电、通水、通路、通网络,群众生活更有质量;贫困村普遍建设综合公共文化服务中心,人民群众精神生活更加充实。昔日贫困村变成了整洁美丽、和谐宜居的秀美乡村。

攻坚格局稳固筑牢 强化“市抓落实、乡镇推进和实施”的工作机制,筑牢市乡村三级书记直接抓、部门行业合力扶、扶贫单位倾心帮、驻村干部和基层党员干部结对包的责任体系,形成了专项扶贫、行业扶贫、社会扶贫三位一体的大扶贫格局。

制度体系逐步完善 出台《关于打赢脱贫攻坚战三年行动实施意见》《乐平市产业扶贫收益分配指导意见》《关于建立防止返贫监测和帮扶机制的实施意见》等政策措施,一整套制度体系臻于完善,为巩固提升脱贫成效提供了制度保障。

集体经济明显增强 行政村产业扶贫、电商扶贫、光伏扶贫等较快发展,特色产业不断壮大。樟木里村的白茶每年纯利润26万元,龙口村的光伏年收入30余万元,2020年白塔村村集体收入近50万元。

治理能力大幅提升 推进党建促脱贫攻坚,贫困村基层组织得到加强。基层干部通过开展贫困识别、精准帮扶,农村工作本领明显提高。全市125名第一书记驻村、4000多名干部结对帮扶,把脱贫攻坚一线作为历练干部的主战场,思想得到淬炼、能力得到锻炼、作风得到锤炼。

(市乡村振兴局)

万众一心 众志成城
共筑疫情防控坚固防线

——乐平市2020年度新冠肺炎疫情防控工作纪实

2020年是极其不平凡的一年,也是人类对抗新冠肺炎疫情的一年。自新冠肺炎疫情发生以来,乐平市全面贯彻习近平总书记有关指示批示精神,省委省政府、景德镇市委市政府重要会议精神,乐平市委、市政府主要领导高度重视、亲自部署、靠前指挥,全市上下快速响应、全民动员、有力有序开展了疫情防控的人民战争、总体战、阻击战,为保障全市人民群众的生命财产安全筑起了坚不可摧的防线。

建立联防联控网络,周密部署应对疫情

乐平市以一级状态,按照一级标准,落实一级责任,坚决抓好"外防输入、内防扩散"两大环节,努力切断传染源,迅速控制疫情扩散,形成了领导示范、党员带头、群众参与的联防联控局面。

——*军令如山强防控*。在习近平总书记对新冠肺炎疫情第一次作出重要指示后,乐平市即于1月22日召开了新冠肺炎疫情防控紧急会议,传达学习了习近平总书记重要指示、李克强总理批示和刘奇、易炼红的工作要求,对全市防控工作进行了部署,并先后召开市委常委会、市委常委(扩大)会,新冠肺炎疫情防控应急指挥部及工作领导小组等会议,认真学习贯彻上级重要指示和要求,对疫情防控工作进行动员部署和高频调度。迅速成立了以市委书记和市长为双组长的应对疫情工作领导小组和以市长为指挥长的应急指挥部,搭建起"一办八组"(后根据工作需要扩充为"一办十一组")协作机制,各组分别由市委常委、市政府分管领导担任组长,各乡镇(街道)和部门同步成立应急指挥部或领导小组,市直部门派出20个支援组下沉到乡镇驰援。市委、市政府主要领导靠前指挥,亲自赴疾控中心、定点医院、火车站、客运站、乡镇、社区、重点场所等地调研,督促检查落实疫情防控工作。县级领导干部率先垂范,第一时间到挂点乡镇(街道)指导督促疫情防控工作。

——*闻令而动稳防控*。疫情初期,从大年三十开始,乐平市委办、市政府办、卫健系统干部职工,指挥部成员单位,包括乡镇(街道)党政主管和分管领导全部取消休假,号召全市党员干部冲在一线、干在一线,确保市委、市政府各项工作部署落到实处。乐平市委、市政府根据疫情发展形势,及时升级防控举措,采取"六个一律"措施确保防控全覆盖、无死角(一律暂停公共场所公共活动;对从武汉方向返乡人员一律留观不外出;凡是有发热症状人员一律及时报告;已经发烧的人员一律不准外出,自觉隔离;以村为单位,在1月28日晚一律到每家每户再排查、彻底排查,建档造册;各乡镇副科级以上干部一律包村,县级领导包乡镇)。加大了宣传和报道力度。开设了《众志成城抗疫情》专栏,采写防疫工作报道860余篇,推出了《数字背后的力量》《色彩汇聚的力量》等系列报道,先后在人民网、学习强国等10多家中央、省级媒体上稿143篇。发放和张贴公告、海报、宣传标语、宣传单、防控手册共30万余张(份、条),在电视台滚动播放宣传片10多部,大力普及防控政策。组建网信应急专班,实行网信24小时值班制,及时辟谣。2月11日在城区拉响防空预警,进一步提高市民对疫情危害性的警示和警觉。先后发布了风险提醒和温馨提示及两封《公开信》,最大程度地争取广大群众的理解、支持和配合,进一步坚定了全市上下打赢疫情防控阻击战的信心决心。

——*有令必行保防控*。为确保疫情防控工作落实到位,市委、市政府在人、财、物、技等方面给予全方位的保障。在依靠人民医院专家团队基础上,又分三批从各大医院抽调19名医生和19名护士,并储备46名医生和经验丰富的46名护士。梯次组建专家队伍和医疗救治队伍,确保医护人员拉得出、用得上、能打仗、打胜仗;坚持保障先行,市财政局1月23日拨付200万元专用资金到卫健委,医保局也提前预拨50万元给市人民医院,明确由市财政全部兜底。同时,多方筹措急用医用物资,全力保障防疫物资供应。通过乐平在外企业家、商会等渠道,紧急调运一次性医用口罩5万个、防护服300套、84消毒液1万瓶、过氧乙酸2000瓶。其中,本土培育的上市台资企业——宏柏化工主动无偿提供大量酒精、次氯乙酸等消杀用品。积极运用大数据平台,助力精准防控,此举获得了省督导组的高度认可。

——*令行禁止抓防控*。在疫情防控工作中,始终坚持全市一盘棋、上下一条心,充分发挥指挥部的“一线总指挥”作用,进一步强化指挥部权威,各项工作必须在指挥部统一领导下开展,指挥部各工作组协同作战,做到统一指挥、统一部署、统一调度、统一发布,确保任务梯次接续、责任前后衔接、工作压茬推进。建立健全市、乡、村三级联防联控网络,始终坚持突出基层党组织和广大党员的战斗堡垒和先锋模范作用,动员镇、村两级党员干部挨家挨户开展排查,真正做到逐户登记、不漏一人。疫情防控初期,各监测点严格落实“四个一”(一个带班领导、一队医护人员、一队公安民警、一台救护车)的要求,严格管控疫情重点地区的车辆和人员进出,各监测点累计检测近670余万人次,发现发热人员539人,及时专车转运至定点医院隔离治疗;运用“12345”政府服务热线平台,开通举报电话,发挥群防群治作用。重点对群众反映的问题及时核实、及时交办,并跟踪问效、实时反馈、释疑解惑。在党委政府和人民群众之间架起了一座坚定信心、相互信任、凝聚合力的桥梁纽带,紧紧依靠人民群众坚决打赢疫情防控阻击战。

建立疫情防控机制　保障群众生产生活

进入常态化疫情防控后,乐平市实施分级、分类、动态精准防控策略,认真分析研判形势,及时发声指导,及时掌握疫情,及时采取行动,坚决抓好“外防输入、内防反弹”工作,严格落实各项防控措施,复工复产复学有序推进,生产生活秩序加快恢复。

——*加强监控有实招*。在疫情防控中,全市动员镇、村两级党员干部及医务人员挨家挨户开展无死角、全覆盖、地毯式摸排。积极运用大数据平台,精准筛查从疫情高风险地区来乐平人员及境外入境人员,保障了对定点人员的规范管控。以村组和小区为单位,实行网格化流动性管控,重点管控外部人员、居家隔离人员。同时全面实行“五报告”制度,并实行举报有奖制度,保障了流动人员的安全防控。

——*应对问题有举措*。按病情分梯次设立定点(备用)救治医院和集中(备用)医学观察点。全市设有1家定点救治医院和2家备用救治医院,拥有床位55张;集中(备用)医学观察点2个,拥有床位88张。2021年1月5日,对2523人开展了“四类人员”流行病学调查、追踪与管理,全市发现疑似病例7例,已排除6例,其中确诊的1例已于1月30日下午治愈出院,开创了全省县级二甲医院治愈确诊患者的先例。市人民医院得到景德市表彰嘉奖;对武汉返乐平人员、境外入境人员、国内中高风险地区返乐平人员等进行集中隔离留观。截至2021年1月5日,定点救治医院和医学观察点累计留观治疗286人。集中隔离留观点东方国际酒店和怡莱酒店累计留观人员1550人。在做好本市的疫情防控工作的同时,积极开展对外援持。2月11日,组织中医院医疗队赶赴新余市开展医疗救援;2月12日,乐平蓝天救援队派出9名队员奔赴武汉(全国共200名),支援疫区消杀和物资仓储任务;2月17日,市疾控中心1名业务骨干赴湖北随州支援开展流调排查和巡回督导工作。均已载誉平安归来!

——*强化落实有行动*。积极开展爱国卫生运动,全市累计消杀面积约137万平方公里,累计清运垃圾20万吨,设置收集废弃口罩回收点120处,对废弃口罩日产日清,统一无害化处置;严厉打击干扰疫情防控行为,办理涉疫情相关刑事案件14起,行政案件266起,累计刑事拘留12人,行政拘留105人,罚款164人,不予处罚89人,警告38人,训诫77人;检查食用农产品集中交易市场1165个次,检查餐饮服务单位2806户次,累计出动执法人员2万人次,整治清理59家流动摊贩、75处流动菜贩、83家出店经营;纪检、组织部门每天派出6个督导小组对各单位防控工作进行督导,以问题为导向倒逼各单位的责任落地见效。累计开展督导181轮次,发现问题1627个,下发整改建议书535份,共处理261人,其中免职1人、停职停薪2人、党内警告6人、诫勉谈话57人。

——*统筹发展有保障*。在疫情防控期间,累计发放1166张货运通行证,确保了蔬菜、水果、猪肉、大米等生活物资及时供应。累计签发车辆通行证358张,保障了群众就医和人员复工复产需求。开通外出人员绿色通道,累计运送到省内5592人、到省外7592人。同时实行物流、快递从业人员测温后进入小区进行无接触配送货物,方便群众生活;制定了稳定经济增长30条政策措施,实行“一企一策”“一项目一方案”。市委、市政府主要领导多次深入工业园区、部分企业,调研指导企业复工复产和落实疫情防控工作,助力企业复工复产、工人返岗就业。至2020年底,全市116家规模以上工业企业,已全部复工复产,产能恢复率100%;返岗员工10029人,员工返岗率100%。同时,印制了疫情防控手册3000册发放到各企事业单位,帮助企事业单位落实各项防控措施,提高自我防护意识和保护能力。同时,坚持对内复工复产优服务和对外招商引资强动力相结合,召开招商引资推介会,通过线上签约19个项目,投资额达到52亿元,其中20亿元项目1个;市委、市政府主要领导多次深入重点项目现场调研督导,要求按照省委、省政府"项目建设提速年"工作要求,抢抓施工进度,与时间赛跑,确保项目建设好、管理好、成效好。2020年乐平市2个省重点项目已全部复工或开工建设。景德镇市重点项目共复工开工49个,本市重点项目共复工开工107个,复工率100%;市疫情防控指挥部及时下发了《关于印发做好学生返校学习部门联动工作方案的通知》,落实各相关部门工作职责,实行点对点闭环管理,按照属地原则,坚持一校一医院,为学校安排好定点联系医院和医生,切实加强医疗保障。全市各中小学按照要求,在做好应急演练和防控工作的前提下,各年级实行错峰开学和放学。教育、城管、市场监管、卫健等单位成立6个专项督查组分片进行现场督查,同时做好复学防控物资保障工作,指挥部向全市中小学发放了285560只口罩、500把测温枪和3650瓶免洗手消毒液。

建立联通领导体系　提升疫情防控能力

进入秋冬季疫情防控以来,全市始终坚持把疫情防控工作作为当前头等大事和政治任务抓紧抓实,始终保持清醒认识,始终保持战时状态,建立起指令清晰、系统有序、条块畅达、执行有力的统一高效的领导指挥体系,切实提高"及时发现、快速处置、精准管控、有效救治"的能力和水平。

——*加强防控不放松*。国务院联防联控机制召开秋冬季疫情防控电视电话会议以及省、景德镇市会议后,全市第一时间传达贯彻习近平总书记重要讲话精神、秋冬季和冬春季疫情防控会议精神,始终绷紧疫情防控这根弦。秋冬季疫情防控以来,全市共召开10余次市委应对疫情防控领导小组会议和指挥部会议,并定期召开指挥部一办十一组和联防联控成员单位调度会,印发了《乐平市秋冬季新冠肺炎疫情防控工作方案暨应急处置预案》《关于进一步加强冬春季疫情防控工作的通知》《乐平市新型冠状病毒疫苗接种工作实施方案》等重要文件,切实做好秋冬季和冬春季可能出现疫情的各项应对准备;全市密切关注全国各地疫情发展形势,在省、景德镇市部署排查工作之前就第一时间加强排查中高风险地区和重点地区来乐平人员以及加强境外回国隔离期满返乐平人员管控,并适时调整排查工作重点。同时做好体温测量、查验健康码和7天内核酸检测阴性结果证明,以及行程轨迹登记等。若没有有效证明人员,一律送定点隔离点做核酸检测,检测结果为阴性者方可解除隔离。国庆期间,对南昌输入性无症状感染者的2名密切接触者和31名次密切接触者第一时间开展流行病学调查,全部在定点隔离场所隔离,核酸检测结果均为阴性。至2020年底,未发现无症状感染者和"复阳"患者。加强监测预警。全市印发了《关于成立疫情风险研判工作组的通知》,成立以网信办、教育、农业农村、市场监督、交通、民政、公安、卫健等相关部门专家为成员的疫情风险研判工作组。印发了《乐平市新冠肺炎等传染病疫情监测多点触发预警机制实施方案》,充分利用大数据跨部门跨乡镇协同,建立多点触发预警机制。通过加强医疗机构的病例监测、口岸入境人员监测、学校重点人员监测、社区重点人员监测、公共聚集场所人员监测、退烧药品销售监测、病媒生物宿主动物监测、农贸市场监测、冷链食品监测、舆情监测。对各类市场进行大排查,特别是对农贸市场、批发市场、商超、冷库等场所的进口三文鱼、白虾等海鲜产品及进口牛羊肉、冷冻冷藏肉品等相关产品开展风险排查,共出动执法车辆242辆次、执法人员1038人次,共封存进口冷冻冷藏肉品325.4千克(其中三文鱼9.1千克、白虾19.8千克)。切实加大对进口生鲜、肉制品、冷冻冷藏食品等重点品种和外环境的病毒采样核酸检测力度,全面加强人、物、环境"三防"和多病共防工作,确保每2周不少于1次开展定期检测。分20批次对70余家冷链食品经营户核酸检测采样640个(其中食品样品66个、食品包装样品49个、环境样品65个、从业人员460人),全部为阴性。全市新冠肺炎疫苗计划接种1万人,已接种2398人;针对秋冬季是呼吸道传染病的高发季节,有可能会造成新冠肺炎与流感的叠加效应特点,市印发了《2020年乐平市重点人群流感疫苗接种工作实施方案》,做好重点人群流感疫苗接种工作,积极保障流感疫苗供应,全市共12800名重点人群接种了流感疫苗。同时加强了社区、车站、市场、餐饮门店等重点场所的防控指导，加大消杀力度，强化人员健康监测，严格落实“五报告”制度和测温、扫码、戴口罩“三项措施”，避免聚集性感染事件发生。

加强准备不松懈。定点场所储备。抓实人民医院、中医医院、乐平二院、乐平大连医院等二级医疗机构发热门诊和18个乡镇卫生院发热诊室全部按“三区两通道”完成标准化改造和竣工验收；按照救治方案要求，定点救治医院（人民医院）启用时必须迅速整体腾空，达收收治能力50%时，要在24小时内腾空备用救治医院（中医院），48小时内投入使用。中医院达到收治能力50%时要启动二院，方舱医院（体育馆）同步进行改造。市人民医院共准备救治床位139张，重症救治床位18张；按照一例确诊病例要准备100张隔离病床的要求，全市定点隔离点为怡莱酒店（64间），市委党校（87间）、东方大酒店（300间）等为后备隔离点，当第一隔离点达到50%容量时，在24小时内腾空第二隔离点。

人员队伍储备。9月，由市人民医院、市中医医院、市疾控中心对所有医务人员（包括乡医）开展全员核酸检测采样培训4767人。由定点医院人民医院开展新冠肺炎救治人员培训246人。推进核酸检测人员培训，已有25名检测人员取得资质，确保满足核酸检测24小时满负荷运转的人员需要；人民医院、中医医院、疾控中心已具备核酸检测能力，中医医院采用全省首批核酸检测新技术，将检测时间由3个小时缩短到28分钟。全市核酸检测能力单日可达到3500人份，采用1∶10的混检可达到单日3.5万人份，同时储备了第三方检测机构。在景德镇市的统筹和支援下，一旦发生疫情，能在5—7日内完成全员核酸检测任务。截至2021年1月5日，全市累计开展核酸检测33575人；10月12日，市疫情防控指挥部开展了乐平市应对2020年秋冬季新冠肺炎疫情桌面演练，市指挥部一办十一组依据应急预案对事先假定的演练情景进行应急响应、现场调查与处置，市长高翔出席，对演练全过程进行点评并讲话，达到了熟悉操作流程、完善处置措施、锻炼应急队伍的目的。

防控物资储备。累计采购医用口罩215.99万只、防护服4500套、N95口罩2110只、红外线测温仪1286把、84消毒液800瓶。市已引进一家口罩厂，该厂10条生产线，已开工5条，日产口罩50万只，从4月开工生产至今确保了全市防疫口罩的供应，该厂产品全部按医用口罩标准进行生产，能够完全保证全市防疫口罩的需求。另外十余种防疫物资已形成稳固的供应渠道，完全有能力保障供应。与中通、圆通、邮政、顺丰、京东等快递公司形成战略合作，保障防疫物资的正常运输。紧急情况下启动紧急运输预案，由交通部门组织运输车队实施紧急运输。近期又采购医用外科口罩10万只，病毒采样管（混采管）1.3万只；制定下发《关于做好卫生应急物资储备的通知》，要求医疗机构按照满负荷运转30天需求储备各类实物医疗物资，按照一年的需求进行产能储备。对全市36家医疗卫生单位医用防护物资现有库存数进行了核查。截至12月底，有主要个人防护用品6种：N95口罩12037个、医用防护服6819套、医用口罩388029个、普通口罩104653个、一次性隔离衣7206件、医用隔离面罩3323个；主要防护器材4种：红外体温计7台、额温枪429把、护目镜3043只、体温计3197支；主要消杀药品2种：84消毒液2967.5升、漂白精片2912瓶；检测试剂1种：新冠核酸检测试剂17000盒；检测设备2种：pcr4台、呼吸机32台。负压型救护车2台。同时要求各乡镇和单位自行储备满足至少一个月需求的口罩、额温枪等防控物资。

加强组织有保障。全市坚持党委统一领导、党政齐抓共管的疫情防控工作机制，不断完善战备化的指挥体系，坚持队伍不撤、标准不降、力度不减，指挥部一办十一组秋冬季期间已进入战时状态，在指挥部集中统一办公，立足于打大仗、打硬仗、打持久战的准备，确保一旦发生疫情，能迅速启动，高效处置。市委、市政府主要领导和各乡镇（街道）和部门主要领导身在一线、干在一线，率先垂范、指令畅通。全市共储备呼吸、感染、重症、护理、临床检验等执业医师和护士132人，根据疫情情况分三批实行整建制调派。共组建21支现场处置应急机动队伍（市疾控中心3支，18个乡镇卫生院各1支），每支应急机动队由2名流调人员、2名采样人员、2名消杀人员和1名司机组成。各乡镇（街道）加强网格化管理，组建社区管理人员、志愿者、网格员等社区防控队伍，织牢社区防控网底；市财政共投入3010.485万元。其中，2016.55万用于医疗救助、疫情防控物资、医护工作者临时性补助等；464万元用于公共体系建设、重大疫情防控救治体系建设补助；拨给市人民医院医保基金50万元用于患者治疗费用；金融债务贷款贴息195.52万元用于疫情防控重点企业复工复产、降低企业融资成本。印发了《关于下发在新冠肺炎疫情防控一线城乡社区工作者补助经费的通知》(乐民字〔2020〕213号),明确补助标准为每人每天30元,补助时间为30天。市财政下拨社区一线人员补助经费284.415万元,通过“一卡通”发放到位。上级下达地方政府债券投资计划1.4亿元,其中,市应急医疗救治中心项目5000万元(正在征地),市人民医院综合大楼建设项目6000万元(正在建设),市中医医院改扩建建设项目3000万元(正在建设)。同时,市慈善会和红十字会共接收到社会捐款903.46万元、捐物折价172.14万元,定向捐赠72.93万元。督导组建立疫情防控工作督办、问责、倒查机制。将应对秋冬季疫情防控各项准备工作,根据督导情况逐一建立问题台账,逐一实施销号管理。真正做到以查促改。对疫情防控工作开展不力的,进行通报批评。对玩忽职守、失职渎职等违纪违法行为的单位和个人,依据有关法律法规追究,落实激励约束的评价机制。

(市卫健委)

乐平概览

自然地理

乐平市位于江西省赣东北腹地，处赣东北丘陵山地向鄱阳湖平原过渡地带，乐安河中游地区。地理坐标北纬28°42′14″—29°23′24″，东经116°53′36″—117°32′40″，属东8时区。市域东邻德兴市、婺源县，西毗鄱阳县，南连弋阳县、万年县，北接景德镇市昌江区、浮梁县。境域大体呈圆形，东西宽约58公里，南北长约56公里，市域总面积1980平方公里，为“五山一水三分田，一分道路和庄园”格局。全市最高峰峤嵘山仙姑峰海拔798米。母亲河乐安河自东向西穿越全境，其7条支流（洎水、官庄水、长乐水、建节水、车溪水、安殷水、磻溪水）呈羽状分布。

气候特点

乐平属亚热带湿润性季风气候区，冷暖交替，温暖湿润，雨量充沛，四季分明。2020年总的气候特点是：气温比历年平均值偏高，降水偏多，日照偏少，属偏丰年景。

2020年平均气温18.6℃，较历年平均偏高0.5℃。年极端最高气温36.9℃，出现在8月3日，年极端最低气温－5.8℃，出现在12月31日。年降水总量2137.9毫米，较历年平均偏多311.3毫米。年日照总时数1571.2小时，较历年平均偏少232.7小时，年日照百分率35%。

历史沿革

乐平境域在旧石器时代已有人类活动。春秋战国时期先后隶属吴、越、楚，初属番（pó）邑。秦统一中国后实行郡县制，属九江郡余汗（gān）县。西汉为余汗县乐安乡。东汉光和元年（178）建置乐平县，县城设在银城堡（今德兴市银城畈）。东汉兴平二年（195），三国吴迁县城至乐安乡亭驻地洎口（今名口镇戴村），改县名为乐安县。唐开元四年（716）再度重建乐平县，县城设在长乐水口（今众埠镇铜山港口村），隶属江南道饶州。元元贞元年（1295）升县为州，隶属江浙行省饶州路。明初，改州为县，改路为府。1949年4月29日，中国人民解放军进驻乐平，宣告乐平解放。乐平县初属赣东北行署乐平专区（驻乐平）。同年10月，专员公署移驻景德镇，改为浮梁专区。1952年10月，乐平改属上饶专区。1983年10月，改属景德镇市。1992年9月21日，经国务院批准，撤销乐平县，设立乐平市。

区划人口

1985年全县设1个镇、23个乡、2个直属单位（共库管理局、市良种场）；1988年5个乡撤乡建镇，并成立乐河镇；1997年9个乡撤乡建镇；2000年市良种场列入市农业局直属单位；2001年撤销乐河镇、峤嵘山乡、涧田乡、文山乡、科山乡、观峰乡，同时，将乐平镇更名为洎阳街道、坎上乡更名为塔山街道、金鹅山乡更名为农业高新科技示范园；2014年10月，十里岗撤乡建镇。2019年7月11日，经省政府批复，同意将昌江区新柳村委会龙树村村民小组、慈义村委会新远村村民小组所辖区域划归乐平市塔前镇桃林村委会管辖。2019年，乐平市辖2个街道、15个镇、1个乡、1个农科园和1个大型水库管理局。2020年，全市共设71个居委会、266个村委会。年末全市户籍总人口94.66万人，常住总人口75.38万人，常住人口城镇化率44.6%，户籍人口城镇化率37.16%。

矿产资源

乐平市已探明的矿藏有煤、锰、海泡石、石灰石、大理石、石英石、膨润土、瓷土、陶粒岩、花岗岩、沙金等，是全国四大产锰地之一，江西三大产煤基地之一。经勘探查明的市西牯牛岭海泡石矿，为全国首次发现，世界稀有。

生态环境

乐平是一个具有典型江南特色的生态城市，山清水秀，风光旖旎。土地面积295.25万亩，其中林业用地面积155.35万亩，占全市土地总面积的52.62%；有林地面积145.56万亩，占林业用地面积的93.70%。公益林面积64.87万亩，天然林保护工程面积12.39万亩，商品林面积78.09万亩，全市森林覆盖率为49.3%，林木绿化率49.93%，活立木蓄积544.68万立方米。

区位交通

乐平市位于赣东北腹地，地处“南昌—九江—景德镇”金三角区域，交通便利，四通八达，物流便捷，市场发达，商贸繁荣，境内铁路、公路、水路交织成网，皖赣铁路、206国道穿境而过，省道德三线、汪乌线与境外快速相连。乐德铁路、乐上公路横贯东西；境内公路总里程为2188.9公里。乐安河直下鄱阳湖与长江连通；景鹰高速、德昌加密高速穿境而过并开设互通立交，与杭瑞、沪昆高速全线贯通。车程一个半小时内可到达九江港口、华东重要交通枢纽鹰潭、昌北机场，3小时经济圈内有武汉、金华、义乌、黄山、衢州等城市。

地域文化

乐平人文昌达，历史上涌现了“一王二侯五宰相（明代黔宁王沐英、平燕将军历城侯盛庸、高阳郡侯许瑗，宋代右丞相兼枢密使马廷鸾、同知枢密院事王刚中、右仆射兼枢密使洪适、资政殿学士同知枢密院事洪遵，清大学士范文程），两名状元威武将（宋文进士、武状元徐衡，清云南提督一品威武将军汪道诚），三位榜眼和探花（宋榜眼王刚中、清榜眼汪守和、探花邹家燮），二百六十进士郎”。乐平文化底蕴深厚，素有“文章节义之邦”之美誉，形成了以“赣剧之源＋中国古戏台之都”为龙头的乐平文化“特色”与“品牌”。乐平以“洪公气节、马氏文章”著称于世，《容斋随笔》作者洪迈、史学名著《文献通考》作者马端临祖籍均在乐平。至今仍保留400余座融建筑、雕刻、绘画于一体的明清古戏台，多为砖木建筑，分为宅院台、庙宇台、会馆台、祠堂台和万年台五大类。古戏台营造技艺被文化和旅游部、工业和信息化部确定列入“第一批国家传统工艺振兴目录”；获得“2018—2020年度江西省民间文化艺术之乡（赣剧之乡）”荣誉称号；赣东北特委（赣东北革命委员会）旧址、红十军建军旧址、篁坞方志敏旧居、文山第二次工农兵代表大会旧址、鸣山暴动旧址等15处列为江西省文物保护单位。乐平被省政府列为省级历史文化名城。经中国民间文艺家协会考察论证，乐平被命名为“中国古戏台之乡”。南窑遗址成功入选第八批全国重点文物保护单位，这是乐平市继浒崦名分堂戏台后第二个全国重点文物保护单位。获评全国“七五”普法中期先进县（市、区）、全国法治县（市、区）创建活动先进单位。

经济发展

2020年，全年实现地区生产总值353.26亿元，同比增长3.6%；规模以上工业增加值同比增长7.76%。财政总收入47.26亿元，同比增长1.6%；固定资产投资同比增长8.5%；实际利用外资8671万美元，同比增长6.26%；外贸出口24.03亿元，同比增长0.93%；社会消费品零售总额148.15亿元，同比增长3.1%；城镇居民人均可支配收入39214元，同比增长5.8%；农村居民人均可支配收入19150元，同比增长6.9%。

“三农”亮点

乐平为“江南菜乡”，全国蔬菜批发市场50强，全市有蔬菜10大类、160多个品种。全市常年蔬菜播种面积为35.9万亩，年总产量119万吨以上，年总产值17亿元。蔬菜批发大市场总交易量85万吨，同比增长1.3%；交易额20.75亿元，同比增长1.6%。全市农机总动力为52.26万千瓦，较上年增长2.72万千瓦，增长5.49%。2020年全市土地总流转面积40.98万亩，占耕地面积的61.9%，较上年减少0.38万亩。

社会事业

全年共争取市级以上科技计划项目立项31项，其中中央引导专项1项，争取项目资金76万余元，下达本级科技计划项目42项，资金100万元。全年有创新活动企业数量达到30家以上，全社会研发投入（R&D）达到3.53亿元，占全市地区生产总值的比重达到0.99%，技术合同交易额达到13000万元，同比增长

261%。全市高新技术企业达40家;24家企业通过国家科技型中小企业评价。获批景德镇市级科技特派员站23个。全市有各级各类学校362所(民办学校6所),其中重点高中2所、普通高中4所、中等专业学校1所、职业高中1所、九年一贯制学校10所、初级中学37所、小学224所、教学点91个、特殊教育学校1所、教师进修学校1所。在职教职工8180人,在校学生148681人。幼儿园359所(公办154所,民办205所),在园幼儿27209人,专任教师1796人。教育经费支出为202696万元,其中公共财政预算安排的教育经费为182768万元,财政经常性收入为217044万元,公共财政教育支出占公共财政预算支出的25.03%。2020年,全市卫健系统共有县、乡、村三级医疗卫生单位660家。全市共有执业(助理)医师1679人,注册护士2014人。有注册乡村医生1014人。全市医疗机构共设病床4008张。2020年全市出生人口8154人,出生率8.15‰。其中男性4364人,女性3790人,出生人口性别比为115.15。死亡人数2349人,死亡率2.44‰。人口自然增长率5.71‰。2020年婚姻登记人数为5339对,免费婚前医学检查人数5496对,婚检率102.9%。

大事记

1月

2日上午，位于大连路锦阳汽车城内的乐平市公安局交警大队车辆管理所新址揭牌启用。

3日，江西世龙实业股份有限公司顺利通过海关AEO高级认证，获得中华人民共和国南昌海关颁发的海关AEO高级认证企业证书。这是景德镇地区唯一通过高级认证的企业，也是江西省化工行业首个通过海关高级认证的企业。

4日上午，市委六届第107次常委会会议在市为民服务中心十楼市委常委会议室召开。市领导俞小平、高翔、高晓云、王颖军、张汉坤、王慧娟、李群芳、徐志军、吕贵平、吴顺斌、王晨等参加。

4日上午，市政府第86次常务会议在市为民服务中心七楼市政府常务会议室召开。市领导高翔、张汉坤、徐志军、王晨、占志远、方静、乐先锋、韩伟、杨珊庚、李宝山、董醇兵等参加。

6日，市领导俞小平、苏振华等带队先后来到镇桥镇、财政局，对镇桥镇及公安局、财政局、交警大队、卫健委、生态环境局、团市委落实党风廉政建设责任制情况进行实地考核和集中考核。

6日，市领导高翔、张北海等带队先后来到市住建局和众埠镇等地，对市住建局、水利局、工信局、文广新旅局、民政局、乐平二中及众埠镇落实党风廉政建设责任制情况进行集中考核和实地考核。

7日，中共乐平市委六届九次全体（扩大）会议在市为民服务中心三楼第一会议室召开。市领导俞小平、高翔、高晓云、王颖军、潘赛新、张汉坤、王慧娟、李群芳、徐志军、吕贵平、吴顺斌、王晨等市委委员、候补委员，市人大常委会、市政府、市政协领导班子成员，市人武部长、政委，法检“两长”及副县级以上领导干部参加。

7日，景德镇市委副书记、市政府市长刘锋一行来到乐平，就新农村建设及河长制工作进行调研。景德镇市政府副市长徐耀纯、景德镇市政府秘书长张维汉及乐平市领导俞小平、高翔、高晓云等陪同调研。

9日上午，乐平市安委会全体成员（扩大）会第一次会议在市为民服务中心三楼第二会议室召开。市领导高翔、王晨、韩伟等参加。

9日上午，景德镇市“把爱带回家”寒假特别行动启动仪式在乐平实验小学举行。景德镇市妇联主席盛璟晶，乐平市委副书记高晓云等参加。

9日，市委理论中心组学习（扩大）会在市为民服务中心三楼第一会议室召开。省委党校经济学教研部主任、博士、教授吴志远作《中央经济工作会议精神解读》专题辅导报告。乐平市领导俞小平、高晓云、王颖军、王慧娟、徐志军、吕贵平、吴顺斌等市委中心组成员及其他副县级以上领导干部；各乡镇（街道）党政主要负责人；各乡镇（街道）分管经济工作的人员；市直有关单位和各商业银行的相关工作人员；部分党员年轻干部、党外人士、理论骨干、工业企业、非公经济代表等，共计400余人聆听了报告。

9日，市领导高翔、王晨、李宝山等一行前往上海益海嘉里集团对接洽谈项目，益海嘉里集团董事长郭孔丰等参加座谈，双方就投资事项进行了交流。

9日，央视科教频道通过其官微发布信息称，大型纪录片《中国影像方志·江西卷·乐平篇》已经完成制作，于1月10日15:38在央视10套科教频道与观众见面。这也是两年多来，继央视《城市1对1》、《记住乡愁》（众埠篇）后，央视再次播出全面反映乐平风土人情的专题片。

10日中午，市委六届第108次常委会会议在市为民服务中心十楼市委常委会议室召开。市领导俞小平、高翔、高晓云、王颖军、潘赛新、王慧娟、徐志军、吕贵平、吴顺斌、王晨等参加。

10日，2019年度国家科学技术奖在北京人民大会堂颁发。中海油天津分公司勘探部总经理徐长贵教授(乐平众埠镇叶水桥村人)参与的“渤海湾盆地深层大型整装凝析气田勘探理论技术与重大发现”项目,荣获 2019 年度国家科技进步一等奖。

11 日上午,2020 年全市社会各界人士迎春座谈会在市为民服务中心三楼第二会议室召开。市领导俞小平、高翔、高晓云、潘赛新、王慧娟、王晨等参加。

12 日上午,市政府第 87 次常务会议在市为民服务中心七楼市政府常务会议室召开。市领导高翔、张汉坤、王晨、占志远、方静、乐先锋、方华、李宝山、董醇兵等参加。

12 日,以省科技厅厅长万广明为组长的省委、省政府慰问组一行来到乐平,走访慰问乐平市困难企业、农村敬老院和困难群众,为他们送上党和政府的关怀和新春祝福。乐平市领导俞小平、徐志军等陪同。

13 日下午,全市“不忘初心、牢记使命”主题教育总结会议在市为民服务中心三楼第一会议室召开。景德镇市委主题教育第一指导组组长周镇清及乐平市领导俞小平、高翔、高晓云、潘赛新、张汉坤、王慧娟、李群芳、徐志军、吕贵平、吴顺斌、王晨等参加。

13 日下午,全市“双创双修”工作领导小组第十一次会议在市为民服务中心三楼第二会议室召开。市领导俞小平、高翔、高晓云、潘赛新、张汉坤、王慧娟、李群芳、徐志军、吕贵平、吴顺斌、王晨、方玉兰、占志远、乐先锋、韩伟等参加。

14 日下午,乐平市《政府工作报告》征求意见座谈会在市为民服务中心六楼会议室召开。市领导张汉坤参加。

14 日,省公安厅党委委员、副厅长陈光明一行到乐平市公安局,走访慰问烈士李文华家属,代表省公安厅送上慰问金,对烈士家属致以诚挚的慰问,衷心感谢烈士为公安事业做出的牺牲和贡献,并祝烈士家属春节快乐、身体健康。景德镇市公安局党委委员、政治部主任范有光及乐平市领导俞小平、占志远等陪同。

15 日下午,全市退役军人事务系统推广“尊崇工作法”动员会在市为服务中心三楼第二会议室召开。市领导俞小平、张汉坤、吕贵平、苏振华等参加。

15 日,以省交通运输厅副厅长王昭春为组长的省政府应急管理综合督查考核组来到乐平,就乐平市应急管理综合工作情况展开全面督查考核。景德镇市政府副市长孙鑫及乐平市领导俞小平、王晨等先后陪同。

15 日,景德镇市委副书记王前虎到乐平,出席了乐平市红十字会联合洪岩镇人民政府举行的 2020 年“红十字博爱送万家”温暖包发放仪式,并进行了走访慰问。景德镇市红十字会党组书记俞定珍及乐平市领导高晓云、方静等参加。

15 日,景德镇市委常委、军分区司令员孙安敏,景德镇市人大常委会副主任、乐平市委书记俞小平,景德镇市政协副主席王国华等领导组成走访慰问团,代表景德镇市委、市政府到乐平开展春节走访慰问活动。乐平市领导周军参加走访慰问。

10 日至 15 日,市领导俞小平、高翔、高晓云、王颖军、潘赛新、张汉坤、王慧娟、李群芳、徐志军、吕贵平、吴顺斌、王晨等分别深入城区和挂点乡(镇)、街道走访慰问敬老院老人、贫困群众、困难党员、困难职工、优抚对象、帮扶对象、现役军人家属、乡土人才、老干部、新中国成立前入党党员、拔尖人才和劳动模范以及十佳科技工作者代表,向他们致以节日问候和美好祝福。

16 日上午,景德镇市委常委、市委组织部部长刘瑞英来到乐平,走访慰问乐平市部分困难党员,为他们送去党和政府的温暖。乐平市领导俞小平、潘赛新等陪同。

16 日下午,市领导俞小平、高晓云、周军、方玉兰一行,先后到驻乐平部队及人武部走访慰问,为他们送去新春问候的同时,与各部队主官、人武专干交心交流,畅叙鱼水深情,共话融合发展。

16 日,市领导俞小平、王晨等一行到天新、宏析等企业,走访慰问专家人才章根宝、杜善义等人,代表乐平市委、市政府和全市人民表达感谢和敬意。

17 日下午,景德镇市委常委、市委宣传部部长刘朝阳到乐平走访慰问困难群众。乐平市领导俞小平、李群芳等陪同走访。

17 日,景德镇市老科协会长周景伟一行 4 人到乐平走访看望长年奋战在基层一线的老科技工作者,为他们送去新春的慰问。乐平市领导俞小平、高晓云等陪同。

17 日晚,市领导高翔、徐志军等一行率队赴江西大成国有资产经营管理有限责任公司对接项目,大成公司董事长项文等参加座谈,双方就医疗康养、职业教育、农业产业以及国资公司平台建设等方面的合作进行了深入洽谈。

18 日傍晚，市领导俞小平、高晓云、王颖军、徐志军、朱柳英等一行到市社会福利院，看望慰问生活在这里的老人和儿童。

19 日上午，市领导俞小平、高晓云、吕贵平一行走访慰问了部分困难家庭，送去党和政府的关怀。

19 日，景德镇市政协主席张春萍深入挂点村乐平市塔前镇彭家村走访慰问困难群众，为他们送去党和政府的温暖，并调研指导脱贫攻坚工作。景德镇市政协党组成员、秘书长宋建明及乐平市领导俞小平、蒋西爱、陈东升等陪同。

19 日，市领导俞小平、高翔、高晓云、王颖军、张汉坤、周军等专程赴上饶走访慰问某部官兵，向全体官兵致以新春的问候。

20 日，乐平市四套班子领导俞小平、高翔、高晓云、王颖军、张汉坤、苏振华、周军等赴景德镇军分区走访慰问部队官兵，向人民子弟兵送上美好的节日祝福。景德镇市委常委、军分区司令员孙安敏，景德镇军分区政委卓健等会见慰问团一行。

20 日晚，由市委、市政府主办，市委宣传部、市文广新旅局承办的乐平市 2020 春节联欢晚会在市文化中心举行。市领导俞小平、高翔、高晓云、王颖军、潘赛新、张汉坤、李群芳、徐志军、吕贵平、吴顺斌、王晨等市四套班子领导，驻乐平某部领导刘磊与全场近千名市民一起观看了演出。

21 日上午，市领导俞小平、高翔、张汉坤、王晨、乐先锋、李宝山等一行先后到长运汽车站、华润燃气、中远蔬菜农产品批发市场、好又多超市、北门菜市场等地，调研春节期间安全生产、食品安全、消防安全及市场供应工作。

22 日，市领导俞小平、高翔、高晓云、张汉坤、徐志军、方玉兰、乐先锋等一行深入后港镇、镇桥镇及洎阳街道，调研春节期间城乡环境整治工作。

23 日上午，市政府党组“不忘初心、牢记使命”主题教育总结会议在市为民服务中心七楼市政府常务会议室召开。市领导高翔、张汉坤、徐志军、王晨、占志远、方静、乐先锋、韩伟、李宝山、董醇兵等参加。

23 日下午，市委六届第 109 次常委会会议在市为民服务中心十楼市委常委会议室召开。市领导俞小平、高翔、高晓云、潘赛新、张汉坤、王慧娟、李群芳、徐志军、吕贵平、王晨等参加。

23 日下午，全市新冠肺炎疫情防控应急指挥部第一次全体会议在市为民服务中心六楼会议室召开。市领导高翔、张汉坤、徐志军、王晨、占志远、方静、乐先锋、韩伟等参加。

24 日，市领导俞小平、韩伟等一行现场调研检查新冠肺炎疫情防控工作，并看望慰问春节期间坚守岗位的一线干部职工和医护人员。

25 日，乐平市一名病人确诊为景德镇市首例新冠肺炎患者。该名患者系 20 日由武汉返回乐平，21 日在乐平市中医医院就诊，当天，转入乐平市人民医院感染科进行隔离治疗。

25 日上午，市领导俞小平、高翔、韩伟等一行到市人民医院、南门集贸市场宿舍楼、东方国际酒店、华达超市、禧相悦酒店等地实地检查督导新冠肺炎疫情防控工作。

25 日上午，市领导徐志军、吕贵平、吴顺斌、周长波、韩伟、王进才等一行分成三个走访组，代表市委、市政府走访慰问了春节期间坚守岗位的基层一线工作人员，为他们送上党和政府的关怀和新春的祝愿。

25 日下午，乐平市新冠肺炎防控应急指挥部第二次（扩大）会议在市为民服务中心三楼第二会议室召开。市领导俞小平、高翔、高晓云、李群芳、徐志军、吴顺斌、王晨、方静、韩伟等参加。

25 日，以省卫生计生监督所所长杨小毛为组长的省督导组到市检查督导新冠肺炎疫情防控工作。乐平市领导俞小平、高翔、韩伟等陪同。

26 日下午，市委六届第 110 次常委会（扩大）会议暨乐平市新冠肺炎疫情防控应急指挥部第三次全体会议在市为民服务中心三楼第二会议室召开。市领导俞小平、高翔、张汉坤、李群芳、徐志军、吕贵平、吴顺斌、王晨等参加。

27 日下午，全市新冠肺炎疫情防控应急指挥部指挥长会议在市卫健委会议室召开。市领导高翔、张汉坤、李群芳、徐志军、吴顺斌、王晨、占志远、方静、乐先锋、韩伟、董醇兵等参加。

28 日下午，市领导俞小平、潘赛新、张汉坤等一行来到“12345”政府热线平台，并深入部分社区和群众面对面交流，全面了解群众反映的疫情问题处理情况。

28 日，市委应对新冠肺炎疫情工作领导小组会议在市卫健委会议室召开。市领导俞小平、高翔、高晓云、潘赛新、张汉坤、李群芳、徐志军、吕贵平、吴顺斌、王晨、占志远、方静、乐先锋、韩伟等参加。

29日下午，市委应对新冠肺炎疫情防控工作领导小组暨疫情防控指挥部全体会议在市为民服务中心三楼第二会议室召开。市领导俞小平、高翔、高晓云、张汉坤、王慧娟、李群芳、吕贵平、吴顺斌、王晨等参加。

30日，经过9天的精心诊治和护理，乐平市人民医院接诊的一例新冠肺炎患者救治情况良好，符合出院标准，于当日出院。成为景德镇市首例确诊患者出院，也是全省县级二甲医院收治的新冠肺炎确诊患者首例出院。市领导俞小平、高翔、高晓云、韩伟等到现场表示祝贺。景德镇市新冠肺炎疫情防控应急指挥部决定对乐平市人民医院予以通报表彰。

1月，江西省档案馆党组成员、副馆长谭荣鹏率档案征集编研处一行4人赴河南省郑州市，将江西籍中共早期的共产党人许凌青(1897年11月出生于江西省乐平洺口村，1922年8月，经董必武、陈潭秋介绍加入中国共产党，景德镇首位共产党员)档案资料征集进馆。

2月

1日，景德镇市政府副市长熊皓一行到乐平调研指导新冠肺炎疫情防控工作。乐平市领导俞小平、高翔、徐志军、韩伟等陪同并参加调研座谈。

1日，市领导俞小平、张汉坤、王慧娟等一行先后到大连医院、接渡镇、农科园、后港镇等地调研检查新冠肺炎疫情防控工作，并向一线防控工作人员表示感谢和慰问。

2日下午，市新冠肺炎疫情防控应急指挥部指挥长会议在市卫健委会议室召开，会议听取各组相关情况汇报，研究部署下步防控工作。市领导高翔、张汉坤、李群芳、徐志军、吴顺斌、王晨、周军、占志远、方静、乐先锋、韩伟、董醇兵等参加。

2日，市领导俞小平、潘赛新、韩伟等一行采取“四不两直”方式，暗访众埠镇、十里岗镇、高家镇、浯口镇等乡镇，实地察看体温检测点防控和居家留观情况，并来到设于市委党校的新增集中隔离观察点，看望慰问奋战在新冠肺炎疫情防控一线的工作人员，现场督导疫情防控工作。

3日，市领导俞小平、潘赛新、徐志军、董醇兵等一行来到塔山街道邮政银行营业厅、坎上社区等地，调研督导新冠肺炎疫情防控工作开展情况。

4日上午，市委应对新冠肺炎疫情防控工作领导小组(扩大)会议暨疫情防控应急指挥部全体会议在市为民中心三楼第二会议室召开。市领导俞小平、高翔、高晓云、王颖军、潘赛新、张汉坤、王慧娟、李群芳、徐志军、吕贵平、吴顺斌、王晨、周军等参加。会议以视频形式开到各乡(镇)、街道。

4日下午，市领导高翔、胡捷等一行深入众埠镇、接渡镇基层一线检查督导《市应急防控指挥部第3号通告》精神落实情况以及疫情防控工作开展情况。

4日，市领导俞小平、高晓云、童福根等先后深入市妇幼保健院与浯口镇、鸬鹚乡、洪岩镇、高家镇、临港镇、涌山镇等乡镇，检查督导新冠肺炎疫情防控工作。

5日，市领导俞小平、高翔、徐志军等先后来到嘉里购物中心、江西格林米特牧业公司、平安公司、里首村蔬菜种植基地、中远蔬菜批发市场等地，实地查看生活物资储备及各类农产品生产、储备和销售情况。

5日，市领导俞小平、吴顺斌、周长波、占志远、韩伟等一行深入东方国际酒店、洎阳街道、双田镇、塔前镇等地调研指导新冠肺炎疫情防控工作，并看望慰问奋战在抗击疫情一线的工作人员与部分居家留观人员，感谢大家为防疫防控工作所做的贡献与支持配合。

6日，市领导俞小平、李群芳、乐先锋等先后来到北京环卫、乐联接渡垃圾中转站，东风厂小区、金汇兰庭小区和东升培训学校，调研生活垃圾清运和疫情防控工作。

7日上午，市委应对新冠肺炎疫情防控工作领导小组(扩大)会议暨疫情防控指挥部全体会议在市为民服务中心三楼第二会议室召开。市领导俞小平、高翔、高晓云、潘赛新、王慧娟、李群芳、徐志军、吕贵平、吴顺斌、王晨等参加。

7日，市领导俞小平、高晓云、吕贵平、占志远等来到市公安局指挥中心，通过视频连线慰问全市基层民警，并就当前疫情防控防疫工作提出要求。

7日，市领导俞小平、潘赛新等先后来到镇桥镇和洎阳街道，查看新增检测点和社区防疫工作，并看望了部分居家隔离的返乡人员。

7日，市领导俞小平、高晓云、潘赛新、韩伟等先后深入市行政服务中心、第二医院定点治疗后备医院、人民医院发热门诊和医护人员临时居住点，调研指导新冠肺炎疫情防控工作，对舍小家为大家、无私奉献、持续战斗在防疫一线的医护人员表示慰问。

8日上午，景德镇市委常委、军分区司令员孙安敏到景鹰高速乐平出入口、后港镇义方村等地，督导检查疫情防控落实情况，看望慰问节日仍战斗在防控一线的人武干部、基层民兵，要求全面落实落细各项防控举措，筑牢筑强疫情防控防线，守护好人民生命安全和身体健康。乐平市领导俞小平、张汉坤、周军、苏振华、蒋西爱等陪同。

8日，市领导俞小平、张汉坤等先后来到后港镇义方村，礼林镇柴家村、洄田社区和塔前镇兰桥村，看望坚守疫情防控一线的党员干部、志愿者，向他们致以节日的问候。

10日，景德镇市政府副市长徐耀纯来到乐平黎光米业、乐港镇蔬菜基地等地，调研农业物资生产储备情况。乐平市领导俞小平、高翔、徐志军等陪同。

10日，市领导俞小平、高翔、徐志军等一行深入居民小区、农贸市场调研新冠肺炎疫情防控工作，深入了解基层一线疫情群防群控、居民生活必需品保障供应情况，看望慰问奋战在防控一线的社区居民、工作人员、帮帮团成员和党员、志愿者等人员。

11日上午，乐平市抗击新冠肺炎支援新余医疗队出征仪式在市中医医院举行。市中医医院急诊科长舒思锋、临床科团支部书记徐海丰、重症科护士长胡庆花、重症科医生吴衍钧，作为市第一批外援医疗队队员，将赶赴新余进行医疗救援。市领导高翔、高晓云、潘赛新、韩伟等参加。

11日，景德镇市委书记、景德镇市委应对新冠肺炎疫情工作领导小组组长钟志生赴乐平调研检查新冠肺炎疫情防控工作。景德镇市领导董立新、刘瑞英、徐耀纯、邹永胜、胡春平及乐平市领导俞小平、高翔、高晓云、潘赛新、张汉坤、李群芳、徐志军、吕贵平、吴顺斌、王晨、张北海、占志远、乐先锋、韩伟等先后陪同。

12日上午，全市复产复工复学及重点项目工作调度会在市为民服务中心七楼市政府常务会议室召开。市领导高翔、张汉坤、方静等参加。

12日下午，市委应对新冠肺炎疫情防控工作领导小组(扩大)会议暨疫情防控应急指挥部全体会议在市为民服务中心三楼第二会议室召开。市领导俞小平、高翔、高晓云、潘赛新、张汉坤、王慧娟、李群芳、徐志军、吴顺斌、王晨等参加。全市各乡(镇)、街道班子成员在分会场以视频形式收听收看了会议。

14日，景德镇市人力资源和社会保障局公示了景德镇市第一批及时奖励集体和个人名单。其中乐平有2个集体入选：乐平市人民政府(重大项目建设领域)获三等奖，乐平市接渡镇人民政府(社会和谐稳定领域)获通报表扬。

15日上午，市政府第88次常务会议在市为民服务中心七楼市政府常务会议室召开。市领导高翔、张汉坤、徐志军、王晨、占志远、方静、乐先锋、韩伟、杨珊庚、李宝山、董醇兵等参加。

15日上午，市委六届第111次常委会(扩大)会议暨市委应对新冠肺炎疫情防控工作领导小组和疫情防控应急指挥部全体会议在市为民服务中心三楼第二会议室召开。市领导俞小平、高翔、高晓云、王颖军、潘赛新、张汉坤、王慧娟、李群芳、徐志军、吴顺斌、王晨、周军、张北海、周长波、石少华、方玉兰、童福根、占志远、方静、乐先锋、韩伟、吴春芳、王进才、祝金标、蒋西爱、方华、陈东升、董醇兵等参加。

16日上午，景德镇市委常委、军分区司令员孙安敏到乐平市返乡留观点东方国际酒店调研疫情防控和协调服务工作。乐平市领导高翔、周军、苏振华、蒋西爱等参加。

17日，市领导俞小平、潘赛新、韩伟等一行分别看望了中医医院派出支援新余医护人员的家属，向奋战在抗击疫情一线人员与家属表示衷心感谢和致以崇高敬意，为他们送去党和政府的温暖和关怀。

17日，以省工信厅二级巡视员陈军为组长的省新冠肺炎疫情联防联控工作督导组一行来到乐平市督导指导疫情防控工作。景德镇市政府副市长熊皓及乐平市领导俞小平、高翔、王晨、韩伟等分别出席汇报或陪同。

17日，市领导俞小平、徐志军与部分种粮大户座谈，并先后到市安平路惠农农资店、乐港镇龙溪黎家山高标项目区，检查调研新冠肺炎疫情防控和春耕备耕工作。

18日下午，景德镇市委常委、市政府常务副市长黄金龙来到乐平，就乐平市重点企业和重大项目复工复产工作进行调研。乐平市领导高翔、张汉坤、徐志军、王晨等陪同。

18日下午，全市企业和重点项目复产复工工作调研会在市为民服务中心七楼市政府常务会议室召开。市领导高翔、张汉坤、徐志军、王晨、方静、乐先锋等参加。

18 日，市领导俞小平、王晨等一行深入乐平工业园区，调研企业生产期间疫情防控工作开展情况，并为企业送上防疫中药汤剂。

19 日上午，景德镇军分区政委卓健、副司令员黄野来到乐平市人武部、东方国际酒店返乡留观点、杨木匠民兵疫情防控卡点调研疫情防控和协调服务工作。乐平市领导高翔、张汉坤、周军、苏振华、蒋西爱等陪同。

19 日，市领导俞小平、潘赛新、张汉坤、吴顺斌、方静、乐先锋等一行深入部分项目工地，实地调研督导重点项目复工开工及疫情防控工作。

20 日上午，市新冠肺炎疫情防控应急指挥部指挥长会议在市为民服务中心七楼市政府常务会议室召开。市领导高翔、高晓云、张汉坤、李群芳、徐志军、吴顺斌、王晨、周军、占志远、乐先锋、韩伟、董醇兵等参加。

20 日，市领导俞小平、潘赛新、周长波等一行到双田镇，实地调研景德中药复产复工和重点项目江西锦溪纳米钙科技有限公司年产 100 万吨轻质碳酸钙、氢氧化钙及纳米碳酸钙工程推进情况，并召开座谈会。

22 日，以省工信厅二级巡视员陈军为组长的省新冠肺炎疫情联防联控工作督导指导组到乐平，对乐平市疫情联防联控工作再次进行督查指导。乐平市领导俞小平、占志远、韩伟等陪同。

23 日上午，市政府第 89 次常务会议在市为民服务中心七楼市政府常务会议室召开。市领导高翔、张汉坤、徐志军、王晨、占志远、方静、乐先锋、韩伟、李宝山、董醇兵等参加。

23 日，市委应对新冠肺炎疫情防控工作领导小组（扩大）会议暨疫情防控应急指挥部全体会议在市为民服务中心三楼第二会议室召开。市领导俞小平、高翔、高晓云、王颖军、潘赛新、张汉坤、王慧娟、李群芳、徐志军、吴顺斌、王晨、周军等参加。

24 日上午，景德镇市政府副市长张良华到乐平，就疫情防控和复工复产工作进行调研。乐平市领导高翔、王晨等陪同调研。

24 日，市领导俞小平、高翔、高晓云、潘赛新、韩伟等一行到市第五医院调研新冠肺炎疫情防控工作，并先后看望市人民医院一线医护人员、洎阳街道扶摇社区孤独老人石龙娇和特困供养人员温满兴。

24 日，《中国纪检监察》杂志 2020 年第 4 期刊发乐平市纪委监委经验文章《把监督挺在疫情防控前沿》。

25 日，接中共景德镇市委、景德镇市人民政府发布《关于表彰我市新型冠状病毒肺炎疫情防控工作第一批先进集体和先进个人的决定》，授予乐平市人民医院“景德镇市新型冠状病毒肺炎疫情防控工作先进集体”称号。

26 日上午，2020 年乐平市线上网络招商对接会召开，在市为民服务中心三楼第二会议室设立主会场。市领导俞小平、高翔、王颖军、张汉坤、王晨、朱柳英等参加。

26 日下午，市领导高翔、王晨等来到市行政服务中心、金山工业区和乐平工业园区，就政务服务事项办理、企业复工复产和环保问题整改等工作进行调研。

26 日，景德镇军分区政委卓健、副司令员黄野来到乐平工业园区，调研疫情防控和复工复产工作。乐平市领导俞小平、张汉坤、周军等陪同。

26 日，景德镇市委常委、市委政法委书记曹雄泰来到乐平市礼林镇洲上村，调研指导脱贫攻坚工作。乐平市领导高翔、高晓云、占志远等陪同。

26 日，乐平市迎战疫情推进产业招商座谈会在市为民服务中心三楼第二会议室召开。市领导俞小平、潘赛新、王晨等参加。

截至 2020 年 2 月 26 日 17 时，防控应急指挥部防控资金拨入总计 9214450.28 元，其中财政拨入 3900000 元，市红十字会拨入 2064450.28 元，市慈善会拨入 3250000 元。疫情防控资金支出总计 8309668 元，其中物资采购 7262498 元，下拨各乡镇防控资金 1047170 元，余额 904782.28 元。防控物资发放累计：医用口罩 1072841 只；84 消毒液 742 瓶 2782.5 千克；乳胶手套 39793 副；75% 的酒精 2337.5 千克；散装 84 消毒液 6580 千克；防护服 2514 套；红外测温仪 497 把；隔离衣 15753 套；耳温枪 102 把；EVA 雨衣 4725 件；PE 雨衣 700 件；喊话器 371 件；喷雾器 13 个；N95 口罩 918 只；防护面罩 160 个；100 毫升酒精 160 瓶；双氧水 750 千克。

截至 2020 年 2 月 26 日 24 时，乐平市慈善会接收捐赠款物共计 5553657.18。其中：接收捐赠资金 4323642.18 元（现金接收 26 笔爱心捐款，计 196460 元；二维码扫码接收 399 笔爱心捐款，计 960962.18 元；银行转账接收

28 笔爱心捐款，计 3166220 元)；接收捐赠物资折价 1230015 元。捐赠款物支出共计 4588815 元，其中：捐赠资金支出 3430800 元；捐赠物资支出折价 1158015 元。

27 日下午，2020 年城镇小区配套幼儿园专项治理工作领导小组会议在市为民服务中心七楼市政府常务会议室召开。市领导高翔、张汉坤、方静、乐先锋等参加。

27 日，景德镇市人大常委会副主任、市总工会主席戴洪安一行深入乐平工业园区调研督导企业复工复产工作。乐平市领导俞小平、张北海等陪同。

27 日，市领导俞小平、高晓云、潘赛新等一行实地调研老北街历史文化街区保护建设项目建设情况，并召开调度会。

28 日，景德镇市委常委、市委统战部部长、长乐水市级河长吴隽到乐平工业园区和十里岗镇，就企业复工复产工作及长乐水河长制工作进行实地调研。乐平市领导高翔、王慧娟等分别陪同。

29 日下午，全市扶贫开发领导小组第十九次全体会议在市为民服务中心三楼第二会议室召开。市领导俞小平、高翔、高晓云、潘赛新、张汉坤、王慧娟、李群芳、徐志军、吴顺斌、王晨、方静、乐先锋、韩伟、董醇兵等参加。

29 日下午，市委应对新冠肺炎疫情工作领导小组(扩大)会议暨疫情防控应急指挥部全体会议在市为民服务中心三楼第二会议室召开。市领导俞小平、高翔、高晓云、潘赛新、张汉坤、王慧娟、李群芳、徐志军、吴顺斌、王晨、周军、韩伟等参加。

2 月，江西省新冠肺炎疫情防控应急指挥部防治物资工作组，公布了“第三批疫情防控重点物资生产企业相关配套企业”名单，乐平市的世龙实业入选。

3 月

2 日，景德镇市政协党组副书记、副主席张景根到乐平工业园区，就疫情防控和企业复工复产工作进行调研，乐平市领导王颖军、王进才等陪同。

3 日上午，乐平市招商引资项目落地工作推进会在市为民服务中心七楼市政府常务会议室召开。市领导高翔、王晨、乐先锋、李宝山等参加。

4 日上午，以景德镇市卫健委副主任杨国华为组长的景德镇市新冠肺炎疫情防控督导组一行到乐平，督导复工复产疫情防控工作。乐平市领导韩伟陪同。

5 日下午，景德镇市政府副市长孙鑫来到乐平市，就重点交通项目复工情况进行调研。乐平市领导俞小平、王晨、李宝山等陪同。

12 日上午，市委六届第 112 次常委会会议在市为民服务中心十楼市委常委会议室召开。市领导俞小平、高翔、高晓云、王颖军、潘赛新、张汉坤、王慧娟、李群芳、徐志军、王晨、周军等参加。

12 日，市领导俞小平、高翔、高晓云、王颖军、潘赛新、王慧娟、李群芳、徐志军、王晨等市四套班子领导同百余名机关、镇村干部等到浯口镇西桥花果山开展义务植树活动。

12 日，乐平市规划委员会主任会议 2020 年第一次会议在市为民服务中心十楼市委常委会议室召开。市领导俞小平、高翔、高晓云、王颖军、张汉坤、王晨、方玉兰、乐先锋等参加。

13 日上午，在乐平工业园塔山工业区内，九三学社景德镇委员会、九三学社乐平直属支社、乐平市新的社会阶层人士联谊会联合江西吉翔医药化工有限公司，通过景德镇市红十字会向湖北随州捐赠 20 吨 84 消毒液(价值 10 万元)，用于援助湖北随州市抗击新冠肺炎疫情。景德镇市委统战部副部长黄涛，九三学社景德镇市委员会主委于长征，景德镇市红十字会党组书记俞定珍及乐平市领导王慧娟、方静等出席捐赠仪式。

13 日上午，全市 2020 年第一次部门统计联席会在市为民服务中心三楼第二会议室召开。市领导高翔、高晓云、张汉坤、王晨、方静、乐先锋、韩伟、李宝山等参加。

13 日下午，乐平市援助新余医疗队一行 4 人平安凯旋，乐平市在市中医医院举行隆重欢迎仪式。市领导高晓云、潘赛新、韩伟、方华等出席活动。

13 日，市领导高翔、徐志军、周军、蒋西爱等到市集中医学观察点和即将投产的医用口罩生产企业进行调研。

14 日上午，市政府第 90 次常务会议在市为民服务中心七楼市政府常务会议室召开。市领导高翔、张汉坤、徐志军、王晨、苏振华、占志远、方静、乐先锋、韩伟、李宝山、董醇兵等参加。

16 日，市领导俞小平、高晓云、乐先锋等一行现场调研卫生健康、电力、教育等部分民生项目选址工作。

17 日下午，乐平市慰问抗击新冠肺炎疫情援外工作队座谈会在市为民服务中心三楼第二会议室召开。市领导俞小平、潘赛新、李群芳、韩伟等参加。

17日,市委理论学习中心组3月份集体学习会在市为民服务中心三楼第二会议室召开,传达学习3月4日中共中央政治局常务委员会议精神。市领导俞小平、高翔、高晓云、王颖军、潘赛新、张汉坤、王慧娟、李群芳、徐志军、吴顺斌、王晨、周军、韩伟等参加。

18日下午,全市脱贫攻坚挂牌作战指挥部指挥长会议在市为民服务中心三楼第二会议室召开。市领导高晓云、潘赛新、张汉坤、李群芳、徐志军、方静、乐先锋、韩伟、董醇兵等参加。

18日,全市扶贫开发工作暨农村工作会议在市为民服务中心三楼第二会议室召开。市领导俞小平、高翔、高晓云、王颖军、潘赛新、张汉坤、王慧娟、李群芳、徐志军、吴顺斌、王晨、周军等参加。

19日上午,乐平市公安局森林分局揭牌仪式举行。市领导吕贵平、占志远出席揭牌仪式并为森林分局揭牌。

20日下午,市"双创双修"工作指挥部第十七次指挥长会议在市为民服务中心一楼"双创双修"指挥部会议室召开。市领导高晓云、张汉坤、李群芳、徐志军、方玉兰、乐先锋、韩伟等参加。

20日至21日,市领导俞小平、王晨及相关单位负责人继赴浙江点对点招商后,到广东省四会市和肇庆市会见同宇新材料有限公司、蓝带啤酒(控股)有限公司,进行系列深入探讨,展示了乐平工业园区高质量发展的成果,表达了市委、市政府诚邀企业共谋发展的决心。

21日上午,市政府第91次常务会议在市为民服务中心七楼市政府常务会议室召开。市领导高翔、张汉坤、徐志军、占志远、方静、乐先锋、韩伟、杨珊庚、李宝山、董醇兵等参加。

25日,省委书记刘奇,省委常委、省委秘书长赵力平一行来到乐平市,先后考察了高家庄食品加工企业,后港镇大田村农村人居环境整治、春耕生产、基层组织建设。景德镇市委书记钟志生及乐平市领导俞小平等陪同。

25日下午,景德镇市委常委、市政府常务副市长黄金龙,景德镇市人大常委会副主任林群等一行到乐平调度昌景黄铁路乐平站建设工作。乐平市领导张汉坤等陪同。

26日上午,乐平市18个亿元以上重点项目集中开工仪式在金山工业区举行。市领导俞小平、高翔、高晓云、王颖军、潘赛新、张汉坤、徐志军、王晨、张北海、占志远、方静、乐先锋、韩伟等参加。

26日上午,全市生态环境保护委员会2020年度第一次会议暨环保问题整改工作调度会在市为民服务中心三楼第二会议室召开。市领导俞小平、高翔、王颖军、张汉坤、徐志军、王晨、占志远、方静、乐先锋、韩伟等参加。

26日,全市2019年度基层党建工作述职评议会在市为民服务中心三楼第二会议室召开。乐平市领导俞小平、高翔、高晓云、潘赛新、张汉坤、王慧娟、李群芳、徐志军、吴顺斌、王晨等及景德镇市委组织部有关人员参加。

27日上午,全市生活垃圾分类工作领导小组第一次会议在市为民服务中心三楼第二会议室召开。市领导高翔、徐志军、乐先锋、韩伟等参加。

27日,央视新闻频道《朝闻天下》栏目播放了乐平市洪岩镇"15.7公里樱花大道迎来赏花期"的视频。

28日上午,市政府第92次常务会议在市为民服务中心七楼市政府常务会议室召开。市领导高翔、张汉坤、徐志军、王晨、占志远、方静、乐先锋、韩伟、李宝山、董醇兵等参加。

30日上午,全市棚改工作调度会在市为民服务中心七楼常务会议室召开。市领导高翔、张汉坤、乐先锋等参加。

截至2020年3月30日24时,乐平市慈善会接收捐赠款物共计5827147.6元,其中接收捐赠资金4585132.6元(现金接收28笔爱心捐款,计198460元;二维码扫码接收501笔爱心捐款,计1203452.6;银行转账接收30笔爱心捐款,计3183220元),含定向捐赠款764176.98元;接收捐赠物资折价1242015元。捐赠款物支出共计5562873.88元,其中捐赠资金支出4392858.88元,捐赠物资支出折价1170015元。

31日上午,3月份市四套班子联席会在市为民服务中心三楼第二会议室召开。市领导俞小平、高翔、高晓云、王颖军、潘赛新、张汉坤、王慧娟、李群芳、徐志军、吕贵平、吴顺斌、王晨、周军等参加。

31日,市委深改委第十二次会议在市为民服务中心三楼第二会议室召开。市领导俞小平、高翔、高晓云、王颖军、潘赛新、张汉坤、王慧娟、李群芳、徐志军、吕贵平、吴顺斌、王晨、周军等参加。

4月

1日上午,全市2020年防汛

抗旱指挥部第一次会议在市为民服务中心三楼第二会议室召开。市领导俞小平、高翔、徐志军、王晨等参加。

1日，全市人才工作专职述职会议在市为民服务中心三楼第二会议室召开。市领导俞小平、高晓云、潘赛新、张汉坤等参加。

2日上午，市委应对新冠肺炎疫情防控工作领导小组（扩大）会议暨疫情防控指挥部全体会议在市为民服务中心三楼第二会议室召开。市领导俞小平、高翔、高晓云、潘赛新、王慧娟、李群芳、徐志军、吕贵平、吴顺斌、王晨、周军、占志远、韩伟、蒋西爱、李宝山、董醇兵等参加。

2日上午，乐平市“双创双修”工作领导小组第十二次会议在市为民服务中心三楼第二会议室召开。市领导俞小平、高翔、高晓云、王颖军、潘赛新、王慧娟、李群芳、徐志军、吕贵平、吴顺斌、王晨、周军、方云兰、占志远、方静、韩伟等参加。

2日下午，乐平市政府六届七次全体（扩大）会议在市为民服务中心三楼第二会议室召开。市领导高翔、张汉坤、王晨、苏振华、方玉兰、占志远、方静、乐先锋、韩伟、王进才、董醇兵等参加。

3日，景德镇市政府市长刘锋赴乐平调研疫情防控和复工复产工作，并实地了解城乡环境整治、春耕生产、省大中型项目建设、老旧小区改造、开学复学等情况。

4日上午，市领导俞小平、高翔、高晓云、王颖军、王慧娟、李群芳、徐志军、吕贵平、王晨、韩伟等市四套班子领导到市政广场参加集体哀悼活动。

4日，接中共乐平市委乐干字〔2020〕8号通知，王颖军任市人大常委会党组书记，免去其市政协党组书记职务；李回春任市政协党组成员。

5日下午，景德镇市委常委、市政府常务副市长黄金龙来到乐平，就清明期间疫情防控和森林防火工作进行督查指导。乐平市领导高翔、王慧娟等陪同。

7日上午，市政协新任领导干部任职宣布会在市为民服务中心八楼政协会议室召开。市领导王颖军、潘赛新、吴春芳、王进才、祝金标、蒋西爱、方华、陈东升、姚东、李回春、黎萍等参加。

7日上午，市人大常委会新任领导干部任职宣布会议在市为民服务中心九楼人大会议室召开。市领导俞小平、高晓云、王颖军、潘赛新、张北海、周长波、石少华、方玉兰、朱柳英、童福根、熊小凤等参加。

7日上午，全市初三、高三学生复课复学的第一天，市领导俞小平、高翔、李群芳、方静等一行先后到二中分校、第三中学、乐平中学等学校调研。

7日下午，市委理论学习中心组在市为民服务中心三楼第二会议室召开4月份集体学习会，市领导俞小平、高翔、高晓云、王颖军、潘赛新、张汉坤、王慧娟、李群芳、徐志军、吕贵平、吴顺斌、王晨、周军等参加。

9日上午，省科协党组成员、副主席孙卫民等一行到乐平市就专家工作站建设开展专题调研活动。景德镇市科协党组书记、主席虞萍，乐平市领导高晓云、方静等先后陪同调研。

9日下午，乐平市公安工作会议在乐平市公安局召开。景德镇市副市长、公安局局长邹永胜，景德镇市公安局党委委员、副局长程志兵和乐平市领导俞小平、高翔、吕贵平、占志远等参加。

10日，全市政法工作会议暨全市政法队伍教育整顿动员会在市为民服务中心三楼第二会议室召开。市领导俞小平、吕贵平、占志远、周理、胡捷、黄立新等参加。

10日，全市殡葬改革工作领导小组第六次全体会议在市为民服务中心六楼大会议室召开。市领导俞小平、高翔、徐志军、张北海、王进才、李回春等参加。

14日上午，央视新闻频道推出“江西持续推动高标准农田建设”的综合报道，其中播出了乐平众埠万亩高标准农田的航拍画面。

14日下午，景德镇市政协副主席、工商联主席江民强率队到乐平市，向获得2018—2019年度全国“五好”县级工商联荣誉的乐平市工商联授牌，走访慰问疫情防控期间捐款踊跃的民营企业，并就复工复产工作进行调研。乐平市领导王慧娟、陈东升等陪同。

14日，乐平市工业园区调区扩区工作调度会在市自然资源和规划局举行，市领导俞小平、高翔、张汉坤、王晨、乐先锋、李宝山等参加。

15日下午，2020年乐平市民兵应急连点验大会在乐平市人武部举行。景德镇军分区副司令员黄野，乐平市领导王晨、周军、苏振华等参加。

16日上午，鸬鹚乡“检民路、检民桥”工程通车仪式在龙口村举行。景德镇市人民检察院检察长刘鸿斌、景德镇市人民检察院纪检组组长周桦，乐平市领导潘赛新、吕贵平、朱柳英、胡捷等出席仪式。

16 日下午，市委六届第 115 次常委会会议在市为民服务中心十楼市委常委会会议室召开。市领导俞小平、高翔、高晓云、王颖军、潘赛新、王慧娟、李群芳、徐志军、吴顺斌、王晨等参加。

17 日下午，全市安委会第二次全体成员（扩大）会议在市为民服务中心三楼第二会议室召开，市领导俞小平、高翔、张汉坤、徐志军、王晨、方静、乐先锋、韩伟、李宝山等参加。

17 日，接中共乐平市委乐干字〔2020〕10 号通知，周军任中共乐平市委委员、常委；免去吕贵平、杜建峰的中共乐平市委常委、委员职务。

18 日下午，市政府第 93 次常务会议在市为民服务中心七楼市政府常务会议室召开。市领导高翔、张汉坤、徐志军、王晨、占志远、方静、乐先锋、韩伟、方华、杨珊庚、李宝山、董醇兵、李回春等参加。

18 日，中共乐平市第六届纪律检查委员会第五次全体会议在市为民服务中心三楼第二会议室召开。市领导俞小平、高翔、高晓云、王颖军、潘赛新、张汉坤、王慧娟、李群芳、徐志军、吴顺斌、王晨、周军等四套班子领导参加。

18 日，省委宣传部常务副部长郭建晖一行到乐平调研指导全国文明城市创建工作，并召开座谈会。景德镇市委常委、市委宣传部部长刘朝阳，乐平市领导俞小平、高晓云、王慧娟、李群芳等出席会议。

21 日，乐平市欢迎援鄂卫生应急队员唐庆武凯旋仪式在市疾病预防控制中心举行。市领导俞小平、高翔、韩伟等出席仪式。

21 日下午，景德镇市委常委、景德镇军分区司令员孙安敏，景德镇军分区政委卓健、景德镇军分区副司令员黄野一行冒雨来到乐平市检查指导当前防汛抗洪工作。乐平市领导张汉坤、周军、苏振华等陪同。

22 日上午，2020 年乐平市征兵领导小组会议在市为民服务中心三楼第三会议室召开。市领导高翔、张汉坤、周军、苏振华、占志远等参加。

22 日，全市扫黑除恶重点行业领域突出问题专项整治工作部署会在市为民服务中心三楼第二会议室召开。市领导高翔、张汉坤、吕贵平、占志远、周理等参加。

22 日，全市重点行业领域突出问题专项整治领导小组组长会议在市为民服务中心三楼第三会议室召开。市领导高翔、张汉坤、吕贵平、占志远、周军等参加。

22 日，接景德镇市委员会景干字〔2020〕60 号文件的通知，郭江槐为乐平市人民政府副市长人选（挂职一年），潘赛新为乐平市政协主席候选人，王岚为乐平市政协副主席候选人，张汉坤、方静不再担任乐平市人民政府副市长职务。

23 日下午，全市深入推进爱国卫生运动暨城乡环境综合提升工作会议在市为民服务中心三楼第二会议室召开。市领导俞小平、高翔、高晓云、李群芳、徐志军、吴顺斌、方玉兰、乐先锋、韩伟等参加。

23 日，景德镇市委常委、市委组织部部长刘瑞英到乐平开展巡河活动，并深入洪岩镇段家村、名口镇朱坞村调研。景德镇市水利局局长徐九生及乐平市领导潘赛新等陪同。

23 日下午，全市招商引资工作调度会在市为民服务中心三楼第二会议室召开。市领导俞小平、高翔、王晨、乐先锋、李宝山等参加。

24 日上午，以王国英为组长的省军区扶贫检查组一行到乐平市洪岩镇开展定点帮扶成效核查，并就脱贫攻坚工作进行调研。景德镇军分区副司令员黄野，乐平市领导周军、苏振华等陪同。

24 日下午，市委六届第 117 次常委会会议在市为民服务中心十楼市委常委会会议室召开。市领导俞小平、高翔、高晓云、王颖军、王慧娟、李群芳、徐志军、吴顺斌、王晨等参加。

24 日，省人大常委会委员、农委主任委员阎钢军，省人大农委副主任委员罗小茶，省农业农村厅一级巡视员龙宇闻等率省人大农委调研组一行来到乐平，就做大做强农产品加工和生猪生产工作进行调研。乐平市领导高翔、王颖军、徐志军、张北海等陪同。

26 日上午，市六届人大常委会第二十七次会议在市为民服务中心三楼第二会议室召开。市领导王颖军、张北海、周长波、方玉兰、朱柳英、童福根、韩伟、周理、胡捷等参加。

27 日，市政府党组会议在市为民服务中心七楼市政府常务会议室召开。市领导高翔、张汉坤、徐志军、王晨、占志远、方静、乐先锋、韩伟、杨珊庚、李宝山、董醇兵等参加。党组会结束后召开了脱贫攻坚专项巡视“回头看”整改专题民主生活会。

27 日下午，市政府第 94 次常务会议在市为民服务中心七楼市政府常务会议室召开。市领导高翔、张汉坤、王晨、占志远、方静、乐先锋、韩伟、杨珊庚、李宝山、姚东、董醇兵等参加。

27日，以省住建厅副厅长熊春华为组长的省防汛及气象灾害检查组一行到乐平市开展防汛及气象灾害防御检查。市领导徐志军陪同。

27日，乐平市委常委班子在市为民服务中心三楼第二会议室召开脱贫攻坚专项巡视“回头看”整改专题民主生活会。景德镇市纪委监委第二监督检察室主任杨健、景德镇市委组织部干部三科干部程钰辉到会指导，市领导俞小平、王颖军等参加。

27日上午，景德镇市政协副主席张学锋率景德镇市政协教科卫体委员会调研组一行到乐平市，就全民科学素质抽样调查工作进行协商调研。市领导方静、方华、姚东等陪同。

27—28日，省文联党组成员、副主席张越率省“决胜全面小康、决战脱贫攻坚”主题文艺创作采风团第八组的文艺家们来到乐平市创作采风。市领导李群芳参加有关活动。

27—29日，省军区副政委兼纪委书记李晓亮率工作组一行，到乐平市蹲点帮带，就人武部全面建设情况及经济社会发展情况进行调研指导。景德镇市委常委、景德镇军分区司令员孙安敏，景德镇军分区政委卓健，景德镇军分区副司令员黄野，乐平市领导俞小平、高翔、张汉坤、周军、苏振华等先后陪同调研。

28日上午，全市2020年第二次部门统计联席会暨一季度经济形势分析会在市为民服务中心三楼第二会议室召开。市领导高翔、王晨、方静、乐先锋等参加。

28日上午，全市“十四五”规划编制工作调度会在市为民服务中心三楼第三会议室召开。市领导高翔、王晨、方静、乐先锋、韩伟等参加。

28日下午，乐平涌山循环经济产业项目洽谈会在市为民服务中心七楼市政府常务会议室召开，市领导高翔、王晨，浙江大学工研院教授、博士吕伟民，华聚能源科技发展有限公司总裁潘晓源，中光之星（杭州）科技有限公司董事长刘顺丰，乐矿能源集团党委书记、董事长、总经理蔡正华及涌山镇负责人等参加。

28日，省人民政府党组成员、副省长胡强来到乐平，就当前早稻生产、壮大村集体经济、蔬菜生产工作开展调研指导。省政府副秘书长宋雷鸣，省委农办主任、省农业农村厅党委书记江枝英，省扶贫办副主任饶振华参加调研。景德镇市政府副市长徐耀纯、景德镇市检察院检察长刘鸿斌及乐平市领导俞小平、潘赛新、徐志军、韩伟等先后陪同。

截至4月28日市红十字会暂停专项募捐通道以来，接收社会捐赠款物共计5080500.42元，其中捐款4601076.1元，接收物资折合人民币479424.32元。款物支出共计5080500.42元，其中拨付资金4601076.1元，拨付物资折合人民币479424.32元，使用率100%。

29日下午，市扶贫开发领导小组第二十次会议暨问题整改工作推进会在市为民服务中心三楼第二会议室召开。市领导俞小平、高翔、高晓云等参加。

29日，市领导俞小平、高翔、张北海代表市委、市政府分组走访慰问部分劳动模范代表。

30日，乐平市老科技工作者协会第四次会员代表大会在市老年大学召开。景德镇市老科协会长周景伟、常务副会长陈家林、副会长兼秘书长余爱菊，乐平市领导俞小平、潘赛新、张北海、蒋西爱等参加。

30日，乐平市4月份四套班子联席会在市为民服务中心三楼第二会议室召开。市领导俞小平、高翔、王颖军、潘赛新、李群芳、徐志军、吴顺斌、王晨、朱瑞龙、周军等参加。

30日，市委六届第118次常委会会议在市为民服务中心十楼市委常委会议室召开。市领导俞小平、高翔、王颖军、潘赛新、李群芳、吴顺斌、王晨、周军、朱瑞龙等参加。

30日，景德镇市农业农村重点工作现场会在乐平市召开。景德镇市委书记钟志生，景德镇市委副书记、市政府市长刘锋，分别就当前农业农村重点工作作出批示和要求。景德镇市政府副市长徐耀纯，景德镇市政府办二级调研员朱奔，景德镇市农业农村局局长黎廷相及乐平市领导高翔、徐志军等参加。

30日，景德镇市退役军人事务局党组书记、局长操保官，景德镇市退役军人事务局党组成员、副局长徐和平等一行到乐平市众埠镇，为该镇党委书记徐元旺颁发“全省模范退役军人”证书。

30日下午，市委深改委第十三次会议在市为民服务中心三楼第二会议室召开。市领导俞小平、高翔、王颖军、潘赛新、李群芳、徐志军、吴顺斌、王晨、周军、朱瑞龙等参加。

5月

1日上午，乐平市委政法委

召开机关干部大会，宣布市委关于市委政法委主要领导调整的决定。市委书记俞小平，市委常委、组织部部长潘赛新，市委常委、政法委书记朱瑞龙等参加。

6日，乐平市政协召开中层以上干部大会，宣布景德镇市委关于市政协领导班子职务调整的决定。市委书记俞小平，市人大党组书记、市人大常委会主任候选人、市政协主席王颖军，市政协党组书记、主席候选人潘赛新，市政协副主席候选人王岚及市政协领导王进才、祝金标、蒋西爱、陈东升、李回春、黎萍、姚东等参加。

8日上午，市六届人大常委会第二十八次会议在市为民服务中心三楼第二会议室召开。市领导王颖军、张北海、周长波、朱柳英、童福根、周理、胡捷等参加。

8日，接中共景德镇市委员会景干字〔2020〕59号通知，朱瑞龙任中共乐平市委常委，郭江槐任中共乐平市委委员、常委（挂职一年），方玉兰任乐平市人大常委会二级调研员，免去高晓云中共乐平市委副书记、常委、委员职务，免去潘赛新中共乐平市委常委职务，免去张汉坤中共乐平市委常委、委员职务。

9日上午，市委六届第119次常委会会议在市为民服务中心十楼市委常委会议室召开。市领导俞小平、高翔、王颖军、潘赛新、王慧娟、李群芳、王晨、朱瑞龙等参加。

9日上午，市委政协工作会议在市为民服务中心三楼第二会议室举行。市领导俞小平、高翔、王颖军、潘赛新、王慧娟、吴春芳、王进才、祝金标、蒋西爱、方华、陈东升、李回春、黎萍、王岚、姚东等参加。

9日下午，市政府第95次常务会议在市为民服务中心七楼市政府常务会议室召开。市领导高翔、王晨、徐志军、占志远、乐先锋、韩伟、李回春、杨珊庚、李宝山、董醇兵等参加。

9日，省委农办副主任、省农业农村厅一级巡视员倪美堂率省乡村振兴立法工作调研组一行来到乐平开展调研，市领导高翔、徐志军、朱柳英等先后陪同。

10日上午，乐平市历代名人暨洪浩马端临（历史文化）研究会2020年年会在市为民服务中心六楼会议室召开。市领导李群芳等参加。

11—12日，景德镇市第十五届人民代表大会第五次会议在紫晶会堂隆重举行。景德镇市委书记钟志生、景德镇市人大常委会主任汪立耕深入乐平代表团指导，景德镇市政府常务副市长黄金龙，景德镇市政府副市长孙鑫、徐耀纯，景德镇市检察院检察长刘鸿斌及乐平市领导俞小平、高翔、王颖军、吴顺斌等先后参加了乐平代表团的分组讨论。

12日，省卫健委党组成员、副主任朱烈滨率调研组一行到乐平市，就中央脱贫攻坚专项巡视“回头看”反馈健康扶贫问题整改等工作进行督导调研。市领导王晨、韩伟、李回春等先后陪同。

13日上午，乐平市政协六届十八次常委会议在市为民服务中心三楼第三会议室召开。市领导王颖军、吴春芳、王进才、祝金标、蒋西爱、方华、陈东升、姚东等参加。

13日，市委理论学习中心组在市为民服务中心三楼第二会议室召开5月份集体学习会。市领导俞小平、高翔、王颖军、潘赛新、王慧娟、李群芳、徐志军、王晨、朱瑞龙等参加。

13日，乐平市在市为民服务中心三楼第二会议室组织收听收看了全省、景德镇市信访工作电视电话会。市领导俞小平、王晨、朱瑞龙、占志远等参加会议。

16日，市领导俞小平、高翔、王晨等一行采取“四不两直”方式，深入农网改造、在建小区施工现场和新志辉食品、华兴化工等企业，检查调研两会期间安全生产工作。

17日上午至18日下午，中国人民政治协商会议乐平市第六届委员会第五次会议在市文化中心举行。大会应到委员265名，实到委员235名，符合政协章程规定。市领导俞小平、高翔、王颖军、潘赛新、吴春芳、王进才、祝金标、蒋西爱、方华、陈东升、李回春、黎萍等参加。大会通过了《关于接受王颖军同志辞去六届市政协主席职务请求的决定》，进行了相关人事备案，通过了选举工作人员名单，并进行了选举，大会补选潘赛新为六届政协主席，补选李回春、黎萍、王岚为六届市政协副主席。通报表彰市政协六届四次会议以来优秀提案，通过了市政协六届五次会议提案审查情况的报告；通过了市政协六届五次会议决议。

17日下午，省委常委、省纪委书记、省监委代理主任马森述一行到乐平市接渡镇子安社区调研。省监委委员王爱东、省纪委省监委办公厅主任黄冬生随同调研。景德镇市领导钟志生、刘锋、王前虎、董立新、俞小平、罗建国等陪同。

18日上午至19日下午，乐平市第六届人民代表大会第五次会议在市文化中心召开，会议应到代表257人，实到232人，符合法定人数。市领导俞小平、高翔、王颖军、潘赛新、吴顺斌、张北海、周长波、方玉兰、朱柳英、童福根、熊小凤、王斌等参加。王颖军当选为乐平市六届人大常委会主任，熊小凤、王斌当选为乐平市六届人大常委会副主任。

20日上午，乐平市赛复乐医药化工有限公司年产12000吨高端精细化学品项目、景德镇洛维捷高分子科技有限公司年产500万双环保雨鞋新建项目开工仪式分别在市乐平工业园区、金山工业园区举行。市领导俞小平、高翔、王颖军、潘赛新、王晨、王斌、乐先锋、王进才、李回春、王岚、李宝山等参加。

20日上午，临港镇区域供电网络交接暨农网改造工程启动仪式在临港镇举行。市领导俞小平、高翔、王颖军、潘赛新、王晨、张北海、李宝山等参加。

21日，以上海市社联主席、中国国际经济交流中心上海分中心理事长王战为组长的中国国际经济交流中心上海分中心调研组一行到乐平市考察调研现代农业及生物制药产业工作。景德镇市人大常委会副主任唐良，乐平市领导高翔、王晨等先后陪同。

21日，省政府副省长陈小平一行到乐平，就自然保护区、林下经济、土地高效利用、生态环境治理等工作进行调研。省政府副秘书长邱向军，省林业局一级巡视员罗勤等一同调研，景德镇市政府副市长徐耀纯，乐平市领导俞小平、高翔、王晨、徐志军等先后陪同。

21日，江西省水利投资集团有限公司党委书记、董事长谢德强到乐平市，调研该集团与乐平市合作共建部分和润泉水厂。市领导俞小平、潘赛新、徐志军等参加。

22日，以省委组织部部务委员屈泉为组长的省委组织部调研组一行来到乐平市，就有关工作开展调研，并召开座谈会。省委组织部公务员一处处长甘禄星，景德镇市委组织部副部长、昌江区委常委、区委组织部部长汪立胜，景德镇市委组织部四级调研员胡燕及乐平市领导潘赛新等出席座谈会。

22—24日，为推动“项目提速年”活动落实，市领导高翔、李宝山等一行率队赴浙江桐庐、杭州、台州和兰溪等地考察并上门对接为企服务，先后与多家企业负责人磋商并交换意见。

25日，市委应对新冠肺炎疫情防控工作领导小组暨疫情防控应急指挥部全体（扩大）会议在市为民服务中心三楼第二会议室召开。市领导俞小平、高翔、潘赛新、王慧娟、李群芳、徐志军、吴顺斌、王晨、朱瑞龙、韩伟、李回春等参加。

25日下午，市2020年总河（湖）长、总林长会议和防汛工作调度会在市为民服务中心三楼第二会议室召开。市领导俞小平、高翔、王颖军、潘赛新、王慧娟、李群芳、徐志军、吴顺斌、王晨、朱瑞龙等参加。

25日下午，市扶贫开发领导小组第二十一次全体会议在市为民服务中心召开。市领导俞小平、高翔、潘赛新、王慧娟、李群芳、徐志军、吴顺斌、王晨、王斌、乐先锋、韩伟、李回春、王岚等参加。

26日上午，全市从事生产经营活动事业单位改革工作推进会在市为民服务中心三楼第二会议室召开。市领导俞小平、高翔、潘赛新、王晨等参加。

26日，市委六届第120次常委会会议在市为民服务中心十楼市委常委会议室召开会议。市领导俞小平、高翔、王颖军、潘赛新、王慧娟、徐志军、王晨、周军、朱瑞龙等参加。

26日晚，乐平市组织收听收看全省脱贫攻坚视频培训会和景德镇市脱贫攻坚视频会。市领导俞小平、高翔、韩伟、李回春、董醇兵等在分会场出席会议。

27日，以江西煤矿安全监察局副局长杨市龙为组长的省安委会省减灾委安全风险防范综合督查第三组来到乐平市，督查全国两会期间安全风险防范工作。市领导高翔、王晨、郭江槐等陪同。

29日，5月份市四套班子联席会在市为民服务中心三楼第二会议室召开。市领导俞小平、高翔、王颖军、潘赛新、王慧娟、徐志军、吴顺斌、王晨、朱瑞龙、郭江槐等参加。

29日下午，市委审计委员会第二次会议在市为民服务中心三楼第三会议室召开。市领导俞小平、高翔、吴顺斌、王晨、朱柳英等参加。

29日下午，市委深改委第十四次会议在市为民服务中心三楼第二会议室召开。市领导俞小平、高翔、王颖军、潘赛新、王慧娟、徐志军、吴顺斌、王晨、朱瑞龙等参加。

30日上午，市政府第96次常务会议在市为民服务中心七楼市政府常务会议室召开。市领导高翔、王晨、徐志军、郭江槐、占志远、乐先锋、韩伟、王进才、李回春、李宝山、董醇兵等参加。

6 月

1 日，市领导俞小平、高翔、王颖军、潘赛新、李群芳、熊小凤、韩伟等代表市委、市政府亲切看望少年儿童，向全市小朋友致以节日的问候。

1 日，由省人大常委会委员、教科文卫委主任委员朱希，省人大委员会委员、教科文卫委副主任委员郭学勤，省人大常委会委员、教科文卫委副主任委员舒仁庆，省人大常委会委员、环资委副主任委员、江西省科技师范大学校长左和平，省教育厅副厅长汪立夏等组成的省人大常委会调研组一行，到乐平市双田镇江西景德中药有限公司调研中医药产业发展。景德镇市人大常委会主任汪立耕及乐平市领导俞小平、王颖军、熊小凤等陪同调研。

2 日，省生态环境厅副厅长级生态环境监察专员邹国星率赣东专员办生态环境监察调研组来到乐平，就生态环境保护工作进行实地调研。市领导高翔、王晨、郭江槐等陪同调研。

2 日，乐平市委理论中心组集体学习（扩大）会在景德镇市昌南新区召开。市领导俞小平、高翔、王颖军、潘赛新、王慧娟、李群芳、吴顺斌、王晨、朱瑞龙、郭江槐等参加。

3 日下午，市领导高翔、王晨、郭江槐、王进才、李回春等一行调研第九小学扩建项目、206 国道桃林至大田段公路改建工程等重点项目，并对项目推进工作进行集中调度。

4 日下午，市委财经委员会第二次会议在市为民服务中心三楼第二会议室召开。市领导俞小平、高翔、王晨、乐先锋、韩伟、李回春等参加。

4 日下午，全市生态环境保护委员会第二次会议暨环保问题整改工作调度会在市为民服务中心三楼第二会议室召开。市领导俞小平、高翔、王颖军、潘赛新、王晨、乐先锋、韩伟、李回春等参加。

5 日，以省委宣传部纪检组长吴信根为组长的调研组一行来到乐平，就新时代文明实践中心建设、阵地资源整合工作开展、脱贫攻坚、农村意识形态等工作进行调研。省文联党组书记、调研组副组长郑翔，省委宣传部纪检组副组长王崇高，景德镇市委常委、市委宣传部部长刘朝阳及乐平市领导俞小平、李群芳等先后陪同调研。

6 日上午，市政府第 97 次常务会议在市为民服务中心七楼市政府常务会议室召开。市领导高翔、王晨、徐志军、郭江槐、占志远、乐先锋、韩伟、李回春、李宝山、董醇兵等参加。

6 日，乐平市高新科技产业园一期项目竣工投产仪式在金山工业区举行。省台办原副主任徐建星及乐平市领导俞小平、高翔、王晨、郭江槐等参加。

8 日，市委六届第 121 次常委会会议在市为民服务中心十楼市委常委会议室召开。市领导俞小平、高翔、王颖军、潘赛新、王慧娟、李群芳、吴顺斌、王晨、周军、朱瑞龙、郭江槐等参加。

8 日下午，市委全面依法治市委员会第二次会议在市为民服务中心三楼第二会议室召开。市领导俞小平、高翔、王颖军、李群芳、吴顺斌、朱瑞龙、王斌、蒋西爱、李回春、王岚等参加。

9 日上午，社会组织参与社会治理暨“帮帮总团”成立两周年座谈会在市为民服务中心三楼第二会议室举行。市领导俞小平、李群芳、朱瑞龙等参加。

9 日 8 时至 10 日 8 时乐平市普降大雨到暴雨，部分大暴雨；雨量以乐平城区 147.6 毫米为最大，塔前 135.5 毫米次之，双田 121.5 毫米第三，后港 115.1 毫米第四；10 日 2 时至 7 时乐平市出现了区域性对流强降雨，特别是塔前、城区、后港、双田，5 个小时雨量分别为：塔前 104.0 毫米，城区 98.3 毫米，后港 91.7 毫米，双田 89.6 毫米。

10 日上午，全市基层党建“三化”建设暨发展村集体经济工作推进会在十里岗镇篁坞村党员教育培训点召开。市领导俞小平、潘赛新、徐志军、王斌、李回春等参加。

10 日下午至 11 日上午，省农业农村厅党委委员吴国昌率队调研景德镇市受污染耕地安全利用工作，并在乐平市召开专题汇报会。景德镇市副市长徐耀纯及乐平市领导徐志军等参加。

11 日上午，景德镇市委组织部与乐平市委组织部联合开展“回顾‘入党初心’，感悟‘幸福是奋斗出来的’”主题党日活动。景德镇市委常委、市委组织部部长刘瑞英，景德镇市委组织部副部长、市委非公经济与社会组织工委书记徐华及景德镇市委组织部班子成员及乐平市领导潘赛新等参观了乐平市共产主义水库纪念馆，感悟艰苦奋斗精神，同时参观了洪岩镇小坑分场传统村落改造情况和洪岩镇物联网智慧小镇，学习了解现代农业知识，感悟“幸福是奋斗出来的”。随后，在洪岩镇政府会议室开展党员政治生日活动，为第二季度入党的党员赠送政治生日贺卡等。

13日上午，市政府第98次常务会议在市为民服务中心七楼市政府常务会议室召开。市领导高翔、王晨、徐志军、郭江槐、占志远、乐先锋、韩伟、李回春、杨珊庚、董醇兵等参加。

15日上午，在东湖市民之家广场开展了“6·15”防范非法集资宣传日集中宣传活动。市领导高翔、朱瑞龙等参加。

15日下午，六届市委第九轮巡察动员部署会在市为民服务中心三楼第二会议室召开。市领导俞小平、潘赛新、吴顺斌等参加会议。本轮巡察结束，中共六届乐平市委将实现届内巡察全覆盖。

16日上午，乐平市工业园区调区扩区工作调度会在市为民服务中心六楼大会议室召开。市领导高翔、王晨、郭江槐、乐先锋等参加会议。

16日上午，全市招商引资重点项目落地调度会在市为民服务中心六楼大会议室召开。市领导高翔、王晨、郭江槐、乐先锋等参加会议。

17日上午，市委应对新冠肺炎疫情防控工作领导小组暨疫情防控应急指挥部全体会议在市为民服务中心三楼第二会议室召开。市领导俞小平、高翔、王慧娟、李群芳、王晨、周军、朱瑞龙、占志远、乐先锋、韩伟、蒋西爱等参加。

19日上午，全市深化“放管服”改革领导小组会暨赋予乡（镇）、街道首批县级审批服务执法权限工作推进会在市为民服务中心三楼第二会议室召开。市领导高翔、王晨、徐志军、郭江槐、占志远、乐先锋、韩伟等参加。

19日下午，平安乐平建设领导小组暨市域社会治理现代化试点工作领导小组会议在市为民服务中心三楼第二会议室召开。市领导俞小平、高翔、李群芳、王晨、朱瑞龙、王斌、占志远、蒋西爱、李回春、周理、胡捷参加。

19日下午，市委六届第122次常委会会议在市为民服务中心召开。市领导俞小平、高翔、王颖军、王慧娟、李群芳、徐志军、吴顺斌、周军、朱瑞龙、郭江槐等参加。

19日，2020年乐平市禁毒工作会议在市为民服务中心三楼第一会议室召开。市领导高翔、朱瑞龙、占志远、周理、胡捷等参加。

20日上午，景德镇市四套班子领导钟志生、刘锋、汪立耕、张春萍、黄金龙、俞小平、罗建国、孙庚九等到乐平市洪岩镇调研2021年全省旅发大会重点文旅项目。乐平市领导高翔、徐志军、王晨、朱柳英、韩伟等陪同调研。

22日下午，市六届人大常委会第二十九次会议在市为民服务中心三楼第二会议室召开。市领导王颖军、王晨、郭江槐、周长波、张北海、朱柳英、童福根、周理、胡捷等参加会议。任命郭江槐为乐平市人民政府副市长；免去张汉坤、方静的乐平市人民政府副市长职务。

23日下午，全市生态文明建设领导小组2020年第一次会议在市为民服务中心三楼第二会议室召开。市领导俞小平、高翔、王晨、郭江槐、王斌、乐先锋、韩伟、李回春等参加会议。

23日下午，市扶贫开发领导小组第二十二次全体会议在市为民服务中心三楼第二会议室召开。市领导俞小平、高翔、潘赛新、王慧娟、李群芳、王晨、徐志军、王斌、乐先锋、韩伟、李回春、王岚、董醇兵等参加会议。

24日下午，市政府第99次常务会议在市为民服务中心七楼市政府常务会议室召开。市领导高翔、王晨、徐志军、王斌、乐先锋、韩伟、陈东升、李回春、王岚、董醇兵等参加会议。

28日上午，市委六届第123次常委会会议在市为民服务中心十楼市委常委会议室召开。市领导俞小平、高翔、王颖军、潘赛新、王慧娟、徐志军、吴顺斌、王晨、周军、朱瑞龙、郭江槐等参加。

28日上午，全市庆祝中国共产党成立99周年暨“七一”表彰大会在市为民服务中心三楼第二会议室召开。市领导俞小平、高翔、王颖军、潘赛新、王慧娟、徐志军、吴顺斌、王晨、周军、朱瑞龙、郭江槐等参加会议。

29日，省人大常委会副主任冯桃莲率检查组一行到乐平市，就全市贯彻实施《中华人民共和国土壤污染防治法》情况开展执法检查，进一步推动乐平市土壤污染防治工作。景德镇市人大常委会副主任史晓莲及乐平市领导高翔、王颖军、徐志军、童福根等陪同检查。

29日，出席景德镇市庆“七一”项目建设现场巡查暨“双创”攻坚、当好东道主办好旅发会誓师大会的百余名嘉宾来到乐平，开展“双创双修”项目大巡查。景德镇市四套班子领导钟志生、刘锋、王前虎、汪立耕、张春萍、董立新、黄金龙、孙安敏、刘朝阳、刘瑞英等参观巡查了各项目建设点。乐平市领导俞小平、高翔、徐志军、王晨、朱瑞龙、王斌、乐先锋等先后陪同巡查。

28—30日，党的99岁生日来临之际，市领导俞小平、高翔、王颖军、潘赛新、王慧娟、李群芳、徐志军、吴顺斌、周军、朱瑞龙、郭江槐等带着党和政府的关怀与温暖，走访慰问了新中国成立前入党老党员、离休干部、困难党员、在职党员、因公牺牲党员家属，向他们致以节日的祝福和诚挚的问候。

7月

1日，6月份市四套班子联席会在市为民服务中心三楼第二会议室召开。市领导高翔、王颖军、潘赛新、王慧娟、李群芳、吴顺斌、朱瑞龙等参加。

1日下午，市委全面深化改革委员会第十五次会议在市为民服务中心心三楼第二会议室召开。市领导高翔、王颖军、潘赛新、王慧娟、李群芳、吴顺斌、朱瑞龙等参加。

2日8时至3日17时，乐平市普降大暴雨，以浯口老金山161.5毫米为最大，接渡159毫米次之，浯口134.5毫米第三，共产主义水库工程管理局和洪岩吴家131.5毫米第四，城区130.5毫米。乐安河上游过去33小时内婺源降雨量达191.4毫米、德兴238.6毫米，预计7月4日6时，乐安河虎山站洪峰水位达27.2米，超警戒1.2米。此次强降雨导致乐平市受灾人口达17162人，紧急转移安置人口218人，农作物受灾面积1341公顷，直接造成经济损失1084万元。

3日上午，全市组织、宣传、统战工作暨党的基层阵地资源整合试点工作部署会在市为民服务中心三楼第二会议室召开。市领导俞小平、潘赛新、王慧娟、李群芳等参加会议。

4日上午，以省水文局副局长李良卫为组长的省防指防汛工作组到乐平市指导防汛工作。乐平市领导徐志军陪同指导。

7日上午，市委理论学习中心组集体学习（扩大）会议在市为民服务中心三楼第一会议室举行，会议集体学习《中华人民共和国民法典》。市领导俞小平、高翔、王颖军、潘赛新、李群芳、徐志军、吴顺斌等参加会议。

7日下午，市委六届第124次常委会在市为民服务中心十楼市委常委会议室召开，市领导俞小平、高翔、王颖军、王慧娟、李群芳、徐志军、吴顺斌、王晨等参加。

7日，省第二生态环境保护督察组组长杨丕龙、副组长邹国星一行赴乐平督察乐平工业园区整改工作情况，并召开座谈会。景德镇市人大常委会副主任、乐平市委书记俞小平陪同并汇报乐平市生态环境保护工作。景德镇市政府副市长张良华，乐平市领导高翔、王晨、郭江槐等先后陪同督察。

连日来，乐平及乐安河上游德兴、婺源持续出现暴雨局部大暴雨的天气，受累计叠加影响，9日20时，虎山水文站水位30.18米，超警戒水位4.18米，坝口水位26.50米，超警戒4.00米。乐平遭遇20年一遇的洪水，在24小时内，乐平市防汛应急响应由Ⅲ级提升到Ⅰ级。截至7月9日14时，此轮洪涝灾害造成全市19个乡镇（街道）受灾，全市有7.9258万人次受灾，紧急转移安置群众2295人，受灾面积7863.2公顷，直接经济损失合计8186.67万元。

9日0时35分，连续数小时暴雨造成接渡镇续湖联圩大塘洲出现漫堤、塌方。接到险情警报后，市委书记俞小平第一时间赶到现场，靠前指挥，一线调度，经过当地干群、民兵、驻乐部队、武警部队的彻夜努力，10日8时35分险情得到有效控制。

9日晚，洪峰通过虎山水文站，水位30.18米，超警戒线4.18米，为20年一遇大洪水。

10日上午，景德镇军分区政委卓健到乐平防汛抗洪第一线，现场指导抗洪抢险，看望慰问参加抗洪防御战的官兵。乐平市领导俞小平、王晨、苏振华、蒋西爱先后陪同。

11日下午，全市防汛工作部署会在市水利局九楼会议室召开．市领导俞小平、高翔、徐志军、王晨、朱瑞龙、郭江槐、苏振华、王斌、乐先锋、韩伟、李回春等参加会议。

11日，省扶贫办副主任邓丰昌到乐平市浯口镇杨溪村，走访慰问在洪灾中受灾的贫困户，并实地调研该村扶贫产业发展情况。乐平市领导俞小平、韩伟、王岚等陪同。

12日，省农业农村厅总农艺师胡恒凯率队到乐平，开展农业抗灾救灾服务指导工作。乐平市领导高翔等一同参加。

12日，副省长吴忠琼到乐平调研指导防汛抗洪、抢险救灾工作。省政府副秘书长熊科平，省住建厅副厅长熊春华，江西日报社副社长衷淑英，省水文局副局长李良卫，景德镇市政府市长刘锋，景德镇市政府副市长徐耀纯及乐平市领导俞小平、高翔、徐志军、王晨、朱瑞龙、占志远、乐先锋、韩伟、蒋西爱、周理等先后陪同。

16日上午，市委六届第125次常委会会议在市为民服务中心十楼市委常委会议室召开。市领导俞小平、高翔、王颖军、潘赛新、王慧娟、李群芳、徐志军、吴顺斌、王晨、周军、郭江槐等参加。

16日上午，市政府第100次常务会议在市为民服务中心七楼市政府常务会议室召开。市领导高翔、王晨，徐志军、占志远、乐先锋、韩伟、李回春、杨珊庚、董醇兵等参加会议。

16日，景德镇市政协副主席江民强率人资环委调研组到乐平市调研。乐平市领导潘赛新、陈东升等陪同调研。

23日下午，国务院、省政府、景德镇市政府廉政工作电视电话会议召开。乐平市领导高翔、吴顺斌、王晨、郭江槐、占志远、乐先锋、李回春等在乐平市分会场市为民服务中心三楼第五会议室收听收看。会后，乐平市政府召开第四次廉政工作会。

24日，全市年轻干部座谈会在市为民服务中心三楼第二会议室召开。市领导俞小平、潘赛新等参加会议。

25日上午，全市2020年教育改革发展重点任务交账会在为民服务中心七楼市政府常务会议室召开。市领导高翔、韩伟等参加。

27日下午，九三学社乐平直属支社第三届委员会换届大会在市卫健委会议室召开。九三学社景德镇市委会主委于长征及乐平市领导王慧娟等参加。

27日下午，全市企业家座谈会在市为民服务中心三楼第二会议室召开。市领导俞小平、高翔、王颖军、王慧娟、李群芳、王晨、郭江槐、王岚等参加。

29日上午，"八一"建军节来临之际，市领导俞小平、高翔、王颖军、潘赛新、王晨、周军、郭江槐、苏振华走访慰问了驻乐部队官兵，向全体官兵及军属致以节日的问候。

29日下午，全市重点建设项目集中调度会在市为民服务中心七楼市政府常务会议室召开。市领导高翔、王晨、王进才、李回春等参加。

29日，景德镇市老年体协主席梁高潮率调研组一行到乐平市，就老年体育和"三个示范"创建工作进行调研。市领导俞小平、潘赛新等陪同调研。

30日上午，市政府六届八次全体(扩大)会议在市为民服务中心三楼第二会议室召开。市领导高翔、王晨、郭江槐、苏振华、朱柳英、乐先锋、韩伟、李回春、杨珊庚、董醇兵等参加。

30日，"八一"建军节临近，市四套班子领导俞小平、高翔、王颖军、潘赛新、周军、郭江槐、苏振华等赴景德镇，先后走访慰问了安能救援、武警支队和景德镇军分区，向部队官兵送上节日的祝福。景德镇市委常委、景德镇军分区司令员孙安敏，景德镇军分区政委卓健，景德镇军分区副司令员黄野接待了乐平市一行。

31日上午，省老年体协副主席孙解生率队到乐平，抽查调研"三个示范"创建工作。景德镇市老年体协顾问夏军及乐平市领导潘赛新等陪同。

31日下午，国务院联防联控机制电视电话会议召开。市领导高翔、韩伟、李回春等在乐平市分会场市为民服务中心三楼第二会议室收听收看。随后，乐平市召开全市秋冬疫情防控工作部署会。

31日，市委六届第126次常委会会议在市为民服务中心十楼市委常委会议室召开。市领导俞小平、高翔、王颖军、潘赛新、吴顺斌、王慧娟、徐志军、王枥珍、王晨、周军、朱瑞龙、郭江槐等参加。

31日，景德镇市委书记钟志生深入乐平市调研乡村振兴、"三基三化"和污染防治等工作。景德镇市委常委、景德镇市纪委书记监委主任董立新，景德镇市人大常委会副主任、市委秘书长罗建国及乐平市领导俞小平、王颖军、吴顺斌等陪同调研。

8月

1日上午，市委深改委第十六次会议在市为民服务中心三楼第二会议室召开。市领导俞小平、高翔、吴顺斌、潘赛新、王慧娟、王枥珍、王晨、邹国良、朱瑞龙、郭江槐等参加。

1日上午，7月份市四套班子联席会在市为民服务中心三楼第二会议室召开。市领导俞小平、高翔、吴顺斌、王颖军、潘赛新、王慧娟、徐志军、王晨、朱瑞龙、王枥珍、邹国良、郭江槐等参加。

3日，全市乡科级领导干部学习贯彻党的十九届四中全会精神集中轮训班开班。市领导俞小平以《以更加坚定的高度自觉，推进中国特色社会主义国家治理体系和治理能力现代化的乐平实践落地生根》为题，为第一期全体学员作首场辅导报告；吴顺斌主持报告会。

4日上午，市委组织部召开会议，宣布乐平市委关于市委组织部主要领导调整的决定。市委书记俞小平出席会议并讲话。市政协主席潘赛新和新任组织部部长王枥珍分别作表态发言。

4 日下午，围绕深入学习《习近平谈治国理政》第三卷这一主题，市委理论学习中心组在市为民服务中心三楼第二会议室召开8月份集体学习会。市领导俞小平、高翔、吴顺斌、潘赛新、李群芳、徐志军、王枥珍、王晨、邹国良、郭江槐等参加。

5 日上午，市领导俞小平、高翔、李群芳、韩伟一行到乐平中学，与该校部分优秀师生代表开展亲切座谈会。

6 日下午，市政府第 101 次常务会议在市为民服务中心七楼市政府常务会议室召开。市领导高翔、王晨、邹国良、郭江槐、占志远、李晓滨、程明波、韩伟、黎萍、李回春、杨珊庚、董醇兵等参加。

7 日，市委六届 127 次常委会会议在市为民服务中心十楼市委常委会议室召开。市领导俞小平、高翔、潘赛新、吴顺斌、王慧娟、李群芳、徐志军、王枥珍、王晨、邹国良、周军、朱瑞龙、郭江槐等参加。

8 日上午，乐平工业园区新任领导干部宣布会在乐平工业园区管委会召开。市领导俞小平、王枥珍、邹国良等参加。会上，市领导王枥珍首先宣读了任职决定，新任职的乐平工业园区管委会主任邹劲松作了表态发言。

8 日，中共乐平市委六届十次全体(扩大)会议在市为民服务中心三楼第二会议室召开。会议传达学习了省委十四届十一次全体(扩大)会议、景德镇市委十一届九次全体(扩大)会议精神，通报了《关于乐平决战决胜脱贫攻坚情况的报告》《关于我市全面建成小康社会情况的报告》。会议总结了 2020 年以来市委常委会工作，分析当前形势，安排下半年工作。市领导俞小平、高翔等及市委委员、候补委员，市人大常委、市政府、市政协领导班子成员，市人武部部长、政委，法检“两长”及副县级以上领导干部参加。

10 日，乐平市公安局中层干部会议召开，乐平市领导王枥珍宣布关于该局主要领导调整的决定。景德镇市公安局党委委员、副局长程志兵，景德镇市公安局党委委员、政治部主任范有光及乐平市领导俞小平、朱瑞龙等参加。乐平市公安局前后任主要领导占志远、童勇分别作表态发言。

11 日上午，景德镇市委常委、景德镇军分区司令员孙安敏到乐平市接渡镇和礼林镇，开展安殷水市级河长巡河督导工作。乐平市领导周军、苏振华、李晓滨等陪同。

11 日上午，全市脱贫攻坚调度会在市扶贫办会议室召开。市领导吴顺斌、韩伟、董醇兵等参加。

12 日，江西宏柏新材料股份有限公司在上海证券交易所挂牌上市，系全省首家 A 股上市台资企业。

13 日下午，全市信访工作联席会议在市为民服务中心三楼第二会议室召开。市领导吴顺斌、朱瑞龙、童勇等参加。

13 日，市领导俞小平、王颖军、王晨、朱柳英、王进才一行赴浙江海宁，走访乐平工业园区企业晨航照明、欧美亚电子浙江总部，与企业负责人亲切座谈。

14 日上午，景德镇市纪委监委在乐平市开展“三会一书两公开”警示教育活动。景德镇市纪委副书记、市监委副主任王志明出席会议并讲话，乐平市副县级以上领导干部，各乡镇(街道)党政主要领导，市委各部门、市直各部位主要负责人等 160 余人参加。下午，乐平市政府党组和乐平工业园区管委会党工委分别召开了专题民主生活会。

14 日，市领导俞小平、吴顺斌、王枥珍、王进才等一行对正在开展的六届市委第九轮巡察工作开展中期督导调研，并向辛勤工作的各巡察组干部表示慰问。

17 日，国资平台建设暨专项债券工作调度会在市为民服务中心七楼市政府常务会议室召开。市领导高翔、王晨、郭江槐、李回春等参加。

19 日，第三个“中国医师节”，市领导俞小平、高翔、王晨、韩伟、李回春等带着问候和祝福，看望一线医师，向他们致以最崇高的敬意。

19 日上午，景德镇市委副书记、市政府市长刘锋到乐平市调研化工企业安全生产工作。景德镇市委常委、市政府常务副市长黄金龙及乐平市领导俞小平、高翔、王晨等先后陪同。

19 日下午，乐平市 2020 年防汛工作总结会在市为民服务中心三楼第二会议室召开。市领导高翔、徐志军等参加。

20 日下午，市六届人大五次会议代表重点建议办理工作联席会在市为民服务中心三楼第二会议室召开。市领导王颖军、王晨出、张北海、周长波、朱柳英、熊小凤、王斌、李晓滨、程明波等参加。

20 日晚，市政府第 102 次常务会议在市为民服务中心七楼市政府常务会议室召开，市委副书记、市领导高翔、王晨、邹国良、郭江槐、李晓滨、程明波、韩伟、童勇、李回春、杨珊庚、董醇兵等参加。

21 日,市委六届第 128 次常委会会议在市为民服务中心十楼市委常委会议室召开。市领导俞小平、高翔、吴顺斌、王颖军、潘赛新、李群芳、徐志军、王栃珍、王晨、朱瑞龙、郭江槐等参加。

21 日下午,以省财政厅办公室主任袁敏为组长的省政府“五型”政府建设领导小组示范乡镇考察组到乐平市洪岩镇,就“五型”政府建设示范乡镇进行考察。考察组一行先后来到洪岩镇小坑村、段家村党群服务中心、百果园以及部分在建施工项目进行考察,并就该镇打造忠诚型、创新型、担当型、服务型、过硬型政府进行了详细了解。

22 日,全市创建全国文明城市工作推进会在市为民服务中心三楼第二会议室召开。市领导俞小平、吴顺斌、李群芳、徐志军、王晨、王斌、程明波、李回春等参加。

22 日,省委常委、省委宣传部部长施小琳就景德镇市全国文明城市创建、新时代文明实践中心建设、志愿服务活动开展等工作进行调研。省委宣传部副部长、省文明办主任龚建文,景德镇市领导钟志生、刘锋、刘朝阳、俞小平、罗建国分别参加调研活动。

24 日,市委统战部召开全体干部大会,宣布市委统战部主要领导调整决定。市委书记俞小平出席会议并讲话。会上,市委常委、市委组织部部长王栃珍宣布任职决定。市委常委、新任统战部部长、市政协党组副书记、市民族宗教事务局局长提名人选徐志军作表态发言。

25 日,党外人士情况通报会在市为民服务中心三楼第二会议室召开。市领导俞小平、徐志军、熊小凤、李晓滨、祝金标、陈东升、黎萍等参加。

25 日,省卫健委党组成员、副主任江晓斌,省卫健委老龄健康处处长肖守渊率调研组到乐平市,就老年健康、医养结合等工作进行调研。市领导俞小平、韩伟、李回春等参加。

25 日,接乐干字〔2020〕98 号文件通知,徐志军任市政协党组副书记、市委统战部部长;童勇任市政府党组成员、市公安局党委书记;邹劲松任乐平工业园区党工委副书记;免去王慧娟的市委统战部部长职务;免去占志远的市政府党组成员、市公安局党委书记、市委政法委副书记职务。

26 日,市六届人大常委会第三十次会议在市为民服务中心三楼第二会议室召开。市领导高翔、王颖军、邹国良、张北海、周长波、朱柳英、童福根、熊小凤、李晓滨、程明波、童勇、周理、胡捷等参加。会议决定:任命邹国良、李晓滨、程明波为乐平市人民政府副市长,免去占志远、乐先锋的乐平市人民政府副市长职务。会后,召开了市六届人大常委会第三十一次会议,决定任命童勇为乐平市人民政府副市长。

26 日,省铁路投资集团党委书记、董事长温治明率考察组来到乐平市,调研昌景黄铁路相关项目,并召开座谈会。市领导俞小平、高翔、韩伟等参加。

27 日上午,全省以及景德镇市城镇贫困群众脱贫解困工作推进会召开。市领导俞小平、高翔、张北海、程明波、李回春等在乐平分会场市为民服务中心三楼第二会议室收听收看。随后,召开了乐平市城镇贫困群众脱贫解困工作领导小组会暨工作推进会。

29 日,市政府第 103 次常务会议在市为民服务中心七楼市政府常务会议室召开。市领导高翔、王晨、邹国良、李晓滨、程明波、韩伟、童勇、杨珊庚、姚东等参加。

28 日下午,市委六届第 129 次常委会(专题议军)会议在为民服务中心十楼市委常委会议室召开。市领导俞小平、高翔、吴顺斌、王颖军、李群芳、徐志军、王栃珍、王晨、邹国良、周军、苏振华等参加。

31 日上午,市委深改委第十七次会议在市为民服务中心三楼第二会议室召开。市领导俞小平、高翔、吴顺斌、王颖军、李群芳、徐志军、王栃珍、王晨、邹国良、朱瑞龙、郭江槐等参加。

31 日上午,8 月份市四套班子联席会在市为民服务中心三楼第二会议室召开。市领导俞小平、高翔、吴顺斌、王颖军、李群芳、徐志军、王晨、邹国良、朱瑞龙、王栃珍、郭江槐等参加。

9 月

1 日,围绕深入学习习近平生态文明思想主题,市委理论学习中心组在市为民服务中心三楼第二会议室组织召开 9 月份集体学习会。市领导俞小平、高翔、吴顺斌、徐志军、王栃珍、王晨、邹国良等参加。

1 日,省委政法委副书记毛保国率调研组一行到乐平市,就市域社会治理现代化试点工作进行调研。乐平市领导俞小平、朱瑞龙等陪同。

2 日,2020 年乐平市定兵大会在市人武部举行,市领导高翔、王晨、周军、苏振华、童勇、李回春等参加。

3日，中国人民抗日战争暨世界反法西斯战争胜利75周年纪念日，市领导俞小平、高翔、苏振华一行走访慰问了抗战老兵张文涛、汪有才，代表市委、市政府向老英雄致以最崇高的敬意和最诚挚的问候。

3日下午，全国人大常委会委员、省人大常委会副主任马志武一行到乐平市，就古建筑保护工作进行调研。省人大教科文卫委副主任委员公艳萍，省文化和旅游厅副厅长、省文物局局长丁新权，南昌大学建筑工程学院副院长、教授姚糖等随同调研。景德镇市人大常委会副主任唐良及乐平市领导俞小平、王颖军、熊小凤等陪同。

4日，全市农村乱占耕地建房问题整治工作动员部署会在市为民服务中心三楼第二会议室召开。市领导俞小平、高翔、吴顺斌、王颖军、潘赛新、徐志军、王栃珍、王晨、朱瑞龙、郭江槐等参加。

4日下午，广东同宇新材料有限公司拟落地建设座谈会在乐平工业园区管委会召开。市领导俞小平、高翔、王晨等参加。

5日，市政府第104次常务会议在市为民服务中心七楼市政府常务会议室召开。市领导高翔、王晨、邹国良、郭江槐、李晓滨、程明波、韩伟、童勇、杨珊庚、董醇兵等参加。

5日下午，景德镇市委常委、景德镇军分区司令员孙安敏一行来到乐平市人武部民兵训练基地，视察役前教育训练工作。乐平市领导王晨、苏振华等陪同视察。

7日，市委六届第130次常委会会议在为民服务中心十楼市委常委会议室召开。市领导俞小平、高翔、吴顺斌、王颖军、潘赛新、李群芳、徐志军、王栃珍、王晨、邹国良、朱瑞龙、郭江槐等参加。

8日，全国抗击新冠肺炎疫情表彰大会在北京人民大会堂召开，各大平台同步直播了大会实况。当日上午，乐平市四套班子领导俞小平、高翔、吴顺斌、王颖军、潘赛新、李群芳、王栃珍、王晨、朱瑞龙、郭江槐等在乐平分会场市为民服务中心三楼第二会议室收听收看了大会实况直播。全市基层党员干部也纷纷通过电视、电脑、手机等方式收听收看直播，并引发热议。

9日上午，市政协常委视察部分市重点工程。市领导潘赛新、王进才、祝金标、陈东升、黎萍、王岚、姚东，市政协主席会议组成人员、党组成员、调研员和市政协全体常委共40余人参加视察。

9日上午，市领导王颖军、邹国良、王斌、蒋西爱一同率领市人大、政协联合视察组，就乐平市道路超限超载治理工作情况进行现场视察，并召开了人大代表、政协委员视察治超工作座谈会。

9日，市委书记俞小平、朱瑞龙、童勇一行到城北派出所、交警大队、刑警大队、网安大队调研公安工作并召开座谈会。

9日，全省、景德镇市应对秋冬季疫情防控工作电视电话会议召开。市领导俞小平、高翔、吴顺斌、李群芳、王栃珍、王晨、朱瑞龙、郭江槐等在乐平分会场市为民服务中心三楼第二会议室收听收看。会后，乐平市随即召开了全市应对秋冬季疫情防控工作会议。

10日，全市庆祝第36个教师节暨教师发展大会在市为民服务中心三楼第二会议室召开。市领导俞小平、高翔、吴顺斌、王颖军、潘赛新、李群芳、王栃珍、王晨、邹国良、周军、朱瑞龙、郭江槐等参加。

11日下午，市六届人大常委会对市政府工作部门评议动员大会在市为民服务中心三楼第二会议室召开。市领导王颖军、张北海、周长波、朱柳英、童福根、熊小凤、王斌、童勇、李回春等参加。

11日下午，市六届人大常委会第三十二次会议在市为民服务中心三楼第二会议室召开，市领导王颖军、张北海、周长波、朱柳英、熊小凤、王斌、王晨、童勇等参加。会议任命童勇为乐平市公安局局长。

12日，市政府第105次常务会议在市为民服务中心七楼市政府常务会议室召开。市领导高翔、王晨、邹国良、郭江槐、李晓滨、程明波、韩伟、王斌、童勇、董醇兵等参加。

14日，乐平市精神文明建设指导委员会在市为民服务中心三楼第二会议室召开2020年全体委员会议。市领导俞小平、高翔、吴顺斌、李群芳、程明波、韩伟、祝金标、李回春等参加。

15日下午，全市信访工作暨积案化解集中攻坚工作部署会在市为民服务中心三楼第二会议室召开。市领导俞小平、吴顺斌、王晨、朱瑞龙、王斌、童勇、李回春等参加。

16日，市规划委员会召开2020年第三次主任会议在市为民服务中心十楼市委常委会议室召开。市领导俞小平、高翔、吴顺斌、王颖军、潘赛新、王晨、王斌、程明波、李回春等参加。

17 日，省公路运输管理局党委书记杜一峰率省安委会第二专项巡查组进驻乐平市，开展安全生产专项巡查，并在市为民服务中心三楼第二会议室召开汇报会。市领导高翔、邹国良等参加。

18 日，市政府第 106 次常务会议在市为民服务中心七楼市政府常务会议室召开。市领导高翔、王晨、郭江槐、李晓滨、程明波、韩伟、童勇、李回春、杨珊庚、董醇兵等参加。

18 日上午，2020 年乐平市"全国科普日"活动启动仪式暨"全国科普日"主场活动在第十一小学举行。省科协党组成员、副主席孙卫民莅会并讲话，景德镇市科协党组书记、主席虞萍致辞，乐平市领导李晓滨等参加。

21 日，市安委会第三次全体成员（扩大）会议暨秋冬季森林防灭火工作会议在市为民服务中心三楼第二会议室召开。市领导俞小平、高翔、邹国良、朱瑞龙、王斌、程明波、童勇等参加。

21 日上午，海口市民政局局长淡利锋率殡葬改革工作调研组到乐平市，就殡葬改革工作进行考察。乐平市领导程明波等陪同。

21 日下午，全市生态环境保护委员会第三次会议暨环保问题整改工作调度会在市为民服务中心三楼第二会议室召开。市领导俞小平、高翔、王颖军、邹国良、朱瑞龙、王斌、程明波、童勇等参加。

24 日上午，全市"六稳""六保"工作调度会在市为民服务中心三楼第二会议室召开。市领导高翔、王晨、邹国良、程明波、韩伟、童勇、李回春等参加会议。

24 日上午，全市 2020 年第三次部门统计工作联席会暨高质量发展工作推进会在市为民服务中心三楼第二会议室召开。市领导高翔、吴顺斌、王晨、邹国良、程明波、韩伟、童勇、李回春等参加。

27 日上午，市委六届第 131 次常委会会议在为民服务中心十楼市委常委会议室召开。市领导俞小平、高翔、吴顺斌、王颖军、李群芳、王栃珍、邹国良、朱瑞龙、郭江槐等参加。

27 日下午，景德镇市政府副市长孙鑫到乐平，就乐平市精细化工及生物医药产业链发展情况进行调研。乐平市领导高翔、邹国良等陪同调研。

28 日下午，乐平市农村乱占耕地建房问题整治工作领导小组第一次会议在市为民服务中心三楼第二会议室召开。市领导高翔、王晨、朱瑞龙、程明波等参加。

29 日，市政府第 107 次常务会议在市为民服务中心七楼市政府常务会议室召开。市领导高翔、王晨、李晓滨、程明波、韩伟、童勇、董醇兵等参加。

29 日，市委党建工作领导小组会暨 9 月份党建工作调度会在为民服务中心三楼第二会议室召开。市领导俞小平、吴顺斌、李群芳、王栃珍、王斌等参加。

30 日上午，乐平市向人民英雄敬献花篮暨烈士公祭活动在登高山革命烈士陵园举行。市领导俞小平、高翔、吴顺斌、王颖军、潘赛新、李群芳、徐志军、王栃珍、王晨、邹国良、朱瑞龙等乐平市四套班子及副县级以上领导，驻乐官兵代表，市双拥成员单位代表，市人武部机关干部及乡镇（街道）人武部部长，学生代表，烈属、老战士代表同社会各界人士代表参加。

30 日，市委全面深化改革委员会第十八次会议在市为民服务中心三楼第二会议室召开。市领导俞小平、高翔、吴顺斌、王颖军、潘赛新、李群芳、徐志军、王栃珍、王晨、邹国良、朱瑞龙等参加。

30 日上午，9 月份市四套班子联席会在市为民服务中心三楼第二会议室召开。市领导俞小平、高翔、吴顺斌、王颖军、潘赛新、李群芳、徐志军、王栃珍、王晨、邹国良、朱瑞龙等参加。

30 日上午，市领导俞小平、高翔、朱瑞龙、李晓滨、童勇等带着党和政府的温暖和关怀，走访慰问了部分烈士家属代表，向他们致以崇高的敬意和亲切的问候。

30 日下午，市委六届第 132 次常委会会议在为民服务中心十楼市委常委会议室召开。市领导俞小平、高翔、王颖军、潘赛新、李群芳、徐志军、王栃珍、王晨、邹国良、朱瑞龙等参加。

10 月

8 日，市领导俞小平、王晨、朱瑞龙、程明波等一行先后到东风路三期工程、沿河街和南内河拆迁、污水处理厂周边环境整治、垃圾填埋场和焚烧发电项目，实地查看项目进展情况，并召开座谈会。

8 日，市领导高翔、王斌、王进才、李回春等一行来到部分重点项目建设工地，现场调研督导建设进度、安全措施等情况，协调解决项目实施中遇到的困难和问题。

9 日下午，乐平市重点建设项目集中开（竣）工活动调度会在市为民服务中心六楼大会议室召开。市领导王晨、邹国良、李晓滨、程明波、韩伟、童勇、王进才、李回春等参加。

9 日,司法部发布《关于全国模范人民调解委员会和全国模范人民调解员公示公告》,决定评选表彰一批全国模范人民调解委员会和全国模范人民调解员,并对拟表彰的名单予以公示。江西省 11 个集体、30 名个人入选,其中乐平市礼林镇人民调解委员会入选“全国模范人民调解委员会”。

10 日,市领导俞小平、邹国良等先后来到乐平工业园区、金山工业区、杨范工业区集聚区部分企业,调研工业园区扩区及工业企业发展情况。

12 日下午,乐平市开展应对 2020 年秋冬季新冠肺炎疫情桌面演练在市为民服务中心三楼第二会议室举行。市领导高翔、吴顺斌、李群芳、王晨、王斌、程明波、韩伟、蒋西爱、李回春、董醇兵等参加演练。演练专家组代表、景德镇市卫健委副主任方昌杰对演练全程进行了点评。

13 日,全市基层党组织书记“落实示范争先要求,提升履职尽责能力”集中轮训班开班。市领导俞小平以《不忘初心、牢记使命,做履职担当、为民奉献的合格支书》为题作首场培训辅导报告,吴顺斌及来自全市各乡镇、街道和市直部门、单位的千余名基层党组织书记、党(工)委书记、机关党委书记等参加。

14 日,10 月份市委理论学习中心组集体学习会在市为民服务中心三楼第二会议室召开。市领导俞小平、高翔、王颖军、潘赛新、李群芳、王枥珍、王晨、朱瑞龙、郭江槐等参加。

15 日上午,省人大常委会委员、财经委副主任委员刘翠兰率队到乐平市,就全省“十三五”规划纲要实施、“十四五”规划纲要编制,以及前三季度经济运行等情况进行调研。景德镇市人大常委会副主任闫浩及乐平市领导高翔、朱柳英等陪同。

15 日,省人大法制委副主任委员叶敏健率省人大法制委到乐平市进行立法调研。乐平市领导王颖军、邹国良、王斌等陪同。

16 日,市政府第 108 次常务会议在市为民服务中心七楼市政府常务会议室召开。市领导高翔、王晨、邹国良、郭江槐、程明波、韩伟、童勇、董醇兵等参加。

17 日,景德镇市扶贫办主任罗莉及乐平市领导俞小平、高翔、吴顺斌、李群芳、王枥珍、韩伟等先后参观了乐平市“决胜小康,奋斗有我”文艺创作展览和扶贫产品展销会。

17 日下午,全市农村双创双修暨人居环境整治工作调度会在市为民服务中心三楼第二会议室召开。市领导吴顺斌、程明波等参加。

18 日,2020 环鄱阳湖自行车精英赛第四站在乐平怪石林景区举行。江西省体育局副局长张祖平代表省组委会授旗并为获奖选手颁奖。景德镇市政府副市长张良华宣布比赛开始。江西省体育局宣教法规处处长钟进华,景德镇市体育局党组书记何明旺,大赛组委会执行秘书长、江西省体育发展有限公司董事长沈红斌及乐平市领导高翔、韩伟等参加开幕式。

19 日,全市“双创双修”工作指挥部第 19 次指挥长会议在市为民服务中心一楼会议室召开。市领导吴顺斌、李群芳、王晨、王斌、程明波、韩伟、李回春等参加。

19 日,学习贯彻习近平主席在联合国大会纪念北京世界妇女大会 25 周年高级别会议上的重要讲话精神座谈会在为民服务中心三楼第二会议室召开。市领导俞小平、吴顺斌、韩伟等参加。

20 日,乐平市重点建设项目集中开(竣)工仪式在返乡创业园二期项目(乐港镇杨范工业区)工地举行。市领导俞小平、高翔、吴顺斌、王颖军、潘赛新、李群芳、王枥珍、王晨、邹国良、朱瑞龙、郭江槐等市四套班子、副县级以上领导干部参加。随后还先后参加了宏柏新材料、中央厨房项目开工奠基仪式,参观了部分开工项目工地和竣工项目现场。

20 日,江西世龙实业股份有限公司再次荣获“2020 中国石油和化工企业 500 强(综合类企业)”,排名第 441 位,比 2019 年排名位次前移 51 位。

21 日,市委六届第 133 次常委会会议在市为民服务中心十楼市委常委会议室召开。市领导俞小平、高翔、吴顺斌、王颖军、潘赛新、李群芳、王枥珍、王晨、邹国良、周军、朱瑞龙、郭江槐等参加。

22 日,全市生态环境保护委员会第四次会议暨省环保督察“回头看”反馈问题整改工作推进会在市为民服务中心三楼第二会议室召开。市领导俞小平、高翔、王颖军、潘赛新、王晨、邹国良、王斌、李晓滨、程明波、韩伟、李回春等参加。

22 日,接农业农村部《关于表彰全国农村承包地确权登记颁证工作先进集体和先进个人的决定》(农政改发〔2020〕4 号)文件，授予江西省乐平市农业农村局“全国农村承包地确权登记颁证工作先进集体”称号。

23日，市四套班子领导俞小平、高翔、王颖军、潘赛新等带着党和政府的温暖与关怀，走访慰问了乐平市志愿军老战士，并为他们颁发“中国人民志愿军抗美援朝出国作战70周年”纪念章。

23—24日，市人大常委会2020年工作评议大会在市为民服务中心三楼第二会议室召开。市领导王颖军、王晨、张北海、周长波、朱柳英、童福根、王斌、童勇、李回春、周理、胡捷等参加。

25日上午，市领导俞小平、高翔、吴顺斌、王晨、朱瑞龙、李回春走访慰问高龄百岁老人代表，送去节日的问候。

25日上午，全市老龄工作暨庆祝“老年节”会议在为民服务中心三楼第二会议室召开。市领导俞小平、高翔、吴顺斌、王晨、李回春等参加。

27日上午，景德镇市人大常委会副主任史晓莲带队到乐平市，围绕“共治水源周边污染，保障农村饮水安全”这个主题，开展环保瓷都行检查采访活动。乐平市领导邹国良、朱柳英等陪同。

27日，景德镇市林业局局长朱平生及乐平市领导俞小平、李晓滨一行先后到众埠镇、接渡镇开展巡林工作，并看望一线巡林员。

27日，市政府第109次常务会议在市为民服务中心七楼市政府常务会议室召开。市领导高翔、王晨、邹国良、郭江槐、李晓滨、韩伟、童勇、董醇兵等参加。

27日，纪念红十军建军90周年系列活动在众埠镇召开，方志敏烈士亲属方弋平、方进进，市领导俞小平、高翔、吴顺斌、李群芳、王栃珍、周军、祝金标等出席了活动。中国工农红军第十军由方志敏、邵式平、周建屏、黄道等于1930年7月22日在乐平众埠界首村成立。

28日，全市深化“放管服”改革优化营商环境领导小组会议在市为民服务中心三楼第二会议室召开。市领导高翔、王晨、程明波、李晓滨、韩伟、李回春、董醇兵等参加。

29日，六届市委第十轮巡察动员部署会在市为民服务中心三楼第二会议室召开。市领导俞小平、吴顺斌、王栃珍等参加。

29日，全市创建国家全域旅游示范区工作领导小组会在市为民服务中心三楼第三会议室召开。市领导俞小平、高翔、李群芳、程明波、童勇、李回春等参加。

29日，省妇联召开“小家传大爱　共同奔小康”2020年江西省最美家庭揭晓会，揭晓全省“最美家庭”300户。乐平市徐瓷明、段美珍、黄火生家庭获“江西省最美家庭”殊荣，徐瓷明家庭代表参加现场揭晓会并上台领奖。

30日，市委深改委第十九次会议在市为民服务中心三楼第二会议室召开。市领导俞小平、高翔、吴顺斌、王颖军、潘赛新、李群芳、王栃珍、王晨、邹国良、朱瑞龙、郭江槐等参加。

30日，10月份市四套班子联席会在市为民服务中心三楼第二会议室召开。市领导俞小平、高翔、吴顺斌、王颖军、潘赛新、李群芳、王栃珍、王晨、郭江槐、邹国良、朱瑞龙等参加。

30日，市委六届第134次常委会会议在市为民服务中心十楼市委常委会议室召开。市领导俞小平、高翔、吴顺斌、王颖军、潘赛新、李群芳、王栃珍、王晨、邹国良、朱瑞龙、郭江槐等参加。

31日上午，景德镇第十一届市委第九轮巡察第五巡察组巡察乐平市人民法院党组情况反馈会召开。景德镇市委第五巡察组组长周镇清代表巡察组反馈巡察情况。景德镇市委第五巡察组副组长吴松泉，景德镇市中级人民法院党组副书记、审委会专职委员涂明辉及乐平市领导俞小平、周理等参加会议。

11月

1日，2020级在京乐平籍新生座谈活动在北京举行。中国工程院院士，北京大学常务副校长、医学部主任、深圳研究生院院长詹启敏，乐平市领导俞小平、韩伟与近20名在京求学乐平籍新生参座谈。

3日下午，全国疫情防控工作电视电话会议召开。乐平市领导高翔、李群芳、韩伟、李回春在乐平分会场市为民服务中心三楼第五会议室收听收看。电视电话会议结束后，乐平市随即召开会议，就贯彻落实好会议精神进行再部署。

3日，市委农村工作领导小组暨市实施乡村振兴战略工作领导小组会议在市为民服务中心三楼第二会议室召开。市领导俞小平、高翔、吴顺斌、徐志军、王栃珍、王晨、王斌、程明波、李晓滨、李回春等参加。

3日，市委理论学习中心组集体学习会在市为民服务中心三楼第二会议室召开，专题学习党的十九届五中全会精神。市领导俞小平、高翔、吴顺斌、王颖军、徐志军、王栃珍、王晨、邹国良、朱瑞龙、郭江槐等参加。

4—5 日，市领导俞小平、王晨、朱柳英一行率队赶赴广东、上海两地，参加考察部分企业，并出席第三届进博会系列活动。其间与广东同宇新材料有限公司负责人洽谈，促成项目正式落户乐平。

6 日，乐平文艺工作者代表座谈会在市纪委会议室召开。市领导吴顺斌、李群芳、李晓滨等参加。

6 日，景德镇市政府副市长孙鑫远赴上海，走访益海嘉里集团，并就企业在乐平投资的活性白土项目进行深入洽谈。乐平市领导王晨、朱柳英等参加。

8 日，景德镇市委副书记王前虎来到乐平工业园区吉翔化工，调研企业生产经营、技术创新工作，并走访列名联系的新的社会阶层人士况庆雷。乐平市领导吴顺斌等陪同调研。

8 日，在由江西省政府新闻办、江西省工商联主办，江西省金融监管局协办，北京银行南昌分行承办的 2020 江西民营企业 100 强峰会上，省工商联发布了 2020 江西民营企业 100 强、2020 江西制造业民营企业 100 强、2020 江西服务业民营企业 20 强榜单和 2020 江西省上规模民营企业调研分析报告。其中，乐平市 3 家企业榜上有名，分别是江西中远现代农业投资开发有限公司（排名 85 位）荣获“2020 江西民营企业 100 强”，江西天新药业股份有限公司（排名 63 位）、江西世龙实业股份有限公司（排名 70 位）荣获“2020 江西制造民营企业 10 强”。

8 日，在京举行的中国民主同盟抗击新冠肺炎疫情表彰会上，民盟乐平总支盟员骆桂根被授予“中国民主同盟抗击新冠肺炎疫情”先进个人光荣称号，民盟乐平总支获得“民盟全省抗击新冠肺炎疫情先进集体”荣誉称号；张东霞、杨建华、骆桂根 3 位盟员被授予“民盟全省抗击新冠肺炎疫情先进个人”荣誉称号。

9 日，市领导俞小平、高翔、王晨、王进才等一行到部分重点项目建设现场，调研项目建设情况，调度解决相关问题，要求强化服务、强化担当、强化协调，全力以赴推进项目建设。

9 日，在第五届全国 119 消防先进集体和先进个人表彰大会上，乐平市洎阳帮帮团被授予“全国 119 消防先进集体”称号。

9 日下午，党外人士学习中共十九届五中全会精神座谈会在市党派成员之家会议室召开。市领导徐志军、李晓滨、陈东升、王岚等参加。

10 日上午，景德镇市委常委、市委政法委书记、乐安河市级河长曹雄泰到乐平市，对乐安河开展巡河督导。乐平市领导俞小平、朱瑞龙、程明波等参加。

10 日，云南省德宏傣族景颇族自治州政协副主席杨杏率队到乐平市，考察文旅产业发展工作。景德镇市政协副主席顾幸勇及乐平市领导潘赛新等陪同。

11 日，景德镇市委常委、景德镇军分区司令员孙安敏到乐平市接渡镇和礼林镇，开展安殷水市级河长巡河督导工作。乐平市领导王颖军、周军、苏振华等陪同。

11 日下午，省委统战部副部长、省民宗局党组书记、局长曹国庆率队到乐平市，调研指导民族乡村振兴工作。景德镇市委常委、市委统战部部长吴隽及乐平市领导俞小平、徐志军等陪同。

12 日，市委六届第 135 次常委会会议在市为民服务中心十楼市委常委会议室召开。市领导俞小平、高翔、吴顺斌、王颖军、潘赛新、徐志军、王栃珍、邹国良、周军、郭江槐等参加。

12 日，景德镇市委书记钟志生深入乐平部分企业、农村进行调研，宣讲党的十九届五中全会精神。景德镇市及乐平市领导俞小平、罗建国、孙鑫、高翔、吴顺斌、李群芳、王栃珍、王晨、邹国良、周军、朱瑞龙、童勇等先后陪同调研、聆听宣讲。

13 日上午，全市三季度经济形势分析会在市为民服务中心三楼第二会议室召开。市领导俞小平、高翔、吴顺斌、王晨、邹国良、郭江槐、李晓滨、程明波、童勇、李回春等参加。

13 日上午，市委财经委员会第三次会议在市为民服务中心三楼第三会议室召开。市领导俞小平、高翔、吴顺斌、王晨、邹国良、郭江槐、李晓滨、程明波、童勇、李回春等参加。

13 日，全市“千名干警进万家，暖心问计送平安”活动动员会在市为民服务中心三楼第一会议室召开。市领导俞小平、朱瑞龙、王斌、童勇、李回春、周理、胡捷等参加。

13 日，全市“十四五”规划调研座谈会在市为民服务中心三楼第二会议室召开。市领导俞小平、高翔、王晨等参加。

13 日，市政府第 110 次常务会议在市为民服务中心七楼市政府常务会议室召开。市领导高翔、王晨、邹国良、郭江槐、熊小凤、李晓滨、童勇、李回春、董醇兵等参加。

16日，义乌市乐平商会成立大会暨庆典大会在义乌市幸福湖国际会议中心举行。义乌市委常委、市委统战部部长董利明，义乌市委统战部副部长、工商联党组书记王文胜，义乌市乐平商会首届会长余保海及乐平市领导王颖军、徐志军、郭江槐、童福根、王进才、王岚等参加。

17日上午，景德镇市推进乡镇(街道)改革工作现场推进会在涌山镇召开。景德镇市委编办主任伍恒光及乐平市领导王枥珍等参加。

17—18日，纪念中国关心下一代工作委员会成立30周年暨全国关心下一代表彰大会在京召开。乐平市关工委主任徐有根荣获“全国关心下一代工作先进工作者”称号。

18日上午，乐平市打击“两违”和矿产资源违法行为行政执法指挥中心揭牌仪式在赣东北商贸城举行。乐平市领导俞小平、高翔、吴顺斌、潘赛新、王枥珍、王晨、朱瑞龙、周长波、王斌、李晓滨等参加。

18日上午，市委教育工作领导小组第二次会议在市为民服务中心三楼第二会议室召开。市领导俞小平、高翔、吴顺斌、李群芳、王晨、韩伟等参加。

18日，景德镇市委宣讲团学习贯彻党的十九届五中全会精神报告会在乐平市为民服务中心三楼第一会议室举行。景德镇市委宣讲团成员、景德镇市社会科学界联合会党组书记、主席吴知昊作宣讲报告。乐平市领导俞小平、高翔、吴顺斌、潘赛新、李群芳、王晨、邹国良等市委中心组成员及其他在职副县级以上领导干部，市人民法院、市人民检察院主要负责人参加。

19日上午，景德镇市政府副市长孙鑫来到乐平，就乐平工业园区提质(环境升级)和交通项目建设工作进行调研。乐平市领导高翔、邹国良等陪同。

19日，省农业农村厅厅长胡汉平来到乐平市调研农业农村工作。景德镇市政府副秘书长朱奔及乐平市领导俞小平、李晓滨等陪同。

20日，景德镇市人大常委会副主任、知联会会长史晓莲带队来到乐平市，开展十九届五中全会精神学习实践专题活动。乐平市领导徐志军、熊小凤等参加。

20日，全市年轻干部座谈会在市为民服务中心三楼第二会议室召开。市领导俞小平、王枥珍等参加。

20日，中央文明委在北京召开全国精神文明建设表彰大会，一批江西先进典型获“国字号”荣誉。其中，乐平市2个单位榜上有名，分别是洪岩镇洪岩村荣获“全国文明村镇”称号，乐平市第十小学荣获“全国文明校园”称号。

23日上午，市扶贫开发领导小组第二十三次全体(扩大)会议在市为民服务中心三楼第二会议室召开。市领导俞小平、高翔、吴顺斌、潘赛新、李群芳、徐志军、王枥珍、王晨、邹国良、王斌、李晓滨、程明波、韩伟、李回春、王岚等参加。

23日，市委应对新冠肺炎疫情防控工作领导小组(扩大)会议暨疫情防控应急指挥部全体会议在市为民服务中心三楼第二会议室召开。市领导俞小平、高翔、吴顺斌、李群芳、徐志军、王枥珍、王晨、邹国良、朱瑞龙、郭江槐、韩伟等参加。

24日上午，全国劳动模范和先进工作者表彰大会在北京人民大会堂举行。在表彰大会上，乐平中学1990届杰出校友徐长贵被授予“全国劳动模范”荣誉称号。

24日下午，市政府专题研究谋划2021年重点项目专题会在市为民服务中心七楼市政府常务会议室召开。市领导高翔、王晨、郭江槐、李晓滨、程明波、韩伟、李回春等参加。

24日，乐平中学举行“弘扬抗美援朝精神，实现民族伟大复兴”爱国主义主题教育专场报告会。景德镇市关工委主任周华保、副主任占和平及乐平市领导李群芳等约300余名师生参加。

24日，景德镇市委副书记王前虎先后来到乐平市洪岩镇吴家村、宏柏新材料股份有限公司、农科园王家村和乐平中学，就脱贫攻坚、基层党建工作进行调研。乐平市领导俞小平、高翔、吴顺斌等先后陪同。

25日上午，景德镇市委常委、市委统战部部长、长乐水市级河长吴隽到乐平市十里岗镇巡河。景德镇市水利局局长徐九生及乐平市领导徐志军等陪同。

25日下午，全市信访工作联席会暨业务培训会在市为民服务中心三楼第二会议室召开。景德镇市委信访局副局长姚石玉及乐平市领导吴顺斌、朱瑞龙等参加。

25日，市政府第111次常务会议在市为民服务中心七楼市政府常务会议室召开。市领导高翔、王晨、邹国良、王斌、程明波、韩伟、童勇、杨珊庚、姚东、董醇兵等参加。

27日上午，市六届人大常委会三十三次会议在市为民服务中心三楼第二会议室召开。市领导王颖军、张北海、周长波、童福根、熊小凤、王斌、李晓滨、周理、胡捷等参加。

27日晚，2020年“宏柏杯”赣东北地区篮球邀请赛开幕式在乐平市新体育中心举行。江西省篮球协会副主席、江西省裁委会主任邓汇宾，江西宏柏新材料股份有限公司董事长、总经理纪金树及乐平市领导俞小平、潘赛新、李群芳、王晨等参加。

30日，市委六届第136次常委会会议在市为民服务中心十楼市委常委会议室召开。市领导俞小平、高翔、吴顺斌、潘赛新、李群芳、徐志军、王栃珍、王晨、邹国良、周军、朱瑞龙、郭江槐等参加。

30日，市委深改委第二十次会议在市为民服务中心三楼第二会议室召开。市领导俞小平、高翔、潘赛新、李群芳、徐志军、王晨、邹国良、朱瑞龙、郭江槐等参加。

30日，11月份市四套班子联席会在市为民服务中心三楼第二会议室召开。市领导俞小平、高翔、潘赛新、李群芳、徐志军、王晨、邹国良、朱瑞龙、郭江槐等参加。

11月，省委宣传部、省司法厅、省普法办命名南昌市红谷滩长天廉文化主题公园等40个基地为全省第二批“法治文化示范基地”。其中，乐平市三治文化主题园榜上有名。

11月，全省基层改革管理创新成果微视频征集评选结果揭晓，其中由乐平市涌山镇推荐（主创）的《腾飞的涌山》获得成果展示类一等奖。

11月，在2020年度全省星级示范蜂场创建、蜂蜜产品品质评审大赛中，乐平市思红蜂业再创佳绩，被评为省级星级示范蜂场和优质蜂产品奖。这是该企业首次获得政府奖项。

11月，乐平市人民检察院再次荣获“全国检察宣传先进单位”称号，这是该院自2019年以来连续两年获此殊荣。

11月，省委宣传部、省退役军人事务厅授予全省20名退役军人2020年江西“最美退役军人”称号，乐平市卫健委疾控股（应急办）股长华玉梅是其中之一。

11月，江西省民政厅命名表彰了2019—2020年度全省“绿色社区　美丽家园”创建活动示范社区和第五批全省农村社区建设试点示范社区。其中，乐平市浯口镇梅溪村社区、接渡镇子安社区、涌山镇涌山社区、鸬鹚乡杨湖村社区、塔山街道上畈社区入选2019—2020年度全省“绿色社区　美丽家园”创建活动示范社区，众埠镇村社区、临港镇下堡村社区、乐港镇大路边村社区、涌山镇杨潭村社区、十里岗镇篁坞村社区入选第五批全省农村社区建设试点示范社区。

12月

1日，围绕学习贯彻党的十九届五中全会精神主题，市委理论学习中心组在市为民服务中心三楼第二会议室召开集体学习会。市领导俞小平、高翔、吴顺斌、潘赛新、李群芳、徐志军、王栃珍、王晨、邹国良、朱瑞龙、郭江槐等参加。

1日，为期3天的江西省首届社会应急力量技能竞赛落下帷幕。乐平蓝天救援队代表景德镇市地区参赛，取得团体总分第二名、高空悬吊向下救援团体第一名的成绩，其中队员舒道伦获得单杠卷上身项目个人第一名。

2日，省委第一巡视组对乐平市开展巡视“回头看”工作动员会在市为民服务中心三楼第一会议室召开。省委第一巡视组组长严卫，省委第一巡视组副组长尹健、邹常军、裴敏春，组长助理苏东来及其他成员，乐平市四套班子领导成员，法院院长、检察院检察长，其他在职副县级以上干部，市委各部门、市直各单位主要负责人，市委巡察办主任、市委巡察组组长，部分条管单位主要负责人，各乡镇（街道）党政主要负责同志，市纪委监委、市委组织部班子成员参加。

2日，江西省双拥模范城（县）命名表彰大会在南昌召开。会议传达学习全国双拥模范（县）命名表彰大会精神，为江西省双拥模范城（县、区）和先进单位、先进个人代表颁奖。会上，乐平第八次作为“江西省双拥模范城”受到表彰。

3日上午，乐平大泗医疗器械产业园新建项目签约仪式在市为民服务中心六楼会议室举行。市领导王晨及大泗医疗器械集团总裁杨永红等参加。

3日，江西省人民政府命名井冈山大学国防教育基地等27个单位为第三批江西省国防教育基地，乐平市的赣东北特委旧址和篁坞方志敏旧居2个单位榜上有名。

3日至4日，市领导俞小平、王晨等一行参加在深圳召开的江西省对接粤港澳大湾区投资合作推介会,并走访凯光集团、晟大集团等重点招商合作企业。

7日,市领导俞小平、王晨等先后来到塔山工业园、接渡镇、涌山镇,现场督导环境保护、接渡大桥改建、化解煤炭过剩产能等重点工作。

7日下午,市领导高翔、王斌、程明波、王进才等一行先后来到返乡创业园二期基础设施建设项目、殡仪馆和城市公益性公墓项目、南内河棚户区改造安置项目等现场调研督导乐平部分重点项目建设工作。

9日,市规划委员会2020年第四次主任会议在市为民服务中心十楼常委会议室召开。市领导俞小平、高翔、吴顺斌、王颖军、王晨、王斌、程明波等参加。

11日下午,市领导俞小平、邹国良、王斌等先后到部分危桥改造、国省道改线等在建和拟建交通项目点,现场调度项目规划建设情况。

12日,市政府第112次常务会议在市为民服务中心七楼市政府常务会议室召开。市领导高翔、王晨、邹国良、郭江槐、程明波、韩伟、童勇、李回春、杨珊庚等参加。

14日下午,市领导俞小平、王枥珍、王斌等先后到众埠镇、临港镇,督导基层党建"三化"建设及整合审批服务执法力量工作,并在涌山镇召开座谈会。

14日下午,市领导高翔、朱瑞龙、童勇、李回春、周埋、胡捷等先后来到市自然资源和规划局、后港镇综治中心、市农业农村局等地,就重点行业领域突出问题专项整治工作进行调研,并在市为民服务中心七楼市政府常务会议室召开座谈会。

15日,景德镇市委常委、市委组织部部长刘瑞英到乐平调研基层党建和新农村建设工作,并就洎水河流保护情况进行巡查。乐平市领导俞小平、吴顺斌、王枥珍、朱柳英、董醇兵等先后陪同。

15日,市领导俞小平、邹国良等先后到天新药业二期扩区规划用地、中试基地拟选址、园区职工技能培训中心,现场了解企业反映的问题和前期链长制工作落实情况,并召开座谈会。

15日上午,省关工委常务副主任兼秘书长王飚、省关工委常务副主任汪玉奇一行到乐平市调研关心下一代工作。景德镇市关工委主任周华保及乐平市领导吴顺斌等陪同。

15日上午,中国国家铁路集团有限公司鉴定中心在北京大方饭店单独召开昌景黄铁路新增乐平北站站房变更设计专题评审会。到此,乐平北站开站前所有准备工作全部就绪。

16日,市委作风建设专项行动领导小组会议在市为民服务中心三楼第二会议室召开。市领导俞小平、高翔、吴顺斌、李群芳、王枥珍、王晨、朱瑞龙、童福根、王斌等参加。

17日,省政府副省长胡强在省政府办公厅、省农业农村厅、省农科院相关负责人陪同下到乐平市,调研蔬菜产业发展情况。景德镇市领导及乐平市领导刘锋、俞小平、熊皓、高翔、徐志军、李晓滨等陪同。

17日下午,市委六届第137次常委会会议在市为民服务中心十楼常委会议室召开。市领导俞小平、高翔、吴顺斌、王颖军、潘赛新、李群芳、徐志军、王枥珍、王晨、邹国良、周军、朱瑞龙、郭江槐等参加。

16—17日,省人大常委会法工委二级巡视员万祥裕率调研组来到乐平市,就规范性文件备案审查工作进行实地调研。乐平市领导王颖军、王斌、童勇等先后陪同调研。

18日,市领导俞小平、王晨、王斌、程明波等先后来到非法作业车辆扣押点,接渡镇、后港镇、洎阳街道乱占耕地建房拆除点,调研乱占耕地建房整治工作。

18日上午,乐平市人大预算联网监督系统开通仪式在市为民服务中心举行。景德镇市人大常委会副主任闫浩通过视频方式出席仪式。乐平市领导王颖军、王晨、张北海、周长波、朱柳英、童福根、熊小凤、王斌等参加。

18日上午,全市2020年度江西省高质量发展综合绩效考评工作推进会在市为民服务中心三楼第二会议室召开。市领导高翔、吴顺斌、王晨、邹国良、郭江槐、程明波、韩伟等参加。

21日上午,市领导高翔、邹国良等一行先后到名尚石材加工部、生威涂料厂、巨业化工、联合化工、鸣山矿山等地,调研中央及省环保督察反馈问题整改工作,实地察看整改工作进展。

22日上午,2020年度市人民武装委员会暨国防动员委员会会议在市人武部召开。市领导高翔、王晨、苏振华、李回春等参加。

22日上午,2021年度乐平市征兵工作部署会在市人武部召开。市领导高翔、王晨、苏振华等参加。

22日,景德镇市委常委、市纪委书记、市监委代理主任饶华东深入乐平市调研。景德镇市纪委副书记、市监委副主任况小军,景德镇市纪委常委、秘书长程坚及乐平市领导俞小平、吴顺斌等陪同。

23日下午,全市村(社区)“两委”换届选举工作领导小组(扩大)会议在市为民服务中心三楼第二会议室召开。市领导俞小平、吴顺斌、王枥珍、王斌、程明波等参加。

23日下午,乐平市“十四五”专项规划暨“国土空间”规划编制工作汇报会在市自然资源和规划局召开。市领导高翔、王晨、邹国良、郭江槐、李晓滨、程明波、韩伟、李回春等参加。

24日,乐平市政协六届二十一次常委会议在天湖市民之家召开。市领导潘赛新、王进才、祝金标、蒋西爱、陈东升、李回春、黎萍、王岚等参加。

25日下午,全市党风廉政建设和反腐败工作、法检“两院”工作情况通报会在市为民服务中心三楼第二会议室召开。市领导吴顺斌、徐志军、熊小凤、李晓滨、祝金标、陈东升、黎萍、王岚、周理、胡捷等参加。

26日上午,市安委会第四次全体成员(扩大)会议在市为民服务中心三楼第二会议室召开。市领导俞小平、高翔、王晨、邹国良、郭江槐、李晓滨、程明波、韩伟、李回春等参加。

26日上午,市委财经委员会第四次会议在市为民服务中心三楼第二会议室召开。市领导俞小平、高翔、王晨、邹国良、郭江槐、程明波、韩伟、李回春等参加。

26日上午,市政府第113次常务会议在市为民服务中心七楼市政府常务会议室召开。市领导高翔、王晨、邹国良、郭江槐、李晓滨、程明波、韩伟、杨珊庚、董醇兵等参加。

26日,从景德镇农业科技园区管委会获悉,经过推荐申报、材料审查、现场考察、视频答辩、公示等程序,科技部于日前正式发文公布第九批国家农业科技园区建设单位,景德镇国家农业科技园区成功入选。景德镇国家农业科技园建设在乐平市生态农业科技园区内,为江西省唯一入选单位。

27日,省委宣传部常务副部长郭建晖一行到乐平调研文明城市创建工作。景德镇市及乐平市领导刘朝阳、俞小平、吴顺斌、李群芳、朱瑞龙等先后陪同。

28日,全市村(社区)“两委”换届选举工作会议在市为民服务中心三楼第一会议室召开。市领导俞小平、王枥珍、童福根、王斌、程明波等参加。

28日,鹰潭市乐平商会成立庆典大会在鹰潭市沁庐道苑酒店举行。鹰潭市政协主席戴春英,鹰潭市委原副书记、人大常委会原主任邵奇生,鹰潭市政协副主席吴南平,鹰潭市委统战部常务副部长祝发太、鹰潭市乐平商会首届会长张火生及乐平市领导潘赛新、徐志军、王进才、王岚等参加。

29日,市领导俞小平、王颖军、朱瑞龙、周长波等一行以人大代表身份到天湖市民之家人大代表联络站,开展进站活动,了解群众意见建议收集情况,并深入凤凰世纪华城小区、鸿宇天湖城小区,现场调度白蚁防治和平安智慧小区建设工作。

29日下午,市领导高翔、潘赛新、郭江槐、王进才、周理等一行深入多个在建工程工地和水电部门、蔬菜基地,现场督导重点项目建设和低温寒潮防灾减灾工作。

30日,江西省新媒体协会第二届会员代表大会暨2019年度江西新媒体系列推选活动颁奖仪式在南昌举行。会上,颁发了2019年度江西新媒体系列推选活动奖项,其中“乐平之窗”荣获“十佳县区政务微信公众号”称号并现场接受表彰。

30日,省委政法委副书记毛保国一行到乐平,就市域社会治理现代化试点工作进行调研。乐平市领导俞小平、朱瑞龙等陪同。

30日上午,由市文明办、市志愿服务联合会主办的乐平市2020年新时代文明实践志愿服务总结表彰大会在市教体局召开。市领导李群芳及来自全市各文明实践站志愿队伍代表、志愿者代表共计100余人参加。

30日,江西省抗击新冠肺炎疫情表彰大会在南昌举行。乐平市疾控中心主任陈斌作为全省抗击新冠疫情先进集体景德镇市唯一代表上台领奖。另外,乐平市中医医院重症医学科护士长胡庆花,乐平市人民医院科主任徐三涛,涽口镇杨溪村卫生室乡医许如柱,洎阳街道天湖社区党支部书记、主任王华华4人荣获先进个人称号。

30日,市委六届138次常委会会议在市为民服务中心十楼市委常委会议室召开。市领导俞小平、高翔、吴顺斌、王颖军、潘赛新、李群芳、徐志军、王枥珍、王晨、邹国良、郭江槐、王斌、李晓滨、程明波、韩伟、童勇、蒋西爱、李回春、王岚、周理、胡捷等参加。

31日,市工商业联合会(总商会)第五次代表大会在市为民服务中心三楼第一会议室召开。景德镇市委统战部副部长、工商联党组书记谭学军及乐平市领导吴顺斌、王颖军、潘赛新、徐志军、邹国良、王岚、汪海茂等参加。

31日上午,市六届人大常委会第三十四次会议在市为民服务中心六楼会议室召开。市领导王颖军、王晨、张北海、朱柳英、童福根、熊小凤、王斌、韩伟、周理等参加。

12月,据《第二十届县域经济与县域发展监测评价报告》显示,江西省南昌县、丰城市、贵溪市在全国县域经济基本竞争力前100名县市中分别列28位、65位、95位;南昌县、丰城市、樟树市、高安市、乐平市在全国县域经济与县域综合发展前100名县市中分别列21位、46位、69位、91位、93位。相较于2019年,贵溪市为新晋级的全国县域经济基本竞争力前100名县市;丰城市、乐平市为新晋级的全国县域经济与县域综合发展前100名县市。

12月,全国首个月度“平安之星”活动的总票数定格在537万票,访问量超2202万次,100名平安英雄、50名平安卫士悉数出炉。来自乐平市的洎阳“帮帮团”总团团长徐庆辉位居“平安卫士”榜第九位。

12月,江西省第四次全国经济普查先进集体和先进个人名单出炉,乐平市1单位和2个人榜上有名。其中,市统计局荣获先进集体,十里岗镇农垦办主任汪有军、洪岩镇统计站干事邹建华荣获先进个人。

12月,省生态环境厅公布了一批省级生态乡镇和省级生态村名单。九江市湖口县张青乡等40个乡镇被命名为第十三批江西省省级生态乡镇,南昌市南昌县南新乡山上村等94个村被命名为第十一批江西省省级生态村。其中,乐平市双田镇双溪村、众埠镇南山村、礼林镇杨桥村、众埠镇高桥村、镇桥镇百乐村5个村被命名为第十一批江西省省级生态村。

12月,江西省第四批中小学学科带头人和骨干教师名单公布,乐平市28名教师榜上有名。其中,学科带头人5人,骨干教师13人。

中国共产党乐平市委员会

综　述

2020年，是极不平凡、极不寻常、极为不易的一年。面对突如其来的新冠肺炎疫情，面对中华人民共和国成立以来第四高水位洪水，面对一系列攻坚克难的任务，市委常委会坚持以习近平新时代中国特色社会主义思想为指导，深入落实习近平总书记视察江西时重要讲话精神和党中央、省委、景德镇市委决策部署，坚持稳中求进工作总基调，全面贯彻新发展理念，落实高质量发展要求，统筹推进疫情防控和经济社会发展工作，扎实做好"六稳"工作、全面落实"六保"任务，团结带领全市干部群众大学、大干、大变，以确定性工作应对不确定性形势，推动经济社会发展和党的建设取得新成效。

一年来，市委主要做了以下工作。

一、更高要求践行了"两个维护"

坚定不移把政治建设作为党的根本性建设，把践行"两个维护"作为首要的政治任务，始终用党的创新理论武装头脑、推动工作，凡是习近平总书记重要指示和重要讲话精神做到及时跟进学习，围绕疫情防控，脱贫攻坚，党章党规，党的十九届四中、五中全会精神等主题，共召开市委常委会会议32次，举行市委理论学习中心组学习研讨13次，实现乡科级领导干部学习贯彻党的十九届四中全会精神教育培训全覆盖。党的十九届五中全会精神"六进"活动扎实开展，开展古戏台讲堂16次、直接受众6400余人次，推动了习近平新时代中国特色社会主义思想往深里走、往心里走、往实里走，全市党员干部"四个意识"更为增强、"四个自信"更加坚定、"两个维护"更加坚决。

二、更高水平践行了"生命至上"

坚持把人民群众生命安全和身体健康放在第一位，全市党员干部守土尽责，广大基层社区工作者默默坚守，广大志愿者无私奉献，开创了县级二甲医院治愈确诊患者全省先例，340余天无新增确诊病例、疑似病例和无症状感染者。在疫情最为严重时刻，18名医务人员、13名蓝天救援队员驰援武汉、随州、新余，以实际行动在伟大抗疫斗争中谱写了无私奉献、以身许国的英雄篇章。发挥"江南菜乡"优势，支援周边地区蔬菜等农副产品供应，描绘了阻隔疫情、不阻人情的"一方有难、八方支援"的大爱画卷。在抗击超历史洪魔时刻，四套班子领导挺在一线，市、乡、村、组四级干部及驻军、应急民兵等战斗在前，成功处置了18处较大型的泡泉、管涌，防汛抗洪斗争取得了全面胜利，保证了人民群众生命财产安全。

三、更高质量推动了"改革发展"

坚持在"作示范、勇争先"目标定位中谋划、推动"赣东北明珠"建设，坚持以"稳"促"进"，稳住了经济发展基本盘，跑出了高质量发展的"乐平速度"。

一是经济发展迈向更高质量。"六稳"工作扎实推进，"六保"任务稳步落实，128家规上企业全部复工复产，经济增长由负转正、全年有望增长4%—5%。"项目建设提速年"活动深入推进，85个重点项目稳步推进，30个重点项目竣工投产，精细化工产业不断壮大，园区扩区调区顺利推进，连续两年荣获全省工业高质量发展先进县（市、区）称号，中远农业、天新药业、世龙实业又获2020年江西民营企业100强，远洋威利入选江西省专业化小巨人企业。"四上"企业新增60家。粮食生产实现"十七连增"，晋级全国县域经济与县域综合发展前100名，喜获全国农村承包地确权登记颁证工作先进，获批第九批国家农业科技园区建设单位。

二是对外开放跨上更高层次。江西省内陆开放型经济试验区、景德镇国家陶瓷文化传承创新试验区全面融入，招大引强和招才引智开创新局，全社会研发投入达5亿元，新授权专利总量200多件，荣获2017—2019年度全省招商引资（内资）先进县，引进落地赛复乐、凯光城市综合体、同宇新材料等“5020”项目，与世界500强丰益国际集团签约投资1亿美元活性白土生产项目。宏柏新材成为全省第一家台资A股上市企业，天新药业、景德中药上市工作稳步推进。

三是改革创新站在更高起点。33项改革自选举措全部完成，探索形成了“四个一”改革推进机制，率先在全省实施改革督察全覆盖，率先在全省实施改革述职评议，率先在全省实行改革创新重奖激励，《江西日报》头版头条报道乐平市改革经验做法，涌山镇荣获全省基层改革管理创新成果展示类一等奖。

四是生态环境展现更高颜值。“双创”工作深入推进，实现环卫、污水处理“全域一体化”，成功创建“省级森林城市”，洪岩镇荣获国家卫生乡镇、国家森林公园、全国文明乡镇、江西魅力乡镇十强称号，十里岗镇篁坞村等4个村庄荣获第一批“国家森林乡村”称号，镇桥镇百乐村等5个村庄荣获全省第十一批省级生态村称号。在全省县（市、区）2019年度城乡环境整治综合考核中排名第三、“五定包干”村庄环境整治长效管护工作考核排名第八，通过了农村人居环境整治三年行动第一批省级验收，荣获2019年度城市功能与品质提升考核全省12个优秀县（市、区）之一，全年空气质量优良天数达到九成以上。

四、更高水准增强了“百姓幸福感”

始终坚持以人民为中心的发展理念，下大力气让群众生活更加殷实。

一是城乡面貌大幅提升。老城改造、新城建设同步推进，城市功能与品质全面提升，新农村建设全面覆盖，美丽宜居示范村建设亮点纷呈，农村人居环境全面改善；国、省、县、乡、村公路升级改造全面铺开，“大交通”网络初见雏形。

二是脱贫攻坚全面完成。5521名贫困人口实现就业，132户298名边缘人口消除致贫风险，37户75名脱贫监测人口消除返贫风险，省定标准以下贫困人口全部脱贫。

三是乡村振兴大力推进。超标完成高标准农田建设任务，千方百计促进农民增收，持之以恒推进秀美乡村建设，荣获2019年度全省实施乡村振兴战略实绩考核优秀县。

四是社会保障日趋完善。技能培训成效明显，城镇新增就业12682人，城镇登记失业率控制在4.5%以内。地摊经济管理有序，新增8000多个就业岗位。

五是社会事业蓬勃发展。临港片区用电历史问题成功解决，近3万名居民用上国网“安全电”“优质电”，接洄片区电网改造有序推进，近7万名居民用电难问题将得到化解。乐安河流域国控、省控断面水质优良率100%，全市集中饮用水源地水质达标率100%。成功完成2019年国家森林公园乡村创建工作，百分百完成了人工造林面积任务。5个社会足球场新建等“为民办十件实事”基本完成。

六是教育事业质量双升。高考取得理科全省第二、6名同学被清华北大录取、文理科景德镇市双第一的历史最好成绩，全省县（市、区）党政领导干部履行教育职责督导评价荣获“优秀等次”。

五、更高水平推进了“社会治理”

一是民主政治建设取得新进展。对人大工作的领导切实加强，支持政协依照章程履行职能。统一战线服务发展独特优势充分发挥，积极做好了民族宗教工作。群团改革深入推进，党管武装、国防动员和后备力量建设全面加强。

二是法治建设迈出新步伐。法治政府建设取得明显成效，司法体制改革取得阶段性成果，司法公信力不断增强。开展法治宣传主题活动，“七五”普法扎实推进。

三是社会治理开创新局面。市域社会治理现代化试点率先行动，被省委政法委列为试点工作联系县市；市乡村三级综治中心实体化标准化建设有序推进；社会稳定风险评估、突发事件应急处置等机制更加完善；扎实推进平安乐平、法治乐平建设，纵深推进扫黑除恶专项斗争，集中开展了违规参与民间借贷等金融活动和营利活动专项整治，信访突出问题专项治理抓细抓实，做好了全国两会期间稳定工作。殡葬改革“双百”成果持续巩固，社会组织参与基层社会治理成为风尚，帮帮团被评为全国最佳志愿服务组织和全国119消防先进集体，荣获全省慈善工作先进单位、全省社会救助工作先进县、江西省双拥模范城“八连冠”，赣东北特委旧址和篁坞方志敏旧居入选省国防教育基地。

六、更高站位推进了“党的建设”

一是全面加强了基层党组织建设。扎实推进基层党建“三化”建设，保障每个城市社区工作经费不少于5万元、服务群众专项经费不少于10万元，每个社区党支部专项工作经费不少于5000元，每名党员活动经费不少于100元。全面消除118个村集体经营性收入空壳村，村党支部书记、村委会主任“一肩挑”率达86.3%。“两新”组织党建进一步加强。疫情防控表现突出的8人“火线入党”。

二是全面强化了意识形态工作。牢牢把握意识形态工作领导权，扎实开展农村意识形态典型问题专项整治活动。加强和完善了党对统战工作的领导，中央脱贫攻坚专项巡视“回头看”反馈意见涉及宗教问题整改工作基本完成。

三是全面落实了从严治党主体责任。推动全面从严治党向纵深发展、向基层延伸，同级监督实践探索成效明显，“一卡两问三书四单”做法得到省纪委肯定，列为景德镇市2020年全面深化改革“1+10”重点改革项目。实现六届市委届内政治巡察全覆盖。全年共立案215起、涉及248人、处分336人。查处形式主义官僚主义176起，处理263人；查处扶贫领域腐败和作风问题90起，处理137人；深入开展扫黑除恶专项斗争监督执纪问责工作，查处129人。

重要会议

1月7日，中共乐平市委六届九次全体（扩大）会议在为民服务中心三楼第一会议室举行。会议为期一天。会议主要任务是以习近平新时代中国特色社会主义思想为指导，深入学习党的十九届四中全会、中央经济工作会议精神、省委十四届十次全会和景德镇市委十一届八次全会议精神，审议《市委常委会2019年工作报告》《中共乐平市委关于全面融入景德镇国家陶瓷文化传承创新试验区建设的决定》，部署了全市经济社会发展工作。

8月8日下午，中共乐平市委六届十次全体（扩大）会议在为民服务中心三楼第一会议室举行。会议为期半天。会议主要任务是以习近平新时代中国特色社会主义思想为指导，深入贯彻党的十九大和十九届二中、三中、四中全会精神，习近平总书记视察江西重要讲话精神，省委十四届十一次全体（扩大）会议精神和景德镇市委十一届八次全体（扩大）会议精神；通报《关于乐平决战决胜脱贫攻坚情况的报告》和《关于我市全面建成小康社会情况的报告》，总结全市上半年工作，研究部署当前及今后一段时期内的工作任务。

2020年，中共乐平市委共召开市委常委会会议32次，审议各项议题253项。

市委六届第107次常委会会议于1月4日上午召开，共有议题5项。会议审议并通过了市委组织部《提请审议〈关于推荐傅金林、汪志明、吕贵平等三位同志作为拟晋升职级人选的请示〉》；传达学习了《中共中央办公厅关于印发〈中央文件发布、阅读、办理和管理工作规定〉的通知》精神、《关于莲花县委原书记刘乡在脱贫攻坚中搞形式主义、官僚主义问题的通报》、中央农村工作会议精神；审议了市委六届九次全体（扩大）会议有关材料；原则通过了市政府党组《关于呈请审议乐平市城乡垃圾分类和减量工作实施方案的请示》；原则通过了市政府党组《关于呈请审议乐平市养老服务体系建设发展三年行动计划（2019—2021）的请示》。

市委六届第108次常委会会议于1月10日中午召开，共有议题3项。会议原则通过了市政府党组《关于呈请审议2019年度服务期满“三支一扶”大学生接收安置意见的请示》；原则通过了市政府党组《关于呈请审议2019年度招募“三支一扶”大学生岗位安置意见的请示》；审议并通过了市纪委监委《关于4名干部违纪违法处理意见及3名领导干部立案审查的请示》。

市委六届第109次常委会会议于1月23日下午召开，共有议题2项。会议传达学习了习近平总书记关于新型冠状病毒感染的肺炎疫情的重要指示、李克强总理批示精神及刘奇、易炼红提出的工作要求和景德镇市新型冠状病毒疫情防控紧急会议精神、省十三届人大四次会议和省政协十二届三次会议精神、《中国共产党党和国家机关基层组织工作条例》精神、十九届中央纪委四次全会和省纪委十四届五次全会精神；原则通过了市考核办《关于提请审议〈2019年度乡镇（街道）高质量发展考核评价实施方案（送审稿）〉和〈2019年度市直部门（单位）高质量发展考核评价办法（送审稿）〉的请示》。

市委六届第110次常委会（扩大）会议暨乐平市新型冠状病毒感染的肺炎疫情防控应急指挥部第三次全体会议于1月23日下午召开，共有议题6项。会议传达学习了习近平总书记关于疫情防控重要指示精神、省委常委(扩大)会议及景德镇市相关会议精神;审议通过了《市委应对疫情工作领导小组组成人员名单(送审稿)》;宣读了《江西六个必须全力遏制疫情》、省指挥长令、景德镇市和乐平市第1号通告;通报了当前疫情,听取了应急指挥部下设督导问责组、综合协调组、宣传教育组、医疗救治组、疫情控制稳控组、环境卫生组、综合保障组七个工作组工作情况汇报。

市委六届第111次常委会(扩大)会议暨市委应对新冠肺炎疫情工作领导小组和疫情防控应急指挥部全体会议于2月15日上午召开,共有议题9项。会议传达学习了2月12日中共中央政治局常务委员会会议精神、《中共江西省委江西省人民政府关于有效应对新型冠状病毒感染的肺炎疫情坚决打赢脱贫攻坚战的意见》《江西省人民政府关于有效应对疫情稳定经济增长20条政策措施》《景德镇市人民政府关于有效应对疫情稳定经济增长26条政策措施》;听取了全市新冠肺炎疫情防控工作情况汇报、洎阳街道疫情防控和项目建设情况汇报、乐港镇疫情防控和春耕备耕情况汇报、农业农村局春耕备耕工作情况汇报、工信局复工复产准备工作情况汇报、重点项目办项目建设工作情况汇报和商务局招商引资工作情况汇报;原则通过了市政府党组《关于呈请审议乐平市有效应对疫情稳定经济增长30条政策措施的请示》;原则通过了市政府党组《呈请审议关于加强疫情科学防控有序推进工业企业复工复产的实施方案的请示》。

市委六届第112次常委会会议于3月12日上午召开,共有议题9项。会议审议并通过了《关于推荐拟提拔副县级领导干部人选的请示》、审议了《关于全省领导干部个人有关事项集中填报工作专题部署(视频)会议精神及我市贯彻落实情况汇报》;传达学习了全省政法工作会议暨全省市域社会治理现代化试点工作会议精神、中央和省决战决胜脱贫攻坚座谈会会议精神、全省积极应对新冠肺炎疫情决战脱贫攻坚电视电话会议精神;通过了《乐平市脱贫攻坚挂牌作战指挥部名单(送审稿)》;原则通过了市政府党组《关于呈请审议建设高性能纳米陶瓷材料产业基地等项目的请示》;原则通过了市政府党组《关于呈请审议解决老稽征所办公楼处置有关事项的请示》;原则通过了市政府党组《关于呈请审议解决陶器厂A－1和A－2出让地块有关事项及建议的请示》;原则通过了市政府党组《关于呈请审议解决城市西北片AB－03－1等3宗地块相关事项的请示》;原则通过了市政府党组《关于呈请审议2016年度招录基层水利专业技术人员“三定向”安置的请示》;通过了市委宣传部《关于提请审议中共乐平市委理论学习中心组2020年学习计划(送审稿)的请示》。

市委六届第113次常委会会议分两个阶段,于3月26日下午和28日上午召开,共有议题11项。会议审议通过了市委组织部《提请审议关于推荐拟晋升二级巡视员人选的请示》;传达学习了3月18日召开的中共中央政治局常务委员会会议精神、刘奇在景德镇调研期间的讲话精神、中共中央办公厅印发《党委(党组)落实全面从严治党主体责任规定》精神;原则通过了市政府党组《关于呈请审议河道砂石资源统一经营管理权限的请示》;通过了市政府党组《关于呈请审议乐平市“项目建设提速年”活动实施方案的请示》;通过了市政府党组《关于呈请审议抓好“三农”领域重点工作确保如期实现全面小康实施意见的请示》;原则通过了市政府党组《关于呈请审议解决乐平市大山饭店有限公司用地相关事项的请示》;原则通过了市政府党组《关于呈请审议城北新区WL－01地块与教育园区CB－04商住地块等价(网挂)置换事项及意见的请示》;通过了市政府党组《关于呈请审议鸣西矿井复工的请示》;听取了市政府党组《关于2019年乐平市经济运行情况分析的汇报》;通过了市政府党组《关于呈请审议2020年定向培养乡村教师计划的请示》;通过了市妇联党组《呈请审议关于拟推荐江西省“战疫情有我家”最美家庭的请示》。

市委六届第114次常委会会议于4月2日中午召开,共有议题1项。会议审议通过了市委组织部《提请审议干部人事任免事项》。

市委六届第115次常委会会议于4月16日下午召开,共有议题12项。会议传达学习了4月8日召开的中共中央政治局常务委员会会议精神、全省宣传部长会议精神等;传达学习了景德镇市纪委十一届五次全会精神,听取了贯彻意见的汇报;通过了市纪委呈请审议《关于2019年度落实党风廉政建设责任制考核情况的通报的请示》;原则通过了市纪委呈请审议《关于十四届省委第七轮巡视发现倾向性问题的对照整改方案（送审稿）的请示》；原则通过了《中共乐平市委常委会2020年工作要点（送审稿）》；听取了《贯彻落实习近平总书记视察江西重要讲话精神情况》、《全省县委书记座谈会上的落实事项》和《贯彻落实3月25日省委书记刘奇同志来乐调研的指示精神情况》专项督查汇报；原则通过了市人大党组关于呈请审议《乐平市人大常委会2020年工作要点》的请示；审议并通过了市委组织部呈请审议《关于补选景德镇市十五届人大代表、乐平市六届人大代表的请示》；审议并通过了市委组织部呈请审议《关于重新定格汪义武同志2018年度考核等次的请示》；原则通过了市委组织部呈请审议《乐平市乡科级领导班子和领导干部2019年度考核工作方案（送审稿）的请示》；通过了市委组织部呈请审议《市委常委班子脱贫攻坚专项巡视"回头看"整改专题民主生活会方案的请示》；原则通过了市扶贫开发领导小组关于《乐平市关于中央脱贫攻坚专项巡视"回头看"反馈意见、"不忘初心、牢记使命"主题教育检视问题、成效考核指出问题整改工作方案（送审稿）》；听取了2020年财政专项扶贫项目安排情况汇报。

市委六届第116次常委会会议于4月18日上午召开，共有议题1项。会议审议通过了市委组织部《提请审议县级干部拟提拔重用人选事项的请示》。

市委六届第117次常委会会议于4月24日下午召开，共有议题10项。会议传达学习了习近平总书记关于打击电信网络诈骗犯罪指示精神和国务院打击治理电信网络新型违法犯罪工作联席会议精神，听取了打击治理电信网络新型违法犯罪工作情况报告；传达学习了4月17日召开的中共中央政治局会议精神；听取了当前新冠肺炎疫情防控工作情况汇报；听取了贯彻落实省、景德镇市领导关于"4·19"较大交通事故批示精神情况的汇报；通过了《市委常委班子2019年"不忘初心、牢记使命"主题教育专题民主生活会整改方案落实情况通报（送审稿）》、原则通过了《中共乐平市委常委班子脱贫攻坚专项巡视"回头看"整改专题民主生活会对照检查材料（送审稿）》；原则通过了市政府党组《关于呈请审议乐平市小水电清理整改"一站一策"工作方案的请示》；通过了市政协党组《关于呈请审议政协乐平市委员会2020年工作要点（送审稿）的请示》；原则通过市政协党组《关于呈请审议乐平市政协2020年重点协商活动计划的请示》；原则通过市委政法委《提请审议〈乐平市开展扫黑除恶重点行业领域突出问题专项整治实施方案〉和〈关于成立乐平市重点行业领域突出问题专项整治领导小组的通知〉的请示》；通过了市委宣传部《关于呈请审议〈中共乐平市委宣传部2020年宣传思想文化工作要点（送审稿）〉的请示》。

市委六届第118次常委会会议于4月30日下午召开，共有议题4项。会议审议并通过了市委组织部《呈请审议干部人事调整事项的请示》；传达学习了景德镇市从事生产经营活动事业单位改革工作推进会会议精神；原则通过了市人大党组《关于呈请审议乐平市第六届人民代表大会第五次会议有关事项的请示》；原则通过了市政协党组《关于召开政协乐平市六届五次会议的请示》。

市委六届第119次常委会会议于5月9日上午召开，共有议题4项。会议审议并通过了市委组织部呈请审议《关于调整政协乐平市第六届委员会委员及常委的请示》；原则通过了《中共乐平市委常委班子脱贫攻坚专项巡视"回头看"整改专题民主生活会整改方案（送审稿）》；通过了市人大党组《关于呈请审议乐平市人大常委会2020年工作报告的请示》、通过了市政府党组《关于呈请审议政府工作报告的请示》、原则通过了市政府党组《呈请审议关于乐平市2019年国民经济和社会发展计划执行情况与2020年国民经济和社会发展计划草案报告的请示》、原则通过了市政府党组《关于呈请审议2019年财政预算执行情况和2020年财政预算（草案）的请示》、原则通过了市政协党组关于《政协乐平市六届委员会常务委员会工作报告（送审稿）》和《政协乐平市委员会常务委员会关于六届四次会议以来提案工作情况的报告（送审稿）》、原则通过了市法院党组《关于呈请审议乐平市人民法院工作报告（送审稿）的请示》、原则通过了市检察院党组《关于呈请审议乐平市人民检察院工作报告（送审稿）的请示》；原则通过了市政协党组《关于呈请审议新时代加强和改进人民政协工作的实施意见的请示》。

市委六届第120次常委会会议于5月26日上午召开，共有议题12项。会议传达学习了5月

15日中共中央政治局会议精神，副省长陈小平到乐平调研指导时的讲话精神、4月27—29日省军区副政委兼纪委书记李晓亮率工作组到乐平蹲点帮带和检查调研时的讲话精神，省委常委、省纪委书记、省监委代理主任马森述在景德镇调研时的讲话精神及贯彻落实意见，2020年全国巡视工作会议暨十九届中央第五轮巡视动员部署会精神、全省巡视巡察工作会议暨十四届省委第八轮巡视动员部署会精神；原则通过了市政府党组《关于呈请审议2020年乐平市新农村建设工作实施方案的请示》；原则通过了市政府党组《关于呈请审议对金融区D3－02等27宗地块国有建设用地使用权进行公开出让的请示》；原则通过了市政府党组《关于解决城北新区E08－1、E08－2地块花木及附属物搬迁事项有关意见的请示》；通过了市政府党组《呈请审议关于全面实施预算绩效管理实施意见的请示》；原则通过了市政府党组《关于呈请审议解决临港镇区域供电历史遗留问题的请示》；通过了市政府党组《关于呈请审议成立乐平市南窑遗址保护利用工作领导小组的请示》；通过了市政府党组《关于呈请审议乐平市进一步推进从事生产经营活动事业单位改革实施方案的请示》；通过了市委组织部提请审议《乐平市关于统筹市、乡机关公务员职级晋升工作试点方案（送审稿）的请示》；通过了市委组织部提请审议《关于调整市领导“党建＋包乡挂点”安排的请示》；通过了审议了市委宣传部《关于授予许银火等11户家庭“乐平市第二届‘文明家庭’”荣誉称号的请示》；原则通过了市委宣传部《关于提请审议乐平市推动党的基层阵地资源整合试点工作实施方案的请示》。

市委六届第121次常委会会议于6月8日下午召开，共有议题8项。会议审议通过了市委组织部《关于提请审议试用期满人员转正事宜的请示》；传达学习了习近平总书记在中共中央政治局第二十次集体学习时的讲话精神；原则通过了全市市域社会治理现代化试点工作领导小组、加快推进市域社会治理现代化试点工作协调专班、市促进工业园区改革创新发展领导小组、市扩大开放领导小组、市创建全国版权示范城市工作领导小组、市非公有制企业维权服务工作领导小组、市安可替代工程领导小组；原则通过了市委组织部《提请审议关于开展庆祝建党99周年系列活动方案的请示》；通过了市委宣传部《关于提请审议中共乐平市委网络安全和信息化委员会2020年工作要点的请示》；原则通过了市委政法委《提请审议关于开展在政法系统中开展违规参与民间借贷等金融活动和营利活动的专项整治工作方案的请示》；听取了乐平市2019年森林督查专项整改情况汇报；审议并通过了市纪委提请审议的《关于对1名党员违纪问题予以立案审查的请示》《关于7名党员违纪处理意见的请示》。

市委六届第122次常委会会议于6月19日下午召开，共有议题13项。会议审议并通过了市委组织部《关于呈请审议干部任免（职务职级晋升）事项的请示》；传达学习了习近平总书记关于生态环境保护重要指示精神并听取了市政府党组《关于生态环境工作的报告》，传达学习了王鸿津同志在全国市县巡察办主任提级培训班上的讲话精神，统计法律法规知识；审议了《关于进一步做好基层减负工作有关事项的通知（送审稿）》；原则通过了《关于进一步规范文件发布、阅读、办理和管理工作细则（试行）（送审稿）》；原则通过了市政府党组《关于呈请审议共产主义水库水环境横向补偿协议的请示》《关于成立乐平工业园区调区扩区工作领导小组的请示》《关于呈请审议解决凤凰金诚金山500亩住宅用地与金融区A3－01等6宗地块或其他地块（网挂）置换事项的请示》《关于呈请审议各涉改单位经营类事业单位改革实施方案的请示》；听取了市政府党组《关于全市脱贫攻坚进展情况的报告》；通过了市政府党组《关于建立市人民政府向市人大常委会报告国有资产管理情况制度意见的请示》；原则通过了市委组织部《市委党建工作领导小组2020年工作要点》的请示、《乐平市推进基层党建标准化规范化信息化“三化”建设工作方案（送审稿）》的请示；传达学习了全省和景德镇市统战部长会议暨统战部门“强作风抓落实助发展”工作动员会会议精神，原则通过了《2020年全市统战工作要点（送审稿）》，听取了乐平市宗教工作情况汇报；听取了市委政法委关于2020年上半年维稳工作情况汇报。

市委六届第123次常委会会议于6月28日上午召开，共有议题5项。会议原则通过了市委组织部《关于提请审议〈中共乐平市委关于表彰全市优秀乡镇（街道）党（工）委、优秀市直单位党委(党组)和先进基层党组织、优秀党务工作者、优秀共产党员的决定〉的请示》;传达学习了《中华人民共和国公职人员政务处分法》;听取了市政府党组《关于市国资公司2020年融资计划的报告》;原则通过了市政府党组《关于呈请审议启动“乐平市美丽乡村建设项目”和“乐平市旅游扶贫项目”建设的请示》;通过了市政府党组《关于呈请审议乐平市中心城区已购经济适用住房上市交易管理实施细则的请示》。

市委六届第124次常委会会议于7月7日下午召开,共有议题5项。会议传达学习了习近平总书记在中共中央政治局第二十一次集体学习时的重要讲话精神、全省设区市纪委书记座谈会及景德镇市县(市、区)纪委书记座谈会精神、省第二生态环境保护督察组杨丕龙组长到乐平调研时的讲话精神;原则通过了市政府党组《呈请审议关于做好“六稳”工作落实“六保”任务实施意见的请示》《呈请审议乐平市关于贯彻落实江西省降成本优环境专项行动领导小组2020年工作要点实施意见的请示》《呈请审议关于发放职级晋升、公安局“两个职务序列”改革后公车补贴的请示》;审议并通过了市纪委监委《呈请审议关于3名党员干部违纪问题处理意见的请示》。

市委六届第125次常委会会议于7月16日上午召开,共有议题2项。会议审议并通过了市委组织部《关于推荐王慧娟等同志提拔重用的请示》;传达学习了习近平总书记对进一步做好防汛救灾工作重要指示精神及省委常委会关于防汛工作相关要求、中共江西省纪委《关于严明战时纪律切实做好防汛抗洪抢险救灾工作的紧急通知》和景德镇市纪委《关于严明防汛救灾工作纪律的通知》。

市委六届第126次常委会会议于7月31日晚召开,共有议题14项。会议审议并通过了关于提请审议干部调整事项的请示;传达学习了习近平总书记在企业家座谈会上的讲话精神、习近平总书记在吉林考察调研时的讲话精神、7月17日中共中央政治局常务委员会会议精神、刘奇在乐平调研时的讲话精神、省委十四届十一次全体(扩大)会议精神、吴忠琼在乐平督导防汛工作讲话精神、《中国共产党基层组织选举工作条例》、全省公务员工作推进视频会议精神;原则通过了《市委六届十次全体(扩大)会议预案(送审稿)》;原则通过了《关于进一步做好重大事项请示报告工作的通知(送审稿)》;原则通过了市政府党组《呈请审议关于推进“小区智能管控”建设的请示》;听取了市政府党组《关于乐平市2020年上半年计划生育工作情况的报告》;原则通过了市政府党组《关于呈请审议对乐平工业园塔山工业区A3-06-01等2宗地块国有建设用地使用权进行公开出让的请示》《关于呈请审议非公开发行国资公司债券计划的请示》《呈请审议关于实施乐平市产业链链长制工作方案的请示》;原则通过了市委组织部提请审议《关于编制扶持壮大村级集体经济实施方案的报告》的请示;听取了市委宣传部《关于中共乐平市委2020年上半年意识形态工作情况汇报》;原则通过了市委统战部《关于呈请审议中共乐平市委2020年度政党协商计划的请示》;原则通过了市委党校呈请审议《关于举办全市乡科级领导干部学习贯彻党的十九届四中全会精神集中轮训班的请示》;通过了市纪委监委《景德镇市纪委向市委反馈全面从严治党工作存在问题整改落实任务分工(送审稿)》,听取了2020年上半年乐平市全面从严治党工作情况汇报,审议并通过了《呈请审议关于12名党员违纪问题处理意见的请示》。

市委六届第127次常委会会议于8月7日下午召开,共有议题8项。会议传达学习了习近平总书记在中共中央政治局第二十二次集体学习时的讲话精神、7月30日召开的中共中央政治局会议精神、习近平总书记在党外人士座谈会上的讲话精神、景德镇市委十一届九次全体(扩大)会议精神;审议了市委六届十次全体(扩大)会议有关材料;原则通过了市委组织部呈请审议《关于调整市领导挂点安排的请示》;听取了市人大党组《关于市人大常委会2020年上半年工作情况报告》、市政府党组《关于市政府2020年上半年工作情况报告》、市政协党组《关于市政协2020年上半年工作情况报告》、市法院党组《关于市法院2020年上半年工作情况报告》、市检察院党组《关于市检察院2020年上半年工作情况报告》。

市委六届第128次常委会会议于8月21日下午召开,共有议题7项。会议审议并通过了市委组织部《关于提请审议干部调整事项的请示》;传达学习了习近平总书记对制止餐饮浪费行为的重要指示并研究贯彻落实意见,传达学习了全国农村乱占耕地建房整治工作电视电话会议精神、省人大常委会组成人员、全省市县区人大常委会主任暨省人大代表学习班精神、全省党校(行政学院)校(院)长会议精神;审议了市政府党组《关于呈请审议乐平市融入景德镇国家陶瓷文化传承创新试验区行动计划的请示》;听取了市政府党组《关于乐平市2020年上半年法治政府建设工作汇报》《关于2020年上半年乐平市经济运行分析》;原则通过了市政府党组《关于呈请审议乐平市开展厉行节约全面落实过紧日子要求的请示》《关于呈请审议乐平市2020年考调农村中小学、幼儿园教师到城区中小学、幼儿园任教实施方案的请示》。

市委六届第130次常委会会议于9月7日上午召开,共有议题11项。会议传达学习了习近平总书记在纪念中国人民抗日战争暨世界反法西斯战争胜利75周年座谈会上的讲话精神,8月31日召开的中共中央政治局会议精神,习近平总书记在安徽考察调研时的重要讲话精神,习近平总书记在扎实推进长三角一体化发展座谈会上的重要讲话精神,习近平总书记在经济社会领域专家座谈会上的讲话精神,省委常委、宣传部部长施小琳在景德镇市调研时的指示精神;原则通过了市人大党组《关于呈请审议〈乐平市人大常委会2020年工作评议方案〉的请示》;原则通过了市政府党组《关于呈请审议乐平市迎接国务院2020年对江西省人民政府履行教育职责评价工作实施方案的请示》《关于呈请审议乐平市迎接省政府对景德镇市政府2019年履行教育职责督导评价实施方案的请示》;通过了市政府党组《呈请审议关于开展全市第36个教师节庆祝表彰活动的请示》;听取了市政府党组《关于全国科普示范县(市、区)评估总结和申报创建工作的情况报告》《关于配合做好第十一次中国公民科学素质抽样调查工作的情况报告》;原则通过了市政府党组《关于呈请审议乐平融兴村镇银行风险处置工作方案的请示》《关于呈请审议乐平市农村乱占耕地建房问题整治工作方案的请示》《关于呈请审议乐平市国有企业退休人员社会化管理工作方案(送审稿)的请示》《关于呈请审议年产20万吨活性白土生产及建设项目投资合同书的请示》。

市委六届第131次常委会会议于9月27日上午召开,共有议题2项。会议审议并通过了市纪委监委《关于2名党员干部违纪案处理意见的请示》;审议通过了市委组织部《关于呈请审议干部人事调整事项的请示》。

市委六届第132次常委会会议于9月30日下午召开,共有议题12项。会议传达学习了习近平总书记在湖南考察调研时的重要讲话精神、习近平总书记在基层代表座谈会上的重要讲话精神、习近平总书记在科学家座谈会上的重要讲话精神、习近平总书记在教育文化卫生体育领域专家代表座谈会上的重要讲话精神、习近平总书记对新时代民营经济统战工作的重要指示精神,全国民营经济统战工作会议精神,江西省文联第九次代表大会会议精神,部省共建职业教育创新发展高地大会会议精神,中央纪委办公厅、国家监委办公厅印发《关于规范地方各级监察委员会向本级人大常委会报告专项工作的指导意见》的通知精神,《省委巡视工作领导小组关于对市县党委巡察工作专项检查发现主要问题的情况通报》《省委巡视办关于市县党委巡察工作统计分析情况的通报》精神,景德镇市人大工作会议精神;通过了《中共乐平市委关于加强新时代人大工作的实施意见(送审稿)》;听取了《贯彻落实习近平总书记视察江西重要讲话精神》《全省县委书记座谈会落实事项》,以及《贯彻落实3月25日省委书记刘奇同志来乐调研指示精神》专项督查报告;原则通过了市政府党组《呈请审议乐平市关于构建打击防范黑恶违法犯罪长效常治机制的指导意见的请示》《呈请审议乐平市贯彻落实关于深化新时代教育督导体制机制改革意见的二十条措施的请示》;通过了市政府党组《呈请审议关于做好2020届农村订单定向医学(本科)毕业生接收安置工作的请示》;原则通过了市政府党组《关于呈请审议申报2020年卫健系统卫生专业技术人员招聘计划的请示》;通过了市政府党组《呈请审议关于调整市人民政府领导同志分工及AB岗设置的报告》;原则通过了市委统战部《呈请审议市工商联(总商会)2020年换届工作的实施意见的请示》;原则通过了市委信访局《呈请审议关于2020年重点信访事项领导包案落实情况的请示》;通过了市政府党组《关于呈请审议建立乐平市党政领导干部挂点联系学校制度的请示》《呈请审议关于领导干部上讲台开展思想政治教育实施方案的请示》。

市委六届第133次常委会会

议于10月21日上午召开，共有议题9项。会议传达学习了9月28日召开的中共中央政治局会议精神，《中国共产党中央委员会工作条例》，习近平总书记在深圳经济特区建立40周年庆祝大会上的重要讲话精神，习近平总书记对脱贫攻坚工作的重要指示精神，习近平总书记在中共中央党校（国家行政学院）中青年干部培训班开班式上的重要讲话精神，习近平总书记在中共中央政治局第二十三次集体学习时的重要讲话精神，习近平总书记对供销合作社工作的重要指示精神，《关于报送省生态环境保护督察“回头看”反馈意见整改措施的通知》，全省扫黑除恶专项斗争第三次推进会会议精神，中央、省委、景德镇市委国家安全工作有关会议精神，全省信访工作联席会议全体（扩大）会议精神；原则通过了市政府党组《关于呈请审议乐平市市属国有企业管理办法（试行）的请示》《呈请审议关于组建乐平市国有资产经营管理集团有限公司方案的请示》《关于呈请审议乐平市城乡客运公交一体化实施方案的请示》《关于呈请审议调整部分2020年市重点项目及挂点领导的请示》《呈请审议关于成立乐平市创建国家全域旅游示范区工作领导小组的请示》；通过了市政府党组《呈请审议关于我市城区和金山园区部分道路命名的请示》；原则通过了市政府党组《关于呈请审议对金山工业园区JS－A4－06－01等7宗工业地块国有建设用地使用权进行公开出让的请示》；通过了市政府党组《关于呈请审议乐平市2020年基层公共服务专岗开发实施方案的请示》。

市委六届第134次常委会会议于10月30日下午召开，共有议题5项。会议传达学习了中国共产党第十九届中央委员会第五次全体会议公报、习近平总书记在纪念中国人民志愿军抗美援朝出国作战70周年大会上的重要讲话精神、10月22日召开的中共中央政治局常务委员会会议精神、习近平总书记在十九届中共中央政治局第二十四次集体学习时的重要讲话精神、景德镇市年轻干部座谈会会议精神并研究我市贯彻落实意见；通过了《关于贯彻落实习近平总书记重要指示精神坚决制止餐饮浪费行为的通知（送审稿）》；通过了《关于调整市委全面深化改革委员会等5个议事协调机构组成人员的请示》；听取了市委政法委《2020年前三季度全市涉稳形势分析汇报》；通过了市委组织部《呈请审议2019年度乡科级领导班子和领导干部考核定格情况汇报》。

市委六届第135次常委会会议于11月12日下午召开，共有议题7项。会议传达学习了习近平总书记对第七次全国人口普查工作的重要指示精神；传达学习了省委《关于认真学习宣传贯彻党的十九届五中全会精神的通知》，研究了学习宣传贯彻工作；传达学习了钟志生到乐平调研时的讲话精神，研究了乐平市的贯彻意见；原则通过了市政府党组《关于呈请审议我市2021年度城乡居民基本养老保险参保扩面及保费征缴工作方案的请示》《关于呈请审议加快推进我市企业职工基本养老保险参保扩面工作实施方案的请示》《关于收购江西银行不良资产的请示》；审议通过了市纪委监委《关于1名党员干部严重违纪违法案处理意见的请示》。

市委六届第136次常委会会议于11月30日上午召开，共有议题13项。会议传达学习了习近平总书记在江苏考察调研时的重要讲话精神，习近平总书记在全面推动长江经济带发展座谈会上的重要讲话精神，习近平总书记在浦东开发开放30周年庆祝大会上的重要讲话精神，习近平总书记就做好关心下一代工作的重要指示精神，习近平总书记对推进农村土地制度改革、做好农村承包地管理工作的重要指示和李克强总理批示及全国农村承包地确权登记颁证工作总结暨表彰电视电话会议精神，习近平总书记对平安中国建设作出的重要指示精神，省委十四届十二次全体（扩大）会议精神、《省委巡视办关于对乐平市开展巡视“回头看”的通知》；原则通过了市政府党组《关于呈请审议乐平市推进义务教育优质均衡发展实施方案的请示》；听取了市政府党组《关于乐平市2020年度法治政府建设工作报告》；听取了市政府党组《关于前三季度全市经济运行分析的报告》；原则通过了市政府党组《关于呈请审议2020年度服务期满“三支一扶”大学生接受安置意见的请示》《关于呈请审议2020年度招募“三支一扶”人员岗位安置意见的请示》《关于呈请审议年产20万吨电子级树脂项目招商引资合同书的请示》；原则通过了市委组织部《关于调整部分单位党组织设置的请示》；原则通过了市检察院党组《呈请审议〈关于支持检察机关依法开展公益诉讼工作的实施意见〉的请示》;原则通过了市人民政府复员退伍军人安置工作领导小组《关于呈请审议2020年度转业士官安置计划及部分退役军人遗留问题的安置意见的请示》;听取了市政府党组《关于乐平市脱贫攻坚专项调查情况的报告》;审议了《配合省委巡视组开展工作任务分工方案(送审稿)》;原则通过了《乐平市委工作情况汇报(送审稿)》;审议通过了市委组织部《关于提请审议干部人事调整事项的请示》。

市委六届第137次常委会会议于12月17日下午召开,共有议题10项。会议传达学习了11月30日中共中央政治局会议精神、习近平总书记在全国劳动模范和先进工作者表彰大会上的重要讲话精神、全国精神文明建设工作表彰大会会议精神、中央全面依法治国委员会第四次会议精神、全国安全生产工作视频会议、全国煤矿安全生产工作紧急视频会议和全省安全生产工作视频会议精神、全省扩大开放推动经济高质量跨越式发展工作大会精神、马森述在十四届省委第十轮巡视工作动员部署会上的讲话精神、《中共江西省委关于开展政治谈话加强对“一把手”和领导班子监督的意见》、全省农业发展大会会议精神、全省村(社区)“两委”换届选举工作会议精神,并研究乐平市贯彻落实意见、施小琳在全省宣传思想文化系统学习贯彻党的十九届五中全会精神电视电话会议上的讲话精神、《中共江西省委关于贯彻〈党委(党组)意识形态工作责任制实施办法〉的实施细则》;原则通过了市委宣传部《关于贯彻〈党委(党组)意识形态工作责任制实施办法〉的实施细则(送审稿)》;听取了市委宣传部《关于2020年意识形态工作报告》;通过了市委组织部《提请审议贯彻落实〈关于巩固深化“不忘初心、牢记使命”主题教育成果的意见〉任务分工方案的请示》;原则通过了市政府党组《关于呈请审议扩区调区相关专项规划的请示》《关于呈请审议乐平市加快推进城乡生活垃圾分类工作实施办法(试行)的请示》《关于呈请审议规范打击“两违”建房和矿产资源执法区域管辖及管理职责的请示》《关于呈请审议大泗医疗器械产业园新建项目投资合同书的请示》;原则通过了市纪委监委《呈请审议〈关于开展2020年度落实党风廉政建设责任制考核的通知(送审稿)〉的请示》;听取了市直机关工委《关于2020年工作情况汇报》。

市委六届第138次常委会会议于12月30日下午召开,共有议题10项。会议审议通过了关于提请审议干部调整事项的请示;传达学习了中央、省委经济工作会议精神、习近平总书记在中共中央政治局第二十五次集体学习时的重要讲话精神、12月3日中共中央政治局常务委员会会议精神、习近平总书记在中共中央政治局第二十六次集体学习时的重要讲话精神、习近平总书记在党外人士座谈会上的重要讲话精神、胡强副省长到乐平调研指示精神、《江西省维护社会稳定领导责任制规定》、平安江西建设暨市域社会治理现代化试点工作推进会会议精神、《中共江西省委关于全面提高全省党校(行政学院)办学水平的意见》;听取了市政府党组《关于2020年全市禁毒工作情况的报告》;听取了市政府党组《关于乐平市2020年计划生育工作情况的报告》;听取了市政府党组《关于2020年全市食品安全工作情况的报告》;听取了市委统战部《2020年全市宗教工作情况汇报》;原则通过了团市委《关于呈请审议乐平市关于贯彻落实〈江西省中长期青年发展规划(2018—2025)〉实施意见的请示》;原则通过了《乐平市2021年元旦春节期间主要活动安排(送审稿)》;原则通过了市委组织部《提请审议〈关于进一步加强我市城市基层党建工作的通知〉的请示》;原则通过了市委政法委《呈请审议〈关于调整处理涉稳突出问题分管领导和牵头责任单位〉的请示》;原则通过了市委组织部《提请审议〈乐平市进一步加强退出领导岗位干部管理暂行办法(送审稿)的请示〉》;通过了《景德镇市委反馈“乐平市政治生态情况”整改方案(送审稿)》;原则通过了市政府党组《关于呈请审议乐平市洪岩旅游总体开发建设(近期)PPP项目合同补充协议的请示》《关于呈请审议乐平市工业发展三年倍增计划实施方案(2021—2023)的请示》《关于呈请审议乐平生态养殖三产融合综合体项目投资框架协议书的请示》《关于呈请审议年产100万吨轻质碳酸钙、氢氧化钙及纳米碳酸钙项目投资合同书的请示》《关于呈请审议年处理80万吨页岩、砂岩、煤矸石等尾矿资源综合利用项目投资合同书的请示》;原则通过了市高质量发展考核领导小组《关于提请审议〈2019年度乡镇(街道)和市直部门(单位)高质量发展综合考核评价结果〉的请示》;听取了市政府党组《关于呈请审议2020年财政预算调整方案的请示》;原则通过了市政府党组《关于报送市国资集团2020年12月到2021年3月融资计划的请示》;通过了市委统战部《关于呈请审议乐平市工商业联合会(总商会)第五届主席(会长)、常务副主席(副会长)、副主席(副会长)、兼职副主席、副会长及秘书长人选的请示》;通过了市工商联党组《关于召开乐平市工商业联合会(总商会)第五次代表大会的请示》。

重要工作

【新冠肺炎疫情防控取得阶段性胜利】 1月23日(大年三十),动员部署疫情防控工作,并成立市委疫情防控工作领导小组和市疫情防控指挥部,落实专人专班集中办公,主动应对疫情防控工作。1月30日,唯一一例新冠肺炎患者治愈出院,实现境内新冠肺炎患者病例清零,创造了县级二甲医院治愈新冠肺炎疫情患者的先例。9月8日,全国新冠肺炎疫情防控取得阶段性胜利,疫情防控进入"内防反弹、外防输入"的常态化阶段。截至12月31日,全市连续341天无确诊病例、无疑似病例、无无症状感染者。

【省首家本土培育的台资企业主板上市】 8月12日,江西宏柏新材料股份有限公司在上海A股市场敲钟上市,成为江西省首家本土培育的主板上市台资企业,乐平除世龙实业外的第2家上市企业。该公司含硫硅烷偶联剂在全球和国内市场的占有率连续四年位列第一,是全球硅基新材料龙头制造商之一。

【全力推进复工复产】 出台《关于有效应对疫情稳定经济增长30条政策措施》《关于加强疫情科学防控有序推进工业企业复工复产的实施方案》《关于疫情防控期间稳就业强保障促和谐"十三条"措施》《乐平市疫情防控期间保用工稳就业工作实施方案》等文件,组织20多个稳就业促发展工作组到乡镇、园区企业,了解企业需求,派驻专人到企业做好疫情防控风险评估,推动县级领导干部包干、挂点、帮扶推动重点企业和重大项目复工复产。截至12月底,连续生产和已复工的规上企业116家,复工复产率100%,产能恢复率100%,员工返岗率100%。

【"不忘初心、牢记使命"主题教育常态化】 将落实"不忘初心、牢记使命"制度纳入2020年改革重点课题,同时根据省委《关于巩固深化"不忘初心、牢记使命"主题教育成果的意见》,结合乐平市工作实际,从9个方面,分47个小项,制定了任务分工方案,细化了工作举措,明确了责任单位。

【组建220余人行政执法大队】 整合市"两违"办和市国土资源执法监察大队的工作职责,组建乐平市打击"两违"和矿产资源违法行为行政执法大队,简称"行政执法大队"。负责全市"两违"和矿产资源违法行为、信访件受理情况的报告、督察、督办、通报以及各类违法案件和"12345"服务热线、信访件的受理、转办,各类投诉举报处置;负责城区范围外的"两违"和全市矿产资源违法行为的立案、打击和现场拆除、查处;负责制定打击违法行为拆除工作方案和重大紧急情况工作预案,实施统一指挥调度;统筹安排乡镇(街道)和涉及的行业部门执法力量,必要时可委托乡镇(街道)对各类违法行为进行调查、处理,确保完成打击和现场拆除任务。负责人大代表建议和政协提案办理。建立周、月、年电子版、纸质版工作台账,指定专人负责、档案规范管理。积极完成市委、市政府和上级部门交办的各项工作任务。

【推进基层党建"三化"建设】 按照"四个方面定标准、六个方面立规范、一张网络联整体"的要求,统筹推进全市基层党建"三化"建设。把握"短期目标和长期规划、点上精品打造和面上全线铺开、形式上的统一与内容上的差异"三个关系和全面发挥"党建引领作用、支部战斗堡垒作用、党员先锋模范作用"三个作用,按照"一张施工图、一张责任网、一个评估表、一套党建清单、一系列应知应会"要求,实现基层党组织"标准化、规范化"全覆盖。

【抓实党的基层阵地资源整合试点工作】 聚焦实施乡村振兴战略,着眼于强化基层党组织政治功能、更好服务党员群众,以"党建+"和"文化+"为引领,按照建设标准化、服务高效化、功能多样化、管理科学化的要求,推动现有党群服务中心、新时代文明实践站、综合性文化服务中心、农家书屋、村史馆、村广播室以及养老服务、青少年活动、科普活动设施等阵地整合、资源整合、功能整合、力量整合,打造"党群服务+文明实践"综合体。

【实施产业链链长制工作】 筛选了精细化工及生物医药、新建材、光伏新能源、商贸物流、机械制造、电子信息、绿色食品、绿色食品和房地产建设等九个产业规模实力强、产业链条完善、龙头企业支撑突出、发展空间大的重点产业链,由市领导担任产业链链长,按照"一位市领导、一个牵头部门、一位部门负责同志、一个工作方案、一套支持政策"工作模式,建立"一长一会"制度,由相关牵头部门负责引导成立相关产业链协会,协力推进产业链发展。市直牵头部门负责产业链发展的组织协调工作,相关业务主管部门负责协助产业链链长和牵头部门推进相关工作,各产业链协会负责协助推进相关产业链发展。

【开展全面融入景德镇国家陶瓷文化传承创新试验区行动】 按照"一年被破题、两年有基础、三年成亮点"安排,以南窑遗址保护利用工程、文化特色品牌提升工程、全域旅游增效提质工程、交通物流链接融入工程、推进人才教育发展扶持工程、招商引资全面开放工程、城乡环境整治提升工程和融入机制体制创新工程为抓手,力争在3年内推动一批重大基础设施、重大产业平台、重大民生工程建成落地,景乐一体化初见成效,全面融入国家试验区发展格局全面形成,核心竞争力显著提升,文化影响力不断扩大,社会凝聚力空前提高,县域经济实现高质量跨越式发展。

【加强村(居)民小组"三资"监督】 在全市推行"三级监督、四项制度、五项职责"的监督模式,促进村(居)民小组"三资"管理规范化运行,着力解决群众身边的"四风"和腐败问题。三级监督,即针对村(居)民小组"三资"监督,实行市、乡、村三级监督,建立健全村级纪检监察员、乡镇纪委、市纪委监委三级监督的具体制度。四项制度,即村级纪检监察员工作日志、季度巡查制度,乡镇纪委季度抽查、工作例会制度,市纪委监委专项检查、蹲点督导制度,以及监督业务培训、年度剖析通报制度。五项职责,即监督职责、检查职责、发现职责、报告职责和纠正或处置职责。

市委办公室工作

【概况】 市委办公室深入践行习近平总书记"五个坚持"要求,在市委的正确领导下,坚持围绕中心,服务大局,坚持"大学、大干、大变",全面提升"三服务"水平,各方面工作均取得进展。

【文秘工作】 紧紧围绕"忠于职守讲奉献、及时高效零差错"的工作宗旨,不断提高办文、办会、办事的效率、质量和水平。一是规范细致办文。收文办理方面,秉承"高效收文零时差,保质收文零失误"的工作理念,收文严把时效关、保密关,每一份公文都做到及时办理。全年共收取上级来文1024件,本市文件1244件。公文制发方面,认真贯彻落实中央为基层减负精神,严格控制发文数量和篇幅。严把公文起草、校核、签发关,规范核发、登记、印制、分发程序,以科学、严谨的工作态度制发每一份文件。全年共发文152件,其中可精减文数量为70件,较2019年下降30%。二是周密严谨办会。以"滴水不漏、规范有序"为工作目标,认真负责地做好每一次会务服务工作。全年共做好市委常委会会议、市四套班子例会、全市领导干部大会等会议服务工作44次。

【综调信息工作】 注重以文辅政,做实信息调研。一是强化综合文稿服务。紧扣全市性的各类重大会议、活动,共起草领导讲话、致辞、工作总结汇报等综合文稿480余篇,完成领导讲话录音整理260余篇,核发新闻稿件350余篇。二是畅通信息服务渠道。确保信息报送快捷准确,省委办公厅信息处信息上稿18篇,景德镇信息科信息上稿200条左右,编发《大干项目年》87期、《昨日情况》共计292期、《一周工作安排》共计48期。其中《江西信息》领导论坛刊登了《乐平市委书记俞小平提出:全面落实中央、省委、景德镇市委工作部署,打好"四大战役",全力谱写乡村振兴新篇章》。同时,在办公室主任的亲自指导督导下,成立了第一督查组,参与书记调研指示落实督查,有力促进了问题解决和工作推动。派出2人到市疫情防控指挥部参与全市疫情防控工作。有1人坚守市疫情防控指挥部,坚持每天编发疫情简报,向景德镇市新冠肺炎疫情防控应急指挥部上报乐平防疫信息。

【督查工作】 充分发挥市委督查工作服务中心、维护大局、推动落实的作用,突出重点,创新方式,健全机制,不断提高督查工作实效，确保政令畅通，决策部署有效落实。一是深化督查功能，促进决策落实。将习近平总书记视察江西讲话精神落实情况分解成168项任务机制，联合政府办督查室每季度定期检查进度。对省委书记刘奇3月到乐平调研强调事项，先后进行了3次实地督查，市委书记俞小平在全省县委书记座谈会上承诺事项分解为20项，逐项推动落实。共完成领导批示件973件，编发督查专报9期，完成领导大干项目年调研督查55次，形成督查报告55期。二是加强民意办理，确保诉求畅通。本年度共反映99件，民声通道所有事项办结率100%，回复率100%，满意率100%，以自己的工作不断提升群众的满意度。三是增强督查效率，加快提案落地。进一步增强政协建议、提案办理的责任感和使命感，坚持把解决委员们关心的实际问题作为工作的出发点和落脚点，推动建议、提案办理工作再上新台阶，督办政协提案19件，较去年增长100%。

【保密机要工作】 严守保密底线，确保保密安全。业务能力在提升。组织涉密人员认真学习习近平总书记对保密工作的重要指示和省委领导对保密工作的重要批示，参加“百万网民学保密法专场知识竞赛活动”，接待咨询保密法律法规的人员共计116人次。有序完成了全市保密管理部门基层单位保密队伍建设统计的年报工作。对教育体育局高考试卷保密室及其保管、保密程序和2020年高考考点周边环境进行了保密检查。

【对台工作】 着力优化台胞、台属、台商三项服务，扎实开展对台交流、宣传、服务三项工作。一是聚焦项目建设，着力发展对台经济。面对来势汹汹的疫情，及时深入一线一手抓防控，一手抓发展，实现了防控和台企发展“双赢”。深入台企开展疫情防控知识宣传和防控业务指导，协助企业办理复工复产相关手续，助推企业复工复产。建立与台企常态联络机制，及时掌握企业发展遇到的困难，积极为企业发展进行协调，助力企业做大做强。在第十七届赣台（吉安）经贸文化合作交流会上成功签约项目1个，总投资3.2亿元。二是聚焦深化服务，着力扩大对台交流。全年走访慰问重点台胞台属10人次、台胞1人、台企1家，接待台属8人次，协调解决诉求1起，协调解决困难台属生活补助2起。

【档案工作】 市档案馆共有档案全宗57个、73385卷、88470件，照片193张。馆藏档案起止时间为1929—2020年，主要由历史档案、新中国成立后各机关形成的文书档案和专业档案组成。馆藏资料主要是新中国成立后的资料，共有7401册，起止时间为1949—2020年，包括资料、报刊、县志、地名志及各个时期的文件汇编、法令汇编、各种工具书等类别。全年共接待社会各界档案利用者320人次，调阅档案460卷（册）、1000多件，免费复印档案1000多件2000多页。利用市委党校基层干部培训班组织了3期全市基层档案工作集中培训，主要就脱贫攻坚档案、疫情防控档案以及村级档案管理知识进行培训，参加培训人员共计360人次。举办“6·9国际档案日”宣传活动，对新修订的《中华人民共和国档案法》及实施办法、《江西省档案管理条例》和《档案违法违纪行为处分规定》等法规进行宣传，发放宣传资料10000余份。对新冠肺炎疫情防控档案、第二次全国污染源普查档案及扶贫办精准扶贫档案业务进行指导并布置档案整理相关工作；对机关、事业单位档案进行指导，如人大、政协、纪委、工业园区等，乡镇有礼林、洪岩等；加强对机构改革涉改单位档案收集、整理及数字化档案业务指导工作；对市场监督管理局企业和个体注册档案的信息化工作进行指导，做好“互联网+监管”“双随机一公开”“江西省权责清单管理系统”“江西政务服务网事项管理系统”等平台的数据报送及事项维护等工作。

【后勤保障与接待工作】 持续强化管理，后勤保障服务到位。按照“厉行节约、量财办事、保障有力”的要求，加强经费、公车、财物管理。发挥市委办窗口作用，热情接待群众来访，耐心倾听群众诉求，帮助群众排忧解难，全年共接待群众来访63批共184人次。

在接待工作中，创新工作方式方法，突出地方接待特色。一是接待工作有序开展。省委书记刘奇，省纪委书记马森述，省委常委、宣传部部长施小琳，省人大常委会副主任冯桃莲，省政府副省长胡强、陈小平，省军区副政委李晓亮等领导分别到乐平视察。中央一号文件督查组到乐平督查，江西省、景德镇市疫情防控指挥部分别到乐平进行新冠肺炎疫情防控检查，省扶贫资金绩效考核组、市际交叉考核组到乐平考核。

全年共接待来宾116批2672人，其中省部级领导7人，厅级领导255人。二是疫情防控迅速部署。疫情防控期间，以乐平宾馆为主要定点接待酒店，保障住房30余间；每天保障指挥部人员用餐50余人；保障大楼各单位值班人员用餐。改变传统用餐形式，推行公勺公筷服务，桌与桌之间、人与人之间预留合理空间，杜绝扎堆现象，在保障公务接待的同时最大化减少疫情传播的途径。

【思想政治与党风廉政建设】 一是学习理论不放松。持续抓好理论武装，学习贯彻落实党的十九大和十九届二中、三中、四中、五中全会精神及习近平总书记重要讲话精神。向每位党员赠阅《习近平谈治国理政》第三卷，全年共组织中心组学习、主题党日、周五集中学习等活动47次，推送学习内容230余条和改革案例219篇，在《江西日报》《当代江西》《景德镇党刊》等报刊发表理论学习文章3篇，"学习强国"日活率100%，每人日均学分超过40分，干部网络学习全员达标。二是扎实开展党建工作。制定印发《市委办关于进一步加强机关党的建设工作实施方案》，梳理党建工作清单30条，逐条落实。对照基层党建"三化"建设工作方案，推进党组织"三化"建设，解决了两个支部没有活动场所问题，坚持每周调度各支部"三化"建设，主要领导每月听取"三化"建设进展情况。规范开展"三会一课"组织活动，创新丰富以"五个一"为主要形式的主题党日，支部均如期实现"三化"达标。三是坚持敬业奉献，弘扬比学赶帮。鼓励股室之间互相交流、互相学习，坚持每周四晚上开展学习天地活动，要求"85后"成员每人上台授课，结合自身工作谈体会、讲方法、分析矛盾不足，展示平时学习成效。选派工作人员到景德镇市委办和乐平国资委参加跟班学习，总结交流工作经验，促进能力素质提升。四坚持廉洁自律，树立良好形象。突出抓实作风建设。将廉政教育列入办公室每周集中学习的重要内容，全年共开展廉政教育8余次，纪检组长上廉政教育专题党课1次，有效增强全办人员廉洁意识、纪律观念。配合做好市委第三巡察组巡察工作，高效重视巡察整改工作。针对梳理出的25个问题制定了39条整改措施，并逐条明确整改责任领导、责任人、整改时限。

【各项中心工作】 坚持服务大局，发挥模范作用。注重将党建工作与业务工作深度融合，做好各项中心工作。全力做好脱贫工作，对年初制定的帮扶工作十件大事跟踪问效，为帮扶村争取项目建设资金约70万元。全力做好疫情防控工作，抽调3名责任心强的同志参与市疫情防控指挥部工作，组织居家办公党员全力配合所在社区党组织做好防疫工作，毫不放松抓好疫情防控常态化；积极参与人口普查工作，抽调10人到东湖社区协助人口普查工作，共上户普查618户。全力参加双创双修工作，每天安排2人到责任路段巡路，发现问题及时整改。积极开展社区共建活动，全年深入社区调研、走访等活动12余次，慰问困难家庭30余户。

（市委办）

决策咨询工作

【概况】 市委决策咨询委紧跟市委、市政府决策部署和工作意图，紧密围绕全市经济社会发展中心和各个时期工作重点，聚焦打赢疫情防控阻击战，以"大学大干大变"为导向，以"打造特色鲜明的现代化赣东北明珠"为目标，积极开展咨询、论证、调研和建言献策活动，为推进高质量发展做了一些工作，取得了一些成绩，被景德镇市评为先进集体。

【工作谋划有尺度】 年初突如其来的新冠肺炎疫情，使正常的社会生活秩序和工作秩序被打乱，使实体经济发展遭受巨大冲击。在这种形势下，立即调整思路，正确研判形势，紧跟党中央和上级决策部署，对标对表市委、市政府各项决议、决定和要求，提高站位、找准定位、立足本位，重新调整了《市委决策咨询委2020年工作要点》，把做好新冠肺炎疫情常态化防控工作放在首位，以"大学大干大变"为导向，以"六稳"和"六保"为主引，以抓好疫情防控和做好工作"两不误"为尺度，正确把握咨询论证调研工作重点。

在政治理论学习计划中，增加了学习贯彻习近平总书记关于新冠肺炎疫情防控的系列重要讲话精神的内容；在咨询、论证、调研课题安排中，增加"科学防控与复工复产、恢复生猪生产、农村医疗卫生服务"等方面调研课题。

【参与抗疫有力度】 在抗击新冠肺炎疫情战斗中，市委决策咨询委成员自觉接受考验、经受锻炼,坚定政治立场,按照上级和市委、市政府统一部署和要求,筑牢“疫情就是命令、防控就是责任”的理念,听从指挥,积极投身疫情防控阻击战,做到有力度、有贡献。有的日夜战斗在抗疫第一线,参与防控值班、测温、检测等工作;有的服务大局,配合社区做好个人及家庭的防疫工作;有的拿起笔来撰文作诗,为疫情防控鼓与呼。尤其是 20 位成员踊跃为抗疫捐款 1800 元,无私奉献,助力打赢这场抗疫攻坚战。

【学习教育有深度】 全年共安排和组织了 6 次集体学习和思想政治教育,2 次学习参观考察。

3 月 9 日,市委咨询委第一次顾问、组长会议上,专门组织认真学习贯彻了习近平总书记自 1 月 20 日以来 7 次有关打赢新冠肺炎疫情防控阻击战的重要讲话和指示、批示精神,加深理解,吃透精神,提高认识,坚定信心,鼓舞斗志,积极投身到疫情防控阻击战中去。

5 月 29 日,组织顾问、组长对全市两会精神进行学习与贯彻,重点学习贯彻了市《政府工作报告》。

7 月 2 日召开了一年一度市委咨询委全体成员会议,听取了市委常委、统战部部长王慧娟讲话,并进行了座谈与讨论。

8 月 18 日,召开顾问、组长会议,对市委六届十次全体(扩大)全会精神进行了学习贯彻,重点是学习贯彻了市委书记俞小平所作的工作报告。

11 月 5 日,举办《中华人民共和国民法典》专题讲座,听取了市委常委、政法委书记朱瑞龙讲话和律师张平讲课。

11 月 6 日,举办党的十九届五中全会专题学习会,在市委咨询委全体成员中掀起学习热潮,有 10 位成员结合实际,写出学习体会。

全年组织了 2 次实地参观考察活动:7 月 12 日,组织全体成员前往共库纪念馆和洪岩参观学习;10 月 13 日,组织全体成员赴浮梁县和浯溪口水利枢纽工程参观学习考察。还组织了 8 次集体活动。既读“有字书”,又读“无字书”,持之以恒地进行思想政治教育,促进了市咨询委成员学习和贯彻习近平新时代中国特色社会主义思想自觉性,提高了发挥余热的积极性。

【调研课题有广度】 在做好新冠肺炎疫情常态化防控工作的同时,见缝插针,积极组织开展了 23 次课题调研,撰写出 23 篇调研报告,共提出 99 项意见与建议。综合组就瓷都爱心食堂、脱贫攻坚、农村医疗卫生服务等课题组织开展了 3 次调研,报送 3 篇调研报告,共提出 12 项意见与建议;农业生态组就恢复生猪生产、深化殡葬改革、灯笼辣椒生产、林长制等课题组织开展了 4 次调研,报送 4 篇调研报告,共提出 20 项意见与建议;工交组就复工复产、工业园高质量发展、城市管理、老旧小区改造等课题组织开展了 4 次调研,报送 4 篇调研报告,共提出 18 项意见与建议;财贸组就财政“三保”,供销社改革,财产保险、市场监管等课题组织开展了 4 次调研,报送 4 篇调研报告,共提出 19 项意见与建议;政法组就“疫情防控‘两手抓’、人民调解”等课题组织开展了 2 次调研,报送 2 篇调研报告,共提出 8 项意见与建议;办公室就经济运行统计分析、党建示范点、基层党建三化、退役军人事务工作、科技特派员工作、民办教育等课题组织开展了 6 次调研,报送 6 篇调研报告,共提出 22 项意见与建议。市委咨询委顾问与部分成员结合自身实际及特点,利用下乡进村入户和进企业下车间、进医院、进学校的机会,用心体验,用心观察,积极开展建言资政活动,共撰写 62 篇咨询、论证文章和建言献策文稿,提出 182 项意见与建议。其中市咨询委顾问胡家根 20 篇、顾问徐行溥 7 篇、成员唐海生 8 篇、鄢胜勇 8 篇、张金生 5 篇、朱媛媛 5 篇。

【会刊编发有亮度】 全年共编发《送阅件》19 期,约 21 万字。亮点有:文件封面增设“目录栏”,标题尽量做到人性化,一目了然;文件封面增设“领导批示栏”,有利于领导视情作出指示;贯彻落实重大政治任务、重大事项、重大活动时,都编发“专辑”,有“庆祝市咨询委成立 25 周年专刊”“为市‘十四五’规划建言献策专刊”“学习贯彻党的十九届五中全会精神专刊”等。

为庆祝建党 100 周年,组织力量编辑了《光辉历程》一书,已印制发行 1400 套。

(市委决策咨询委)

组织工作

【概况】 全市组织系统认真学习贯彻习近平新时代中国特色社会主义思想,深入践行新时代党的组织路线,以党的政治建设为统领,统筹推进组织体系建设、干部队伍建设、人才队伍建设，为打造特色鲜明的现代化赣东北明珠提供坚强组织保证。组织协调拍摄的短视频《“益”路同行》在第十六届全省党员教育电视片观摩交流活动中获得微视频项目二等奖。

【主题教育工作】 持续巩固“不忘初心、牢记使命”主题教育成果，认真贯彻落实《关于巩固深化“不忘初心、牢记使命”主题教育成果的意见》，结合工作实际，制定下发了《贯彻落实〈关于巩固深化“不忘初心、牢记使命”主题教育成果的意见〉任务分工方案》，对9大点47项工作任务指定了牵头单位和配合单位，明确了具体工作要求，进一步巩固深化主题教育成果。

【干部工作】 一是强化教育培养，建设高素质干部队伍。举办全市乡科级领导干部培训班2期，全市乡科级干部十九届四中全会精神集中轮训班9期，培训人次达1600余人，完成了对全市乡科级领导干部学习贯彻党的十九届四中全会精神教育培训全覆盖。坚持“重点工作推进到哪里，干部就输送到哪里”，抽调18名年轻公务员参与全市经济建设、招商引资、信访等工作，其中10人作为招商引资专业小分队成员进入工业园区开展招商引资工作。

二是注重知事识人，夯实选人用人基础。研究制定了《乐平市领导干部政治素质考察办法（试行）》，围绕“察其学、听其言、观其行、验其效”细化24项考察指标，全方位、立体式考察领导干部的政治素质，坚决把政治上的“两面人”识别出来、挡在门外。实行分类分级、量化评分考核办法，根据岗位性质、职务层次将考核对象进行细化分类，针对乡镇（街道）领导干部分出12类人员进行横向排名比较，进一步增强考核可比性，力求将干部的真实表现掌握得“一览无余”。

三是树立实干导向，选配事业需要的干部。在领导班子和领导干部调整中注重老中青搭配，将敢于负责、勇于担当、善于作为、实绩突出的优秀年轻干部使用到重要和关键岗位上。提拔或进一步使用“80后”干部13人，占比56.52%。坚持不定期召开年轻干部座谈会，开展3次年轻干部主题活动，及时将综合素质好、各方面表现优秀的干部纳入组织视野。

四是从严监督管理，营造风清气正环境。认真开展领导干部违规兼职（任职）等专项整治活动，坚持“12380”举报电话实行专人专线接听，实行科级领导干部因私出国（境）证件集中管理，进一步加强干部日常监督管理。严格贯彻《中共乐平市委关于进一步激励广大干部新时代新担当新作为十条意见》，深入发掘和大力宣传实践中涌现出的担当作为先进典型，先后向上级推荐了37名担当作为方面的先进典型，市交通运输局局长万雪生获得“第六届全省人民满意的公务员”称号，市农业农村局局长朱小平获得“农业农村部抗疫先进个人”称号。注重运用信访举报、巡察、日常了解等方式，大力发现不担当不作为反面典型及事例，向上级报送了3例不担当不作为典型事例和2例容错纠错典型案例。

【人才工作】 一是压实人才工作责任。组织开展全市人才工作专项述职，印发《鼓励引导人才向基层一线流动的若干措施》和《2020年人才工作要点》。

二是积极组织人才项目申报。推荐天新药业、景德中药申报国家级创新人才推进计划，泰迪智能入选省“双千计划”人才项目；组织各类人才申报，上级有关人才评选、表彰，有1人入选全国乡村文化和旅游能人支持项目，4人入选省级、景德镇市级“百千万人才工程”，新增2人享受景德镇市政府特殊津贴。

三是大力搭建人才创新创业平台。组织申报并获批第九批国家农业科技园区建设单位，推动景德中药获批设立省级博士后创新实践基地，宏柏新材料入选景德镇市人才创新创业示范基地培育对象；建立科技特派员工作站23个、乐平市级专家工作站4个。

四是推动“十条意见”落地见效。大力实施“优秀青年123计划”，招录公务员、教师、“三支一扶”大学生、事业单位人员等共560余名。实施“归雁计划”，从外地调回乐平籍教师36名；落实全省公安机关夫妻异地分居民警“团圆机制”，从外地调入民警5名；定向培养乡村教师、乡村医生28名；坚持兑现各类人才奖励，落实各类人才奖励1125万元，发放高层次人才安家补助20万元。加大科技创新支持力度，全年企业专利申请量476件，获得授权352件。

五是关怀激励增强政治引领。对市本级“两类人才”发放人才补贴和组织安排体检，春节期间由市四套班子领导进行走访慰问。在“乐平之窗”开设优秀乡土人才风采专栏，大力宣传10名优秀乡土人才的典型事例，营造尊重人才的良好氛围。鼓励和引导人才向基层一线流动，驻村第一书记中5人被评为优秀党务工作者，3人晋升职级，1人经过公开选聘进入乡镇领导班子。

【党内统计工作】 全市共有基层党组织1088个，其中党（工）委58个、党总支38个、党支部992个。

全市共有党员28744人，其中正式党员28410人，预备党员334人；男党员23616人、女党员5128人；汉族党员28701人，少数民族党员43人。

党员年龄状况：61岁及以上10582人，56—60岁3001人，46—55岁6312人，36—45岁4938人，35岁及以下3911人。

党员学历状况：研究生217人，本科3826人，大专4615人，中专2268人，高中4700人，初中及以下13118人。

党员职业分布：公有制经济单位中，党政机关干部2935人，企事业单位管理人员、专业技术人员3851人，工勤技能人员993人；非公有制经济单位中，企业管理人员、专业技术人员355人，工勤技能人员637人；社会组织中，管理人员、专业技术人员67人；农牧渔民10805人；离退休人员6548人，其他2553人。

党员地域分布：市直党员11998人，乡镇（街道）党员16746人，其中建制村党员12778人。

【基层党组织基本情况】 1. 基层党（工）委58个。其中，市委直接管理的党（工）委41个［其中乡镇（街道）、农科园、共库管理局党（工）委20个，工业园区党工委2个，市直党工委3个，市直单位党委15个，改制企业党委1个］；各基层党（工）委管理的党委17个［其中机关党委8个，事业单位党委1个，国有（改制）企业党委2个，非公企业党委3个，社区党委3个］。

2. 基层党总支38个。其中，市直29个，乡镇（街道）9个；企业7个（含非公企业2个），事业单位10个，机关单位14个，行政村4个，自然村1个，社区1个，其他1个。

3. 基层党支部992个（不含439个功能性党支部，其中非公经济组织171个、社会组织181个、社区87个）。其中，市直491个，乡镇（街道）501个；企业207个（含非公有制企业67个），事业单位212个，机关205个，行政村262个，城市社区21个，乡镇社区51个，社会组织18个，其他16个。

4. 党组30个。

【基层党组织建设】 一是扎实推进基层党建"三化"建设。召开全市基层党建"三化"建设工作推进会暨示范培训班，下发《乐平市推进基层党建标准化规范化信息化"三化"建设工作方案（试行）》，制定基层党建任务清单、标准清单、考评清单，为基层党组织提供简明科学的指南。高标准建设了5个景德镇市"三化"建设农村领域试点党组织和37个市本级"三化"建设试点党组织。定期调度、常态督导，严抓基层党支部组织生活制度的落实，推进全面从严治党向基层延伸。坚持每月对全市主题党日活动进行安排部署，抓实党支部"主题党日"活动，不断提升基层党组织的战斗力和凝聚力。

二是持续巩固城市基层党建工作成果。建立"街道吹哨、部门报到"制度，全市19个城市社区安排63个单位结对共建，组织3652名在职党员进社区报到。大力构建网格党建新格局，在市委政法委建立的438个综治网格上设立437个党支部（党小组），在71个小区（路段）中建立功能型党支部87个，选派273名优秀年轻党员干部兼任党支部书记和委员。加强社区治理体系建设，推动社会治理重心向基层下移，制定《乐平市城市社区工作者职业化体系建设办法》，积极完善社区工作者职业体系建设，打造共建共治共享的社会治理格局。率先推动市域社会治理现代化试点，被省委政法委列为联系县市。进一步完善拓展东湖、天湖市民之家服务功能，为居民提供优质便捷的服务。对全市非公有制经济组织和社会组织进行了全面摸底，将1397家非公企业、671家社会组织列入党建工作基数，建立攻坚计划台账。新培育发展壮大了一批如快递小哥、乐益行动志愿者协会、"护三农"律师事务所等公益社会组织。洎阳街道东湖名都社区和洎阳"帮帮团"分别被评为"全国最美志愿服务社区"和"全国最佳志愿服务组织"。继续按照以往标准，加强基层党建工作保障。

三是大力加强农村基层党建。抓好《村党组织书记县级党委组织部门备案管理办法（试行）》贯彻落实，建立村党组织书记档案并做好动态管理，实行村干部平时调整市级层面联审制度，进一步把牢村干部入口关。先后对90名拟调整村干部候选人进行了资格联审，调整批复村党组织书记47人次。大力推进村党组织书记、村委会主任“一肩挑”，行政村“一肩挑”村数达254个，占比86.3%。对软弱涣散村党组织进行了摸排，共摸排确定了22个软弱涣散村党组织，按照“四个一”要求建立了整顿台账，并采取“两述一评一查一看”的方式进行评估验收。制定了《乐平市村干部奖励报酬与村级集体经济效益挂钩的实施办法（试行）》，进一步激发村干部干事创业的积极性和发展村级集体经济的内生动力，全面消除了118个村集体经营性收入空壳村。持续抓好村级组织活动场所建设工作，扶持新建了12个村级组织活动场所。深入推进抓党建促脱贫攻坚工作，狠抓脱贫攻坚巡视巡察反馈问题整改落实，加强对驻村第一书记动态管理，督促第一书记履职尽责。开展扫黑除恶专项斗争基层建设领域整治工作，坚决铲除黑恶势力滋生土壤和“保护伞”。

【党员发展管理教育】 一是狠抓党员发展。全年新发展党员328名，全面完成全年发展党员计划任务。切实做好在疫情防控一线培养、发展党员工作，在防控疫情一线发展医护人员党员8名，收到178人递交申请，列为积极分子90人，确定发展对象41人。

二是严抓党员管理。做好流动党员服务管理。开展流动党员调查摸底，全市有外出流动党员756名，流入党员12名。提醒流动党员做好疫情防控期间个人防护，组织返乡流动党员投身到家乡防控疫情中，参与卡点测温、防控值班，捐资捐物支持疫情防控。精心组织党员开展志愿服务，在疫情防控、双创双修、防洪抢险等中心工作彰显党员先锋模范作用。疫情防控期间，组建党员突击队421支，设立党员示范岗620个，开展党员志愿服务4729次。广大党员结合岗位实际助力“双创双修”志愿服务，开展维护交通秩序、清除卫生死角垃圾、拆除农村“空心房”等。做好党员管理信息系统的维护，督促指导基层党组织做好系统相关信息的排查、整改、完善和动态维护。做好不合格党员处置工作，对2018年作出“停止党籍”的5名失联党员给予自行脱党除名，对3名不合格党员给予除名处置。规范党组织设置，梳理排查出一批“空壳”党支部、支部班子不健全党支部、党员规模较大党支部，及时督促抓好相关问题整改。将应急管理局党组改设为党委，将景德镇市乐平环保局党总支升格为机关党委。在疫情防控集中隔离点、重要交通卡点成立临时党支部18个。

三是大抓党员教育。克服疫情不利因素，采取微信推送等简便易行、灵活多样的方式，切实加强党员教育。分期分批举办了全市基层党组织书记集中轮训班，组织开展了4期党员发展对象培训，举办了市直机关党务干部培训班和学习十九届五中全会精神集中轮训班。共集中培训各类党员18207人次。

【公务员管理】 做好59名2019年度录用公务员转正定级工作。开展2020年度新录用公务员面试入围人员资格审查、政审与录用等工作，共录用30人。做好2021年国家公务员考试报名指导工作等。统筹做好机关单位工作人员年度考核和公务员工资年报汇总工作，公务员调动、晋升、录用、到龄退休公务员校对及工资审批工作，办理受处分公务员工资核减，已故机关公务员的抚恤金审查与批复，公安机关执法勤务警员、警务技术职务套改收尾工作以及员额法官退出、递补及法官的职务等级工资套改收尾工作。

【老干部工作】 全市共有服务管理对象117人，其中离休23人（异地安置4人），副县级退休干部94人。组织离休及县级以上老干部参观乡村新变化，邀请老干部代表参加全市“十四五”规划座谈会，开展老干部党支部书记培训，坚持完善每月一次的县级以上离退休干部学习制度，坚持常态化老干部联系服务制度。加强老干部工作信息化建设，建立了全市老干部微信群。积极推广使用“银耀赣鄱——全省离退休干部服务管理信息化平台”。创建了1个省级老干部“示范党支部”，3个景德镇市老干部“示范党支部”，加强了老干部党支部规范化建设。离休干部张文涛荣获全省首届正能量之星称号，4人获景德镇市老干部局先进个人称号，4个老干部党支部荣获景德镇市老干部局先进党支部称号。

【党员电教及信息宣传】 重点围绕疫情防控、抗洪救灾、基层党建“三化”等工作，全面宣传乐平党建好声音。采编“乐平组工”微信130多期，上报组工信息稿件50余篇，在省级以上刊物上稿9篇。其中，中组部《组工信息》（第139期）单段1篇，《组工参阅》(第 18 期)1 条,《江西组工信息》单篇 2 篇、单段 1 篇、综合 2 篇,在《江西组工微讯》上稿 2 篇。完成网评文章 40 余篇,其中上稿 6 篇。组织、协调拍摄了《"益"路同行》《社会主义是干出来的》《子安居民的幸福生活》3 部党员电教片,其中《"益"路同行》在第十六届全省党员教育电视片观摩交流活动中获得微视频项目二等奖。

【组织部门自身建设】 深入学习贯彻新时代党的组织路线,按照建设"政治上绝对可靠、对党绝对忠诚"的组工队伍要求,坚持政治建部、从严治部。突出政治忠诚和公道正派,赴共产主义水库开展"学习'共库精神',回顾'入党初心',感悟'幸福是奋斗出来的'"主题党日,提高党性锻炼。突出专业能力和专业精神,组织部机关党员获得景德镇市组织系统"对答如流"大比武现场竞赛活动团体第一名。坚持每月中心组学习进行中心发言,每月主题党日分享读书体会,锻炼组工干部能说会写的能力。全面贯彻执行《党委(党组)落实主体责任规定》,坚持问题导向,制定班子责任清单,合理安排年度工作,增强监督意识。支持驻部纪检监察组履行职责,重新完善"三重一大"集体决策事项清单,确保科学决策、结合组织业务工作查找廉政风险点,出台防控措施,坚决防止"灯下黑"。

(市委组织部)

宣传工作

【概况】 在中共乐平市委的坚强领导和上级宣传部门的精心指导下,以习近平新时代中国特色社会主义思想为指导,深入学习宣传贯彻习近平总书记视察江西时的重要讲话精神,党的十九届五中全会精神,按照举旗帜、聚民心、育新人、兴文化、展形象的要求,坚持守正创新,扎实推动全市宣传思想文化各项工作落实,为打造特色鲜明的现代化赣东北明珠提供坚强思想保障和强大精神力量。

【持续加强理论武装】 抓好中心组理论学习。印发了《中共乐平市委理论学习中心组 2020 年学习计划》,先后组织 12 次集体学习。坚持"请进来"与"走出去"相结合,邀请省委党校经济学教研部主任吴志远、南昌大学法学院副院长邓建中分别就中央经济工作会议精神、《中华人民共和国民法典》进行专题辅导;将课堂搬到景德镇市昌南新区,开展实地考察研学,进一步丰富学习形式。下发《党委(党组)理论学习中心组学习提示》4 期,为各级党委(党组)理论学习提供便利。扎实开展理论宣讲。开展学习宣传贯彻党的十九届五中全会精神集中宣讲 39 场。俞小平、高翔等市领导带头深入镇桥、众埠等乡镇开展十九届五中全会精神宣讲,形成了良好的示范带头效应。积极组织各乡镇开展"古戏台讲堂"品牌宣讲活动,宣讲的特色更加彰显。切实开展"流动党校在基层""听党话、感党恩、跟党走"对象化分众化理论宣讲活动,为服务中心工作的顺利开展提供了思想保障。积极开展理论研究。认真开展十九届五中全会精神、助力景德镇国家陶瓷文化传承创新试验区建设等理论研究工作。高质量完成"乡村振兴战略中的文化建设研究""乐平历史文化旅游资源及其开发利用"等重点课题。

【创新宣传工作格局】 广泛开展主题宣传。围绕"五中全会精神在基层""回眸十三五、展望十四五"等主题开设专题专栏。全面推进脱贫攻坚系列宣传。积极对接上级媒体开展"走向我们的小康生活"等调研采访,并搭乘"直播 +"快车,推广乐平扶贫产业。深入开展"扶贫印记"记录工程,市文联、市融媒体中心等单位联合启动"五个一"活动,营造了全力以赴打赢脱贫攻坚战的浓厚氛围。深化中心工作宣传。围绕市委、市政府重要部署,集中开展了扫黑除恶、城乡环境整治、防汛抗洪、作风建设、疫情防控与经济社会等专题宣传。拓展对外新闻宣传。积极参与承办省委宣传部主办的"遇见美丽江西"系列主题外宣活动,与全国 20 多家主流媒体、新媒体记者,携手推介乐平。2020 年在各主流媒体上稿共 400 余篇。特别是防汛抗洪期间,新华社推出的《守住圩就是守住家》图文报道,点击量突破 300 万次。

【发挥疫情防控宣传引领作用】 面对突如其来的新冠肺炎疫情,及时传播政策信息,凝聚党心民心,为做好疫情防控工作,落实"六稳""六保"奠定了坚实基础。充分发挥宣传引领作用,组织教育、卫生、公安等部门单位组成新媒体矩阵平台,集中发布疫情防控系列举措、普及防范知识。截至年底,全市在各级媒体平台刊发疫情防控新闻稿件、信息 1800

多篇(条)。不断奏响全民防控强音。组织创作《中国答卷》《无论生死解民悬》等抗疫文艺作品。疫情防控期间,组织群发短信《战"疫"三字经》30余万条,出动宣传车176辆,发放宣传单、公开信等近40万份,抗疫宣传工作经验《汇聚"声"入人心的抗疫力量》被"江西宣传"公众号采用推广。

【意识形态阵地建设持续加强】 意识形态阵地管理规范有序。党的基层阵地资源整合务实高效。下发《乐平市推动党的基层阵地资源整合试点工作实施方案》,推动现有党群服务中心、新时代文明实践站等阵地整合、资源整合、功能整合、力量整合。媒体融合发展纵深推进。高标准抓好融媒体中心建设,多次召开市融媒体中心建设领导小组会议,全面启动融媒体机构整合工作,对融媒体中心预算编制工作进行调整,已开通的5个板块、10个栏目进行了改版升级。"学习强国"平台推广使用常抓不懈。每月收集分析全市各单位"学习强国"平台使用情况,加大"学习强国"供稿力度,举办"学习强国"挑战达人赛和知识竞赛,平台学习成效逐步提升。

【精神文明创建持续深化】 开展文明创建工作。统筹抓好文明城市、文明单位、文明村镇、文明社区、文明校园"五大创建"活动,涌现了一批省市级文明单位。洪岩镇洪岩村等5个村镇荣获"全国文明村镇"称号,税务局荣获"全国文明单位"称号,第十小学荣获"全国文明校园"称号。开展先进典型选树学活动。推进"身边好人""瓷都好人"和文明家庭的评选活动,徐德亮、徐长明、朱华文等分别入选"中国好人""江西好人""瓷都好人"。不断提升志愿服务水平。举办志愿服务组织管理员培训会,成立了乐平市新时代文明实践志愿服务总队、5个志愿服务联队和各乡镇(街道)志愿服务支队。注册志愿服务队达349支,志愿者人数达6.82万人,志愿服务时长达250万小时。洎阳帮帮团、洎阳街道东湖名都社区分别荣获中宣部、中央文明办颁发的"全国100个最佳志愿服务组织"和"最美志愿服务社区"称号。抓好学校思想政治教育。下发《关于领导干部上讲台开展思想政治教育的通知》,俞小平、高翔等市领导分别到各自挂点学校上了思政课。组织全市中小学教师开展了思想政治等意识形态知识培训,严把教材意识形态审查关。组织开展了"扣好人生第一粒扣子"主题教育实践活动和"新时代好少年"学习宣传活动,胡子妮等3名学生获得"瓷都十佳"少年称号。

【推进文化惠民和文艺繁荣】 文化发展有突破。主动对接融入景德镇国家陶瓷文化传承创新试验区建设,完成南窑古瓷窑址文化展施工建设,赣东北特委旧址、篁坞方志敏旧居入选江西省国防教育基地,王耕海、刘凡、吴琦等申报成功文化和旅游部"名家传戏工程",文化软实力不断提升。文化惠民活动常态化开展。统筹推进村(社区)综合性文化服务中心建设,乡镇(街道)、村(社区)综合性文化服务中心全部挂牌工作。扎实开展农村公益电影复映工作,组织"送戏下乡暨非遗下乡"巡回展演活动300余场,放映农村公益电影60余场次。"扫黄打非"专项整治成效明显。深入开展"扫黄打非·新风""扫黄打非·正道"集中行动,全力扫除文化垃圾,弘扬新风正气,维护群众文化权益,实现网上有害信息得到有效遏制、网下有害出版传播活动得到有力管控的目标。

【培育宣传思想文化人才新军】 加强宣教系统党的建设。把旗帜鲜明讲政治贯穿宣传思想工作各方面和全过程,认真组织学习习近平总书记《论党的宣传思想工作》,不断提高党员干部政治判断力、政治领悟力、政治执行力,在增强"四个意识"、坚定"四个自信"、做到"两个维护"上走在前、作表率。全面落实党风廉政建设主体责任,通过开展政治谈话加强对"一把手"和领导班子监督,抓好巡察整改,用好巡察整改成果。强化领导班子和干部队伍建设。进一步加强全市宣教系统各级领导班子建设,选优配强重要宣传舆论阵地和重要岗位领导干部。深入开展"脚力、眼力、脑力、笔力"教育实践,推行"问需于民、问计于民、问效于民"制度,打造高素质宣传队伍。大力实施人才培养工程。结合融入国家试验区建设要求,大力加强宣传思想文化领域人才培养、引进,推动开展市级层面理论、新闻、文艺、文化人才评选,积极做好文化名家暨"四个一批"、宣传思想文化青年英才、省"双千计划"人文社科类等国家级、省级高层次人才推荐工作。加大基层宣传队伍建设,加强党建宣传员的配备,培养基层宣传文化骨干和乡土人才。

（市委宣传部）

统战工作

【概况】 全市统一战线系统在市委的正确领导和上级统战部的精心指导下，深入学习贯彻习近平总书记关于加强和改进统一战线工作的重要思想，积极开展“强作风、抓落实、助发展”活动，以思想政治引领为根本，以服务中心大局为取向，紧扣中央、省委、景德镇市委重大决策部署和市委、市政府中心工作，在大战中凝聚共识、在关键处彰显作为、在实干中锤炼队伍，为助力决战脱贫攻坚决胜全面小康、统筹推进疫情防控和经济社会发展贡献了统战力量。

【加强党对统一战线领导】 市委始终从战略和全局的高度重视统一战线，始终坚持把统一战线工作放在全市大局中来定位、来部署、来推进，突出“四个纳入”，强化“三个带头”，全面落实党管统战的政治责任。市委领导多次对统一战线工作做出指示批示，市委常委会研究统战工作5次，对全市统一战线各项工作进行安排部署，有力推动各项工作任务的落实。坚持和完善大统战工作格局，领导小组“管全局、抓大事、解难题”的作用充分发挥，市委统战工作领导小组暨宗教工作领导小组研究统战及宗教工作4次，先后制定完善党委统战工作领导小组成员单位统战工作职责清单，市委常委与市各民主党派、工商联等对口联系分工制度，市委领导与新的社会阶层人士联谊交友列名制度，各民主党派与市委统战部工作联系机制，宗教事务联合执法指导意见，宗教工作日常巡查制度，市委统一战线工作领导小组关于贯彻落实《关于加强新时代民营经济统战工作的意见》具体举措及分工方案，统战工作制度体系进一步完善，切实推动统战政策和工作任务的落实。广大统战干部积极深入基层开展工作调研，协调帮助解决各领域各阶层存在的困难和问题，不断增强统一战线成员与各级党委同心同德、同心同向、同心同行的自觉性和坚定性。

坚持不懈抓理论武装，凝聚思想政治共识，坚持在联谊交友中统一思想，在政治引导中凝聚共识，听党话、跟党走、与党同心奋斗的政治自觉不断增强。充分发挥市社会主义学校统一战线人才教育培养主阵地作用，先后举办全市统战系统培训班、非公经济人士培训班、宗教工作干部队伍培训班及宗教界代表人士专题培训班，培训人员近800人次，党外代表人士和统战干部的能力素质有新提升。指导九三学社乐平直属支社和民革乐平支部完成换届，圆满完成了市第五届工商联换届工作及景德镇市级民主党派、工商联换届人选推荐工作，确保多党合作事业薪火相传。积极支持全市统一战线各领域扎实开展特色主题教育活动，特别是紧密结合新冠肺炎疫情防控，用好生动的现实教材，引导全市统一战线广大成员把增强“四个意识”、坚定“四个自信”、做到“两个维护”落实到行动上、体现在工作中，进一步凝聚起听党话、跟党走，坚定走中国特色社会主义道路的政治共识。

【发挥协商民主作用】 制定并印发《中共乐平市委2020年度政党协商计划》；进一步改善“党派成员之家”活动条件，优化完善与各民主党派联系沟通工作的平台载体，建立健全各民主党派与市委统战部工作联系机制，支持各民主党派更好履行职能，积极建言献策，市两会期间递交建议、提案50件，2件提案被列为重点提案，提交大会发言材料5份。

【加强党外代表人士队伍建设】 开展全市党外干部调查摸底，建立健全党外后备干部数据库，为各民主党派、工商联换届及2021年市、县两级人大、政府、政协换届做好党外人才储备，制定了《市工商联（总商会）2020年换届工作的实施意见》，圆满完成了市第五届工商联换届工作，指导九三学社乐平直属支社和民革乐平支部圆满完成换届工作，组织召开乐平市党外知识分子联谊会二届三次常务理事会，实现新老班子接替。组织召开了全市党外人士情况通报会、党风廉政建设和反腐败、法检两院情况通报会等，通报市委重要会议精神，进一步提高党外代表人士政治意识和能力水平。

【服务抗“疫”与脱贫等中心工作】 做到中心工作在哪里统一战线就跟进到哪里，把统一战线“所能”与经济社会发展“所需”相结合，整合统一战线资源和力量，形成涓流汇聚的强大合力。

一是助力打赢疫情防控阻击战。面对突如其来的新冠肺炎疫情，全市统战系统闻令而动，发挥优势、主动作为，民主党派和无党派人士围绕疫情高效防控积极建言献策，发挥“党外智库”抗疫情怀。医疗卫生界中的统一战线成员踊跃投身市战“疫”一线，成为最美“逆行者”。统一战线各界人士发挥“一方有难，八方支援”的优良传统，纷纷伸出援助之手，共捐款捐物800余万元。

二是助力决胜决战脱贫攻坚战。发挥统一战线特色优势，持续开展“万企帮万村”“扶贫助学”“健康扶贫”等活动，继续支持各民主党派开展脱贫攻坚民主监督活动，先后开展“万企帮万村”暖冬行动，“春季扶贫助学”行动，“健康扶贫义诊”、送医送药下乡等活动。

三是助力企业复工复产及民营经济高质量发展。组织开展“防疫情、促发展”民营企业大走访、侨企业大走访活动，帮助民营企业复工复产，推动中央及省、市支持民营企业发展政策落实落地落细。多方式广渠道开展维权、银企对接、网络招聘工作，帮助企业解决维权诉求、资金需求、劳动用工等问题、积极构建“亲”“清”政商关系，改善营商环境。主动开展联谊、联情、联心等对外交流活动，打好乡情牌，策应招商引资引智“回引工程”，助力企业复工复产及民营经济高质量发展。

【促进民族团结进步工作】 深入开展民族团结进步教育、宣传和创建工作，积极推进涽口镇瑶冲村少数民族村“同心·特色瑶村”品牌建设，开展民族团结进步专题宣传活动，认真谋划新时代城市民族工作。注重健全完善民族工作机制，开展少数民族困难群众帮扶等活动，扎实做好村落民族工作，提升民族事务法治化水平。联合市文联开展少数民族文化主题创作采风活动，深入瑶冲瑶族民族村开展“中华民族一家亲，同心共筑中国梦”主题摄影创作采风，组织瑶族文艺骨干参加全省第三届少数民族文化艺术节活动。

【认真履行宗教工作主体责任】 扎实推进中央宗教工作专项督查、中央脱贫攻坚“回头看”反馈问题整改，压实主体责任，依法加强宗教事务管理，进一步夯实“三级网络两级责任制”。规范推进宗教活动场所“四进”全覆盖。

【深入推进机关政治建设】 巡察反馈意见的整改工作所涉及的四个大方面9条27项整改措施，已全面完成整改。深入开展支部“标准化规范化信息化”建设年活动，推动机关支部“三化”建设水平大提升。规范支部党员政治学习生活，组织党员志愿者进社区配合做好疫情防控、巡查宣教、出入口值班值守、流动人口登记等疫情防控工作，组织开展了“庆祝建党99周年”“制止浪费行为”“弘扬共库精神，勇担时代使命”等系列主题党日活动，教育激励机关党员充分发挥示范带头作用，推动统战各领域工作提质增效，不断加强部机关党的建设和党风廉政建设，统战部机关内部风清气正、干事创业的良好局面得到持续巩固和发展。

（市委统战部）

全面深化改革

【概况】 全面落实中央、省委、景德镇市委改革工作决策部署，克服疫情影响，突出体制创新，坚持“规定动作”和“自选动作”相结合、“重点突破”与“整体推进”相衔接，巩固和深化县级层面谋改革、抓改革、推改革“四个一”机制，自我加压、持续用力，推动一批改革方案相继出台，促进一批改革成果落地生效，初步实现改革出成效、体制有创新、发展添活力工作目标，市委改革办被评为景德镇市改革工作2020年度优秀单位。

【有力推动改革落实】 全年共实施包括33项自选举措在内的242项改革任务，截至年底大部完成，不少改革举措得到了上级领导肯定和主流媒体的关注。经济生态改革加速推进，“放管服”改革纵深推进，教育卫生、交通物流、文化娱乐、社保医保等民生事业迅速发展。文化体制改革积极推进，党的基层阵地资源整合试点和村（社区）综合性文化服务中心基本实现全覆盖。民主法制改革序时推进，党员干部教育培训“四项机制”做法在全省作典型发言。社会体制改革快速推进，继续探索党建引领快递小哥参与社会治理新模式，成功创建一批城乡社区治理示范社区。农业农村改革扎实推进，被农业农村部评为全国农村承包地确权登记颁证工作先进集体。党建制度改革逐步推进。城市基层党建示范市建设不断深化。纪检监察改革有力推进，深化纪检监察体制改革，建立健全信访举报、案件管理、监督检查、审查调查、办案安全、案件审理等方面工作机制。

【有序开展深改议事】 充分发挥市委深改委议事协调作用，每月召开一次市委深改委会议，做到会前酝酿审核、广泛征求意见，会中研究讨论、充分发扬民主，会后督办督察、确保决议落实。全年召开市委深改委会议 10 次、专项小组调度会 20 次、改革联络员会议 8 次，审定改革文件 64 份。

【有效进行改革督察】 在全省率先推行改革督察全覆盖做法，继续对 33 项自选改革举措、242 项改革课题、44 家牵头单位、20 个乡镇街道实施“全覆盖”改革督察，要求限期推进、高效完成。督察结果公开通报，下达整改单要求对单完成，做到以督促改、以察提效。继续实行日常督察和年终考核相结合的改革工作评价，牵头完成了高质量发展改革年度考核评价工作。

【探索改革述职方法】 在全省率先实施改革述职评议做法，印发《乐平市全面深化改革工作述职实施办法》，安排乡镇（街道）党（工）委负责人在市委深改委会议上作改革工作述职，并接受现场评议。述职后市委改革办将根据述职内容开展述职专项“回头看”督察。全年共完成九批 18 个乡镇（街道）党（工）委书记述职，极大增强了改革意识、强化了改革责任、树立了改革导向。

【实施改革表彰奖励】 在全省率先实行改革创新重奖激励做法，公开评选表彰“改革创新特别奖”的 10 项优秀课题、9 家牵头单位、16 名先进个人，牵头单位奖励 3 万元，先进个人纳入提拔任用考核重要依据。

【加强改革队伍建设】 激活改革宣传，印发《乐平改革》31 期，编发微信群短信息“习改金句”“改革案例”200 余条。同时，借助媒体积极推介乐平改革创新成效，展示改革进展，做到重要改革动态即时发布、重要改革进展有序推介、重要改革举措及时公开。同时，不断健全市委深改委统筹领导体系、专项小组调度协调体系和市委改革办执行落实体系，着力打造一支爱改革、懂改革、愿改革的队伍。

（市委办）

党史工作

【概况】 党史办在市委、市政府的正确领导和上级党史部门的指导下，以存史研究为基点，以促发展为目标，以“资政育人”为根本任务，围绕中心，服务大局，认真抓好党史、精准扶贫、双创双修等工作，狠抓机关作风建设，扎实开展党史研究、资料征编、宣传教育、遗址保护利用、开展纪念活动等各项工作。

【收集整理市域大事要事】 及时收集记录本市政治、经济、文化等领域的活动情况和重大事件，收集整理形成“大事记”，内容达 798 条。与市新型冠状病毒感染的肺炎疫情防控应急指挥部协调，做好抗“疫”相关资料收集整理。

【革命遗址遗迹保护利用】 投入资金 5 万元，对新增的革命遗址名口镇许鸿纪念园周边环境进行整理，修建了到纪念园的道路等；对十里岗镇篁坞村方志敏旧居革命旧址给予了 1 万元维修资金扶持；对洪岩镇红军棚遗址、红军战士杨子相烈士墓进行了实地察看，做好了保护计划等；与上级党史部门对接，将全市革命遗址遗迹上报，列入上级党史部门数据库管理。

【《中国共产党江西省乐平历史》第一卷完稿】 完成了《中国共产党江西省乐平历史》第一卷（1926—1949）（送审稿）审稿工作；书稿通过景德镇市史志办审核；与中共党史出版社签订了出版合同。

【编印《乐平党史》资料】 编印党史刊物《乐平党史》5 期（第 8 期至第 11 期、专刊一期），印制 10000 余册，免费赠送有关单位及领导。

【承办红十军建军 90 周年纪念活动】 与市历代名人研究会、众埠镇共同承办了红十军建军 90 周年系列纪念活动，为纪念活动提供了方志敏在乐平的革命历程及红十军在乐平的斗争等方面资料。

【结对帮扶脱贫攻坚】 6 名副科级以上干部与镇桥镇金喜村 16 名精准扶贫户结成了帮扶对子，落实产业帮扶资金 1.8 万元，金喜村 16 户精准扶贫户全部实现脱贫。

（市委史志办）

机关党的建设

【概况】 中共乐平市直属机关工作委员会辖直属机关单位 66 个，基层党组织 525 个，其中职能党委 15 个，机关党委 9 个，企业党委 5 个，党总支 26 个，直属党支部 31 个，其他下辖支部 437 个。管理党员 9552 名，其中男党员7376名,女党员2176名;在职党员6388名,离退休党员2633;机关党员2155名,企业党员908名;大专以上党员5739名;35岁以下党员981名。

【强化政治学习】 一是丰富载体学。通过党工委会议、中心组专题学习会、主题党日活动和“三会一课”等阵地,借助“学习强国”App、江西网络干部学院等平台,紧跟形势、常学常新。

二是举办竞赛学,先后举办“学习强国”学习达人挑战赛和“不忘初心、牢记使命”暨学习《习近平谈治国理政》第三卷知识竞赛,与市委组织部、团市委联合举办“让党性在大学大干大变中闪光”演讲比赛,有效提高党员干部学习自觉性和主动性,使全体党员干部对习近平新时代中国特色社会主义思想有更深刻的理解和把握,营造“以考促学、以考促记、以考敦行”良好氛围。

三是开展轮训学,开展两期市直机关党员学习党的十九届五中全会精神轮训班,轮训党员1657人次,党员干部综合素质和工作能力、纪律意识和规矩意识进一步增强,先锋模范作用进一步发挥。

四是突出重点学,把《中国共产党党和国家机关基层组织工作条例》纳入5月份主题党日学习重点,作为市直机关党务干部培训班课程之一,并组织知识测试。

【推进党建“三化”】 在开展基层党建“三化”建设过程中,坚持制度从“上墙”到“落地”、工作从“盆景”变“风景”,结合实际,注重实效,体现实用。一是在理念上,坚持“两个三”。即深刻把握“短期目标和长期规划、点上精品打造和面上全线铺开、形式方面统一与内容方面差异”三对关系,全面发挥“党建引领作用、支部战斗堡垒作用、党员先锋模范作用”三个作用。

二是在指导上,贯彻“六个一”。即贯彻市委书记在全市9月份党建工作例会上关于“每个支部要有1个固定活动场所、每个党员要轮训1次、每个党委要有1个党建示范点、每个党委要打造1个红旗党支部、每个支部要有1名入党对象、每个支部要有1个支部档案”指示精神,坚持分类指导、先易后难,市直各单位党组织既立足本单位本部门本行业实际情况,对标对表标准化规范化信息化要求,主动补短板、强弱项、抓整改;又要短补标准化、长抓规范化。

三是在推进上,执行“五个一”。即按照“一张施工图、一张责任网、一个评估表、一套党建清单、一系列应知应会”,先后召开2次推进会、4次调度会、1次观摩会。

【加强党建督查】 一是根据党建年度考核细则和有关文件精神,分别于3月中下旬和5月上旬,对直属党组织进行了全覆盖督查,并抽查了部分职能党委下属党组织,当场以清单形式反馈存在问题,提出整改要求。

二是采取发党建督办函或开展党建约谈进行督促整改,共对6家党组织下发督办函,对3家单位党组织书记进行约谈。

【服务中心大局】 一是全程战疫情。新冠肺炎疫情发生后,自1月25日参与市委组织部疫情防控督查起,号召市直机关3256名党员下沉社区(村居),投入疫情排查一线,在主城区25个社区130个卡口服务,并坚守乐平火车站和集中隔离点两个阵地,转战东方国际酒店和怡莱酒店两个场所,与30余名市直机关党员干部坚守集中隔离工作达10个月有余,隔离各类返乐人员1504人次。

二是真情助脱贫。不仅坚持月月打卡、节节慰问、人人见面,而且足额拨付“四个一”产业帮扶资金,并在第七个扶贫日到来之际,举办“决战脱贫攻坚·我的扶贫故事演讲”比赛,获得广泛好评。

三是竭力促双创。开展2次机关庭院环境卫生督查,派员参与全市垃圾分类工作。

四是坚决听指挥。服从安排,克服人员紧张困难,先后抽调人员参与景德镇市委十一届第九轮和乐平市委六届第十轮巡察,参与市委年度考核、干部考察以及组织部信息编撰和档案审核。

五是积极搞共建。分别与洎阳街道办事处天湖社区、东湖社区积极开展疫情防控知识、创建文明城市知识宣传、小区环境整治和平安社区建设等共建活动,为共建社区解决3万元创建文明城市宣传经费和2万元平安建设经费。

六是主动谋改革。围绕贯彻落实《中国共产党党和国家机关基层组织工作条例》谋改革,结合乐平实际制定《乐平市直属机关工委、部门党组(党委)、机关党委和机关党(总)支部抓机关党建责任清单》,并为市委代拟《关于加强和改进市直机关党的建设的实施意见》。

【党员教育管理】 一是推荐"一先两优"对象。在建党99周年之际,向市委推荐22个先进基层党组织、17名优秀党务工作者、46名优秀共产党员。

二是严把党员发展质量。坚持政治标准,严把审批关口,做到接受预备党员和预备党员转正必考核测评,查看"学习强国"积分,测试《中国共产党章程》和党员应知应会知识学习情况,并结合其本人岗位和存在不足提出要求。全年发展新党员20名,预备党员转正24人,批准入党积极分子40人,党员发展对象35人。

三是强化党内关怀帮扶。做到"七一"、春节走访慰问困难党员与平时看望生病住院党务工作者相结合,全年共走访慰问党员253人次。

四是探索管理模式。延伸党员教育管理"链条",分别召开入党积极分子、党员发展对象座谈会和近三年发展新党员座谈会各1次,强化政治意识、党组织意识和党员意识。

五是稳妥处置不合格党员。共对5名不合格党员进行除名,对1名预备党员做出取消预备党员资格处理。

【压实主体责任】 全面贯彻落实《党委(党组)落实全面从严治党主体责任规定》,围绕加强和改善党的全面领导,坚持真管真严、敢管敢严、长管长严,坚持全面从严治党过程和效果相统一。一是健全机关制度。先后修订《中共乐平市直属机关工作委员会内部管理制度》,制定《中共乐平市直属机关工作委员会留存党费使用管理办法》。

二是加强作风建设。召开2次党风廉政建设座谈会,坚持以问题为导向,开展谈心谈话,主要负责人与所有人员每人见面,以及其他人员互相之间均谈心谈话1次。加强日常教育管理和考勤纪律执行,大力整治形式主义、官僚主义和"怕慢假庸散"等作风顽疾。

三是落实意识形态责任。一方面加强"学习强国"推广使用督查,既定期通报,现场督导,又作为"一先两优"评选的必要条件;既举办"学习强国"挑战赛,又纳入党建"三化"评估验收和党建年度考核的内容。另一方面将意识形态纳入党员集中轮训的内容,邀请宣传部具体从事网信工作领导,结合典型案例进行授课,增强机关党员干部做好意识形态工作危机感、使命感和责任感。

(市直机关工委)

党校(行政学校)工作

【概况】 中共乐平市委党校创办于1950年12月,1958年正式挂牌乐平县委党校,1992年改为乐平市委党校,2010年6月增挂"乐平市行政学校"和"乐平市社会主义学校"两块牌子,同党校一套班子,合署办公。实行校务委员会领导下的校长分工负责制。市委副书记兼党校校长,市委常委、常务副市长兼行政学校校长,日常工作由常务副校长主持。单位属参公事业性质,编制数26名,在编干部职工22人,其中专业技术人员10名,有教研人员13人(大学本科学历11人,研究生学历2人),其中高级职称2人,中级职称6人。内设人秘股、教务股、教研室、乡镇党校工作指导股、总务股5个股室。

【干部培训】 共举办各类主体班次24期3561人次,突出把习近平新时代中国特色社会主义思想,《习近平谈治国理政》第三卷,党的十九届四中、五中全会精神等作为主要内容纳入主体班课程。探索全市党员干部教育培训体制机制改革,在教学方法上,鼓励教师大胆创新,采用研究式、解读式、探讨式等多种教学方式,采取现场观摩、现场教学、讲红色故事、唱红色歌曲等形式,增强了教学的生动性、形象性和趣味性。挖掘并用好本地教学资源,组织乡科班学员到共产主义水库、方志敏故居和界首红十军建军旧址开展红色革命传统教育。

【科研资政】 全年有13篇论文在省级以上期刊发表,2篇论文获得景德镇市委、南昌日报社征文比赛奖项,3个课题(其中1个省级课题,2个景德镇市级课题)获得立项。徐行溥的2部专著《乐平乡贤》和《乐平文化遗产镜诠》在景德镇市委组织部组织开展的好教材评比活动中被评为好教材。

【理论宣讲】 发挥流动党校"培训在基层"活动优势,组织骨干教师深入乡镇(街道)、农村社区、田间地头、古戏台讲堂与人民群众面对面授课,把党的方针政策和省市委的决策部署宣传到基层各个角落。流动党校"培训在基层"活动累计开展400余场次、受众4万余人次。主要围绕全国两会精神、《习近平谈治国理政》第三卷、"四史"学习教育、党的十九届五中全会精神等4个主题,通过宣讲教师的精彩解读,使基层党员干部进一步增强学习贯彻习近平新时代中国特色社会主义思想的行动自觉。

【巡察整改】 7月至9月,市委第一巡察组对市委党校开展了常规巡察并将巡察情况进行了反馈。10月至12月,市委党校根据巡察组反馈意见进行了三个月整改。坚持问题导向,强化政治担当,列出整改清单,严格责任落实,校委班子以上率下,带头整改,制定或修订各类制度规定17项,真正做到问题不查清不放过、整改不到位不放过。对巡察移交的问题逐一建立台账,确保件件有着落、事事有回音。

【党建工作】 扎实推进基层党建"三化"建设,先后投入5万余元,完成对支部活动室、党员阅览室进行装饰和桌椅添置、书籍购置和电子设备的安装。抓好理论中心组学习和主题党日活动、"三会一课"。组织收看电视《问政》节目、重温入党誓词、庭审现场观摩教学、晨读党章、节前廉政提示教育,不断提高党员干部全面遵守"六大纪律"的自觉性,从党员的思想源头上防范廉政风险,持续把作风建设引向深入。

【人才建设】 坚持人才立校指导思想,制定或修订教学质量评估实施办法、结对帮教实施办法、名师工程等一系列制度。建立了6个结对帮教小组,指导青年教师了解、掌握教学各环节,促进青年教师的成长,帮助他们早日上讲台,敢讲课、能讲课、讲好课。吴雄妹主讲的微党课"社会主义是干出来的"、朱胡风主讲的"牢记党史新中国史,感悟党的初心使命"被景德镇市委组织部向省委组织部推荐参评;张小芳主讲的"学习习近平总书记关于法治的重要论述"被景德镇市委组织部选送参加省好团队、好课程评比活动。

【中心工作】 一是疫情防控有力。面对突如其来的新冠肺炎疫情,始终能顾大局、谋全局,根据全市疫情防控需要,投入30余万防疫资金和大量人力,全力配合党校作为新冠医学观察点的后勤保障工作。疫情防控常态化后,研究制定了《中共乐平市委党校主体班办班期间疫情防控工作方案》、《中共乐平市委党校疫情防控应急措施》、晨(午)测温等10项制度措施,确保复学复课有序推进。二是助力脱贫攻坚。出资3万元支持镇桥镇新农村建设;支持十里岗篁坞方志敏旧居、众埠镇红十军建军旧址建设各3万元;出资5万余元支持帮扶村建设;出资5000元为生态文明帮建村接渡史家村修建洗衣码头。三是扎实开展城乡环境整治活动。选派2人协助社区参与第七次全国人口普查登记工作;积极组织人员到东湖周边巡路、进行环境督查、交通维护、义务献血等活动。

（市委党校）

信访工作

【概况】 信访工作从实际出发,紧紧围绕新形势下信访工作新特点,努力创新工作机制,积极搭建矛盾纠纷调处平台,及时化解信访案件,集中攻坚疑难积案,全市信访工作总体呈现平稳、向好的发展态势。

【创新领导接访模式】 探索建立"党建+包乡挂点负责制""分管领域约访制""基层联系点下访制""重大问题领办制""重点案件督办制"等市领导轮值接访"五制工作法",进一步畅通了信访渠道,做到了"事事有落实,件件有回音",实现了"见事管事、管事成事、成事了事"。

【完善初访调处机制】 紧紧围绕"最多访一次"工作要求,强化事前预防,注重后续跟踪服务,推行"三日工作法",对初次到市本级反映的信访事项,实行"当日即接即转,三日见面办结,电话回访督办"处理程序,对初次信访事项化解产生了极大的推动作用。

【"访调对接"全面铺开】 经过上一年的试点,"访调对接"工作得到了推广,各乡镇(街道)均设立了"访调对接室",建立了由司法所主导,"五老人员"(老党员、老教师、老干部、老劳模、老复员退伍军人)参与的社会化调解机制,人民调解组织参与信访工作实现常态化。

【化解积案有序推进】 精心部署,适时召开专题协调会,在信访积案化解坚持"一个案子、一个包案领导、一个专门班子、一套稳控措施、一套化解方案、一抓到底"的"六个一"工作机制的基础上,强化联调联处,市信访工作联席会议办公室负责牵头召开协调会,就一些合理诉求进行分析研判,组建联合调处专班,及时推动解决问题。10月20日,由信访局、人社局及相关乡镇组成的联合工作组远赴湖北武汉维权，跨省为7名农民工成功追讨到被拖欠薪酬21万元，赢得了广大群众的一致好评。

【创建"群众说理室"】 乐平市"帮帮团"是在全市"百姓说事"平台的引导下，以社区党员志愿者为核心，创立、培育的新型社会志愿组织，该组织以"上帮党委政府、下帮群众百姓"为宗旨，致力于发挥基层社会治理"先锋"作用，近年来斩获国家级、省级多项殊荣。人民来访接待中心引进"帮帮团"，建立人民陪访员机制，成立了"群众说理室"，以"民事民说，民理民评"，实现"民怨民平、民访民息"。

【信访法治宣传深入人心】 以《信访条例》修订实施15周年为契机，认真组织开展了一次大型信访法治宣传活动，内容丰富多彩，形式多种多样，既有展板、画册，又有现场解答，更有专场文艺演出，群众反响热烈。由此诞生的老年信访法治文艺宣传队，一直活跃在全市的大街小巷、村居社区。

【获奖情况】 市委信访局被评为景德镇市信访件规范办理工作先进单位；礼林镇、双田镇和临港镇被评为景德镇市"百姓说事"工作先进单位；杨水华、吴荣正、王晓华、何大华、史清长被评为景德镇市信访工作先进个人；塔山街道、镇桥镇、乐港镇、洪岩镇、涌口镇、塔前镇、名口镇、礼林镇、鸬鹚乡、十里岗镇、共库管理局等11个单位获得2020年度景德镇市"三无"乡镇称号。

（市委信访局）

机构编制

【概况】 在市委、市政府的坚强领导下，市委编办深入贯彻落实《中国共产党机构编制工作条例》，紧紧围绕市委、市政府中心工作和重大决策部署，强化作风建设，深化体制机制改革、创新机构编制管理，着力推进机构编制工作规范化建设向纵深发展。

【整合基层审批服务执法力量】 制定《乐平市推进基层整合审批服务执法力量的实施方案》并以市"两办"名义印发，按照机构数量基本一致、机构名称基本一致、机构职能基本一致的改革要求，在限额内调整优化乡镇（街道）党政机构和事业单位设置，进一步理顺市直与乡镇（街道）权责关系，推进行政执法权限和力量向基层下沉，使乡镇（街道）机构设置更加精干，权责关系更加顺畅，审批服务更加高效，行政执法更加规范，初步构建了简约高效的基层管理体制。

【统筹推进综合行政执法改革】 结合实际，分别就市场监管、文化市场、交通运输、农业等四个领域深入开展综合行政执法改革，以制定"三定"规定为抓手，有效整合各领域的执法职责和队伍，科学整合规划设置执法机构，在相关领域实现了"一支队伍管执法"。

【完成经营类事业单位改革】 5月26日，筹备召开了全市从事生产经营类事业单位改革工作动员会，以市"两办"名义印发《乐平市进一步推进从事生产经营活动事业单位改革实施方案》。改革过程中，市委编办充分发挥牵头作用，会同相关职能部门相互配合、形成合力，全面完成经营类事业单位改革，进一步理顺政府与市场、政府与社会的关系，实现事业单位公益化目标，增强经济发展的内生动力。

【调整森林公安局管理体制】 将市森林公安局整建制划转市公安局统一领导管理，市林业局不再领导管理，市森林公安局整建制划转移交到市公安局后，改名为市公安局森林分局。

【做好机构编制信息动态管理】 对于涉及机构编制调整的事项，认真梳理变化情况，逐项校对修改编制台账信息，及时做好机构名称、内设机构、人员编制等信息的录入和更新。及时对人员信息变更、调入、调出、退休等事项及时进行调整，确保数据完整、准确。

【规范事业单位登记管理】 全面完成2019年事业单位登记管理各项工作，完成2019年度报告公示450家，其中变更登记22家、注销登记3家、新设立3家；新增统一社会信用代码赋码3家，变更统一社会信用代码赋码11家。

（市委编办）

乐平市人民代表大会

综 述

乐平市共有各级人民代表大会17个(其中县级人民代表大会1个,乡镇人民代表大会16个),街道人大工作委员会2个。共有省人大代表2名,景德镇市人大代表110名,县级人大代表256名,乡镇人大代表1109人。市六届人大常委会组成人员29名,其中主任1名,副主任6名,委员22名。市六届人大常委会下设办公室、选举任免联络工作委员会、监察和司法工作委员会、预算审查工作委员会、农业和农村工作委员会、教科文卫工作委员会、环境与资源保护工作委员会、备案审查工作委员会等8个工作机构,市人民代表大会机构3个:法制委员会、财政经济委员会和社会建设委员会。

2020年,在市委的坚强领导下,市人大常委会坚持以习近平新时代中国特色社会主义思想为指导,全面贯彻党的十九大和十九届二中、三中、四中、五中全会精神,认真学习贯彻习近平总书记关于坚持和完善人民代表大会制度重要思想,坚持党的领导、人民当家作主、依法治国有机统一,认真履行宪法和法律赋予的各项职责。共召开常委会会议9次,主任会议13次,听取和审议"一府两院"专项工作报告16项,开展专项工作满意度测评6次,组织执法检查4次,专题视察调研9次,依法任免国家机关工作人员41人次,各项工作都取得了新进展、新成效,为决胜脱贫攻坚、全面建成小康社会贡献了人大的智慧和力量。

人大会议及常委会会议

【六届人大五次会议】 5月17—19日,乐平市第六届人民代表大会第五次会议在市文化中心召开。会议听取和审议了乐平市人民政府工作报告;审查和批准了乐平市2019年国民经济和社会发展计划执行情况与2020年市国民经济和社会发展计划(草案)的报告,批准了乐平市2020年国民经济和社会发展计划;审查和批准了乐平市2019年财政预算执行情况和2020年财政预算(草案)的报告,批准了乐平市2020年本级财政预算;听取和审议了乐平市人大常委会工作报告;听取和审议了乐平市人民法院工作报告;听取和审议了乐平市人民检察院工作报告;审议了乐平市人民政府实施《乐安河保护治理与开发利用的决议》情况报告;会议进行了选举事项,选举产生乐平市第六届人大常委会主任和2名副主任。

【六届人大常委会第二十七次会议】 4月26日,乐平市六届人大常委会第二十七次会议召开。会议听取和审议了市人民政府关于全市环境状况和环境保护目标完成情况的报告;听取了市人民政府关于全市新冠肺炎疫情防控工作情况报告;审议了市人大常委会2020年工作要点;会议还决定了代表事项和人事事项。

【六届人大常委会第二十八次会议】 5月8日,市六届人大常委会第二十八次会议召开。会议听取和审议了市六届人大常委会代表资格审查委员会关于代表资格的审查报告;审议通过了市六届人大五次会议有关事项。

【六届人大常委会第二十九次会议】 6月22日,市六届人大常委会第二十九次会议召开。传达学习了十三届全国人大三次会议精神;听取和审议了司法局关于司法鉴定和公证工作情况汇报;听取了市人大常委会调研组关于矿产资源税费征管情况工作汇报;听取了市人大常委会视察组关于乐安河河道治理情况报告;会议还决定了人事事项。

【六届人大常委会第三十次会议】 8月26日,市六届人大常委会第三十次会议召开。会议决定了人事事项。

【六届人大常委会第三十一次会议】 8月26日，市六届人大常委会第三十一次会议召开。会议听取和审议了市人大常委会视察组关于全市垃圾分类情况、市人民法院诉源治理化解矛盾纠纷工作情况报告；听取和审议了市人大常委会执法检查组关于乐平市贯彻实施《中华人民共和国食品安全法》《道路交通安全法》《野生动物保护法》情况执法检查报告；听取和审议了市人民政府2020年上半年国民经济和社会发展计划执行情况和2020年上半年财政预算执行情况报告；审查批准了市政府关于全市2020年一般公共预算和政府性基金预算调整方案。会议还决定了人事事项和代表事项。

【六届人大常委会第三十二次会议】 9月11日，市六届人大常委会第三十二次会议召开。会议决定了人事事项。

【六届人大常委会第三十三次会议】 11月27日，市六届人大常委会第三十三次会议召开。会议传达学习了中国共产党十九届五中全会精神、全国人大常委会关于香港特别行政区立法议员资格问题的决定、中共景德镇市委关于加强新时代人大工作的实施意见、景德镇市人大工作会议精神、中共乐平市委关于加强新时代人大工作实施意见；听取和审议了市人民检察院关于诉讼监督工作情况汇报；听取和审议了全市森林资源保护专项工作报告；听取和审议了市财政局关于《乐平市国有资产管理情况综合报告》和《乐平市行政事业国有资产管理情况报告》；审查批准了关于2019年市本级财政决算草案的报告；听取和审议了市审计局关于2019年度市本级预算执行和其他财政收支情况及2018年度审计查出问题整改情况的报告，并对5个重点部门单位的整改情况（书面）进行满意度测评；听取和审议了市人民政府关于全市安全生产工作情况报告；听取和审议了市人大常委会调研组关于乐平市“河长制”工作落实情况的调研报告；听取和审议了市人大常委会执法检查组关于乐平市贯彻实施《中华人民共和国农业技术推广法》情况的执法检查报告。

【六届人大常委会第三十四次会议】 12月31日，市六届人大常委会第三十四次会议召开。会议传达学习了中央全面依法治国工作会议精神、中共江西省委十四届十二次全会精神；听取和审议了市人民政府关于市六届人大五次会议代表建议办理情况汇报，并对代表重点建议办理情况进行满意度测评；听取和审议了市人民政府关于2020年1—11月预算执行情况和2020年预算调整方案的报告；听取和审议了市人民政府养老服务和脱贫攻坚工作汇报；听取乐平市开展城镇小区幼儿园专项整治工作情况报告。会议还决定了代表事项。

监督工作

【始终坚持党的领导】 把坚持党的领导作为做好人大工作的根本政治原则，坚持党的领导、人民当家作主、依法治国有机统一，始终高举习近平新时代中国特色社会主义思想伟大旗帜。坚持重大事项向市委请示报告，依法保障市委重大决策部署、重要人事任免，转化为全市人民的共同意志，形成推动发展的合力。坚持把人大工作放在全市工作大格局中去思考、谋划和推进，积极争取市委对人大工作的重视与支持，从而有力推动了新时代人大工作与时俱进。

【重视经济工作监督】 密切关注经济运行态势，听取审议国民经济和社会发展计划执行情况的报告，围绕落实主要指标、重点任务和提高项目资金使用绩效等提出意见建议20多条，助力打好三大攻坚战、做好“六稳”工作和落实“六保”任务。开展对非煤矿业税费征管情况专题调研，深入矿产开采企业，了解企业生产经营和税费申报监管情况，为政府强化矿产税费源头管控出谋划策，推动矿产资源税费规范管理。提前介入“十四五”规划和2035年远景目标纲要草案编制工作，广泛开展调研，切实把群众智慧、专家意见、基层经验充分吸收到规划草案中，提高规划的科学性和可行性，为更好实施规划纲要奠定坚实基础。

【重视预算执行监督】 加快推进人大预算审查监督重点向支出预算和政策拓展，听取和审议财政决算、预算执行、预算调整等报告，依法批准地方政府债务限额及债务预算调整方案，进一步加强对财政资金使用绩效和政策实施效果的审查监督。按照“全口径审查、全过程监管”的要求，听取审议2019年度市本级预算执行和其他财政收支的审计工作报告、审计查出问题整改情况的报告，开展审计查出突出问题整改情况满意度测评，推动市委决策部署在预算编制和预算执行中贯彻落实。按照全面规范、公开透明、监督有力的目标，制定国有资产管理监督办法，审议2019年度国有资产管理情况综合报告和行政事业性国有资产管理情况专项报告，推进国有资产管理监督深化拓展、提质增效。积极务实推进预算联网监督工作，依托省人大一期软件，建成市人大预算联网监督系统，为提升人大财经监督的时效性、针对性奠定了基础。

【重视民生监督】 坚持以人民为中心的发展理念，立足回应民生关切，努力推动民生改善。秉承生态优先的绿色发展理念，听取审议全市2020年度环境状况和环境保护目标完成情况报告，听取审议森林资源保护专项工作报告，督促政府严格落实环境保护政策，推动绿色发展。把如期打赢精准脱贫收官战摆在突出位置，听取和审议市政府关于脱贫攻坚和乡村旅游扶贫工作情况的报告，推动乡村振兴战略实施，助力脱贫攻坚。密切跟踪生活垃圾分类管理，开展视察调研，进一步提升垃圾分类规范化管理治理实效。围绕加强安全生产管理，听取专项工作报告，从加强宣传引导、健全双重预防体系、构建安全生产长效机制等方面提出对策建议。紧盯“二次供水”问题解决，实地调研相关工作进展情况，要求市政府加强协同推进，加快改善城市水环境质量。关注城市餐饮卫生乱象，听取和审议市政府关于餐饮业卫生监管工作情况的报告，促使市政府推进餐饮业卫生监管体制改革，完善网格化智慧监管模式。着力车辆超限超载现状，对深化治理货运车辆超限超载工作开展视察活动，进一步健全我市综合治超机制。积极回应群众对“一老一小”民生问题的高度关切，对全市养老服务和城镇小区配套幼儿园专项整治等工作进行视察，力促养老服务体系多样化和乐平市学前教育的优质均衡发展，全方位提升人民群众的获得感、幸福感、安全感。

【重视法治监督】 切实维护宪法权威，推动法治监督常态化，对《野生动物保护法》《食品安全法》《道路交通安全法》贯彻实施情况开展执法检查，推动政府及相关部门落实法律责任，确保法律法规贯彻实施；督促有关部门纠正规范性文件存在的问题，对市城管局报送《乐平市城市建筑垃圾管理办法》等规划性文件依法进行备案审查；开展司法鉴定和公证工作、诉源治理化解矛盾纠纷工作视察，听取和审议相关专项工作报告，切实维护社会公平正义、和谐稳定。积极配合上级人大开展执法检查和立法调研，共对13部法律草案开展了意见建议的收集和整理工作，收集各类意见建议607条，并整理189条建议报送省人大常委会法工委，充分发挥省人大基层立法联系点作用，推进了科学民主立法，营造了良好的社会法治氛围。

【拓展创新监督方式】 围绕正确监督、有效监督的原则，逐步探索拓宽监督形式，由单纯的听取和审议工作报告、开展执法检查、代表视察调研，逐步向述职评议、专题询问、对任命人员监督等综合性监督转变。经市委同意，自2020年9月上旬至2021年1月上旬，市人大常委会用4个月时间，对市政府27个工作部门本届以来工作开展评议。深入政府部门、乡镇街道开展广泛而又深入的调查研究，共召开座谈会45场次，走访群众征求意见900余人次，向全市224名市人大代表发放专题调查问卷。通过评议调查，共梳理出27个部门存在的144条问题。最终形成对27个部门的评议调查报告，提出评议意见126条，其中“对人对事”具体意见70条。并两次召开常委会会议，分别就受评单位自评情况和评议意见整改落实情况进行满意度测评。通过评议，进一步增强了政府部门的民主法治意识，推进了市委、市政府中心工作，强化了人大的监督职能作用。

代表工作

【加强代表履职平台建设】 持续推进全市19个代表联络站的规范化建设，推进代表联络站常态化运行管理。依托“人大代表联络站”建设，建立市乡两级代表履职平台，积极组织全市人大代表进站开展代表活动，进一步完善“三联系”制度，密切人大代表与人民群众的联系，使代表联络工作站作用得到充分发挥，成为联络代表和群众的“连心桥”和“加油站”。

【丰富代表活动内容】 坚持把创新活动载体作为人大代表在闭会期间履行代表职责的有效抓手，多形式开展四个季度的代表小组活动，常态化邀请代表200多人次列席常委会会议，参加视察调研、旁听法院庭审等活动，提高代表履职参与率。创新人大代表接待选民活动，拓宽代表倾听群众呼声、收集群众合理诉求、反映民意的渠道。支持鼓励代表攻坚决胜之年勇担当、见实效，在各自岗位发挥模范引领作用。加强代表履职宣传工作，积极向全国、省、景德镇市主流媒体宣传报道市人大代表先进事迹20多人次，进一步激发了代表的履职热情。

【重视代表建议办理】 坚持把代表满意、群众认可作为办好建议的重要标准，让代表的“好声音”成为部门的“真行动”。通过深入开展调查研究，对市六届人大五次会议确定的114件代表建议进行“三方会商”、甄别分类，采取领导督办、专工委办督办、重点督办、联合督办相结合，并对代表答复不满意或基本满意的建议进行集中督查，督促承办单位提高对代表意见建议的办理质量。在市委的高度重视下、在市政府的大力支持下，市六届人大五次会议代表建议办理成效显著提升，得到了代表和群众的广泛认可。

【切实发挥代表作用】 充分发挥市人大代表联系群众最广泛的优势，开展市人大代表参与脱贫攻坚、双创双修、社会治理、环境保护等中心工作，推动经济社会高质量发展和高质量打赢脱贫攻坚战。广泛宣传，让党的政策走进千家万户，组织代表到村居委会对党的十九大精神进行宣讲。特别是新冠肺炎疫情发生以来，全市各级人大代表积极行动、依法履职，深入企业、商户、学校、村(社区)调研，带头参加基层疫情防控，积极捐款捐物，为疫情防控奉献爱心、贡献力量，以实际行动践行了代表人民、为了人民、服务人民的光荣使命。

常委会自身建设

【加强学习教育】 高度重视人大常委会机关思想政治建设，坚持把学习作为提高人大干部队伍政治素养、履职能力和工作水平的永恒主题，制订常委会党组学习计划，完善人大机关学习制度。一是强化理论学习。常委会领导在积极参加市委中心组学习的同时，坚持每月至少一次的党组中心组学习和每周一的机关集中学习，把党的十九大及十九届历次全会精神、习近平总书记系列重要讲话精神、《习近平谈治国理政》和省委、景德镇市委、乐平市委重大会议精神等作为理论学习的重点，不断丰富和提高干部职工理论素养。二是强化业务学习。结合工作实际，组织开展多形式、多层次的业务学习培训。加强对宪法、地方组织法、监督法、选举法、民法典等相关法律法规的学习。

【改进工作作风】 始终把作风建设摆在做好新时期人大工作的重要位置，贯彻落实中央、省委和市委关于深化作风建设相关要求，持续巩固和深化“不忘初心、牢记使命”主题教育成果，加强改进机关文风、会风和工作作风。大力弘扬井冈山精神、苏区精神、抗疫精神、共库精神，持续整治“怕慢假庸散”等作风顽疾，营造风清气正的政治生态。

【指导乡镇人大工作】 加强联系指导乡镇人大工作。坚持常委会领导分片指导乡镇人大工作，邀请乡镇(街道)人大主席(主任)列席市人大常委会会议，参加人大常委会开展的执法检查、视察调研等活动，切实加强与基层人大的联系，确保乡镇(街道)人大主席(主任)、副主席(副主任)主要精力放在人大工作上，着力提高乡镇人大业务水平。

(市人大常委会办公室)

乐平市人民政府

综 述

2020年，在上级党委、政府和市委的坚强领导下，在市人大、市政协的监督支持下，坚持以习近平新时代中国特色社会主义思想为指导，全面贯彻落实党的十九大和十九届二中、三中、四中、五中全会以及习近平总书记视察江西重要讲话精神，开足马力大学大干大变、齐心协力战疫战贫战洪，扎实做好“六稳”工作，全面落实“六保”任务，交出了一份让人民群众满意、经得起历史检验的合格答卷。全年实现地区生产总值353.26亿元，增长3.6%；财政总收入47.26亿元，增长1.6%；固定资产投资同比增长8.5%；实际利用外资8671万美元，同比增长6.26%；外贸出口24.03亿元，同比增长0.93%；社会消费品零售总额148.15亿元，同比增长3.1%；城镇居民人均可支配收入39214元，同比增长5.8%；农村居民人均可支配收入19150元，同比增长6.9%；金融业加快发展，各项存款余额423亿元，较年初新增50亿元；各项贷款余额231.9亿元，较年初新增34亿元，存贷比达54.8%。

【农业经济与农业基础建设】 全年粮食播种面积达92.96万亩，其中早稻种植面积25.63万亩、中稻种植面积31.06万亩、二晚种植面积28.5万亩、旱粮种植面积7.07万亩，粮食生产总产量达到42.03万吨，水稻良种覆盖率达97%，其中主推品种覆盖率86%。认真执行国家粮食收购政策，切实保护种粮农民利益，各类粮食经营主体共收购早晚稻146879吨，国有粮食购销企业收购稻谷70399吨；“中国好粮油”行动示范县项目顺利实施，已完成8家粮食产后服务中心建设，全市优质水稻种植面积扩大至50万亩，其中富硒稻种植1.4万亩，优良品种提高30%，优质稻产量达28万吨。常年蔬菜播种面积达35.9万亩，蔬菜年总产量119万吨以上，蔬菜年总产值17亿元；蔬菜批发大市场总交易量85万吨，交易额20.75亿元，设施蔬菜落实1.05万亩。

全年肉类总产量3.02万吨，同比增长0.93%；禽蛋产量6212吨，同比增长2.95%；出栏生猪24万头，同比减少18.29%；年末存栏生猪18.75万头，同比增长66.83%；牛出栏0.7421万头，同比增长1.19%；年末存栏牛0.7642万头，同比增长0.74%；羊出栏1.2万只，同比增长38.02%；年末存栏羊1.3万只，同比增长1.87%；家禽出笼228万羽，同比增长38.25%；年末存笼家禽192.3万羽，同比增长0.88%。水产养殖面积75836亩，水产品产量21832吨，其中捕捞2512吨，同比增长6.4%；养殖19320吨，同比增长2.52%；特种养殖6914吨，同比增长5.01%。

农机总动力为52.26万千瓦，增长2.72万千瓦，较上年增长5.49%。水稻机耕率达99.65%，较上年增长0.83%；机收率达98.92%，较上年增长0.37%；水稻机插水平达39.42%，较上年增长4.17%；农作物耕种收综合机械化水平达到81.37%，较上年增长1.69%。全市新增推广补贴农机具1593台(套)，销售额9107余万元。完成中央财政补贴资金3026.571万元(其中农机购置补贴资金2834.889万元，贷款贴息补贴66.282万元，农机报废补贴资金125.4万元)，全省排名第三。

全市土地流转总面积40.98万亩，占耕地面积的61.9%，较上年减少0.38万亩。严守耕地红线，完成高标准农田建设任务9.73万亩。完成人工造林9938亩，为计划任务的198.8%，其中“三化”造林200亩；完成封山育林面积1.5万亩，为计划任务的100%；共办理木材采伐许可证315张，木材总蓄积量为41094.64立方米，出材量为26714.44立方米。依法办理林地征占用手续50宗，办理林地征占用面积140.8778公顷。开展森林资源专项整改，将国家林草局驻福州专员办检查组反馈意见时指出的典型违法问题和2018年森林督查未办结案件作为打击重点，组织开展专项整改行动，逐一对照检查，全面进行整改，2020年前的森林督查违法图斑全部处理到位。严厉打击涉林犯罪，共查处林业行政案件207起，移送森林公安31起。开展松材线虫病防控，克服新冠肺炎疫情的不利影响，抢时间保质保量完成洪岩风景区、翥山公园及接渡、浯口等13乡镇2.755万亩除治任务，完成疫木清理49350余株，打孔注药60000支。加强野生动物保护管理。完成人工繁育野生动物现场处置工作，共处置蛇类17770余斤，黄麂、豪猪等七个品种野生动物5634余只；完成了陆生野生动物养殖户扶持资金的发放工作。

全年水利工程总投资9.5亿元，分别是礌溪水（双田段）河道治理工程、车溪水河道治理工程、塘西联圩除险加固工程、续湖联圩除险加固工程、镇桥涝区项目、城乡供水一体化工程、安殷水河道治理工程等七处重点水利工程。对全市6307户14146名贫困人员进行了逐户排查和饮水安全评价。率先启动了农村自来水厂标准化建设，其中浯口水厂被水利部评为2020年度农村供水规范化水厂。162座小型水库已放空清库，实现渔业种群结构的优化等生物技术措施养殖，有效地改善了生态环境及水库水质。完成水土流失生态治理9平方公里。认真组织各级河长按时开展巡河，落实了共计770名河（库）长，及时更新调整了各级河（库）长名单，对所有河流河（湖）长制公示牌进行了维修及牌面更换。7月，受持续强降雨影响，全市江河、水库水位猛涨，多处圩堤出现险情，出现了20年一遇的洪灾，在市委、市政府高度重视下，取得了历史性防大汛的全面胜利。

【工业及商贸流通】 全市规模以上工业总产值371.8亿元，同比增长3.55%；“5+2”特色产业实现规模以上工业总产值364.2亿元，同比增长7.76%。实现规模以上工业营业收入353.8亿元，同比增长4.4%；实现利税29.1亿元，同比下降0.2%。高新技术企业40家、国家级科技型中小微企业24家。全年新引进项目44个，其中亿元以上项目9个，“5020”项目6个，认定总进资135.27亿元，增长8.4%；实际利用外资8671万美元，同比增长6.26%。全市30个重点项目竣工投产，85个重点项目稳步推进，累计完成投资97.1亿元。全市社会消费品零售总额148.15亿元，同比增长3.1%；限上贸易企业101家。限额以上消费品零售额20.68亿元，同比增长11.7%；其中，批发业1.49亿元，同比增长52.9%；零售业17.89亿元，同比增长10.1%；住宿业0.42亿元，同比增长10.6%；餐饮业0.87亿元，同比增长8.9%。外贸出口24.03亿元，同比增长0.93%；电子商务入统企业平台交易额20.66亿元，同比增长20.7%。

【城市建设】 立足“规划引领、保护优先，保障发展、节约集约”工作思路，保质保量做好乐平市国土空间总体规划、生态保护红线评估优化及各项规划工作。明确了8个国土空间规划专题研究方向，搭建了专题研究框架。已初步完成市域人口城镇化发展专题研究、建设用地专题研究、规划实施评估、国土综合整治和生态保护修复专题研究、自然资源保护开发利用专题研究等5个专题研究。完成了乐平市国土空间总体规划市域虚拟“一张图”；城市综合交通体系专项规划已提交中间成果。同步启动了乐平市商业设施、体育设施、医疗卫生、教育设施等13项专项规划编制工作。大连路示范街，人民路、珠海路沿街立面改造以及道路更新改造设计初步方案已完成。规划展示馆已完成初步方案设计，用地面积1.74万平方米。老旧小区改造分成五片区143个实施，完成老旧小区改造任务7999户。全年完成新增管输天然气用户8300户。推进城市绿化景观化、多样化、色彩化、香溢化、本土化，共改造提升城市公园8处，面积6.45万平方米，新建小游园、小绿地建设8处，面积3.9万平方米。全年累计拆除“两违”建筑约3.20万平方米，拆除城市规划区蓝顶棚及违章建筑1.59万平方米。全年共核发商品房预售许可证42件，面积63.225万平方米。全年商品房开发房屋施工面积80.8万平方米，同比增长67.6%；商品房合同销售面积74.36万平方米，同比增长2%；商品房合同销售额41.44亿元，同比增长15.7%。

【交通建设】 交通建设持续给力。对龙溪桥、三和源桥、塘南桥、韩家渡立交桥、横盘里桥、鸣山立交桥、上河桥、乌滩桥、鸬鹚下穿通道、众埠下穿通道、花亭桥、余庆桥、金鹅山桥等13座危桥进行维修。共完成整修路面1244平方米、整修路肩249481平方米、清理边沟88275米、路面保洁累计2597万平方米、机具割草793309平方米。涌临公路、乐德挂线四联至临港公路、前鲍至上戴坂公路及吴乐秧挂线已完工通车;S306A标、塔荷公路、G206国道桃林至大田段、景鹰高速连接线公路主体完工,通车在即;接渡大桥重建,预计2021年6月完工通车;省委巡视组督办的31座危桥改造已完成23座.双田上河至金鹅山、接渡袁家亭至礼林、德兴银城至十里岗、小坑至历居寺旅游公路等5条县乡道44.8公里改建,施工单位已进场开工。窄路面拓宽项目10.9公里,生命安全防护工程132.9公里,产业路及公益路13.7公里,县乡道路面改造72公里等农村公路建设项目设计、财政预审、招投标等前期工作基本完成,已着手实施建设。实施“路长制”,将农村公路管养由部门行为变为由“路长”负责的政府行为,全市所养护的农村公路约2000公里,日常养护率达100%。

完成了4家客运企业、16家货运企业、9家危货企业、6家汽车驾校、2家客运站的年度质量信誉考核,并对5400余名道路运输驾驶员进行了年度信誉考核,19家汽修企业备案管理。实施“打非治违”行动,查处非法营运“黑的”和无证营运“滴滴车”57辆,客运市场经营秩序逐步规范。3家客运企业的客运短途及长途共68条班线已全部上线运营。完成货运量1154万吨,货物周转量126604万吨公里。运输船舶年度审验率100%。运输船舶向大吨位方向发展,总运力达26911吨。

【**环境保护**】 全市纳入环境统计企业为156家,其中,工业企业为153家,工业取水量为1587.42万吨,工业废水排放量为1317.118万吨,工业废水中COD的排放量为691.345吨,氨氮排放量为81.646吨,总氮排放量为86.656吨,工业废气中二氧化硫排放量为1225.153吨,氮氧化物排放量为2595.926吨,颗粒物排放量为1646.205吨,城镇污水处理厂调查数为2家,其中城镇生活污水处理量为1187.892万吨,工业水处理量为193万吨。生活垃圾集中处置场调查数为1家,处理生活垃圾填埋量为20万吨。全年全市产生危险废物7000余吨,转移处置3000余吨,自行利用处置4000余吨,处置利用率近100%。危险废物种类主要为精馏残渣(液)、有机溶液、污泥、活性炭、废包装材料(保温材料)等。一般工业固体废物产生企业26家,合计产废33.4万吨。

严厉打击非法排污行为。全年查处环境违法案件35件,其中移送公安机关涉嫌违法犯罪案件3件。11个集中式饮用水源地均完成了保护区的划定、批复和矢量图制作工作,对所有水源地设置了标识牌和警示牌,完成了10个水源地的一级保护区隔离网建设。按要求对11个水源地取水口水质开展了水质监测,监测数据显示,水源地水质达标率为100%。

大气环境质量优良天数为349天,平均优良天数比例为95.4%。空气质量可吸入颗粒物PM10平均浓度为44毫克/立方米;细颗粒物PM2.5平均浓度为24毫克/立方米,达到二级空气质量标准。2020年度,乐安河流域国控野鸡山断面水质为三类水以上,省控桃园、韩家渡断面水质为三类水以上,乐安河流域国控、省控断面水质年均值优良率100%。土壤环境质量总体优良,受污染耕地安全利用率、污染地块安全利用率90%以上。

【**新农村建设**】 深入开展美丽宜居示范县、美丽宜居示范乡镇、美丽宜居示范村庄、美丽宜居示范农户庭院四级联创。

已打造1条美丽宜居示范风景线、2个美丽宜居示范乡镇、35个美丽宜居示范村庄、2500个美丽宜居农户示范庭院。成功创建“省级森林城市”,十里岗镇篁坞村等4个村庄、礼林镇杨桥村等10个村庄分别荣获“国家森林乡村”“全省森林乡村”荣誉称号,双田镇双溪村等5个村庄荣获全省第十一批省级生态村称号。

【**疫情防控和复工复产复学**】 面对突如其来的新冠肺炎疫情,闻令而动,迅速形成运转高效的指挥体系和联防联控、群防群控的防控机制。仅用9天就治愈唯一一例确诊病例,成功遏制了疫情蔓延,较早实现了“双清零”(在院患者清零、疑似病例清零),为全市人民的生命安全和身体健康筑起了坚固屏障。并派出5名医务人员、13名蓝天救援队员逆行出征,驰援武汉、随州、新余,服务全国抗疫大局。

有节奏地推进复工复产、复学复市。全市共发放防疫保供专项贷款1.28亿元、复工复产专项贷款1.35亿元;为510家企业阶段性减免社保费6015.24万元;减免国有资产房屋租金335.73万元,惠及426个企业和个体工商户。精心组织“春风行动”,打通江浙粤农民工外出务工专线,“一站式”输送10多万人返岗就业。坚持“外防输入、内防反弹”,有序开展疫苗接种,全年无新增确诊病例、疑似病例和无症状感染者。全市单日核酸检测可达到3500人份。截至3月底,累计核酸检测9.03万人,开展流调、追踪与管理2523人,集中隔离1773人,疫苗接种21046剂次。

【民生工程】 有效应对疫情冲击,强化稳就业举措,推行视频招聘、远程面试,招聘活动由线下转为线上,邀请173家市内外企业参与,采集招聘岗位1.8万余个;全年面向社会共提供就业岗位近3.74万个。就业形势良好,全市新增城镇就业7237人,就业困难人员就业450人,新增农村劳动力转移10423人,其中省内转移4700人。发放创业担保贷款9418万元,扶持个人创业贷款5618万元,失业保险参保26100人。

全年累计发放企业养老金92608.71万元,城乡居民基本养老金14003.97万元,机关事业单位养老金31354.06万元。

着重实施十大民生工程、36件民生实事。实施乡村振兴工程:(1)完成乐港、镇桥、名口等14个乡镇(街道)集镇提升改造,以及湘官线、乐涌线、田乐线、南高速出入口沿线提升和节点改造项目建设。(2)改造农村户厕4000户。(3)建设高标准农田3万亩。(4)完成洪岩旅游总体开发建设(近期)并投入运行,启动乡村旅游项目建设。实施教育强市工程:(5)完成第三小学改扩建、第九小学改扩建、第十九小学新建、教育园区初中部和小学部建设,累计新增中小学学位5600个;加快推进第十中学建设和210余所农村中小学新建或改造;启动第五小学迁建、第十七小学建设、镇桥镇坑口小学建设。(6)完成城市经典、城市之星、翰林新城、瑞启花园等4所幼儿园装修改造,启动翡翠城、大连路等2所幼儿园建设,累计新增学前教育学位1200个。(7)完成职业中等专业学校改扩建,容纳职业教育学位6000个;探索实施职业教育“公办民营”校企合作新模式。实施医疗健康工程:(8)完成市中医医院改扩建并投入使用,床位达到800张;完成市人民医院综合大楼建设并进行装修和设备采购,加快推进市公共卫生应急医疗救治中心建设。(9)组织实施“老年健康促进行动”,大力开展3周岁以下托幼服务试点工作。实施交通提升工程:(10)完成G206桃林至大田段改建、景鹰高速连接线建设、塔前至荷塘公路改建并通车。(11)完成流芳等5座大桥、高阳等7座中桥、马路口等2座小桥重建并通车,加快景鹰挂线跨铁路大桥建设。(12)开展争创“四好农村路”省级示范县建设,完成松树岭至黄柏、接渡袁家亭至礼林等县乡公路建设,完成安保工程建设135公里、县乡路面改造70公里、产业公益路建设23.7公里、通村组公路建设60公里。(13)优化公交线路和公交运力,稳步有序推进城乡客运公交一体化。实施优质供水工程:(14)快速推进城乡供水一体化工程建设,完成共产主义水库至润泉水厂的第二根原水管线铺设,使城区润泉水厂由日供水5万吨扩建至日供水10万吨;完成礼林水厂扩建,由日供水0.5万吨扩建至日供水1万吨;新建城区配水管网延伸工程及农村供水工程。(15)开展二次供水设施排查,推进二次供水设施改造,委托或移交乐平润泉供水有限公司实施专业化管理。实施高效供电工程:(16)启动后港220千伏、杨范110千伏变电站建设工程和沈家岭110千伏变电站升级改造工程。(17)实施10千伏线路升级改造133.56公里,新建改造配电台区22台/3700千伏安,配套建设低压线路47.25公里,提升12个乡镇26个村5000余户群众供电保障能力。(18)启动实施涌山、接洄区域电网重建项目。(19)对跳闸在3次及以上的22条线路进行综合整治,力争配电自动化实现全覆盖。实施防洪保安工程:(20)完成碧湾灌区节水改造和车溪水、磻溪水、安殷水河道治理工程建设。(21)加快推进共产主义水库、续湖联圩、塘西联圩除险加固工程建设,对发生险情的乐安河中路亭崩岸、中洲圩进行除险加固。实施城市提质工程:(22)完成东风北路三期、第十三小学北侧道路工程建设,打通东风南路、春华路西延、站南路等3条断头路,启动双拥路北延伸、双拥路与景鹰高速连接线互通交叉、大连路升级改造、中远路西延、城市经典南侧道路工程建设。(23)启动建设大型货车公共停车场,建设一批城市停车场,新增2000个泊车位。(24)完成一江两岸循环道景观工程建设,加快推进劳模公园一期建设。(25)建设城区污水管网10公里,启动北内河水环境综合整治。(26)建设5G

基站200个，基本实现5G信号覆盖重点集镇、工业园区等关键区域。(27)实施南内河、童家山安置小区城市棚户区改造安置房建设，新建安置房1321套，安置群众5000人以上。(28)启动实施上罗源、洎阳北片区安置房建设，总建筑面积13.89万平方米。(29)加快推进市殡仪馆和城市公益性公墓建设。(30)实施“城市文明畅通”行动，持续开展“机非混行”和摩托车、电动车非法加装遮阳伞集中整治行动，着力缓解中小学校等重点区域的交通梗阻问题，维护文明和谐、安全有序的交通秩序。实施老有所养工程：(31)市社会福利中心建成并投入使用，全面推进“互联网+”式养老，启动洪岩老年养老护理院建设。(32)巩固提升“爱心食堂”工作，新增村级“爱心食堂”70个，实现建制村全覆盖的目标。(33)完成10所农村敬老院改造升级，开展社区养老服务设施建设，建成2所社区嵌入式养老服务机构。实施和谐稳定工程：(34)完成市综治中心提档升级建设，使其成为依法治市、维护社会稳定的工作平台和为民办实事的重要场所。(35)推进“交所融合”改革，在全市公安派出所户籍窗口开通全面办理简单高频交管业务。(36)开展白蚁专项整治行动，控制白蚁危害。

【社会事业】 全年新增规上工业企业19家，蝉联全省工业高质量发展先进县(市)。宏柏新材成为全省第一家台资A股上市企业。天新药业、世龙实业继续保持江西制造业民营企业100强。实现全社会研发投入3.59亿元，通过国家级科技型中小企业评价24家，获批景德镇市级科技特派员站23个，新增国家高新技术企业7家，突破40家大关。中远农业入围江西民营企业100强。

科教文卫事业发展迅速，加快实施19个教育重点项目建设，在全国义务教育质量监测中获教育部优秀组织奖，在全省县级党政领导干部履行教育职责督导评价中被评为优秀等次。持续开展“文化下乡”活动，送图书1.9万余册、送电影5041场、送戏106场。

扫黑除恶专项斗争成效明显，公众安全感进一步提升。“12345”政府服务热线全年共接受市民来电10万余个，办结率96.9%。“帮帮团”被评为全国最佳志愿服务组织和119消防先进集体，精心打造洎阳、镇桥等14个“尊崇式示范型退役军人服务站”。获评全国“七五”普法中期先进县(市、区)、全国法治县(市、区)创建活动先进单位、江西省双拥模范城，全省慈善工作先进单位、全省社会救助工作先进县等荣誉称号。大力开展安全生产专项整治三年行动，连续18年未发生重特大安全事故。此外，退役军人事务、食品药品安全、妇女儿童、外事侨务、机关事务、统计、双拥、地方志、公积金、气象、水文、海事、邮政、通信、电力、烟草、保险、石油等各项工作都得到稳步发展。

政务会议

【市人民政府六届七次全体会议】 4月2日下午，市人民政府六届七次全体会议在市为民服务中心召开，由市长高翔主持。会议主要内容：市委常委、市政府常务副市长张汉坤就《政府工作报告(送审稿)》起草情况作说明；审议《政府工作报告(送审稿)》《关于乐平市2019年国民经济和社会发展计划执行情况与2020年国民经济和社会发展计划草案的报告(送审稿)》以及《关于2019年财政预算执行情况和2020年财政预算(草案)的报告(送审稿)》；市长高翔讲话。

【市人民政府六届八次全体(扩大)会议】 7月30日上午，市人民政府六届八次全体(扩大)会议在市为民服务中心召开，由常务副市长张汉坤主持。会议主要内容：政府各部门、各乡(镇)、街道、农科园、共库管理局总结上半年工作和下半年工作打算；市政府2020年重点项目推进情况汇报；市政府2020年重要任务、重点指标挂图作战情况汇报；市政府各分管领导就2020年上半年工作和下半年工作进行发言；市长高翔讲话。

【市政府常务会议】 市人民政府共召开常务会议28次，学习和审议议题527项。

六届第86次常务会议于1月4日召开，有19项议题。传达学习了景德镇市委十一届八次全体(扩大)会议精神；2020年全省住房城乡建设工作会议主要精神；审议了《关于请求启动东风北路三期工程建设的请示》《关于请求启动乐平市美城里市政道路(安平路至新平中路)新建工程的请示》《关于2019年12月份乐平市〈政府工作报告〉为民办十件实事工作进展情况的督查汇报》《关于景德镇市和我市人大政协建议提案办理工作进展情况的汇报》《关于呈请审议乐平市3岁以下婴幼儿照护服务发展实施方案(试行)的请示》《关于呈请审议〈乐平市尘肺病防治攻坚行动实施方案(送审稿)〉的请示》《关于要求审议〈乐平市"无废城市"试点工作方案〉的请示》《关于要求审议高技术陶瓷项目落户的请示》《关于要求审议乐平市康德精神康复医院建设项目落户的请示》《关于呈请审议解决江西简能信息科技有限公司东北片DG－01－03地块有关事项的请示》《关于提请审议〈创新工业园区管理体制机制　促进园区经济高质量快速发展的实施意见〉的请示》《关于在涌山镇开发循环经济产业项目的报告》《关于鸣西矿井复工的请示》《关于增加辅警的请示》《关于追加协警经费并列入财政预算的请示》《关于请求提高交通协管员人头经费保障标准的请示》和大额度资金使用报市政府审定。

六届第87次常务会议于1月12日召开,有8项议题。审议了《关于要求审议〈乐平市"厕所革命"集镇公厕、乡村公厕和农户改厕奖补办法(暂行)〉的请示》《关于提请确定乐平市生态保护红线评估优化成果的请示》《关于呈请审议江西省乐平市双田天丰山矿区建筑石料用灰岩矿采矿权挂牌出让实施方案的请示》《关于恳请启动乐平市基础测绘"十四五"规划(2021—2025)编制工作的请示》《关于请求调整乐平市洪岩旅游总体开发建设项目各分项投资的请示》《关于恳请对乐平市危桥重建及县乡公路改造项目调差变更请示》;和大额度资金使用报市政府审定。

六届第88次常务会议于2月15日召开,有5项议题。传达学习了中共中央政治局常务委员会会议精神、全省应对疫情保障农产品生产供应暨春耕备耕工作视频会会议精神、《关于有效应对新型冠状病毒感染的肺炎疫情坚决打赢脱贫攻坚战的意见》(赣发〔2020〕4号);审议了《呈请审议关于加强疫情科学防控有序推进工业企业复工复产的实施方案的请示》和《关于呈请审议乐平市有效应对疫情稳定经济增长30条政策措施的请示》。

六届第89次常务会议于2月23日召开,有16项议题。学习了《关于抓好"三农"领域重点工作确保如期实现全面小康的意见》;审议了《关于呈请审议〈乐平市集体林权流转管理办法(送审稿)〉和〈乐平市集体林权流转管理服务体系建设实施方案(送审稿)〉的请示》《关于请求启动乐平市G206乐平段与乐平大道交叉口改造工程的请示》《关于2016年度招录基层水利专业技术人员"三定向"安置的请示》《关于要求审议年产50万只环保化粪池及1000台一体化污水处理设备建设项目落户的请示》《关于要求审议博诚路桥研发检测中心项目落户的请示》《关于对乐平市富鸿钙业有限公司实施关停的请示》《关于申请实施驻乐南铁职工家属区维修改造项目的请示》《关于请求启动江西德孚环保科技发展有限公司新建电力专线工程的请示》《关于呈请审议解决城市西北片AB－03－1等3宗地块相关事项的请示》《关于解决乐平市大山饭店有限公司用地相关事宜的请示》《关于解决陶器厂A－1和A－2出让地块有关事项及建议的请示》《关于呈请审议解决城北新区WL－01地块与教育园区CB－04商住地块置换情况及建议的请示》《关于呈请审议解决老稽征所办公楼处置有关事项的请示》和大额度资金使用报市政府审定。

六届第90次常务会议于3月14日召开,有22项议题。学习了《关于全面加强危险化学品安全生产工作的意见》;传达学习了《关于贯彻落实民政部〈研究部署民政"一老一小"服务机构疫情防控工作视频会〉和江西省民政厅〈贯彻落实民政部"一老一小"服务机构疫情防控工作视频会〉》会议精神、全省积极应对新冠肺炎疫情决战脱贫攻坚电视电话会议精神、全国春季农业生产工作电视电话会议、全省春节农业生产工作视频会议和全省应对疫情保障农产品生产供应暨春耕备耕工作视频会会议精神及景德镇市有效应对疫情暨春耕生产和精准脱贫工作视频会精神、景德镇市扶贫开发工作暨农村工作电视电话会议精神、全省林业工作会议精神;学习了《关于公布全省征地区片综合地价的通知》(赣府字〔2020〕9号);听取了《2019年乐平市经济运行情况分析》;审议了《关于提请审议〈乐平市小水电清理整改"一站一策"工作方案〉的请示》《关于申请河道砂石资源统一经营管理权限的请示》《关于恳请审议〈乐平市"项目建设提速年"活动实施方案(送审稿)〉的请示》《关于提请审议乐平市关于实施"三大攻坚行动、三大提升工程",推动全市交通运输高质量发展工作方案(送审稿)的请示》《关于恳请启动小坑至历居寺旅游公路工程建设及监理招投标的请示》《关于要求划拨解决新建110千伏接渡变电站和鸬鹚供电所和塔前供电所扩建用地的请示》《关于请求启动乐德国际西侧道路工程施工单位招投标工作的请示》《关于要求审议乐平市金赋信息技术有限公司享受优惠政策的请示》《关于呈请审议乐平市社会足球场地建设工作实施方案(送审稿)的请示》《关于呈请审议要求实施2020年定向培训乡村教师计划的请示》《关于呈请审议乐平市级表彰2019年度计划生育工作先进单位的请示》《关于呈请审议新政务服务大厅装修装饰工程调整造价的请示》《关于呈请审议〈乐平市行政事业单位国有资产整合划转后国有资产经营和处置收益管理暂行办法(送审稿)〉的请示》和大额度资金使用报市政府审定。

六届第91次常务会议于3月21日召开,有9项议题。审议了《政府工作报告(送审稿)》《关于乐平市2019年国民经济和社会发展计划执行情况与2020年国民经济和社会发展计划草案的报告(送审稿)》《呈请审议〈关于抓好"三农"领域重点工作确保如期实现全面小康的实施意见(送审稿)〉的请示》《关于请求通过乐平市洪岩旅游总体开发建设项目两报告一方案(修编稿)的请示》《关于请求启动平安小区B区保障性住房供电供水燃气等有关配套设施建设的请示》《关于请求拨付农村供水生产经营亏损财政差额补贴的请示》《关于请求支付2017和2018年度公共用水水费的请示》《关于请求拨付2018年度乐平润泉供水有限公司水费补偿的请示》和大额度资金使用报市政府审定。

六届第92次常务会议于3月28日召开,有9项议题。传达学习了《关于全省公安局长会议精神及贯彻意见的报告》、审议了《关于2019年财政预算执行情况和2020年财政预算(草案)的请示》《关于对我市融资平台公司转型工作相关意见的请示》《关于成立南窑遗址保护利用工作领导小组的请示》《关于恳请启动2020年乐平市乐港镇鸣山村等2个镇2个村等7个土地开发项目立项相关事宜的请示》《关于恳请对金融区D3-02等29宗地块国有建设用地使用权进行公开出让的请示》《关于江西宏柏新材料股份有限公司请求享受苯基和辛基硅烷新建项目优惠政策的请示》《关于请求建设洎阳北路与景鹰高速挂线交叉路口改造工程的请示》《关于恳请解决国省道道班、服务区用地相关问题的请示》《关于请求改扩建市职业中等专业学校和新建市中心幼儿园并启动建设工作的请示》和大额度资金使用报市政府审定。

六届第93次常务会议于4月18日召开,有27项议题。传达学习了《易炼红同志在第44次省政府常务会议分析一季度经济形势时的讲话》(赣府办通〔2020〕第40期)、《全国禁毒工作电视电话会议的精神》和中华人民共和国国务院令第725号《农作物病虫害防治条例》;审议了《关于呈请审议2020年乐平市新农村建设工作实施方案(送审稿)的请示》《呈请审议关于对我市2019年收购的超标稻谷进行销售出库的请示》《关于2020年乐平市〈政府工作报告〉为民办十件实事工作进展情况的督查汇报》《关于呈请审议乐平市餐饮业油烟污染防治专项实施方案的请示》《呈请审议关于全面实施预算绩效管理的实施意见的请示》《关于对我市"散乱污"企业实施"三个一批"的请示》《关于对乐平市洎阳水泥有限公司采石场等7家企业实施关停的请示》《关于请求审议乐平市2020年老旧小区改造工作实施方案的请示》《关于请求审议〈乐平市推进工程建设项目审批制度改革实施方案〉(送审稿)的请示》《关于请求启动乐平市洎阳北路改造工程的请示》《关于请求启动乐平市城市外环线(民电路四期与外环交叉路口至大园里段)污水管网改造工程的请示》《关于请求解决赣综整办函〔2020〕4号文件有关问题的请示》《关于请求解决问题楼盘新时代广场和万尚广场有关问题的请示》《关于请求成立乐平市城市棚改(三期)房屋征收工作项目部的请示》《关于成立乐平市洎阳街道老旧小区改造工程建设项目部的请示》《关于对乐平市东进源商贸有限公司重大火灾隐患挂牌督办的请示》《关于要求审议年产2万吨铝合金门窗项目落户的请示》《关于要求审议年深加工400万平方米玻璃项目落户的请示》《关于要求审议卓铭高档陶瓷酒瓶及高档日用瓷新建项目落户的请示》《关于恳请审定鸣观公路改建工程结算的请示》《关于恳请对县道吴乐秧挂线路面改造工程项目进行材料变更、调差的请示》《关于原灯泡厂地块棚户区改造项目1#楼增加工程造价的请示》《关于启动维修市政广场戏台和张杭古戏台项目的请示》和大额度资金使用报市政府审定。

六届第 94 次常务会议于 4 月 27 日召开，有 14 项议题。传达学习了习近平总书记关于打击电信网络诈骗犯罪指示精神和国务院打击治理电信网络新型违法犯罪工作联席会议精神；听取了乐平市一季度安全生产工作情况汇报和生态环境工作情况汇报；审议了《关于建立乐平市打击治理电信网络新型违法犯罪工作局际联席会议制度的请示》《关于要求启动长江经济带水质（十里岗）自动监测站建设项目的请示》《关于请求成立乐平工业园区调区扩区工作领导小组的请示》《关于提请审议〈关于下达 2020 年度村级组织活动场所建设项目实施计划〉（送审稿）的请示》《关于高家中学新建运动场及附属工程等校建项目进行招投标的请示》《关于建立市人民政府向市人大常委会报告国有资产管理情况制度意见的请示》《关于解决政府专职消防员工资待遇经费的请示》《关于恳请对涌山至临港公路改造工程项目调差变更的请示》《关于恳请更新乐平长运客运有限公司出租车辆的请示》《关于恳请对教育园区 AA－01 等 3 宗地块国有建设用地使用权进行公开出让的请示》和大额度资金使用报市政府审定。

六届第 95 次常务会议于 5 月 9 日召开，有 6 项议题。听取了《关于 2020 年乐平市〈政府工作报告〉为民办十件实事工作进展情况的督查汇报》；审议了《关于呈请审议〈乐平市进一步推进从事生产经营活动事业单位改革实施方案（送审稿）〉的请示》《关于恳请批准办理昌景黄铁路乐平北站建设银行保函的请示》《关于解决城北新区 E08－1、B08－2 地块花木及附属物搬迁有关事项及建议的请示》《关于请求解决涌山外环路建设项目划拨用地办理手续的请示》和大额度资金使用报市政府审定。

六届第 96 次常务会议于 5 月 30 日召开，有 35 项议题。传达了全国两会会议精神、全省公共场所安全防护设施建设工作推进视频会议精神及我市贯彻意见，学习了《关于新时代加快完善社会主义市场经济体制的意见》；审议了《关于呈请审议乐平市〈政府工作报告〉重点工作任务分解和责任分工的请示》《关于呈请审议市人大代表重点建议及政协重点提案交办意见的请示》《关于要求审议年产 39000 吨阻燃剂及医药中间体项目和 3000t/a3，5－二氯苯胺等 7 条生产线项目落户的请示》《关于要求审议年产 5000 立方米古建筑木料 5 万平方米古建筑石材和砖瓦项目落户的请示》《关于要求审议年产 300 万平方米陶瓷透水砖、300 万平方米光伏瓦及 200 万件陶瓷卫浴项目落户的请示》《关于要求审议建筑防水材料投资建议项目等 5 个项目落户的请示》《关于要求审议年养护 1000km 高速公路养护站项目落户的请示》《关于要求审议年加工 12000 吨豆制品项目和年产素食桃酥 1250 吨新建项目落户的请示》《关于要求审议年产 600 台水泥制品机械设备建设项目落户的请示》《关于要求审议年产 100 万件服装加工项目落户的请示》《关于要求审议新建预制混凝土箱涵、功能混凝土制品和生态混凝土透水砖生产项目落户的请示》《关于要求审议〈温州货郎鼓城市环境服务有限公司再生资源回收总部经济享受优惠政策〉的请示》《关于呈请审议〈乐平市脱贫攻坚农业产业直补实施方案〉的请示》《呈请审议关于要求轮换 8000 吨市级储备粮的请示》《关于要求审议〈乐平市城市区域声环境功能区划分方案〉的请示》《关于呈请审议〈共产主义水库水环境横向补偿协议〉的请示》《关于呈请审议〈乐平市国民营养计划（2020—2030 年）实施方案〉的请示》《提请审议关于加强移动通信基站基础设施建设的实施方案的请示》《关于请求审议〈乐平市中心城区已购经济适用住房上市交易管理实施细则〉（送审稿）的请示》《关于请求启动乐平市双拥路北延伸道路工程的请示》《关于恳请启动乐平市国土空间总体规划（2021—2035 年）编制采购项目招投标工作的请示》《关于呈请审议解决凤凰金诚金山 500 亩住宅用地与金融区 A3－01 等 6 宗地块或其他地块（网挂）置换事项及建议的请示》《关于请求同意启动天湖公园拆迁改造项目的请示》《关于请求迁建镇桥镇坑口小学并启动建设工作的请示》《关于 2020 年农村中小学“技防、物防”设施项目进行招投标的请示》《关于恳请对 2020 年普通高中教育信息化攻坚项目启动招投标的请示》《关于申请对我市城区和国省道部分路段、路口的交通安全监管设备进行升级改造、增设及完善交通标线标牌、交通护栏的请示》《关于镇杨公路官山段—S411 徐家驿站—峡山路段用于成功驾校项目使用的请示》《关于恳请对 S306 吾口至杨范公路改建工程A标接线工程质量监督主体变更的请示》《关于南内河小区电力通道与江维电化小区10千伏专线工程同步实施的请示》《关于2020年革命老区转移支付项目启动招投标程序的请示》和审定大额度资金使用。

六届第97次常务会议于6月6日召开,有19项议题。学习了《中华人民共和国民法典》;听取了《全市脱贫攻坚进展情况汇报》和《关于2020年乐平市〈政府工作报告〉为民办十件实事工作进展情况的督查汇报》;审议了《关于呈请审议乐平市实施乡村振兴战略大力推行“三个三”发展新模式的试点工作方案的请示》《关于呈请审议乐平市2020年受污染耕地安全利用与严格管控实施方案的请示》《关于申报乐平市2020年统筹整合资金推进高标准农田建设勘测设计、施工、监理等招投标的请示》《关于提请审议〈乐平市自然保护地整合优化预案〉的请示》《关于要求批复虎山等水文站水文监测河段保护范围的请示》《关于呈请审议2020年度政府消防工作目标任务的请示》《关于呈请审议〈乐平市国有资产经营管理有限公司关于报送2020年度融资计划的报告〉的请示》《关于启动“乐平市美丽乡村建设项目”和“乐平市旅游扶贫项目”的请示》《关于启动部分乡镇“双创双修”项目的请示》《关于请求启动德孚用地许家埠区块土方平整工程的请示》《关于启动园区东风路改造工程的请示》《关于建设涌山派出所围墙和附属工程和财政审核进入招标程序的请示》《关于恳请批准乐矿棚户区后港小区余房销售的请示》《关于恳请批准乐矿棚户区后港小区消防通道建设的请示》《关于呈请审议市妇幼保健院请求采购口腔CT的请示》和《关于更换乐平市体育中心项目法人的请示》。

六届第98次常务会议于6月13日召开,有29项议题。学习了《中华人民共和国固体废物污染环境防治法》《关于深化统计管理体制改革提高统计数据真实性的意见》《统计违纪违法责任人处分处理建议办法》和《防范和惩治统计造假、弄虚作假督察工作规定》传达了全省生活垃圾分类工作推进视频会议精神;审议了《关于提请审议〈乐平市在养禁食人工繁育陆生野生动物的处置方案〉的请示》《关于提请审议〈乐平市人民政府关于做好“六稳”工作落实“六保”任务的实施意见(送审稿)〉的请示》《关于提请审议〈乐平市关于贯彻落实江西省降成本优环境专项行动领导小组2020年工作要点的实施意见(送审稿)〉的请示》《关于请求审议发放职级晋升、公安局“两个职务序列”改革后公车补贴的请示》《乐平市城乡规划设计室撤并整合实施方案》《乐平市市场经营服务中心撤并改革实施方案》《乐平市民政工业公司、乐平市有奖募捐办、乐平市羊毛衫厂、乐平市革命老根据地招待所撤并整合实施方案》《乐平市电影发行放映公司(含乐平市人民电影院)撤并整合实施方案》《乐平市森林苗圃撤并整合实施方案》《乐平市建筑设计院转企改制实施方案》《江西乐平工业园区物业管理中心撤并整合工作实施方案》《乐平市兽医院 乐平市蔬菜产业服务中心撤并整合实施方案》《乐平宾馆转企改制实施方案》《乐平市白土峰林木良种场撤并整合实施方案》《洪岩林场(历居山林场)撤并整合实施方案》《关于要求审议〈乐平市自然灾害救助应急预案〉(送审稿)的请示》《关于要求将救灾物资储备等工作划转至市应急管理局进行管理的请示》《关于成功驾校项目使用镇杨公路官山段—S411徐家驿站—峡山路段的请示》《关于请求审议乐平市第一建筑工程公司资产划转有关问题的请示》《关于提请审议乐平市“僵尸船”清理整顿工作实施方案(送审稿)的请示》《关于凤凰山中学新建围墙、挡土墙等校建项目进行招投标的请示》《关于认定江西东风药业股份有限公司和乐平长运客运有限公司为困难企业的请示》《关于呈请同意启动浒崦名分堂戏台安防项目的请示》《关于呈请同意启动市博物馆馆藏文物预防性保护项目的请示》和审定大额度资金使用。

六届第99次常务会议于6月24日召开,有16项议题。学习了景德镇市委文件(景党发〔2020〕7号)、《关于严把财政支出关口坚持过紧日子的若干措施》和《关于做好“六稳”工作落实“六保”任务的实施意见》;传达了全省防汛工作视频调度会会议精神;审议了《关于审议〈乐平市关于开展建档立卡贫困重度失能残疾人照护和托养工作的实施意见(送审稿)〉的请示》《关于要求审议乐平市农村黑臭水体排查摸底工作方案的请示》《关于提请审议乐平市货物运输车辆超限超载治理攻坚行动实施方案(送审稿)的请示》《关于进一步推进“小区智能管控”建设的请示》《关于启动城北文体中心项目建设的请示》《关于请求启动雨水总明渠九江龙至沈家岭段改造工程的请示》《关于解决翰林新城项目地块有关事项及意见的请示》《关于呈请审议解决“金玉堂·幸福小区”教师公寓回购事项的请示》《关于新 110 千伏档金线路径红线的请示》《关于请求启动乐平市十三小北侧道路工程施工单位招投标工作的请示》《关于恳请解决 G206 国道拓宽项目安置地基础设施建设资金的请示》和审定大额度资金使用。

六届第 100 次常务会议于 7 月 16 日召开，有 24 项议题。学习了《国务院办公厅关于印发 2020 年政务公开工作要点的通知》；传达了全省蔬菜产业发展现场会精神，全国、全省长江流域重点水域禁捕和退捕渔民安置保障工作推进电视电话会议精神和全国农村乱占耕地建房整治工作电视电话会议精神；听取了《关于 2020 年乐平市〈政府工作报告〉为民办十件实事工作进展情况的督查汇报》《关于市六届五次人大、政协两会建议提案办理工作进展情况的汇报》；审议了《关于要求审议乐平市德馨养老照料中心建设项目落户的请示》《关于要求审议年产 1500 吨产酯增香小曲、1500 吨大米基酒投资项目落户的请示》《关于要求审议〈乐平富华再生资源有限公司相关扶持优惠政策〉的请示》《关于要求审议〈乐平市罗博科技合伙企业（有限合伙）享受优惠政策〉的请示》《关于提请审议〈乐平市船舶和港口污染突出问题整治工作方案（送审稿）〉的请示》《关于恳请启动接渡大桥至德昌高速乐平南收费站公路改建工程施工、监理招投标的请示》《提请审议〈关于乐平市实施产业链链长制的工作方案〉的请示》《关于恳请对城市西北片 DF－01－1 等 15 宗地块国有建设用地使用权进行公开出让的请示》《关于解决部分历史遗留信访问题的请示》《关于呈请审议〈乐平市国有资产经营管理有限公司关于报送非公开发行公司债券计划的报告〉的请示》《关于呈请审议江西省第六届全民健身运动会（乐平赛区）实施方案（送审稿）的请示》《关于申请增加青少年活动中心装修工程投资额度的请示》《关于恳请返还教育保险捐资助教金的请示》《关于呈请审议乐平市 2020 年上半年计划生育工作情况的报告》《关于呈请审议〈关于健康乐平行动的实施意见〉的请示》《关于呈请审议乐平市人民医院向银行申请综合大楼项目资金贷款的请示》《关于呈请审议乐平市全面推进基层政务公开标准化规范化实施方案的请示》和审定大额度资金使用。

六届第 101 次常务会议于 8 月 6 日召开，有 26 项议题。学习了省政府办公厅文件（赣府厅函〔2020〕76 号）、《关于认真学习贯彻全国安全生产电视电话会议精神进一步加强安全生产工作的通知》、《关于进一步优化营商环境更好服务市场主体的实施意见》和《关于易炼红同志在 2020 年全省招商引资重大项目签约大会的讲话》，传达了景德镇市金融工作座谈会会议精神；听取了《关于 2020 年乐平市〈政府工作报告〉为民办十件实事工作进展情况的督查汇报》和《关于市六届五次人大、政协两会建议提案办理工作进展情况的汇报》；审议了《关于呈请审议乐平市开展厉行节约　全面落实过紧日子要求的请示》《关于提请审议〈乐平市融入景德镇国家陶瓷文化传承创新试验区行动计划（送审稿）〉的请示》《关于呈请审议〈乐平市 2020 年统筹整合资金推进高标准农田建设项目采用政府采购方式购买相关服务〉的请示》《关于呈请审议乐平市 2020 年统筹整合资金推进高标准农田建设实施方案的请示》《关于呈请审议乐平市上罗源安置房建设项目相关事宜的请示》《关于呈请审议乐平市打击“两违”和矿产资源违法行为行政执法指挥中心办公场所相关事宜的请示》《关于呈请审议乐平市打击“两违”和矿产资源违法行为行政执法指挥中心办公场所租赁合同的请示》《关于乐平市昌平北路延伸工程变更增项的请示》《关于请求启动日月星辰等 3 个小区周边配套市政规划道路建设的请示》《关于 2020 年革命老区增量资金项目启动招投标程序的请示》《关于 2020 年美丽乡村建设项目启动招投标程序的请示》《关于启动南内河小区东侧出行道路及周边排水改造工程的请示》《关于请求将城市污水管网资产划转给市国资公司的请示》《关于启动部分“双创双修”项目招投标的请示》《关于启动邹家片区精品村及配套设施建设工程和大连路沿线品质提升工程招投标请示》《关于请求解决乐平市浩源塑化有限公司收购款的请示》《关于建议我市启动早籼稻最低收购价执行预案的请示》《关于调整建档立卡贫困户重大疾病医疗补充保险风险共担比例等有关事项的请示》和审定大额度资金使用。

六届第102次常务会议于8月20日召开，有34项议题。传达了习近平近日对制止餐饮浪费行为做出的重要指示；学习了《关于进一步做好稳外贸稳外资工作的意见》；听取了《乐平市2020年上半年法治政府建设工作汇报》《2020年上半年乐平市经济运行分析》《关于配合做好第十一次中国公民科学素质抽样调查工作的情况报告》和《关于全国科普示范县（市、区）评估总结和申报创建工作的情况报告》；审议了《关于呈请审议〈2020年乐平市水污染防治工作计划〉的请示》《关于要求批准建设乐平市危险废物临时暂存库的请示》《关于要求审议年产2万吨甲基烯丙基氯、1万吨双丙酮醇等产品项目落户的请示》《关于要求审议乐平市盘岗电子有限公司建设项目落户的请示》《关于要求审议年产30000套家具加工制造项目落户的请示》《关于要求审议年产20吨活性白土生产及建设项目投资合同书的请示》《关于要求审议乐平市生活垃圾焚烧发电产生的炉渣综合利用项目落户的请示》《关于呈请审议〈乐平市国有企业退休人员社会化管理工作方案（送审稿）〉的请示》《关于呈请审议〈乐平市国有资产经营管理有限公司关于启动返乡创业园标准厂房等三个项目〉的请示》《关于组建乐平市国有资本控股集团的请示》《关于呈请审议〈加快推进企业上市“映山红行动”实施方案（送审稿）〉的请示》《关于呈请审议乐平市无证幼儿园专项治理工作方案的请示》《关于呈请审议乐平市迎接国务院2020年对江西省人民政府履行教育职责评价工作实施方案的请示》《关于呈请审议乐平市迎接省政府对景德镇市政府2019年履行教育职责督导评价实施方案的请示》《关于呈请审议乐平市2020年公开招聘教师面试工作实施方案的请示》《关于呈请审议乐平市2020年考调农村中小学、幼儿园教师到城区中小学、幼儿园任教实施方案的请示》《关于恳请提高我市义务教育教师收入水平的请示》《关于请求批准对城市棚改三期房屋征收项目确定第三方服务的请示》《关于要求启动我市中店变供电管网基础配套设施建设招投标的请示》《关于乐平市水利“十四五”规划编制及共产主义水库灌区可研阶段勘察设计招投标方案的请示》《关于呈请审议乐平融兴村镇银行风险处置工作方案的请示》《关于盘圣公司历史遗留工业土地优惠政策的请示》《关于对凯发新泉污水处理（乐平）有限公司污水处理服务费定价方式的请示》《关于要求招聘5名森林消防队员的请示》《关于呈请审议江西省广播电视网络传输有限公司乐平市分公司100%国有股份无偿划转的请示》《关于呈请审议〈乐平市开展换发不动产权证书工作实施方案（送审稿）〉的请示》《关于恳请乐平市X108车溪至共库公路改建工程增加工程预算的请示》和审定大额度资金使用。

六届第103次常务会议于8月29日召开，有18项议题。听取了《“六稳”“六保”工作情况的汇报》；审议了《关于要求批准实施乐平市2020年度农村生活污水收集及治理项目的请示》《关于要求批准实施乐平市农村环境综合整治项目（一期）—共青水库周边甘棠毛家坞村、杨畈村农村生活污水整治项目的请示》《关于调整我市水利工程施工征地拆迁等补偿标准的请示》《关于呈请审议乐平市农村乱占耕地建房问题整治工作方案的请示》《关于呈请审议在后港镇开展农村乱占耕地建房问题整治试点工作方案的请示》《关于呈请审议乐平市中远路夜市一条街建设项目相关事项的请示》《关于恳请对金融区A1－02等3宗地块国有建设用地使用权进行公开出让的请示》《关于呈请审议〈乐平市关于构建打击防范黑恶违法犯罪长效常治机制的指导意见〉的请示》《呈请审议乐平市贯彻落实关于深化新时代教育督导体制机制改革的意见的二十条措施的请示》《关于呈请审议〈乐平市公务员医疗补助暂行办法（送审稿）〉的请示》《关于呈请审议〈乐平实惠企政策兑现窗口组建运行工作方案〉请示》《关于恳请解决景德中药项目用地事项的请示》《关于启动现代休闲农业（空中草莓）及现代农业孵化基地项目建设的请示》《关于做好2020届农村订单定向医学（本科）毕业生接收安置工作的请示》《关于请求解决协调弹岭矿区探矿权转让事宜的请示》《关于要求审议〈江西宏柏新材料股份有限公司要求协调解决历史遗留社保补缴问题〉的请示》和审定大额度资金使用。

六届第104次常务会议于9月5日召开，有13项议题。学习了《中华人民共和国预算法实施条例》；听取了《关于2020年乐平市〈政府工作报告〉为民办十件实事工作进展情况的督查汇报》和《关于市六届五次人大、政协两会建议提案办理工作进展情况的汇报》;审议了《关于启动“改善农村人居环境(二期)项目”和“乐平市旅游扶贫项目”部门子项目的请示》《关于呈请审议乐平市社会福利中心工程建设项目主体大楼室内装修、户外设备安装、绿化等附属配套工程招投标的请示》《关于要求审议乐平市塔山车辆检测中心项目落户的请示》《关于呈请审议〈关于迁址重建中波实验台(乐平861台)工作方案〉(送审稿)的请示》《关于请求确定乐平市乐安河一江两岸循环道景观建设工程杆线迁移方案及实施主体的请示》《关于要求解决景德镇市江南武术院教学用地的请示》《关于开展全市第36个教师节庆祝表彰活动的请示》《关于对高家镇中心幼儿园等15所乡镇新建幼儿园教学设施设备及教玩具进行采购招投标的请示》《关于共产主义水库除险加固工程招标工作的请示》《关于恳请启动洄田大桥等四座桥梁引道工程施工、监理招投标的请示》。

六届第105次常务会议于9月12日召开,有22项议题。传达了习近平总书记在经济社会领域专家座谈会上的重要讲话精神;审议了《关于提请审议〈乐平市2020—2023年度松材线虫病防治实施方案〉的请示》《关于要求调整部分2020年市重点项目及挂点领导的请示》《关于要求审议针织服装服饰及头饰配件产业园项目落户的请示》《关于要求审议乐平市王氏正骨医院养老院项目落户的请示》《关于要求审议年产8000吨腻子粉等新型装饰材料项目落户的请示》《关于要求审议年产10万吨纳米、食品、医药级轻质碳酸钙项目落户的请示》《关于要求审议年加工800吨茶油项目落户的请示》《关于请求审定〈乐平市2020年城市棚改(三期)房屋征收补充安置方案〉的请示》《关于成立乐平市(5G)通信基站基础设施建设推进工作组(专班)的通知》《关于成立乐平市创建国家全域旅游示范区工作领导小组的请示》《关于请求减免乐平市人民医院综合大楼建设项目相关规费的请示》《关于呈请审议〈乐平市属国有企业管理办法(试行)〉的请示》《关于恳请启动调区扩区相关规划编制采购项目招投标工作的请示》《关于呈请审议确定金玉堂幸福小区教师公寓回购价格的请示》《关于提请审议〈乐平市城乡客运公交一体化实施方案(送审稿)〉的请示》《关于恳请启动人大代表建议的塔前至神山等公路项目建设的请示》《关于恳请审议调整公办幼儿园保教费标准的请示》《关于恳请审议乐平北站站房合作建设出资补充协议的请示》《关于恳请对2020年全市中小学化解大班额所需教学设备进行采购的请示》《关于恳请审议确保我市义务教育阶段教师工资收入水平略高于我市公务员平均工资水平事项的请示》和审定大额资金使用。

六届第106次常务会议于9月18日召开,有15项议题。传达了学习习近平总书记在科学家座谈会上的重要讲话;审议了《关于呈请审议乐平市筹备2021年全省旅游产业发展大会环境整治提升工作方案的请示》《关于提请审议〈乐平市关于加强塑料污染治理的实施方案〉的请示》《关于提请审议〈乐平特色小镇高质量发展工作方案(送审稿)〉的请示》《关于解决通站路道路建设增量资金的请示》《关于恳请对童家山片区A-02等3宗商住地块国有建设用地使用权进行公开出让的请示》《关于恳请对金山工业园区JS-A4-06-01等7宗工业地块国有建设用地使用权进行公开出让的请示》《关于收购乐平市人文陵园有限公司股份的请示》《关于请求启动双拥路北延道路工程等重点项目涉及军用光缆迁改的请示》《关于呈请审议〈江西化纤化工有限责任公司关于拆除水泥厂立窑〉的请示》《关于呈请审议应急指挥平台采购项目招标工作的请示》《关于要求解决在新冠肺炎疫情防控一线城乡社区工作者补助经费的请示》《关于呈请审议建立市级党政领导干部挂点联系学校制度的请示》《呈请审议关于领导干部上讲台开展思想整治教育实施方案的请示》和审定大额度资金使用。

六届第107次常务会议于9月29日召开,有16项议题。传达了部省共建职业教育创新发展高地大会会议精神和国家推进紧密县域医疗卫生共同体和社区医院建设视频会议精神;审议了《关于请求申报2020年卫健系统卫生专业技术人员招聘计划的请示》《关于呈请审议乐平市2020年基层公共服务专岗开发实施方案的请示》《关于呈请审议乐平市社会福利中心一期A区主体大楼土建工程调整造价的请示》《关于呈请审议乐平市殡仪馆和城市公益性公墓项目划拨用地的请示》《关于呈请审议乐平市殡仪馆和城市公益性公墓项目工程招投标的请示》《关于我市城区和金山园区部分道路命名的请示》《关于要求审议保温砌块环保新型墙材生产线建设项目落户的请示》《关于恳请批准新建南岸提灌站的请示》《呈请审议关于解决乐平市亿丰置业发展有限公司拆迁安置房回购款的请示》《关于对乐平市东进源商贸有限公司重大火灾隐患摘牌督办的请示》《关于进一步加强我市公职律师队伍建设的请示》《关于组建市纪委市监委留置看护队伍（辅警）的请示》《关于对财政暂存暂付款项进行核销处理事项的请示》和审定大额度资金使用。

六届第108次常务会议于10月16日召开，有14项议题。传达了习近平在教育文化卫生体育领域专家代表座谈会上的重要讲话；学习了省“五型”政府领导小组办公室《关于持续深化“五型”政府建设着力完善“五项机制”进一步纠治形式主义为基层减负释压的实施意见的通知》和省自然资源厅 赣自然资发〔2020〕5号《关于坚决遏制农村乱占耕地建房行为和切实保障农村村民住宅建设合理用地实施意见的通知》；听取了《乐平市秋冬季疫情防控工作情况汇报》《关于2020年乐平市〈政府工作报告〉为民办十件实事工作进展情况的督查汇报》《关于市六届五次人大、政协两会建议提案办理工作进展情况的汇报》和《乐平市生态环境问题整改情况汇报》；审议了《关于呈请审议乐平市进一步优化营商环境更好服务市场主体政策措施的请示》《关于呈请审议2020年环鄱自行车精英赛（景德镇乐平怪石林站）实施方案（送审稿）的请示》《关于呈请审议〈乐平市强化知识产权保护工作的实施意见〉的请示》《关于恳请关闭乐平市锦宏煤业（原五一煤矿）和乐平市涌山镇同春煤矿的请示》《关于恳请批准乐平市中央下放煤矿棚户区改造后港小区住房安置方案的请示》《关于启动老旧小区之外的道路及配套基础设施建设的请示》《关于请求解决乐平市接渡镇杨子安片区、周家片区综合环境提升项目路灯开户的请示》。

六届第109次常务会议于10月27日召开，有20项议题。传达了习近平总书记对脱贫攻坚工作的重要指示精神；审议了《关于修订〈乐平市殡葬改革工作奖补免实施方法〉的请示》《关于呈请审议〈乐平市农民建房管理实施办法〉（送审稿）的请示》《关于呈请审议我市2021年度城乡居民基本养老保险参保扩面及保费征缴工作方案的请示》《关于呈请审议加快推进我市企业职工基本养老保险参保扩面工作实施方案的请示》《关于请求启动城区公共场所安全防护设施建设的请示》《关于要求审议年产100万平方米集成墙板等产品项目落户的请示》《关于要求审议年产1200万平方米利用粉煤灰、电石渣生产防火板材项目落户的请示》《关于要求审议年产1000万只陶瓷电容器、200万只片状电感线圈项目落户的请示》《关于要求审议年产200万只低压电器、6万套浴室柜建设项目落户的请示》《关于要求审议年产12000吨高精细化学品项目投资合同书的请示》《呈请审议关于赞比亚扬子江建筑企业有限公司欠薪事件处置工作方案的请示》《关于启动乐平市乐安河一江两岸循环道景观建设工程杆线迁移工程有关事项的请示》《关于呈请审议〈乐平市国有资产经营管理集团有限公司关于泰达汽车租赁公司采购车辆用于租赁服务业务的请示〉的请示》《关于收购江西银行不良资产的请示》《关于恳请启动乐平一中周边安保防护工程的请示》《关于恳请对S205瑶鹅线接渡大桥危桥改造工程项目进行变更的请示》《关于恳请追加社区戒毒（康复）专职人员经费的请示》《关于申请扶贫小额信贷风险缓释金和贴息资金的请示》和审定大额度资金使用。

六届第110次常务会议于11月13日召开，有24项议题。学习了习近平总书记对第七次全国人口普查工作的重要指示精神、习近平总书记在第三届中国国际进口博览会开幕式上发表主旨演讲，江西省《新时代江西公安派出所正规化建设规范》和《全省脱贫攻坚第15次疫情影响分析应对视频调度会议精神传达提纲及下一步工作建议》；听取了《乐平市脱贫攻坚专项调查情况汇报》《前三季度全市经济运行分析》《关于2020年乐平市〈政府工作报告〉为民办十件实事工作进展情况的督查汇报》《关于市六届五次人大、政协两会建议提案办理工作进展情况的汇报》和《乐平市2020年度法治政府建设工作汇报》；审议了《关于提请审议〈乐平市湿地保护管理办法〉的请示》《关于呈请审议〈关于大力扶持培育乐平市森林药材种植示范基地的实施方案（试行）〉（送审稿）的请示》《关于规范打击“两违”建房和矿产资源执法区域管辖及管理职责的请示》《关于恳请启动乐平市地质灾害综合防治体系建设项目政府采购招标相关工作的请示》《关于恳请启动乐平市 1/5 万地质灾害风险调查与区划项目政府采购招标工作的请示》《关于呈请审议 2020 年度服务期满“三支一扶”大学生接受安置意见的请示》《关于呈请审议 2020 年度招募“三支一扶”人员岗位安置意见的请示》《关于呈请审议乐平市推进义务教育优质均衡发展实施方案的请示》《关于恳请对十一小创客教室及科技馆设备进行采购的请示》《关于要求修建田乐线至市生活垃圾填埋场道路的请示》《关于呈请审议〈年产 20 万吨电子级树脂项目招商引资合同书〉的请示》《关于恳请撤销名口镇(九潭)等 9 个渡口的请示》《关于请求批准镇桥、浯口、十里岗派出所业务用房建设进入招标程序的请示》《关于呈请公布乐平市第四批县级非物质文化遗产保护项目名录的请示》和审定大额度资金使用。

六届第 111 次常务会议于 11 月 25 日召开,有 31 项议题。学习了《全省殡葬设施建设管理和丧葬礼俗改革现场推进会的情况汇报》;审议了《关于呈送审议乐平市药品安全突发事件应急预案的请示》《关于呈请审议加快推进城乡生活垃圾分类工作实施细则的请示》《关于呈请审议生活垃圾焚烧发电项目进场道路建设方案的请示》《关于请求审议扩区调区相关专项规划的请示》《关于恳请实施垱岭变电站高压走廊迁移工程的请示》《关于请求启动 2021 年乐平工业园区安全环保第三方技术服务采购程序的请示》《关于恳请启动乐平市劳模主题公园北区工程建设的请示》《关于要求解决荷塘悦色小区占用洪皓公园二期土地建设道路问题的请示》《关于请求批准乐平市南内河综合治理工程项目景观绿化工程示范段施工单位进行的请示》《关于要求审议年产处理 80 万吨页岩、砂岩、煤矸石等尾矿资源综合利用项目投资合同书的请示》《关于要求审议年产 100 万吨轻质碳酸钙、氢氧化钙及纳米碳酸钙项目投资合同书的请示》《关于要求审议大泗医疗器械产业园新建项目投资合同书的请示》《关于要求审议双田镇废弃矿山治理 100MW 林光互补光伏发电项目投资合同书的请示》《关于要求审议年产 800 亿只一次性健康防护手套项目的请示》《关于启动化工生产装置火灾事故处置训练设施和危化品泄漏事故处置训练设施建设的请示》《关于呈请审议〈乐平市市属国有企业财务监督管理暂行办法〉等管理制度的请示》《关于呈请审议〈乐平市国有资产经营管理集团有限公司关于报送 2020 年 12 月到 2021 年 3 月融资计划的报告〉的请示》《关于启动城西、城北派出所和办案中心、案管中心市重点项目建设招标的请示》《关于恳请启动乐平市教育基础设施建设提升项目(一期)的请示》《关于建议整体出让青少年校外活动中心的请示》《关于建议整体出让体育中心的请示》《关于呈请审议将乐平市中远路安置房整体出让的请示》《关于呈请审议我市义务教育阶段学校课后托管服务收费标准的请示》《关于启动塔山周边环境提升改造项目的请示》《关于恳请启动乐平市交通基础设施提质改造项目(一期)的请示》《关于恳请启动省县联贷融资项目建设工作的请示》《关于呈请审议乐平政府投资项目结算管理暂行办法(试行)的请示》《关于聘请乐平市政府投资与政府和社会资本合作(PPP)项目咨询总顾问机构的请示》《关于要求解决市人民医院市中医医院 2019 年医保政策性亏损资金的请示》和审定大额度资金使用等。

六届第 112 次常务会议于 12 月 12 日召开,有 34 项议题。学习了《江西省委十四届十二次全会精神》《刘奇、易炼红同志在全省扩大开放推动经济高质量跨越式发展工作大会上的讲话》(赣办通报〔2020〕第 46 期)和《关于深入开展爱国卫生运动的意见》(国发〔2020〕15 号);传达了 2020 年全省农业发展大会的精神、全国农村承包土地确权登记颁证工作总结暨表彰电视电话会精神和江西省高标准农田建设工作现场会暨“百日大会战”行动全面启动会议精神;听取了《关于 2020 年乐平市〈政府工作报告〉为民办十件实事工作进展情况的督查汇报》《关于市六届五次人大、政协两会建议提案办理工作进展情况的汇报》和《关于 2020 年全市禁毒工作情况的报告》;审议了《关于呈请审议〈乐平市工业发展三年倍增计划实施方案(2021—2023 年)〉的请示》《关于呈请审议〈乐平市文化馆总分馆制建设实施方案〉(审议稿)的请示》《关于呈请审议〈图书馆总分馆制建设实施方案〉(审议稿)的请示》《关于呈请审议持续深化“五型”政府建设着力完善“五项机制”进一步纠治形式主义为基层减负释压实施意见的请示》《关于呈请审议〈乐平市26个领域政务公开标准目录〉(送审稿)的请示》《关于12345政府服务热线受理中心服务外包项目的请示》《关于呈请审议〈乐平市关于开展农村房屋安全隐患排查整治工作实施方案〉(送审稿)的请示》《关于请求启动乐平市双拥路与景鹰高速连接线互通交叉工程的请示》《关于请求启动乐平市双拥路北延伸道路工程的请示》《关于请求调整乐平市南内河综合治理工程项目建设项目投资的请示》《关于启动乐平市东风北路三期交通工程设施设备政府采购的请示》《关于呈请审议洪岩旅游总体开发建设(近期)PPP项目合同补充协议的请示》《关于要求审议乐平市生猪养殖三产融合体项目投资框架协议的请示》《关于启动城西消防站和化工生产装置火灾及危险化品泄漏事故处置训练设施建设项目招投标的请示》《关于呈请审议乐平市城市二次供水设施建设管理的工作方案的请示》《关于启动乐平市乐安河中路亭崩岸和中洲圩除险加固工程施工招标的请示》《关于"乐平市美丽乡村建设项目"和"乐平市特色乡村旅游建设项目"有关事宜的请示》《关于启动乐平二院北侧安置小区项目的请示》《关于请求实施上罗源拆迁安置小区项目的请示》《关于呈请启动乐平市鸬鹚乡倪家坞村大塘坞组滑坡治理等7个项目招标工作的请示》《关于恳请对城市西北片XB－B2－04等10宗地块国有建设用地使用权进行公开出让的请示》《关于恳请对塔山工业园TS－04－02－1等5宗工业地块国有建设用地使用权进行公开出让的请示》《关于呈请审议解决昌平北路延伸段两侧规划商住地块与城市西北片XB－B2－07、XB－B2－04两宗地块等价(网挂)置换事项及建议的请示》《关于呈请审议启动信息化建设升级改造项目的请示》和审定大额度资金使用。

六届第113次常务会议于12月26日召开,有18项议题。传达了中央经济工作会议和江西省委经济工作会议精神和全国城市生活垃圾分类工作现场会会议精神;学习了江西省扶贫开发领导小组办公室《关于印发〈刘奇、易炼红同志在省扶贫开发领导小组会议上的讲话〉的通知》(赣开办字〔2020〕15号)和《江西省地方金融监督管理条例》;听取了《关于呈请审议乐平市2020年计划生育工作情况的报告》和《关于2020年全市食品安全工作情况的报告》;审议了《关于呈请审议〈乐平市关于深化改革进一步加强食品安全工作的实施意见〉的请示》《关于呈报〈乐平市居家和社区养老服务改革试点工作实施方案〉的请示》《关于呈请审议〈乐平市农业保险高质量发展的实施方案〉的请示》《关于2020年财政预算调整方案的请示》《关于恳请审议乐平市申报2021年省大中型项目和省重点项目以及景德镇市重点项目的请示》《关于恳请审议乐平市多规合一空间信息管理专项规划管理办法(送审稿)的请示》《关于呈请审议〈乐平市中心城区公共租赁住房租赁补贴发放实施细则〉(送审稿)的请示》《关于恳请启动江西天新药业有限公司科技园项目用地土方平整工程的请示》《关于请求启动园区安全环保应急预案编制工作的请示》《关于呈请审议启动大连路段道路硬化与排污工程项目的请示》《关于启动"乐平市美丽乡村建设项目"两个子项目的请示》和审定大额度资金使用。

政府办公室工作

【文秘工作】 全年共接收处理文件4944件,比上年度上升13.4%,公文运转基本无纰漏,以市政府、市政府办名义下发文件共259件,同比下降7%,基本做到了规范、高效。全年共承办大小会务180余次,同比下降10%,其中市政府全体(扩大)会议2次、市政府常务会议28次、协调会3次、专题会41次,制发会议纪要72份。

严把办文办会、督查考核关,严格执行发文、会议计划,加强前置审核和发文审核,可发可不发的文件一律不发。鼓励合并、套开会议,压缩会议规模,减低会议频率。坚持24小时政务值班制度,做到上传下达快捷有序,在全年各类通知等信息传递中,基本无差错。

【政务调研】 深入开展调查研究活动,撰写各类讲话稿、发言提纲,涉及疫情防控、防汛抗旱和脱贫攻坚等方面共计180余篇,收集书记和市长讲话50期,撰写市长活动新闻报道60篇。

积极开展办公室微信公众号平台建设,共推送文章91篇。发送早安分享256篇,草拟了《喜看洎翥新变化,"十四五"如何发展,我们想听您说!》《寂静之声》等优质稿件。起草《乐平市政务信息工作考核改革实施办法》,

全年报送省重要信息396篇，采用35篇，其中省要情采用3篇，国办采用32篇，为上级领导科学决策提供重要参考依据。上报省政府和景德镇市政府乐平市值班信息共9期，乐平市值班信息快报共15期。

【政务服务】 深入落实上级政务公开要求，不断加强政府信息公开力度，全年政府网站共发布信息8438条。完善"赣服通"掌上办事机制，拓展"赣服通"接入事项102项。制定出台《乐平市赋予乡(镇)、街道首批县级审批服务执法权限实施方案》，下放事项权力至镇桥镇等14个乡(镇)共计74项，塔山街道、后港镇、接渡镇74项，洎阳街道39项，涌山镇50项，并通过乐平市政府门户网站向全社会公布。积极做好"互联网+监管"工作，认领监管事项835项，认领率为91.47%；检查实施清单完成646项，完成率为100%；市监管动态发布数33条，曝光台信息发布数4条，累计推送监管行为数据7924条；有效推动执法监管工作的公开化、透明化。不断优化审批环节，提升服务质量，服务大厅共办理45.6万件，其中"一次不跑"32.9万件，"只跑一次"12.7万件，办结率达100%，群众满意率达99.7%。发布《关于全面推行政务服务代办制度的通知》，建立帮办代办机制。印发《关于印发乐平市惠企政策兑现窗口组建运行工作方案的通知》，规定惠企政策的具体要求及职责分工，编制《乐平市惠企政策事项办理指南》，梳理《乐平市惠企政策代办服务清单》，并开设"政策兑现"代办服务窗口。已开设2个并联办理事项专区(企业开办"一窗受理"、建设工程项目"一窗受理")，1个行政审批事项"一窗受理"专区，市县两级依申请类政务服务事项"一窗"受理率达100%。积极推动"好差评"系统与"一窗"受理平台的对接，现系统接入工作已全面完成，满意率100%。

【热线受理】 全年共接受市民来电103590个，微信公众号等微媒体受理1186件，上级派发62件，生成有效工单114084件。其中在线解答群众诉求73648件，向各成员单位派发各类问题40436件，办结39333件。办结率97.27%，市民回访满意率85.37%。市委市政府领导批示呈阅的重要事项31件，印发了《乐平市12345政府服务热线月报》34期，《乐平市12345政府服务热线周报》108期。

【"五型"政府建设】 加快转变政府职能，全面推行"高位化调度、集成化作战、扁平化协调、一体化办法"工作模式。印发了《关于持续深化"五型"政府建设着力完善"五项机制"进一步纠治形式主义为基层减负释压的实施意见》。积极落实《关于力戒形式主义为基层减负的三十条措施的通知》《关于印发全省政府系统推动"三减三强两倡导"深化"五型"政府建设推进高质量跨越式发展若干措施(试行)的通知》《乐平市"三减三强两倡导"实施细则》《乐平市为基层减负十二条举措》。编发了乐平市"五型政府"简报12期，上报信息8条。

【政务督查】 对政府常务会议300余项议决事项执行情况开展督查、汇总和反馈，编发政务督查简报33期。对省、景德镇市《政府工作报告》涉及乐平市的主要工作任务及《乐平市政府工作报告》工作任务进行分解，明确了每个项目的工作任务及目标、完成时限、责任部门、责任人和责任领导，共督查1000余项次，编发督查通报3期。对景德镇市和乐平市人大建议、政协提案进行分解、办文、业务指导、督促检查和汇总反馈，督办景德镇市人大建议和政协提案24件。督办乐平市人大代表建议和政协委员提案185余件。对重点建议提案办理情况、为民办好十件实事工作进展情况、景德镇市为民办实事涉及乐平任务进展情况、国务院互联网+督查平台反映新冠肺炎疫情、中小学课后托管等有关问题情况、应对疫情稳定及稳增长30条措施情况、对"五型政府"建设、"放管服"改革等工作开展督查，共编发政务督查快报33期、政务督查简报34期、督查通报5期，下发督办单40份，其他各类汇报材料800余份。

【金融服务】 印发《乐平市防范非法集资宣传月活动方案》《乐平市非法集资风险专项排查整治活动实施方案》，周密组织部署宣传月活动，组织相关部门开展集中宣传日活动，通过乐平之窗和乐平电视台对防范非法集资工作调度会进行宣传报道，大力推广防范非法集资公益宣传片，利用报刊、电视、广播、宣传单和互联网等多种方式连续播出，加大对处置非法集资法律法规政策的宣传，组织基层政府悬挂防范非法集资标语横幅。开展专项整治,制定了《乐平市金融领域乱点乱象专项整治工作方案》《乐平市非法集资举报奖励细则》,已发放奖励金3000元。制定《关于印发乐平市扫黑除恶金融放贷领域突出问题专项整治实施方案的通知》《关于收集扫黑除恶金融放贷领域问题线索的通告》。出台了《关于整治金融放贷领域突出问题推动长效常治的指导意见》,确保金融放贷乱象明显减少,金融生态环境明显净化。

【脱贫攻坚】 面对新冠肺炎疫情和洪涝灾害带来的冲击影响和经济下行的形势下,为做好复产复工期间的脱贫攻坚工作,对所有帮扶户受影响情况进行了摸排整理,确保准确掌握新冠肺炎疫情和洪涝灾害期间帮扶户产生的各种问题并及时解决。开展脱贫攻坚帮扶调研,根据调研结果,对帮扶村采取"输血"与"造血"并举的帮扶方式,大力培育壮大帮扶村经济发展新动能,帮助帮扶村扩大产业基地,形成绿色产业优势。紧扣脱贫攻坚年度目标任务,对贫困户增收带动作用明显的特色产业投入帮扶资金18.4万元,节假日采购3.9254万元物资走访慰问贫困户。黄铁炉村的每个帮扶对象都分红到了50千克价值2000元的红糖,确保了帮扶村帮扶对象持续稳定增收。严格落实义务教育扶贫资助;筑牢基本医保、大病保险、补充保险、医疗救助"四道保障线";严控帮扶户危房建房标准,着力解决帮扶户住房安全;落实了低保、五保和困难残疾人生活补贴和重度残疾人护理补贴等制度;做好疫情常态化期间帮扶工作,防止在疫情常态化管理期间出现"脱贫检测户""边缘贫困户"两类户的返贫现象的发生。

【机关中心工作】 组织20名工作人员担任两会旁听员,到乐平市两会各代表团讨论点倾听与会代表讨论,梳理归纳建议意见并呈送市领导审阅;完成了政府系统无纸化办公建设,提升了工作效率,节约了纸张开支;开展了新春义务植树活动;积极组织开展志愿服务活动,对本办责任路段环境卫生情况、占道经营及乱停乱放等不文明现象进行劝导;干部职工在责任路段进行文明交通值班;联合市社会福利院开展"爱国卫生月"活动,组织办公室志愿者为社会福利院清除院内杂草,清扫卫生死角。做好了市委第一巡察组进驻市政府办开展巡察配合工作;举办了庆祝建党99周年学习强国知识竞赛活动;前往众埠镇和十里岗镇举行庆"八一"缅怀先烈活动,组织人员参加了烈士纪念日活动;为丰富干部职工生活,开展了办公室手机摄影比赛;做好景德镇市党史和地方志工作办公室到市政府办调研和昌江区政府办到市政府办进行考察交流的接待工作;为提高干部职工的自我学习意识和团队学习能力,邀请市委党校常务副校长程启明就学习党的十九届五中全会精神进行专题授课。开展了师徒传帮带活动,每月积极开展主题党日活动和政务学习交流。疫情防控期间,开展"十个一"弹性工作制度,坚持工作日每日晨会制度,全面加强考勤管理,规范干部职工上班纪律,严格坚守岗位。

(市政府办)

人力资源和社会保障

【概况】 市人社局围绕民生为本、人才优先的工作主线,不忘初心、牢记使命,扎实推进"五型人社"建设,努力开创人社事业发展新局面,各项工作进展顺利。

【稳定就业形势】 全市跨省外出务工20.1万人,其中,防疫期间通过"点对点"的方式送工2969人,组织送工车辆114辆,输送贫困劳动力26人。全市规上企业116家,在岗职工总数12216人。城镇新增就业人数7237人,就业困难人员就业450人,城镇失业人员再就业2363人,新增农村劳动力转移10423人。发放创业担保贷款9418万元,扶持个人创业贷款5618万元。失业保险参保26100人,企业职工岗位技能培训5137人,创业培训1154人,家庭服务从业人员技能培训1642人。

【完善社会保障】 企业职工基本养老保险参保95540人,机关事业养老保险参保19050人,城乡居民养老保险参保459805人,基本养老保险参保率达到95.09%,圆满完成"十三五"规划目标任务及省高质量发展考核要求,受到市政府及景德镇市人社部门的通报表彰。

已上线机关事业单位参保19050人,累计征缴收入21540.22万元,待遇支出31354.06万元;企业养老基金累计征缴收入34520.97万元,待遇支出92608.71万元;工伤保险累计征缴收入46266万元,累计征缴收入824.22万元,待遇支出753.1万元。稳步推进社保卡申领发放工作，全年制发社保卡140618张，社保卡覆盖率达到98.6%。为应对新冠肺炎疫情影响，减轻企业负担，助力企业复工复产，从2月起阶段性减免企业社会保险费，为全市510家企业（其中大型企业14家，中小微企业477家，其他单位19家）实际减免社保费6015.24万元（其中减免企业养老保险5511.42万元，工伤保险347.4万元，失业保险156.42万元）。

【人才队伍建设】 加强人才队伍建设，强化人才引育，严格人才管理。公开招聘24名事业单位工作人员、177名中小学教师及297名中小学特岗教师；为人民医院公开选聘2名高素质人才；招募31名"三支一扶"高校毕业生；公开招聘14名消防救援大队合同制消防员、30名社区戒毒（康复）合同制专职工作人员、136名合同制警务辅助工作人员。

进一步健全人才流动机制，严格按照相关程序为在外地任教的36名归巢计划教师办理调配手续。扎实开展机关事业单位工勤人员岗位等级晋升工作，核定符合晋升机关事业单位工勤等级共160人。积极做好表彰奖励工作，按要求做好景德镇市首届"镇宝"评选活动人员推荐工作、疫情防控期间的表彰奖励工作和年度评比达标表彰项目申报工作。

【职业技能提升】 全面推进职业技能提升行动，开展就业重点群体免费培训，适当提高培训补贴标准。针对不同的培训对象，采取灵活多样的培训方式，强化技能操作和职业素质的提高，鼓励定点培训机构根据用人单位实际需要，开展订单式培训，如结合农村实际情况开展种养殖培训；针对下岗失业人员，开展机械操作、计算机、美容美发、烹饪、家政培训等。同时，积极创造条件，开办SIYB创业培训，不断提升创业者创业技能，并对培训后符合条件人员提供创业贷款和跟踪帮扶等跟踪服务。举办职业技能培训班80期，培训人员2874人。加强培训机构规范管理，对培训机构的培训计划、培训工作进行日常督查和年审。

【专业技术人员管理】 进一步完善人才评价方式，积极做好专业技术人员职称评聘工作，认定初级资格699人，为取得高级资格120人、中级资格192人办理了资格证书；对全市9653名专业技术人员进行了考核验收，考核总体情况良好。推荐了省2020年百千万人才工程人选2名，景德镇市2020年百千人才工程人选3名，推荐享受景德镇市政府特殊津贴人选4名。

【构建和谐劳动关系】 受理投诉举报欠薪案125余起，涉及农民工300余人，为农民工追讨回工资720万余元，立案受理涉及农民工劳动人事争议仲裁案件125余件，涉及劳动者140余人，为劳动者挽回经济损失135.2万余元，切实维护了广大农民工合法权益。

积极组织工作人员深入园区企业、洎阳街道社区、建筑工地，宣传《中华人民共和国劳动法》《中华人民共和国劳动合同法》等法律法规和相关政策，开展劳动保障法律法规、政策宣传咨询活动12次，发放宣传资料8000余份，服务群众20000余人次。

建立推行了应急周转金和农民工工资支付保障金制度，收取农民工工资保证金约9000万余元，设立农民工维权应急周转金80万元，有效预防因工程施工拖欠农民工工资问题引发的突发集体事件。共检查用人单位80余家，督促签订劳动合同1200余份，督促支付农民工工资400万余元，有效规范用人单位的用工行为。

【全力推进人社扶贫】 根据江西省精准脱贫大数据管理平台统计显示，乐平市建档立卡贫困户6215户13929人，其中贫困劳动力7561人，已就业6084人，未就业1477人（无就业愿望1138人，学生3人，务农320人，有就业愿望16人）。就业扶贫专岗安置470人，拨付补贴资金124.64万元。扶贫部门认定的扶贫车间13家，吸纳贫困劳动力就业50人；累计为扶贫车间拨付物管费、卫生费、水电费等补贴资金18万元。培训建档立卡贫困户318人，拨付培训补贴37.25万元。为1854名外出贫困劳动力发放交通补贴89.12万元；为5名贫困户发放一次性创业补贴2.5万元；为一家企业发放吸纳贫困劳动力社保补贴9090.72元。严格落实社保扶贫政策，为7406名建档立卡贫困人员参保代缴，为4998名城镇贫困群众参保代缴，参保率和代缴率均达到100%。

【公共服务体系建设】 严格按照人社公共服务体系建设"八统一"要求，加强基层人社平台建设。通过服务链条延伸至村、社区,全面强化基层人社服务窗口服务质量。严格落实“统一受理、统一答复、一个窗口对外”的行政审批管理工作机制,全面推行无差别、全科式的“一窗受理”。开设了人社“一体化”综合窗口,一窗受理所有人社业务,人社业务实现了“前台受理,后台审核”。严格落实AB岗制度,通过开展延时服务、预约服务、节假日错时服务等方式,有效杜绝空窗现象,进一步提升了服务效能、提高了服务质量,努力做到让群众最多跑一次。

(市人社局)

地方志工作

【概况】 地方志部门认真履行工作职责,贯彻落实《地方志工作条例》和《全国地方志事业发展规划纲要(2015—2020年)》,围绕年初确定的工作思路和目标任务,采取积极有力措施,狠抓落实,努力提高工作效率和质量,修志、用志及读志等各项工作取得了显著的成绩。

【年鉴编纂与发行】 加强领导,积极征稿,努力向精品上下功夫,突出着力点,年初以市政府办名义下发了《乐平年鉴(2020)》编纂方案,按照年鉴篇目、内容的要求,按照条目内容落实责任单位,认真收集整理,将年鉴稿件撰写工作分解落实到各部门,编纂工作责任到人,收集各单位报来年鉴资料160余篇,字数达68万字的《乐平年鉴(2020)》于12月由江西人民出版社公开出版发行。全年共发行和赠阅《乐平年鉴(2019)》500余册。

【业务开展与志书交流】 参与到历史文化名城、旧城改造等资源的保护开发中,挖掘整理资料,展开调研,助力文化强市建设;主动用志,为招商引资、特色城镇化建设、城市建设、古迹保护开发等提供有效的借鉴和依据,实现了研究历史和服务现实的最佳结合。

印制《乐平大事记(2019年度)》,坚持每月整理《乐平大事记(2020年度)》,完整、准确地记录年度内乐平大事要事。继续做好了为省、景市年鉴资料提供工作。年内,交换地情资料5次,提供资料查询30余次,充分发挥了地方志“资政、资商、资业”的作用,通过积极交流、交换收藏志书等方式,使市志办藏书得到了丰富,工作人员视野得到了开阔。积极推进与乐平市情地情相关丛书编辑出版工作,弘扬传统文化,留下乡愁记忆。

继续和市名研会合作出版了《翥山洎水》四辑及增刊。协助其他单位做好了全市大事、要事图片拍摄和整理工作。参与了书籍《乐平历史概览》的编辑、核稿工作。

(市政府办)

招商引资

【概况】 招商引资工作通过各招商引资单位的共同努力和相互协作,积极应对新冠肺炎疫情影响,不断创新招商引资工作方式,统筹做好新冠肺炎疫情防控和招商引资工作高质量发展,全市产业项目引进呈现全面升级并不断向好的局面。全市共引进签约项目59个,其中亿元以上项目17个,累计引进资金197.88亿元,引进项目数和引进资金数较2019年分别增长20%和141.4%。在引进的亿元以上项目中,总投资5亿元以上项目6个,20亿元以上项目2个。亿元项目的引进个数、质量和合同进资数创近年新高。

【高位推动招商引资】 为积极应对新冠肺炎疫情给招商引资工作带来的不利影响,市委、市政府主要领导亲自带队,主动出击,在疫情没有完全稳控的情况下前往广东、浙江、上海等地,开展与重要客商和重大项目进行对接。市委、市政府主要领导带队外出招商12次,走访对接重要客商和企业20多家,接待到乐平重要客商40余批次。促成了广东同宇新材、益海嘉里、凯光集团等一批投资10亿元以上重大项目成功落地,为做好2020年疫情下的招商引资工作,注入了强大的精神动力,为全市做好招商引资工作树立了信心。

【上下齐动招商引资】 各招商责任单位在认真抓好新冠肺炎疫情防控的同时,积极主动开展招商引资对接。特别在做好“六稳”工作,落实“六保”任务中,全市各级各部门精诚协作,全力服务和配合企业做好疫情防控和复工复产工作,切实保持了经济良好运行的产业链和供应链稳定,企业复工复产率达95%以上,得到了企业的一致好评,为优化企业发展营商环境写下了亮丽的篇章。在做好复工复产同时,全市20支专业招商小分队积极外出招商118次,走访对接客商90余批(次),引进项目87个,为招商引资工作全面完成全年目标任务打下了坚实的基础。

【创新方式招商引资】 为积极应对疫情对乐平招商引资工作带来的不利影响，根据景德镇市出台的开展网络招商工作意见，乐平市结合实际，主动作为，先试先行。2月26日上午，举行了2020年乐平市线上网络招商对接会，市委书记俞小平出席并见证项目签约。市委副书记、市长高翔致辞，市政协主席王颖军，市委常委、常务副市长张汉坤等市领导参加，市委常委、副市长王晨主持会议。对接会在线参加企业30多家，当即在线签约项目19个，签约项目资金52.79亿元，其中外资1亿美元。项目涉及精细化工、机械加工、陶瓷、食品、建材等，在线招商取得了重大的成效。此外，针对疫情人员流动不便实际情况，化被动为主动，积极开通微信招商业务学习沟通平台，建立和完善乐平籍在外发展人士微信群，为线上网络招商工作开展夯实了基础。

（市商务局）

机关事务管理

【概况】 机关事务管理以“管理保障、高效服务”为主题的工作主线，在管理上下功夫，在创新上做文章，创造性地开展各项工作，积极推行精细化管理，全面完成各项工作。自2019年1月15日乐平市机构改革方案发布以后，按照上级职能不转、人员不散的要求，原机关事务管理局继续履行相关职能待至下一轮机构改革。

【公共机构节能工作】 按照上级主管部门的要求，完成了全市节约型机关建设和节水型示范单位创建工作。组织文广新旅局申报第二批能源审计（国土资源和规划局已完成第一批能源审计工作）为民服务中心大楼在监控室安装了能源检测设备，有效地控制了跑电漏电情况，为更好地节约能源又迈进了一大步。大楼院内四周进行了雨水收集改造，各楼层卫生间更换了自动感应式水龙头，更好地节约了用水量。为民服务中心大楼申报了国家级示范单位，并顺利通过验收，获得了全国示范单位荣誉称号。宣传周期间，公共机构节能领导小组办公室在大楼院内开展了丰富多彩的宣传活动，各节能单位踊跃参加，现场发放节能画报和手册1000余份，在市区主要繁华地段悬挂20条节能条幅，并组织100名志愿者进行了“绿色骑行”活动，邀请了电台报社记者现场报道，市领导亲临活动现场，鼓舞大家人人节约，处处节能。

组织乐平交通警察大队和公共机构节能领导小组办公室人员完成了第七期远程网络培训，并顺利通过考试取得了清华大学远程教育学院毕业证书。

先后六次荣获全省公共机构优秀先进县（市、区）等称号，在2020年度景德镇市公共机构工作考核中荣获优秀先进县（市、区）称号。

【办公用房保障】 一是认真组织学习中央、省、市办公用房管理文件精神。积极参加省、市局组织的办公用房管理业务知识培训会，并邀请领导和专家对各单位分管领导和业务骨干授课培训，将中央、省、市有关办公用房管理规定精神广泛传达、学习，并入脑入心。二是建立办公用房管理台账。依托江西省党政机关办公用房管理信息系统，完善办公用房管理信息数据，健全办公用房资产台账，促进办公用房规范管理和资源优化配置，不断提高办公用房管理规范化水平。三是严格执行中央、省、市办公用房使用规定，不定期对全市各单位进行了检查，发现违规超标现象，及时督促整改。四是优化组织，科学调配强力推进机关集中办公。对在外借用、租用和分散在老城区办公的，如科协、供销社、农业农村局、科技局等单位，全部调整到行政新区办公，强力推进机关事务集中管理工作。五是高效完成了机构改革单位办公用房调整工作。根据机构改革方案，依据所有办公用房资源，积极稳妥及时高效地完成了涉改单位办公用房调配服务保障工作。

【公务出行保障】 公车服务中心车辆编制数为65辆（事业单位车改后增加一辆编制），其中执法执勤车辆为21辆，机要通信车辆为24辆，重大应急、调研、接待用车为20辆。车辆种类有考斯特、商务车、轿车、越野车、厢式货车等。公务用车服务中心工作人员共49人。截至12月底，公车服务中心共计出车次数为24884次，总行驶公里数为342.04万公里。

公务用车服务中心按照《机关事务管理条例》和《江西省公务用车管理规定》坚持和深化绿色发展的要求。实施公务用车“平台化、信息化、标识化”要求管理，实行公务用车纳入全省公车一张网管理，实现App网络订单及派车，按照出车叮嘱、在外指导、返回报告的程序，全程掌握行车情况，建立健全各项规章管理制度。根据天气预报及乐平市发布的各种预警，通过多种形式对公车驾驶员进行温馨提示，保证各级领导、各用车单位的顺利出行。按月、按季组织平台驾驶员学习《公务用车服务中心管理条例》和《道路交通安全法》加强和提高完善平台驾驶员的自身素质，培养良好的职业道德，树立牢固的守法意识。改革公务出行保障方式，建立新型公务用车管理制度。建立全市公务用车信息化管理平台，加大全省公务用车一张网建设，对保留公务用车全部加装北斗定位系统。全力保障全市各单位公务出行、应急、执法用车需求。

【集中办公区后勤保障】 一是综合管理服务工作。定期巡查大楼安全隐患，严格执行领导带班和24小时值班制，特别是重大节假日、新冠肺炎疫情防控期间明确值班人员，建立通讯平台，及时与大楼各服务单位沟通工作。二是工程维护工作。用电、用水设备，大楼亮化、喷泉、空调设备等维修1000余次，定期对二次供水设施进行清洗消毒，每月与消防维保单位、电梯维保单位共同对设备设施进行维护和保养，组织了院内各单位参加了消防知识培训和安全演练。三是会务服务工作。全年共承办四套班子会议107场、电视电话会议120场、其他部门(单位)会议116场，共计343场，月平均29场会议，完成各项会务服务，得到与会人员的充分肯定。四是美化绿化工作。落实卫生责任制，定时对为民服务中心大楼院内外卫生进行巡查和清理，认真做好施工及其他重大活动产生的卫生保洁工作。为了提升内院绿化的观赏效果，对草坪和绿化带色块进行了不定期修剪、除虫、施肥。后勤保障工作荣获江西省、景德镇市文明单位和综治工作先进单位等荣誉称号。12月，乐平市为民服务中心大楼列入国管局、国家发展改革委、财政部的第四批“2019—2020年全国节约型公共机构示范单位名单”。

为民服务中心大楼及其周边党政机关干部职工用餐、公务接待工作主要由乐平宾馆负责，乐平宾馆作为窗口单位，以优质安全的服务树立形象，打造特有品牌，多年来通过各部门团结协作，相互配合，共同努力，全面完成了各项接待任务。曾多次荣获“江西省五一巾帼标兵岗”“景德镇市五一巾帼标兵岗”“乐平市巾帼建功先进集体”等荣誉称号。

（市机管中心）

退役军人事务管理

【概况】 市退役军人事务局于2019年2月挂牌成立，为市政府正科级组成部门。主要职责是拟订全市退役军人思想政治、管理保障和安置优抚等工作的规章制度和政策措施，负责全市军转干部、复员干部、军队离休退休干部、退役士兵和无军籍退休退职职工的移交安置工作和自主择业、就业退役军人服务管理工作，组织全市退役军人教育培训工作及协调扶持退役军人和随军随调家属就业创业，组织指导全市伤病残退役军人服务管理和抚恤工作，组织指导全市拥军优属工作，负责落实优抚对象优待政策，负责烈士及退役军人荣誉奖励、军人公墓管理维护、纪念活动等工作，依法承担英雄烈士保护相关工作，组织开展退役军人权益维护和有关人员的帮扶援助工作，牵头提出全市计划分配军转干部、符合条件的退役士兵的安置计划。

【服务体系全面建成】 对照习近平总书记提出的“全覆盖”和“有机构、有编制、有人员、有经费、有保障”要求，建立市本级退役军人服务中心1个，镇村两级退役军人服务站365个，现有退役军人服务站皆按现行标准建设，基本达标，其中12个乡镇(街道)按照尊崇式“示范型退役军人服务站”创建标准打造并通过了省厅考核组验收，剩余8个乡镇(街道)计划在2021年底全部按标准创建并通过考核。构建了横向到边、纵向到底、覆盖全员的退役军人服务保障体系。

【安置质量稳步提升】 由政府安排的退役军人岗位落实率达到100%，其中安排到机关事业单位的达到100%，安置质量位居全省前列。为2019年度退伍的义务兵发放一次性经济补助金。

【创业就业成效明显】 开展2020年春季退役军人专场招聘会及秋季退役军人和军嫂专场招聘会，与30多家企业达成就业用人意向；乐平市“乐淘电商”有限公司作为景德镇市唯一一家退役军人企业参加“江西尊崇军创”退役军人创新创业大赛，成功进入决赛并获得优胜奖。开展两期退役军人“适应性培训+职业技能提升”培训班。成功申请江西省退役军人免费高职扩招和技能培训。根据《乐平市人民政府关于做好“六稳”工作落实“六保”任务的实施意见》精神，积极鼓励部分退役军人特别是退役大学生士兵“先入校回炉、再就业创业”。

【双拥氛围更加浓厚】 一是春节和“八一”建军节期间，市四套班子和市人武部领导分别走访慰问现役官兵和退役军人代表，乡镇（街道）、部门单位普遍性开展走访慰问活动；二是与市妇联联合举办了“奋进新时代、共叙鱼水情”进军营联欢活动，为部队官兵送上精彩文艺节目；三是组织开展了“传承红色基因、永葆革命本色”主题征文活动，评选获奖作品12篇，其中3篇获得全省征文二、三等奖；四是推荐各条战线的退役军人先进典型参加“江西省最美退役军人”“景德镇市模范退役军人”评选活动，乐平市2人分别被评为“江西省模范退役军人”“江西省最美退役军人”，2人被评为“景德镇市模范退役军人”；五是为4名荣立二等功及44名荣立三等功的现役军人家庭送去立功喜报，投入资金6万元；六是为“边海防”现役军人家庭送去走访慰问物资和党和政府问候；七是荣获省级“双拥模范城”八连冠；八是发放义务兵家庭优待金。

【尊崇工作深入人心】 召开了“尊崇工作法”部署会，在众埠镇退役军人服务站召开了推广“尊崇工作法”经验交流会，众埠镇退役军人服务站代表乐平市参加了江西省、景德镇市推广“尊崇工作法”经验交流会。全市服务中心（站）经过推广“尊崇工作法”拓展了服务内容，提升了服务标准，赢得了广大退役军人的点赞。

【中心工作圆满完成】 始终把政治建设摆在首位，确保退役军人工作沿着正确方向迈步前进，扎实过硬。一是认真落实基层党建主体责任。二是深入推进党风廉政建设和反腐败工作。三是坚持不懈抓意识形态工作。四是强化党支部建设和党员教育管理。五是巡察整改工作落实到位。六是坚决打赢脱贫攻坚战役，挂点帮扶高家镇鸟树村建档立卡户全面脱贫。七是认真抓好了疫情防控、抗洪抢险、政务公开和政务服务、12345服务热线、精神文明建设、综治信访、普法教育、扫黑除恶、双创双修、公共节能等各项中心工作，不折不扣地完成了新时代退役军人工作的各项任务，实现全年无安全事故，各项工作取得明显成效。

（市退役军人事务局）

消防救援

【概况】 市消防救援大队依法行使消防安全综合监管职能，承担火灾预防、消防监督执法以及火灾事故调查处理相关工作，承担全市重大灾害事故和其他以抢救人员生命为主的应急救援工作。市消防救援大队下辖2个消防救援站（人民路消防救援站、工业园城市政府专职消防救援站）。共有各类执勤消防车15辆、消防器材装备1094件套。其中，基本防护装备337件套，抢险救援器材装备22件套，灭火类器材735件套。保持火灾形势和队伍管理“两个稳定”，各项工作成效显著。被江西省消防救援总队评为全省消防救援队伍“安全工作先进大队”，下辖人民路消防救援站被应急管理部消防救援局评为“执勤训练先进消防救援站”。同时，积极推进典型培育工作，大队长付宝华和其妻子吴颖虹在疫情防控期间双双坚守在抗击疫情一线，其妻子吴颖虹被江西省消防救援总队表彰为“最美消防嫂”；时任人民路消防站站长左建敏被省团委表彰为“江西省青年岗位能手”；站助理徐金龙被江西省消防救援总队评为优秀共产党员；站消防员郭鹏飞被部消防局评为“执勤训练先进个人”；1人荣立个人三等功。

【队伍能力建设】 一是专业化建队。进一步规范辖区熟悉、预案制定、实战演练三项基础业务，积极推进数字化预案编制工作，每周至少两个半天进行辖区熟悉和演练，并完善辖区情况熟悉手册。截至年底，大队重点单位数字化预案编制率100%，并在重点单位100%建成微型消防站的基础上，强化微型消防站培训及实战演练和区域联防演练，共开展熟悉演练工作130次，区域联防演练5次。二是实战化练兵。积极开展“每月一考”活动，将车辆事故、危险化学品事故处置，水域、内攻搜救与紧急避险、安全员救援等内容纳入每月指战员量化考评，并每月检查训风、考风情况，健全训练比武积分排名机制。在支队三次季度岗位练兵中取得两次团体第一和一次团体第二，七项个人和单项第一。将政府专职消防员统一纳入消防员训管体系，规范岗前培训，严格奖惩机制，增强政府专职消防队员实战能力。三是消防力量建设。根据乐平市地域特点，培育山岳救援、水域救援专业队伍，投入270万元用于装备采购、280万用于化工生产装置火灾及危化品泄漏事故处置训练设施建设、520万采购登高平台消防车，建强危化品处置、交通事故救援、高层建筑灭火救援等既有专业队伍水平。全市乡镇专职消防队、微型消防站应建均建，形成以消防救援队伍为主，5支政府专职消防队、2支企业专职消防队，统一纳入指挥调度。

【灭火救援】 共接处警336起，出动消防车720辆次，出动指战员4916人次，抢救被困人员61人，疏散人员312人，抢救财产价值5017.6万元。先后完成“4·19”206国道塔前镇桃林村路段侧翻事故救援、“11·7”济广高速乐平至鹰潭方向槽罐车侧翻泄漏事故救援，以及7月份防汛抗洪任务等一系列急难险重救援任务。

【火灾隐患治理】 强化火灾隐患源头防控、综合治理。大队联合多部门开展联合检查，部署开展消防安全专项整治三年行动，以及“九小”场所、危化品重大危险源企业、养老院服务机构、高层建筑、物流仓储场所、出租屋及校园周边经营场所、大型商业综合体等专项消防安全整治行动。紧盯人员密集、化工厂、“三合一”、群租房和商场市场等6类场所，保持排查整治高压态势。联合其他部门多次开展检查的同时，与相关职能部门共同制定长效管理机制，增强宣传力度和深度，依托街道和派出所加大巡查力度，多角度强化社区防火建设。全年检查单位294家，发现火灾隐患或消防违法行为212处，督促整改209处，下发《责令改正通知书》175份，办理行政处罚案件22起，责令“三停”单位2家，临时查封单位2家，罚款9.33万元，挂牌重大火灾隐患场所1家。并根据支队的统一部署及辖区特点，围绕消防安全专项整治三年行动工作为重点，积极履行消防监督管理职能。

【社会面火灾预防】 着力破解农村防火难题，联合治理隐患。针对农村消防基础设施匮乏、距离远、建筑布局不合理，村民消防意识薄弱成了农村消防的现状，通过安装独立式感烟探测报警器、增强乡镇专职消防队站的人员装备配备、强化乡镇网格员培训等举措，缓解农村防火“拦路虎”难题。认真贯彻“大站建强、小站建密、微站建广、一警六员全覆盖”的理念，有效解决农村“远水救不了近火”的难题。

【消防宣传培训】 制定《乐平市消防救援大队宣传教育培训工作方案》，从三个方面强化消防宣传培训工作。一是自今年1月初全市“一警六员”消防技能培训工作启动以来，高度重视，广泛动员，精心实施，不折不扣地落实各项培训任务，培训工作扎实有效。全年共完成培训单位800余家，培训合格人数达9681人，已基本完成重点单位和辖区派出所、社区、乡镇的“一警六员”消防技能培训工作。二是先后开展了“消防伴我成长”行动、暑期专项行动及中小学校绘画作品评选大赛等活动，以“教育一个孩子，带动一个家庭，影响整个学校”的目的，走进全市各大中小学校，给学生开展一次疏散演练，教会学生掌握火灾防范知识及逃生技能，据统计，共计培训学生1万余名。三是定期开展“消防公益大讲堂”，培训5000余人次，开放消防站42次，助力“三年专项整治宣传工作”全面开展迎接群众走进红门，借助“3·15”“安全生产月”“119消防宣传月”等大型活动，开设宣传台，普及消防安全知识，现场共发放宣传单页2万余份。

（市消防救援大队）

中国人民政治协商会议江西省乐平市委员会

综　述

2020年是全面建成小康社会决胜年和“十三五”规划收官之年。在市委的坚强领导下，市政协坚持以习近平新时代中国特色社会主义思想为指导，深入学习贯彻党的十九大和十九届二中、三中、四中、五中全会以及中央政协工作会议精神，认真贯彻落实习近平重要讲话精神、习近平关于加强和改进人民政协工作的重要思想，高举爱国主义以及新时代中国特色社会主义思想伟大旗帜，坚持发扬民主和增进团结相互贯通、建言资政和凝聚共识双向发力，认真履行政治协商、民主监督、参政议政职能，充分展现人民政协的独特优势，为全市经济社会发展贡献政协力量。

市政协共召开全体委员会议1次，主席会议9次，常委会会议4次，专题视频会议2次。各专委会共召开有关会议14次，各委员活动组共组织各类活动20余次。各专委会组织开展了10次专题调研视察，形成调研视察和学习考察报告10篇。接待了省政协“我省家政服务业的现状及建议”等专题调研，景德镇市政协“疫情防控、企业复工复产工作”调研组的视察调研。

市政协六届五次会议以来的115件提案全部办理完毕，编印了《六届五次会议提案汇编》，评选出13件优秀提案。加强了对外新闻报道和信息报送工作，有30余篇新闻稿件在《人民政协报》微信公众号“早闻政协”新闻栏目、《中国政协杂志》微信公众号、《江西政协报》《乐平之窗》和乐平主流媒体上刊发。

全体会议及常委会会议

【六届五次全体会议】 5月16日至18日召开中国人民政治协商会议乐平市第六届委员会第五次会议。在中共乐平市委的正确领导下，经过全体与会委员的共同努力，圆满完成了各项议程。

与会人员列席了市六届人大五次会议，听取并协商讨论了高翔所作的《政府工作报告》及其他报告。

会议听取并审议了祝金标副主席代表六届市政协常务委员会所作的《工作报告》，会议听取并审议了陈东升副主席代表六届市政协常务委员会所作的《关于六届四次会议以来提案工作情况的报告》。

会议号召，市政协各参加单位和广大政协委员要更加紧密地团结在以习近平同志为核心的中共中央周围，高举习近平新时代中国特色社会主义思想伟大旗帜，在中共乐平市委的坚强领导下，坚守初心、不辱使命，只争朝夕、不负韶华，以更加昂扬的姿态、更加务实的作风、更加有效的工作，为推进乐平高质量跨越式发展，决战脱贫攻坚、决胜全面小康做出新的更大贡献。

【政协常委会会议】 市政协六届十八次常委会会议于5月13日在为民服务中心召开。市政协主席王颖军主持会议。会议审议通过了《市政协六届五次会议相关材料》（共9项）、《人事事项》（共8项）；书面传达学习《省委、景德镇市委、乐平市委政协工作会议精神》《中共乐平市委关于新时代加强和改进人民政协工作的实施意见》；民主评议文广新旅局等6个单位提案办理工作。

市政协六届十九次常委会会议于5月18日在为民服务中心召开。王颖军主席主持会议。会议审议通过了《补选六届市政协主席、副主席候选人名单》《选举工作人员建议名单》《市政协六届五次会议的提案审查情况报告（草案）》《市政协六届五次会议决议（草案）》。

市政协六届二十次常委会会议于9月9日在乐平市工业园区管委会召开。会议分两个阶段进行：第一阶段，市政协主席会议成员及政协常委视察206国道拓宽、景鹰高速连接线、接渡大桥危桥改造及赛复乐电子年产12000吨四个重点项目建设进展情况；第二阶段，市政协副主席王进才主持会议，听取了市重点项目办重点项目进展情况汇报、市政协委员发言，政协常委和相关责任单位负责人互动，潘赛新主席作总结讲话，对如何推进乐平市重点项目建设提出意见建议。

市政协六届二十一次常委会会议于12月24日在洎阳街道办天湖市民之家召开。市政协副主席祝金标主持会议。会议听取了市委办、市政府办关于市政协六届五次会议提案办理工作情况汇报；传达学习《中共中央十九届五中全会精神》《政协全国委员会关于加强和促进人民政协凝聚共识工作的意见》《江西省委十四届十二次全会精神》；民主评议教体局等4个部门2020年度提案办理情况；开展“委员+社区”活动试点。

重大活动及重要提案

【重大活动】 1月，新冠肺炎疫情席卷而来，市政协坚决贯彻落实习近平总书记关于疫情防控的重要指示精神与省委、景德镇市委、乐平市委工作要求，成立了市政协疫情联防联控工作畅通落实领导小组，市政协领导班子成员先后深入各自挂点乡镇、村（社区）调研指导新冠肺炎疫情防控工作，并对政协办挂点村和共建社区的疫情防控工作给予经费支持。抽调1名市政协副主席、2名机关工作人员参加市疫情防控应急组。市政协机关党员到沿河社区开展主题党日活动，参与社区防控摸排、防控知识宣传等工作。广大政协委员尤其是从事医护工作的委员们，始终奋战在抗疫一线，用实际行动展现了白衣天使的大爱情怀和政协委员的责任担当。许多不是医护工作者的委员们，也以开展宣传、捐款捐物等不同方式，积极奉献爱心。据不完全统计，截至2020年12月底市政协各参加单位和广大政协委员已累计捐款86万余元，消毒液1000千克，价值10万元的蔬菜41吨。

5月9日，协助市委召开市委政协工作会议。会议分两阶段进行：第一阶段，传达学习省委、景德镇市委政协工作会议精神，有关单位作会议发言，市委书记俞小平讲话；第二阶段，会议讨论相关文件，市政协党组书记、市政协主席候选人、市委组织部长潘赛新总结讲话。

根据市委部署与要求，以共库建成60周年为契机，完成了《永恒的丰碑——共产主义水库建设史录》编纂出版，协助共库管理局完成了共产主义水库纪念馆布展，为建成共产主义水库红色教育基地做出了积极贡献。

【重要提案】 市政协六届五次会议期间，大会提案组共收到提案115件，其中委员提案96件，计257人次；集体提案19件。经提案委员会全体会议审查，决定立案90件（其中合并15件），占提出提案总数的91.3%，不予立案的10件，占提出提案总数的8.7%（含撤案）。在已立案的提案中，属经济科技发展方面（含工业、农业、三产、财贸）提案17件；属科教文卫体方面提案31件；属城乡建设与管理、生态建设方面提案31件；属社会治理、保障和改善民生方面提案11件。会中立案的提案，经广泛协商，政协主席会议决定重点提案4件。

按照“分级负责、归口办理”的原则，涉及政府系统办理的提案有71件（含重点提案4件），由市委系统落实承办单位办理的有19件，共有28个单位参与办理工作。

六届五次会议提案的办理工作于7月底前完成，答复率为100%。从办理情况来看，委员提案所提问题已经解决或基本解决的（A类）35件，所提问题正在解决或列入计划逐步解决的（B类）52件，所提问题因客观条件限制或其他原因，需以后解决的（C类）有3件。从走访部分委员和查阅委员反馈意见表看，委员对提案办理满意率为98.89%，基本满意率为1.11%。

市政协六届五次会议提案紧紧围绕市委、市政府中心工作和全市发展重点、社会难点、民生热点，内容丰富、选题准确、重点突出、特色鲜明、质量较高，多数提案反映情况真实，研究分析透彻，提出建议可行，凝聚了广大政协委员的心血、政协各参加单位的智慧，体现了政协委员们高度的政治责任感和较高的参政议政水平，为推进乐平高质量跨越式发展，决战脱贫攻坚、决胜全面小康发挥了重要促进作用。

专门委员会工作

【提案委员会】 一是提案征集。5月召开市政协六届五次会议期间，提案委共收到提案115件，提出提案的委员共计257人次。经提案委审查，决定立案90件（其中，因内容相似合并立案的15

件，不予立案10件），立案率91.3%。立案的提案，经广泛多层协商，决定重点提案4件。二是提案办理。市委、市政府始终重视提案办理工作，市政府坚持做到两会结束后及时召开政府常务会议研究提案办理工作，及时印发《关于切实做好人大、政协建议提案办理工作的通知》，并召开提案交办会，就办理时限、办理责任和办理措施等提出了具体要求。各承办单位制定了办理工作方案，落实了办理工作任务和责任，为畅通提案办理渠道、规范提案办理程序和提高提案办理质量奠定了良好的基础。六届五次会议提案的办理工作于7月底前完成。从答复情况看，委员提案所提问题已经解决或基本解决的（A类）35件，占承办总数的38.89%；所提问题正在解决或列入计划逐步解决的（B类）52件，占承办总数的57.78%；所提问题因客观条件限制或其他原因，需以后解决的（C类）有3件，占承办总数的3.33%。从走访部分委员和查阅委员反馈意见表看，委员对提案办理满意和基本满意率为100%。三是提案汇编。为有利于委员们相互交流提案写作技巧和全面知晓提案办理效果，最大限度地减少或避免重复提案，同时也为市领导及各有关部门了解提案、改进工作提供了第一手资料，提案办理完成之后，编辑整理《六届五次会议以来提案汇编》。四是民主评议。对教体局、住建局、城管局、商务局的提案办理工作进行集中评议，都被评为满意。五是社会宣传。运用《人民政协报》网络平台、《乐平新闻》和乐平主流媒体发布政协提案工作的新闻稿，将提案目录、承办单位和提案内容、答复内容放入“乐平政协网”上进行“亮晒”，让提案及提案办理情况接受广大网民的评价与监督。

【文化文史和学习委员会】 一是认真撰写提案、督办提案。递交了1件专委会提案，并被列入重点提案；对口督办了宣传部、文广新旅局承办的提案。二是围绕建设共产主义水库纪念馆和提炼共库精神履职尽责。赴安徽、浙江部分县区考察学习水库纪念馆（展览馆）建设情况，形成了考察报告；开展了共产主义水库建设史料、物件和共库精神研讨文章征集工作，召开了共库精神研讨会，完成了共库精神提炼工作，“忠诚为民、艰苦奋斗、团结协作、无私奉献”的共库精神表述语的建议意见，经市委常委会审议确认；协同共库管理局做好共库纪念馆的规划设计布展工作。三是加强纵向、横向联系。参加景德镇市政协文化文史和学习委在昌江区召开的“市政协文化文史委全体会暨全市文化文史工作座谈会”；接待了甘肃省天水市秦州区、安徽省舒城县政协前来考察文旅融合发展、红色文化资源保护利用工作。四是落实“5·9”批示精神，开展委员专题调研。启动了文化遗产保护工作专题调研，就市委书记“5·9”批示精神关于马氏宗祠修复等有关问题提出了相应处理意见和建议；组织委员深入文化主管部门和部分乡镇了解文化保护工作情况。五是开展共库建成60周年工作。编纂出版了《永恒的丰碑——共产主义水库建设史录》，录制了共库建设历程与生态环境的3部专题片，协助布展工作。六是做好重要会议的相关服务工作。完成市政协六届五次会议秘书组的各项工作任务，及时编辑印发《市政协六届五次会议文件汇编》。七是做好宣传工作。1—12月《人民政协报》上稿1篇，《人民政协报》微信公众号“早闻政协”新闻栏目中上稿10篇，《中国政协杂志》微信公众号上稿1篇，《江西政协报》上稿9篇。

【农业农村经济委员会】 一是学习方面。认真学习贯彻全国、省、景德镇市和本市两会精神，习近平总书记系列重要讲话精神、中央和省农村工作会议精神、中共十九届五中全会精神。认真做好“不忘初心、牢记使命”主题教育总结。参加全省政协系统全面从严治党形势报告会。参加全国政协重大专项工作委员宣讲团在全省宣讲报告视频会。二是建言资政方面。围绕促粮食安全和发展主导产业两个课题，赴重庆渝中区、湖北夷陵区4区县进行考察学习，形成《落实“两藏”战略、促进我市粮食安全》和《做强我市化工产业、助力工业高质量发展》两份调研报告。三是提案督办方面。负责督办重点提案1件，一般提案19件。对商务局的提案办理工作开展民主评议调研。四是中心工作方面。认真做好六届五次会议宣传组工作，负责大会发言材料的收集、整理等。组织委员走访慰问十里岗镇白塔村23户贫困户。接待了分宜县政协副主席陈志生一行前来考察“放管服”工作；安徽省灵璧县陈庆芝副主席一行前来考察农村一、二、三产业融合发展工作。

【人口环境资源委员会】 一是强化学习，切实提高履职水平。开展了六届五次会议提案的对口督办工作。递交1件集体提案和1件个人提案。结合市委、市政府的中心工作，增强服务能力；参加对非法倾倒垃圾渗滤液，破坏生态环境问题的公益诉讼检察建议公开宣告会。二是主动作为，认真开展调查研究。深入基层，开展“深化农村人居环境整治工作”专题调研，召开专题座谈会，形成调研报告。开展城乡生活垃圾处理情况、污染防治专项视察；赴武宁、瑞昌、彭泽考察学习农村人居环境整治工作；参加乐平市“十四五”农业农村现代化规划意见征求座谈会。接待省政协调研组前来开展“我省家政服务业的现状及建议”专题调研。接待景德镇市人资环委调研组、瑞昌市政协前来调研。三是团结协作，积极做好相关工作。积极参与扶贫工作，专委副主任被选派到塔前镇任第一书记。认真做好常态化下的疫情防控、脱贫攻坚、双创双修等中心工作。

【法制社团和港澳台侨委员会】 一是认真组织参政议政。共组织20批152人次对中心工作、重点工作、民生工作，群众反映的热点、焦点工作进行座谈、交流、旁听和测评，通过多渠道、全方位的监督，进一步激活了政协委员参政议政热情，加强了委员与委员之间、委员与部门、委员与群众之间的联系与沟通，提高了政协委员的履职能力和水平。二是精心组织视察调研。开展“访调对接”活动；对“农民工维权工作”进行专题调研，形成调研报告；会同市人大就“治超”问题进行专题视察工作，形成调研报告；对“禁毒工作”进行回头看，对乐平市6·26服务中心和市禁毒基地进行了现场视察；组织参加景德镇市2019年度平安建设综治考评；赴景德镇珠山区新厂街道林荫路社区考察学习“委员+社区”工作。三是积极做好中心工作。配合各专委会做好了“七五”普法检查验收、提案督办和评议、“委员+社区”、政协委员联络、脱贫攻坚相关工作；对住建局和城市管理局就提案落实情况进行了民主评议。

【教科卫体委员会】 一是加强理论学习。认真学习全国、全省、景德镇市、乐平市两会精神，习近平新时代中国特色社会主义思想和十九届四中、五中全会精神，深刻领会贯彻落实会议精神以及全会审议通过的“十四五”规划和二〇三五年远景目标的建议，改进监督工作方式方法，提高工作的针对性、实效性。二是组织委员活动。赴洪马中学、创新中学开展民办高中教育视察活动。组建微信工作群等方式，加强与委员互动和联系。三是开展课题调研。围绕“推进我市中医药事业发展”赴外地学习考察，召开座谈会，提出许多科学合理的建议，形成调研报告。围绕“推进我市学前教育加快发展”深入基层，形成调研报告。四是做好扶贫工作。深入贫困户家中，了解家中成员所需，尽力帮助其解决问题，积极做好帮扶工作。参加委员进社区活动，尽力为社区居民解决实际问题。

承接与交往

【上级视察】 省政协调研组到乐平开展“我省家政服务业的现状及建议”专题调研；景德镇市政协副主席张景根到乐平工业园就疫情防控和企业复工复产工作进行调研；景德镇市政协人资环委调研组到乐平调研。

【横向联系】 分宜县政协副主席陈志生一行到乐平考察“放管服”工作；安徽省灵璧县陈庆芝副主席一行到乐平考察农村一、二、三产业融合发展工作；瑞昌市政协到乐平考察农村人居环境工作；甘肃省天水市秦州区、安徽省舒城县政协到乐平考察文旅融合发展、红色文化资源保护利用工作；浮梁县政协到乐平考察传统文化等工作。

赴武宁、瑞昌、彭泽考察学习农村人居环境整治工作；赴重庆渝中区、湖北夷陵区两地4区县考察学习“主导产业发展”；赴抚州、宜春、萍乡三地考察学习“推进我市中医药事业发展”；赴赣州赣县区、抚州广昌县等五县（市、区）考察了乡村文化振兴工作。

民主党派

综　述

截至2020年底，乐平市共有民主党派组织四个，即民革乐平支部、民盟乐平总支（卫生支部、教育支部、综合支部）、农工民主党乐平支部、九三学社景德镇市委员会乐平直属支社，共有民主党派成员110名，其中民革党员13名，民盟盟员65名，农工民主党党员19名，九三学社社员13名。

中国国民党革命委员会乐平支部

民革乐平支部坚持以习近平新时代中国特色社会主义思想为指导，关注民生了解民情，积极围绕市委、市政府中心工作，振奋精神，精心筹备开展各类组织活动，为全市的物质文明和精神文明建设付出了不懈的努力，取得了较好效果。1. 服务社会大局，积极参政议政。共拟订个人提案建议和集体提案建议共11件，其中《关于推进农村留守老年人关爱服务体系建设的建议》《着力培育乐平中小工业企业发展壮大》等提案建议获得高度重视，专题调研报告2篇，为"更好融入景德镇国家陶瓷文化传承创新试验区"建设提出了建议，切实履行参政议政职能。2. 团结社会力量，发扬优良传统。发挥支部的优势，每年开展送医送药下乡、送温暖下乡、送文化下乡等传播正能量的品牌社会服务活动，得到了领导及社会各界、各贫困乡村老百姓的一致好评，在抗疫期间，携手女企协会向红十字会捐款28000元用于购买抗疫物资。3. 加强组织建设，完善民主监督。多次赴基层进行脱贫攻坚民主监督工作专项调研，实地了解情况，掌握第一手材料，配合民革景德镇市委会形成有价值的调研报告，本着"只帮忙不添乱"的原则，强沟通，重帮扶，为全市脱贫攻坚工作贡献民革力量。4. 立足本职，踏实工作。抗疫、抗洪期间，民革乐平支部的各位党员在各自的岗位上都做出了积极贡献。抗疫期间，配合医院做好抗疫工作，放弃节假日，及时提供联系防疫物资信息、服务协调全市防疫物资生产企业以及工业企业复工复产工作等；为台资企业宏柏新材料化工有限公司协调解决生产过程中的相关困难与问题。利用民革江西省企业家联谊会景德镇分会的资源优势，发挥民革经济领域人才和资源优势，积极参与支持产业扶贫，助力推进洪岩、高家、临港三镇脱贫攻坚。5. 加强支部自身建设。积极做好优秀人才的推荐工作及支部优秀年轻后备党员使用与培养；组织做好换届工作，使换届顺利有序，达到团结和谐稳定良好状态，更加坚定了民革乐平支部党员们干事创业的积极性与凝聚力。

中国民主同盟乐平总支

民盟乐平总支坚持围绕中心服务大局，切实加强自身组织建设，认真履行参政党职能，积极开展社会服务活动，各项盟务工作取得新的成效。民盟乐平总支被中国民主同盟江西省委员会评为抗击新冠肺炎疫情先进集体荣誉称号，3位盟员被评为江西省抗疫先进工作者，黎萍撰写的《新时期盟务宣传面临的机遇与挑战》入选民盟江西省2020年度参政议政调研理论研讨文章。1. 加强思想建设，凝聚思想共识。深入学习贯彻中共十九届五中全会精神，深入学习领会习近平总书记关于加强和改进统一战线工作的重要思想，结合"不忘合作初心，继续携手前进"主题教育，迅速掀起政治学习的热潮，引导全体盟员提高政治站位，增强"四个意识"，坚定"四个自信"，做到"两个维护"。2. 围绕中心工作，参政议政注重实效。组织盟员政协委员参加有关协商讨论会、情况通报会10多次，围绕乐平市《政府工作报告》等重要文件的征求意见稿，以及全市部分重点项目建设、市高端精细化学品项目等多项重要工作进行协商讨论，提出意见建议50多条。组织盟员政协委员向市政协六届五次会议提交提案20余件,总支提交集体提案1件、大会发言材料1份。3.抓好基层组织换届工作,提高组织活力。加强总支组织建设,培养青年干部。6月,民盟乐平总支四届八次会议,陈倩如当选民盟乐平第四届总支生活委员。11月,民盟乐平总支四届九次会议,张东霞当选民盟乐平第四届总支参政议政委员。截至年底,共有盟员65名。4.发挥智力优势,积极开展社会服务活动。1月17日,在接渡镇毕家村开展"健康扶贫"大型义诊活动,为100多名百姓的健康状况答疑解惑,免费量血压、测血糖、糖化血红蛋白和足病筛查并免费B超检查。5月24日,到江西蓝妮子农林发展有限公司,开展精准扶贫产业调研,并将活动情况撰稿《抓契机规模发展 再发力产业扶贫》,发表于《江西民盟》。10月23日,到乐平市众埠镇秧畈村,开展"同心追梦 健康扶贫"大型义诊活动,为200多名村民详细检查,诊断病情,免费测血压、血糖并捐赠、发放药品。10月24日,到鸬鹚乡凤凰山中学开展"同心追梦 情暖校园"活动,向30位贫困学生赠送学习和生活用品。12月4日,到洪岩镇历居山中学、洪罗小学开展"助力脱贫攻坚·情暖校园"活动。向贫困家庭学生赠送学习及生活用品,捐赠书籍及益智类学习用品给罗家小学。

中国农工民主党乐平支部

农工民主党乐平支部紧紧围绕市委、市政府中心工作,积极发挥自身优势,认真履行参政党职能,努力提高参政议政水平。1.加强政治学习。认真学习贯彻习近平新时代中国特色社会主义思想、习近平总书记最新重要讲话精神、中共十九届五中全会精神。认真组织开展学习中共十九届五中全会精神主题活动,进一步增强"四个意识",坚定"四个自信",坚决做到"两个维护",引导党员紧扣市委、市政府中心工作积极建言献策,努力在议政建言和凝聚共识上双向发力。2.加强党员培养。支部及时了解党员的思想状态、工作情况。戴征、胡琛参加省委会组织的社情民意信息专题培训班。新冠肺炎疫情防控工作中,刘宗仁、胡琛、程跃林、戴征获荣誉称号,农工党乐平支部获先进基层组织荣誉称号。组织党员开展红色教育活动。3.积极参政议政。5—10月,童萍、刘宗仁、戴征等支部人员先后通过民主协商会、座谈会、调查研究等形式参政议政。市两会期间,提交了集体提案2件、个人提案6件。组织党员深入基层、赴外地进行专题调研。程跃林参加景德镇市委会的调研课题组,并撰写了《景德镇市农村养老问题及对策探析》。4.送医送药下乡。10月13日,组织医疗专家党员赴市级贫困村众埠镇方山村,开展送医、送药、送健康义诊扶贫活动。为群众提供健康教育、公共卫生服务、医疗咨询、就诊服务等各项免费医疗服务,免费为村民发放药品及健康宣传手册、宣传单。5.参加各类活动。新冠肺炎疫情发生以来,农工党乐平支部投身抗击疫情一线;组织参加隆重纪念中国农工民主党成立90周年系列纪念活动,陈玙征文《葵花向日九十载、勠力同心谱新篇》获主题优秀奖,刘宗仁、程跃林、童萍获党章党史微信知识竞赛优秀奖。参加消费扶贫工作,助力湖北打赢疫情防控和脱贫攻坚两场硬仗。年底,农工民主党助力消费扶贫倡议,购买大方县农特产品合计金额1176元。程跃林多次带领志愿者开展"清网护鸟"等野生动物保护活动及"捡拾乐平""净滩""零废弃日"宣传等环保公益活动。

九三学社乐平直属支社

1.参政议政。支社6名政协委员参加乐平政协会议,共撰写提案3件,其中,集体提案1件,大会发言1件。支社获九三学社景德镇市委会2019年度"先进支社"。2.支社活动暨社会服务。组织学习习近平总书记讲话精神主题活动,主委作了专题学习辅导。坚守岗位,社员奋斗在抗击疫情一线。进行九三学社乐平直属支社换届选举工作。联合市委统战部开展"同心.光明行"走进乐港镇张家村,为留守老人们开展眼科疾患诊疗、用眼卫生咨询,并免费发放老花镜300余副。3.立足岗位成才。况庆雷获评九三学社江西省委会"新冠肺炎疫情防控工作先进个人",被聘为江西省高新技术企业认定评审专家、山东大学威海工业技术研究院第一届技术咨询委员会委员。

（市政协办）

纪检监察

全体会议及常委会会议

2020年4月18日，市纪委召开六届五次全会。市纪委委员19人出席会议，市四套班子领导、市法院院长、市检察院检察长，各乡镇（街道）党（工）委书记、市委各部门、市直各单位、各人民团体党委（党组）主要负责人、部分省属单位和重点企事业单位负责人出席第一次会议；不是市纪委委员的市监委委员，各乡镇纪委书记、街道纪检监察工委书记，市纪委监委机关、市委巡察机构、派驻机构副科级以上干部，部分市监委特约监察员及市人大、市委组织部有关人员共计200余人列席会议。全会传达学习了习近平总书记在十九届中央纪委四次全会上的重要讲话精神和赵乐际所作的工作报告，刘奇在省纪委十四届五次全会上的讲话精神和孙新阳所作的工作报告，钟志生在景德镇市纪委十一届五次全会上的讲话精神和董立新所作的工作报告。市委常委、市纪委书记、市监委主任吴顺斌代表市纪委常委会作题为《做实监督首责、强化制度执行，为打造特色鲜明的现代化赣东北明珠提供坚强保障》的工作报告。景德镇市人大常委会副主任、乐平市委书记俞小平出席全会并作讲话。大会分组讨论俞小平的讲话，审议并通过吴顺斌所作的工作报告。

党风廉政建设

【落实“两个维护”坚决有力】 把学习贯彻习近平新时代中国特色社会主义思想作为首要政治任务，组织纪委常委会会议、理论学习中心组学习会专题学习28次，重点学习十九届四中、五中全会精神和习近平总书记系列重要讲话精神，以及《习近平谈治国理政》第三卷，切实增强“两个维护”的思想自觉、政治自觉、行动自觉。强化政治监督，坚持党中央重大决策部署到哪里，监督检查就跟进到哪里，加强对脱贫攻坚、巡视巡察整改、疫情防控、双创双修、防汛抗洪等工作落实情况的监督检查，共开展182轮次明察暗访，发现问题线索2242起，处理315人，其中给予党纪政务处分32人，诫勉谈话61人，免职停职3人。深化政治巡察，发挥利剑作用，全年共开展2轮巡察，实现届内巡察全覆盖和延伸巡察村（社区）党组织全覆盖。其中，第九轮巡察对15个单位党组织开展了常规巡察，发现并反馈倾向性问题152个，向市纪委市监委移交问题线索16件；第十轮巡察对8个单位党组织和6个村（社区）党支部开展了巡察“回头看”，以及“巡乡带村”延伸巡察了62个村（社区）党支部。深化同级监督试点工作，用好用活“一卡、两问、三书、四单”做法，全年共向县处级干部发放“廉政提示卡”50余张，下发《纪律检查建议书》《监察建议书》52份，《问题函告书》86份，《督促履职通知单》65份，《限期整改通知单》8份。

【管党治党责任压紧压实】 市委自觉扛起全面从严治党主体责任，市委常委会18次专题研究党风廉政建设和反腐败工作，层层压实管党治党政治责任。市纪委积极协助市委履行全面从严治党主体责任，牵头制定《景德镇市纪委向市委反馈全面从严治党工作存在问题整改落实任务分工》，协助市委出台《关于开展政治谈话加强对“一把手”和领导班子监督的实施办法（试行）》，俞小平、高翔等市领导带头与乡镇（街道）党政主要负责人开展政治谈话，面对面反馈问题、传导压力、压实责任。同时，按照省纪委关于在乐平市开展“下一级党委书记在上一级纪委全会述责述廉并接受评议”的试点工作部署，组织了10个乡镇（街道）、市直单位党委书记在市纪委全会上述责述廉并接受评议。聚焦“关键少数”，以强有力问责推动管党治党责任落到实处。共问责党组织67个，问责党员134人。严把党风廉政意见回复关，审查拟提拔重用、评先评优等事项77批2374人次。

执纪审查

【纠治顽瘴痼疾持续深入】 认真贯彻落实习近平总书记关于推动作风建设的重要批示精神，加强对贯彻落实中央八项规定精神情况的监督检查，深挖细查"四风"隐形变异问题，突出纠治"怕慢假庸散"等作风顽疾。共查处享乐主义、奢靡之风99起，处理126人，给予党纪政务处分63人，通报16起19人，第一种形态处理63人；查处形式主义官僚主义176起，处理263人，给予党纪政务处分98人，通报76起106人，第一种形态处理165人。

【一体推进"三不"有力有效】 坚持一体推进不敢腐、不能腐、不想腐工作思路。共受理信访举报325件，其中检举控告类227件。共立案215起，结案297件。加强案件背后政治生态分析研判，推动以案促改。组织拍摄严重违纪违法人员忏悔录，在水利、公安、乐平工业园等案发单位组织开展"三会一书两公开"警示教育活动，严格督促限期整改、建章立制。加强党性党风党纪教育，将党风廉政教育纳入市委党校培训班课程，官方微信"廉洁乐平"常态化发布典型案例通报，乐平市多幅廉政书画作品被省纪委省监委采用，廉政微纪录片《一个讲解员的红色情怀》入围"廉洁江西·初心不改"廉政微视频展播行列。开展受处分党员干部回访教育工作，全年共开展65人次，营造了良好干事创业氛围。

【维护群众利益担当有为】 扎实推进扶贫领域腐败和作风问题专项治理，紧盯关键人员、重点资金、重要环节，向社会公开通报、曝光扶贫领域腐败和作风问题37起54人。深入开展扫黑除恶专项斗争监督执纪问责工作，严格落实线索、案件"双清零"要求，深挖彻查涉黑涉恶腐败和"保护伞"，共查处129人。探索开展村(居)民小组"三资"监督，牵头制定了《关于加强村(居)民小组"三资"监督的实施意见》，切实加强对所有村(居)民小组的资金、资产、资源的监督，有效遏制腐败，回应群众关切。开展冒名顶替上大学专项整治行动，11名涉案人员被严肃处理，维护了教育公平。

队伍建设

【淬炼干部队伍扎实过硬】 以党建为引领，切实加强全市纪检监察干部队伍建设。抓实干部能力建设，建成机关党建活动中心，依托"1+8+1"机关党建新模式，打造了"星期天学堂""清风讲堂""啄木鸟课堂"学习平台，推进纪检监察干部全员培训，全年共举办46期各类讲座和培训班。市纪委监委组宣部获景德镇市"巾帼文明岗"集体荣誉称号，并被推荐参加全省巾帼建功先进集体评选表彰活动。多名干部参加上级机关办案、巡视和跟班学习，得到中央巡视办、省纪委省监委领导表扬和肯定。抓严干部监督管理，利用姜国文、赵开江、卢建严重违纪违法案开展警示教育和对照检查，坚持刀刃向内，严防"灯下黑"。共受理纪检监察干部信访举报件7件。

(市纪委办)

群众团体

乐平市总工会

【概况】 市总工会围绕市委中心工作和景德镇市总工会重点工作任务,积极探索符合乐平市实际情况的工会工作新路子,各项工作都取得了新进展新成效,彰显了新时代工会组织的新担当新作为。

【强化职工思想引领】 结合“不忘初心、牢记使命”主题教育,深入学习宣传贯彻习近平新时代中国特色社会主义思想、党的十九届五中全会精神和《习近平谈治国理政》第三卷;认真学习贯彻习近平总书记关于工人阶级和工会工作的重要论述,牢牢把握工会工作正确政治方向,进一步提高政治站位,切实担负起引导职工“听党话、跟党走”的政治责任,切实肩负起意识形态工作的重要责任,定期分析研判意识形态领域形势,做好新形势下工会意识形态工作。

【坚决打赢三大战役】 一是坚决打赢防疫攻坚战。做好疫情防控工作,安全有序推进职工复工、企业复产,为助力“六稳”“六保”工作凝心聚力。当好疫情防控“宣传员”。广泛宣传党中央决策部署和省、市防控管控要求及相关法律法规,号召全市各基层工会组织、干部职工群众强化担当作为,做好防控工作。当好疫情防控“配送员”。筹集6万元送温暖专项资金走访慰问坚守疫情防控工作一线的医务人员;组织机关干部职工向市红十字会爱心捐款5210元;为复产复工企业送上医用口罩、消毒液等防疫物资;当好疫情防控“站岗员”。市总工会下派到临港镇的新冠肺炎疫情防控支援工作组积极做好了各村疫情防控登记点的值班工作等各项疫情防控工作。当好疫情防控“服务员”。先后开通了由乐平前往浙江、福建、广东农民工返工复产直通车,共为8批合计8000余名乐平籍外出务工人员提供大巴车免费接送。二是坚决打赢防汛攻坚战。积极响应“汛情就是命令”,班子成员分批前往结对村临港镇古田村、下堡村及礼林镇牌楼圩堤探访汛情。详细了解当地防汛力量、物资储备、受灾情况等,及时配合调运方便面、面包、矿泉水等救灾物资,发放到受灾群众手中,之后开展防汛抗灾工作和灾后保障工作。三是坚决打赢脱贫攻坚战。加大对临港镇古田村脱贫帮扶工作,进一步巩固脱贫攻坚成果,紧盯短板弱项。

【“四送”品牌活动持续开展】 一是开展2020“春节送温暖”活动,安排拨付资金170余万元。二是开展“春送岗位”活动,配合市就业局开展“春风行动”线上招聘活动,为广大职工群众提供乐平市内外170多家用工企业1.8万个岗位。三是开展“夏送清凉”活动,为全市广大户外职工送上清凉用品及物资价值共计5.96万元。四是开展“金秋助学”活动,为19名困难职工子女发放了共计79000元的助学金,缓解困难职工家庭因子女上学造成的困境。

【维权服务工作扎实有效】 积极配合劳动监察大队对乐平工业园区侵权案件的执法维权,通过与人民法院对接,开通绿色通道,为玛德化工112名员工挽回了赔偿款150多万元;驻外农民工维权服务有序推进,成效显著。福建、浙江农民工维权服务站帮助解决各类侵权讨薪案件20多起,挽回经济损失190多万元。积极发挥“三师一室”团队作用。健康工程师团队开展健康咨询、免费体检三次,惠及3000名企业职工。

【解困脱困工作扎实推进】 按照省、市关于做好城镇困难职工解困脱困工作要求,对全市20户全国级困难职工及115户省级困难职工做到了精准识别建档立卡,建立工作台账,填写困难职工解困脱困结对联系卡,对困难职工做到逐户登记造册。

【互助保险工作稳中有升】 参

加互助保险与购买的份数都同比有所增加，全市投保人次26985人，保费金额925765元；全年赔付金额632543.45元。

【关爱劳模措施落实得力】 组织8名来自全市疫情防控及脱贫攻坚一线人员赴江西省庐山温泉工人疗养院疗休养活动。做好省劳动模范，景德镇市巾帼标兵、巾帼标兵岗、女创业带头人等推荐评选工作。

【阵地建设大力加强】 一是加强组织建设，深入开展“强基层、补短板、增活力”行动，推动基层工会改革创新发展。对全市基层工会组织建设情况进行了摸底调查，及时掌握基层工会的动态，对名存实亡的“僵尸”企业及空壳企业进行清理。完成机关事业单位工会机构改革后组建工会10家，机关事业单位工会换届20家，新增会员648人；二是强化阵地建设，加快新的工人文化宫项目的启动和建设，为广大干部职工和社会提供健康有益的具有现代化的活动场所。

（市总工会）

中国共产主义青年团乐平市委员会

【概况】 团市委紧紧围绕市委、市政府的工作战略部署，以助力疫情防控，贡献青春力量为主线，扎实开展各项工作，积极发挥生力军和助手作用，为抗击疫情取得战略性胜利、建设特色鲜明的现代化赣东北明珠做出了积极贡献。

【助力疫情防控】 新冠肺炎疫情发生以来，团市委动员组织广大青年有序参与防控工作，为坚决遏制疫情扩散、夺取防控斗争胜利贡献了青春力量。一是协助做好舆论引导，利用微信、微博等新媒体平台发布倡议书、转发官方通告、刊发工作动态等，协助做好疫情防控、知识宣传、澄清事实。二是发挥青年生力军作用，服从应急指挥部工作安排，选派2名工作人员抽调指挥部参加应急值班，组织4名青年志愿者在乐平市火车站协助开展了为期30天的为到站旅客登记信息工作，服务时长200余小时。开展了“返乡大学生团员到社区（村）报到”主题活动，动员200余名返乡大学生志愿者参与了洎阳街道网格化信息采集、协助社区开展疫情防控等志愿服务活动。三是开展抗疫爱心捐款，组织80余名团干部、少先队辅导员、青年志愿者捐款共3万余元。发挥桥梁纽带作用，动员上饶慈脉中医医疗公司向市红十字会捐赠了1000包预防新冠肺炎（代茶饮）方；联合北京UU公益向乐平市人民医院捐赠医用口罩5000只、医用手套4700只、外科消毒洗手液120瓶、医用防护服200套；联合乐平福乐欣农业公司向市敬老院捐赠蟹味菇、白玉菇500千克；向中医医院捐赠蟹味菇、白玉菇300千克。四是助力复工复产，借助乐平在线人才网平台，充分发挥“互联网+就业”的优势，联合相关部门主办了网络公益招聘会，参与招聘的企业394家，提供的岗位1410个，参与人数12805人。

【加强青少年政治引领】 以“3·5”学雷锋日为契机号召全市中小学生以家为阵地，通过手抄报、绘画、短视频等形式向新时代的“雷锋”——抗击疫情的逆行者和坚守者致敬；针对中小学校尚未开学复课的实际，动员全市少先队组织通过江西文明网“缅怀·致敬·传承——2020清明祭英烈”祭扫专栏，开展了网上祭英烈活动；“五四”期间，指导高中学校举办了“十八岁成立仪式”；六一期间，结合喜迎第八次全国少代会的召开，动员组织各少先队组织开展了“迎接少代会，争做好队员”主题队日活动，通过队前教育、集体入队、主题队课等活动，引导青少年听党话、跟党走。七一期间，联合中共乐平市委组织部、市直机关工委举办了全市“让党性在大学大干大变中闪光”主题演讲比赛。国庆期间，开展了“我和国旗合个影”活动；组织乐平职业中专50名师生赴井冈山全国青少年革命传统教育基地参加全省“红色基因代代传·青春井冈行”红色研学活动。

【选树先进典型】 一是积极推荐参与上级各类评选。胡红艳获评“省优秀共青团干部”；杨勇获评“第二十届瓷都十大杰出青年”；叶文良、石勇飞获评“景德镇农村创业致富带头人”；刘玲获评景德镇市杰出青年岗位能手。二是开展景德镇市“两红两优”评选推荐。9名个人、8个集体分别获评景德镇市优秀团员、优秀团干部、五四红旗团委、五四红旗团支部荣誉称号。

【强化舆论引领】 一是综合运用微博、微信等新媒体平台聚集、沟通、影响青少年。微博、微信共发布信息395条（微博188条，微信图文207篇），阅读量469065

人次(微博376447人次,微信92618人次)。二是开展专题理论学习。通过微信平台刊发了习近平总书记“五四”寄语精神、“六一”寄语精神,全国两会精神、十九届五中全会精神;做好“学习强国”、江西干部网络学院平台运用;开展了“学习新思想·争当新青年”网上主题团课学习活动,不断兴起“青年大学习”的热潮,强化理论武装。

【助力双创双修】 一是组织20名乐平、景德镇、省三个层级的团代表赴一方公园开展了“助力双创”主题团日活动,向过往群众发放乐平市双创双修宣传册200余份,劝导不文明行为10余起;常态化组织志愿者开展路长制巡查、文明交通劝导,进一步增强了群众对“双创双修”内容的了解,为“双创”助力,为青春添彩。二是于6月14日,组织开展了“安全血液、拯救生命”第17个世界献血者日主题活动,200人参与无偿献血,捐血量达70700毫升。三是组织10余名志愿者在乐安河南岸开展了“保护母亲河·争当河小青”活动,捡拾河边垃圾,美化环境卫生。

【助力脱贫攻坚】 开展了共青团助力脱贫攻坚学业资助活动,为17名建档立卡贫困户中小学生发放了32000元助学金;开展了“金秋助学”、“中国茅台·国之栋梁”——2020希望工程助学,为6名符合条件的贫困大学新生每人发放5000元助学金;联合景德镇市青少年宫赴临港镇、鸬鹚乡开展了“情暖金秋·绽放梦想”景德镇市“流动青少年宫”爱心帮扶公益活动;携手“五四”青年奖章集体——乐益行动公益协会在一中成立了“乐益班”,为50名学生每人发放了3000元助学金;携手“五四”青年奖章个人——北京UU公益王文娟共资助170名贫困学生,爱心助学金合计10万元。

【维护青少年合法权益】 一是组织城区小学少先队大队部开展了“青春自护·平安春节”假期自护教育主题活动。二是通过微信平台刊发了“疫情防控知识”、“预防溺水守护安全”倡议书,要求各学校共青团、少先队组织进行转发宣传,阅读量4974人次,进一步提高青少年自护意识。三是开展未成年人保护宣传周活动。9月14日至20日是江西省第十一个未成年人保护宣传周,团市委积极动员各中小学通过LED显示屏、拉横幅、校园宣传栏、黑板报等方式积极开展主题宣传活动;围绕“法典护成长·助力少年强”主题,通过课堂宣讲让学生了解未成年人相关安全知识,提高自我保护意识和能力。四是规范法制副校长的管理。根据政法系统的人事变动,对部分法制副校长进行了调整,并结合各类节庆日走进校园开展主题教育,提高自我保护的意识和能力,保护自身的安全。五是提高青少年自护能力。联合蓝天救援队赴各中小学举办了“防溺水”安全教育讲座。动员少先队组织邀请消防救援队走进校园开展了消防宣传教育、应急疏散演练等自护教育。

【加强组织建设】 一是强化“智慧团建”系统建设。完成了所有团员信息录入工作、指导乡镇团委做好了毕业生团组织关系转接业务。二是召开了市委第五巡察组对团市委党组巡察情况反馈会,制定了整改方案,全面落实从严治团,为建设“特色鲜明的现代化赣东北明珠”贡献青春、智慧和力量。三是指导基层团组织做好了28家“非公”经济组织成立团支部并录入“智慧团建”系统工作。四是召开了全市团干部传达学习十九届五中全会精神宣讲会,并动员全市中小学以学校团支部、少先队中队为单位进行了传达学习。

【加强少先队建设】 一是开展了“致敬先锋·童心战‘疫’”主题活动,居家学习期间,动员各少先队组织通过诗朗诵、战“疫”手抄报、自制绘本故事、战“疫”书法书信、祝福小视频等形式,少先队员们以自己的方式,向奋战在一线的逆行英雄致敬,传递正面信息;二是开展“瓷都广水云结对活动”,3月,积极响应共青团江西省委号召,组织第十一小学与随州市广水市第三实验小学结对,围绕“瓷都广水云拉手、致敬先锋报祖国”主题,先后开展了“云升旗”仪式、“缅怀先烈　致敬英雄”云拉手清明主题教育等活动,让两校师生手拉手、心连心,携手齐抗疫,共迈新征程;三是推荐50余名队员参加了“瓷都十佳少年”和“瓷都百名好少年”评选,共有30名队员喜获荣誉;四是举办乐平新时代好少年评选活动,为学习贯彻习近平总书记“六一”寄语精神,选树先进典型,联合教育体育局举办了第四届乐平新时代“十佳少年”和“新时代好少年”评选活动;五是举办了乐平市少先队辅导员培训,并推荐一小、五小、十一小三所学校的少先队大队辅导员赴井冈山教育培训中心参加了2020年江西省少先队辅导员培训，提升少先队辅导员业务能力和水平；六是推荐二中、九小两所学校的少先队辅导员参加了景德镇市少先队辅导员风采大赛；推荐九小胡泽琨参加全省第四届红领巾讲解员风采大赛并获二等奖；七是指导全市各中小学成立了学校少工委并召开了成立大会。

（团市委）

乐平市妇女联合会

【概况】 市妇联按照“党有号召，妇联有行动”的要求，紧紧围绕市委提出的奋斗目标，在团结引领妇女跟党走、维护妇女合法权益、帮扶妇女创业就业、关心关爱贫困妇女儿童、推进家庭妇女儿童发展等方面做了大量富有成效的工作，为建设现代化赣东北明珠贡献了巾帼力量。

【加强思想政治引领】 以“赣鄱红色娘子军”宣讲团为载体，积极组织心理咨询师、家庭讲师团、法律专家、优秀妇联干部、三八红旗手、最美家庭代表组成的妇联宣讲团成员，深入乡镇（街道）、农村社区、机关单位、学校军营等广泛开展党的十九届四中、五中全会精神、分享抗疫和扶贫故事、小康幸福你我她、文明有礼暨家风家教、民法典、预防“两癌”知识等各类主题鲜明的宣讲活动60余场，引导广大妇女听党话、跟党走。利用“乐平市妇联”微信公众号等、微博微信QQ群、黑板报宣传栏等，围绕市委、市政府中心工作，紧扣时代主题和妇女工作，抓住节日、重大活动等契机，及时转发重大活动信息，制作内容丰富、形式多样、生动活泼、文明向上的微文，引导广大妇女干部进一步强化宗旨意识、党性意识和责任意识。大力弘扬社会主义核心价值观，围绕妇女群众的关注热点和多元需求积极开展网上宣传，运用“网言网语”传播正能量、弘扬主旋律，最广泛地为党凝聚妇女力量。乐平妇联微信公众号发布信息640篇；上级媒体采用稿件210篇，国家级9条，省级25条，景德镇市128条，县级44条。

【加强基层妇联组织建设】 认真落实上级群团改革要求，在完成乡镇妇联换届和村级“会改联”工作的基础上，与市直机关工委联合下发《关于加强机关事业单位妇女组织建设的通知》，新建25个市直机关单位妇女组织，进一步扩大了基层妇女组织覆盖面，切实解决基层妇联工作力量薄弱和“倒金字塔”问题。

【推进家庭文明建设】 深入开展“清洁家庭”“最美家庭”“绿色家庭”“书香家庭”等特色家庭创建活动，唐庆武家庭等5户家庭被评为江西省抗疫最美家庭，王水英家庭荣获江西省书香家庭称号，徐瓷明家庭等3户家庭荣获江西省最美家庭称号，另还有15户家庭被推荐为景德镇市最美家庭，50户推荐为乐平市最美家庭，360户家庭被评为景德镇市、乐平市清洁家庭，25户家庭评为书香家庭。通过选树先进典型，带动更多家庭投身构建和谐社会的实践。

【推荐选树优秀新时代女性】 市妇联荣获江西省第六届全民健身运动会暨江西省妇女健康生活展示大赛优秀组织奖；市巾帼志愿者协会会长郎柳玉荣获江西省三八红旗手称号，有17名女性、12个集体获景德镇市表彰；50名女性、12个集体获乐平市表彰。

【开展巾帼志愿活动】 组织巾帼志愿者以互动游戏、爱心帮扶、免费心理、婚姻咨询、为老人和儿童包饺子等多种方式，关爱留守儿童、关心空巢老人等特殊群体，为他们送去温暖。共开展各类志愿服务279场，服务时长9612小时，直接受益人90416人，组织参与活动志愿者3007人次。通过项目化运作，充分发挥广泛联系妇女、儿童和家庭的职能优势，实现志愿者、服务对象和活动项目的有效衔接，不断提升品牌效应。

【引导妇女创业就业】 广泛宣传妇女创业就业意义和国家的相关帮扶政策，与就业局联合开设家政护理扶贫培训班，累计帮助400余名妇女掌握母婴护理、家务料理、病患陪护、养老护理等护理技能，有效帮助80多名贫困妇女，其中育婴员培训班妇女参训和就业均达90%以上，就业范围辐射全国。与劳动就业部门联合开展“春风送岗位·情暖妇女”招聘活动，帮助4050名妇女实现家门口就业。与相关部门联合在乐平市职业技能培训学校举办中式面点培训班开班。用活妇女创业担保、微型企业扶持等优惠政策，为创业妇女提供创业指导和项目服务。推荐市锦鸿家政有限公司参加江西省“振兴杯”家政技能大赛，邓琦荣获“家务料理组”第1名，王彩香荣获“最美家政人”称号。

【维护妇女合法权益】 认真接听"12338"热线电话，热情接待妇女来访，依法帮扶困难妇女儿童，全市各级妇联接待来信来访252余起，办结率92.3%，成为化解基层纠纷的中坚力量；市妇联推荐的司法局双田司法所所长熊林松荣获"全国维护妇女权益先进个人"称号。坚持做好农村、社区女法律明白人培训，将村（社区）妇联主席、妇女小组长培养成法律明白人，积极开展"妇女权益保护、法律与你同行"主题讲座、"情暖瓷都——法律进我家"主题活动，进一步提升妇女群众知法、懂法、用法的能力，不断增强妇女维护法律尊严的自觉性和责任感。联合市委政法委、市民政局、市司法局等单位共同下发《关于全面推进我市家庭预防化解工作的指导意见的通知》，成立市婚姻家庭纠纷人民调解委员会，引导妇女群众依法表达诉求，为建设和谐社会发挥积极作用。

【促进巾帼脱贫】 大力实施"巾帼脱贫行动"，依托江西蓝妮子农林发展公司和三王牧业公司两个巾帼脱贫示范基地，以汪艳霞、王彩霞、魏秋香、程冬英、林春梅等31位女性带头人创办的妇字号扶贫公司、工厂、扶贫车间，带动帮扶3832个贫困户。积极选派精准扶贫工作队进驻十里岗镇三房村，组织市妇联副科级以上干部共结对20户贫困户，帮助发展种植业和养殖业，带领全体机关党员干部、市妇女儿童活动中心、市为民职业技术学校、德亮中医志愿服务队志愿者开展扶贫日系列活动，努力为贫困户办实事、好事。大力实施免费为农村城镇贫困妇女开展"两癌"免费筛查项目，举办预防"两癌"知识培训，利用各种途径向妇女群众宣传"两癌"防治知识、发放宣传资料5000份，城镇两癌检查基本完成，应检3339人，已检2949人，达88.3%，未检390人自愿放弃。为25名妇女争取到每人1万元"两癌"救助专项资金；联合南大一附院、乐平大连医院开展"与美丽同行"乳腺健康科普活动，为近1000名妇女群众进行免费检查。

【助力疫情防控】 向全市妇女群众发出倡议，号召全市妇女行动起来，联防联控，共克时艰。积极运用"乐平市妇联"微信公众号等新媒体平台，广泛宣传疫情防控的科学方法和健康生活方式，宣传疫情发展的最新动态，宣传奋战在战"疫"一线的最美逆行者和奋斗者。1486名村妇女小组长，逆行背街小巷、居民小区、乡村小道，通过包片包户、挨家挨户敲门喊话，发放宣传单等方式，开展入户排查、测量体温、实时监测、电话回访，实现执委特别是乡镇（街道）、村（社区）妇女组织负责人联系家庭全覆盖，为群众筑牢一道道健康屏障。

充分调动广大社会组织尤其是女企业家协会的力量，第一时间发出公告，向社会各界企业及爱心人士开展抗击疫情物资募捐活动，组织动员女企业家主动承担社会责任，贡献爱心力量，募集捐款30080元，口罩8000只，筹集到由海南自由岛实业有限公司捐赠的价值10.8万元的树上水椰子水1000箱，向1000名抗击新冠肺炎疫情志愿者们、社区一线工作者、贫困家庭进行了发放。

成立"景德镇市抗击新冠肺炎疫情心理支持志愿者服务队"，开通"13707988711"心理热线，开展公益心理热线+微信支持免费服务，提供心理支持、情绪疏导、情感支持，最大限度减轻疫情所致的心理伤害和恐惧情绪。市妇联推荐的蓝天救援队朱春霞、巾帼志愿者协会毕惠萍、塔山街道办余清霞等14位荣获"陶溪川杯"2020景德镇市疫情防控社区巾帼奋斗者称号；疫情防控期间，妇女儿童活动中心推出线上全免公益课活动。

【实施妇女儿童民生项目】 认真实施省妇联民生项目，完成并发放省妇联的民生项目资金42万元。

【关爱贫困留守儿童】 开展"关爱儿童"活动，参与"恒爱行动——百万家庭亲情一线牵"活动，帮贫困留守儿童织毛衣160余件，开展"把爱带回家"寒假特别行动；开展"预防儿伤"活动，制作宣传展板200余块、宣传册6万余份，共开展26余场。开展第四期"关爱贫困儿童　共筑快乐家园"公益活动，开设书法、美术、舞蹈、口才等8大课程，共招收贫困儿童60余人。开展"春蕾润泽·芳华绽放"金秋助学资助贫困家庭女大学生活动，11名贫困女大学生共受资助5.5万元；联合市女企业家协会资助1名贫困女大学生4000元；开展"春蕾计划"资助贫困女生工作，共资助152个贫困女生共计151400元。

（市妇联）

乐平市科学技术协会

【概况】 市科协组织按照习近平

总书记提出的科协各级组织要“坚持为科技工作者服务、为创新驱动发展服务、为提高全民科学素质服务、为党和政府科学决策服务”的职能，围绕《全民素质行动计划纲要》工作目标，履职敬业，勇于作为，积极融入全市抗击疫情和复工复产中去，充分调动广大科技工作者积极性，大力开展科学技术普及工作，推动了科普工作再上一个新台阶。

【坚持深学悟透，明初心担使命】 一是强化科普战线党的理论武装建设，提高政治站位。市科协坚持集中与自学有机统一，认真学习习近平新时代中国特色社会主义思想和全国两会以及党的路线、方针、政策和科协业务知识，自觉做到增强“四个意识”，坚定“四个自信”，做到“两个维护”。二是以“三会一课”和主题党日活动为纲，坚持学习常态化、制度化。结合科协实际推进党建+科普和社区共建活动，开展党员志愿服务活动，达15次100多人次，科协号召力、凝聚力、战斗力进一步增强。三是紧抓服务，推进科技人员之家建设。注重加强与科技工作者联系，邀请省、市专家为科技工作者产业发展服务，开展科协系统先进集体、先进个人评选表彰，年终十佳、优秀科技工作者进行走访慰问，让科技工作者真切感受到“家”的温暖。四是服务大局，全力配合党和政府特殊时期中心工作。继续做好科技助力精准扶贫工作，为帮扶村德明村提供科技助力支持达10人次，争取项目资金支持，关爱贫困户生活。同时意识形态工作、党建“三化”建设、学会改革、科普大篷车“四进”活动、“双创双修”、综治信访、节能环保等中心工作有条不紊地保持常态化稳步推进。

【及时行动，做好抗疫科普宣传】 制定下发了《关于做好新型冠状病毒感染的肺炎疫情应急科普工作方案》和《乐平市科协应对新型冠状病毒感染的肺炎疫情防控倡议书》等，组织动员全市科协组织和广大科技工作者1000余人次开展新冠肺炎疫情科普宣传、捐款捐物，捐款3700元、党员捐款1600元。采取“科普乐平”微信公众号每天推送、疫情科学知识网络有奖竞答、视频滚动播放、科普大篷车流动宣传、深入社区村张贴宣传画等形式，广泛开展新冠肺炎疫情科学防控宣传，参与网络竞答达50000多人次。积极利用科普中国、科普江西、科普乐平等科普平台，广泛宣传新冠疫情科普应知应会知识，宣传抗击疫情一线的先进人物和典型事迹。3人到东方酒店、5人到临港镇开展新冠肺炎防控工作。

【“科普之春”活动线上线下进行】 3月初，印发了《关于开展2020年科普之春暨学雷锋科普志愿者服务月活动的通知》，由于疫情原因，不能组织大规模群众性集会科普宣传，市科协督促指导乡镇（街道）科协广泛发动群众，但又要注意方式方法，充分利用网络平台，开展科普志愿者服务活动，尤其是随着国内外疫情日趋复杂的严峻形势，疫情防控常态化、网格化势在必行，各级科协组织充分发挥基层科普行动力、组织力，有力地协助了党委政府切实做好疫情防控和复工复产工作。

【“科技活动周”活动因地制宜进行】 随着疫情国内形势相对缓和，市科协针对性地开展了一系列“科技活动周”活动，联合市扶贫办、市气象局等专家到洪岩镇小坑村开展“送科技下乡”活动，赠送疫情防控、油茶等果树种植、气象等科普知识图册500多份，并深入基地指导复工复产工作。协助景德镇市科协邀请农业专家深入塔前镇杨安、新园等村开展送科技下乡活动，结合线上问题为农民开展科普咨询活动，解答春耕生产、疫情防控等生活生产的疑难问题，发放《果树种植技术手册》《科学防疫疫问医答》《受污染耕地安全利用技术操作手册》《水稻镉污染防控技术措施（要点）》、农民科学素质读本等科普读本600余本。

【流动科技馆乐平站开馆】 6月，中国流动科技馆在乐平站开馆，举办了开馆仪式，接待青少年及师生参观体验近3000人次，激发了青少年科技梦想，激发他们体验科学魅力、展开想象，营造了爱科学、用科学氛围。

【全民科学素质抽样调查圆满收官】 4月22日下午，市科协组织各基层科协召开了全市科学素质工作会议，部署布置迎接第十一次中国公民科学素质抽样调查工作；5月15日举办了100多人的全市提升全民素质培训班，收集归纳了迎接第十一次中国公民科学素质抽样调查信息采集表6000多份，督促乡镇（街道）科协分批举办科学素质提升培训班40多期达3000余人次，于8月18—19日迎接了国检，并圆满收官。

【“科技工作者日”活动倾情服务

“三农”】 在第四个全国科技工作者日期间，乐平市科协联合老科协组织科技专家服务团先后到洪岩、乐港、塔前、接渡等乡镇举办了4场(次)科普活动，将科技服务工作与产业扶贫对接，有针对性地服务发展种养方面。5月21日下午，乐平市科协再次联合市老科协、浯口镇科协举办“送科技下乡，全力服务三农”科技培训，高级农艺师陈尧三、助理工程师孔祥火两位老专家应邀授课，100多位种粮大户和油茶栽培户闻讯赶来参加培训，品尝由老专家精心准备的丰盛科技快餐。

【全国科普日活动形式多样】 一是精心谋划，有序推进全市科协等八家单位联合印发了《关于举办2020年乐平市全国科普日活动的通知》文件，启动了联合协作机制。二是多方协作，有效启动。9月18日上午，2020年乐平市“全国科普日”活动启动仪式暨“全国科普日”主场活动在乐平市第十一小学举行、省景德镇市领导出席启动仪式现场，应急救援科普进校园、新冠肺炎疫情防控知识培训、青少年科普知识有奖竞答、科普展板展等主题活动同步开展，近500余人次参加了此次活动。三是紧扣主题，线上答题9月11日至10月10日，开展微信阅读攒积分赚红包网上科普活动。5万余人参加了此次活动。四是充分发挥“三长”作用。在科普日活动期间，乡镇(街道)科协发挥“三长”特长作用，举办了技术交流、科技培训、出科普宣传栏、义诊、青少年科普宣传系列科普活动，各类活动达30场，出科普宣传20余期，惠及群众30000余人。

【建立专家站】 根据《关于做好2019年乐平市专家工作站申报工作的通知》精神，经单位申报、前置审查、实地考察、专题评议等环节，市人才办、市人力资源和社会保障局、市科协三家于4月在乐平市思红蜂业有限公司、江西景德镇中药股份有限公司、乐平市凤凰山生态农业开发有限公司、乐平市妇幼保健院等4家单位设立乐平市专家工作站，为提升科技创新能力、推动产学研结合、促进科研成果转化的高端平台和人才引进培养发挥重要作用。

【做好巡察整改工作】 4月14日，反馈了市委第六巡察组对市科协党组巡察意见，实事求是地指出了市科协党组存在的问题和不足，有针对性地提出了意见建议。为了全面落实巡察反馈意见，扎实做好整改工作，推动全面从严治党不断深入，市科协党组制定了整改方案，召开民主生活会，定期定时落实到人，针对问题全面整改，利用整改完善市科协制度建设，有力优化弥补了科协系统深化体制改革进程中存在的缺陷和漏洞，为科协系统优化建设创造了有利的条件。

(市科协)

乐平市归国华侨联合会

【概况】 市侨联坚持围绕中心服务大局，充分发挥优势，以“三个大有作为”为导向，大力拓展海外联谊和新侨工作，编织情感纽带，以心聚侨、以情连侨，践行“以侨为本，为侨服务”宗旨，补短板，强根基，抓关键，谋长远，各项工作取得了新进展新成效。在推进经济社会和民间各领域的交流合作，充分利用侨力侨智资源，团结动员广大归侨侨眷和海外侨胞，牵线搭桥推介招商引资项目，将招商项目介绍给海外侨商，宣传推介乐平，打造对内对外开放高地等工作方面，为全市经济社会发展做出了积极贡献。

【做好侨界参政议政的组织工作】 全市两会期间，组织侨界代表、委员围绕国计民生参政议政，深入基层开展调查研究，组织侨界代表参加“十四五”规划建言献策座谈会，为全市和谐发展和统筹城乡建设贡献才智，扩大了侨界影响力。

【建立乐平市侨界智库】 结合第二次侨情普查，建立完善了乐平市侨界智库登记档案，2020年有智库人数24人，其中有中国工程院院士、现任北京大学常务副校长的詹启敏；深圳市金硕微科技有限公司董事长马应烽；世界马氏联谊总会会长、拿督马中商务理事会董事局董事马汉坤；美国转化医学杂志主编邹刚明；南京信息工程大学信息与控制学院教授、博士生导师徐军等。

【加强侨联基层组织建设】 9月，侨联组织侨务工作者、侨界群众和社区干部在东湖名都“侨胞之家”共同学习了习近平总书记关于侨务工作的重要论述、十九届五中全会精神和《中华人民共和国归侨侨眷权益保护法》等涉侨法律法规。现场发放知识读本和涉侨知识宣传手册200多份。

【服务走访侨企与维护侨益】 组织工作人员前往市童家山工业园区福荣鑫陶瓷批发中心进行考

察、走访,并向福荣鑫董事长马仙栋先生颁发防疫捐款证书。邀请马楚业先生开展了“浓浓助学情,酷暑送清凉”爱心空调捐赠活动。9月,组织汛期受灾的侨企和侨界群众在众埠镇廷鸾小学集中发放汛期救灾款,并对“华金硕科技”济困助学人员信息进行再次摸底核实,并按实际在学在校状态进行部分人员调整。

【积极参与侨界活动】 组织干部职工和侨界群众积极参与中国侨联举办的关于开展纪念归侨侨眷权益保护法颁布30周年暨第二届“侨商杯”法律知识竞赛答题活动,12月1日国家宪法日,组织华侨侨眷到东湖名都社区“侨胞之家”开展纪念归侨侨眷权益保护法颁布30周年宣传活动。

【全力投入疫情防控】 抗疫防疫期间,响应市防疫指挥部和省侨联的指示精神,及时向基层侨联及乐平籍的海内外侨胞发抗击疫情倡议书,并主动对接海内外华侨、马氏宗亲参与抗疫捐款捐物,组织侨联人员到后港镇高家山社区捐防疫口罩、到众埠新屋村开展抗疫消杀工作,按照市新冠肺炎防控应急指挥部要求,主动承担并持续做好境外输入型常态化疫情防控工作,做好协调服务、信息摸排、沟通联络等相关工作,并坚持境外返乐人员隐患排查每日零报告制度,主动对接、密切关注侨界出入境动态,严防境外疫情倒灌回流。

【做实精准扶贫工作】 根据市扶贫办工作要求,做好了精准扶贫户的走访慰问工作;春节前市侨联干部带上慰问物资走访众埠镇新屋村精准扶贫对象。

【获奖情况】 市侨联荣获2020年全国侨联系统助力脱贫攻坚先进集体。

(市侨联)

乐平市工商业联合会

【市工商联五次代表大会召开】
12月30—31日,市工商业联合会(总商会)第五次代表大会在市为民服务中心召开。会议听取和审议了市工商联(总商会)第四届执委会工作报告;选举产生第五届执行委员会主席(会长)、副主席(副会长)、秘书长、常务委员会委员、执行委员会委员;审议通过了《乐平市工商联(总商会)第五次代表大会决议》;王岚当选市工商联(总商会)第五届执委会主席(会长)。

【理想信念教育富有成效】 在非公经济人士中开展理想信念教育活动,通过座谈研讨、政策宣讲、参观学习等形式,加强非公经济人士思想政治引领,增强非公经济人士对中国共产党和中国特色社会主义的政治认同、思想认同、情感认同。

【基层商会党建有效覆盖】 指导成立海口江西乐平商会、杭州市景德镇乐平商会、义乌市乐平商会三个外埠商会流动党支部,推动乐平市二手车商会筹备成立党支部;指导直属商协会党支部建立完善工作台账,打造乐平市农民大学生协会党支部党建“三化”建设工作示范点,并完成所属商协会党支部党建“三化”建设工作。

【参政议政建言献策】 市两会期间,组织工商联届政协委员就经济发展、社会民生等方面进行座谈,认真调研撰写提案,积极建言献策,提交议案、提案、建议17件,其中《关于加大发展乐平高端商贸经济的建议》《关于拓宽我市职业教育的建议》为集体提案。

【调查研究摸实情】 疫情防控期间,就企业“六保”“六稳”工作进行调研,走访会员企业30家,了解企业复工复产情况及困难问题,赠送《惠企政策汇编》120册。开展2019年度民营企业社会责任调查、古戏台文化产业深度合作、优化营商环境等调研。

【服务会员促发展】 积极策应市政府主办的2020年“春风行动”招聘活动,举办第二届“公益网络招聘月”,通过线上线下宣传动员,帮助企业解决招工难和就业人士实现“家门口”就业,共有396家企业提供1312个岗位,线上计划招聘5069名员工,网上参与人数达1.3万人次。对接银行为企业融资需求提供金融服务,为352家民营企业发放1.26亿元贷款,助力企业复工复产,为全市294家规模以上企业通过防疫风险救助保障。开展民营企业“法治体检”、服务“六稳”“六保”护航民企发展检察开放日等活动,通过政策宣传、典型案例剖析、民法典学习培训,指导企业提高法治意识,依法依规经营,为民营经济健康发展营造更好的法治环境。

【履行社会责任献爱心】 新冠

肺炎疫情防控期间，积极组织非公人士参与抗击新冠肺炎疫情捐赠活动，全市26家商协会152家企业累计捐款捐物近800万元。组织商会企业开展“病毒无情，乐平有爱”公益行动，为外地经乐人员及一线防疫工作人员免费提供矿泉水、方便面、牛奶等物资保障服务，累计捐赠物资16万元。携手江西省山东商会、山东省明日之星教育基金会格乐国际公益基金管委会开展“同心助学 大爱工程”公益捐赠活动，为中小学捐赠AI智能平板电脑、创客空间“创意盒子”、备课教学软件等物资价值100万元。节日期间组织商会会员赴各乡镇（街道）开展慰问走访活动，为建档立卡贫困户、孤寡老人赠送慰问物资，折合人民币近15万元。

【义乌市乐平商会成立】 11月16日，义乌市乐平商会成立大会在义乌市幸福湖国际会议中心举行。会议选举产生了首届商会领导班子，余保海当选义乌市乐平商会会长。大会期间举办了招商推介会，市工商联和义乌市市场发展集团有限公司签署“百县万品”助农项目战略框架协议。

【获得荣誉】 乐平市工商联荣获江西省“千企帮千村”精准扶贫行动组织工作先进集体；江西中远现代农业荣获“2020江西民营企业100强”，江西天新药业、江西世龙实业荣获“2020江西制造业民营企业100强”，江西世龙实业、江西天新药业、广州赛特智能科技（广东省江西乐平商会常务副会长单位）获得“抗击疫情重要贡献民营企业”光荣称号。

（市工商联）

乐平市文学艺术界联合会

【概况】 市文联深入贯彻落实“二为”方向、“双百”方针，认真履行文联工作职责，积极开展文联工作，为繁荣发展文艺事业工作做出了成绩。

【开展抗疫主题文艺创作】 一是组织音乐界创作抗疫主题歌曲。由省词曲作家田信国作词、乐平市音乐人刘祥锋作曲的歌曲《中国答卷》，在学习强国App、江西教育电视台、中国新闻社等平台播出。由蒋良善作词，余少鹏、彭建群作曲的赣剧MV《无论生死解民悬》；由蒋良善作词的歌曲《最美逆行的你》；由彭建群编曲的歌曲《大爱无疆》；刘祥锋编曲的歌曲《中国加油》等几首音乐作品都获得良好反响。二是组织书法美术界进行抗疫主题作品创作。创作了书法、篆刻、国画、油画、剪纸等60余幅主题作品进行了微展，讴歌抗击疫情中涌现出来的先进典型、辛劳的白衣天使和奋战在一线的干部群众，鼓舞全市人民坚定抗疫信心。三是组织文学界进行抗疫主题作品创作。市作协创作了一批散文、古诗词和现代诗歌、赣剧、微电影等文学作品，讴歌弘扬“抗疫英雄人物”及事迹典范，先后在江西省作协、景德镇文艺、乐平之窗以及各地微刊等平台刊登。

【举办脱贫攻坚主题文艺创作展览】 一是举办“已是山花烂漫时”乐平市脱贫攻坚摄影书画展览。10月17日，第七个国家扶贫日，市文联、市扶贫办联合举办了“已是山花烂漫时”——乐平市脱贫攻坚摄影书画展，展期一个月，地点在乐平美术馆。开展当天，乐平市委书记俞小平，景德镇市扶贫办主任罗莉，乐平市委副书记、市长高翔和市有关领导一同参观了展览。二是《泥土上的真情》——乐平市脱贫攻坚报告文学集和《已是山花烂漫时》——乐平市脱贫攻坚摄影书画集正式出版。市文联组织创作了报告文学集《泥土上的真情》，全书分四个版块：不负韶华、蝶变乡村、走向小康、见证初心，共37篇报告文学计168千字，由百花洲文艺出版社正式出版，并在乐平之窗开设专栏陆续刊登。摄影书画集《已是山花烂漫时》是在采风创作的1800余幅摄影作品中精选100幅，加上22幅书法作品、18幅美术作品，合计140幅作品结集出刊，入选作品在此次主题展览展出。三是《迎来这一天》——乐平市脱贫攻坚主题歌曲MV在乐平之窗首发。歌曲由市文联副主席程慧作词、市融媒体中心新闻主播刘祥锋作曲，组织乐平市24位公益歌手和8位驻村第一书记共同演唱，展现了正能量、阳光、美好、幸福的温暖画面，歌曲在学习强国、人民网、中国文联、江西文艺、乐平之窗等众多媒体展播，唱响人民群众共步小康的幸福欢歌。

【开展“中华民族一家亲，同心共筑中国梦”主题采风活动】 乐平市委统战部、乐平文联组织市摄协和美协，对少数民族村瑶冲村进行专题拍摄创作，代表景德镇参加江西省第三届少数民族文化艺术节征稿活动，最终有30余幅摄影、美术作品入选，此项活动在中国艺术报刊发报道。

【做好文艺惠民志愿服务工作】 坚持文艺为人民服务，积极组织各文艺协会开展形式多样的文艺惠民志愿活动。一是举办义写春联活动。春节前夕，乐平文联组织全市20余位书法家，在东湖市民之家广场，举办义写春联活动，为群众义写春联2000余幅，得到市民的广泛赞誉。春节义写春联是乐平文联的一项传统文艺惠民活动，已持续开展了20多年，累计义写春联4万余幅，一直深受群众欢迎和好评。二是积极参与古戏台大讲堂活动。乐平文联创作的脱贫攻坚主题歌曲《迎来这一天》走进乐平高家镇古戏台大讲堂。三是参加景德镇文联组织的“送欢乐下基层”慰问演出。作为景德镇市文艺志愿服务小分队成员，乐平文联组织节目《迎来这一天》的主创人员和歌手参加在浮梁县兴田乡举行的文艺志愿服务活动。

【下属各协会成绩斐然】 作家协会：张新华抗疫文学《小小说二题》、抗疫小说《山村里的守望和坚守》分别在《泉州文学》2020年第二期、江西九三学社网络平台刊登；邹冬萍的《穿越小坑村的千年时光》《风雨扶贫路，愿做一盏灯》分别在《江西工人报》、“红土地上的脱贫报告”主题征文活动、《当代人》中刊发和入选；邹冬萍抗疫诗歌《群像素描（组诗）》和蒋良善抗疫歌曲《最美逆行的你》在《景德镇文艺》发表；应清华的散文《万年，俗世尘寰的白云间》《我的喜欢是寂静的》《擦肩》分别在《泉州文学》《椰城》《岁月》发表；邹冬萍、王美珍脱贫攻坚题材的报告文学获得《江西工人报》“井冈”杯征文比赛优秀奖；邹裕乐、李年华等作者的作品在《乐平之窗》推出；蒋良善创作的折子戏剧本《姜女送衣》在昆山“百戏盛典”江西折子戏专场演出，电影文学剧本《凌空一鹤》与影视公司签约拟投入拍摄；王美珍的《故土乐平》一书出版发行。市作协组织参加景德镇市作家协会第七次代表大会，张新华、戴智生（兼秘书长）两位当选副主席，邹冬萍当选理事；组织创作抗疫题材文艺作品，在全国刊物杂志、报纸、网络平台推出；集体创作脱贫攻坚报告文学集《泥土上的真情》，由百花洲文艺出版社出版；编辑“洎水文学”微信公众号；诗词协会“江西省散曲社大田村创作基地”在后港镇大田村举行挂牌仪式，会员创作了一批抗疫主题和反映新农村建设的古诗词，在全国各地微刊上刊登。

书法家协会：洪美华的作品分别入展由江西省书法家协会主办的“品味文化庐陵，书写魅力江西”全国书法大赛、“封龙山杯”书法作品展；蒋卫平在景德镇市民中心进行公益授课——书法篆刻，为景德镇市书法家协会创作LOGO；吴寿平获“井冈源杯”全国书法大展三等奖；董卫平的书法《沁园春·抗疫》入选江西省文旅厅组织评选的江西省优秀抗疫作品；姜家有、吴寿平作品入展全国第五届正体书法作品展。乐平书协组织会员参加景德镇市书法家协会第六次会员代表大会，其中董卫平、蒋卫平两人被选举为景德镇书协副主席；组织举办景德镇市书协代表作品乐平书法展，展览在乐平美术馆举行，展期10天，共展出100余幅书法作品；每月15日定期举办书法交流会，定期为参加省、景市比赛作品举行看稿会。

美术家协会：组织会员参加创作景德镇廉政书画展作品，其中段长虹的国画《百里昌江映朝晖》《井冈晨辉》、詹婷的国画《山水画》入选；段长虹创作抗疫国画作品《疫情就是命令》分别在中国艺术家优秀作品精选、中国美术家作品精选发表，国画《春满江城》在《今日头条》火神山线上全国邀请展上发表；徐莺凤、徐建国的《众志成城抗疫素描集》入选江西省文旅厅组织评选的江西省优秀抗疫作品；许玉华的油画《最美的印记》获江西“艺”起抗疫工艺美术作品展一等奖；汪海景的油画《鹿圈子的早晨》入展江西省第二届美术作品展。许玉华举办油画·陶瓷颜色釉个展，在景德镇三宝蓬美术馆开展；市美协组织会员参观青蓝——中国当代青花学术邀请展；组织开展“脱贫攻坚”作品创作座谈会；组织参加江西省美协举办的“决胜小康、奋斗有我”美术作品展征稿创作。

摄影家协会：陈雪明的《西瓜大棚》在江西省摄影家协会主办的第235次月赛作品评选中获优秀奖；汪和云摄影作品《加油》和《下雨啦》分获2020年第二季“街拍新时代”——江西省摄影季赛优秀奖和江西省摄影双月赛优秀奖；刘风雷的作品《传统手艺》《夫妻菜地》分别入展“皖南风韵山乡黄花”第三届安徽石台油菜花海暨乡韵全国摄影作品展、江西省第25届摄影展；胡治平《点赞三宝》、常青《开启新时代》、郎志平《屋檐下的瓷魂》、汪小华《一起牵手来三宝》4人作品入展三宝国际瓷谷杯全国摄影大展；张淑珍等3名女会员的作品获省妇联举办的“小康生活·美在赣鄱”女性主题摄影大赛优秀奖；刘风雷、程明建等9名会员的46幅作品在乐平摄影家协会公众号发布，同时被《乐平之窗》转载；汪庆华的作品《沐浴阳光》获2020·天强杯江西省摄影双月赛(9—10月)优秀奖；熊昌琪的作品《金菊喜丰收》获2020·天强杯江西省摄影双月赛(9—10月)入选奖；刘风雷、汪小华2人被邀参加全国百名旅游摄影家聚焦铜鼓采风活动。市摄协组织会员开展“决胜全面小康、决战脱贫攻坚”摄影创作采风活动，拍摄记录脱贫攻坚一线工作情况；参加景德镇市摄协举办的“昌江百里风光带”摄影展；参加省摄协举办的《2020江西省抗洪抢险摄影图片展》开幕式；到安义古村开展摄影采风活动；开展“秋收”主题摄影采风活动；分别组织部分会员参加景德镇市“文艺公益大讲堂”摄影专场讲座、江西省二十五届摄影艺术展开幕式；与天人影像签订战略合作协议；每周五晚定期组织会员在天湖市民之家多功能厅开展沙龙活动，进行摄影创作交流。

戏剧家协会：创排新剧目赣剧折子戏：《霸王别姬》《滑油山》《寿洲救驾》《赤桑镇》《宋江杀惜》《活捉三郎》《别窑》《昭君出塞》《柜中缘》《小宴》《挑滑车》《罗成叫关》《李逵探母》《击鼓骂曹》《九锡宫》；创排赣剧新剧目：《状元媒》；创排赣剧《范进中举》；赣剧《无论生死解民悬》入选江西省文旅厅组织评选的江西省优秀抗疫作品。12月份先后组织来到涌口镇、十里岗镇、高家镇、塔前镇送戏下乡，为广大群众送上小品、快板、八宝珠冠、赣歌等优秀节目。

音乐舞蹈家协会：组织40多支舞蹈队先后参加由江西省文联、省扶贫办、省广播电视中心联合举办的“决胜小康、奋斗有我”群众舞蹈大赛线上初赛、线下复赛、决赛；为2020赣东北地区篮球邀请赛创作主题曲《团结的荣耀》；为歌曲《乐平是个好地方》编曲、制作音乐；创作脱贫攻坚主题公益歌曲《迎来这一天》；组织开展“不负韶华·逐梦前行”经典作品少儿钢琴音乐会；定期与乐平市妇女儿童活动中心、老年大学开设公益音乐课堂，每年暑假为贫困留守儿童免费开设音乐课程。

（市文联）

乐平市残疾人联合会

【概况】 市残疾人联合会紧紧围绕市委、市政府的中心工作，克服新冠肺炎疫情带来的不利影响，认真实施重点工作和重点项目，较好地完成了各项任务。

【康复工作】 根据新冠肺炎疫情防控的要求，市残疾人康复服务机构5月上旬前暂停服务，市残联积极协调市两家残疾儿童康复机构利用网络开展“线上康复”，为家长提供家庭康复指导。积极开展残疾人康复需求采集工作，共计完成全市2247名残疾人康复需求采集任务。在市卫健委的支持配合下，充分利用人民医院、中医院的技术力量，建立了乐平市残疾儿童康复服务评估专家资源库，确定了19名入库专家人选，并予以了公示。根据精准康复方案的要求，积极开展了残疾儿童康复工作，有47名残疾儿童在市脑瘫儿童康复中心接受康复训练，有27名残疾儿童在市春天启智学前教育中心接受康复训练，转介异地康复训练的残疾儿童有20名。全年共有2194名残疾人接受了各类康复服务，康复服务率100%，辅助适配率为100%。

【教育就业工作】 积极开展了江西省残疾大学新生助学项目的申报工作，共计申报符合条件残疾大学新生17名。落实了景德镇残联困难残疾人子女大学生资助申报工作，共计申报了符合条件困难残疾人子女大学生45名。市本级残联还对当年考上大学的17名残疾人新生给予了每人800元的资助，同时对困难残疾人家庭开展了助学活动，共为26名困难残疾人子女提供了助学资金，共计11600元。

大力开展“六稳”“六保”工作，出台了《乐平市鼓励和扶持残疾人就业创业实施方案》对受疫情影响经营困难的企业及个人给予了1500—10000元的补助。举办了残疾人定向招聘会，有12名符合条件的残疾人与用人单位达成用工意向。对全市残疾人公益性岗位进行了规范化管理，对取酬不履职、工作不积极和部分超龄的残疾人占用岗位情况进行清理。共计清理残疾人农家书屋管理员35名。举办了农村残疾人实用技术培训班，共计培训学员400名。在乐平市百绿农业发展有限公司举办了残疾人产业孵化培训班，周边有创业愿望的30余名残疾人参加了培训。

【基层组织建设工作】 做好了第二代残疾人证换发证工作，对

4000余名到期换证的残疾人进行集中换发新证工作。深入乡镇(街道)常态化对精准扶贫户疑似残疾人进行了上门办证。在乐平市平安小区成立了景德镇首家脊髓损伤者希望之家。该机构主要针对脊髓损伤患者开展心理疏导、肢体功能训练、康复护理指导、生活自理能力训练等。根据中国残联的统一部署,开展全国残疾人基本服务状况和需求信息数据动态更新工作,全市入户调查为19643人,电话调查为2085人,入户调查率90.4%。共计完成调查残疾人21768人。

【宣传文体工作】 做好了残疾人事业宣传报道工作。全年在"乐平之窗""景德镇残联网""景德镇在线""江西残联"等刊发稿件20余篇,其中有两篇关于乐平市残疾人在参与新冠肺炎疫情防控的事迹被中国肢残协会网站用稿。由景德残联选送,残疾人胡国福创作的书法作品,在华东地区残疾人文化创意作品大赛分别获得二等奖、三等奖。江西省残联举办第五届全省残障少儿世界和平海报作品征集活动中,乐平市启智学校选送的《最美逆行者》获得二等奖。开展全国第三十个助残疾日系列活动。组织人员深入定点康复机构进行走访慰问;市肢残协会在洎阳街道洎安小区开展残疾人文化活动;到双田镇精神障碍患者社区康复站进行志愿服务活动。大力开展文化进家庭"五个一活动"。活动中为残疾人发放了励志图书、观看了电影《我和我的家乡》、游览了洪皓公园、参观共产主义水库纪念馆,并在佳佳基大酒店举办残疾人励志演讲、惠残政策宣讲会和以案释法讲座。

【扶贫与基本生活保障工作】 春节前夕,多渠道筹措资金开展走访慰问残疾人活动,为他们发放了慰问金和御寒冬衣,送去了大米、食用油等春节物质。

在全市开展对建档立卡重度失能残疾人照护和托养对象进行摸底调查工作,审核出符合条件的人员263人,并报民政部门审批。全年共有10495人次享受了困难残疾人生活补贴,7860人次享受了重度残疾人护理补贴。同时,对2016—2018年漏发的残疾人"两补"资金进行了补发,共计补发329人,补发资金378850元。

【维权工作】 经省司法厅批准,乐平市残联成立了公职律师办公室,李国林任公职律师办公室主任,胡乐保为成员。组织基层残联专职委员深入学习民法典对民法典的出台背景、结构体系、主要内容进行了深入阐释,并开展"以案释法"讲座。

【精准扶贫工作】 市残联成立了精准扶贫领导小组,组建了"连心"小分队,由9名队员组成,其中常驻队员3名,9名副科级以上干部对双田镇龙珠村精准扶贫困户进行了全覆盖一对一结对帮扶。落实包村帮扶资金9万元,大力实施了产业帮扶,落实产业帮扶资金6万元。市残联还根据实际,为残疾人免费发放助辅助器具;开展残疾人无障碍改造项目,将精准扶贫的落到实处。

(市残联)

乐平市红十字会

【概况】 市红十字会以发扬"人道、博爱、奉献"的红十字精神,保护人的生命和健康,促进人类和平进步事业为宗旨,以改善最易受损害群体生活境况为目标,遵循国际红十字运动的七项基本原则、国际人道法和《中华人民共和国红十字会法》以及《中国红十字会章程》,在市委、市政府领导下依法独立开展工作。

【开展防控新冠肺炎疫情社会募捐工作】 年初,新冠肺炎疫情席卷祖国大地,市红十字会参与到此次新冠肺炎疫情防控工作,依法依规开展社会募捐,自1月26日发出募捐倡议书和公告至4月28日关闭专项通道以来,接收款物共计5080500.42元,其中:捐款4601076.1元,接收物资折合人民币479424.32元;发放率100%,并及时做好捐赠工作公开工作和组织动员会员、志愿者参与社区联防联控工作。

【"5·8博爱周"活动】 1.集中献血活动。5月7—15日,市红十字会在市政广场开展为期9天的博爱周暨无偿献血活动。共组织713人次有效献血,献血量达257600毫升;2.团队献血活动。针对参加人员较多的单位及乡镇开展团队献血活动(组织献血车上门采血)。共采集635人次,献血量达217300毫升。两项合计组织有限献血达1348人次,献血量达474900毫升;活动期间共有83人进行了造血干细胞登记并采样。

【人体器官(组织)捐献】 1.在2月份,市红十字会积极配合南昌大学一附医院医护人员,在乐平市人民医院对一名因车祸急救而渐渐失去生命体征的 3 岁患儿,通过几昼夜地做家属工作,终使家属同意一肝两肾的器官捐献,给三名患者送去了生的希望,挽救了三个家庭。2. 11 月 16 日,市红十字会组织开展"2020 年乐平市人体器官捐献志愿登记宣传活动",活动现场邀请了南昌大学第一附属医院 OPO(器官获取组织)办公室负责人作器官捐献宣讲报告,活动结束后与会者在人体器官捐献志愿登记签名墙上集体签名,完成志愿登记的志愿者 30 余人。

【志愿服务活动】 年底,开展了主题为"弘扬雷锋精神 劝导文明交通"的文明交通志愿服务行动,组织工作人员在规定的时间节点和服务路段参加文明交通劝导志愿服务。

【应急救护培训】 9—12 月,利用工作日及双休日为各乡(镇)人民政府(街道办事处)、农村中学教职员工,开展了 56 期救护员培训班,共培训救护员 2530 人,使广大干部职工的安全防范意识有明显的增强,自救互救能力有较大的提高,当意外伤害来临时,将伤亡降至最低。

【备灾救援】 1. 春节期间开展"红十字博爱送万家"活动。向企业募集物资在洪岩镇举行集中发放仪式,为 143 户贫困户分别赠送价值 350 元/个的"红十字春节慰问箱",总价值 5 万余元;2. 做好镇桥镇百乐村 9 户精准扶贫户外的扶贫帮困工作,并为百乐村拨付扶贫资金 9000 元;3. 在全市汛情期间,了解摸排灾情和救助需求,争取到两批物资的调拨,共 380 个家庭箱和 420 条毛巾被,价值在 14 万余元,当天及时发放给受灾群众;4. 通过开展腾讯"99 公益日"项目线上筹款活动,筹款共计 20.79 万元用于资助贫困学生圆梦大学。

【讲好红十字故事】 讲好器官捐献故事。通过主流媒体对 3 岁患儿捐献一肝两肾挽救三个家庭的故事行了宣传报道,引起较好的社会反响。通过市红十字会单位公众号、乐平之窗对新冠肺炎疫情防控捐赠信息进行公示,接受社会监督。对"5 · 8"世界红十字日、世界献血者日、世界急救日等活动向社会公众进行了宣传,使红十字工作走进市民群体,得到了社会各界的广泛认可,市级以上媒体报道共 32 篇次。

(市红十字会)

乐平市社会科学学会联合会

【概况】 市社联团结带领全市广大社科工作者,紧紧围绕市委、市政府的中心工作,立足实际,解放思想、开拓创新,积极开展社科研究、学术研讨和社科普及等各项工作取得了较好的成效。

【加强理论学习及业务培训】 把学习、宣传、贯彻党的十九大精神、十九届二中、三中、四中、五中全会精神作为首要的政治任务,紧抓不放。党的十九届五中全会召开后,及时组织收看十九届五中全会相关电视新闻,并针对第四季度工作任务重、头绪多的实际,见缝插针组织学习。每次学习,在时间、内容、人员做到三落实,确保参学率和学习效果。除了平时的自学和单位组织学习外,社联全体干部还参加了江西干部网络学院网络在线知识学习及"学习强国"App 学习。

制定了详细的理论学习和社科业务知识学习的制度,建立领导班子和党员干部理论学习与社科业务知识学习的长效机制。坚持在每周的星期一进行工作汇报和业务学习,每月第一周的星期五进行以中心学习组为主的政治理论学习和业务学习。

【开展"百名会员下基层"活动】 组织并开展好下基层调研活动,组织所属学会会员自 6 月开始至年底,在全市开展"百名会员下基层"大型调研活动。调研活动具有很强的针对性,调研中每个学会必须带着课题进行,活动结束后每个学会完成 1 个以上课题论文。

【开展课题研究、理论征文活动】 年初通过下发年度课题征集意见函,召开课题立项研讨会等多种途径,研究、制定了《乐平市 2020 年度社会科学规划项目课题指南》,拟定课题 24 个,并分发到基层会员手中。按要求高质量完成景德镇市社会科学规划立项项目的三个课题:新时代农村新乡贤文化研究、乡村振兴战略中的文化建设研究、乐平历史文化旅游资源及其开发利用。组织社会各界向景德镇市社联申报社科规划项目课题,争取了三个课题立项,分别是:"共库精神"的内涵及现实意义、农村基础党员干部教育培训研究、乐平全面融入景德镇国家陶瓷文化传承创新试验区的几点思考。

对接"景德镇国家陶瓷文化

传承创新试验区”建设目标，切实把习总书记重要讲话精神转化为工作思路、具体举措和发展成效。11—12 月会同市委宣传部联合开展融入景德镇国家陶瓷文化传承创新试验区建设理论征文活动。自 12 月起会同市委宣传部组织开展乐平市学习党的十九届五中全会精神征文活动。

【加强社科普及与“科普宣传周”活动】 一是组织开展习近平新时代中国特色社会主义思想进农村、进社区“社科大讲堂”活动，通俗易懂的语言、生动的讲解让参会人员对于如何全面、深入、准确把握习近平新时代中国特色社会主义思想重大意义、丰富内涵和精髓要义具有指导作用。

二是加大社科普及载体建设力度。按照江西省社联工作要求，对乐平市古戏台博物馆、红十军旧址和方志敏故居三个社科普及教育基地进行摸底调查，完成相关材料。

三是做好《江西省社会科学普及条例》宣传及科普宣传周活动。11 月组织筹划和部署，在全市范围内开展了多项宣传活动。社科宣传周活动采取社联主办，学会和相关单位协办的方式进行。教育学会、会计学会、名研会、哲学学会等所属学会和古戏台博物馆、红十军建军旧址、方志敏旧居等省市社科普及基地，分别结合自身特点，以咨询、发放资料、送戏下乡、开放展览及科普知识培训和学术讲座等形式开展了丰富多彩的社科活动。活动现场发放社科资料近 800 份，接受群众咨询 100 余人次，组织会员、学生等近千人到科普基地——古戏台博物馆、红十军旧址、方志敏旧居实地参观。

【努力办好《乐平社科》刊物】 提高办刊水平，认真谋划主题、约稿管控质量、加强交流反馈，努力提升办刊质量，加强了栏目的特色性和针对性，加强了重点栏目的建设，加强了约稿工作。

【开展社科品牌学会创建工作，加强学会管理】 年初启动社科品牌学会创建工作，创建工作采取学会申报、实地考察评估等方式，遴选出若干个品牌学会。

坚持学会秘书长联席会议制度，召开基层学会联席会议。在抓好自身建设的同时，坚持以人为本，寓管理于服务之中，做到既严格按章管理，又积极热情服务，促进了全市社科类学会的发展，得到了广大社科工作者和有关方面以及社会的充分肯定。

加强对社团工作的统筹协调和指导管理，促进全市哲学社会科学学术社团健康有序发展，起草《乐平市社会科学界联合会社团管理办法（试行）》（审议稿）。

【围绕中心工作发挥智库作用】 发挥社科系统的学科和人才优势，加强人才使用，推动社科研究，积极发挥市社联在新型智库体系建设过程中重要的桥梁和纽带作用，为党委和政府决策提供优质咨政服务。在各行业领域筛选社科理论素养高的人员充实到社科队伍中，聘请 12 名社科特约研究员。

【多措并举做好精准扶贫工作】 克服工作人员少，经费短缺等困难，落实各项帮扶政策。广泛开展结对帮扶走访活动，上门入户与电话联系有机结合，切实提高贫困户满意度。社联 4 名副科以上干部每月坚持深入扶贫村，对贫困户进行挨户走访，了解家庭情况和个人需求，填写了帮扶贫困户基本情况登记表、摸底表，建立“结对帮扶情况”台账。传统节日期间，对 11 户精准扶贫户开展走访慰问工作，看望生病的帮扶对象。

【参与做好环境整治工作】 始终坚持把环境综合整治工作作为一项重点工作来抓，结合自身实际，认真分析环境整治工作新形势，明确责任路段工作职责到人，采取主要领导亲自抓，班子成员共同抓的工作机制，按要求安排相关人员到责任路段进行巡查。

【认真落实平安建设工作】 制定工作计划，与市委、市政府签订《市直综治责任单位平安建设责任书》，加强对平安建设工作的领导，成立领导小组，按照综治职责分工，认真抓好落实。加强法治宣传及禁毒工作的宣传教育工作，把禁毒教育和普法教育相结合。组织社联工作人员认真完成全市网上法律知识考试。

【扎实做好巡察整改工作】 按照市委第三巡察组巡察反馈意见，迅速研究部署落实反馈情况整改工作，深刻剖析问题原因，逐条逐项研究整改措施，制定了《乐平市社联党组关于落实市委第三巡察组反馈意见的整改方案》，对标对表整改、注重标本兼治、针对反馈问题，采取有效整改措施，在件件有着落上发力，高标准严要求做好整改工作。

（市社联）

军　事

人民武装

【概况】 2020年，乐平市人民武装部（以下简称市人武部）在省军区、景德镇军分区党委领导和指导下，在乐平市委、市政府领导重视下，坚持以强军目标为引领，狠抓教育铸军魂、投身改革抓落实、紧贴任务做准备、正规秩序守底线、深化融合促提升，较好地完成了年度各项工作任务，全面建设再上新台阶。

【主题教育】 2020年，市人武部紧扣学习贯彻习近平主席在“不忘初心、牢记使命”主题教育总结大会上的讲话和党的十九届五中全会精神主线，扎实开展“不忘初心、牢记使命”主题教育，把学习教育、调查研究、检视问题、整改落实贯穿全过程。采取与军分区同步集中组织、领导带头与个人自学相结合等方式，学好必读书目，抓好常态教育，用好系列书籍10余册，集中利用每天一小时，开展集中读书活动。利用周一交班，组织基本理论抽点，检验学习成效。

【党管武装】 2020年，市人武部坚持和落实双重领导制度，推进党管武装向强军目标聚焦。坚持把党管武装工作纳入乐平市重点工作年度考评范围，有效推动党管武装工作落实。持续推进民兵训练基地和人武部营院升级改造力度，完善各项保障设施，做好国防教育馆规划设计工作。

【纪检监察】 2020年，市人武部党委正副书记和纪委书记围绕廉洁征兵、纪律处分条例、问责工作规定、党内监督规定、上党课等，常态落实上级违规违纪问题通报传达学习，持续强化党员干部明底线、知敬畏、守规矩的思想自觉和行为自觉。部纪委重点对基层干部作风、经费使用和重大任务完成情况进行不定期督查，促进作风纪律根本转变。调整23名基层风气监督员并组织16名新任监督员培训，进一步熟悉业务，提高能力；加强兵员征集、工程建设、物资采购等监督，当好改进机关工作作风、纯正基层风气、正向传导压力的前哨尖兵。

【宣传教育】 2020年，市人武部举办新闻报道培训班，强化全体专武干部新闻宣传业务能力。注重加强宣传报道，全年在《人民日报》《中国国防报》等国家级媒体用稿11篇，中国民兵、中新网等知名网站用稿13篇，东部战区、省市报刊用稿180余篇，有效展示了乐平武装工作。建立国防教育宣讲员队伍，深入学校、机关、训练场讲好“红色故事”，宣传国防文化，激发爱国热情。深入开展“热血兵心、乐平儿女建功在军营”现役官兵典型宣传采访活动，组织拍摄“爱在‘疫’途”抗击疫情先进人物宣传片，形成争先创优浓厚氛围。组织收集整理抗美援朝老兵事迹，进一步传承抗美援朝精神。认真组织迎接全省国防教育基地考评，十里岗篁坞方志敏旧居、赣东北特委旧址被授予江西省第三批国防教育基地。

【军事训练】 2020年，市人武部组织开训日活动、开展条例月活动和机关首长训练。组织民兵分队长暨四会教练员集训。组织实弹射击和联合训练。

【民兵队伍】 2020年，乐平市把民兵调整改革纳入地方党委政府议事日程，纳入党管武装考评内容。市人武部联合地方出台《民兵调整改革实施方案》，建立领导责任制和军地沟通协调机制；市成立以政府常务副市长和人武部部长、政治委员任组长的调整改革领导小组，先后5次召开推进会，市、乡、村三级联动，凝聚合力抓责任强化、抓任务细化、抓兵力调动，抓实潜力调查，优化力量布局，压减编建规模。区分应急、专业和特殊队伍三类力量，严格体检政考，编实普通民兵和基干民兵队伍。本着“编为用、建为战”思想和“三不用”原则，着力加强各分队连排干部选拔任用。采取行业或系统联编、企业独立编组、区域联片编组形式，最大限度保证编组单位对口率高、合理性强、可持续性好。依据《深化民兵调整改革检查考评细则》，对各基层武装部、民兵营(连)、民兵应急排进行检查抽查，采取查阅资料、核对器材、询问情况、抽考理论、拉动分队相结合的方式，逐个单位过，逐项内容过，民兵调整改革工作进一步落实落地落细。建立军地督导检查机制，市、乡、村三级联动，抓好基层武装部教导员、专武干部和民兵营(连)长队伍建设。协调投入专项经费用于民兵基层建设，大抓基层武装部、民兵营(连)规范化建设，抓好礼林镇武装部建设试点，高标准抓好新成立的城管局、乐平工业园武装部正规化建设，各单位民兵应急排单兵服装得到全面更新，民兵营连建设软件全面达标，两级正规化建设水平得到整体提升。

【依法征兵】 2020 年，市政府、人武部始终坚持把征兵工作列入重要议事日程，作为严肃的政治任务来抓。积极开展返乡大学生精准宣传、大学生预征预检、征兵进校园等活动。张贴、悬挂征兵宣传标语 400 余条，设立广告牌 15 块，悬挂标语 7000 余条，在报纸、广播、微信、微博上刊播出征兵通告，播放征兵宣传片，积极鼓励适龄青年投身军营，征兵氛围进一步浓厚。严把体检、政考关，狠抓廉洁征兵制度规定落实，签订廉洁征兵责任承诺书，筑牢征兵工作人员思想防线。推行“五好三满意”服务型兵役机关活动，组织 3 次廉洁征兵警示教育，签订责任状、承诺书，充分发挥两级监督员作用，廉洁征兵良好形象进一步树立。严密组织拟定新兵役前集训，通过全员参加、全面考察、全程淘汰，高标准完成征兵任务。

【参建共建】 7 月上旬，市人武部组织出动民兵数百人，协调驻军、武警数百人，奔赴乐港、接渡、后港三个方向抗洪抢险，连续奋战两个昼夜，加固堤坝 6 公里、转移群众 1200 余人、封堵管涌 60 余处。参战官兵受到地方省市县三级和军事机关领导高度赞誉。参与扶贫攻坚。在巩固挂点扶贫洪岩村 13 户 31 人脱贫成果的基础上，全面助力扶贫产业长远发展，加大投入，协调地方资金 30 余万元，将瓜蒌基地升级为“红美人”柑橘基地，配套香菇、茶叶基地，扶贫产业进入规模化发展时期，村人均年收入从帮扶之初 9000 元增长至 20000 元。部长和 3 名困难学生结成对子，每年每人资助 1500 元。

【安全工作】 2020 年，市人武部落实组织制度，高度重视安全管理工作，及时调整安全委员会、保密委员会和 3 支骨干队伍，细化责任清单，逐级签订安全责任状。坚持落实每季党委安全形势分析，逢会讲安全、人人讲安全。机关督查组不定时组织安全巡查，每月进行一次例行性安全检查、每季度对各科室安全工作情况、办公秩序、战备工作等情况进行一次综合性安全工作检查，对发现的问题及时纠正。坚持把安全教育管理纳入日常工作、生活和训练，做到统筹计划安排，认真抓好落实；把每周安全管理工作纳入机关大交班的重要内容，及时组织学习上级指示精神，采取以案说法、析事明理、法律知识讲座等方式，紧抓政策、法规和纪律宣讲教育，干部职工法纪观念得到增强。部领导带头讲评安全检查情况，对发现的问题及时组织整顿教育，有效促进人武部管理正规化。利用党团组织生活，采取集体学习、个人汇报、开展批评与自我批评等方法，开展安全讨论，查找安全隐患；坚持落实组织重大活动前、重大时节前，开展安全常识教育。元旦、春节等重大时节，根据活动时节特点、规律，针对性组织规避风险知识学习，熟悉掌握防范风险的方法和途径，人武部安全水平得到进一步提升。加强安全工作软、硬件建设，协调市财政进行营区营房改造升级，更新制度牌、标识牌、灯箱，添置“三库二室”物资器材，营院强军精武、安全文化氛围进一步浓厚。严格落实武器弹药管理，及时组织兵器室管理人员选拔培训、岗位考核、政治考核，修订完善各类突发情况应急处置预案，有效建立军警民联防机制，掌握周边民情社情。定期组织车辆维护保养，严格落实驾驶员教育管理制度，坚持开展安全行车教育，有效保证车辆安全使用效率。定期对营房空余房、水电、安全消防设施等进行检查，增加配套消防灭火器，安装煤气报警器，落实食品留验制度，完善食堂物资出入库管理，坚持落实食品配送制度，完善采购程序，保证食品安全。

【后勤保障】 2020 年，市人武部坚持党委理财制度，每月利用党委会、行政办公会通报经费使用情况，认真执行《财务管理规定》，切实做好经费的预算审计与监督，加强对经费管理和监控，严格落实“收支两条线”，把好经费的计划关、使用关。按照省军区、军分区的统一部署开展资产清查工作，对所有资产进行重新摸排核实，对账目在册资产进行实地核实，对部分因使用时间长、破损大的物品进行核定上会研究处理。同时盘活资产的使用效益，对一些闲置资产重新进行分配使用，节约了资产使用。按照省军区、军分区的后勤重点行业领域整肃治理攻坚仗统一部署，开展整治工作，对所有后勤重点行业领域进行重新摸排核实。

（市人武部政工科）

人民防空

【概况】 2020 年，乐平市人民防空办公室（以下简称市人防办）立足实际，加强人防工程“结建”审批。4 月 4 日 10 时整，为表达乐平人民对抗击新冠肺炎疫情斗争牺牲烈士和逝世同胞的深切哀悼，鸣响防空警报。积极参加景德镇市人防办组织的“5 · 12”人民防空指挥演练。对全市警报点进行了全面检查测试，做好“9 · 18”警报试鸣工作。组织人员参加景德镇市人防系统干部职工紧急疏散演练。

【助力工程企业复工】 市人防办按照“战时防空、平时服务、应急支援”的职责使命，将关口前移，在做好联防联控的同时，做好企业复工复产的服务工作。2 月 24 日，市人防办工作人员到鸿宇名珠城和绿洲华府等工程现场，了解工程复工情况，全面摸排工程建设人员来源及动态管理情况。针对工程节点验收情况，现场办公，简化办事流程，提高工作效率，完善企业服务，提升人防治理能力和管理能力。

【防空警报】 2 月 11 日 10 时，为增强市民对疫情危害性的警示和警觉，提高疫情防控意识，市人防办在城区进行了一次防控疫情防空预警，时间 3 分钟；9 月 18 日 10 时，乐平在城区范围内拉响全城试鸣防空警报。城区 13 个防空警报点准时拉响，此次防空警报分为预先警报、空袭警报、解除警报。通过纪念活动，铭记历史，缅怀先烈，勿忘国耻。同时，让更多人了解熟悉防空警报的内容。

（市政府办）

法　治

政法委与综治

【概况】 2020 年,全市政法战线坚持以习近平新时代中国特色社会主义思想为指导,认真贯彻习近平法治思想,牢牢把握政法机关“维护国家政治安全、确保社会大局稳定、促进社会公平正义、保障人民安居乐业”四大职责任务,紧紧围绕打造“快乐平安和谐明珠”战略目标,深入开展扫黑除恶专项斗争、市域社会治理现代化试点和平安建设,全面完成了 2020 年度政法工作任务,人民群众的获得感、幸福感、安全感得到进一步增强。

【扫黑除恶专项斗争圆满收官】 强化政治担当,始终做到“有黑必扫、有恶必除、有伞必打、有腐必反、有乱必治”,纵深推进扫黑除恶专项斗争。市公安机关共破获九类涉黑涉恶刑事案件 199 起,刑拘犯罪嫌疑人 431 人;打掉黑社会性质犯罪组织 2 个,恶势力犯罪集团 8 个,恶势力团伙 3 个,查封扣押冻结涉黑组织资产 2306.8 万元;抓获省督涉黑涉恶犯罪逃犯 41 名。市检察机关批准逮捕涉黑恶案件 23 件 47 人,起诉涉黑恶案件 8 件 43 人,起诉“保护伞”案件 3 件 3 人。市法院受理一审涉黑恶案件 10 件 56 人,审结 9 件 52 人,一审结案率 90%。受理一审涉保护伞案件 3 件 3 人,审结 3 件 3 人。判处财产刑共计 256.6 万元。人民群众对扫黑除恶专项斗争的知晓率、满意率大幅提升,公众安全感和对政法部门满意度进一步提高。

【全面启动市域社会治理现代化试点工作】 成立了以市委书记、市长为双组长的试点工作领导小组,召开了平安乐平建设领导小组暨市域社会治理现代化试点工作领导小组第一次会议。52 个市直责任单位和 19 个乡镇(街道)全部落实了分管领导和具体工作人员。成立试点工作协调专班,下设“一办五组”,建立联动机制,做到资源共享,切实加强了具体牵头单位和责任单位力量的整合。制定了《乐平市推进市域社会治理现代化试点工作方案》和《乐平市市域社会治理现代化试点工作重点任务清单(试行)》,市域办建立项目库,对每个项目进行再分解,逐条细化落实到具体责任单位。细化了 296 条具体工作举措,做到指标量化、任务明化、措施实化,实行挂图作战、销项管理、清单化运作,确保试点工作有人抓、有人管、有人督、能落实。同时,健全试点工作考评机制,把试点工作纳入平安建设(综治工作)目标考评的重要内容,纳入领导干部政绩考核的重要内容,用好考评“指挥棒”,倒逼试点责任落实和工作落实。

【开展综治中心规范化建设】 启动市综治中心升级改造,投入 1000 余万元,升级改造 2700 多平方米的市综治中心,将市综治中心建设成为全领域“一站式”的社会矛盾化解中心及多功能、全方位的综合指挥调度平台,实现“矛盾纠纷只跑一地”。开展乡村综治中心规范化建设,制定《乐平市乡村两级综治中心等级评定暂行规定(试行)》,以乡镇(街道)综治中心等级评定为抓手,促进实体化建设进程。全市 19 个乡镇(街道)综治中心,申报一级的有 6 个,申报二级的有 13 个,加快推进了综治中心实体化、规范化、制度化运行。

【开展市域治理现代化建设】 推进社会治安防控体系建设,大力开展视频监控“地网”建设,在实施“雪亮工程”的基础上,与电信、移动等部门合作推广“天翼云眼”“平安乡村”建设,全市共 9 个乡镇建好 1200 个监控探头并融入“天网”。在三个小区启动了“智慧安防小区”建设试点,打通平安建设“最后一公里”。强力推进网格管理精细化,科学布设网格,选优配强人员,新增基层网格 79 个,网格数达 438 个,调整网格员 121 名,强化网格管理,实现了“社情民意网格收集、信息平台汇总数据、综治中心分派吹哨、相关部门依责销号”的工作格局。

【开展重点行业领域专项整治】 对 18 个重点行业领域突出问题乱象开展专项整治，全市抓获电信诈骗犯罪嫌疑人 8 人，破案 23 起，为群众挽回财产损失 140 余万元；全面取缔临时屠宰点 14 个，捣毁私屠滥宰窝点 2 个；扣押非法采砂作业挖机 23 台，铲车 36 辆，非法运砂车 42 辆；立案查处非法采（运）砂案 97 起，共处罚款 148 余万元，刑事立案 3 起，刑拘 8 人；查处非法营运“黑车” 70 余辆，超载超限车辆 195 辆，卸货 5932.58 吨。打击取缔 6 家机制砂行业，企业自行拆除 3 家，下达处罚决定书 5 份。查处无照经营 484 户，下达 333 份整改意见书，关停 15 家小餐饮店，取缔无证无照 5 家；立涉疫相关刑事案件 14 起，刑事拘留 12 人，取保候审 8 人，监视居住 1 人，受理行政案件 253 起，行政拘留 104 人，罚款 154 人，警告 38 人，不予处罚 88 人，训诫 77 人，累计没收销毁非法口罩 5500 只，罚没款 8.8 万元。打掉恶势力集团 1 个涉案 11 人、恶势力团伙 1 个涉案 3 人，查处涉恶犯罪案件 19 起；收回小水库 98 座 8255 亩、水塘 92 口 460.5 亩、水田山林土地 16668.74 亩，追缴资金 316.6 万元，收回房屋 73 套 11593 平方米、发电机 1 台，强拆“两违”建筑 98 处 16323 平方米，修订完善租赁承包合同 78 份。依法处理信访违法犯罪 6 起，刑事拘留 3 人，治安拘留 3 人，化解信访积案 15 起，实现了全国两会期间零登记、零非访、零滞留的目标。

【加大涉法涉诉信访化解力度】 进一步强化机制建设，抓好责任落实，强化督查考核，抓好措施落实，“控增量、减存量”。市政法系统年初排查出的 20 起涉法涉诉信访重大积案（公安局 6 起，法院 12 起，检察院 2 起），已化解 8 起（其中市公安局化解 3 起，市法院化解 4 起，市检察院化解 1 起），化解率为 40%。全市政法各单位共接待初信初访 67 起（其中公安局 15 起，法院 26 起，检察院 26 起），已化解 52 起（其中公安局 13 起，法院 17 起，检察院 22 起），化解率达 77.61%，其他案件已经导入司法程序依法办理。同时，切实开展了国家司法救助工作。

【培育社会组织参与社会治理】 充分挖掘公益组织的特色，因材施策、个性指导，培育发展了“帮帮团”、蓝天救援队、乐益行动公益协会、快递小哥等一批公益社会组织。依托“东湖市民之家”“天湖市民之家”等党群服务中心，引导各类公益组织参与基层治理，激发群众参与基层社会治理的热情，让人民群众成为推进基层社会治理的最大受益者、最积极参与者和最终评判者。在巩固发展洎阳街道“帮帮团”的基础上，积极推动“帮帮团”向全市农村发展，全市已有 16 个乡镇 53 个村组建了“帮帮团”分会，拥有成员 1100 多名，成为乡村治理的新鲜血液。全年全市各类公益组织举办各类公益活动 600 余场次，开展志愿服务 6 万余人次，筹集善款 300 余万元，帮助调解矛盾纠纷 500 余起，为民办好事实事 2800 余件，充分激发了市域社会治理的激扬活力和内生动力。

【开展政法队伍教育整顿】 坚持以案示警，筑牢思想防线，组织政法各单位全体干警观看省委政法委制作的警示教育片《警钟》，并结合身边事例开展警示教育，做到以案明纪、以案说法、以案示警，教育引导全体政法干警汲取深刻教训，坚守初心使命，知敬畏、存戒惧、守底线，增强对党忠诚、拒腐防变、廉洁从警的思想自觉和行动自觉。以警示教育为着力点，深刻汲取违纪违法典型案件教训，在机关党员干部中认真开展“正风肃纪”专题教育活动，以身边人、身边事为戒，增强震慑效应，警醒机关党员干部必须时刻筑牢思想防线。按照《江西省政法队伍教育整顿工作方案》，认真开展“自查自纠”，查摆存在的问题，剖析形成的原因，制定整改措施，确定整治重点，明确整治责任，坚持真抓真改，做到即知即改、立行立改。

（市委政法委）

公 安

【概况】 市公安局深入贯彻落实习近平总书记对政法公安工作的重要指示精神，紧紧围绕“守正创新、担当实干、追求卓越”工作理念，牢固树立“以政治安全为第一责任，以社会稳定为第一要务，以遵规守纪为第一要求，以群众满意为第一追求”工作目标，坚持“细致、精致、极致”的工作作风，全力以赴防风险、保平安、护稳定、战疫情，较好地完成了各项工作任务，有力维护了全市政治大局和社会大局持续稳定。

市公安局因疫情防控成绩突出被省公安厅授予集体二等功，1名民警追记个人一等功，1名民警荣获个人二等功，13名民警荣获个人三等功，9人荣获乐平市政法系统先进个人，6人荣获景德镇市公安局最美党员民警称号，多名民警、集体荣获上级部门嘉奖表彰，队伍建设实现了新发展。

【坚决维护国家政治安全】 春节、全国两会、“五一”、端午、中高考、中秋、国庆等重大节点期间，全市没有发生重大影响的刑事案件和群体性事件，没有发生暴恐事件，没有发生政治案（事）件。

【持续维护社会治安稳定】 突出主业意识，紧紧围绕人民群众反映强烈的突出治安问题，以推进扫黑除恶常态化为抓手，持续开展打击盗抢骗、电信网络诈骗、涉众型经济犯罪和黄赌毒等各类违法犯罪，坚持“露头就打”“打早打小”的高压严打态势，确保社会治安态势持续稳定。共立刑事案件2637起，同比上升14.8%，破案1067起，同比上升24.6%，整体破案率上升3.3%。八类案件16起，发案数同比下降50%，破案14起，破案率87.5%，同比上升53.1%。特别是8月以后，破案602起，与上年同期349起相比上升72.9%，极大震慑了各类违法犯罪。

【推进扫黑除恶长效常治】 深入开展扫黑除恶“六清”工作，全力推动大要案攻坚，共打掉恶势力集团2个，刑拘九类犯罪嫌疑人91人，破九类案件41起。全市共发命案现案4起，全部迅速破获，破案率100%。同时，抓获2名潜逃23年、劝投1名潜逃18年的历年命案逃犯，破积案2起，景德镇市公安局专门发来通报予以表扬。打击侵财成效明显，紧紧围绕“平安乐平”建设目标，以“断卡”“三车一扒”等专项行动为抓手，全力严打整治，共破侵财刑案719起，刑拘201人，查处侵财行政案件255起，行政拘留221人，其中涉疫电信诈骗7人，破案23起，为群众挽回财产损失140余万元。铲除“毒瘤”成果丰硕，组织开展“赣鄱百日缉毒风暴”“秋风行动”等缉毒执法专项行动，始终保持对涉毒违法犯罪的严打态势，共侦破涉毒刑事案件28起，同比上升33.33%，刑拘38人，同比上升18.75%，强戒36人，同比上升8.33%，治拘105人，同比上升19.31%。缉毒执法工作考核继续保持景德镇市公安机关第一。将管控工作前移，在全省率先与司法强制隔离戒毒所实现无缝对接，衔接出所383人次，社戒（社康）执行率达97.2%，做到“出所即管控”“脱失零增加”，对吸毒人员管控各项指标排名全省前列。黄赌整治力度不减，加大涉黄涉赌警情的查处打击力度，共查处涉赌刑事案件13起，刑拘20人，查结涉赌行政案件381起，行政拘留134人，查处涉黄刑事案件7起，刑拘7人，查处涉黄行政案件47起，行政拘留75人，有效净化了社会不良风气。打击经济犯罪全心全意，瞄准涉众型经济犯罪案件，坚持办案与维稳并重，既依法打击经济犯罪活动，又切实保障群众合法权益，最大限度减少对社会稳定的负面影响，共立案25起，破案18起，刑拘11人，逮捕5人，起诉11人，查处案件涉案金额2355.79万元，为人民群众挽损622万元。经侦工作考核继续保持景德镇市公安机关第一。

【深化改革强警兴警】 深入推进改革强警、科技兴警，践行人才警务理念，初步建立了三大体系，为全警增强基层治理能力现代化注入新动力。建立情报网安评定体系，强化“大网安”意识，要求所有新民警、拟提拔的民警、入党积极分子及所有股级干部必须到网安大队跟班学习、“触网提能”，并对学习质效进行全程评定，共培训跟班学习民警26个单位27人次。建立现代警务实战体系，依托信息化警务（勤务）工作机制，推进指挥中心、刑警、巡警、网安、经侦、情报等警种部门与基层科所队协作融合，形成情报指引、指挥调度、分析研判、技术支撑、精准打防“一体化”运作的警务实战体系，增强全警“打防管控”的执行力，通过“一体化”警务实战体系，全局科所队联动，共破获案件150起，刑事拘留46人。建立警务协作联动体系。开展警务协作联动，积极与阿里巴巴、厦门美亚公司、“金山云”、“猎狐空间”建立联系，实现对网络舆情管控的深度融合，多次诚邀百度等科技企业专家到局里授课，全面引入“云镜”“云觅”“云捕”等数侦系统，提升侦查破案的科技含量，增强互联网管控能力，逐步实现由“汗水警务”向“智慧警务”转换。

【做强做实基层基础】 投入25万元用于全市公安派出所采购办

理交管业务设备，并同步对各派出所户籍民警进行交管业务培训，全市21个户籍派出所窗口全面实现了办理简单高频交管业务，极大方便全市居民就近办理。推进智慧小区建设，起草《推进乐平市“小区智能管控”建设工作实施方案》并由市“两办”联合发文，强化基层硬件基础建设，投入395余万元全面完成洪岩、鸬鹚和涌山派出所建设工程，推进高家、临港和塔前派出所业务用房建设。预算投入3000万元用于镇桥、浯口、十里岗、水上、城西和城北等派出所及案管中心业务用房建设，持续改善基层办公和执法条件。强化所队街面巡逻防控，开展“网格化”“常态化”巡逻，巡警大队、城区三所构建所队对接，在重点时段对发案重点区域进行重点盘查和蹲守，持续加大巡逻防控的力度密度及打击现行，共抓获违法犯罪人员100余人，有效震慑了各类现行违法犯罪活动。强化矛盾纠纷排查化解，扎实推进“百万警进千万家”“千名干警进万家、暖心问计送平安”“辅警进社区”等活动，延伸公安工作的触角，加大对群众之间的矛盾纠纷排查化解力度。

【强化治安隐患排查】 按照“严之又严、细之又细、实之又实”的原则，认真组织开展安全大检查，对全市金融系统、600余所中小学校、97家宾馆、67家涉危涉爆、33家娱乐场所、17家寄递业等单位不定期进行安全检查，下发整改通知书35份，全面消除安全隐患。强化交通安全整治，坚持把交管警力摆上路面，严查严处醉驾酒驾、交通肇事、涉牌涉证等严重交通违法犯罪行为，认真吸取“4·19”较大道路交通事故教训，并扎实开展“一盔一带”等主题宣传活动，全年查处各类交通违法行为16.6万余起，给交通违法行为人记分近24万分，刑事拘留肇事驾驶人27人、逮捕25人、起诉33人，吊销驾驶证19本，行政拘留严重交通违法行为人57人，全市道路交通形势总体平稳。严格落实火灾防控，会同消防救援大队，对市重点防火单位开展消防安全检查，严防重大火灾事故的发生，共检查单位294家，发现火灾隐患212处，督促整改209处，下发责令改正通知书175份、行政处罚通知书22份、临时查封决定书2份，责令“三停”单位2家，全市没有发生大的火灾事故。强化监所安全管理，看守所（拘留所）严格执行监所疫情防控封闭管理制度，组织开展监所安全隐患排查整治，加强重点风险人员管控，采取高等级防控措施，全年看守所共收押217人，拘留所共收拘788人，未发生安全事故和疫情传播，保持了监所七年“零事故”。

【守住防疫健康门】 积极协助党委政府、配合疾控部门等做好各卡点车辆人员排查和隔离工作，防控期间检查车辆共36357部，排查人员共89485人次，劝返外地车辆共2920部，发现并协助转移相关发热疑似感染人员共121人，为全市疫情防控“外防输入”的目标把住了关口。内防聚集控制社会面。全市公安机关坚决贯彻执行政府疫情通告决定，督促关停麻将棋牌等公共娱乐聚集场所747家，关停宾馆96家，现场销毁麻将机352台，销毁游戏机51台。全面排查隔离重点人，各辖区派出所会同乡镇、街道办等相关部门精准摸排、不漏一人，仔细摸清从全国重点疫区、境外返回乐平人员信息，共联合排查湖北返乡人员3228人、浙江返乡人员6044人、鄱阳县返乡人员4199人，核查入境人员373人次。优化服务，助力复工复产。认真贯彻落实省厅关于应对疫情促进经济社会发展的若干意见及景德镇市局二十八条措施要求，助力企业复工复产，共走访辖区全部规上企业116家，走访酒店96家，解决纠纷难题40余个。深化窗口“放管服”，简化审核备案程序，依法快速审批企业163批次、快速审核民爆剧毒品226批次，为730名复工人员办理邮政速递业务。

【全力打造“四铁”硬警】 引导全警强化政治学习、理论学习，切实将信仰的种子植入灵魂，把忠诚的基因融入血脉。党委将习近平总书记的重要指示精神与理论著作作为党委中心组学习的“第一议题”并延伸至基层党支部，确保公安工作始终沿着坚定正确的政治方向前进。强化从严治警，开展为期三个月的吸取“6·13”违纪违法案件教训纪律作风教育整顿活动，召开“坚持政治建警全面从严治警”教育整顿动员部署会，开展股级以上干部政治轮训，实行民警每天在钉钉上考勤点到及报告当天工作情况工作制度。强化励警机制，推出“送奖到家”制度，凡是民警获得的奖励事项，均由分管领导送奖到家，增强民警的职业荣誉感和自豪感。建立“一案一红榜、一案一通报”制度，对民警破获的每一起案件，均第一时间制作并发布红榜通报到个人，全年共发布“红榜”188 期，通报表扬 800 余人次，形成比学赶超的浓厚氛围。强化育警宣传，8 月份以来专门从社会上选聘了 3 名专业人才，成立新媒体宣传团队并制定绩效考核办法，在原来“乐平公安”微信公众号的基础上，搭建新的自媒体宣传平台，分别注册乐平公安“抖音”“快手”“视频号”“今日头条”“一点资讯”“百家号”“人民号”等账号，形成了多位一体的公安媒体矩阵，坚持作品原创，注重高质时效，制作推出了一批阅读量高、播放量高、点赞量高的优秀公安宣传作品，深受广大网民读者喜爱。各平台运行仅 100 余天，共发布乐平公安新闻资讯 1000 余条，总阅读量（播放量）7000 余万次，粉丝近 13 万人，乐平公安“一点资讯”号自创立之日起持续名列优质公安一点号前 20 名，连续 4 次荣登中央政法委“中国长安网”“长安剑”联合推出的“天下无贼榜”榜单，乐平公安快手短视频两次荣获中国警察网、快手官方联合推出的全国 TOP10 并获颁证书。

（市公安局）

交　警

【概况】　市公安局交警大队忠实践行对党忠诚、服务人民、执法公正、纪律严明的总要求，全面贯彻落实全国、全省、全市公安工作会议精神，在夯实道路交通安全防线、排堵保畅、便民服务、队伍建设等方面精准发力，圆满完成各项工作任务，先后获得江西省“第十五届文明单位”、景德镇市“第十六届文明单位”、乐平市“2020 年度文明单位”、乐平市“尊师重教先进单位”等荣誉称号。

【车管所新址揭牌启用】　1 月 2 日上午，市政府副市长、市公安局党委书记、局长占志远，市公安局党委副书记、政委黄立新出席位于大连路锦阳汽车城内的交警大队车辆管理所新址启用仪式并揭牌。随着新形势下道路交通的迅速发展，按照公安交管“放管服”改革“一网办、一证办、一次办、就近办”便民服务的要求，原有的车辆管理所办公服务空间不适应新形势的需要，一定程度上限制了车驾管业务的开展。为切实提高人民群众的满意度，方便群众办理车驾管业务，经市政府协调，大队将车管所整体搬迁至锦阳汽车城内，配全了相关硬件设施，增加了业务服务功能区域。车管所新址的投入使用，使得车管所便民服务能力水平明显提升，办事效率明显提高。

【交通管制做好疫情联防联控】
自 2 月 4 日 24 时起，大队遵照市疫情防控应急指挥部有关要求，组织警力在城区主干道路口和景鹰高速乐平收费站、德昌高速乐平收费站、S205 省道乐平和弋阳交界点、G206 国道乐平和万年交界点等路段设立卡点，对过往机动车一一进行检查，劝导非相关车辆尽快返回，禁止再上路行驶。在实行交通管制的近两个月时间里，共劝导非相关上路行驶车辆 23700 余辆，暂扣违反交通管制拒不配合的车辆 9 辆。

【破获 6 年前逃逸案】　2014 年涌山镇发生一起交通事故致人死亡逃逸案，因案件线索有限，侦破工作陷入僵局，但大队始终没有放弃此案的侦破，不断组织人员深入开展走访调查。民警通过技术手段以及秘密走访，长达 6 年的逃逸案终于告破。

【进社区“帮帮团”送安全头盔】
为切实增强全市摩托车、电动车骑乘人员的安全防护意识，有效消除道路交通安全隐患，深入推进道路交通事故预防“减量控大”工作，6 月 2 日上午，民警走进洎阳“帮帮团”总团开展“保安全，送头盔”交通安全宣传活动。活动中，民警们向 40 余名“帮帮团”代表发放头盔并讲解了佩戴安全头盔的重要性和必要性，强调佩戴头盔是骑乘人员生命安全的保障，摩托车、电动车骑乘人员一定要自觉遵守有关道路交通安全法律法规，佩戴安全头盔。同时，希望“帮帮团”成员积极发挥引领作用，带领家人乃至整个社区人员，做好骑乘佩戴头盔、驾乘系好安全带的安全措施。

【开展“美丽乡村行”宣传活动】
为深入推进道路交通事故预防“减量控大”，扎实开展秋冬季交通安全整治百日会战，进一步强化农村地区交通安全宣传工作，自 11 月 26 日起大队在全市部署开展了“美丽乡村行”交通安全巡回宣传活动。民警们结合秋冬季农村地区群众出行交通特点，围绕安全、守法出行，开展进村入户宣讲，引导农村群众自觉抵制交通违法行为。

【举办“交所融合”事故处理培训班】　根据“交所融合”工作改革要求，简易交通事故将被下放至派出所处理。为使广大派出所民警尽快熟悉业务并取得事故处理相应等级资格，12 月 23 日至 24 日大队分两期举办了事故处理初级资格培训班。各派出所所有民警（含所长、教导员）共 260 余人参加培训。课程结束后，所有参加培训人员接受了考试考核。

【查纠交通违法行为】 查纠各类交通违法行为 191374 起，记分 225549 分（其中一次性记 12 分 1211 人），其中查处酒驾 616 起、强制解体各类报废车辆 64 辆、拘留交通违法行为人 62 人次、吊销驾驶证 32 本。

【车驾业务管理】 为机动车登记立户 7525 辆（其中小型汽车注册 4735 辆、转入车辆 1751 辆、摩托车注册 1039 辆），办理摩托车驾驶证 2417 个，补换证 15336 个。

（市交警大队）

森林公安

【概况】 市公安局森林分局持之以恒抓好队伍的政治建设、作风建设，认真履行森林公安工作职责，班子团结，队伍稳定，各项业务工作有序推进。

【强化政治建警】 1. 强化理论武装。认真组织学习党的十九届四中、五中全会精神和习近平总书记重要训词精神，聚焦习近平总书记“四句话、十六字”建警治警总方略，锚定“四个铁一般”标准，进一步提高政治站位，增强“四个意识”，坚定“四个自信”，做到“两个维护”，坚持不懈用习近平新时代中国特色社会主义思想武装头脑、指导实践、推进工作，毫不动摇地坚持政治建警、从严治警，锻造忠诚干净担当的森林公安队伍。2. 加强作风建设。先后组织开展了深刻汲取“6 · 13”违纪违法案件教训纪律作风教育整顿活动、“坚持政治建警、全面从严治警”队伍教育整顿暨“警风建设年”活动。认真开展了政治轮训，制定并完善了各项规章制度，组织民警观看电视专题片《问政》《警钟》及队伍整顿警示教育片，抓好队伍的纪律作风整顿，抓好党支部建设，按照上级要求，认真开展每月的“主题党日活动”，不断巩固“不忘初心、牢记使命”主题教育成果，以党建带队建，促进森林公安民警的良好作风养成。

【深入推进改革】 主动配合、对接市组织、人事、编制、财政等部门开展森林公安管理体制划转移交的各项工作，形成了乐平市森林公安机关管理体制调整工作实施意见，确保体制调整的各项要求落准、落实、落到位。7 月 1 日起，乐平市公安局森林分局公章正式启用，森林公安执法办案整体纳入市公安局“一案一码”案事件系统和执法监督系统，森林公安机关转隶工作全部完成。森林公安管理体制调整激发了民警工作热情、提升了队伍战斗力。

【严打涉林犯罪】 树立严厉查处各项涉林违法犯罪的主业意识，按照上级公安机关统一部署，结合森林公安实际，以多个严打专项行动为抓手，严厉打击各类破坏森林资源的违法犯罪，共立各类森林资源刑事案件 38 起，破案 35 起（含积案 4 起），对 35 名涉林案件犯罪嫌疑人采取刑事强制措施，移送起诉案件 39 起 42 人。审结林业行政案件 12 起。1. 持续开展森林资源保护管理突出问题专项整治行动。针对国家林草局驻福州专员办检查组检查期间发现并反馈在森林资源保护管理工作中存在的问题，结合扫黑除恶专项斗争的部署和乐平市委《开展扫黑除恶重点行业领域突出问题专项整治实施方案》要求，开展了森林资源领域突出问题乱象专项整治。根据国家林草局驻福州专员办交办的涉林问题图斑，认真组织核查，对其中达到立案标准的 12 起案件予以刑事立案，对 12 名犯罪嫌疑人采取了刑事强制措施，并移送检察机关审查起诉，有效遏制了全市破坏森林资源的违法犯罪活动，得到了国家林草局驻福州专员办的认可。2. 扎实开展严厉打击野生动物违法犯罪专项行动。根据全国人大常委会《关于全面禁止非法野生动物交易、革除滥食野生动物陋习、切实保障人民群众生命健康安全的决定》，从 2 月底开始，认真组织了严厉打击野生动物犯罪专项行动，共立刑事案件 10 起，破案 10 起，对 13 名非法猎捕野生动物的犯罪嫌疑人采取刑事强制措施并移送检察机关审查起诉。3. 积极推进“昆仑 2020”专项行动。共破获各类涉森林资源刑事案件 28 起，采取刑事强制措施 29 人，战果在景德镇市森林公安机关遥遥领先，充分展示了乐平森林公安队伍的战斗力。

【决胜脱贫攻坚】 扶贫工作队及副科级以上领导干部常年深入名口镇五一桥、上四村 24 户贫困户家中，因人施策，全面做好补短板、堵漏洞、强弱项、固根基工作，实施消费扶贫、产业扶贫、就业扶贫、教育扶贫等措施，按照“核心是精准、关键在落实、实现高质量、确保可持续”的工作目标，认真落实中央脱贫攻坚专项巡视“回头看”反馈意见、“不忘初心、牢记使命”主题教育检视问题、成效考核指出问题整改措施，实现精准脱贫，确保全局脱贫攻坚工作圆满收官。

（市森林公安局）

检　察

【概况】 市人民检察院紧紧围绕“稳进、落实、提升”总要求，统筹疫情防控和法律监督，推动“四大检察”“十大业务”全面协调充分发展，队伍素质能力持续提升，各项检察工作取得新进展，4名干警通过考察晋升四级高级检察官，被授予“全国检察宣传先进单位”“江西省文明单位”等荣誉称号，涌现出了全国检察宣传先进个人等一批先进典型。在群众对政法部门满意度评比中，市检察院成绩进入全省第一方阵。

【决战决胜扫黑除恶专项斗争】 提前介入引导侦查黑恶势力犯罪3件，受理审查逮捕涉黑涉恶案件2件5人，批准逮捕2件4人；受理审查起诉涉黑涉恶案件3件35人，提起公诉3件35人。依法不认定黑恶犯罪11人。对办案中发现有关部门存在制度缺失、管理疏漏等问题，依法发出检察建议45份，针对黑恶犯罪多发领域进行调研，撰写农村和娱乐场所治理调研报告2份。

【三大主业提质增效】 一是刑事检察开创新局。共受理提请批捕案件356件434人，批准逮捕297件353人；受理移送审查起诉案件401件540人，提起公诉377件511人。强化刑事立案、侦查、审判监督，监督侦查机关立案5件5人，撤案6件6人，纠正侦查活动违法5件；纠正漏捕2人，追诉漏犯5人，提出抗诉7件。加强监检衔接，完善案件会商、线索双向移送等机制，依法对4名职务犯罪嫌疑人提起公诉。强化刑事执行监督，办理暂予监外执行提请审查案件2件，办理刑事执行违法案件35件，监督纠正35人，发出检察建议10份，检察意见书23份，办理重大案件侦查终结前讯问合法性核查7件。向强制医疗和刑事强制措施执行单位发送检察意见书实现监督“零突破”。

二是民事、行政检察扩容增量。加大监督力度，共受理案件17件。其中发出再审检察建议4件，再审建议采纳率为100%。着力加强虚假诉讼监督，依法监督纠正3件，系景德镇市唯一办理过该类案件的基层院。持续开展行政非诉执行监督专项活动，办理案件6件，发出检察建议6份，均被采纳。保护弱势群体，依法受理民事支持起诉案件2件，支持低保户等弱势群体提起民事诉讼，共计追讨赔偿金约21万元。

三是公益诉讼稳健发展。共受理公益诉讼线索55件，立案53件，发出诉前检察建议43份。对群众反映的“乐平市环境卫生管理处非法倾倒垃圾渗滤液破坏生态环境”的问题，依法向相关部门发出检察建议。及时提起国有土地出让领域公益诉讼案件1件，督促收缴国有土地使用权出让金9583万元。践行“双赢多赢共赢”理念，提请市委、市政府印发《关于支持检察机关开展公益诉讼工作的实施意见》。

【打好“三大攻坚战”】 共起诉“众埠金色通道”集资诈骗案等一批有影响的经济犯罪7件18人，同步做好追赃挽损等工作。积极开展保护蓝天碧水净土整治专项行动，批捕破坏生态环境犯罪3人，起诉31人，办理生态环境领域公益诉讼案件37件。对76户贫困家庭开展“一对一”精准帮扶，并选派青年干警担任帮扶村第一书记，指导党建及扶贫工作。先后投入10万余元用于帮扶村的路灯亮化和水渠灌溉工程。将扶贫工作与司法救助等工作紧密结合，救助扶贫对象刑事受害人2人，发放司法救助金1.8万元。

【护航民营经济】 严厉打击破坏市场经济秩序犯罪，共批准逮捕6件8人，提起公诉14件30人。制定《乐平市人民检察院关于服务民营经济健康发展的意见》，积极对接工商联、工业园区，构建服务民营企业发展机制，班子成员全部挂点并走访天新、世龙等22家重点企业。依法对8名民营企业负责人作不起诉处理，为民营企业提供法律咨询服务40余次，深入开展涉民企刑事诉讼“挂案”专项清理工作，督促乐平市公安局清理挂案3件，已全部撤案。

【探索司法改革创新】 加强未成年人司法保护和犯罪预防，批捕侵害未成年人犯罪10人，开展社会调查31人次。不捕率为64.3%；受理起诉30件48人，依法不起诉10人，依法适用附条件不起诉19人，附条件不起诉率为63.3%。推动法院、公安局、教体局、团委、妇联、关工委等12家单位完成《乐平市刑事案件未成年被害人“一站式”救助体系暂行办法》会签，形成了“1+4+N”的未成年被害人救助模式。建成景德镇市首个集司法询问、人身检查、证据提取、心理疏导、社会救助等功能于一体的未成年被害人“一站式”救助中心。严把不捕、不诉条件，全年共不批准逮捕38人、不起诉40人，适用认罪认罚从宽处理案件384件508人，适用率为88.6%。开展带案下访及检察宣传周系列活动，接待群众来信来访141人次，受理各类举报、控告申诉案件50件，回复率100%，检察长带头接访32次。办理司法救助案件10件，决定救助11人，发放救助金12.8万元。成功化解马某某信访积案，该案入选江西省检察院化解信访积案经典案例。

【全面落实司法责任】 严格办案责任纪律，坚决执行防止干预司法的“三个规定”，检察官依法独立行使检察权，对承办案件终身负责。严格执行入额院领导带头办案要求，入额院领导人均办案43.8件。检察长6次列席法院审判委员会。坚持以办案质量为生命线，业务部门和案管部门紧密配合，以流程监控和案件质量评查方式，完善以“案—件比”为核心的案件质量评价体系，持续加强检察权运行监督制约机制建设。

（市检察院）

法 院

【概况】 市人民法院坚持深入贯彻习近平法治思想，紧扣全市工作大局，加强新冠肺炎疫情防控常态化条件下的司法应对，忠实履行宪法法律赋予的职责，积极构建多元共治、分层递进的解纷体系，精准施策服务“六稳”“六保”，为经济社会发展、社会安定有序提供了强有力的司法服务和保障。全年共受理各类案件6637件（含旧存253件，下同），结案6507件，结案率98.04%。

【致力和谐明珠建设】 一是惩处刑事犯罪以正风气。受理刑事案件380件，审结371件，结案率97.63%。坚持宽严相济原则，做到“该宽则宽，当严则严，宽严相济，罚当其罪”，确保法律效果、政治效果和社会效果的有机统一。同时，努力提升刑事附带民事调解工作力度，坚持做好未成年犯的帮教及预防工作，为社会安定贡献司法力量。

二是化解民事纠纷以促和谐。受理民事案件3852件，审结3761件，结案率97.64%。以调解、撤诉方式结案1686件，调撤率44.83%。认真贯彻“调解优先、调判结合”工作要求，立足化解和疏导矛盾，引入社会各方力量，将诉前调解与诉后答疑相结合，实现“案结事了”最大化。

三是妥处行政争议以解民忧。始终坚持司法为民思想，对原告坚持本地起诉的案件，依据法律规定审查受案范围及起诉条件，及时依法受理，充分保护当事人诉权，同时加强对非诉执行案件的审查、加大业务指导力度，有效地规范行政执法和申请执行工。

四是巩固执行成效以树权威。受理各类执行案件2352件，执结2322件，结案率98.72%。主要是：强力推进执行攻坚。加大黑恶“伞”案件涉财产部分的执行力度，涉及40位被执行人的11个涉黑恶“伞”案件执行到位，标的额达230.5万元；做好涉金融案件执行，进入执行环节的涉案标的额达2亿余元；强化联合信用惩戒，发布失信被执行人名单621人次，限制高消费1786人次，拘留12人次；传递司法温暖，共为39名困难申请人发放司法救助资金60余万元；依法开展司法拍卖，共发起网络司法拍卖87件次，成交金额近1200万元；强化涉民生案件执行，共实际执结到位标的额1.04亿余元。汪某某诉徐某侵权责任纠纷案件中，该院将徐某涉嫌拒不执行的证据移送公安机关立案侦查，通过刑事手段打击拒执行为，促使双方和解，顺利执结。该案被省电视台法治节目多次报道，并被省高院列为“江西法院十大执行典型”案例。合理使用信用恢复机制。有效推进失信被执行人信用承诺和信用修复工程，对主动履行义务的被执行人予以正向激励。强化执行信息化建设。推进执行案件立案、办案、实施、评估拍卖全流程网络化，确保执行案件全部进入流程管理系统，实现全程留痕。

【助力市域改革发展】 一是积极作为助力企业纾困解难。主动对接构建新发展格局司法需求，秉承高效善意、平等保护理念，积极做好诉前调解、保全工作，妥善处理涉企案件，高效保障民企权益，出台《乐平市人民法院服务“六稳”、落实“六保”十条举措》；准确适用不可抗力、情势变更等法律规则，了解企业困难，落实惠企政策，有效化解因疫情引发的合同违约等纠纷，妥善处理涉企业生产、分配、流通、劳务等各环节案件。申请人张某德等 103 人与被执行人江西某精细化学工业有限公司劳动争议纠纷案件，该院在保障劳动者合法权益的同时解决了企业复工复产的后顾之忧。

二是有效防范化解社会稳定风险。毫不松懈抓实抓细疫情防控。充分利用信息化技术，鼓励当事人网上立案，积极开展“云庭审”工作。坚持从重、从严、从快原则，依法打击多起妨碍疫情防控犯罪行为，依法对全省疫情防控期间涉案金额最大的一起口罩诈骗案公开宣判，分别判处三被告人有期徒刑十年六个月至十三年不等，有力震慑了企图利用疫情谋取非法利益的不法分子。持续发力扎实推进扫黑除恶。审结涉黑案件 3 件 22 人，涉恶案件 3 件 9 人，涉伞案件 2 件 2 人。坚持析法与明理结合，积极探索高效、高质审判方式，将精准打击黑恶犯罪与适用认罪认罚从宽制度紧密结合。坚持严惩与规范并举，与检察院建立联席会议制度，共同把好案件质量关。祁某等 22 人涉黑案，通过证据开示和析法明理，使全案被告人打消侥幸心理，自愿认罪认罚，无一上诉，央视对该案进行了专题报道。

三是凝心聚力决战决胜脱贫攻坚。常抓不懈精准帮扶。制定帮扶计划，压实帮扶责任，服务保障脱贫攻坚，选派干部长期坚守帮扶一线，针对贫困户精准帮扶。帮扶对象彭某慧，因生活的重担导致高考失利，该院帮扶干部及驻村第一书记多次奔走，帮其解决复读学习费用等问题，并鼓励她坚定梦想，最终使她圆了大学梦。重点关注涉贫领域案件。立足审判职能，充分发挥司法力量在脱贫攻坚领域的服务保障作用，妥善审理涉贫领域案件。建档立卡贫困户汪某保因交通事故受伤，在判决生效后申请强制执行，承办法官多次奔波，终使被执行人履行法律责任，让贫困户感受到司法温暖。

四是积极防范化解潜在金融风险。坚持“公开、公平、公正”原则，依法妥善化解民间借贷及金融纠纷，审结金融机构借款纠纷 361 件，为金融系统稳定运行提供了强有力的司法保障。严厉打击非法集资行为，审结的黄治国、郑勇金等 7 起非法吸收公众存款、集资诈骗等涉众型经济犯罪案件，涉案金额达 1.65 亿元，涉案被害人千余名，较好维护了金融秩序和人民群众的财产安全。

五是加强环境资源司法保护工作。开辟环境资源审理绿色通道，做到快立、快审、快结、快执。着力增强打击环境污染行为的震慑力，对因噪声、水污染等引发的民事纠纷案件进行巡回审理，对抗拒执行的被执行人依法用足限制出境、限制高消费、司法拘留等强制措施；严厉惩处涉环境污染犯罪案件，被告人张某等 3 人污染环境刑事附带民事公益诉讼案件，该院以污染环境罪判处 3 名被告人一年至一年五个月不等的有期徒刑，附带民事公益诉讼赔偿共计 34 万余元。

【给力智慧法院深度应用】　自主研发“e 站通”系统，打造一站式信息化服务平台。整合各类信息化平台、汇集审判实践中常见问题，实现针对性在线辅导，云计算立、收、结案等数据，将案件审、执进度和排名等情况实时短信通知相关人员，实现了从被动询问到主动探索的转变。“e 站通”系统研发人员因工作成绩突出，被省高院评为“全省法院信息技术人才”。

【全力推进诉源治理】　全力推进多元解纷机制建设，通过在诉讼服务中心搭建诉前调解、人民调解、律师调解、行政调解等诉讼服务平台，积极与综合治理网格员、人民调解员、法律明白人沟通，将调解主体延伸至最基层，实现信息共享、人员互动。依托人民法院调解 e 平台、中国移动微法院、乐平法院微信公众号等平台实现网上立案、远程调解，最大限度方便当事人，2020 年诉前调解案件近 1200 件，有效助力化解“案多人少”困难。不断完善诉讼服务中心建设，优化“厅网线巡”诉讼服务渠道，深化案件“当场立、自助立、网上立、就近立”相结合的便民立案模式，进一步提升诉讼服务能力和水平，2020 年市法院在全省法院诉服平台指标得分系统中长期位列第一方阵。

【多措并举提升审判质效】　制定审判执行质效奖惩实施办法，对案件结案率、一审服判息诉率、案件平均审理时间等硬性指标进行常态化考核；强化院庭长“四类案件”监管，总结审判经验，为类案裁判提供指引，召开专业法官委员会、审判委员会 68 次，讨论复杂疑难案件 247 件。在实现全年无超审限案件的同时一审判决案件改判、发回重审率等案件关键指标处于全市基层法院最佳位置。

【法庭“双达标”全面完成】 港口法庭、高家法庭顺利通过了江西省高院的“双达标”考核验收，该院全面完成了法庭“双达标”建设任务。改造升级后的法庭实现了“服务美、工作美、科技美、队伍美、文化美”的目标，展现了“美丽法庭”的风貌。

【司法公信力不断提升】 一是以公开数据信息化促司法公信力提升。全面推进审务公开，实现审判流程信息全公开；不断推进庭审活动公开，通过中国庭审公开网公开直播庭审 700 余次；全力深化裁判文书公开，通过中国裁判文书网公布已生效裁判文书 5300 余篇；严格执行信息公开，通过中国执行信息网公开执行信息 7500 余条。

二是以宣传形式多样化促司法公信力提升。充分运用网站、微信公众号等新媒体形式拓展司法公开渠道，扩大司法公开影响力，逐步形成传统媒介与新媒体齐头并进、官方网站与司法短信平台有机融合的现代化信息体系。2020 年多篇稿件被《人民法院报》、中国法院网、央广网、中国新闻网、光明网、法制网等国家级媒体转载。

三是以参与主体多元化促司法公信力提升。不断推进司法民主。邀请人大代表、政协委员视察法院工作，旁听案件审理，见证执行过程。通过检察长列席审判委员会，加强法、检两院对重大疑难案件的协调和沟通。主动延伸司法服务。疫情防控期间，组织党员干警到所在社区参加疫情防控工作；疫情形势缓和后，多次组织党员志愿者进社区、进乡村开展文明创建、乡村治理等宣传工作。

【提升过硬司法本领】 完善人才培养机制，增强法官驾驭庭审、适用法律、文书写作及做群众工作的能力，坚持开展“优秀调解能手、优质案件、优秀裁判文书、优秀庭审”四优评选及案件评析会等活动，着力提升干警的业务能力。拓展业务知识，对《中华人民共和国民法典》等法律法规及司法解释，及时组织干警进行系统学习，以准确把握最新审判理念。加大教育培训力度，积极参加上级法院举办的审执业务、信息化应用等培训，完善干警的知识体系，打造复合型法院队伍。

【加强司法廉洁建设】 深入开展防止干预司法“三个规定”专项整治，制定具体操作规程，切实做到过问案件全程留痕、过问情况逐案报告、不当干预严肃追责，有效防止和严厉惩治司法掮客。严格落实任职回避制度，有效防止利益冲突、促进廉政风险防控。从严从细落实党风廉政建设“两个责任”，深入开展“三个以案”警示教育，运用典型案例开展警示教育，筑牢干警拒腐防变的思想道德防线。

（市法院）

司法行政

【概况】 市司法局立足“一个统筹”、履行“四大职能”，不断开创新局面、取得新业绩、迈上新台阶，多项工作走在全省乃至全国前列，为全市经济社会发展提供坚强的法治保障。被评为年度全省政府系统“五型”政府建设先进集体；礼林镇人民调解委员会被评为全国模范人民调解委员会；洎阳街道天湖社区被评为全国民主法治示范村（社区）、省级民主法治示范村（社区）；“三治”文化公园被评为省级法治文化示范基地；洪岩镇洪罗村被评为省级民主法治示范村（社区）；乐平市公共法律服务中心被评为省优秀公共法律服务集体；乐平市公证处被评为省优秀公证机构；孙艳林被评为全国司法行政系统抗击新冠肺炎疫情先进个人；叶丹丹被评为全省社区矫正工作表现突出个人；程庆被评为全省优秀公证机构负责人。

【全面依法治市实现新跨越】 召开市委全面依法治市委员会第二次会议，出台《关于加强法治乡村建设的实施方案》等一系列制度文件。加强对乡镇（街道）、部门履行依法治市职责情况的调度和督导。在全省高质量发展考核中，乐平市依法治省工作得分位居全省前列。

【法治政府建设打开新局面】 加大合法性审查力度，共审查各类文件及合同征求意见稿 51 件。加强行政复议应诉工作，共受理行政复议案件 21 件，参与市政府行政应诉案件 6 件，判决结果均对市政府有利。持续开展“互联网 + 监管”“双随机一公开”工作，公布 652 项监管事项（其中有 243 项采取“双随机”模式开展监管工作），1013 名行政执法人员信息，4910 个监管对象，推送 7924 条监管行为数据。及时开展行政主体资格确认并做出公告，为各乡镇办理执法证，实现全市亮证执法、明白执法、程序执法标准化。

【法治宣传教育取得新成效】
将宪法法律列入各级党委（党组）中心组学习内容及各类党校培训班必修课。全市中小学开展课堂讲法150余场次，宪法晨读活动3000余次，接受法治教育学生达8万多人。编排小品、三句半等普法文艺节目，打造“法治号”公交车，整理老百姓身边的案例编印《以案说法读本》，制作“民法典”“社区矫正法”等内容的普法微动漫，利用微信公众号、抖音等新媒体手段进行普法。

【公共法律服务迎来新发展】
积极推进“12348”公共法律服务实体平台、热线平台、网络平台三台融合，全力打造乐平“数字法治·智慧司法”新模式，筑牢维护社会公平正义的底线。在检察院、法院、看守所、劳动争议仲裁委员会及各律师事务所设立法律援助工作站，落实法律援助值班律师制度。2020年，共承办各类法律援助案件839件，超过上级下达任务339件，实现“应援尽援”。其中刑事案件467件，实现刑事案件法律援助“全覆盖”。接待“12348”热线咨询4752件、来访咨询1800余件，提供其他形式法律服务1800余次。

【基层依法治理迈上新台阶】
扎实开展法律明白人培养工程。全市共遴选“法律明白人”骨干22838人，普通“法律明白人”94712人，全面完成当年任务。全市“法律明白人”参与法治宣传15505人次，化解矛盾纠纷6287件次，参与社会事务管理3750件次，引导法律服务2986件次；扎实开展“群众说事”工作。共开展群众说事7369起，群众满意率99%；坚持发展“枫桥经验”，组建人民调解专家库，共有成员39名。设立各级调委会362个，人民调解员1128名，全年调解纠纷7924起；开展“访调对接”试点工作，目前共受理信访咨询198件，受理信访件30余件，成功调解21件。

【特殊人群管理建立新机制】
开展社区矫正对象集中宣告、集中点验，推进刑罚执行一体化。开展拟判处缓刑人员社会调查评估275余起。举办以“关注心理健康，重塑正常人格”为主题社区矫正对象心理矫正培训班。截至2020年底全市402名社区矫正服刑人员无一例脱管、漏管，重新犯罪率控制在2‰以内。严格落实安置帮教无缝对接机制，开展必接必送工作314人次，接送率、帮教率、安置率持续保持100%。

【司法行政队伍展现新气象】
加强政治建设，完善党组会前学习、党组中心组学习、主题党日学习等学习制度；加强能力建设，扎实开展“三比四化”大练兵，举办聆听你的声音、文艺晚会、体育比赛、法律知识辩论赛等特色活动；加强作风建设，建立健全局机关考勤制度，并严格落实奖惩。

（市司法局）

经济管理与监督

综合管理

【概况】 市发展和改革委员会是综合拟定经济和社会发展政策，进行总量平衡，指导总体经济体制改革的宏观调控部门，其主要承担：贯彻执行国家和省市有关国民经济、社会发展的方针政策和法律法规；依法拟订并组织实施全市国民经济和社会发展战略、中长期规划和年度计划统筹协调经济社会发展，研究分析经济形势，提出全市国民经济发展、价格总水平调控和优化重大经济结构的目标、政策措施，提出综合运用各种经济手段和政策的建议，并受市政府委托向市人大提交全市国民经济和社会发展计划的报告等工作。

市发展和改革委员会坚持“稳中求进、高质量发展”总基调，积极统筹推进深化改革和扩大开放，加快推进结构调整和发展方式转变，着力解决经济运行中的突出矛盾和深层次问题，充分发挥发改部门的职能作用，力促全市发展改革各项工作顺利推进，保持经济社会发展总体平稳与和谐稳定。

【国民经济与社会发展计划执行情况】 全年地区生产总值同比增长3.6%；财政总收入47.26亿元，同比增长1.6%；规模以上工业增加值同比增长4.5%；固定资产投资同比增长8.5%；新增规上服务业13家，超额完成景德镇市规定任务数；社会消费品零售总额同比增长3.1%；城镇居民人均可支配收入达到39214元，同比增长5.8%；农村居民人均可支配收入达到19150元，同比增长6.9%。全市主要经济指标增速稳健。

【抓实复工复产】 根据《关于加强疫情科学防控有序推进工业企业复工复产的实施方案》要求，确保《乐平市人民政府关于有效应对疫情稳定经济增长30条政策措施》和《关于加强疫情科学防控有序推进工业企业复工复产的实施方案》等方案落实到位，全面落实助企纾困政策，并成立驻金山工业区挂点帮扶小组全面助力重点企业和重大项目复工复产。3月，全市116家规上工业企业全部复工复产，确保了防疫复产两不误的良好态势。

【抓紧项目建设】 深入贯彻落实省委、省政府“大干项目年”的工作部署，牢固树立“项目为王”的理念，以精准补短板为重点，以发展为第一要务，牢牢把握项目建设这个“主抓手”，在项目谋划上下功夫。按照能争尽争、能报尽报的原则，积极申报项目。共申报地方专项债券项目31个，现已有8个项目通过省发改委、省财政厅审核，项目总投资达25.66亿元，至12月底已到位专项债券资金5.96亿元；共申报中央预算内投资项目31个，总投资18亿元。同时为确保重点项目和重点工程进度达标，每月通过“国家重大建设项目库平台”不断加大项目调度力度，按照每月一汇总、每季度一督办的原则，及时跟踪项目进展情况，督促项目按时开工、进度达标。全市共有景德镇市重点工程项目44个，总投资192亿元，截至年底已超额完成投资计划。

【打造良好营商环境】 持续深入推进“放管服”改革，全年共通过“江西省投资项目在线审批监管平台”受理办结事项817件，其中政府审批类469项，在线办理备案类348项。同时持续开展“降成本优环境”专项行动，不断打造良好的营商环境。牵头制定了《乐平市优化提升营商环境十大行动方案》和《乐平市关于贯彻落实〈江西省降成本优环境专项行动领导小组2020年工作要点〉的实施意见》，营商环境进一步得到优化，共为企业减负降税2.34亿元。

【2021年国民经济和社会发展计划编制】 2021年全年全市经济社会发展主要预期目标安排如

下：地区生产总值同比增长8.3%左右；财政总收入同比增长7%左右；一般公共预算收入同比增长6%左右；规模以上工业增加值同比增长9.5%左右；固定资产投资同比增长9.5%左右；社会消费品零售总额同比增长9.5%左右；出口总额量稳质升，实际利用外资同比增长7%左右；城镇居民人均可支配收入同比增长8%左右，农村居民人均可支配收入同比增长8.5%左右；居民消费价格总水平涨幅控制在3%左右；城镇登记失业率控制在4.5%以内；节能减排完成国家和省下达任务。

【“十四五”规划编制工作全面启动】 全面启动了“十四五”规划编制工作。为提升规划编制水平，做到高站位谋划、高标准研究、高质量编制，聘请专家团队参与乐平市“十四五”规划编制工作，通过市领导访谈、召开专题座谈会、实地考察、网上征求民意等多种形式广泛征求意见和收集翔实编制资料，起草了《乐平市国民经济和社会发展第十四个五年规划和二〇三五年远景目标纲要》（审议稿），提交市人大会审议。

（市发改委）

财政管理

【概况】 市财政部门始终牢牢把握稳中求进工作总基调，紧紧围绕“积极的财政政策要更加积极有为”的要求，勇于担当、迎难而上，扎实做好“六稳”工作，全面落实“六保”任务，统筹推进疫情防控和经济社会发展工作，为打造特色鲜明的赣东北明珠提供坚强的财政保障。

【多措并举稳收入】 积极应对经济下行压力、新冠肺炎疫情和政策性减收等复杂局面，紧紧围绕做好“六稳”工作，落实“六保”，全力以赴组织收入，全年财政总收入完成47.26亿元，同比增长1.6%。大力培植财源，扶植骨干企业发展，稳固税源基础，大力招商引资，发展总部经济，积极开辟后续税源；严格非税征管，加强非税收入预算管理、收缴管理等工作，强化土地出让金等重点非税收入征缴，确保颗粒尽收。国有土地使用权出让收入完成373906万元，较上年增长27.2%；积极向上争资，深入研究分析财税政策，积极向上反映全市财政运行、体制机制改革和重点项目建设等情况，争取上级财力和项目支持，争取新增债券资金109401.2万元，有力地保障了经济建设和社会发展；积极盘活国有资产，科学有序地推进土地经营和国有资产经营，有效增加收入来源。国有资本经营预算收入完成25000万元，较上年增长127.3%。

【精做“加减”兜“三保”】 牢固树立过紧日子的思想，优先保障“三保”支出，压缩一般性支出，兜牢兜实“三保”底线。全市一般公共预算财政支出达到73.02亿元，增长10.5%。加大盘活存量资金力度，将结余结转2年以上财政性存量资金，全部收回财政，共盘活资金9500余万元，使沉淀的资金活起来，缓解资金压力；加大政府性基金预算、国有资本经营预算统筹调入一般公共预算的力度，安排调入资金57500万元，保障财政稳定有序运行。认真落实党中央、省以及市委和市政府厉行节约反对浪费的有关要求，坚持勤俭办事业，编制预算时加大力度压减一般性支出，各单位会议费、培训费、差旅费总额较上年压减15%以上，劳务费、维修（护）费总额只减不增。“三公”经费预算按照50%比例压减。优化支出结构，足额编制基本支出预算，财力优先用于保障“三保”，做到基本民生、工资、基层运转预算安排不留缺口。优先拨付“三保”资金，根据财政库款资金情况，按照先保基本民生、再工资、再运转的顺序，调度拨付资金，保障了基本民生资金及时足额发放到位，工资正常发放，机构正常运转。

【紧扣“六稳”促发展】 大力支持企业发展。认真落实国家减税降费和应对疫情出台的税费优惠政策，切实减轻企业的负担，全市减税降费23371万元；制定房租减免政策，对承租国有资产类生产经营用房的企业和个体工商户，实行1个月房租免收、2个月租金减半政策，全年共计减租335.73万元；大力支持企业融资，充分发挥财政贷款贴息、财园信贷通、财政惠农信贷通政策的杠杆作用，帮助企业解决贷款难、成本高的问题，2020年财园信贷通实际发放贷款企业126家，金额35870万元；落实政策稳岗就业。切实执行各项稳岗位稳就业政策，落实阶段性减免企业社保缴费政策，减少企业社保缴费6015.2万元，及时拨付稳岗补贴、就业补助和技能提升、创业补助2159万元；发放创业担保贷款9418万元，安排创业担保贷款贴息资金508万元；全力支持脱贫攻坚。坚持新增财力优先保障城乡困难群众，拨付扶贫专项资金6949.2万元，推进产业扶贫，做好“两不愁三保障”。实施政策兜底帮扶因疫返贫致贫等特殊群体，着力解决实际困难。

【提质增效抓管理】 加强财政监督检查，积极运用预算执行动态监控系统对全市财政资金运行情况进行动态监控，充分发挥财政监督管理效能，切实提升财政资金使用效益；加强政府采购，全年组织政府招标采购134次，累计采购金额31481.37万元，节约资金641.71万元，节约率2%；加强投资评审管理，组织评审政府投资建设项目101个，报审金额247847.31万元，定审金额223593.17万元，审减额24254.14万元，平均审减率9.8%；加强PPP项目管理，进一步加强全市PPP项目的监督管理，不断夯实PPP项目规范、高质量发展；加强政府债务管理，持续完善债务风险防控制度，按照“疏堵结合、稳妥处置”的原则，进一步加强了政府债务管理，积极化解隐性债务，有效防范金融风险；全力推进国有资产监督管理，贯彻落实党中央关于加强人大国有资产监管职能的部署要求，结合乐平市实际，建立市人民政府向市人大常委会报告国有资产管理情况制度；积极推进预算绩效管理，进一步完善制度建设，拟定了《关于全面实施预算绩效管理的实施意见》。

【履职尽责控疫情】 积极筹措资金，充分发挥财政职能，加强疫情防控，本级财政拨付新冠肺炎疫情防控资金3336.33万元，为疫情防控提供了坚强的财力保障。协助社区做好防控，组织党员干部协助所属社区做好新冠肺炎疫情防控宣传、摸排、值守等工作。支援乡镇开展防控，支援镇桥镇加强新冠肺炎疫情防控，紧紧抓住外防输入、内防扩散两大环节，扎实做好“四必做”“五报告”及网格化管理基础信息采集、录入等工作。

（市财政局）

税　收

【概况】 国家税务总局乐平市税务局全面落实全国、全省和景德镇市税务工作会议精神，进一步增强“四个意识”、坚定“四个自信”、做到“两个维护”，聚焦“四力”战疫情、促发展，为抓“六稳”促“六保”、服务新发展格局积极贡献税务力量。

【依法依规组织税费收入】 全年完成计划口径税收收入35.82亿元，同比减收0.79亿元，下降2%，财政口径税收收入37.52亿元，同比减收0.6亿元，下降2%，组织入库社会保险基金收入6.97亿元，其中机关事业单位基本养老保险2.18亿元，企业职工基本养老保险1.18亿元，城乡居民基本养老保险0.48亿元。

【兑现减税降费政策红利】 1—11月减税降费1.736亿元，个人所得税汇算清缴退税209.71万元、即征即退2989.43万元、出口退税受理户次63户退税4543.33万元、免抵调31299.87万元。落实疫情防控助力社会经济发展。2020年，支持个体工商户复工复业减免增值税11894.93万元；8户企业享受应对疫情助力复工复产减免房产税和城镇土地使用税101.9万元；4家医院享受取得政府规定标准的疫情防治临时性工作补助和奖金免征个人所得税政策，减免个税2.62万元。

【提升办税便利化水平】 抓好落实10大类86个税费事项“最多跑一次”“套餐式”服务。积极推行“非接触式”办税，设立“智能办税微厅”，在线受理延期申报、延期缴纳税款和发票申领等12大类95个“一次不跑”税费事项。发送短信3000余条，微信互动交流8000多条信息，政策宣传覆盖面达100%。

【坚持把纪律挺在前面】 充分运用“四种形态”，坚定不移反“四风”，开展违规收送礼品礼金、私车公养等“2+7”专项整治，填写“违规收送礼品礼金、私车公养问题自查表”和《拒收拒送礼品礼金、杜绝私车公养承诺书》191份，自查无法退回的礼品折合人民币5000元上缴廉政账户。全年开展明察暗访17次，向“微腐败”问题亮剑，以严肃问责倒逼责任落实。

【服务中心带头奉献】 组织干部职工参加社区疫情防控值勤50余人次，抗洪抢险“党员突击队”连续五天五夜坚守责任圩堤，党旗始终在战疫抗洪第一线高高飘扬，受到市领导肯定和表扬。开展脱贫攻坚走访慰问贫困户63户次，发放慰问物资及资金合计8.6万元。同时投入资金近百万元落实文明生态村帮建，拨付产业扶持资金10.4万元，推进“光伏扶贫”等项目建设，助力文明生态村脱贫攻坚。组织开展抗击疫情捐赠45510元，17位干部职工无偿献血 5900 毫升。

（市税务局）

统计管理

【概况】 市统计局在 2020 年荣获江西省第四次全国经济普查先进集体、全省统计工作先进单位等荣誉。

【做好第七次全国人口普查工作】 市政府 2 月 21 日印发了《关于认真做好第七次全国人口工作的通知》文件，成立了乐平市第七次全国人口普查领导小组及办公室，根据实际情况，制定了各成员单位职责分工，完善了普查办公室的工作方式，确定了普查工作时间节点安排，完成了普查试点工作的各项前期准备，按要求编制了人口普查工作经费预算表，有序开展了人口普查的各项工作。先后开展了市乡村三级普查机构组建、小区建筑物地图绘制、普查试点、综合业务培训、数据处理培训、普查宣传、普查摸底、正式登记短表录入、长表登记录入等人口普查工作。普查工作中做到了“五个到位”：组织领导到位、广泛宣传到位、组织培训到位、物资准备到位、督促指导到位，普查各项工作顺利展开，登记录入圆满完成。

【加强依法统计】 一是在全市范围内开展了“双随机一公开”统计执法检查工作，不断加大统计执法核查检查力度；二是在南河公园组织开展第十一届“中国统计开放日”暨第七次全国人口普查宣传月活动，采取签名墙签名、发放宣传资料、悬挂宣传横幅、张贴宣传图片、流动宣传车广播等方式，在全市范围内营造了浓厚的依法统计和人口普查氛围。三是组织全局干部职工积极参与民法典知识竞赛活动，并特邀江西博煜律师事务所主任、市统计局法律顾问王胜峰律师作《民法典》专题辅导宣讲，加深干部职工对《民法典》的重要意义的认识。

【提高优质统计服务】 一是进行重点安排部署，多次组织召开全市部门统计联席会议和全体干部职工及乡镇街道统计员的经济形势分析会，加强对经济形势的研讨和预警，确保了主要经济指标朝目标方向发展。顺利完成 GDP 核算、工业、农业、固定资产投资、建筑业、商贸餐饮业、基本单位名录、服务业、劳动工资等多项统计基本调查，为准确、及时、全面反映全市经济社会发展情况和经济工作成果，为市委、市政府科学决策提供了重要的数据资料。二是编辑印刷了统计刊物，每月定期编发《统计月报》，为全市开展经济形势分析提供了第一手资料，为市委、市政府领导科学决策提供动态统计数据。三是围绕社会关注的难点和热点问题，加强对统计数据的深度分析，共撰写经济形势分析 12 篇，统计信息 76 篇。

【开展全面建成小康社会监测】 组织力量对全面建成小康社会指标数据进行了跟踪、监测和评估。每季度对全面建成小康社会监测指标进行监测评估，及时反馈指标完成情况，对完成不佳的指标及时预警，确保乐平市全面建成小康社会进程如期完成。

【组织开展高质量发展考核】 一是加强与上级统计部门的沟通，协调市直各部门的横向联系，制定责任分工，注重统计数据的衔接，全力做好省对乐平市的高质量发展考核。二是制定印发对乡镇和市直部门的高质量发展考核实施方案，组织各考核责任单位对乡镇和市直部门进行集中考核。

【牵头抓好“转企升规”工作】 牵头制定印发了《乐平市鼓励促进“个转企、企升规”工作方案》文件，组织成立了乐平市“转企升规”领导小组办公室，抽调相关单位 20 人集中办公，全力开展“个转企、企升规”相关工作；组织召开了全市“转企升规”工作会议，制定了相关工作方案，刊印了“转企升规”工作简报，按计划完成了现阶段个体户转为企业和一般企业升为规模企业的相关工作；成立了“转企升规”相关业务小组，建成了“转企升规”培育库，申报了一批入规企业，完成规上新增入库企业 73 家，净增 53 家，是任务数的 171%。

（市统计局）

国家统计乐平调查

【概况】 国家统计局乐平调查队既是政府统计调查机构，也是统计执法机构，依法独立行使统计调查、统计监督的职权，独立向国家统计局上报调查结果，并对上报的调查资料的真实性负责。同时，承担地方政府委托的各项统计调查任务。

全年共实施常规调查 18 项，荣获 4 个单项先进。

【加强教育管理】 紧紧围绕“凝心聚力抓党建 抓好党建促发展”的工作思路，对党建工作和党风廉政建设工作做到与业务工作同研究、同部署、同落实，相互促进、齐头并进。坚持“两学一做”教育常态化制度化，把党章党规党纪作为全队党员干部学习的重要内容，利用“三会一课”、周一例会学习制度，通过廊道文化建设、党员领学、写抄读书笔记等形式，积极营造学习氛围。同时，进一步加强党员干部的教育和管理，强化政治机关意识教育，充分发挥模范带头作用，党支部书记带头授“强化政治机关意识，走好第一方阵”专题党课。

【开展统计教育】 加强统计核心价值观教育，把“实事求是”“不出假数”“真实可信”作为统计调查系统加强行风建设的核心内容，强化相关统计法律法规学习，深入学习防范和惩治统计造假弄虚作假相关责任规定，严格落实统计调查制度，筑牢廉政法纪思维，严守统计底线，确保源头数据真实准确完整及时。同时，按照主动、及时、定期、依法的要求，及时向社会公开党务、政务和财务工作开展情况，切实推进权力运行透明化、程序化和规范化。

【开展专业调查】 实施常规调查方面：顺利完成了住户调查、农产量调查、畜禽监测、劳动力调查、农民工调查、小微企业等基础专业调查，高质量完成各项调查任务；实施专项调查方面：作为专项调查的牵头单位之一，第一时间组织认真学习习近平总书记在决战决胜脱贫攻坚座谈会上的讲话精神，在乐平市委、市政府高度重视、高位推动下，精心组织，倒排工期，圆满完成脱贫专项调查任务。

（乐平调查队）

国有资产管理

【概况】 市国资管理部门坚持立足全市国资监管和企业发展实际，紧紧围绕全年工作目标思路，不断提升监管效率与服务意识，深化国资国企改革，做强做优做大国有资本和国有企业，较好地完成了各项工作任务。

【加强思想政治建设】 以思想建设为抓手，加强党的政治建设，制定下发了《乐平市国资系统理论学习制度》，进一步强化各级党组织理论学习。深化基层党组织“三化”建设，督促各基层党组织完善标准化、规范化建设，切实提高基层党支部标准化规范化水平。落实组织生活会、理论学习会、“三会一课”、主题党日活动等制度，深化党建品牌建设，将党建工作与行政工作、业务工作相融合。加强党员教育管理，进一步落实党员教育管理工作条例，增强党员教育管理针对性实效性，用好“学习强国”平台，党员和职工均参加学习，日活跃率90%以上，平均学分40分以上。抓好疫情防控工作，积极组织发动各级基层党组织和广大党员干部投身疫情防控工作。构建单位疫情工作网，成立疫情防控工作小组，下派工作人员深入疫情防控一线，常态化抓好疫情防控工作。国资系统有833名党员捐款55633.76元。

【强化国有资产监管】 一是出台了市属国有企业管理制度。出台了《乐平市市属国有企业管理办法（试行）》及《乐平市市属国有企业财务监督管理暂行办法》三个实施细则，让企业运作有章可循，用制度管人管事。二是开展2019年度出资监管企业经营管理情况监督检查，委托中介机构对企业进行了财务审计，对发现的问题进行反馈并要求企业按时整改。三是对出资监管企业重大事项进行监督，对报告的重大事项进行审核把关，切实维护出资人权益。

【深化国资国企改革】 一是调整国有公司组织架构。组建国资集团，对原有企业及业务进行了调整整合，理清了发展思路，集中优势资源做大资源开发、资产运营、资本运作三大板块。二是大力推进向市人大常委会报告国有资产管理情况工作。出台了相关文件制度，并及时按要求完成了向市人大的报告工作。三是做好了国有企业退休人员社会化管理工作。已签订移交协议15家，完成了相关移交工作。四是落实了减租政策，对全市国有资产类生产经营用房承租的426户企业和个体工商户，已减免租金共计335.73万元。

【整合盘活国有资产】 一是继续盘活国有资产，把行政事业单位经营性资产划转给国有公司统一经营。国资集团、翥山公司、紫泽公司均新增了一批资产，做大了资产规模。二是国有公司参与土地资产的市场化运作。其中：国资集团共拍得土地约560亩，增加资产约6.3亿元。三是规范开展资产经营活动。国有资产的出租均通过公共资源交易中心进行，已拍租三批资产，年租金约125万元。通过整合盘活资产，出资监管企业资产总额达208.01亿元，比上年增加27.17亿元，增长15.06%。

【支持国企依法融资】 根据市政府工作安排及出资监管企业自身发展需要，切实行使股东职责，对企业融资行为进行审核监督，在控制融资成本、降低融资风险、提高融资资金使用管理等方面认真把关，支持企业合理合法合规市场化融资，结合企业发展实际，为经济和社会发展提供资金支持。2020年出资监管企业新增融资28.5亿元，实际到位增加资金18.4亿元。

【积极推进项目建设】 江维电化厂棚改安置房项目基本建成，正在加紧实施附属工程水、电、气、电梯、弱电、出行道路及沟渠改造等配套设施建设。南内河棚改安置房建设项目已开工20栋主体建筑，其中8栋多层建筑基本建成、主体已验收，正进行内外装饰工程。童家山安置房建设项目已开工5栋主体建筑，地下室土方开挖已完成，完成1012根旋挖灌注桩基础的施工。

【落实安全生产责任】 完善安全生产责任制度，强化宣传调度督查追责。每月开展安全生产隐患排查，落实专项整治行动，对企业、社区及施工项目加强安全督查，有效提升了安全防范能力，杜绝了安全事故的发生，维护了一方的稳定。

（市国资办）

审计监督

【概况】 市审计局主要职责是贯彻执行国家和省市有关审计工作的方针政策和法律法规，拟订并组织实施审计工作发展规划、专业领域审计工作规划和年度审计计划，对直接审计、调查和核查的事项依法进行审计评价，做出审计决定或提出审计建议；内设机构分别为综合股、财金股、经责股、行政事业股、固定资产投资审计股、法规审理股、电子数据股，下设两个事业单位，分别为乐平市国家投资建设项目工程预决算审计中心和乐平市经济责任审计中心。共完成审计项目69个，查出管理不规范金额2100余万元，归还原渠道资金480余万元，上缴财政金额165万元。政府投资项目送审金额11.31亿元，累计核减金额9770万元。提出合理化建议86条。

【机构改革扎实推进】 根据《党政主要领导干部和国有企事业单位主要领导人员经济责任审计规定》（中办发〔2019〕45号）第十条“各级党委和政府应当加强对经济责任审计工作的领导，建立健全经济责任审计工作联席会议制度”的规定，2019年12月乐平市经济责任审计工作领导小组更名为乐平市经济责任审计工作联席会议。

市联席会议在市委审计委员会的领导下开展工作，定期研究经济责任审计工作相关重要事项并作出有关决定。会议召集人由市委审计委员会办公室主任担任，市联席会议下设办公室，与市审计局内设的经济责任审计股合署办公，承担市联席会议的日常工作。市联席会议成员单位包括市纪委监委、市委组织部、市委编办、市审计局、市财政局、市人社局、市国资办。

市联席会议主要任务是研究拟制关于经济责任审计的重大决策，讨论拟定重大事项，并上报市委审计委员会决定；研究审议经济责任审计工作制度；听取联席会议办公室关于经济责任审计工作情况的汇报，安排部署经济责任审计工作。

【各项审计全面开展】 一是政策措施贯彻落实跟踪审计。紧紧围绕市委、市政府中心工作，扎实做好“六稳”工作，全面落实“六保”任务，全力做好复工复产、稳就业、保民生等经济社会发展工作，先后开展了稳增长促改革调结构惠民生防风险政策措施落实情况、新冠肺炎疫情资金、扶贫专项资金审计等，提出审计意见和建议，促进各项惠民政策落到实处。

二是财政审计。重点关注预算编制执行、盘活财政存量资金、政府债务、专项资金，以及部分单位和乡镇的预算执行等五个方面，发现存在部分专项资金预算编制不够细化、未及时收回部门中央或省级专项支付结余资金以及结转两年以上的资金等问题。针对性提出了合理化意见和建议6条，有效地促进财政资金提质增效。同时，将财政同级审和上年度发现问题的整改情况向市人大常委会报告，得到充分肯定。

三是固定资产投资审计。认真贯彻落实《审计署办公厅关于进一步严格规范投资审计工作的通知》要求，在审计中发现存在工程管理不规范、多算多计工程量等问题，并提出合理化建议，有效地为政府及建设单位堵塞了漏洞、节约了建设资金。同时，按照《江西省人民政府办公厅转发省审计厅关于进一步完善和规范投资审计工作实施意见的通知》，提请市政府出台了《乐平市政府投资项目结算管理暂行办法（试行）》，从根本上扭转“以审代结”的模式，并全部退出工程建设管理议事协调机构。

四是经济责任审计。按照《党政主要领导干部和国有企事业单位主要领导人员经济责任审计规定》和《江西省审计厅领导干部自然资源离任审计项目操作规程（试行）》的最新要求，进一步规范经济责任审计程序，先后对临港镇、十里岗镇、市容局、六中、原国资委等单位的原主要领导开展了经济责任审计，以及对接渡镇原镇长开展了自然资源资产离任审计，进一步推动领导干部切实履行自然资源资产管理和生态环境保护责任。

五是专项审计。积极配合好省审计厅开展全省经济发展环境专项审计调查，先后开展全市医保资金、统筹整合资金推进高标准农田建设工程等专项审计，提出了合理化建议，为市委、市政府科学决策提供了有力的审计支持。

【从严执纪整治作风】 压实全面从严治党主体责任，严格履行党风廉政建设主体责任和班子成员“一岗双责”，完善了《乐平市审计局党风廉政建设主体责任清单》。严格执行中央八项规定精神。及时传达通报各类违反中央八项规定精神的最新案件，以真实案例警示党员干部；抓住元旦、春节等重要时间节点，落实作风整治要求，督促全局干部职工严格遵守廉政纪律、审计纪律和工作纪律。同时，认真落实市纪委关于重申严禁违规操办和参与“谢师宴”“升学宴”有关事项的通知要求，对全局党员干部是否有子女升学情况进行摸底调查，确保做到加强教育提醒，切实遵守“八个严禁”，注重源头预防，狠杀不正之风。常态化警示教育。邀请了市委常委、市委副书记、市纪委书记、市监委主任吴顺斌上专题廉政党课，组织观看《迷失的初心》《问政》节目2期，做到以问题为导向，着力整治工作作风问题，切实提高党员干部的廉洁意识、勤政意识。深化作风建设。持续深入整治“怕、慢、假、庸、散”，大力破除形式主义、官僚主义，落实好“基层减负年”的各项要求。严格执行日常工作制度，每月定期公布考勤结果。进一步优化审计程序，开展廉政风险防控管理工作，排查岗位风险点，拓宽监督渠道。全力支持配合市纪委监委派驻纪检组开展同级监督。

【参与每月一训、以审代训】 组织参加审计署和省审计厅组织的每月一训，江西省干部网络培训、审计干部网络培训等培训，不断提高审计人员理论水平和业务水平；通过以审代训。组成15人审计组参加省厅组织的经济发展环境审计；抽调2人参加景德镇市审计局组织的九江银行项目审计工作；抽调3人参加市委巡察工作；向市委、市政府积极争取，向社会招聘2名审计人员。

【服务与参与中心工作】 深入推进脱贫攻坚工作。专题研究，统筹安排，强化扶贫工作领导责任制，落实第一责任人，组织宣讲员到帮扶村开展深入学习贯彻习近平总书记关于坚决打赢脱贫攻坚战的重要论述宣讲。投入20余万元资金帮助后港镇菱田村做好产业扶贫、“五拆五清”等工作。深入推进“双创双修”工作。传达学习贯彻落实乐平市城乡环卫一体化（农村）工作会议精神，并抽调人员参与全市对乡镇“双创双修”工作的考核；按照《乐平市“双创双修”路长制和共建社区工作方案》对责任路段进行了巡查，并及时将发现情况报市“双创双修”办公室；继续做好省级文明单位创建工作。顺利完成省文明单位复查工作。积极推动全市绿色殡葬改革工作和组织人员做好防汛各项工作。深入推进“五型”机关建设。按照“放管服”要求，完善行政权力清单，做好行政主体资格确认工作；及时做好政务公开工作；认真办理好“12345”转交工单。深入推进综治普法工作。抓好扫黑除恶专项斗争工作。及时传达学习贯彻落实中央、省、景德镇市和市委扫黑除恶专项斗争工作精神，在审计过程中，突出关注侵占国有资产的情况；抓好普法教育和法治建设工作。将普法要点列入中心组学习计划；利用宣传栏，微信等方式大力宣传国家安全法、社区矫正法等；认真做好重要节假日和全国两会期间的维稳工作。

（市审计局）

市场管理

【概况】 市场监督管理局围绕

市委、市政府和上级部门工作要求，积极履行职责，提升执法效能，持续优化环境，市场监管各项工作有序推进。全市新登记注册私营企业1523户、个体工商户4116户、农民专业合作社108户，立案查处各类经济违法案件150起。

【扎实做好各类安全工作】 一是疫情防控安全工作。严格落实各项防控措施，压实责任，强化担当，支持复工复产复学，加强对食品药品生产企业、药店、小食品店、餐饮店的防控督导，紧盯重点环节和风险点，加强市场检查，特别是冷冻冷藏食品、进口食品检查。每半月联合市疾控中心对冷链食品、从业人员及营业环境开展全覆盖核酸检测，共采样检测203个批次，全部为阴性。立案查处台账不健全的冷链食品经营案件10起，筑牢安全防线，全力打赢疫情防控阻击战。二是食品安全工作。认真落实“四个最严”要求，坚决维护“舌尖上的安全”。检查食品生产、经营、加工小作坊5160多户；抽检流通、餐饮、生产环节食品1250个批次；农产品抽样快检1632批次，其中蔬菜1092批次、猪肉540批次。封存各类进口三文鱼等海鲜产品及进口牛羊肉约305.6千克，收缴焚毁“白条肉”40余千克、注水牛肉40余千克、不合格食品2千克、变质腐烂猪头31只，封存厄瓜多尔进口冻南美白虾7.3千克，立案查处食品违法案件75起。三是药械安全工作。深入开展药品、医疗器械安全整治，检查药品、医疗器械经营单位150余家、医疗机构10家，抽检药品22个批次，下达责令改正通知书83份，当场处罚药品违法经营行为12起，立案查处医疗器械违法案件1起。四是特种设备安全工作。认真开展日常监督检查，严格落实特种设备安全监察职责。严格落实特种设备安全监察职责，检查压力容器252台、锅炉47台、电梯135台，发现安全生产隐患43条，下达监察指令书2份，立案查处违法案件6起。

【积极营造“四最”营商环境】 服务各类市场主体发展。全市新登记注册私营企业1523户、个体工商户4116户、农民专业合作社108户；积极引导企业开展专利申请，共授权专利总量207件，其中发明专利12件、实用新型101件、外观设计94件；充分发挥合同管理职能作用，备案登记商品房买卖合同6起、酒店住宿合同5份、房产中介格式合同8件、格式合同13起；加强消费者投诉举报平台制度建设，受理12315消费者投诉、咨询3584件，办理12345政府服务热线转办件1242件，全部办结，为消费者挽回经济损失55.5万余元。

【深化信用监管】 根据省局下发的抽查名单，对122户企业的年报公示、即时信息录入情况进行检查，依法列入异常名录38户，归集上传企业信用监管信息数据5296条；积极开展年报信息公示宣传，全年企业年报率90%、个体工商户年报率90%、农民专业合作社年报率87%。同时，清理僵尸企业136户。

【加强计量检测】 认真抓好计量器具的检定，坚决杜绝不合格计量器具违规使用，共检定计量器具2387台件，其中燃油加油机474台、天平66台、砝码25只、压力表1479块、台案秤92台、电子秤251台，有效维护了计量市场秩序公平公正。

【开展市场专项整治】 开展了农资市场专项检查行动，抽样送检种子、农药40个批次，合格率100%；抽样送检化肥52个批次，合格率90.38%，立案查处不合格化肥产品案件5起。深入开展商标使用情况检查，立案查处商标侵权案件6起。加大对医疗广告、保健品广告、房地产广告、各类教育机构招生广告等专项检查力度，立案查处违法广告案件7起。大力排查网上销售野生动物及假冒伪劣口罩等违法经营行为，监督检查网络经营单位亮标亮照情况，共开展网络巡查16000余次，立案查处网络经营违法案件2起。深入推进流通领域专利保护和管理，立案查处专利标注不规范案件3起；上门提醒告诫80余家药店（房）、700余家超市、商店做好明码标价，加强全市23个农贸市场、56家大中型超市蔬菜、猪肉等商品价格常态化监测，立案查处哄抬物价案件4起。同时，督促各转供电主体明码标价、价费分离合理分摊，严格落实复工复产阶段电价优惠5%的政策要求，退还多收商户电费19万余元。

【加强干部作风建设】 完善了《干部作风建设行为规范细则》，严格作风建设各项制度。开展了“吃空饷”“公职人员经商办企业”清理整治自查自纠，全局干部职工均签订了严禁经商办企业承诺书。同时，坚持一手抓党风廉政建设，一手抓职能业务工作，始终将党风廉政建设工作与业务工作同部署、同督促、同落实，积极推进廉洁高效务实执法。

【集中开展扫黑除恶】 制定了《扫黑除恶市场流通领域突出问题专项整治实施方案》，明确工作目标，压实工作责任，集中开展扫黑除恶专项斗争市场监管领域“6+6”专项整治行动，依法打击市场乱象，深入推进行业治理。上报市扫黑办涉嫌黑恶乱线索1条。

【做好“双创双修”工作】 牵头制定了《“六小”行业大执法专项整治方案》，制定了《窗口服务环境整治行动实施方案》和创建全国文明城市工作责任清单，明确双创工作任务，落实双创工作责任。投资30万元对乐涌、接渡、翥山、南河4个分局办公场所进行维修改造，全面提升窗口基础设施。按照市双创双修指挥部安排，自5月中下旬开始重新启动“路长制”，每天安排2名工作人员在责任路段巡查，规范、劝导文明行为。

（市市场监管局）

行政服务

【概况】 市行政服务中心紧紧围绕“放管服”改革，大力推进“一网通办”。加快推进政务服务“最多跑一次”改革，努力实现“进一扇门，办成所有事”，以“互联网+政务服务”为工作重点，大力提升服务能力和行政审批效率，不断创新服务机制和优化营商环境，狠抓工作落实，大力改善政务环境。按照市委统一部署，中心以高度的思想自觉和行动自觉配合做好市委第一巡察组对中心的巡察，完成了各项巡察任务。共受理行政审批和服务事项680714件，其中线上办理328970件，线下办理351744件，惠企办理21163件，办结率达100%，群众满意率达99.8%。全市公共资源交易共完成交易项目282项，成交价为49.76亿元。

【提升政务服务水平】 一是深入开展政治理论学习。依托党工委理论学习中心组、党支部主题党日、每周例会、学习强国、干部网络学院等学习平台，组织全体党员干部职工认真学习贯彻习近平新时代中国特色社会主义思想和党的十九大精神。二是创新党支部各项活动形式。通过党工委委员兼职挂点制、支部建在窗口等方式，有效促进了中心3个党支部“三会一课”制度的坚持和组织活动的顺利开展。平时注重在“双创双修”、扫黑除恶、精准扶贫、志愿服务、疫情防控等中心工作中锻炼队伍，增强党员本领。共选派了2名党员干部到乐港镇蒋湾村精准扶贫，选派了3名在职优秀年轻党员干部进社区兼任功能性党组织委员，组织16人参与到“双创双修”和疫情防控工作中；组织机关干部慰问帮扶村贫困户15批次，走访安排扶贫资金10万元，购买大米、食用油等金额计2万元。强化一岗双责，着力落实主体责任。成立了党风廉政建设工作领导小组，把党风廉政建设主体责任落实情况纳入中心领导班子、领导干部目标管理，形成了“一把手”负总责、一级抓一级、层层抓落实的工作格局。强化民主集中，着力提高履职能力。强化日常管理，着力改进工作作风。认真落实中央八项规定精神，坚决整治形式主义和官僚主义，深入开展“怕慢假庸散”作风整顿，制定实施了《市行政服务中心窗口及工作人员考核办法》，加强政务服务大厅规范化管理，建立科学完善的窗口工作考核评优机制，切实增强各窗口的责任意识，提升服务水平，提高工作效率。

【全面深化行政审批改革】 “三集中三到位”改革工作取得重大突破，总投资3000多万元的政务服务大厅进驻单位35家、进驻事项1221项，全市依申请类事项90%以上项目已进驻了中心，基本实现了“进一扇门”办所有事的工作目标；同时在“赣服通”App上开设了乐平分厅，公布便民事项，利用手机就能进行审批，实现了江西政务服务向手机端延伸，极大了方便企业、群众办事。实现了乡镇便民服务中心、便民代点全覆盖。发挥便民办事的“大超市”功能，为群众服务。大力推行“有事请找我、我为您服务”的工作理念，由乡镇党政班子成员领班，改变过去群众到处找地方办事为现在集中在一个大厅等群众办事。疫情防控期间服务好企业复工复产。设立行政审批“绿色通道”工作。为落实好市政府政策要求，中心组织税务、市场监管、人社、住建、自然资源与规划、生态环境等窗口认真学习了文件精神，由中心业务股牵头，建立了代办、联办工作机制，确保在企业提出申请当日，完成受理，在规定期限内完成事项审批工作。做好重点项目开工复工准备的工作。乐平市将打造“赣服通”升级版作为重点工作进行推进。一方面组织相关部门对办事事项进行全面梳理,确保在原有81项项目基础上增加20项以上,按时、按质完成乐平市“赣服通”分厅升级工作。行政服务中心大厅“好差评”系统已完成改造,将现有系统上线对接省政务服务系统。便民服务措施全面落实。一是全面实行“错时延时”服务制度。二是实行“容缺受理”服务。三是实行上门服务。推进政务服务标准化制度化建设,制定了《乐平市行政服务中心窗口工作人员行为规范》,拟定办事流程图,实现行政审批规范化、标准化管理。强化人员星级化管理,制定了《乐平市行政服务中心工作人员考核办法》,对窗口工作人员实行星级管理。加强窗口工作人员业务素质培训,制定了《乐平市行政服务中心窗口工作人员业务技能培训方案》,实现分期分批业务轮训。

【创新公共资源交易】 积极探索创新“互联网+交易服务”,全力推进公共资源交易“一体化”平台系统建设工作,初步完成“一网三平台”建设,全面实现政府采购、工程建设项目登记、信息发布、场地预约、专家抽取、投标保证金收退等全流程电子化。实现了省、市两级信息化平台互联互通,资源共享,建成了涵盖公共服务、交易受理、交易组织、交易评审、行政监察及综合管理的公共资源交易信息化平台。

【打赢疫情防控阻击战】 多措并举,全力做好疫情防控工作,第一时间成立了中心疫情防控工作领导小组,制定了疫情防控工作措施,明确了人员责任;同时要求每位班子成员要切实发挥包联作用,一线督导社区大厅摸排防控工作,确保机关上下高度重视、落实责任、密切配合、严格防控,坚决打赢疫情防控攻坚战。根据市委、市政府关于做好疫情防控期间经济工作的重要部署,行政服务中心扎实做好“六稳”工作,落实“六保”任务。设立企业政策兑现代办服务窗口和投资代办中心涉企政策服务窗口,依托一体化政务平台、网上办事大厅、“赣服通”“赣商动力”等渠道完善线上服务,拓展政策知晓度和申办便利度,促进乐平市政务服务水平和服务质量的提升。

(市行政服务中心)

自然资源管理

【概况】 市自然资源和规划局紧紧围绕中心工作,按照“强基础、提质量、优服务、促发展”工作目标,立足规划引领、保护优先,节约集约、聚焦聚业工作思路,立足规划引领、保护优先,保障发展、节约集约的工作思路,尽心尽责、规范管理、对标对表,切实提升服务保障和资源保护能力,自然资源和规划各项工作成效显著。

【精心保障经济发展】 编制完成年度“批征供”三计划。呈报7个批次用地的农转用和土地征收,总面积3320.1645亩,其中农用地2960.1045亩(耕地1969.881亩)。核发国有建设用地批准书33宗,面积21342.19亩。补办道路及道班房用地批准书20宗,面积4147.25亩。挂牌出让64宗土地,面积3648.99亩,成交价款39.96亿元,同比增长33%,创历史出让新高。办理二级土地市场交易1964宗;二手房交易2084宗。完成土地征收38宗,面积3800.52亩。拆迁房屋159栋,未发生一起因拆迁进行上访事件。

【全力推进资源保护】 建立耕地保护措施,层层签订责任状。已上传问题图斑6524宗,总面积3040.04亩,占用耕地2801.51亩(含基本农田687.93亩),初步摸排成果已汇交省级平台。7月3日以后,毁灭性打击11栋顶风作案的新增乱占耕地占耕地建房。严格执行耕地占补平衡政策,加大土地开发、城乡增减挂钩、旱改水、高标准农田建设等项目投入,获得本年度全省耕地保护优秀县市荣誉称号。全面启动山水林田湖草修复,完成验收14个土地开发项目验收报备,新增耕地1929.79亩。18个增减挂项目,完成11个项目的竣工验收,新增耕地1787.69亩,正在进行入库报备工作。启动了乐平市矿产资源“十四五”总体规划的编制工作。检查矿山600座次。完成了辖区内资源有偿处置工作,市级发证3宗,探转采2宗,分期缴纳出让收益4宗,共收取采矿权出让收益6637.78万元;受理19宗采矿权新立、延续、变更、注销登记,同时完成了1宗探矿权转采矿权矿区范围划定的资料上报;启动了乐平市双田天丰山石灰岩矿采矿权挂牌出让工作。督促指导乐平市张家坞采石场、江西锦溪水泥有限公司塘坞石灰岩矿、江西锦溪水泥有限公司坞家山石灰岩矿、江西锦溪水泥有限公司涌峰采石场4家矿山完成绿色矿山建设评估录库工作。

【严格行政执法监察】 11 月 18 日,在全省首创组建成立了乐平市打击"两违"和矿产资源行政执法指挥中心。打击"两违"130 起,拆除违法建筑物 11040 平方米。发现自然资源各类违法行为 62 起,立案查处自然资源违法案件 39 宗,打击非法开采 43 起,查扣非法开采设备 40 部。完成了 12 个项目用地复核验收。举证消化批而未用土地 3390.23 亩,消化周期由 4.5 年降至 2.7 年。消化批而未供土地面积 7958.2 亩。乐平市土地集约节约用地及消化批而未用土地工作成绩突出,在全省县市区排名第二。举行基准地价调整、拟征收土地、规划核实、增减挂听证会 70 次。办理信访事项 117 件、受理 12345 热线工单 624 件。扎实开展扫黑除恶专项活动,在全市行政辖区内摸排涉黑涉恶线索共 91 条,收到举报线索计 11 条,核查相关部门转来线索计 79 条,共计办理线索 181 条,年底所有线索均已办结完毕,其中 4 条摸排线索移送公安机关,追究刑事责任 4 人。

【维护群众切身利益】 面对新冠肺炎疫情,万众一心、众志成城、勇上一线,委派近 15000 余人次参与"众埠镇、洎阳街道、火车站、东方国际酒店、怡莱酒店"等区域和乡镇(街道)、村委会(社区)的疫情防控工作,广大参战抗疫人员各司其职、各负其责,扎实做好"人员摸排、出入登记、路口巡查、警戒封控、宣传疏导、日常消毒、值班值守"等工作,经过近 3 个月的艰辛努力,参与的疫情防控工作取得阶段性胜利。面对 20 年一遇的严重洪涝灾害,乐平市自然资源和规划局团结一心、主动请缨、奔赴一线。200 多名干部职工作为第二批防汛应急突击队,在局机关大楼彻夜值守整装待发,随时做好奔赴抗洪抢险最前沿乐港镇中洲圩堤,全力以赴抗大洪、防大汛、抢大险、救大灾,确保人民群众生命财产安全。7 月 9 日深夜,紧急动员 150 余名防汛应急突击队员带领防汛物资器材,直奔乐港镇古脑张家村抗洪一线,彻夜值守巡逻、排查安全隐患,疏散转移群众、转运受灾物资,设置安全屏障、封堵圩堤漏洞,防止洪水侵扰,筑牢一个个抗洪抢险的坚强堡垒,经过三天三夜连续奋战,值守圩堤出现的 40 余处险情已全部得到控制。

【不断夯实建设基础】 利用三调初步成果对全市可用于开发地块进行后备资源调查,完成 12 个乡镇、街道办的调查。积极推动不动产业务网上受理,抵押登记延伸至银行受理,一般不动产登记业务在 5 个工作日办结,抵押登记业务在 1 个工作日办结。颁发不动产登记业务 11 万件。全面推进农村房地一体确权登记发证工作,在各自然资源和规划所设立农村房地一体确权登记发证窗口,核发"农房一体"不动产权证书 19 万件。全面实施"一库三平台"系统运行,构建人事优化后各项功能模块。率先在全省建成数据库、台账和档案三位一体的"一张图"调绘信息系统,建立自然资源"一张图"大数据完整框架。完成与政务平台、税务、"赣服通"数据共享,增量数据同步。对系统人事进行优化。18 个自然资源和规划所办公用房投入使用,附属工程完成各项整改工作。名口地质灾害避难安置所建设项目正在加快建设,预计 12 月份竣工验收。测绘各类项目地块面积 5280.25 亩,全面开展 D 级点布设和国家 2000 大地坐标系转换项目验收工作。完成乐平高铁北站广场及周边商务区用地红线划定工作。

(市自规局)

应急管理

【概况】 牢固树立生命至上、安全第一的思想,统筹做好疫情防控、"六稳""六保"和应急管理各项工作,圆满完成各项目标任务。成功抵御新中国成立以来第四高水位洪水袭击,把灾害损失降到最低限度,夺取了防汛救灾工作重大胜利。全市安全生产形势持续稳定向好,实现"双下降、三确保":事故起数和死亡人数"双下降",确保了连续 17 年未发生重大及以上事故,确保了元旦、春节、中秋、国庆、各级两会、十九届五中全会等重要时段安全平稳,确保了打击非法小煤窑连续 13 年实现"零开采、零死亡"目标。乐平市被评为全省森林防火"平安县"(市、区),洎阳帮帮团被评为第五届"全国 119 消防先进集体",乐平蓝天救援队取得全省首届社会力量救援技能大赛团体总分第二名、高空悬吊向下救援团体第一名的好成绩。

【应急管理体制改革深入推进】 机构改革以来,快速整合应急处置、消防管理、灾害救助、防震减灾、火灾防治、防汛抗旱等新增职能,市应急管理局迅速承担起市安委会办公室、市减灾委办公室、市防汛抗旱办公室、市森林防灭火办公室、市抗震救灾办公室的日常工作,充分发挥"两委三部"的议事协调作用,加快构建"全灾种、大安全、大应急"的监管机制,全面统筹、整合、优化全市应急管理资源,应急队伍力量不断壮大,应急管理工作水平不断提升。

【安全生产形势持续稳定向好】各乡镇(街道)和有关单位开展中心组专题学习习近平总书记安全生产重要论述124次、参与3260人次;参加"全国安全网络知识竞赛"和"乐平安全生产知识网络竞赛"3万余人次;向第十五届井冈山安全发展论坛投稿25篇;开展安全宣传"五进"活动1073场次,参与16.17万人次;刷写宣传标语、悬挂宣传横幅1007条;营造了人人关心安全生产、参与安全发展的浓厚舆论氛围。科学制定安全生产专项整治三年行动实施方案,不断压紧严实党政领导责任、部门监管职责、乡镇属地责任、企业主体责任,聘请6名化工安全专家、2名煤矿安全专家为企业无偿提供安全技术指导服务;先后开展危险化学品重大危险源集中检查、非煤矿山大检查大整治、打通"生命通道"整治、科技治超、普速铁路沿线环境安全综合整治、"僵尸船"专项整治、医疗废物专项整治、农业固体废弃物专项整治、安全生产集中整治等行动,关停五一、同春煤矿,核减灾害严重的沿沟煤矿生产能力,安全生产专项整治三年行动有力有序开展。1—12月,开展督导检查213次,整治企业442家,整改问题隐患1467条,行政处罚23次,责令停产整顿3家,约谈警示159家,全市安全生产形势持续稳定向好。

【防汛抢险工作取得重大胜利】7月7日至10日,突发新中国成立以来第四高水位的大洪水,并面临下游鄱阳湖历史最高水位的顶托,造成乐安河全线超警戒,持续高水位运行,其中虎山水位达到超警戒线4.18米的严峻形势。此轮洪涝灾害造成全市19个乡镇(街道)、11.81万人次受灾,紧急转移安置群众4784人,农作物受灾面积12.11万公顷,房屋倒塌1户2间,房屋受损83户151间,直接经济损失合计1.23亿元。面对20年一遇洪水,全市紧急动员、压实责任,科学调度、有效应对,同心抗洪、同力抢险,四套班子领导挺在一线,市乡村组四级干部及部队民兵战斗在前,形成了一个领导力量、一队技术力量、一组机械设备、一支救援队伍组成的"四个一"救援体系,成功处置了18处较大型的泡泉、管涌,最大限度保证了人民群众生命财产安全,得到了人民群众的真诚拥护和肯定,夺取了防汛抢险工作重大胜利。

【森林防灭火工作扎实有效】组织开展森林火灾风险隐患排查整治"十查十看"、"春季平安"、春防安全大检查、秋冬季森林防灭火工作专项检查暨打击森林火灾违法行为专项行动,切实做好野外火源管控。大力开展"大手拉小手"森林防火知识进校园等宣传活动,不断提高广大群众的森林防火意识。努力开展全省大练兵大比武活动项目的训练,获得景德镇市团体第二名的优异成绩,实现专业森林消防队伍从"单一扑火救援"到"综合性救援"的转变和提升。增加了无人机、个人单兵4G通信等森林消防装备,大大提高了火场的通信指挥能力。

【减灾救灾网络不断织牢织密】储备救灾棉被4075床、雨衣1205件、棉大衣3557件、毛毯1064床、羽绒衣3986件、军大衣643件、毛巾被4618床、帐篷316顶、发电机10台。积极组织参加全省防灾减灾知识竞赛活动,参加竞赛人次达12万人次,在全省县(市、区)中排名第二;先后组织开展全市防汛暨地质灾害疏散演练、校园火灾应急疏散演练以及防火防震知识讲座,普及推广防灾减灾知识和自救能力。全力开展灾民转移、救灾物资调配和查灾核灾工作,确保灾民基本生活得到有效保障。组织抽查了部分相对高层的小区住房建设项目,对疫情防控定点酒店进行了检查,确保有关项目按照防震6级设防的标准进行设计和建设。严格执行节假日领导带班、关键岗位24小时值班等制度,及时掌握和上报灾害事故信息,时刻保持准备出发战斗状态。

(市应急管理局)

住房公积金管理

【概况】 景德镇市住房公积金管理中心乐平办事处负责乐平市行政区划内的住房公积金归集、管理、使用等工作。

【开展住房公积金业务】 本年度共归集住房公积金3.9亿元,历年累计归集住房公积金29.41亿元,归集余额13.9亿元。全市357个单位建制缴存住房公积金,缴存职工29207人;新增开户缴存单位19个,新增参缴职工账户1895人。全年办理住房公积金各类提取业务33388笔,合计2.7亿元,历年累计提取住房公积金11.84亿元。全年共发放个人住房贷款3.73亿元,发放个贷户数1004户,历年累计向9214户家庭发放个人住房公积金贷款21.64亿元。

【深化“放管服”改革工作】 按照“放管服”改革要求,从压缩住房公积金业务审批时限、材料简化服务升级、规范保障服务、提升服务质量等方面入手,切实解决了职工业务办理的实际问题,提高了业务办理实效。同时,通过在住房公积金信息化领域多年的布局深耕,“智慧公积金”雏形已初步形成,职工业务办理基本实现柜面“一窗式”、PC端综合服务平台、手机移动端受理办结,离柜率逐步提高,让“数据多跑路,职工少跑路,甚至一次不跑”落到实处。

【积极应对新冠肺炎疫情】 以高度的政治责任感和勇于担当的精神,压紧压实责任,精准精细做好疫情防控各项措施,切实加固筑牢疫情防控的“铜墙铁壁”,确保工作不脱节,任务不落空。全体职员面对疫情防控期间的各项工作安排,都能承担起责任和使命,立足岗位做好自己的本职工作。针对疫情防控期间企业资金紧缩等问题,乐平住房公积金积极落实景德镇市住房公积金管理中心根据《住房和城乡建设部 财政部 人民银行关于妥善应对新冠肺炎疫情支持企业复工复产施行住房公积金阶段性支持政策的通知》(建金〔2020〕23号)文件精神,制定的《关于妥善应对新冠肺炎疫情支持企业复工复产施行住房公积金阶段性支持政策的通知》景金字〔2020〕2号文件,从企业缴存、职工业务办理、逾期征信等方面给予政策支持保障企业和职工的合法权益。政策截止后,经统计,乐平住房公积金共为企业和职工办理缓缴278.28万元,涉及缴存职工732人。

(景德镇市住房公积金管理中心乐平办事处)

农　业

农业农村

【概况】　坚定不移地坚持农业农村优先发展，大力实施乡村振兴战略，充分发挥统筹管理、服务“三农”的职能作用，以实施乡村振兴战略为总抓手，牢牢把握稳中求进工作总基调，落实高质量发展要求，对标对表全面建成小康社会必须完成的硬任务，抓重点、补短板、强基础、扬优势，巩固提升农业供给侧结构性改革，在“大学、大干、大变”中加快乡村振兴步伐，坚定信心，保持定力，求真务实，全市农业农村各项事业发展良好。

【美丽宜居示范县创建】　全面落实“精心规划、精致建设、精细管理、精美呈现”的理念，深入开展美丽宜居乡村建设。按照全域规划建设、全面长效管护、全新发展产业、全民共树新风、全力组织推动的“五全”要求，以带头推动农村人居环境整治、带头推进村庄“连线成片”整治建设、带头落实“四精”理念、带头推动农村生活垃圾治理、带头实施全域村庄环境管护、带头发展壮大村集体经济、带头加强新农村建设促进会建设、带头推进乡村治理的“八带头”为目标，精心组织、科学谋划，突出重点、狠抓落实，深入开展美丽宜居示范县、美丽宜居示范乡镇、美丽宜居示范村庄、美丽宜居示范农户庭院四级联创。累计建成美丽宜居示范乡镇5个、美丽宜居示范村庄104个、美丽宜居示范农户庭院4616个、美丽宜居示范风景线6条。“整洁、秀美”已成为乐平最亮的底色。

【农业农村改革】　坚持以乡村振兴为抓手深化农业农村改革，完成改革课题14项。在全面深化农村集体产权制度改革，加快构建新型农业经营体系，深入推进农村社区建设试点，切实搞好普惠金融服务，着力解决农业“融资难”“融资贵”难题，加快城乡环卫一体化建设，深入推进农村人居环境整治，重点解决城乡发展不平衡的问题，不断优化城乡资源配置和服务设置，促进城乡融合发展等方面，取得了一批扎实有效的改革成果和特色亮点。农村产权制度改革土地承包经营权确权登记工作成绩突出，乐平市农业农村局作为江西省仅有的两家之一荣获全国先进集体称号。

【土地承包经营权流转】　全市土地流转总面积40.98万亩，占耕地面积的61.9%，较上年减少0.38万亩。其中：转包39.7亩，转让0.28万亩，互换0.12万亩，股份合作0.17万亩，其他0.71万亩。流转给农户面积33.42万亩，流转给农民专业合作社面积2.13万亩，流入企业面积0.31万亩，流入其他主体5.12万亩。流转用于种植粮食作物的面积33.6万亩，流转出承包耕地的农户7.22万户，签订耕地流转合同7.37万份，签订流转合同的耕地流转面积32.6万亩。

【新型农业经营主体创建】　在市场监督机构登记注册的合作社共1360家，较上年新增111家，合作社拥有成员37919人，其中：农民成员35758人，带动农户86151户，合作社拥有资产279825.9万元，同时，按照“规范化、规模化、标准化、品牌化、产业化、有制度、有产业、有品牌、有人才”的“五化四有”要求，深入开展农民合作社示范社创建活动。全市共评定国家级示范社等各级示范合作社53家。已登记家庭农场注册1573家，已评定各级示范家庭农场49家。

【农村人居环境整治】　积极推进美丽宜居示范县创建，大力实施新农村建设，开展农村生活垃圾第三方治理和改水改厕，实现环卫“全域一体化”，按照“六化”目标，开展村庄环境长效管护试点，建立了“五定包干”村庄环境长效管护机制；全市已打造1条美丽宜居示范风景线、2个美丽宜居示范乡镇、35个美丽宜居示范村庄、2500个美丽宜居农户示范庭院;农村人居环境得到了明显改善,广大人民的获得感、幸福感明显提升,省委书记刘奇本年度两次到乐平考察。

【粮食安全保障】 全市粮食种植面积达92.96万亩,水稻良种覆盖率达97%,其中主推品种覆盖率86%,粮食总产达42.03万吨;认真执行国家粮食收购政策,切实保护种粮农民利益,乐平市各类粮食经营主体共收购早晚稻146879吨,国有粮食购销企业收购稻谷70399吨;"中国好粮油"行动示范县项目顺利实施,已完成8家粮食产后服务中心建设,全市优质水稻种植面积扩大至50万亩,其中富硒稻种植1.4万亩,优良品种提高30%,优质稻产量达28万吨。

【江南菜乡品牌建设】 常年蔬菜播种面积达35.9万亩,蔬菜年总产量119万吨以上,蔬菜总产值17亿元,蔬菜批发大市场总交易量85万吨,交易额20.75亿元,同时大力发展设施蔬菜生产,设施蔬菜落实1.05万亩。构建蔬菜质量安全信息化监管追溯平台,全市蔬菜农残综合抽检合格率稳定在96%以上,确保了全市蔬菜质量安全。通过引外企、联国企、助民企,利用乐平市"江南菜乡"品牌优势,打造乐以科农业科技示范园,联合江西绿色产业集团建设国内一流的农副产品产销配送中心,成功引进浙商投资组建乐平市花正红农业发展有限公司,在镇桥镇百乐畈打造成为融合特色蔬菜生产、初级加工、休闲观光、农事体验和农业科普教育"五位一体"的蔬菜产业示范基地。

【高标准农田项目建设】 按照"统一规划、分步实施、整体推进"的原则,有序推进高标准农田建设。年度项目省级下达建设任务9.3956万亩,经乐平市发改委批复立项建设规模9.46万亩,实际建设规模总数为97339.30亩,项目总投资2.925亿元,涉及13个乡镇。其中乐港镇11622.61亩、接渡镇7446.74亩、众埠镇17615.23亩、鸬鹚乡3010.55亩、礼林镇16993.54亩、农业高新园1427.59亩、涌山镇12917.06亩、双田镇8270.28亩、洪岩镇4017.13亩、高家镇3230.84亩、洺口镇2256.93亩、十里岗镇4296.39亩、临港镇4234.41亩。

【农垦危房改造】 农垦危房改造任务为614户,其中凤凰山垦殖场104户、十里岗垦殖场56户、科山垦殖场224户、梅岩垦殖场36户、历居山垦殖场为30户、红岩垦殖场为29户、文山垦殖场为135户。项目中央投资552.6万元,省级配套资金为368.4万元,每户补助标准为1.5万元。

(市农业农村局)

农业机械

【概况】 全市农机总动力为52.26万千瓦,增长2.72万千瓦,较上年增长5.49%。农机作业水平稳步提升,农业机械化协调发展。水稻机耕率达99.65%,较上年增长0.83%;机收率达98.92%,较上年增长0.37%;水稻机插水平达39.42%,较上年增长4.17%;农作物耕种收综合机械化水平达到81.37%,较上年增长1.69%。机耕、机收逐步得到普及。已成为粮食增产和农民增收的新途径。农民来自农机经营服务的收入较快增长,农机社会化服务稳步推进。2020年全市新增推广补贴农机具1593台(套),销售额9107余万元。完成中央财政补贴资金3026.571万元(其中农机购置补贴资金2834.889万元,贷款贴息补贴:66.282万元,农机报废补贴资金125.4万元),全省排名第三。推进农业机械化转型升级,为实施乡村振兴战略、促进农业农村现代化夯实了装备基础,进一步推进了乐平市农业机械化全程全面高质高效发展。

【农机购置补贴】 受理农机购置补贴申请1509份,受益户数792户,使用补贴资金2834.889万元,补贴农机购置补贴机具数量1593台(套),其中:轮式拖拉机566台;自走履带式谷物联合收割机268台;履带式拖拉机9台;旋耕机593台;谷物烘干机22台;采茶机9台;茶树修剪机3台;茶叶炒(烘)干机1台;茶叶理条机3台;茶叶揉捻机3台;茶叶杀青机1台;开沟机76台;免耕播种机10台;驱动耙19台;组合米机4台;水稻插秧机2台;喷杆喷雾机1台;秧盘播种成套设备(含床土处理)1台;饲料(草)粉碎机1台;饲料混合机1台。受理贷款贴息补贴申请351份,受益户数310户,补贴贷款贴息机具数量351台,贷款金额1908.3万元,使用补贴资金66.282038万元。受理农机报废补贴申请130份,受益户数117户,补贴报废机具数量130台,使用补贴资金125.4万元。

【农机推广】 共培训各类农机

技术人员1320人，其中：农机操作人员670人次；农机维修人员300人次；农机技术人员200人次；机插秧培训人员150人次。使广大农机手的技术水平得到了较大的提高，为农机生产安全和农业增效提供了技术保证。

【农机监理】 全年共注册登记农业机械738台。其中：轮式拖拉机461台；履带式拖拉机9台；联合收割机268台，注册登记率达到100%。2020年共举办农机驾驶操作考试3期，核发拖拉机驾驶证、联合收割机操作证196人。

（市农业农村局）

林　业

【概况】 林业工作牢固树立绿水青山就是金山银山的理念，以"资源培育和保护"为主线，以持续推进林长制为抓手，用心做好建设好、保护好、利用好"绿水青山"这三篇文章，推进全市林业高质量发展。

【扩大"绿色增量"】 全年完成人工造林面积9938亩，为计划任务的198.8%，其中"三化"造林200亩；完成封山育林面积15000亩，为计划任务的100%。

申报省级森林乡村建设。本市在成功创建十里岗镇篁坞村、鸬鹚乡龙亭村、洪岩镇小坑村、涌山镇石峡村等第一批4个2019年"国家森林乡村"的同时，围绕服务乡村振兴战略，打造更多的国家、省级"森林乡村"，从全市上报的43个行政村中筛选出洪岩镇湖村村、礼林镇杨桥村等十个行政村申报2020年省级森林乡村建设。

【抓实资源保护】 规范采伐管理。执行森林限额采伐政策，严格按规定分解下达年度木材生产计划，坚持实行木材生产计划进村公示制度，共办理木材采伐许可证315张，木材总蓄积量为41094.64立方米，出材量为26714.44立方米；强化木材加工管理，及时掌握木材经营加工单位生产经营状况，提高办证效率和服务水平；严格执行林地限额管理制度，严把重点工程、重点项目征占用林地审查关，督促征占用林地的单位和个人进行植被恢复，确保林地总量动态平衡，全市依法办理林地征占用手续50宗，办理林地征占用面积140.8778公顷。

严厉打击涉林犯罪。重点开展了严厉打击各类破坏森林资源违法犯罪百日专项行动、野生动物保护、强化监督打击专项行动等，有效地遏制了森林资源管理混乱的现象，有力震慑了犯罪分子，取得显著成效。全市共查处林业行政案件207起，其中：滥伐林木案件82起，非法征占用林地案123起，非法破坏野生动植物案件1起，其他涉林案件1起；移送森林公安31起。

开展森林资源专项整改。将国家林草局驻福州专员办检查组反馈意见时指出的典型违法问题和2018年森林督查未办结案件作为打击重点，从快从严、依法依纪进行严厉打击，对检查发现的六个方面问题采取有力整改措施，组织开展专项整改行动，逐一对照检查，全面进行整改，确保2020年前的森林督查违法图斑全部处理到位。

多举措确保森林防火安全。加大森林防火宣传，在重点防火林区、景区设立森林防火宣传点，发放《森林火灾基本知识》图册500余份，结合案例开展以案释法；开展"全市野外火源专项治理行动"，在重点时段、重点区域增加巡查人员、提高巡查密度、排查火源隐患；压实防火责任，部署、开展隐患全面排查工作，消除火灾隐患。

开展松材线虫病防控。全市松材线虫病除治队伍克服新冠肺炎疫情的不利影响，抢时间、赶进度、保质保量完成洪岩风景区、翥山公园、马端临公园、洪皓公园、206国道沿线、高速挂线及浯口、涌山、双田、后港、接渡等13个乡镇2.755万亩的除治任务，完成疫木清理49350余株，打孔注药60000支，全市疫木清理工作通过省核查组核查。按时启动2020—2021年松材线虫病防控工作，确保在2021年3月底前完成除治任务。

加强野生动物保护管理。组织开展"清网行动"专项行动，拆除使用"天网"捕鸟器具65张，总共约990米长，解救斑鸠2只；加强陆生野生动物疫源疫病监测防控，出动执法人员700余人次，巡查野生动物繁养场60余个次，野外巡护值守和疫情监测400余个次乡镇；完成人工繁育野生动物现场处置工作，共处置蛇类约8885千克，黄麂、豪猪等七个品种野生动物5634余只；完成了陆生野生动物养殖户扶持资金的发放工作。

逐步完善林长制。完善森林资源网格化管理，优化整合专职护林员队伍，全市专职护林员人数从337人精简优化至179人；大力建设推广林长制App巡护管理平台使用，通过信息化手段加强森林资源巡查监管；认真执行林长巡林制度，市级总林长、副总林长每年巡林不少于两次，市级林长每季度巡林不少于一次，乡镇林长每月巡林不少于一次；坚持林长制年度考核和日常考核工作，并向全市通报考核结果，做到有奖有罚。

【增强发展活力】 实施林下经济深改课题。在大量的调查研究的基础上，草拟《关于大力扶持培育乐平市森林药材种植示范基地的实施方案（试行）》，随后，根据常务会意见做出进一步完善，并提交市深改委讨论研究。

稳步推进“放管服”改革。规范、精简林木采伐、林地使用、林木移栽等行政许可审批流程，践行“只跑一次”的承诺，提升行政审批效率；向全市各乡镇下放盗伐、滥伐林木、擅自移动或者毁坏生态公益林保护标志牌、擅自移动或者破坏古树名木保护牌的处罚等五项审批服务执法权限；开展“双随机一公开”执法检查工作，科学合理落实林业执法监管随机抽查制度。

全面完成市森林苗圃改革任务。成立乐平市林业局进一步推进从事生产经营活动事业单位改领导小组，制定《乐平市森林苗圃撤并整合实施方案》，根据方案要求，按时完成市森林苗圃资产处置、人员安置等各项改革任务，撤并整合后由林业局林工站代管。

【推进中心工作】 全力开展新冠肺炎疫情防控工作。制定应急预案，全面开展人员摸排工作，落实隔离措施；安排疫情防控值班值守，强化野外巡护值守和疫情监测；主动配合、支援居住地社区及双田镇开展疫情防控工作。全力做好林业复工复产服务保障，加快项目审核审批进度，有序恢复松材线虫病除治工作，组织技术人员深入造林一线开展油茶造林技术指导工作。

决战决胜脱贫攻坚。积极开展林业产业扶贫调研，制定出台乐平市油茶高产栽培管理技术要点，组织林业技术人员定期深入造林一线，对全市油茶产业不同时期的管护工作进行技术指导；积极申报林业相关补助，安排符合条件的贫困户从事护林员公益性岗位22人。

做好抗洪抢险及协助灾后重建工作。严格落实24小时防汛值班制度，对接渡镇前屋村险段进行不间断巡查，并成功协助化解了一起险情；向接渡、众埠、临港等部分灾区捐助灾后重建资金，帮助镇东社区群众恢复灾后秩序。

（市林业局）

水　利

【概况】 坚持以“水利工程补短板、水利行业强监管”为总基调，紧紧围绕建设“实力雄厚、生态宜居、社会和谐新乐平”目标，真抓实干、开拓创新、勇于担当，着力完成了水利项目建设、水旱灾害防御、河湖治理、河道采砂、扫黑除恶和脱贫攻坚等各项工作任务。

【水利工程建设】 负责七大重点项目，工程批复总投资9.5亿元，分别是磻溪水（双田段）河道治理工程、车溪水河道治理工程、塘西联圩除险加固工程、续湖联圩除险加固工程、镇桥涝区项目、城乡供水一体化工程、安殷水河道治理工程等七处。

①磻溪水（双田段）河道治理工程：磻溪水（双田段）河道治理工程位于磻溪水中游（含支流德范河、横田河下游）双田镇、后港镇、塔前镇范围内，河段总长17.52公里。保护面积12.2平方公里，保护人口0.9万人，保护耕地0.68万亩，保护206国道、皖赣铁路、景鹰高速挂线、乐涌公路、乡村公路以及电讯等重要基础设施等。工程治理河段总长17.52公里，其中：磻溪水11.76公里，横田支流3.72公里，德范支流2.04公里。主要任务为：河道清淤、疏浚长3.47公里，河道清障长8.18公里，护坡长4.54公里（干砌石护坡长1.03公里，生态护坡长3.51公里），护岸长12.31公里，拟拆除重建陂堰6座、机耕桥4座及新建机耕桥1座，滨河道路长4.13公里，生态景观节点四处长2.97公里，便民亲水设施39处，增设必要的管理设施等。工程批复总投资3112万元。

②车溪水河道治理工程：车溪水河道治理工程位于临港镇境内，保护面积12.7平方公里，保护人口1.5万人，保护耕地0.72万亩，保护乐德铁路、307省道，乡村公路以及电讯等重要基础设施等。工程治理河段总长15.69公里，主要任务为：车溪水干流长13.69公里，临港支流长2.0公里，主要建设内容：河道疏浚11.93公里，护坡8.17公里，护岸7.71公里，拆除重建陂堰1座及机耕桥1座，新建滨河步道3.01公里，设置便民亲水设施13处，增设必要的管理设施等。工

程批复总投资2552万元。

③塘西联圩除险加固工程：塘西联圩位于乐平市中部浯口镇乐安河右岸和车溪水下游左岸，起于塘头村东南山头，沿乐安河右岸下行过塘头村、下港村至杨溪村折向东南沿车溪水左岸上行经程家墩村、炎田坂接乐德铁路堤封闭，堤线总长9.87公里。保护面积11.73平方公里，保护人口1.6万人，保护耕地1.4万亩，保护乐德铁路、乡村公路以及电讯等重要基础设施等。工程加固整治堤线总长9.87公里，主要任务为：加固培厚堤防9.87公里，填塘固基长0.29公里，新建C25钢筋砼防洪墙2.12公里，新建防浪墙长0.12公里，连锁式生态护坡长1.83公里，防滑砼预制块护坡长3.55公里，抛石固脚长2.43公里，新建堤顶砼防汛公路总长9.87公里，加固处理堤系建筑物18座，增设和恢复现浇砼渠道1.51公里，堤段内脚侧设砼挡土墙长0.1公里，拟修建亲水平台3处，上堤踏步共13处等，增设必要的工程管理设施等。工程批复总投资17660万元。

④续湖联圩除险加固工程：续湖联圩其上游起始于钟家山村上约3公里潘村附近高地，沿乐安河岸面下，再向乐安河支流一安殷水右岸延伸，直至孙家附近山头终止，全长20.09公里。保护面积25.48公里，保护人口3.32万人，保护耕地2.55万亩，保护乐弋公路及966个国营、集体、个体工矿企业等基础设施。工程加固整治堤线总长10.49公里，主要任务为：迎水坡生态护坡堤段长2.54公里，砼预制块护坡堤段长2.19公里，干砌石护岸堤段长1.98公里，新建黏土斜墙防渗长0.61公里，填塘堤段长0.16公里，原有穿堤建筑物拆除重建22座，新建28座下河踏步，堤顶铺设C25砼防汛公路10.49公里，建设游步道2.67公里，建设排水沟0.28公里。工程批复总投资8190万元。

⑤镇桥涝区项目：镇桥涝区项目地处中部低洼圩区，内涝主要通过共青干渠、禾峰干渠汇水，并分别于塘湖泄水沟、镇桥泄水沟、寺山泄水沟三处的自排闸和电排站排入乐安河。涝区以西为共青水库及山区洪水通过塘湖高排干渠（长11.25公里）排入乐安河；以东为栽禾峰水库及山区洪水通过寺山高排干渠（长7.21公里）排入乐安河。镇桥涝区项目扩容该涝区四座电排站及高排渠整治，主要任务为：塘湖电排站扩容改造，寺山电排站扩容改造，镇桥电排站扩容改造，丁家电排站拆除重建，高排渠整治18.43公里。工程批复总投资9520万元。

⑥城乡供水一体化工程：城乡供水一体化工程由共产主义水库铺设DN1200球墨铸铁原水管，沿线经过浯口镇、涌山镇、临港镇至城区水厂，全线长34.9公里，城区水厂由原来日供水规模5万吨扩建至10万吨；礼林水厂由原来日供水规模0.8万吨扩建至1.3万吨，新建城区配水管网延伸工程及农村供水工程。项目总投资5.19亿元。

⑦安殷水河道治理工程：安殷水河道治理工程涉及礼林镇、接渡镇等两个乡镇，保护人口3.8万人，保护耕地1.7万亩。工程治理河段总长15.0公里，主要任务为：河道疏浚长4.3公里，护岸长11.60公里，重建陂坝1座，修建滨河道路长3.37公里，增设便民设施15座，增建必要的工程管理设施等。工程批复总投资2663万元。

【河道采砂管理】 对全市河道共巡查238余次，其中联合水上派出所、交通局港航所、海事部门、当地乡镇等相关部门对河道共同巡查执法约60余次，出动执法人员共464人次，制止人工非法采（运）砂31起，扣押挖机、铲车17台、非法运砂车辆44辆，共处罚款80余万元，非法采砂行为得到了有效遏制。

【水库退养工作】 全市245座小型水库均已签订了水库退养协议，至年底，162座小型水库已放空清库，实现渔业种群结构的优化等生物技术措施养殖，有效地改善了生态环境及水库水质。

【水土保持执法工作】 全市完成水土流失生态治理9平方公里，开展日常监督检查60余次，检查生产建设项目282个，下发整改通知书193份，征收水土保持费130多万元，做到了应收尽收。

【精准扶贫工作】 《中央脱贫攻坚专项巡视"回头看"反馈意见问题"不忘初心、牢记使命"主题教育检视问题、国家脱贫攻坚成效考核指出问题、2019年度乐平市党委政府脱贫攻坚考核反馈问题》中涉及水利的3个清单4个方面5个问题，全部完成整改、销号。对全市6307户14146名贫困人员进行了逐户排查和饮水安全评价，4月完成了全市所有未通自来水自然村的水质检测采样、送样工作，共计检测580多份水样的42项指标，检测结果均合格。建立了建档立卡贫困户饮水安全工作台账，水质、水量、用水方便程度和供水保证率四项指标均达到脱贫攻坚饮水安全标准，做到了不掉一村，不漏一户，不落一人。率先启动了农村自来水厂标准化建设，其中浯口水厂被水利部评为2020年度农村供水规范化水厂。

【扫黑除恶专项工作】 进一步加强了重点领域监管，在公安、自然资源、城管等部门配合多次联合执法，对水利设施建设和水环境领域的涉黑涉恶问题，破坏水资源、河道采砂、水环境的违法违规问题进行查处，加强宣传动员，行业监管，线索摸排，加强信息报送，通过摸排、打击，水利设施建设和水环境领域以及破坏水资源、非法采砂的现象等黑恶势力得到有效遏制。"四书一函"联动落实工作是水利局2020年扫黑除恶工作的重要内容，是整治行业乱象、完善行业监管的关键点。针对收到的13份纪委、监委、检察院、法院、公安局等部门的建议书，针对建议书提出的问题，水利局积极开展，全面部署，13份"四书一函"按时全部办结。

【"河(湖)长制"工作】 建立了市、乡、村三级河长组织机构，认真组织各级河长按时开展巡河，落实了共计770名河(库)长，及时更新调整了各级河(库)长名单，对所有河流河(湖)长制公示牌进行了维修及牌面更换。总河湖长会议审议通过了《关于印发乐平市2020年县级河长、湖长巡河湖督导方案》《2020年乡镇河长制工作考核方案》《乐平市2020年鄱阳湖生态环境专项整治和消灭Ⅴ类及劣Ⅴ类水整治重点工作计划》《2020年河长制湖长制工作要点及考核方案》《关于调整部分非常设机构组成人员的通知》等方案。按照《乐平市2020年"清河行动"实施方案》要求，开展全市的新一轮"清河行动"，特别是洪水过后的乐安河沿岸垃圾清理工作有序开展。积极开展宣传工作，走进党校宣讲河湖长制工作知识，联合市委宣传部走进校园、工业园区、社区、乡村发放《江西省实施河长制湖长制条例》，开展宣传工作。

【水旱灾害防御】 按照分片挂点原则，多次分组下到各乡镇、村开展防汛大检查，制定完善了《乐平市水利局防汛抗旱应急预案》《水工程超标准洪水防御预案》等各类防汛防灾预案，并储备了砂卵石、冲锋舟、挖机、中型货车、编织袋、篷布等大量各类防汛物资。7月，受持续强降雨影响，全市江河、水库水位猛涨，多处圩堤出现险情，水利局及时组织10个抢险技术指导组22名技术人员下沉到各乡镇指导抗洪抢险工作，处置各类险情300多处，做到了未伤亡1人、未决1堤、未垮1坝，为此次抗击20年一遇洪灾做出了贡献，取得了历史性防大汛的全面胜利。

（市水利局）

水文巡视

【概况】 乐平水文水资源监测大队，负责乐平市辖区内水文站网水文测验资料收集工作、水文应急抢测工作；负责水文资料整编及分析，水文资料成果服务社会经济发展；负责乐平市水、雨情的分析、预测、预报；承担乐平市防汛抗旱水情信息中小河流及山洪灾害预报、预警工作；负责江河湖库的水质常规监测，参与重大突发水污染、水生态事件的应急监测及处置工作。其中国家重点水文站——虎山水文站位于江西省乐平市鸬鹚乡石里村，建立于1952年4月，集水面积6374平方公里，监测项目有：水位、流量、降水量、沙量、蒸发、水温、岸温、水环境等项目。

【雨情】 2020年雨情属正常略偏高年份，年降雨量略高于常年，降雨时空分布不均，4月至7月主汛期有降雨集中期；2020年虎山水文站总降雨量为2150毫米，降雨天数为158天。

【水情】 2020年乐安河水情属中水年份，全年出现3次超警戒洪水，6月3日洪峰水位26.08米，超警戒0.08米；7月4日洪峰水位27.65米，超警戒1.65米；7月9日洪峰水位30.18米，超警戒4.18米，排虎山水文站建站第4大洪水。2020年最低水位18.45米，出现在12月13日。

（市水文巡视中心）

工　业

综　述

2020年，面对新冠疫情肺炎对乐平工业经济带来的不利影响，市工业经济部门做好"六稳"工作，落实"六保"任务，强化服务，科学调度，全市128家规模以上工业企业完成工业总产值371.76亿元，同比增长3.55%；工业增加值增速增长4.5%；完成主营业务收入353.79亿元，同比增长4.37%；完成利税29.12亿元，同比下降0.17%。乐平市被评为2019年江西省工业高质量发展先进县(市、区)。宏柏新材于8月12日在上海证券交易所成功挂牌上市，为景德镇市乃至全省第一家台资A股上市企业。江西中远现代农业投资开发有限公司荣获"2020江西民营企业100强"，江西天新药业股份有限公司、江西世龙实业股份有限公司荣获"2020江西制造业民营企业100强"。

【应对疫情影响】　加强服务，科学调度，派驻企代表到企业蹲点协调生产，全市116家规上企业3月全部复工复产。为43户中小微企业提供3.925亿元融资服务。3.6亿元民营企业欠款已全部清偿完毕。宏柏新材获得80万元单项冠军企业专项扶持基金，远洋威利获得50万元专业化小巨人企业专项扶持基金。宏柏新材氯硅烷绿色循环产业建设项目，获得省级新兴产业倍增专题项目专项资金200万元。天新药业年产90吨维生素H技改项目，获得省级转型升级技术改造专题项目专项资金100万元。

【加强运行调度】　推动"个转企、企升规"工作，19家工业企业成功升规入统，连创近年来新增之最。协调口罩生产，四家口罩企业日产能达90万只。协调九江龙化工的消杀用品600吨漂白粉，世龙实业的21300吨10%消毒液，博浩源化工的6108吨35%双氧水和景德中药的2万余份防感茶、香囊已全部投入抗疫中。博浩源化工入选江西省专业化小巨人企业，电化乐丰、赛复乐医药、瑞盛制药通过江西省"专精特新"中小企业认定。景德中药入选江西省博士后创新实践基地单位名单。

【推进项目建设】　在线上为天新药业、宏柏新材等29家企业办理技改项目备案，项目总投资达48.4亿元，其中固定资产投资32.6亿元。每月对省重大工业项目、工业技改项目进行调度，将进展情况及时录入省工业重大项目管理调度平台。重点调度乐港杨范工业集聚区、赛复乐医药年产12000吨高精化学品项目、德孚环保科技发展有限公司年再生利用12万吨废矿物油、3万吨废溶剂油项目等工业重大项目，积极协调解决项目遇到的困难，促进项目早开工、早建设、早投产。乐港杨范工业集聚区已开工建设，各项基础设施建设加紧推进，部分企业入驻。

【促进信息化建设】　乐平有4家两化融合示范企业、一家两化融合质量体系贯标企业。组织宏柏新材、世龙实业申报两化融合示范项目并通过验收。帮助宏柏新材完成国家级两化融合贯标工作。协助景德中药完成两化融合示范企业的申报工作。世龙实业生产管理两化融合升级改造、宏柏新材《虚拟云+物联网环境基础建置》项目获批，分获省级财政80万元、35万元项目资金支持。积极协调5G建设基站，移动、电信、联通共建成130个5G基站。

【加强行业管理】　经多方协调，临港镇区域供电网络改造工程全面完成，解决困扰临港地区3万人民群众近20年的供电历史遗留问题。协调中店110千伏变电站新建两条10千伏线路建设，启动涌山镇、共库及接洄等区域农网改造，将惠及9万人口。做好交通项目强弱电杆线迁移相关工作，努力服务全市交通项目建设。开展安全生产月活动，综合协调工业和信息化领域安全生产工作。推进墙材革新，防止非江西省墙材产品目录内的墙材产品混入市场，避免埋下影响工程质量的隐患。开展“推散禁现”工作，禁止在建筑工地现场搅拌，推广散装水泥使用量。定期研究公众安全感和政法部门满意度“双提升”工作，开展矛盾纠纷大排查，本系统连续18个月未发生一起进京赴省上访事件，工信领域平安和谐稳定。及时处理“12345为民服务热线”反映的问题。

【推进工业节能】 落实《江西省污染防治攻坚战“八大标志性战役、30个专项行动”调度工作方案》及乐平市工业污染防治专业委员会5个专项行动2项工作方案。全力遏制“地条钢”。落实《乐平市2020年“清河行动”实施方案》，践行“绿水青山就是金山银山”的发展理念。2016—2020年全市工业单位综合能耗年均下降5%以上。

【实施产业链长制】 印发《关于实施乐平市产业链链长制工作方案》，按照“一位市领导、一个牵头部门、一位部门负责同志、一个工作方案、一套支持政策”工作模式，推动产业链链长制工作做实做细。全市9个重点产业由市委、市政府主要领导和7名分管领导担任产业链链长，共落实责任单位12个，召开产业链工作部署和调度会35次，出台相关政策13个，解决问题近百个。

【做好中心工作】 打赢脱贫攻坚战，2020年底挂点村礼林镇牌楼村43户106人全部脱贫。开展扫黑除恶专项斗争，开展侵占国有集体资产资源清查行动。抓好“双创双修”工作，组织党员带队进行责任路段巡查和文明劝导。做好拆迁工作，老北街、七小项目、三眼洞拆迁完成，沿河街拆迁仅剩1户。做好市人大常委会对工信局进行评议工作，抓好各评议阶段工作。认真办理市六届五次人大、政协建议、提案。

（市工信局）

工业园区

【概况】 江西乐平工业园地处乐平市东南郊，总规划面积10平方公里，建成5.59平方公里，是江西省唯一精细化工产业基地，是全省34家重点工业园区和江西省21家省级民营科技园之一。2007年被授予江西省精细化工产业基地称号，2014年被授予江西省工业示范产业集群称号，2014年被科技部认定为国家级精细化工高新技术产业化基地，2018年7月被认定为江西省新型工业化创业基地。

【经济持续健康发展】 园区有企业110家，其中规模以上企业72家，全年实现规模以上工业产值333.9亿元，同比增长4.1%；工业增加值增速5.5%；主营业务收入313.9亿元，同比增长7.2%；实现利润18.6亿元，同比增长6.6%；上缴税收9.5亿元，同比增长3%；安置就业人员18700人。

【主导产品持续做大】 有营业收入过10亿元的企业3家，过20亿元的企业1家，上市公司2家（世龙公司、宏柏新材料）。工业产品出口到东南亚、南非、欧美等几十多个国家和地区，其中维生素 B_6、B_1 系列占全球份额的主导地位，含硫硅烷偶联剂占有率全球第一，氯化亚砜和AC发泡剂均处于全国领先地位。

【新冠肺炎疫情有效防控】 制定《新型冠状病毒防控应急预案》，对工作目标、分工安排、工作制度、应急处理、保障措施等各个方面进行明确；落实班子成员、科室负责人对口重点企业，进行蹲点服务指导，把防控措施和服务保障措施落到实处。保障防护物资，对复工复产企业和工业项目所需的防护物资进行全面摸底，做到先复工、先调配，确保复工复产有序推进。

【加快推进为企服务】 一是扩区调区平稳有序。积极策应江西省内陆开放型经济试验区建设，加快推进扩区调区工作进程。规划红线范围面积为19.62平方公里，其中塔山工业园13.02平方公里，以精细化工、医药化工和新材料为主；鸣山工业园6.6平方公里，以机械、电子、新材料为主。前期各项工作基本完成。

二是财园信贷通有效果。帮助解决中小微企业融资难题，全年共计发放企业贷款4.2亿元。

三是企业上市有成效。8月12日江西宏柏新材料股份有限公司在上海证券交易所成功挂牌上市，系全省首家A股上市台资企业。

【项目建设有序推进】 天新年产4000吨维生素 B_6、4000吨维生素 B_1 技改项目总投资6.7784亿元，累计完成6.48亿元投资，12月底顺利完成建设，进行试生产；投资21亿元的赛复乐化工年产19600吨高端精细化学品项目建设有序,2021年一期可竣工投产;投资50亿元的江西天新药业股份有限公司维生素科技园及投资22亿元的江西宏柏新材料股份有限公司的特种硅烷及硅基新材料生产基地项目均开工建设;投资20亿元的广东同宇年产20万吨电子级树脂进行前期工作。

【安全环保落实到位】 坚守环保底线,推进绿色生态园区建设。积极开展园区环境整治,落实中央生态环境保护督察“回头看”、省生态环境保护督察“回头看”整改要求,污水管网“一企一管”升级改造项目完成并运行。开展园区安全专项整治三年行动,同时加强日常监管,第三方浙江衢化巨程公司专家组不定期排查企业安全隐患,并指导企业整改到位。组织企业进行应急消防演练。对园区VOC进行治理,编制VOC治理方案。坚持园区企业废气巡查值班制度,每晚安排相关人员进行园区内废气、废水巡查监测。

【招商引资富有成效】 立足产业定位,拉长产业链条,积极招商引资,提升园区综合实力。11月4日,投资20亿元的广东同宇年产20万吨电子级树脂项目签订入园协议,正式落户园区。

【非公党建活力倍增】 推进非公经济党组织建设,开展非公企业党组织党建标准化规范化信息化建设;推动非公经济党组织工作,开展“亮身份、亮承诺”“党员示范岗”“党员责任区”等活动,建立党员联系服务群众制度,组建党员志愿服务队伍。以江西智慧党建云平台为抓手,创新学习形式,有效破解非公党组织开会难、活动难、管理难的难题。做好发展党员工作,发展党员3名,预备党员转为正式党员3名,入党积极分子6名。坚持不懈抓党风廉政建设,正面教育与警示教育相结合,进一步增强党风廉政建设和反腐倡廉工作实效。

（市工业园区管委会）

金山工业区

【概况】 金山工业区筹建于2008年8月,是乐平市为承接发达地区产业转移,促进产业转型升级的一个环保绿色工业园区,发展新型环保循环产业的平台,也是乐平市以金山工业区作为全省“产城融合”示范区的核心区。

园区坚持把思想和行动统一到市委、市政府决策部署上来,大学大干大变,为在与世界对话中打造特色鲜明的现代化赣东北明珠贡献园区力量,努力建设好新型环保循环产业平台。

【经济发展势头强劲】 努力克服疫情带来的影响,扩充培植税源和加强税源管理,至年底,入园企业总投资70亿元,均为绿色无污染企业,税收实现3587万元,同比增长20%。随着一大批优质企业的入园,为明年的发展打下了坚实基础,2021年园区在固投、工业产值、新增规上企业等将会有新的跨越式发展。

【园区环境品位提升】 一是严守环保红线。所有入园企业必须完成市立项审批手续,满足规上企业和产业要求,坚持环评安评消防三同时,严守环保红线,不符合环保要求的一律拒绝进园。二是抓基础设施建设。园区面貌大改善,完成了金八路道路工程及管网工程,金一路照明工程,金三路、金六路延伸工程;园区一期总排水工程完成70%;完成了园区监控设备安装工程;完成了金山工业区部分道路命名工作。三是营造新型政商环境。构建优质高效的“清、亲”的园企关系,用保姆式、店小二、一条龙的热情服务,做到出现问题,随叫随到及时协调处理,对企业的入园咨询、租厂房、协调用电、用水、用气、用工、服务办理完善环保手续,协调享受税收政策等各种诉求力求立即解决到位,“只跑一次”,发扬不怕苦、不怕累的精神,认真细致推进服务工作,园区干部为企业协调用水用电等问题10余起,园企关系进一步改善,企业满意率大大提升。四是建长效机制,卫生环境极大改观。落实环境整治长效管理机制,有效破解了园区环境脏乱差的问题,对园区入园道路多次修缮,园区垃圾处理、绿化和亮化工程推进,并严格落实值班巡查制度,园区品位大大提升,面貌焕然一新。五是重矛盾化解,社会环境和谐稳定。认真开展了扫黑除恶、侵占国有资产、打击非法集资、综治安全感测评双提升行动,普法宣传、节能减排活动,使法制观念在企业和周边群众心中生根,园区的治安环境进一步优化。认真开展矛盾纠纷排查调处,解决了宏振机械等企业的疑难矛盾纠纷21起,为企业发展建设保驾护航,解决了18起12345的转办件,满意率100%。

【规范管理成效显著】 一是严把入园关。所有入园企业必须完成市立项审批手续，满足规上企业和产业要求，坚持环评安评消防三同时，严守环保红线，不符合环保要求的一律拒绝进园。二是安全生产常抓不懈。结合安全生产百日攻坚行动加大宣传，开展安全生产隐患大排查活动，警钟长鸣，全面落实安全生产主体责任，对排查出的安全隐患问题及时整改，对企业进行安全生产、消防安全等培训，增强企业员工的安全意识。三是环境保护高压态势。以习近平总书记对江西工作重要要求为指导，深入贯彻落实生态文明建设，落实责任制，分管领导和挂点领导分工负责，环保监管工作制度化常态化，采取24小时不定期巡查制度，多次联合环保等部门组成联合检查组拉网式排查，对未达标企业停产整改，整改不到位的联合有关执法部门进行联合执法，确保环保达标生产，全面清理和解决工业区内企业环评审批及遗留问题。对“地条钢”危害高度重视，将“地条钢”作为不能碰的红线，严格监管16家有中频炉企业的用电情况，建立24小时不定期巡查制度，安装摄像头全方位全天候监控，建立企业防范“地条钢”工作台账，防范“地条钢”工作制度化常态化，通过严格监管，园区没有生产地条钢的企业。

【招商引资成绩斐然】 主要领导多次赴浙江、上海等地招商，园区干部以热情、真诚、务实的招商风格，获得了许多客商的好感，建立了长久友好的感情，租赁厂房落户企业10家，引进公司经济11家，有意向落户的企业30多家，引进了江西粮膳餐饮管理有限公司、杭州汇雅腾鞋业有限公司等企业，和北京众大技术公司、中国医保商会药融圈、天能集团等企业进行了洽谈，总部经济成为园区发展的新动能。

【重点工程全力推进】 工业地产进度加快，具体完成以下项目：1.项目北区雪迪龙厂房A1，定制厂房A2，标准厂房B2进行消防设施和人货电梯安装；2.雪迪龙厂房A1，定制厂房A2，标准厂房B2进行屋面刚性防水；3.北区室外道路、给排水管道施工；4.项目南区标准厂房三C2、C3进行基础施工。此外，完成了高精锻压、洛维捷等一批企业土地挂牌工作。

（市金山工业区管委会）

东风药业

江西东风药业股份有限公司成立于1965年。1996年9月“东风药业”股票在上海证交所挂牌上市，成为江西省第一家在沪市上市的企业。1998年7月，与江中制药厂进行重组成立江中制药集团。2008年9月，国有企业改革，东风药业下放乐平市政府管理。2009年10月，企业改制，加盟沈阳同联集团。

根据市政府“退城进园”统筹规划，东风药业在乐平市工业园建设新厂区，总占地面积22万平方米，建筑面积8万平方米，项目总投资5.19亿元。新厂共建9个生产车间，11条生产线，实施对青霉素原料药、舒巴坦钠原料药、青霉素粉针制剂、头孢菌素类制剂和固体制剂车间的搬迁，新建阿莫西林原料药和胶囊生产线。项目建成后年产值可达30亿元，年利税总额可达6亿元，就业员工可达1000人，具有显著的经济效益和社会效益。

东风药业是中国最早生产抗生素药品的企业之一，在行业内占有重要地位。其产品青霉素类、粉针剂、阿莫西林胶囊剂在国内外市场享有盛誉。2015年以来，东风药业主要品种青霉素原料药、舒巴坦钠原料药、青霉素粉针剂已通过国内GMP认证，国际上已通过9个国家（瑞士、日本、墨西哥、伊朗、土耳其、菲律宾、法国、德国、意大利）客户的现场质量审计，其中有6个品种取得了墨西哥国家药品GMP证书，2017年8月申报欧盟、FDA的认证。东风药业的产品完全有实力代表江西制药企业走向国际高端市场。

（东风药业）

天新药业

江西天新药业股份有限公司成立于2004年9月，是一家专业生产维生素的高新技术企业，公司占地面积1100多亩，有员工2000多人。公司产品有维生素B_1、维生素B_6、叶酸、维生素H、维生素D_3和L－抗坏血酸棕榈酸酯等，主要用于原料药、食品添加剂、饲料添加剂，其中维生素B_1和维生素B_6产品在国内外市场占主导地位。2020年，公司实现全年销售收入23.16亿元，出口创汇1.92亿美元，上缴税收6.32亿元。

在产品质量上，公司坚持“悉心打造产品，用心关爱健康”的质量方针，在上海建立了研发中心，致力于研发和生产最具价值的产品，为公司的创新发展提供强有力的技术保障。公司建立了完善的综合管理体系，已经通过了新版药品 GMP、美国 FDA、EUGMP、ISO22000、FAMI－QS、环境管理体系、职业健康与安全管理体系等认证。

公司始终贯彻社会价值高于经济价值思想，以绿色发展、环境保护为己任，采用先进科技，综合利用，变废为宝，大力推行清洁生产，发展循环经济，致力打造花园式工厂。公司近年来累计环保投资 6 亿元以上，建有 5 个蒸馏处理车间、3 个污水处理站、1 套尾气处理系统、8 台在线监测设备、10 套无组织空气在线监测站等，和建有 2 套日处理固体废物 30 吨/天的固废处理中心。公司先后被评为“中国质量诚信企业”、“信用管理 AA 级企业”、江西省“先进非公有制企业”、“外贸出口先进企业”、“诚信企业”、“AAA 守信用重合同单位”、“绿化园林单位”等。

在自身发展的同时，公司不忘回报社会，主动承担社会责任，并将其作为企业永续发展的核心价值观之一，积极参与社会公益事业，每年资助贫困大学生约 60 万元；每年资助若干个新农村示范点建设，积极参与乐平市的精准扶贫工作，以及老年人事业等等。2020 年年初，公司捐赠价值 100 万元的物资和 100 万元人民币，物品用于慰问抗疫防控一线人员，资金用于购买救灾及防疫工作急需物资，助力全市抗击新冠肺炎疫情工作。

2000 年，正在筹建的天新维生素科技园项目占地 700 亩，累计投入将达到 30 多亿元。随着天新维生素科技园的建成投产，公司将再次实现新的跨越。

（天新药业）

世龙实业

江西世龙实业股份有限公司是由原江西电化有限责任公司改制成立的股份制公司，是一家以生产氯碱及其下游产品为主的综合性化工企业，企业占地 70 公顷，位于江西乐平工业园区内。公司注册资本 24000 万元，现有资产总额 20.18 亿元，职工 1350 余人，其中：各类工程技术人员 315 人。主要生产经营烧碱、液氯、盐酸、AC 发泡剂、氯化亚砜、双氧水、80% 水合肼、丁酯、氯醚、二羟甲基丙酸、二羟甲基丁酸等化工产品和热电联产生产装置。公司属高新技术企业，主要产品 AC 发泡剂远销东南亚、中亚、欧洲、拉美、非洲等 30 多个国家，是一家极具有市场竞争力和发展潜力的成长型企业，2015 年 3 月在深圳证券交易所挂牌上市（股票代码 002748）。

公司通过了 ISO 9000、ISO 14000、OHSAS 18000 认证、AEO 海关高级认证，欧盟 REACH 法规认证，拥有一个省级企业技术中心，目前拥有 20 项发明专利。公司先后取得了“全国石油和化工工业先进集体”“全国化工行业技术创新示范企业”“中国石油和化工企业 500 强”“中国石油和化工民营企业百强”“中国基础化学原料制造业百强企业”“江西省优秀企业”“江西省用户满意企业”“江西省质量管理先进企业”“江西省守合同重信用 AAA 公示单位”等荣誉称号，是化工新材料行业卓越的生产服务商。

（世龙实业）

宏柏新材料

江西宏柏新材料股份有限公司成立于 2005 年，注册资本 2.5 亿元，主要从事功能性硅烷、纳米硅材料等硅基新材料及其他化学助剂的研发、生产与销售，是我国含硫硅烷制造细分行业中具备循环经济体系及世界领先产业规模的企业之一。公司取得高新技术企业证书及 ISO/TS 16949、ISO 14001 等多项认证，产品远销欧洲、北美、亚洲等世界各地，含硫硅烷偶联剂在全球和国内市场的占有率连续四年位列第一，是全球硅基新材料龙头制造商之一。公司于 2020 年 8 月 12 日在上海证券交易所挂牌上市，为江西省首家本土培育的台资上市企业。

宏柏公司上市后的募投项目功能性气凝胶生产基地及相关建设，总投资 12 亿元。项目主体及配套项目建设周期为 36 个月，一期建设周期 12 个月，计划建设二氧化硅气凝胶生产线，纳米二氧化硅生产线、高温硅橡胶生产线以及相关产品三氯氢硅、双氨基硅烷、酰氧基硅烷、环氧基硅烷、新型硫基硅烷、硫氰基硅烷、甲基氯丙基二甲氧基硅烷生产线，项目同时配套建设研发中心、智能化仓储物流中心及新材料应用中心等附属工程项目。气凝胶具有耐高低温、密度低、绝缘性强等优异性能，是国防军工、石油石化、高铁生产等方面不可或缺的材料，也是一种国家重点支持发展的新型材料，已全面应用于建筑、家电领域、汽车工业等高速增长的行业。气凝胶及硅基新材料相关产品在高端建材、高铁轨道交通、航空航天等领域均具有广阔的应用前景。

（宏柏新材料）

吉翔医药

江西吉翔医药化工有限公司是一家以医药中间体、农药中间体及磷精细化学品为主的综合性科技型精细化工企业。地处江西省精细化工产业基地——乐平市工业园区。公司成立于2005年，注册资金2000万元，股东上海绿麟达新材料科技有限公司投资1620万元，江西绿能达新材料科技有限公司投资380万元。公司生产厂区占地面积达4万余平方米，员工180人。公司主导产品氮肥增效剂正丁基硫代磷酰三胺（NBPT）是目前最有效的脲酶抑制剂之一，能提高尿素的利用率，可用于固体尿素和硝铵尿素液体肥料，已在国外得到广泛应用。3,5－二氯苯甲酰氯（DCBC）是一种重要精细化学品，主要用于农药、医药和新材料中间体。这两个项目共取得3项发明专利，同时已通过新产品鉴定，技术已达到国内领先水平。其中正丁基硫代磷酸三胺列入了2015年度国家火炬计划项目（编号：2015GH030642）。五氯化磷（PCl_5）作为氯化剂广泛用于医药化工行业，同时是锂电池电解液六氟磷酸锂的重要原料，市场需求量大。

江西吉翔医药化工有限公司是经认定的国家高新技术企业，通过了ISO 9001:2015质量管理体系认证。曾荣获“江西省创新型试点企业”“江西省专精特新中小企业”，同时建有省级企业技术中心，为景德镇市磷精细化学品工程技术研究中心的依托单位。近年来共承担国家和地方科研项目20余项，获得省优秀科技新产品奖1项、省优秀新产品奖5项、市科技进步奖2项；技术发明奖1项，申请国家发明专利11项，已授权9项。

（吉翔医药）

赛复乐医药

乐平市赛复乐医药化工有限公司成立于2006年，注册资金1000万元，是浙江山峪集团股份有限公司全资子公司。公司是一家集医药中间体研发、生产、销售于一体的精细化工企业，2019年被评为江西省高新技术企业。位于江西省精细化工园区——江西乐平工业园（景德镇）。公司现有员工200余人，生产厂区占地面积60亩，建有8个生产车间，配套功能齐全。公司拥有先进的生产设备、生产工艺及检测手段，同时具备完善的三废处理系统及绿化式生产厂区。

公司主要生产泰诺福韦［抗病毒药物中间体（乙肝、艾滋病等）］、苯甲酰腈醇等。其中泰诺福韦产品获江西省工信厅组织评选的2018年度江西省优秀新产品一等奖，并于2018年12月通过美国FDA审计。

（赛复乐医药）

远洋威利

江西远洋威利实业有限公司成立于2001年，是专业研发生产纤维水泥板，提供防火板材建筑系统解决方案、装配式房屋墙体解决方案的生产厂家。

“远洋威利”商标为“江西省著名商标”“江西省名牌”，公司是“国家高新技术企业”“江西省专业化小巨人企业”，通过ISO 9001、ISO 14001、欧盟CE认证。远洋威利于2018年在俄罗斯成立了大象建材公司，将年产1200万平方米纤维水泥平板。

远洋威利是一家拥有自主研发创新精神、自主知识产权的生产制造企业。公司实施“重品牌、强品质、精品类”的三品战略，贯彻“生产、技术、工程三位一体”的项目销售管理模式。研发生产远洋威利®系列产品，包括：FCB牌纤维水泥板和硅酸钙板、防火FCA硅酸盐板、建元牌低密度板轻质柔性灰硅板、清水壁岩板、壁岩通体彩板、FCA钢结构楼板、防火抗下陷天花板、防火穿孔吸音板。是中国在纤维水泥板制品产品生产上品类齐全、质量优、有影响力的厂家。

“远洋威利”系列绿色板材具有防火不燃A1级、耐水、耐潮、保温、耐久、隔音、隔热、轻质、高强、无石棉、无甲醛、无辐射等优点。主要应用于以下五大建筑系统：一、吊顶、隔墙、护壁等防火、吸音隔声建筑空间构建系统和楼层间加层楼板应用系统；二、建筑被动式防火和高温绝热系统：钢结构和电线电缆防火包覆、耐火隔墙、玻璃幕墙衬板等；三、外墙外保温装饰系统；四、室内混凝土风格装饰系统；五、装配式房屋系统，包括轻钢房屋、装配式岗亭、钢结构房屋等。远洋威利系列板材可以涵盖和替代一座建筑物中大部分板材材料和非承重墙体材料。

公司产品遍及中国的各大城市，参与了众多大型项目，并同国内优秀的建筑装饰公司和设计院均有开展广泛的业务往来。产品被应用于秦山核电站、高铁站、国家电网变电站、众多五星级酒店、甲级写字楼、三甲医院、标志性公共建筑等地方。在国外市场,经过十几年的努力,公司产品已远销中东、东南亚、非洲、拉美、欧洲、美国等54个国家和地区。“远洋威利”系列产品在国内外享有较高的知名度,赢得海内外客户的一致认可。

经过20年的发展,远洋威利专注于纤维水泥板的创新研发,有18个专利,其中9项发明专利、9项实用新型专利。前后获得众多荣誉:如国家级高新技术企业、江西省名牌产品、中国著名品牌、江西省著名商标、江西省小巨人企业、江西省专精特新中小企业、江西省一企一技示范企业、国家科技型中小企业、江西省节能减排示范企业、江西省资源综合利用示范企业等。

远洋威利系列板材是以高品质水泥、精选矿物(如石英砂、高岭土、瓷土、珍珠岩等)及多种天然矿物添加剂为主要原材,采用专业的生产技术和设备,以优质的进口木质纤维为增强材料,经流浆、成胚、千吨压机加强、高温蒸压养护、表面处理而成,以高稳定性著称的托贝莫来石晶体构造为主的防火耐潮绿色轻质板材。产品环保,不含石棉和有毒有害物质。公司年产能力达1500万标准平方米,拥有先进的生产设备和行业领先的纤维水泥板的研发创新能力,产品品类齐全、涵盖领域众多,在纤维水泥板制品行业,紧跟世界潮流、引领国内行业趋势,可满足客户专业性、细致化、多样性的需求。(远洋威利)

乐矿集团

【概况】 江西乐矿能源集团有限公司(以下简称乐矿能源)在江西省投资集团的坚强领导下,积极应对新冠肺炎疫情、超历史洪水、行情下滑等严峻挑战,全面贯彻中央“六稳”“六保”指示精神,扎实做好“六稳”工作,全面落实“六保”任务,实现了保安全、保稳定、保企业运转基本目标,各项工作总体平稳有序。全年生产原煤33.2万吨,煤炭销售31.61万吨,瓦斯发电1031.3万度。期末资产负债率为40.75%,较年初48.99%下降8.24%。

【战“疫”抗洪有成效】 在两矿六公司、三个物业小区人口多、人员流动性大的情况下,慎终如始抓好疫情防控,实现了“零”确诊和“零”疑似,疫情防控期间减免店面租金95万元,向地方捐赠35万元,为景德镇市疫情防控工作贡献了乐矿力量。面对超历史洪水,众志成城全力投入抢险救灾,在仙槎排水站-270水泵房被淹的情况下,千方百计组织安装潜泵抢排,保证了沿沟煤矿矿井安全度汛。

【实现安全环保年】 认真贯彻落实习近平总书记关于安全生产的重要指示批示精神和生态文明思想,严格执行国家安全生产各项法律法规,深入开展煤矿安全生产专项整治三年行动,坚持依法治安、科学治安、铁腕治安、全员治安,层层压实安全主体责任,做到了不安全不生产,实现安全生产超千天。

【深化改革提升管理水平】 扎实开展“强管理、深改革、抓创新、保目标”主题活动,做到单位能并则并、岗位能兼则兼,直属单位由11个精简到8个,机关本部11个部室整合为7个,年末全公司在册职工1743人。

【重点项目取得重大进展】 一是鸣西煤矿获乐平市和景德镇市委市政府复工批复,重新取得安全生产许可证和爆破作业单位许可证。二是与中唐集团、中核(厦门)集团签订了陶源列车项目合作框架协议,完成了项目概规设计和项目方案调整,景德镇市政府召开专题会,确定了项目主要范围及规模。三是涌山循环经济产业园区项目获景德镇市、乐平市两级政府批复同意,浙江华聚能源、浙江天平能源与杭锅集团就乐浩电厂收购事宜签订了战略合作意向书,涌山循环经济产业园区筹备处正式挂牌运行。

【矿区持续稳定】 继续做好原乐平矿务局已解除劳动合同人员接续城镇职工医疗保险工作,医保接续矛盾基本解决。在非常困难的情况下,想方设法筹措资金,基本保证了薪酬按月发放,兜牢底线保民生,稳定了职工队伍。

【积极融入地方建设】 成立了党员志愿者服务队,积极参与景德镇市创文创卫活动,融入美丽城市建设,为景德镇市拿到两块国字号金字招牌贡献了力量,展示了新乐矿新形象,受到景德镇市委市政府嘉奖。

(乐矿集团)

交通通信

铁路运输

【概况】 乐平市火车站位于市区西端，是一个集客、货、装为一体的综合性三等站，隶属中国铁路南昌局集团有限公司上饶车务段管辖。乐平市火车站负责管理接渡、香屯两个班组站。

接渡站位于江西省乐平市接渡镇，香屯站位于江西省德兴市香屯镇境内。

【车站性质和等级】 乐平市站及负责管理的两个班组站，按技术性质均为中间站；乐平市站按业务性质为客货运站；接渡、香屯站按业务性质均为货运站。乐平市站车站等级为三等站，接渡、香屯站均为四等站。站内设有到发线6条，办理接发列车与调车作业业务。设有库前专用线1条，用于煤炭直接装车外运任务；设有接渡专用线1条，用于货物运输任务。站内设有货物线两条，用于本站货物装卸。龙门吊车1台，最大起重能力26吨，调度机车两台，担负着本站、乐德线、库前站和接渡站小运转及调车转场取送任务。

【车站业务】 一是乐平市火车站。列车的接发，摘挂、小运转列车的编解、摘挂，货物作业车的取送；旅客到达和发送；货物的到达和发送。调车（转场）车列的办理。二是接渡站。调车（转场）车列的办理；货物作业车卸货。三是香屯站。调车（转场）车列的办理；货物作业车装卸。

乐平市火车站日均办理6趟营业的旅客列车业务。日均办理旅客1138余人次，年货运吞吐量100余万吨。

（市火车站）

交通运输

【概况】 市交通运输局主要职责是，为贯彻落实关于交通运输工作方针政策、决策部署和要求，拟订和编制交通运输行业规划、政策、标准并组织实施；承担道路、水路运输市场监管和交通运输建设市场监管责任；履行道路和水路运输、渔船检验及行业管理职能；维护公路路产路权管理，协调审批公路建设项目；治理公路超限超载；监管农村公路建管养；实施办理交通行政执法监督和行业投诉及仲裁行业纠纷；落实交通运输行业安全生产和应急管理工作；查处车辆非法运输、经营成品油行为。

【综合行政执法职能整合】 成立乐平市交通运输综合行政执法大队，抽调60名业务熟、能力强、纪律严执法人员组建执法队伍，执法人员着手货运超限超载整治、非法客运整治、路域环境整治、非法码头经营监管、工程建设质监等执法工作。

【重点工程项目建设进展顺利】 涌临公路、乐德挂线四联至临港公路、前鲍至上戴坂公路及吴乐秧挂线已完工通车；S306A标段、塔荷公路、G206国道桃林至大田段、景鹰高速连接线公路主体完工，通车在即；接渡大桥重建，预计2021年6月完工通车；省委巡视组督办的31座危桥改造已完成23座，2021年底全面完成危桥改造任务。跨皖赣铁路工程预计2022年完成建设。

【“四好农村路”建设扎实推动】 双田上河至金鹅山、接渡袁家亭至礼林、德兴银城至十里岗、小坑至历居寺旅游公路等5条县乡道44.8公里改建，施工单位已进场开工。窄路面拓宽项目10.9公里，生命安全防护工程132.9公里，产业路及公益路13.7公里，县乡道路面改造72公里等农村公路建设项目设计、财政预审、招投标等前期工作基本完成，已着手实施建设。加快农村公路养护市场化进程，采用养护公司与家庭承包式养护结合模式，聘请养护工组建养护公司；实施“路长制”，将农村公路管养由部门行为变为由“路长”负责的政府行为，全市所养护的农村公路约

2000公里，日常养护率达100%。

【行业监管成效明显】 加强客货运输企业、汽修企业及驾驶员服务质量信誉管理，完成了4家客运企业、16家货运企业、9家危货企业、6家汽车驾校、2家客运站的年度质量信誉考核，并对5400余名道路运输驾驶员进行了年度信誉考核，19家汽修企业备案管理。加强货运超限超载整治，查扣超限超载车辆165台，整治非法加油车9台，切割非法改装车辆107台，处罚货源企业5家，在全省抓治超排位由原来的倒数现排位在全省中上游位置；加强“僵尸船”清理整顿，完成“僵尸船”拆解54只。实施“打非治违”行动，查处非法营运“黑的”和无证营运“滴滴车”57辆，客运市场经营秩序逐步规范。

【行业服务效能提升】 指导和服务客货运输企业运行，3家客运企业的客运短途及长途共68条班线已全部上线运营；根据客运市场需求，乐平长运新增乐平至南京、池州、烟台等3条客运班线；完善建制村通客车体系，按照江西省“具备条件的建制村通客车”具体标准和“一村一策”的方案，211建制村通客运班车，7个建制村通公交，48个偏远镇村的建制村区域经营通客运，全市16个乡镇266个建制村通客车率达100%；启动城乡公交一体化工作，《乐平市城乡客运公交一体化实施方案》已经市委、市政府相关会议审议通过，为满足城郊附近村镇群众出行需求，2020年新开通乐平城区至后港镇义方村公交路线，延伸乐平城区至乐港镇谢家村公交路线。

【平安交通深入推进】 落实安全生产专项整治三年行动，坚决遏制重特大安全生产事故，深刻吸取“4·19”交通事故教训，对公路桥梁、货运客运、货船渡船及在建工程的施工安全和质量安全，开展安全生产大排查，排查各类隐患90起，并全部有效整改；为确保市民乘车安全，全市公交站台40个安全护栏完成安装；配合铁路部门组织普速铁路环境安全隐患整治，58个隐患已整改到位。全年客运、货运、渡运安全无事故。

【精准扶贫初见成效】 落实脱贫攻坚工作要点，按照“一村一策，一人一案”扶贫思路和计划，拨付资金近30万元，改造扶贫村基础设施建设，扶持扶贫种植产业。2020年购销莲子、猕猴桃、食用油等扶贫农产品收益约100万元，贫困村民逐步脱贫。

【服务平台便利群众】 推进“互联网+政务服务”“赣服通”，提升“互联网+监管”应用效能，深化“一次不跑”“只跑一次”“一键办理”“一窗受理”改革，办理政务服务事项近3000件。认真协调，耐心解释，诚恳回复市政府12345热线电话近300件，及时回应企业和群众诉求。

【人大建议政协提案办理落实】 加强与人大代表、政协委员的沟通联系，倾听代表、委员的心声，以高度负责的工作态度，努力解决人民群众普遍关心的热点问题和社会关注的焦点问题，实事求是答复和信访案件。认真办理人大代表建议提案29件，办结率100%，满意率100%。市人大常委会评议建议办理工作排全市第5名。

（市交通局）

公路建养

【概况】 景德镇市公路事业发展中心乐平分中心主要负责乐平市境内专养公路7条，共计230公里的国、省、县、乡道建设、养护和管理任务（G206、S306仙莲线、S205瑶鹅线、S303浙临线、S409涌众线、S411乐镇线、湘官一级公路）。分局机关内设部门5个，即党政办公室、生产技术办公室、财务审计办公室、安全生产监督管理站、路政大队；下属单位1个，即：公路养护公司；公路养护设6个道班，即塔山大道班、菱田大道班、涌山大道班、临港大道班、梅岩大道班，众埠大道班。

【公路养护加强】 始终坚持“建养并重、均衡发展”的原则，把加强公路养护管理作为改善和服务民生的重要内容，做到“有路必养、养必到位”，着力提升公路路况水平和通行能力，并按照“路面平整清洁、路基稳定牢固、标志齐全醒目、绿化协调美观”的要求，切实加强公路日常养护管理，加大公路路面、路肩、边沟等日常养护和路容路貌整治力度。同时，全力抓好汛期、冬季和春运等关键时期的公路应急管理、安全保畅工作、隐患排查处置等工作，对损毁路段进行抢修保通。为贯彻落实公路桥梁养护管理工作制度，组织桥梁、涵洞的经常性检查工作，桥梁管理系统建库共计62座。实行了一桥一档案管理制度，及时对发现的病害、缺损进行处理，保证桥梁构造物在完好的状态下工作，提高桥涵的使用寿命。投入近700多万元对龙溪桥、三和源桥、塘南桥、韩家渡立交桥、横盘里桥、鸣山立交桥、上河桥、乌滩桥、鸬鹚下穿通道、众埠下穿通道、花亭桥、余庆桥、金鹅山桥等13座危桥进行维修。2020年共完成整修路面1244平方米、整修路肩249481平方米,清理边沟88275米、路面保洁累计2597万平方米、机具割草793309平方米。

【国道工程推进】 景德镇市G206威汕线烟竹林至竹窠里段路面中修及示范路工程,全长13.776公里,二级公路,路面宽度9米,沥青混凝土路面。(1)路面中修工程实施内容及标准为:K1559+982—K1573+758段13.776公里,路面宽度9米,对原沥青混凝土路面进行铣刨,之后再整体铺筑6厘米厚中粒式沥青混凝土面层。此外,还须完善交通工程(标线和标志)等工作;(2)示范路工程实施内容及标准为:①交通工程,②路基、路面及排水工程,③桥涵工程,④环境保护及景观设计。于9月开工建设,12月完工。

【省道工程有序改造】 景德镇市S306仙莲线太山下至浯口段路面大修工程,全长19.034公里,示范路工程全长25.539公里,二级公路,路面宽度8.5米,沥青混凝土路面。(1)路面大修工程实施内容及标准为:K153+726—K158+833段、K160+033—K163+533段、K163+733—K164+833段、K165+533—K168+033段、K169+153—K170+133段、K171+743—K174+513段、K175+256—K178+333段19.034公里,路面宽度8.5米,对项目实施为20厘米厚水泥稳定碎石再生下基层+20厘米厚水泥稳定碎石上基层+6厘米厚中粒式沥青混凝土面层+4厘米厚细粒式沥青混凝土面层。此外,还须完善交通工程(标线和标志)等工作;(2)示范路工程实施内容及标准为:1.交通工程;2.路基、路面及排水工程;3.桥涵工程;4.环境保护及景观设计。于9月开工建设,12月完工。

(市公路分局)

邮　政

【概况】 乐平邮政上下一心、众志成城,在统筹推进疫情防控、防汛抗洪和企业发展工作中,企业改革发展,交上了一份亮点纷呈的成绩单。

【政治建设】 1.强化思想武装,专业素养进一步提升。落实“三个第一时间”学习机制,深入贯彻党的十九大精神和习近平新时代中国特色社会主义思想。全年召开党支部会议36次,组织集中学习48次,专题研讨3次,观看专题影片3次,参与市直工委集中培训18人次。

2.明确重点工作,落实之风进一步夯实。接受省分公司党委巡察,围绕中央巡视、集团公司党组巡视和省分公司党委巡察反馈的问题,“坚持问题导向,突出整改落实”,列出明细清单,明确整改责任,制定时间节点,建立协调推进、整改、评估、督查检查机制,做好巡视整改“后半篇”文章,目前销号率为100%。

3.健全组织建设,团队力量进一步凝聚。党支部严格按照“3+N”主题党日制度,先后开展了“战疫情、保生产”“做防汛抢险的排头兵”“热血送暖,为生命接力”等主题党日活动。同时抓实“三会一课”、交纳党费、服务群众三项规定动作,创优创新自选动作,进一步加强和规范党内政治建设,健全组织建设,使党支部成为教育党员的学校、团结群众的核心,攻坚克难的堡垒。

【业务经营】 实现收入9537万元,完成省公司计划的103.63%,完成市公司计划的100.36%,同比增幅达到13.55%,增幅列全省二十强第一位,收入规模列全省直管县第八位。

1.坚持转型,金融业务再上新台阶。一是收入规模提升。金融收入达到7764万元,较上年同期增长934万元,同比增幅达到13.67%,增幅列全省直管县第一位。二是余额规模提升。全年新增余额达到9.79亿元,列全省县域公司第一位,点均余额净增达到6121万元,在2019—2020年跨赛中3个网点余额净增过亿元,占全省过亿元网点比重的50%。三是客户规模提升。全年新增客户6.08万户,同比增幅22.08%,其中万元以上价值客户新增5021户、手机银行新增激活客户1.7万户、微信绑卡1.94万户、二维码绑卡2200户。

2.乘势而上,寄递业务再扩新空间。一是收入规模有增长。寄递事业部完成收入1090.8万元,完成计划的89%,同比增长15.4%。其中:特快实现收入382.5万元,同比增长34%;快递包裹合计实现收入648.7万元,同比增长67%。二是政务项目有突破。社保卡项目深化“寄递+金融”合作模式，利用项目制为抓手，2020年完成寄递收入53万元，制卡6.8万张。身份证项目推行专员能人计划，对全市20个派出所进行竞标，将身份证转换率由原来的不足20%提升至30%。三是创新转型有发展。缩小经营单元，成立四个网格化小组，四个小组标件业务全部实现同比增长，同比增长最高达到213%。积极切入直播市场，跟踪本地直播客户，7月份完成江西食品厂的扶贫产品直播发货，得到了乐平市委、市政府的高度评价。

3.精准发力，渠道业务再取新成效。2020年渠道专业完成收入331.6万元，同比增长17%，收入规模及增幅均列全区第一。一是服务平台建设，初显便民功能。加强与合作单位沟通，提升便民服务效能，全年实现开票金额6437.92万元，代收税款124.62万元，列全区第一。同时组织网点对站点去劣存优，制定激励政策将邮寄服务、客户外拓活动和金融积分兑换叠加站点，丰富站点服务的内涵。二是消费扶贫推进，初具项目成果。做好了“乐平扶贫商城”运营工作，累与30家涉农企业合作，带动501户贫困家庭增收200余万元；组织现场展销活动2场，全年开发6个党政单位客户，销售扶贫农品147.95万元。三是专业融合发展，初显联动效应。金融方面：实现双向引流，累计将2000余名渠道客户引流至金融专业进行开发，全年累计挖掘客户资产1.2亿元。寄递方面：联合推出针对农业企业的优惠寄件自费政策，带动快递包裹0.9万件，产生收入3万余元。

4.有序推进，文传业务再上新台阶。一是集邮专业变中求新。继续开发集邮品零售的市场，累计实现专业收入205万元，完成全年收入计划的107%，同比增幅128%。5月初举办了邮活动现场销售纪念币、纪念钞、集邮票品近5万元，集藏品鉴活动的举办有效填补了低迷的邮册零售市场。二是函件专业项目给力。实抓书信比赛大项目立即实现函件专业收入171万元，完成全年收入计划的100%，同比增幅22%。其中书信比赛邮资封片成功营销69万元。三是报刊专业稳步推进。完成全年收入计划229万元，达到全年计划的103%，同比增幅10%。春季和秋季校园教辅报刊已成功营销流转额127万元（收入21.2万元），完成市公司流转额计划的201%。

【企业效能】 1.员工能力进一步提高。采取“走出去、引进来”等培训模式，通过集中轮训、分散培训和外出学习考察等方式分批次共组织员工培训25次，人数258人。其中外出高素质培训15次，人数82人，开展线上学习60余次。金融业务部吴丹参加《中邮保险第四届全国业务技能大赛》荣获个人三等奖。本年为扩充图书馆建设共购买书籍3.58万元。

2.关爱行动进一步深入。持续开展“夏送清凉，常送温暖”活动，全年累计探望生病员工15次，发放慰问金4500元，走访慰问困难员工及长期病号35人次，发放慰问金2.07万元。同时，为全市在岗AB类女职工，购买了一份幸福保障险，并为全市84名揽投人员统一配备了保温饭盒。

3.“双改善”品质进一步提升。投入专项资金5万元用于提升职工小家建设，着力打造员工幸福工程。为众埠、观峰、塔前等9个职工小家配备床、衣柜、书桌，确保两人一间房，每间房有空调、有书桌，每个职工小家均配备洗衣机。

【社会责任】 1.基层能力建设持续提升。新增后港轻型智能网点，9月11日开业，截至年底，总资产完成2129.63万元，余额完成1887万元，新开户554张，手机银行412户，商户二维码布放73户，邮政营业完成1396元。洎阳中路网点以“创新服务理念，创建示范窗口”理念为动力，创造性地开展工作，再次荣获2020年度全市“青年文明号”。礼林网点职工小家经市公司工会推荐申报“全国邮政系统模范职工小家”。

2.金融合规能力持续提升。一是积极培育合规文化。做好代理金融从业人员持证上岗和能力提升培训工作；开展风险合规主题竞赛、评优评先等活动。二是开展屡查屡犯问题专项治理。加强员工异常信用行为监测，严禁员工利用个人账户过渡资金。三是做好反洗钱等工作。防范洗钱交易风险，发现涉嫌洗钱的交易或行为主动报告。重点落实人民银行反洗钱专项检查问题整改。

3.综合服务能力持续提升。认真落实“普服为根”要求，“四强化、两提升、七确保”各项目标均达标。乡镇网点覆盖率、建制村直接通邮率保持100%。全市邮政综治和安全生产形势总体良好，企业综治安保工作不断加强，全年无事故，被评为全市“综治先进单位”。

（市邮政局）

电　信

【概况】 中国电信股份有限公司乐平分公司系在A股上市的中国电信股份有限公司下设的县级分公司，属大型骨干国有通信企业。企业主要经营移动通信、宽带、固话、电视、智慧家庭、信息化应用等综合信息服务，承担普通服务、党政专网、应急、战备和抗洪救灾通信保障重任，是全网最大的基础网络运营商、最大的综合信息服务提供商、乐平信息化建设的主力军。

【坚持政治统领】 1. 思想建设上始终把学习贯彻党的十九大和十九届四中、五中全会精神及习近平新时代中国特色社会主义思想和习近平总书记重要讲话指示批示作为首要的政治任务，将党建工作摆在首位，不断提高全体党员干部的思想政治素质，高要求守住廉洁底线，严格落实中央八项规定精神，坚决从严查处各类腐败问题和侵害客户利益行为，坚持不懈抓好公司党风廉政建设和反腐败工作。

2. 在落实依规治企上全面推进依规治企，继续完善合规性审查、风险评估等决策程序，不断提升决策的科学化、民主化、规范化水平。自觉接受党建指导员、工会委员、职工代表和全体员工的监督，广泛听取各方面意见，不断深化企务公开，持续规范依规治企，让权力公开透明、阳光运行。

3. 发挥党员作用上树立先进典型，发扬党员奋斗精神，疫情防控期间各党支部党员都积极参加所在小区的志愿活动，尤其是邮电小区的抗疫工作，根据市委、市政府和联盟路社区的文件要求，住在小区内的党员按党总支的安排，担任联盟路社区邮电小区志愿者。积极组织党员到共建社区开展卫生清扫等志愿服务；为切实做好汛期安全生产工作，立即召开防汛紧急调度会，成立应急抢险队伍，安排人员值班，全力做好防汛抗灾救灾工作。

【坚持用心服务】 1. 践行以“人民为中心”发展思想，重塑用心服务体系。通过总经理接待日活动，装维服务专人管控，厅店520服务达标推进，加强稽核降低差错，强化触点服务意识。疫情防控期间，通过添加客户的微信号方式，线上为用户排障、解决用户上网故障的疑难杂症。

2. 全面贯彻网络强国战略，以人民为中心发展思想，接应企业转型，进一步做精网络、做优服务、做高效能，推动云网融合一体化运营，以高质量网络支撑企业高质量发展。强化基础网络隐患整治，确保用户网络领先感知，有效支撑业务发展。做实接入网维护划小，现场综合化维护稳步推进，推进农村业务受理先行，开展客网维护人员星级评定，提高主动服务意识。

3. 深度嵌合政府信息化，12345热线平台继续运营，乐平电信通过云技术及计算机软硬件控制系统，把传统热线话务转换为可追溯的各程序环节，对市民反映问题能够精确进行管控处理，同时也为城市智能化大数据分析提供了科学客观的数据。

（市电信公司）

移动通信

【概况】 乐平市移动分公司统筹做好疫情防控、抗洪救灾和生产发展工作，以“党建统领、红星服务”为主线，紧紧围绕公司全年生产经营目标，严格落实党风廉政建设责任。被省公司评为“发展先锋”党支部和“县级单位综合发展优胜奖”，被市公司评为“先进党支部”和“品质部门”。截至年底，乐平移动有效用户数41.26万户，宽带用户11.3万户，全年累计收入超2.7亿元。

【5G网络建设】 率先在乐平完成中心城区5G网络连续覆盖，市场、集客协同网络进行5G站点建设攻坚，深入与当地政府部门进行沟通，获取政府对5G网络建设的支持，率先统筹协调推进当地5G网络建设，协调各部门参与5G建设攻关。协调乐平工信局针对5G疑难站点逐个现场协调，建立每周沟通机制，推进5G网络建设。截至2020年底，乐平5G疑难站点推进解决率达80%，5G站点配套改造83个，完成率98.81%，完成5G站点开通62个。

【做好疫情和汛期通信保障】 疫情防控期间通过加强干线保障、提升网络容量、应急故障抢修、快速响应信息化需求等多举措，积极沟通协调当地疫情防控指挥部支持，组织干部员工全力以赴保障通信网络和信息服务畅通。支部专门召开会议研究部署疫情防控工作、组织党员深入第一线帮扶渠道开展疫情防控、自发开展抗疫爱心捐款活动、给70

多户贫困学生家里免费安装宽带和HITV,解决线上学习的问题,提供了20多台红外测温仪,帮助进行校园入学监测。防汛期间为近40万乐平移动客户免费提供“免停机保通信”尊享服务,发送汛情公告超80余万条;网络党小组共计出动抢修人员112人次、抢修车辆29台次,油机发电261台次,加固通信杆路17处,全力以赴保障通信网络畅通和各乡镇零信息孤岛。

【开展低质宽带攻坚】 由书记支部带头,党员参与攻坚,每周结对开展帮扶,统一标准化服务动作,针对宽带质差用户进行主动上门服务,为质差用户进行更换光猫、机顶盒,对家庭WiFi覆盖进行检测和优化,全年共计开展红星服务140余场,宽带质差用户处理3400余户,解决率达到91.47%,客户满意度得到了明显提升。

【多项政策助力脱贫攻坚】 作为全市通信行业的主力军,扎根乡村、精准施策,千方百计为贫困村和帮扶群众谋产业、扩渠道、促发展,从定点扶贫、网络扶贫、资费扶贫、消费扶贫、教育扶贫、信息化扶贫等多方面助力贫困村和贫困户完成脱贫,圆满完成公司脱贫攻坚任务。

【打造“铁军”支部品牌】 打造听指挥、能吃苦、能战斗的“铁军”支部。将红十军老一辈无产阶级革命家开天辟地、敢为人先的精神,作为支部建设的主基调,并作为党员入格,拉动网格人员共成长的出发点,通过“党日+合格行动”“党日+党建和创”等活动,将党建和创延伸到网格。

(市移动公司)

联合通信

【概况】 乐平联通公司紧紧围绕集团公司“提价值、谋发展、重基础、有激情”工作要求,扎实推进全面数字化转型,认真落实省公司“1+3+3+6”工作部署及60项重点工作,在“战疫”中挑重任,在“抗洪”中勇担当,在“转型”中求突破,在“发展”中勇争先,统筹推进疫情防控和改革发展各项工作,继续夯实“三大中心工作”,牢牢把握好“四个统筹”,切实做好“五个加强”,全面提升“十二项基础能力”,全力推进乐平联通高质量快发展。

积极响应习近平总书记建设网络强国号召,锻造“千兆5G、千兆宽带、千兆WiFi”三千兆网络能力,加快网络全云化;深入推进与电信网络共建共享,建成5G基站57个,4G网络实现乐平全覆盖,网络带宽从100M至200M,速率从1.6G提升至2.7G。

【疫情防控在一线】 在抗疫“大考”中,诠释央企担当,仅用短短的16个小时实现了联通集团总部、省、市三级联动,借助联通云、大数据和系统集成能力优势,高效成功地帮助市政府搭建了“瓷都疫安”智慧社区疫情防控监控平台,对外地入乐人员进行“空中登记”,组织员工开展了超百场入镇入村现场培训,以信息化手段“精准防控”,助力全市的疫情防控工作更精准、更高效,为新冠疫情防控做出了贡献。

【专项治理慵懒怠】 围绕深化“马上就办、真抓实干”的执行文化、“使命必达、追求卓越”的绩效文化和“规则在先、有章必依”的规矩文化建设,深入查摆各级干部员工政治站位不高大局意识不强、精神状态不佳、工作不担当不负责等作风方面的突出问题,全面树立干事创业的新风正气,制定了乐平联通《整治“慵懒怠”4.0实施方案》,明确了乐平分公司“慵懒怠”4.0整治专项活动计划安排,组织所有员工及本部门通过“自己找、领导审”的方式,对照“慵懒怠”4.0整改清单,逐项对标、找出事例、剖析原因、认真查摆。

【降费落地提速度】 坚决贯彻落实党中央、国务院及市政府工作报告的决策部署,进一步推进网络提速降费、增强网络基础能力,尤其是进一步推动中小企业宽带和专线平均资费提速降费,2020年新投入使用专线资费平均下降11%,对6家单位6条专线完成了提速工作。新建投入使用专线资费继续按照比2019年再降低10%的标准进行评估定价,进一步梳理可提速的专线名单,落实提速工作。精细化落实商务楼宇的名单制管理及各类违规营销行为的检查。

【搭建平台解纠纷】 为高效、快捷地开展消费维权工作,提升消费维权效能,乐平联通公司积极配合景德镇市公司,通过信息化技术支撑,把消费者协会以及包括联通在内的三家投诉和解示范单位接入联通的云视频会议平台,首创消费纠纷在线调解模式。通过设立消费者调解室,助力景德镇市消协与各行业搭建在线调解平台，打造瓷都多元、便捷、实时的消费纠纷解决途径，最大限度地提高了消费调解效率，进一步提升了企业服务水平和服务形象。

【发挥优势阻诈骗】 针对平安建设涉及的诈骗/骚扰的信息安全重灾区开展重点整治。组织对全网用户发送反诈骗短信宣传3次，积极协助配合公安、国安、检察、监察机关的侦查取证工作，精准调取办案需要的涉案号码机主资料及通话记录。成立专项工作领导小组，对内制定了专门的防范打击通信诈骗责任追究办法，对外始终保持高压整治态势，利用自有鹰眼系统平台挖掘骚扰、诈骗电话号码及有疑似行为的号码进行停机处理。

【防洪抢险显担当】 面对紧张的汛情形势，乐平联通公司高度重视，紧急启动防汛应急预案，第一时间组织包含党员突击队在内的多名抢修人员成立救灾小组。他们冒着倾盆大雨，背着光缆推着车，彻夜进行抢修。在抢修通信线路的同时，乐平联通与市防汛指挥部进行联动，配合乐平市防指向乐平联通用户发布了3次防汛通告，得到了乐平市防指领导的高度肯定。此外，公司先后组织员工30多人次驻守挂点圩堤开展防汛值班。乐平联通公司用自己的行动践行国企担当，履行社会责任。

【扶贫工作用心抓】 坚持对挂点的贫困村鸬鹚乡万西村开展定点帮扶，每月至少走访一次。每逢传统节日，乐平市联通公司扶贫干部常态化开展“新春走基层慰问活动”，与村“两委”干部、第一书记和驻村工作队员一同走访看望全村建档立卡贫困户，与村“两委”干部就脱贫攻坚工作开展情况进行座谈，对万西村2020年的脱贫攻坚工作和新农村建设提出了指导意见。

（市联通公司）

金　融

中国人民银行乐平支行

【概况】 2020年乐平市金融稳健运行,存贷款余额继续保持稳定增长态势,信贷风险可控,经济效益稳中有进。全市金融机构本外币存款余额423.00亿元,较年初增加50.00亿元,增长13.40%;本外币贷款余额231.88亿元,较年初增加34.03亿元,增长17.20%;贷存比由年初的53.04%上升至54.82%,增加了1.78个百分点。

【金融运行】 存款总量持续增长,同比增幅上升。全市金融机构人民币住户存款余额为344.81亿元,较年初增加43.62亿元,增长14.48%;广义政府存款余额为29.66亿元,较年初减少1.92亿元,负增长6.05%;非金融企业存款余额为47.89亿元,较年初增加7.92亿元,增长19.81%。外币存款余额1.38亿美元,较年初增加0.003亿美元,增长0.22%;贷款总量持续增长,同比增幅上升。全市金融机构人民币住户贷款余额为114.97亿元,较年初增加17.64亿元,增长18.12%;非金融企业及机关团体贷款余额为116.92亿元,较年初增长16.39亿元,增长16.30%;外币贷款余额0万美元,较年初减少0.057万美元,负增长100%。不良资产双降。全市金融机构不良贷款余额4.29亿元,比年初减少0.51亿元,较年初降低10.63%;不良贷款率1.85%,比年初降低0.58个百分点,信贷资产质量进一步提升。

【货币政策】 开展货币政策宣讲活动。落实"一百千"专项行动,主要领导及分管领导进园区、下企业宣讲两项货币政策工具,了解企业融资需求,协调解决企业融资困难。加强货币政策监测分析。对投资、消费、货币政策实施以及金融运行中存在的倾向性、苗头性问题的监测分析,客观真实反映经济金融运行情况和货币政策实施效果。加强存款准备金管理。分两次下调地方法人金融机构存款准备金率1个百分点,对农业银行"三农"事业部进行考核评估,按评估结果执行存款准备金率。推进贷款市场报价利率(LPR)改革。引导地方法人金融机构按市场化稳妥有序推进贷款利率转换,切实降低企业综合融资成本,保护金融消费者权益。落实金融支持"稳企业保就业"工作。积极贯彻落实中小微企业贷款延期还本付息政策,发放专项贷款12750万元、发放专项支小再贷款700万元、防疫保供专项贷款1.28亿元、复工复产专项贷款352笔1.35亿元。落实央行新设两大"创新直达实体经济的货币政策工具"。支持符合政策小微企业延期还本付息本金贷款120129万元,占到期贷款75.19%;发放信用贷款5721.55万元。

【金融服务】 优化人民币服务。乐平市支行发行库共办理货币投放17.68亿元,回笼16.76亿元,净投放0.92亿元;义务兑换残缺、污损的人民币10次,金额4.97万元;收缴上解假人民币328张,金额2.8万元;投放20元以下小面额原封新券2872万元。优化征信服务。个人征信查询26508笔,同比增加6387笔,增长31.74%;企业征信查询361笔,同比增加170笔,增长89.01%。持续推广"江西省小微客户融资服务平台"使用。2020年,通过"江西省小微企业融资服务平台"开通客户数量4696户,1037户小微企业获贷16.67亿元。开展金融知识宣讲。开展征信、金融消费者权益保护、储蓄国债、反洗钱、"金融知识普及月"等宣传活动,引导金融消费者增强维权意识,营造和谐、诚信的金融环境。

【金融监管】 开展涉农信贷政策导向效果评估。对11家银行业金融机构开展了2019年度涉农信贷政策导向效果评估,其中综合得分达优秀1家、良好5家、中等3家、勉励2家,评价为中等以上的金融机构占参评机构总数的 81.82%。加强金融统计业务管理。严把统计人员准入关,规范统计业务操作,确保统计数据报送时间性、准确性和完整性。同时做好重点联系企业景气监测管理,及时了解异动产生的原因。加强金融风险管控工作。成立风险化解工作领导小组,对辖内法人金融机构不良贷款进行全面核查,风险处置初见成效。建立齐抓共管的部门协调机制,落实风险防范工作;建立了重大事项报告管理台账,辖内 17 家金融机构向乐平人行报送了《重大事项报告》30 次。加强反洗钱监管。对 1 家银行开展反洗钱现场走访,对其反洗钱工作不足之处进行辅导,对发现的问题督促及时整改。启用存款保险标识。督促银行业金融机构开展存款保险标识宣传培训,并按规定使用存款保险标识。加强支付结算管理,打击治理电信网络新型违法犯罪和跨境赌博。开展防范电信网络新型违法犯罪和跨境赌博宣传活动,引导广大群众和企业遵纪守法,增强识骗、防骗能力;组织开展涉案、可疑账户排查,坚决斩断电信诈骗跨境赌博资金链,切实维护人民群众合法权益。

【履职创新】 创新推出"商超无忧"工程,助力现金服务升级。以城乡大中型超市为基点,建立人民银行、商业银行、广大商户"三位一体"的现金快速投回、零钞横向调剂、信息精准反馈的服务模式,提升现金服务精准性与多样性,优化与升级现金服务质量。推动县域移动支付便民工程建设。已建成移动支付场景街区 1 个、菜市场 2 个、惠农站 50 个、乡村旅游 103 户。继续推进"两权"抵押贷款工作。农村承包土地经营权抵押贷款实现"增量扩面"目标。全市土地承包经营权抵押贷款余额 12408 万元,其中:支持农户贷款 75 户、家庭农场贷款 15 户、专业大户 23 户、农民合作社 9 户、农业产业化龙头企业 6 户。聚焦金融扶贫,助力乡村优先发展。设立精准扶贫贷款绿色通道,做到能贷尽贷。全市发放金融精准扶贫贷款 2.74 亿元,其中:"产业 + 金融"金融精准扶贫贷款余额 2.47 亿元,小额扶贫贷款余额 2407 万元;完成对接帮扶企业 557 家,带动建档立卡贫困户 6326 户。

(中国人民银行乐平支行)

中国工商银行乐平支行

【概况】 工商银行乐平支行认真贯彻落实总行党委"48 字"工作思路,一手抓常态化疫情防控,一手抓高质量经营发展,取得了较好的经营成效。截至 12 月末,实现拨备后利润 11522 万元,储蓄存款较年初净增 4.78 亿元,同业排名第一;个人金融资产净增 5.7 亿元。对公存款较年初下降 2.14 亿元,其中公司存款净增 1900 万元。各项贷款较年初净增 4.4 亿元,其中法人贷款净增 2 亿元,个人贷款净增 2.4 亿元。普惠金融业务新增 6330 万元,内控案防实现了"五无"目标。

【实现零售业务稳定增长】 围绕扎实推进总行提出的"第一个人金融银行"目标,一是努力克服新冠肺炎疫情带来的不利影响,在做好常态化疫情防控的前提下,共克时艰,加大营销,旺季增存再创历史。辖内 6 个网点,3 个增存超亿元,5 个跻身全省个金旺季营销竞赛"百强";二是扎实开展"拓客户、稳存款、增资产"劳动竞赛活动,加强"外拓 + 内挖"两个渠道,实现储蓄存款和个人金融资产同步稳定增长;三是常年坚持代发工资单位的营销维护,代发工资客户资产增长及留存率均排全行前列。

【机构及对公客户基础夯实】 一是做好联动营销,强化网点拓户意识,全年对公拓户 675 户,日均 1 万公司客户提升 190 户,日均 5 万提升 98 户,三项拓户创历史最好成绩。二是密切重点客户关系,提升客户贡献度。机关事业及企业养老两个社保支出户开立,新增代发客户 3700 余户,月均代发份额 1300 万元并新增社保卡 2000 余张;三是抓实网格化营销,努力消灭空白点。成功营销三资平台在我行落地并开立 56 户各级村集体经济组织账户。

【盯住重点,加强资产业务营销力度】 一是加大地方重点项目,重点企业的支持力度,全年投放国资、紫泽两大平台公司 2.9 亿元,上报天新药业 1 亿元流贷获批。二是积极做好"六稳""六保",服务实体经济,全年新增小微企业 33 户,发放贷款 6400 万元。三是加大住房按揭市场的营销,重点选择优质房地产开发商和开发楼盘,确保支行市场份额。四是积极拓展个人经营及个人消费贷款业务,持续深化个人自助质押贷款精准营销活动,加大房屋抵押综合消费贷款拓展力度。

【强基固本,确保全行安全稳健运营】 一是加快不良资产处置进度，截至12月末，支行全部贷款不良率降至0.18%，较年初下降1.34%。二是加强员工异常行为排查，加强对重点岗位、重点人员专管专防，认真开好案防分析会。三是对已满轮岗期限的网点负责人、客户经理、现场管理、柜员均实施了岗位轮换，筑牢内控案防的第一道防线。

（中国工商银行乐平支行）

中国农业银行乐平支行

【概况】 乐平农行"立足县域，服务三农"，有效调整信贷投放，着力打造服务县域的主力银行。截至年末，农业银行乐平市支行辖属10个网点，在职员工144人，各项存款余额59.18亿元，各项贷款余额22.03亿元。成为网点机构和从业人员最多、客户资源最广、经营机制最活、结算费用最优惠的金融机构，已树立了服务效率高、规模发展快、资产质量优、经营效益好的良好企业形象。有力促进了当地县域经济发展。

【支持县域"三农"发展】 全面完成普惠"三个一"任务。精准扶贫贷款余额7456万元，较上年净增6461万元，完成率258%，带动贫困户397人，完成率199%；县域对公客户数924户，较上年净增200户，完成率1333%；单户1000万元授信以下普惠型涉农小微企业贷款余额10249万元，较上年净增5539万元，完成率369%。

【以信贷手段促进农业产业化发展】 以"扶龙头、建基地、树品牌"为主线，重点扶持农业产业化基地建设，把支柱产业与基地建设相结合，把信贷支持和为农服务相结合，聚焦本地优势特色农业产业，以惠农贷款为主要抓手，针对蔬菜、粮食、农家乐等特色产业给予信贷支持，加大对新型农业经营主体的发展支持力度，有效支持了当地优势特色农业产业发展，促进了农民增产增收。

利用"财政惠农通"支持当地农民合租社、家庭农场、种养大户等新型农业经营主体，发展绿色农业。充分发挥担保增信功能，着力解决小微企业、"三农"发展融资难、融资贵的问题。

【支持中小企业发展】 全力营销法人优质项目，提升业务经营效益。紧紧围绕重点项目，主动对接乐平发改委、住建局、财政局、国资公司等政府部门，梳理重点项目信息，营销了南内河5.9亿元提款1亿元、园区标准厂房建设项目3.5亿元、乐平二院4000万元等项目；加大对当地大型企业营销推动力度，营销对世龙实业疫情贷款6000万，宏博化工900万等；大力开展"三农"信贷营销，重点对农业产业龙头企业提供信贷支持，稳步推进农户贷款业务。

（中国农业银行乐平支行）

中国银行乐平支行

【概况】 中国银行乐平支行各项业务持续、稳定、健康发展。截至年末，支行人民币存款余额26.85亿元，新增6.80亿元，增幅25.32%。外币存款余额12418万美元，新增77万美元。各项人民币贷款余额14.88亿元，较年初增长4.98亿元，增幅50.23%。贷款不良率控制在良好水平，存贷比60.06%，较上年提升7.25%，较全市平均值高3.3%。

【党建引领，政治生态风清气正】 一是学习党的重要理论和政策。二是对省分行、市分行下的党风廉政建设工作要求进行了及时传导。全体党员均按时完成每月学习、每周一测等学习活动。三是重点抓好纪律教育。制订了《中国共产党纪律处分条例》和《中国共产党政治生活的若干准则》学习计划，旨在通过集中学、系统学，引导党员做到"三个结合"，不断提高思想认识，增强行动自觉。

【围绕"六稳""六保"，小微贷款应延尽延】 新冠肺炎疫情以来，农行坚决落实"六稳""六保"要求，积极支持企业复工复产，充分运用人行延期还本、信用贷款两项政策，切实做好金融支持稳企业保就业，出台一揽子金融服务小微企业政策（包括科贷通、财园通、税贷通、结算通、文体通、工信通等），线上线下创新产品，对符合小微企业信用贷款支持政策的小微企业，建立金融服务绿色通道，优先受理审批，缩短审批时间，做到快办、快审、快放；同时，对存量小微企业做到不抽贷、不压贷、不断贷，确保存量小微企业复工复产金融活水不断。全年累计发放普惠贷款68笔，金额1.5亿元，较上年新增发放普惠贷款6142万元，延期还本贷款笔数占比2020年贷款到期笔数90%以上，累计发放信用贷款878万元。

【降低贷款成本，小微贷款减费让利】 落实落细各项政策，有效化解疫情对当地经济的冲击和影响，乐平中行对受疫情影响较大的批发零售业、住宿餐饮业、物流运输业等提供普惠式金融服务，以实际行动降低企业融资成本。截至年末，累计为40户小微企业降低利率，平均每户降低利率50BP以上，累计让利降息110万元。

【精准扶贫显担当，信贷支持助实体经济】 积极配合扶贫办做好贷款企业分红款的支付工作，督促企业按时支付分红款；同时配合企业及时向扶贫办申报贷款利息贴息，“一领办，四参与”扶贫企业均已全额支付了分红款。年末，精准扶贫贷款余额1975万元，较上年新增121万元。其中：金融精准扶贫贷款1850万元，带动扶贫户370户；带动服务贫困人口的贷款125万元，32笔。

【扎实做好疫情防控工作】 面对突发新冠肺炎疫情，积极协调，做好防疫物资的发放，通过问询、现场检查、调阅录像等方式，检查各机构防疫情况、了解机构防疫需求、提出防疫建议，个别沟通协调，及时在周例会、微信工作群内传导防疫要求，按时报送支行相关疫情工作，获当地政府及上级行好评。

（中国银行乐平支行）

中国建设银行乐平支行

【概况】 乐平支行把初心使命转化为践行“两个维护”，增强“三个能力”的行动自觉，强力推进“4818”“4822”“48522”客户战略，以党建工作为引领，班子成员率先垂范，团结带领全行上下同心同德、攻坚克难，全面推动业务转型发展，较好地完成了市分行布置的各项工作任务。

【主要经营指标完成情况】 1.负债业务稳步提升。截至年底，支行全量金融资产日均余额56.19亿元，较2019年年末新增8295元；时点余额57.73亿元，较2019年年末新增3.73亿元。各项贷款余额19.44亿元，较2019年年末增长4亿元，增幅58%；实现拨备前利润9641万元，与上年同比新增1448万元，增幅17.67%。

2.资产质量稳中向好。受疫情影响，截至年末，不良贷款余额1304.14万元，较年初增加46.08万元，不良贷款率为0.67%，较年初下降0.15个百分点。

【主要工作开展情况】 1.脱贫攻坚成果显著。通过结对帮扶的方式，支行副科级以上干部深入贫困地区扶贫扶智，全年贫困村建档立卡贫困户7户11人，累计全部实现脱贫。

2.关爱员工持续升温。紧紧围绕员工“衣、食、住、行、生、老、病、养、休”等方面关爱员工，全年看望慰问住院员工4人，看望慰问去世员工的直系家属1人，春节慰问困难员工8人，贺喜结婚和生育员工各2人。

3.“48522”稳健推进。按照省、市分行零售业务发展的统一安排，坚持以客户为中心，坚持新客登船、老客晋升、商户资金、县域资金四大战机营销，以存量客户价值提升为核心，通过产品到期承接、大额资金流入、客户流失预警、行外高潜客户、低效客户提升等营销模型锁定目标客户，适配有竞争力的拳头产品和专属权益，坚持大厅制胜，依托移动柜台、“龙易行”等渠道，全力拓市场、争份额、抓存款，截至11月，乐平支行个金业务争先进位全省综合性支行排名33名。

累计建立了“裕农通”服务点344户，有针对性重点维护强乡富镇重点领域，通过开展活动，让一部分点“自活”起来。精选交易频度高、影响力大的“商超类”服务点，开展“一元优惠购”“满减活动”“随机减”等商户特惠活动，实现双向引流获客，累计办理交通龙卡1094张，吸存资金1900万元。办理宗教客户电子功德箱产品一户，办理党群平台八十余户，通过“党建+金融科技”推动支行业务发展。

4.加大信贷投放，稳定经济发展。疫情防控期间，国家和人行提出了“稳企业、保就业”的要求，乐平支行按照市分行党委的部署，快速响应，积极行动，与当地政府对接，第一时间开立了“乐平市新型冠状病毒感染的肺炎疫情防控应急指挥部”的账户，对多家中小企业进行授信，支持多家企业复工复产。

5.住房按揭稳步提升。领导带队走访当地楼盘，了解楼盘需求后梳理流程。按揭放款3.28亿元，当地四行排名第一，累计新增四行排名第二。

6.住房租赁持续推进。按照上级行部署推动住房租赁平台业务发展，与乐平市住建局达成初步意向，双方准备正式使用租赁合同监管备案系统，系统上线后，将录入房源信息，融合渠道场景，开展适合的营销活动，持续经营拓客。

7.风险防控日趋严密。以内

控例会为平台，问题整改为抓手，不断促进各项工作合规。全年每季召开支行案件防控工作例会，通过例会汇集各条线检查问题，评估整改效果，分析风险动态，安排下一步工作，并以会议纪要形式下发全行，提出整改措施和要求，始终保持“查问题、抓整改”的紧张态势。严肃执规执纪，持续推进积分管理工作。紧扣轻微违规主动积分不放松，有效遏制了违规违章操作，累计实施轻微违规主动积分 8 分，涉及 4 人次。定期开展人员排查工作，密切关注员工行为动态。根据员工行为管控专项治理工作要求，支行督促各网点落实了员工谈话制度，家庭走访制度，支行每季组织一次员工行为排查，定期走访乐平公安局治安警察大队、乐平法院、市场监督管理局进行精准排查，有效发现员工行为风险隐患。建立了员工行为动态管理档案，组织实施了员工行为动态管理工作。推进网格化管理，成立以支行行长为格主、各分管行长为管理网格格主、各网点负责人为格主分支网格一体的网格化管理系统。通过基础网格员工行为网格化管理强化压实格主案件防控主体责任，明确格主与格员之间管理责任、员工之间相互监督责任。每月格主对格员进行谈心谈话，关心了解格员工作家庭生活情况，关注员工行为动态。强化员工行为过程的精细化管理，通过“管人、管事、管思想”，层层推动员工尽职履责、依法合规。市场、直营业务资产质量无违约，衍生产品无垫款，未发生重大市场风险事件，未发生重大操作风险事件，无重大声誉风险事件，无重大信息安全事故，未发生案件及风险事件。

8. 渠道营运提质增效。进一步加强全行营业网点服务标准化、精细化管理，完善支行对网点服务质量监督机制，持续提高营业网点服务水平，提高客户满意度。

（中国建设银行乐平支行）

中国交通银行乐平支行

【概况】 面对新冠肺炎疫情的严重冲击和复杂严峻的经营环境，乐平支行在分行党委的坚强领导下，紧紧围绕省分行“1234”工作思路，统筹疫情防控和经营发展，凝心聚力、攻坚克难，收获了一份来之不易的成绩单。

【主要业务经营情况】 紧紧围绕分行年初工作会议精神，坚持补短板、强弱项、提速度，综合竞争力迈上了新台阶，存贷款规模双双有所提高。截至年末，各项存款余额 12.44 亿元，较年初增长 0.81 亿元；各项贷款余额 8.64 亿元，较年初增长 1.79 亿元。

【进一步落实普惠金融】 创新产品服务实体经济，努力降低融资成本，切实减轻企业负担，支行推出了“电融通”信用贷款、“小微贷”、“财园通”、“税融通”、“乐农贷”大棚建设贷款等创新模式，着力打造互联网、人工智能深度融合的金融综合服务能力，为客户提供全方位、多层次、综合化的服务。

【严抓内控强化风险管控】 切实把案件防控放在首要位置，坚决守住不发生系统性风险底线，一是建立健全全面风险管理机制；二是强化案防合规管理，常态化开展警示教育工作，加大内控合规风险提示力度，大力开展内控合规宣讲；三是深入开展案件防控和“五大领域”专项治理工作为契机，对全行员工开展异常行为进行排查，严肃执纪问责。

【加强企业文化建设】 在抓好业务发展的同时，大力推进企业文化建设，“三八”妇女节组织开展女员工的茶艺、花艺活动；同时为增强支行员工锻炼身体的健康意识，组织全行员工开展乒羽球赛和棋类赛活动，积极响应总行工会在全行员工中开展“交享阅”全员阅读活动。

【担当扶贫社会责任】 积极响应“精准扶贫”号召，结合实际情况，认真研究政策措施，积极开展扶贫工作，班子成员多次亲赴精准帮扶村开展扶贫调研和慰问活动，和高家镇副镇长、山田村驻村第一书记、村书记等相关党政领导就如何发展村里经济，早日脱贫进行扶贫调研，制定帮扶计划。通过资金援助建设扶贫示范基地，使山田村帮扶结对子 4 户贫困户增收，定点帮扶的贫困户已全部脱贫。

7 月上旬，乐平市防汛指挥部由Ⅲ级响应提升至Ⅰ级响应，支行行长邵韵飘带领广大党员和员工迅速赶到挂点抗洪的礼林镇牌楼村圩堤，开展巡堤保堤，抗洪救灾，用实际行动践行为民服务，洪水不退，决不离堤，整个汛期，广大党员、员工始终坚守在抗洪一线，确保人民群众财产安全。

【党风廉政取得成效】 坚持把党建工作和业务工作同部署，认真履行“一岗双责”职责，规范组织生活，建章建制，持续推进党风廉政建设和反腐败工作。坚持落实党风廉政建设监督责任，全力营造风清气正的政治生活环境，用好执纪监督四种常态，使红脸出汗成为常态。坚持廉政谈话制度，积极开展形式多样的反腐倡廉警示教育，提升员工拒腐反腐能力。

【获奖情况】 景德镇市公安局授予交行乐平支行“2020 年度全市内保先进单位”称号。中国人民银行乐平支行授予交行乐平支行“2020 年度绿色贷款先进单位”和“政策与管理先进单位”的称号。

（中国交通银行乐平支行）

中国农业发展银行乐平支行

【概况】 中国农业发展银行乐平市支行深入贯彻省、市分行各项工作会议精神，坚持“党建统领、创新发展、底线思维、夯实基础、量质双先”的工作思路，认真落实上级行各项工作部署，使党建工作与全行中心任务互促共进融合发展，推动支行各项工作稳中有进，初步实现了全行高质量发展的良好态势。各项贷款余额 230364 万元，其中短期贷款 118664 万元，长期贷款 111700 万元；存款余额 38027 万元；各项贷款应计利息 10830 万元；实际盈利 2021 万元。

【业务发展稳中有进】 始终牢固树立服务国家粮食安全的大局意识，加大支农力度，助力地方经济建设。一方面从保障粮食安全、维护市场稳定、保护农民利益的高度，认真落实粮食收购的各项政策要求，充分发挥农发行粮食收购资金供应主渠道作用，全力以赴做好全市政策性粮油收储。完成稻谷轮换计划 2899 万千克，做好最低价中晚稻跨年度收购信贷工作，发放最低收购价中晚稻贷款 3500 万元，支持企业跨年收购最低收购价晚稻 1288 万千克，做好国家政策性粮食“去库存”信贷服务，销售中央事权的政策性粮食累计收回最低收购价贷款 28321 万元，发放价差亏损挂账贷款 14865 万元，发放县级储备粮轮换贷款 3024 万元，轮换收回贷款 2016 万元，消化重金属库存粮 695 万千克，收回贷款 1761 万元。另一方面，大力推进重点项目工程，助推脱贫攻坚，积极助力民营企业发展。获批乐平市改善农村人居环境（项目）贷款 9 亿元，已发放 5 亿元，有效助力乐平市重点项目复工复产，同时积极营销乐平市洎水资源开发有限公司的 4.9 亿元乐平市农村公路建设项目。2020 年新发放产业扶贫贷款 2 笔，累计 1508 万元，同比增加 500 万元，帮助 41 名贫困人口实现就业。累计发放民营企业贷款 1620 万元，比 2019 年增加 1610 元，其中民营小微企业累计发放 820 万元。

【夯实各项财会基础】 全力推进运营集约化改革和财务管理体制改革，坚持把落实总行改革决策作为实践“以客户为中心”经营理念，采取“筑基础、防风险、重执行”三位一体工作措施，全力推进运营集约化建设和财务管理体制建设落地生根。一是坚守运营安全底线，牢固树立安全生产的“底线思维”，严格按照新核心系统操作规程，坚持依法合规操作，完善内控管理，保障安全生产。二是积极营销网银签约，目前网银签约客户高达 42 家，贷款客户签约率实现 100%，网上支付交易笔数高达 2050 笔，交易金额高达 126171 万元。三是加强财务监督管理，严格执行金融政策及财经法规，推行财务公开，强化财务监管，全面防范财务风险。

【创建和谐平安银行】 围绕无经济刑事案件、无重大责任事故、无重大违规违纪问题、无重大监管处罚，力保业务发展好、风险防控好、合规运营好、和谐氛围好的“四无四好”目标，积极创建和谐平安银行。一是定期组织员工学习安全知识，全面提高政治素质和业务素质。支行各职能部门各负其责，充分发挥职能作用。二是定期开展综治演练。组织员工模拟歹徒抢银行、火灾发生等危急突发情况，进行应对措施演练，让每位员工都能正常应对突发情况，做好危机防范工作。

【发挥党建引领作用】 支行党支部大力实施党建“提质聚力”工程，获评“示范党支部”。一是抓实党员思想教育。党支部通过集中学习会、党小组会等形式进行集中学习，并坚持以考促学，每次学习最后对全体党员进行党的基础知识闭卷测试，促进知识学习入脑入心。二是抓实党建基础工作。建立健全民主生活会制度、党支部“三会一课”制度、理论学习制度等，建立健全党员教育管理制度，认真落实岗位责任制。三是抓实主题党日活动建设。支部结合“四爱”教育、先进典型教育、革命传统教育等形式先后开展了十余次特色主题党日活动，进一步激发了党员参加党性教育活动的积极性和热情。

（中国农业发展银行乐平支行）

景德镇农村商业银行乐平支行

【概况】 截至2020年年末，景德镇农商银行乐平辖内各项存款余额115.06亿元，较年初增加9.8亿元，增幅为9.31%，各项贷款余额53.39亿元，较上年增加7.54亿元，继续保持全市存贷款规模第一的市场地位，是全市网点机构和从业人员众多、客户资源最广、经营机制灵活、结算手段先进、服务功能齐全的银行机构。

【合理优化网点设置】 景德镇农商行乐平支行继续大力优化网点设置，将后港支行和乐矿支行、红岩支行和历居山分理处等服务半径重合的网点进行了合并。乐平支行进行重新装修，有效提升景德镇农商银行企业形象。

【银企合作概况】 截至2020年年末，景德镇农商银行乐平辖内各项贷款余额53.39亿元，较上年增加7.54亿元。其中："财园信贷通"贷款余额15753万元；"一领办四参与"产业扶贫贷款余额7928万元；"财政惠农信贷通"余额6010万元，较上年增加2074万元；小额农户扶贫贷款余额1140万元，较年初增加1024万元。

2020年末，共有企业贷款209户，金额16.64亿元，其中1000万元以下小微企业贷款130户，金额6.01亿元。2020年共新增企业贷款46户，金额47105万元，其中新增1000万以下小微企业贷款31户，金额7405万元。

【主要工作措施】 一是支持企业有担当。新冠肺炎疫情发生以来，主动提高政治站位，强化责任担当。为稳就业保生产，积极履行银行主体责任，主动对接乐平辖区抗疫物资生产企业，了解其资金需求、生产情况，做到对抗疫物资生产相关企业有调查有回应。针对疫情防控期间部分企业资金周转困难，积极落实人行关于优化企业贷款流程、减少企业资金成本、落实政府相关优惠政策，采取降息、缓息、本金展期、借新还旧、无还本续贷等优惠措施，切实减轻了企业和个人的负担。共办理借新还旧、无还本续贷32笔，续贷金额40525万元；办理贷款展期32笔，展期金额4650万元。办理延期结息27笔，金额8615万元，极大缓解了相关企业的资金压力。积极落实人行支农再贷款政策，乐平辖区共发放支农再贷款301笔，贷款金额5979万元。

二是金融产品有创新。为及时解决企业资金需求，更好帮助企业复工复产，积极对接工信委、农业局等政府部门，及时开展了上户调查。结合企业实际情况，推出了"百福快贷""百福 · 复工贷"，为个体户和企业量身打造适合复工复产的信贷产品。目前乐平农商银行共发放企业复工复产贷款58笔，金额52391万元。

三是服务企业有温度。始终坚持"立足县域、服务三农、支农支小"服务宗旨，全力打造"服务县域的主力银行、立足社区的零售银行、农民喜爱的农村银行"三大品牌，致力于为乐平经济发展贡献金融主力军力量。多次组织业务条线主要骨干深入园区、深入各企业宣讲国家"六稳""六保"等相关政策，深入了解企业实际情况，倾听企业资金需求，具体解决企业资金困难，不断加大对小微企业的支持力度，切实做到服务企业有温度，深获各小微企业客户的好评。

（景德镇农商银行乐平支行）

乐平融兴村镇银行

乐平融兴村镇银行作为"乐平人自己的银行"，秉承"普惠金融，和谐共富"的经营理念，坚持"立足中小、服务市民、服务三农"的市场定位，坚持走小额信贷发展之路。成立以来累计投放各项贷款约32亿元，向地方财政累计缴纳各种税费2900多万元，其中中小企业、个体工商户和三农贷款占全部贷款的98.65%，有效地支持了地方经济发展、提高了人们生活质量。

（乐平融兴村镇银行）

中国邮政储蓄银行乐平支行

【概况】 中国邮政储蓄银行乐平市支行紧紧围绕"稳中求进"的工作总基调，积极应对偏紧的宏观经济环境，有效克服了经济下行压力加大的不利影响，各项业务发展及管理工作继续保持良好的态势，较好地完成了年初确定的各项目标任务。

【经营效益】 全年收入同比增长7.75%，全年利润同比增长4.07%；主要经营效益指标保持了较好增长,基本完成了年初的财务预算目标。

【负债业务】 截至2020年末,乐平市支行自营网点个人储蓄存款余额9.78亿元,净增8355万元;公司存款余额3.55亿元,新增拓户230户,其中机构客户新增114户,实现三个自营网点公司业务叠加全覆盖。

【中间业务】 乐平市支行首季保险新单保费完成1687.14万元,完成比112.48%,列经营单位第1位,用11天完成保险新单保费计划,保费规模列全省新单保费十强县第五位;中间业务在转型发展和基础管理上保持高位创优的良好态势。

【资产情况】 截至年末,全行各项贷款余额14.71亿元,增幅15.51%。其中"财园信贷通"余额6209万元,"惠农信贷通"余额2224.35万元,"产业+金融"余额4166.91万元,一是践行大行责任担当,向1家重点医疗机构和4家防疫重点支持企业发放小企业贷款5笔,合计金额3000万元;同时,疫情防控期间乐平市支行共发放零售类贷款978笔,合计金额3.14亿元。二是支持下岗创业"新潮",截至2020年年末,市支行再就业贷款结余金额2640万元,累计发放1.25亿元,实现了1245户家庭的"创业梦"。三是掀起企业规模"高潮"。近年来,始终将小微金融服务工作同"三农"金融服务工作列为全行各项工作的重中之重,重点加大对医院贷等民生类信贷扶持力度。

【风险管控】 一是全面加强金融消保工作,先后组织开展了全市"'3·15'金融消费者权益日""守护钱袋子""普及金融知识万里行"等宣传活动。二是逐级签订了案件防控责任书、安全保卫责任书,强化安全保卫主体责任意识。三是责任追究持续重视。坚持常规检查与突击检查、日常检查与集中检查相结合的方式,加大责任追究和处罚力度,对问题相关责任人予以了相应处罚并落实整改。全行继续保持内控、风控和案防高压态势,全年保持了不出风险事件、不出安全事故、不出各类案件的"三无"良好局面。

【获得荣誉】 2020年度平安建设(综治工作)先进集体,"全市银行业金融机构先进单位","金融精准扶贫先进单位"荣誉称号,"先进基层党组织"荣誉称号,支行营业部荣获"储蓄业务发展优秀网点"集体单位,乐平镇桥镇支行荣获"2020年度景德镇市现金服务工作优秀网点"称号。

(中国邮储银行乐平支行)

江西银行景德镇乐平支行

江西银行乐平支行秉承做好金融服务,以支持当地经济发展的理念,坚持以优质文明服务为落脚点,金融资产总额为56.29亿元(其中:资产总额为34.39亿元,负债总额为21.9亿元),乐平支行对当地经济支持在全市名列前茅且对当地国有企业信贷投放量稳居第一。

乐平支行通过加快推广手机银行、网银体验、自助开卡、自助银行等无现金绿色支付方式等,提升电子银行的服务能力和客户体验度,将金融服务、社会服务等集成一体送至客户手中。

江西银行景德镇乐平支行通过"形象升级、服务升级、体验升级"来不断提高客户满意度和网点竞争力。一是完善硬件,形象升级。二是优化软件、服务升级。三是改造流程,体验升级,提升分流能力。充分利用自助设备,加快业务办理,缓解排队压力。开设爱心窗口和贵宾窗口,满足客户的需求。

坚持"党建引领"全行服务工作,做到"关键岗位有党员、突击攻关有党员,党员带头促发展"。创建农村普惠金融服务站,致力于将普惠金融的理念深入人心,调剂货币社会流动,方便群众生活。

(江西银行景德镇乐平支行)

九江银行乐平支行

【概况】 截至年底,支行余额为120035.48万元,当年净增29436.57万元;公司存款为41494.85万元,新增20249.64万元,储蓄存款为72922.22万元,增加22896.02万元;各类贷款结余115808.86万元,结余净增5397.38万元,整体不良贷款率为2.21%。

业务的良性发展,确保了全年收入利润目标的实现,全年实现营业收入13820万元,较去年增加8013.7万元,同比增幅为138%。其中贷款利息收入13810.6元,较去年增加8009.8万元,同增幅为57.9%,全年实现利润3384.8万元,完成年计划的107.58%.

【获得荣誉】 支行员工张玲枝、曾钦、章凯、吴长青,吴梦婷被市分行评为“优秀员工”。

（九江银行乐平支行）

中国人寿乐平支公司

【概况】 公司统筹推进党的建设、高质量发展、脱贫攻坚和疫情防控“四位一体”工作,取得了一定的成效。经过全体员工的团结拼搏,在业务拓展、内部管理,树立形象等方面取得了较大的成绩。

公司总保费15055.71万元,同比增长6.44%;续期保费10821.4万元,同比增长11.64%;长险首年保费3225.62万元,同比增长3.15%;首年期交3218.45万元,同比增长3.18%;短意险506.39万元,同比增长14.21%。

【抓业务、抢市场,实现各项业务的快速发展】 1.在个险业务方面。按照年初制订的总体战略,以标保为重点,突出培训赋能,强化增员,稳扎稳打,健康发展,管理一步一个脚印,成绩一步一个台阶。顺利实现“首季开门红”后,又积极参与省公司开展的“赣鼎”联赛活动,公司全体员工和广大营销员,以忘我的工作热情,高度的荣誉感、责任感和必胜的信心,积极投入这场荣誉之战,取得良好的竞赛成绩。

2.在团险业务方面。在市场非常艰难的情况下,抓住有利时机,大力开拓渠道业务,“建工险”等都已经走上了良性发展的轨道。意外险业务规模迅速扩大,赔付率不断下降。在乐平市各家保险公司的业务都没有增长或有所下滑的情况下,支公司意外险业务对比上一年度实现了较大幅度的增长,市场占比不断扩大。

3.银行保险方面。面对竞争异常激烈的市场,客经队伍又转型的情况下,支公司加大了对渠道的维护,顺利达成了年度银保期缴目标。

【抓重点、带全盘,实现规模和效益的同步发展】 按照“五保工作”的要求,注重转型升级,全面提升管理水平,不断扩大市场占比,提高经营效益,工作中有以下几个亮点:

通过本地培养干部、同业引进人才等措施,让一批优秀的人才走上了领导岗位,为景德镇的业务发展做好了干部的培养基地。

内部管理工作进一步加强,管理工作不断改善。坚持“一手抓业务,一手抓管理,两手抓,两手都要硬”的原则,结合自己的实际情况,顺应业务发展的要求,全面加强和改善各项内部管理工作。内控机制得到了强化,风险得到了有效的控制,减少了浪费,降低了成本,实现了增收节支。

【防范风险守住底线】 一是反洗钱水平进一步提升,组织培训和宣导。二是非法集资风险有效防范。推动防范非法集资工作深入开展。参与了银保监局等机构组织的防范非法集资集中宣传日活动,向公众大力宣传防范非法集资和反洗钱知识。三是诚信合规文化深入人心。持续提升从业人员的诚信合规品质,进一步加强依法合规经营,有序推进诚信合规教育工作。

（中国人寿乐平支公司）

人保财险乐平支公司

【概况】 人保财险乐平支公司始终坚持依法合规经营的原则,以集团公司“卓越保险战略”为指引,以落实“温暖工程”为推手,进一步提升服务水平,认真做好业务发展、提供保险保障、维护金融秩序等方面工作。全年通过强化公司过程管控,全面提升客户服务体验,赢得广大客户的认同。年内公司实现全险种保费规模达1.21亿元,向地方税务缴纳各类税金730.92万元。

【发挥保险保障作用】 作为一家央管金融企业,时刻秉承“人民保险、服务人民”的经营理念,致力于发挥好金融企业保险保障作用,力争将有温度的保险服务提供到每一个有保险需求的客户。通过保险机制运用,健全公共安全保障体系,积极拓宽保险服务保障范围,为全市安全生产、生态环境、医疗卫生、校园安全等多领域提供责任保险保障,帮助客户转移风险,化解社会纠纷,降低政府治理成本,提升民生保障,为建设特色鲜明的现代化赣东北明珠贡献力量。

【切实履行社会职责】 新冠肺炎疫情暴发以后,公司坚决贯彻落实市委、市政府有关疫情防控的各项工作安排,切实做好本公司疫情防控工作,严格落实疫情防控主体责任。同时,通过推出免接触、线上化承保和理赔服务,确保疫情防控期间服务不间断。积极参与到政府扶贫、综治、双创双修、服务“三农”等各项工作当中。7月乐平遭遇洪灾,公司统筹人力、物力妥善应对水灾期间业务发展及查勘工作,降低群众损失,助力恢复生产生活,充分践行公司的企业责任担当和社会责任感。

（人保财险乐平支公司）

人保寿险乐平支公司

【概况】 人保寿险乐平市支公司注重销售队伍转型发展全年总保费收入1952万元，占全市寿险市场的37.66%，支付各类赔款270.4万元，期中最大单件赔付50万元，满期给付等累计0.22亿元。在全省系统各项指标均位居全省前列。

【创新售后服务】 对所有新契约承保客户进行100%满意度回访。推出线上理赔及保全等服务，大大节约理赔时效，节约了客户时间避免了客户来回奔跑的烦琐。从出险时间到理赔款到账时间远低于集团公司要求的56天。开通网上查询理赔情况和短信或邮件告知理赔信息，向客户提供年度报告；进行意外、健康、理财等风险知识讲座。

【和谐暖心工程】 积极贯彻上级公司暖心工程，优化公司机构，加大基层公司队伍建设投入，招募大学生多名，合计向社会提供就业岗位300个。不定期在农村开展保险知识讲座，为基层群众讲解保险相关知识并以此为契机宣传“反洗钱”“防范非法集资”等相关内容，为构建和谐社会做出贡献。

认真落实集团公司“温暖工程”项目。以“做有温度的人民保险”为指导方向。做好“实事”、做好“小事”，让客户感受到人保温暖。没有出现过任何上访事件及群体事件。经过多年的努力，公司良好的服务在当地得到了广大群众的认可。

【获得荣誉】 年度公司总保费全省系统第三，乐平市支公司获评三星级机构、全国100强公司等系列荣誉称号。

（人保寿险乐平支公司）

太保财险乐平支公司

【概况】 保险业共同经历了疫情与保险综改的双重考验，乐平支公司认真贯彻市委和总、分公司的疫情防控和企业经营的指导思想，配合市委做好疫情防控工作，同时推动车险业务线上化办理。乐平支公司抓住“9·19”保险综改的契机，根据市场形势的复杂变化将工作做深做细做优，司内制定更加规范科学的展业计划。全年乐平支公司实收保费4786余万元。

【客户服务】 坚持“狠抓管理、夯实基础、效益为先、稳健发展”的经营方针，加强管理，开拓市场，改善服务，取得了良好的经营业绩。1.做到文明办公，做到环境整洁，语言文明，礼貌服务，规范办公行为。2.提高工作效率，从各个工作环节都要保持高效，要使快速简捷、灵活的工作作风得到客户的认可。3.做好跟踪服务，与客户始终保持经常性的沟通，确保客户的问题在最短的时间内得到解决。

【工作亮点】 服务“三农”，积极开展农业保险。在“寒露风”灾害和水灾期间，太保财险乐平支公司和乡镇、农业等部门配合，积极应对灾情，减少农户损失，并开通快速理赔通道，提高理赔效率，真正做到惠民利民。积极参与市政府主持的金融业内活动以及专项打击活动，投入至乐平经济社会发展，并积极履行保险社会责任。灾害期间，太保财险乐平支公司和交警、消防等部门配合，以理赔查勘人员为主，组织全司人员积极参与抗洪抢险，理赔服务，并邀请行协、消协等部门领导全程参与见证太保人的奉献和爱心。

【服务承诺】 太保财险乐平支公司秉承“诚信天下，稳健一生，追求卓越”的企业核心价值观，实施以客户需求为导向的战略转型，积极为客户提供专业的风险保障服务。针对保险销售、承保、理赔、回访、投诉、增值服务及履诺等环节，为了做好服务工作，努力提高现场服务效率，采取人性化服务，加快工作速度，提高服务质量，提高服务水平。全面树立公司新形象，真正形成优质文明高效的服务。1.销售环节。严格履行如实告知义务，如实解释综改后的保险条款、被保险人义务和理赔流程，不夸大保险责任，不隐瞒责任免除事项；促进公平有序的竞争环境，不诋毁同业，不误导客户，严格遵守行业监管规定。2.承保环节。履行承保义务，不拖延承保；按照与客户约定时间及时配送保单；不断加强并完善合作伙伴的沟通和管理机制，确保各个渠道提供标准化优质服务。3.理赔环节。保持全国统一客户服务热线95500畅通，提供365×24小时接报案、咨询、查询等服务。人伤案件提供“一对一、全流程”服务，实现专人联系、贴心服务。公司设立人伤服务团队为客户提供专业的人伤咨询服务，协助参与人伤案件伤者评残、事故调解和诉讼咨询等环节，根据客户需要提供全程服务。对损失金额1万元以下的非车险案件，资料齐全的1个工作日内通知赔付。

【回访及投诉处理环节】 1. 确保投诉渠道畅通，全国统一客户投诉电话95500或4008095500，以及官网投诉平台www.cpic.com.cn/财产保险/服务大厅/在线投诉，365天24小时受理客户投诉。2. 太保财险乐平支公司建立了总经理接待日机制解答客户咨询、倾听客户意见、处理客户投诉。

【增值服务】 1. 面向在太保财险乐平支公司投保商业车险的9座及以下各类非营业客用车辆提供全国免费道路救援、医疗救援等增值服务。2. 向客户提供酒后代驾、车辆代检等区域性、个性化增值服务。3. 利用国内领先的防灾防损技术，为重大客户提供深入的、个性化的风险查勘服务，以及专业的防灾防损报告。履诺环节建立举报监督机制，设立举报监督邮箱：66284500@qq.com。工作人员在具体服务中若有违反上述承诺行为的，实行“零容忍”，一经发现核实，即予严肃处理。

（太保财险乐平支公司）

太保寿险乐平支公司

【概况】 乐平太平洋人寿保险公司坚持以“发展、管理、效益”为服务宗旨，树立“诚信、创新”的企业文化精神，倡导以人为本，诚信服务的准则，积极壮大团队，大力开拓保险市场，在上级公司的正确指导下，全面完成上级下达的年度各项指标，实现保费收入2548万元，其中个险新保150万元，个人续收保费2280万元，团险保费118万元，产寿交叉保费178.36万元。

【强化风险管理】 公司内强素质、外塑形象，完善内部管理制度，规范操作程序，落实印章管理制度，核保核赔以及零现金管理制度，严格按章办事，避免了因管理不善给公司和客户造成的经济损失，规避了道德风险发生。

【抓实理赔服务】 公司坚持“一诺千金，用心承诺”的服务宗旨，全年共受理大小理赔案件463起。公司坚持执行“不滥赔，不惜赔”的理赔原则，理赔金额达335万元，受到了社会的肯定，客户的好评。

【防范非法集资】 为进一步打击和处置非法集资，增强客户意识，守住自己的“钱袋子”，提高广大客户对非法集资的危害认识，营造良好的金融环境，公司成立工作领导小组，常抓不懈，积极开展切实有效的宣传，上街、上门、上户发放宣传资料3000多份，并且公司前台也摆放了近4000份资料，对前来办理客户进行解说，宣传非法集资的危害性。

【保险进社区】 公司采取合适社区驻点，更好地为居民服务，让客户逐渐拉近与保险的距离，从而了解保险、懂得保险、拥有保险。公司开展保险进社区、保险送下乡保险宣传知识讲座共计126次。

【“7·8”全国保险公众宣传日】 倾听公众心声，提高服务品质，塑造公司形象，公司以此为契机，大力推动业务发展，提高服务水平，为给客户带来更好的保险保障而努力，树立公司良好的形象，践行社会责任，促进保险行业持续健康发展，7月8日上街摆放咨询台，耐心解答客户近90人，保险宣传资料发放近2400份。努力实现“保险，让生活更美好”。

【加强业务培训】 提升服务技能为全面提高员工队伍素质，促进公司改革和发展，公司把业务培训作为一项长期性工作来抓，2020年度先后举办“营销员岗前培训”“经理主任提升培训”业务知识培训等共计56次，提升了员工的综合素质。

（太保寿险乐平支公司）

商　贸

商　务

【概况】 乐平市商务局围绕市委、市政府中心工作，认真做好新冠肺炎疫情防控、脱贫攻坚、双创双修、重点项目建设工作。切实履行商务行业职责，抓住重点，努力奋进，确保各项工作平稳有序推进。2020年，限额以上消费品零售额20.68亿元，同比增长11.7%。其中，批发业1.49亿元，同比增长52.9%；零售业17.89亿元，同比增长10.1%；住宿业0.42亿元，同比增长10.6%；餐饮业0.87亿元，同比增长8.9%。限额以上在库入统企业（含大个体）共108家，其中，批发零售82家，餐饮住宿26家，实际新增33家。全市引进省外资金135.3亿元，同比增长8.4%。实际利用外资8600万美元，其中现汇565万美元，同比增长6.6%。累计上报省商务厅项目44个，其中亿元以上项目9个。全年外贸出口24.2亿人民币，同比增长5.22%。电子商务平台交易额为20.66亿元，同比增长20.66%。

【疫情防控和市场保供抓实抓细】 为做好流通领域疫情防控，1月23日成立了疫情防控指挥部，主要领导为指挥长，班子成员为副指挥长，相关股室负责人为成员。为切实落实防控措施，将乐平城区划分为7个片区，由7位班子成员各负责一片，抽调50多名工作人员，对全市11家农贸市场、12家大型商超、251家小型超市及便利店落实了人员进行责任防控，督促各网点落实好消毒杀菌、环境通风、佩戴口罩、测量体温等必要的防控措施。1月25日，根据上级要求，印发《关于对全市活禽交易市场实施关闭的通知》，关闭全市活禽交易市场28家。为确保疫情防控期间市场供应稳定，在城区选择了12家大型超市作为全市生活必需品运行监测点，发现异常情况，及时引导调运和储备，确保了疫情防控期间全市生活必需品未出现抢购、断供和价格异常波动等情况。

【线上招商会举办】 为积极应对新冠肺炎疫情对招商引资工作的影响，2月26日，乐平市线上网络招商对接会在市为民服务中心设立主会场举行，市委书记俞小平出席并见证项目签约。市委副书记、市长高翔致辞。王颖军、张汉坤、王晨、朱柳英、李宝山等市领导参加会议。对接会上，在线参会企业30余家，在线签约项目19个，签约项目合计投资52.79亿元，其中外资1亿美元，项目涉及精细化工、机械加工、陶瓷、食品、建材等。

【责任项目建设有序推进】 锦阳汽车城项目完成投资2.1亿元，累计完成投资6.89亿元。建成钢结构汽车展示厅13000平方米，综合办公楼和服务大厅8700平方米，完成道路场地硬化2万多平方米，五幢汽车4S店（7300平方米）主体建设已完成。哈弗4S店、别克4S店、福田4S店、江铃、陆风、宝骏、标致、吉利、领克、东风日产、嘉德汽车进驻开业。车管所已经入驻，两家体检站及一家超市均开业。二手车交易市场场地硬化完工，二手车交易市场商铺建成，并完成车位规划。锦远车辆检测中心顺利完工，并开始营业。一期第二次摘牌土地沿街商铺完成80%，配套住宅完成45%。

【脱贫攻坚任务全面完成】 一是落实了安居帮扶。其中实行危房重建改造21户、安装楼梯扶手11户、改水冲式厕所11户、安装门窗6户、硬化地面1户，保障了贫困户居有其所。二是落实了教育帮扶21人。其中，6人享受了雨露计划以及国家助学金和新生补贴，2人享受了高中阶段贫困生补助，12人享受了义务教育寄宿补贴及相关费用免除，为1名中职毕业生联系了就业。三是落实了医疗帮扶。帮助所有贫困户签订了家庭医生和乐平市各医院就医协议。免费参加新农合保险和重大疾病商业保险，并落实了意外伤害保险，确保每个贫困户都看得起病。四是落实了就业扶贫。为9人安排了临时公益岗位，介绍15人去企业和合作社务工，为11人申报了外出务工交通补贴，解决了贫困户务工难问题。五是落实了产业扶贫。贫困户分别与顺锋种养合作社、兴港油茶公司、种田大户签订了产业+金融扶贫协议，确保每年保底分红。六是开展扶志扶智，鼓励贫困户创业增收，为自主创业的贫困人员办理工商执照与贴息贷款。定期为贫困户检测饮用水，确保饮水安全。经过一年的努力，贫困户人均年收入均超4000元，随着最后10户贫困户的脱贫，市商务局蹲村帮扶的贫困户全部脱贫摘帽，圆满完成了脱贫攻坚任务。

【"六稳""六保"工作有序落实】 保居民就业方面：为承租本单位房屋或店面的小微企业、个体工商户减免租金约93.1万元，涉及小微企业和商户98家；开展免费家政服务技能培训10期，600余人免费参加培训，促进了从业人员就业稳定。保基本民生：大力实施扶贫产品"六进"活动，在市区对接了7家大型超市，协调超市免费提供1米左右的扶贫专柜供扶贫农产品上架销售。保市场主体：组织30家餐饮企业、商户参与餐饮消费券活动，有效激活我市餐饮消费，减轻企业压力。对接住宿餐饮企业开展打折促销、"拳王争霸""开房抽奖"等销售活动，有效带动和激活餐饮住宿业消费潜力。保粮食能源安全：引进并开工江西良膳餐饮管理有限公司投资的以"农产品加工""中央厨房"为支撑，延伸发展"学生营养餐""乐平一桌菜""老年食堂""社区惠民生鲜超市"的项目，建成投产后每日可加工净菜约5万千克、生产营养餐8万份，每年产生税收近1500万元，同时可解决400余人就业，有利于一、二、三产业融合。保产业链供应链稳定：积极打造中远路夜市经济一条街，促进乐平夜市经济规范繁荣。引导江西宏柏新材料等企业参加国内行业交流会和政府相关部门的线上展销会，积极开拓国内市场。落实"直航"促"三同"专项资金计划，对进出口贸易企业实行陆路里程扶持。落实境外参展补贴政策，组织企业参加第三届进博会，促进企业构建多元化采购销售渠道。

【成品油市场整治成效显著】 对礼林、临港、乐港等地6家无证经营的加油站责令停业，对后港、镇桥两地非法储油点进行了打击取缔；联合市场监管局、交通运输局、公安局开展成品油非法经营行为联合整治，取缔大型储油点10余家，查处非法改装加油车60余辆，对违规经营罚没30余万元。

（市商务局）

中央储备粮

【概况】 景德镇直属库有限公司在分公司党委的正确领导下，在各处室和辖区各库点的支持配合下，按照集团公司、分公司的工作部署及要求，攻坚克难，团结奋进，各项工作取得了较好的成绩。

【主要工作】 一是扎实开展党建工作，按照党章和分公司党委要求，顺利完成了党总支、支部换届选举工作。二是紧盯安全生产工作，认真贯彻"综合治理，以防为主"工作方针，从教育、制度、监督入手扎实推进综治工作，全年未发生一例安全责任事故和违法乱纪事件。三是继续夯实仓储管理基础。根据集团公司、分公司仓储管理工作要求，以推进"五个做实"为平台，以科技储粮为抓手，着重加强保防队伍建设，进一步提升工作执行能力，不断夯实仓储工作基础，全年实现中央储备粮数量真实，存储安全。四是加强财务管理，坚持把财务工作放在首位，突出"降本增效"理念，认真组织会计核算，全面规范各项财务基础工作，不断提高财务服务质量，较好地完成了上级下达的各项财务预算指标。五是积极贯彻执行国家政策，坚决贯彻执行国家宏观调控政策，进一步落实"三方"监管责任，积极完成早、晚稻托市粮库点推荐、储粮巡查、定向与拍卖出库工作，及时化解政策性粮食拍卖出库工作中的矛盾、纠纷，辖区全年无一例储粮安全和出库难事故发生，有力维护了粮农利益，取得了良好的社会效益。

（中储粮景德镇直属库有限公司）

供　销

【概况】 全市供销系统紧紧围绕市委、市政府的工作部署，以服务"三农"工作为重点，继续深化供销社综合改革，不断转换机制、创新机制，坚持问题导向，努力解决在综合改革中遇到的困难和问题，对标对表，扎实落实各项综合改革任务，荣获景德镇市供销合作社综合业绩考核二等奖。

【全力参与疫情防控】 举全社之力,积极主动参与新冠肺炎防控工作。在全系统认真开展人员生活轨迹排查、对在职在岗人员发放口罩、酒精等防疫物资。深入社区帮助开展疫情防控宣传、路口值班值守。成立疫情防控支援小组,抽调15名骨干人员,奔赴名口镇协助当地开展疫情防控。按照每日"五报告、四必做"的工作要求,走村入户开展防疫宣传和管控。在做好疫情防控工作的同时,谋划农业生产资料的购进、运转和储备工作,主动与省社、省农资公司及生产厂家协调,调运春耕化肥2万余吨,农药200吨。积极扶持实体企业渡难关,主动为承租户减免房租8万余元。

【积极投身防汛救灾】 组织干部职工奔赴抗洪抢险一线,参加抗洪抢险工作。主要领导参与全市防汛抢险调度工作,并抽调16人赴镇桥镇乐安村沿河圩堤进行24小时值班值守,加强防汛物资仓库的值守,帮助村民施救财产安全转移,及时调拨5万只编织袋用于防汛救灾。

【扎实推进综合改革】 始终围绕构建"新型为农服务体系、新型基层组织体系、新型联合社治理体系、新型社有企业运营体系"的综合改革任务,采取"物技结合,全程托管"模式,开展土地托管业务7.49万亩。加强农资示范店、示范性庄稼医院、再生资源示范企业、乡村回收站点、日用消费品连锁配送中心、烟花爆竹配送中心建设。建成农资示范店20家,示范性庄稼医院8家,再生资源示范企业1家,乡村回收站点建设151家,日用消费品连锁配送中心1家。积极打造农村电商服务站15家,建立村级电商服务点98家。努力打造与村集体经济发展有机结合"3+2+N"模式农村综合服务社48家,领办、创办农民专业合作社60家,带动农户1.73万户。发展中医药专业合作社6家,对接省供销集团与市政府"十四五"乡村振兴战略合作项目,即省供销集团公司拟在乐平实施的"全省冷链物流骨干网"项目建设。完成土地确权25855.91平方,共清理核查1993—1999年后亏损挂账2998万元。

【充分挖掘资产效益】 按照公平、公开的原则,对西大街原供销社办公大楼14间临街商铺三年使用权向社会进行公开拍租,拍租后每年资产收益增加153万元,资产收益率较同期增长373%。

【强化安全风险治理】 开展安全生产专项治理,全面加强对农资储备、烟爆经营、社有资产使用等领域专项治理,调整安全生产工作领导小组。制定安全生产工作方案和工作计划,与各基层签订安全经营责任书。尽可能将存在的安全隐患消灭在萌芽阶段。做好群众来访工作,深入困难群众之中,化解各种矛盾和纠纷。按照《信访条例》规定,对重大突出事件进行预警、控制、管理和处置,最大限度地控制事态发展。坚持本单位信访维稳领导责任制,完善领导干部接待群众来访。关注系统内维稳动向,加强沟通,建立协调联动机制。

【认真做好扶贫工作】 做实扶贫工作,发展产业+培训就业双保障促增收。一是发展当地特色产业,通过以工代赈等方式让当地劳动力在家门口就能就业。二是压实责任、下沉力量,组织人员下乡开展帮扶工作,落实帮扶措施。三是制定脱贫工作计划,市社副科级以上领导每月至少一次到村到户进行结对帮扶,在节假日期间,对困难贫困群众进行走访、赠送生活用品和食品,根据不同的情况制定不同的措施,实施精准帮扶。

【开展主题教育】 结合"不忘初心、牢记使命"主题教育,通过专题学习、集中学习、民主生活会、深入基层上党风廉政教育党课等多种形式,积极开展主题教育宣传活动。积极响应全市"双创双修"工作,志愿开展文明交通引导、环境卫生清洁、公共设施维护、老弱病残帮扶等公益性活动。

(市供销社)

石 油

【概况】 公司围绕扩大成品油销量目标,紧贴市场、提升服务,不断拓市增量。

【扩销增量】 认真开展"抓服务 强基础 出效益"的活动。一是进一步加大对广大零售员工销售技巧、油品知识等方面的培训力度。二是根据上级公司下达的各项经营指标,按年度任务的比例及时分解到站,细化到个人。三是通过进一步细化绩效考核,有效激发"全员销售"活动的积极性。四是定期对加油站月度经营指标完成情况进行考核、排名及通报。五是不断地进行成品油市场的净化，积极作为，配合政府职能部门捣毁非法储油窝，关停无资质加油站，销毁非法改装车辆等，有效净化了乐平的成品油市场。

【调查分析，实行差别化经营】 一是深入调查当地厂矿、建设工地和政府重点工程用油的情况，细分消费群体，建立详细的零售客户档案。二是密切关注国家相关政策走向、客户群体消费需求、机动车保有量等变化。三是及时掌握各道路车流量动态，搞清道路、城区改扩建情况，为网点布局提供依据。四是加强对我司零售定点客户档案的梳理力度，及时掌握客户的需求变化，跟踪定点客户的用油情况。五是加大了对中石油、社会加油站等竞争对手的营销情况调查力度。制定营销计划，拓展客户。

【加强安全环保工作】 1. 层层落实安全生产责任制。建立健全安全管理组织机构。在加油站建立了安全生产工作小组，在各班组设置了兼职安全生产员，形成了纵向到底、横向到边的安全生产组织网络体系，明确规定各加油站长是安全生产第一责任人。每位员工都与公司签订了 HSE 承诺书，人人都有安全职责。

2. 狠抓安全教育。每月度进行一次专题安全教育，每逢重大节假日进行一次节前安全教育，各加油站每周组织全体员工进行安全教育，学习集团公司和省公司下发的事故通报，不断提高员工的安全意识和自我防范意识，增加安全责任感。有效地纠正了安全工作中的管理缺陷，完善了各项安全防范措施。

【做好疫情防控工作】 高点谋划、高效落实、高速推动疫情防控工作，成立支部书记任组长的疫情防控工作领导小组。3 名班子成员、机关管理团队和站长、青工全部投入疫情防控工作，抽调 4 名支部党员和 12 名志愿者，加入全市的疫情防控队伍中。

（中石化乐平石油公司）

盐　业

【概况】 乐平市盐业公司担负乐平市行政区域及德兴市部分乡镇的食盐批发供应工作，年销售 2000 吨左右。

【推广绿色深井盐销售】 按照让群众“少吃盐，吃好盐”的健康生活理念，以推广和销售绿色深井盐（清江古海高端盐）为中心工作。为保证群众食盐供应不断档、不脱销，积极组织员工深入全市 6 个片区，了解市场需求和动态，采取应对措施，全力维护和销售绿色深井盐品牌形象。一是及早明确目标责任，夯实全年工作任务。二是及时调整工作思路，把任务落实到各片区和销售员头上。三是加强计划调动，保证市场供应。加强与市公司联系，每月协调好盐品调运，及时上报和补充食盐调运计划，保持足够的库存。四是想方设法推进（维护）绿色深井盐销售工作。组织员工入户宣传吃绿色深井盐的好处，业务员勤下市场，及时掌握市场动态，定期对销售进行通报，每季度市公司领导都亲自带队走访片区进行业务指导和召开座谈会，及时研究解决销售中遇到的问题，督促绿色深井盐销售进度。

【探索开展三品战略建设】 在面对盐业体制改革的严峻形势和行业自身发展的要求下，积极寻找应对措施，加快转变思想观念和经营机制。实现从专营走向市场，积极探索开展三品战略宣传，组织“党建 + 商超陈列维护”和微信朋友圈宣传，为高端品牌盐上架营造良好氛围。

【加强食盐市场安全监管】 一是加强组织领导，落实监管责任。对食盐安全工作严格监管，建立了“一把手”负总责。二是加强内部监管，确保食盐质量安全。三是狠抓盐业宣传工作。“3·15”“5·15”活动期间，采取设点集中宣传等方式，广泛宣传食盐安全知识，并将宣传和日常销售相结合，使食用合格碘盐、自觉抑制外来盐的意识深入人心。

【开展防治碘缺乏病宣传】 全年组织大型宣传活动 2 次，发放宣传手册及宣传单 1 万多份，制作固定宣传牌 200 多个，悬挂各乡镇的商店，农贸市场、学校和卫生院以及各行镇村。

（市盐业公司）

烟　草

【概况】 乐平市烟草专卖局（分公司）牢牢把握“稳中求进　创新发展”的工作思路，勇担使命，力夺疫情防控和经营管理双赢，以高质量发展践行烟草责任担当。荣获景德镇市烟草专卖局党建、纪检监察、内管、营销、综治安全 2020 年度工作全市系统排名第一。荣获“2020 年度平安建设

（综治工作）先进单位”和“2020年度工作业绩考核先进单位”称号。占毅、侯昆获得景德镇烟草系统“十大奋斗者”称号；江瞻、胡雅雯获得景德镇烟草系统“十大奋斗青年”称号。

【党建引领】 强化理论学习，把党的政治建设摆首位。认真落实行业全面从严治党主体责任、围绕发挥监督保障执行、促进完善发展作用，提高执纪问责效能，一体推进不敢腐、不能腐、不想腐的风清气正的良好政治生态。制作党建应知应会手册，推行党建知识“一周一学”，全体员工“学习强国”平台学习覆盖面达100%。提升党性修养，坚定共产主义理想信念。深入开展政绩观专题教育，举办“正确政绩观、业绩观之我见”主题演讲活动和部门“正确政绩观、业绩观”个人剖析会，并携手诚信互助小组开展“正确政绩观”专题演讲，将浓厚的“正气”传导至卷烟零售户。压实党建责任，增强基层党组织聚合力。深入拓展“党建+”模式，将支部8名党员与20名零售户党员成立“乐烟党员+党员零售户+零售户”帮扶小组，对42名普通零售户开展精准对接各类帮扶，零售户规范经营、店容店貌和终端建设水平得到提升。推进党员挂点工作，将党员与部门进行结对挂点，帮助挂点部门补齐短板、提升工作质量。强化队伍建设，发挥党组织战斗堡垒作用。党员在抗击疫情中担当作为，全力投身于疫情防控和复工经营“两战”中，助力疫情防控战争的胜利。

【卷烟营销】 全年实现卷烟销售收入8.12亿元，同比增加0.32亿元，增长4.13%；销售卷烟22352箱，同比增长239箱，增幅1.08%；销售鼓励性品牌11755箱，同比增长274箱，增幅2.39%。客户年度综合毛利从10.26%到13.27%的提升。聚焦发展方向，“三个紧盯”努力提升终端建设质量。紧盯终端发展目标不放松，全年发展星级终端300户，已建成运行2户燕语终端店，打开了现代终端建设新格局。紧盯终端运行质量不放松，终端专员、客服专员走访100%，四员逢到必盘100%，终端问题推送覆盖100%。紧盯终端建设能力提升不放松，注重营销队伍能力的提升，有6人取得景德镇市烟草系统优秀终端讲师荣誉，有3人课件被评为优秀课件。

【专卖管理】 以“六位一体”大专卖为指导，深入推动“四位一体”防控体系。稳步构建“烟草+边界派出所+交警中队+市监分局”的“四位一体”防控体系，全面提升乐平执法打击力度。共查获各类案件207起，查获卷烟199.805万支，重大案件1起（现场查获违法卷烟24.56万支，涉案金额45万余元）。以数据驱动为抓手，深入推动市场震慑力。组建数据研判指挥中心，利用数据库进行研判分析，为精准高效打击提供保障。共查获违法大户案件19起，占30户违法违规大户63.33%。以推进“放管服”为重点，聚焦规范管理新模式。按照“双随机一公开”“APCD工作法”开展市场检查，切实做到“管好市场不扰民”。全面运用“微信许可证管理”系统，共受理微信办证766户。联合市场监督管理局全面开展“许可证不规范使用”和电子烟治理。

【综治安全】 全力做好疫情防控，第一时间组织协调，成立疫情防控小组，及时采购防疫物资，做好了充分应战准备，做到每日消毒、体温监测和来人登记，坚决打好疫情防控攻坚战。全面落实综治安全目标责任。建立健全安全生产责任制、安全规章制度等，把综治责任层层落实到每个部门、每个岗位、每个员工，运行“四员协同”机制，使综治安全管理横向到边，纵向到底。深入排查安全隐患，强化安全治理工作。重点对基层网点、办公大楼以及各种影响企业和谐稳定的矛盾纠纷、突出治安问题和公共安全隐患开展全面的清理和整顿工作。积极主动参与抗洪抢险工作，第一时间组建以党员干部为主的抗洪小组赶赴挂点村排查险情，为乐平市的抗洪抢险工作献出一份力。积极开展综治安全活动，营造安全生产氛围。围绕综治安全文化、安全法制、综治责任等方面，运用媒体、讲座、培训等多种形式和载体，组织开展系列宣传教育活动和实操演练活动，提高广大干部职工应对安全问题的处理能力。

（市烟草公司）

城乡建设

城乡规划

【概况】 市住建局立足规划引领、保护优先,保障发展、节约集约的工作思路,尽心尽责、规范管理、对标对表,着力提高规划编制质量和效率,以高水平的规划引领城乡建设和发展。

【国土空间规划日渐完善】 乐平市国土空间总体规划、生态保护红线评估优化化及各项规划工作明确了8个国土空间规划专题研究方向、搭建了专题研究框架。已初步完成市域人口城镇化发展专题研究、建设用地专题研究、规划实施评估、国土综合整治和生态保护修复专题研究、自然资源保护开发利用专题研究等5个专题研究。通过对前10年用地统计和人口预测分析,并结合市委、市政府产业布局,初步划定了城镇开发边界。“多规合一”至2030年城镇开发边界91.28平方公里,其中城区56.35平方公里,乡镇34.93平方公里。空间规划初步划定至2035年城镇开发边界116.47平方公里,其中城区75.85平方公里,乡镇40.62平方公里。完成了乐平市国土空间总体规划市域虚拟“一张图”,明确未来15年乐平发展方向,并形成初步方案。

【专项规划编制有力推进】 城市综合交通体系专项规划已提交中间成果。城区道路网专项规划已提交初步成果。优化市域中心城市控制性详细规划,形成了初步方案。同步启动了乐平市商业设施、体育设施、医疗卫生、教育设施等13项专项规划编制工作。

【规划业务服务更加精准】 办结73项各类规划回复意见及范围图,其中,日常办理选址意见书5项,选址回复意见21项,市政业务回复意见26项,生态保护红线审核业务21项。

【加强城市设计及详细规划】 展望规划形成初步成果,乐平市综合交通体系专项规划修改完善后已上报市政府审批,沿河街区城市设计及控规修编已通过专家评审,昌景黄铁路乐平北站站区控制性详细规划,已预送2021年第一次规划委员会主任会议审议。大连路示范街,人民路、珠海路沿街立面改造以及道路更新改造设计初步方案已完成。规划展示馆已完成初步方案设计,用地面积17440.32平方米。

(市自规局)

城市建设

【概况】 市住建局切实肩负起新时代乐平市城乡建设统筹、工程建设管理、建筑行业发展的历史重任,视事业为生命,视责任如泰山,依法履职,务实尽责,廉洁勤政,推动全市城乡建设高质量发展,全年实施城市建设重点项目16个,完成投入5.7亿元。

【房地产市场强化监管】 在强化房地产开发企业资质管理,加强对开发项目的监控。2020年共核发《商品房预售许可证》42件,面积为63.225万平方米。同时,加强房地产市场分析和信息化建设工作,强化房地产开发统计管理和分析,为市委、市政府决策提供数据支持。2020年,“入规入统”房地产开发经营单位34家,项目37个。

【住房保障成效明显】 在积极推进平安B区二期保障房建设的同时,全市开展“公租房违规转租问题专项整治”工作,发现、整改违规情况51户。全年完成城镇棚户区改造600户,农村四类对象危房改造任务98户,其中建档立卡贫困户46户。同时,对全市6307户建档立卡贫困户住房安全情况逐户上门核查,对发现的问题及时进行整改。6月8日,省电视台专门赴乐平对全市农村危房改造取得的成效进行现场拍摄和采访。

【老旧小区实施改造】 聚焦民

生实事,超前谋划,精心部署,通过完善政策文件、积极争取上级资金、加快手续办理、科学组织实施,全力推进老旧小区改造工作。坚持“里子”“面子”一起改,对楼梯粉刷、道路硬化、空中飞线治理等“面子”工程,先行规划,做到精细、精致、精美全。分成五片区143 个老旧小区实施,完成老旧小区改造任务 7999 户。

【燃气工程有序推进】 围绕“新增管输天然气用户 6000 户”的目标,督促华润燃气公司加快进度。全年完成新增管输天然气用户 8300 户。同时,组织开展燃气检查 10 次,共排查出安全隐患 19 条,下达整改通知书 6 份,已全部整改到位。

【城市亮化功能增强】 完成六中西支路 29 杆、瑞启北侧道路 18 杆、铁路以北十二米路 14 杆、十一小道路 18 杆 7、东昇景苑支一、支二路 18 杆等道路的 LED 路灯的安装;配合人民路改造安装部分路段 230 杆 LED 路灯;乐平大桥北引道亮化工程安装了景观 LED 路灯 27 杆,完成投资额约 310 万元。同时,维修城区道路 1200 余盏、巷道路灯 1500 盏、景观灯 120 盏,维修大红灯笼、中国结 80 组、维修景鹰高速挂线太阳能路灯 160 套。

【包村扶贫工作扎实】 坚持每月到扶贫点深入农户,详细了解建档立卡户的生产生活等情况。通过帮助贫困户修建进户路、安装维修门窗等措施,切实解决贫困户的住、行等问题。利用春节、端午等节日走访慰问困难群众。同时,加大产业扶贫力度,对结对的墩上村柑橘园进行扩建,聘请果树栽培技术员进行技术指导,投入扶贫资金 25 万余元,积极发展壮大农村集体经济。

（市住建局）

城建投资开发与重点工程建设

【概况】 重点项目建设稳步推进,投资效益不断显现,城市环境日益改善,坚持保证重点、兼顾全面的原则统筹安排城市建设资金,努力将乐平市打造成为特色鲜明的现代化赣东北明珠。

【在建续建项目进展顺利】 1. 众埠镇污水处理厂及乐港镇、后港镇配套管网建设工程。投资预算:8509 万元,项目责任单位:建设局。2. 东风北路二期新建工程。投资预算:4032 万元。项目责任单位:建设局。3. 洪岩北路二期新建工程 A 标。投资预算:3445 万元。项目责任单位:建设局。4. 乐平大桥北引道拓宽改造工程。投资预算:3898 万元。项目责任单位:建设局。5. 火车站广场及周边环境形象提升工程。投资预算:1853 万元。项目责任单位:建设局。6. 乐平工业园绿化提升工程。投资预算 7000 万元。项目责任单位:工业园。7. 乐平工业园一企一管。投资预算 6200 万元。项目责任单位:工业园。8. 乐安河一江两岸循环道景观建设工程。投资预算:19167 万元。项目责任单位:建设局。9. 乐平美丽示范村及磻溪水和官口水库饮用水源保护村庄生活污水治理设施项目。投资预算:5819 万元。项目责任单位:建设局。10. 洪皓森林公园二期建设工程。投资预算:1910 万元。项目责任单位:建设局。11. 306 省道再生资源市场段拓宽改造工程。投资预算:1409 万元。项目责任单位:建设局。12. 新港南路、新港东路道路工程。投资预算:1131 万元。项目责任单位:建设局。13. 教育园区西侧道路。投资预算:490 万元。项目责任单位:建设局。14. 中远西路污水主管网工程。投资预算:483 万元。项目责任单位:建设局。15. 美城里市政道路新建工程。投资预算:330 万元。项目责任单位:建设局。

【新安排建设项目有序开工】 1. 乐平工业园区道路园林景观提升。投资预算:7600 万元。项目负责单位:工业园。2. 乐平市双拥路与景鹰高速连接线互通交叉工程。投资预算:3570 万元。项目负责单位:建设局。3. 乐平市双拥路北延伸道路新建工程。投资预算:5316 万元。项目负责单位:建设局。4. 乐平市城西生活污水管网工程。投资预算:2746 万元。项目负责单位:建设局。5. 十三小北侧道路工程。投资预算:590 万元。项目负责单位:建设局。

【城建资金持续加大投入】 按照年度重点建设项目计划,城投公司每年年初安排基金预算,做好资金使用计划,2020 年共投入城市建设资金 41.42 亿元,其中:偿还债务支出 1.58 亿元,征地拆迁支出 7.6 亿元,城市建设支出 4.36 亿元,各项基金支出 2.84 亿元,工业建设支出 1.17 亿元,公路建设支出 3.33 亿元。由于建设资金的大量投入,乐平市城市框架逐步拉大，城市品位显著提高，城市面貌日新月异。

【建设资金确保安全运行】 严格资金使用管理，实行"专户管理、封闭运行、专款专用"，坚持保证重点、兼顾全面的原则统筹安排城市建设资金。严格资金支付程序，采取"统一核算、集中支付"的模式，进一步完善了资金拨付流程，加快了资金支付进度。在银行对政府融资平台信贷从严的情况下，城投公司加强城市建设资金管理和运用，提高资金运用效率。坚持合理计划、量入为出，认真做好资金使用计划，进一步提升国有土地价值，为政府创造更大的土地收益。

【驻村帮扶责任落实】 积极开展帮扶工作，为贫困户谋发展、办实事、促增收。为增加贫困户收入，发展村集体经济，带动村干部成立了黄生蔬菜种植合作社，在财力、人力、物力上对村"两委"建设、基础设施建设、扶贫户生产生活方面给予大力援助。同时做好涌山镇涌山村新农村建设帮扶工作。积极筹措资金支持涌山镇涌山村委会做好新农村建设工作，以及后港顾家"双创双修"工作。

（市城投公司）

城市管理

【概况】 市城市管理局属政府工作部门之一，其主要职责是市容环卫、市政设施、景观照明、园林绿化、城管执法等行业管理。

【党建引领，城市管理服务并重】 始终把党建工作作为引领城市管理工作的重要抓手，坚持稳中求进工作总基调，以党的政治建设为统领，以"标准化建设"为主题，大力推进"五型"城管建设，坚持管理与服务并重，持续以"党建+"为驱动，推进民生实事落实，努力使党建工作成为引领城市管理工作发展的"源头活水"，以担当精神全面推进城市管理共治共享水平。

【两大战"疫"，彰显城管奉献担当】 全力以赴负责职守在疫情防控及抗洪抢险战"疫"一线上。共出动执法人员2万余人次，张贴、发放宣传资料近3万份，关闭活禽宰杀商家300余家；消毒面积1038.573万平方米；合理设置"废弃口罩专用桶"150个，运送编织袋8万只，搬运沙袋千余只，堵住管涌5处。

【生态修复，城市面貌更显绿色】 始终坚持把绿色发展理念融入城市管理和发展，按照"300米见绿、500米见园"的要求，推进城市绿化景观化、多样化、色彩化、香溢化、本土化，拓展绿色空间，提高城市绿化效果，提升城市绿化品质。共改造提升城市公园8处，面积64500平方米，新建小游园、小绿地建设8处，面积39000平方米。

【城市修补，设施功能更加完善】 1.高位推动"厕所革命"。共计拆除1600余座，并集中对城市外延1公里的乡村旱厕全面清零，公厕通电通水率达100%。共实际完成新改建城区公厕99座，城区公厕改厕率达到了100%，全面完成了上级下达的三年攻坚任务和市政府交办的为民办实事十件之一（70座老旧公厕改建任务）。2.发力推进垃圾分类。一是增设了270只垃圾分类收集箱配套公益广告。二是生活垃圾填埋厂实行了封场，垃圾焚烧发电厂并网发电。3.筑牢城市安全运行。对市区松动、破损人行道板、沥青坑槽等进行修复，面积达17630.5平方米，安装挡车石球160米，更换破损窨井盖372套，修复路缘石226处，疏通下水道74处。

【依法管理，城市秩序更加规范】 常态化、网格化、科学化、精细化解决长期未彻底整改或反复回潮、群众投诉的热点、难点问题，认真落实"六稳""六保"，先后在赣东北商贸城安置夜市摊点360家、华泽城120家。共取缔夜间露天烧烤195余家，规范占道（出店）经营近3.9万家次，劝离流动摊贩近8655人次，劝导违规商贩（户）2.3万人次，清理占道及破旧广告牌、占道商演、过街横幅、建筑垃圾等7356余处，拆除违章亭棚、大型高空户外广告及路边指示牌、占道雨篷及雨篷伞、水泥槽等各类违章1345余起，规范各类乱停乱放车辆近万余辆，取缔菜市场周边卖菜万余处，行政处罚1345件。拆除"两违"建筑31972.28平方米，拆除蓝顶棚及违章建筑15903平方米。

【深化改革，城市管理更加灵活】 大力开展"强转树"，提升城管形象。一是强化执法业务培训，提升执法规范水平。举办了执法业务培训班，着力打造了一支"政治坚定、作风优良、纪律严明、清正廉明"的学习型高素质城市管理执法队伍。二是着力打造"女子"城管，温柔执法成靓丽风景。采取“721”工作模式，以柔性执法、亲情管理，打造一个畅通、安全、平稳、舒适的文明街区增色添彩。

【卫生保洁，给力城市洁净美丽】 始终把卫生保洁作为第一要务。严格执行“人工+机械”的“快速保洁”作业模式和“洒水+机扫+喷雾+冲洗”四位一体的降尘作业，对城区主次干道和人行道循环实施“洗城行动”，推动环卫保洁由地面“无灰尘”向空中“无扬尘”拓展，做到“路见本色、房见底色”，稳步推进城市保洁精细化、常态化、长效化，助力创建“国家文明城市”。

【“三年攻坚”，扬尘治理决不松劲】 依托“网格人员+环卫工人”的优势，推行“城管+环卫”执法模式，实行24小时值班巡查，重点对违反“门前三包”、乱倒垃圾、渣土车污染路面等市容环境类违法违规行为进行快速反应、快速处置，做到查处、清扫同步，及时保持路面干净整洁，确保城市管理工作实现管理责任无缝隙，管理区域全覆盖。共查处违规运输渣土车辆72余起，说服教育158余起，扣缴违规车辆33辆。

【专项整治，狠抓环保措施有力】 一是启动油烟专项整治。对全市涉及餐饮行业的酒店，宾馆，茶楼，政府机关，企事业单位食堂进行摸底登记，总数为576家，其中大型餐饮18家，中小型餐饮508家，机关企事业食堂50家。统计后数据显示，大型餐饮基本符合要求概率达到90%，18家有2家未安装；中小型餐饮基本符合要求概率达到27%。二是环保整改专项整治。开展“垃圾死角、黑臭水体百日整治”“大气扬尘治理”等专项整治活动，共计清理卫生死角2815处，清运生活垃圾800余吨。三是城市设施运行专项整治。对垃圾填埋场、垃圾中转站、井盖、高空广告等城市公共设施开展了安全隐患排查，共排查隐患156余处。

（市城管局）

城乡供水

【概况】 乐平润泉在乐平市委、市政府、省水务集团及赣东北区域中心的大力支持和帮助下，积极推进城乡供水一体化的建设与运营，抓重点求突破，真抓实干、不断创新，确保了各项工作的稳步推进和正常发展，较好地完成了各项工作，全年完成供水销售为1484.19万吨，营业总收入7241.11万元。

【安全生产】 年初与各部门签订了相关《安全生产目标责任书》，强化安全生产责任制的落实，不断完善各项制度。组织开展安全宣传教育、应急预案培训、液氯泄漏应急演练、消防及停送电等各类自然灾害的预防演习，不断增强安全意识，提高处置突发情况的能力，全年安全生产无事故。

疫情防控期间加强安全防控，把疫情防控和安全生产作为头等大事来抓，对进出人员做到体温监测常态化全覆盖，确保从源头上做好防控工作。

安全生产月活动时，组织全员学习，掌握安全生产知识并开展了“消除事故隐患、筑牢安全防线”为主题的“三亮三比三评”安全知识竞赛，组织全员进行“水安宝”全国水利安全生产知识网络竞赛以及安全生产专项整治三年行动方案应知应会知识考试。

【经营管理】 1.优化公司组织架构，提升管理水平。根据集团制定的《B级供水子公司组织架构与职能方案》标准，对公司组织架构进行调整，优化管理流程，使公司规范管理建设取得了进一步的进展。

2.客户管理提升。做好水表管理及欠费清收工作，提高见表率、提升水费回收率。进一步完善抄表员工作职责，规范服务，杜绝抄表过程中的吃、拿、卡、要等不正之风，加大服务力度做好水表管理工作，要求抄收员及时抄表，如发现水表损坏或运转不正常的要上报分管部门。9月，成立以总经理为组长的水表普查领导小组，分成6组对全市用水情况进行为期45天的水表普查，此次水表普查追缴水费25.49万元。

3.工程安装管理提升。加强施工现场质量、安全、文明施工管理，树立良好的企业形象，严格按照公司《管道安装管理制度》《管道工程现场施工管理办法》等规章制度文明施工。全年城区安装管道56907米，巷道改造18653米。

4.浯口水厂自控化改造，提升水厂管理效率。为促进传统水务向智慧水务进一步发展，9月，对浯口水厂试点开展自控化水厂改造建设，历时1个月完成了水厂自控化水厂改造工程。浯口水厂自控化改造后，保证了出厂水水质，降低了工人劳动强度，为农村水厂全面实施自动化总结了经验。同时还对供水管网建设了DMA分区计量管控,了解农村水厂真实产销差,降低产销差奠定基础,改变农村用水和缴费习惯,减少人工成本,总结出农村水厂考核经验。

【项目建设】 乐平市2019年农村供水进村入户工程:完成投资4330万元,安装管道93.69公里,共解决33461人。工程于2019年9月开工,2020年11月完工。

乐平市礌溪水厂(双田镇、塔前镇)农村供水入户安装工程:总投资5300万元,完成投资2100万元,安装管道142.13千米,共解决37984人。工程于2019年12月开工,预计2021年6月完工。

乐平市礼林水厂管网延伸工程:总投资693万元,完成投资693万元,安装管道13.12千米,已解决1个乡镇2个行政村2个自然村503户1016人。工程于2019年11月开工,2020年6月完工。

【工作亮点】 1.疫情发生以来,高度重视"六稳""六保"工作,为更好地服务各企业,简化报装流程为江西温赣实业发展有限公司、乐平市光华置业有限公司、乐平赣东北商贸有限公司、乐平市华梦实业发展有限公司、景德镇巴菲特置业有限公司、江西晟地房地产开发有限公司等公司即报即办开户安装3224户;减免商户用水费用27.35万元。

2.继续推进城乡供水一体化建设及世行项目的建设,截至年末,工程已完成投资10546万元,原水输水管道安装工程已铺设DN1200球墨管约20公里。

3.7月,涌口水厂被水利部评为"2020年度农村供水规范化水厂"。

4.乐平城区二次加压早日实现统建统管是重点建设之一。出台了《乐平市城市二次供水设施建设管理的工作方案》,有力地推动了乐平城区二次供水实现供水企业统建统管的前进步伐。

【党建引领】 一是做好党支部标准化建设,努力争创一流先进支部。一场突如其来的疫情打破了生活的安宁,为了保障供水,党支部迅速行动起来,党员冲在最需要的岗位,严格执行个人安全防护措施,组织党员突击队伍,始终在生产第一线,确保了供水正常。七八月间,乐平地区经历洪水考验,党支部组织党员突击队进入被水围困的礌溪河水厂泵房和众埠水厂泵房内,组织人员抢修机械设备,全力维护供水主支管道的安全运行,取得了非凡的成绩。

二是致力打造一个强有力的领导班子。以强化班子自身建设为首任,狠抓班子日常学习教育,加强班子对各项方针政策的学习与理解,提升班子整体政治素养。注重抓制度,规范行为,全部实施目标管理考核,签订党风廉政建设责任书,全体党员进行公示承诺,管理到人,既分工又合作,形成合力共事的良好局面。

三是党员干部带头,引导全体员工坚守岗位抗击疫情,奉献爱心助力防控。在年初新冠肺炎疫情来势汹涌中,坚决贯彻和响应党中央的号召,做好疫情防治工作,时刻不敢松懈。坚决落实江西省突发公共卫生事件一级响应要求,落实到具体工作中,有效防止新冠肺炎感染和扩散。工会积极倡议全体员工,尤其是党员干部通过捐款的方式献上自己的爱心,共收集捐款28940元。

(市润泉供水公司)

城乡供电

【概况】 市供电公司坚守本质安全,提升经营质效,履行社会责任,加快电网发展,"破解"用电历史遗留问题,更好地服务"明珠乐平"经济社会发展。售电量178526.86万千瓦时,同比增长13.05%。

【政治建设全面加强】 党委中心组学习12次,17个党支部开展三会一课325次、主题党日204次。集中组织红色教育1次。共产党员服务队助力春耕、抗洪、抗旱、扶贫助困、志愿帮扶480余人次。严格党员发展和转接管理,发展党员3名,报批3人为中共预备党员。针对省公司党委开展"抓整改、除积弊、转作风、为人民"专项巡察反馈6个问题,坚持以"四不放过"原则,确保巡查反馈问题按期整改到位。

【电网建设加快推进】 共投资27100万元,其中主网4018万元,中低压23082万元。2020年第一、二批综合计划项目系统完工率、投运率、结算率均为100%。配网业主项目部顺利通过省公司检查并被评定为优秀项目部,严洲新村台区获评优质工程。2020年常规农网工程完工201个。实施了乐平塔前35千伏输变电工程、乐河35千伏变电站增容改造工程、乐河—梅岩 35 千伏线路 π 入鲁村变新建工程等三项基建工程。

【服务能力持续提高】 一是按照优化营商环境行动、提升“获得电力”等专项工作统一部署，不断擦亮服务窗口，同时对咨询、意见、服务申请等工单加强管控，提高工单回复质量，作到及时、真实、闭环。二是持续开展客户经理进万家工作。通过对客户经常走访，面对面的交流，对大客户群体，建立大客户与重要客户微信群，及时告知计划与故障停电信息，抢修施工进度。加强服务热线电话的推广工作，最大限度地提升优质服务水平，全力保障客户用电需求的渠道畅通。2020 年，累计受理投诉同比下降 68.85%。

【营销业绩质效提升】 加强营销绩效考核，全面落实营销各项考核指标，积极开展降损增效工作。公变采集成功率 99.09%，专变采集成功率 98.51%，户表采集成功率 99.68%。充值购电率完成指标值 85.2%。全年新增公变 286 台，安排厂家重采 308 台，采集用户数 27982 户，全年共处理异常数据 5642 条，高压一致率 99.53%，低压一致率 99.12%。

【生产运维精细管理】 完成 54 条频繁停电预警线路的综合整治工作。新投运 10 条配电线路，解决了 10 千伏乐平大道一线、金陶二线、礼洄线重载问题。配电线路跳闸率较 2019 年同比下降 20.33%。2020 年配电线路停运时长同比下降 30.51%。

【安全局面保持平稳】 开展各类安全检查 67 处，排查 10 千伏线路 92 条次，消除隐患 173 处。安装线下禁止钓鱼、有电危险、禁止攀登标志牌 1996 块，清理线路通道树障 1000 余处，与移动、电信等单位签订“三线安全整治”安全协议书 6 份。发现和制止违章建筑 11 起。

【历史问题扎实整治】 扎实推进涉及 2.51 万户的临港、共库、接洄及涌山 4 个区域历史遗留问题的整治工作。临港地区已完成供电职能接管。共库地区投资 1262.03 万元，完成 18 个单体项目配电网新建。接洄地区投资 2156.25 万元，完成 18 个单体项目配电网新建投运。2020 年 12 月 23 日，公司与涌山镇政府签订 10 千伏及以下配电网整体重建协议。

（市供电公司）

生态环境

综　述

生态环境保护工作坚持以改善环境质量为核心,着力推进"八大标志性战役 30 个专项行动",全面强化大气、水、土壤污染防治,以生态环境专项整治为重点,持续做好 2016 年中央环保督察、2018 年"回头看"督察及省环保督察反馈问题整改,坚决打好蓝天、碧水、净土保卫战,实现了全市生态环境质量持续改善。全市环境质量保护总体良好,城市空气质量二级和好于二级的天数占全年的 95.4% 以上,达到二级标准。乐安河流域国控、省控断面水质年均值优良率 100%,集中饮用水水源地水质达标率 100%。景德镇市乐平生态环境局 2020 年度被江西省生态环境厅授予全省生态环境系统目标管理考核先进单位。

环境管理

【环境影响评价】　严格把好环境保护前置审批关,认真执行《中华人民共和国环境影响评价法》,对新建、扩建和技术改造项目,坚持环境影响评价制度,不折不扣地执行国务院关于建设项目必须做到污染治理设施与主体工程同时设计、同时施工、同时投入运行的规定。严格执行建设项目审批程序,确保项目审批执行率。对于不符合产业政策和环保政策、污染严重的项目坚决不予以审批。否决了染料、制革、冶炼、化工重污染等行业项目准入,企业新增项目必须淘汰老项目,做到腾笼换鸟,保持总量不变。在优化经济发展环境中,坚持把关不设卡,开辟环保审批"绿色通道"。对重点项目、医疗产品的项目,符合政策、污染小以及争取上级部门国家专项资金类项目,一律简化审批程序,缩短审批时间。从办理立项手续到做环境影响评价,乐平生态环境局实行全程跟踪服务,既把好企业的环保入口关,又积极为企业服务。协助上级生态环境部门办理乐平市区域内建设项目的环境保护审批,督促企业自主验收。开展建设项目"环评"和"三同时"检查工作,提高建设项目管理的工作效率,优化服务。

加强建设项目监督管理工作,对乐平工业园、金山工业基地、塔前工业基地等未办理环评手续的企业复合政策的进行催办和鼓励办理环保,督促完善环评手续,对已办理环评手续但未验收的企业,督促其申请办理项目环保验收。全年,共完成本级审环境影响报告书 1 个项目,环境影响报告表 110 个批项目,备案登记表 116 个,协助上级生态环境部门审批项目工作。进一步加强行政服务中心、环保行政审批窗口工作。推行"阳光操作",按照市行政服务中心的统一安排,制定审批工作程序,将建设项目环境影响评价文件的审批依据、办事程序、申报材料、承诺时限、审批人员情况,通过分发文件、宣讲材料和互联网站,全部向社会公开,方便办事企业查阅,严格按照有关行政审批程序办理好各项行政审批事项。

【环境统计分析】　认真对环境统计中有关数据进行分析,寻求工业废水、工业废气等污染物排放规律,分析"三废"处理、利用及主要工业污染物总量控制形势,从中撷取信息,以指导"十三五"期间全市污染减排等环境保护工作。全市纳入环境统计企业为 156 家,其中工业企业为 153 家,工业取水量为 1587.42 万吨,工业废水排放量为 1317.118 万吨,工业废水中 COD 的排放量为 691.345 吨,氨氮排放量为 81.646 吨,总氮排放量为 86.656 吨,工业废气中二氧化硫排放量为 1225.153 吨,氮氧化物排放量为 2595.926 吨,颗粒物排放量为 1646.205 吨,城镇污水处理厂调查数为 2 家,其中城镇生活污水处理量为 1187.892 万吨,工业水处理量为 193 万吨。生活垃圾集中处置场调查数为 1 家,处理生活垃圾填埋量为 20 万吨。

【清洁生产评估】　为了认真贯彻落实《中华人民共和国清洁生产促进法》，达到“节能、降耗、减污、增效”目的，组织开展了乐平市景顺实业有限公司、乐平市远大化工有限公司清洁生产审核，并通过了审核评估。

【排污许可证发放】　按照全国发放排污许可证要求，组织企业开会，广泛发动。执法人员和各乡（镇）环保站宣传发放排污许可证工作，由各乡镇宣传到每个企业。同时，通过乐平生态环境局微信公众号等媒体平台发布《景德镇市乐平生态环境局2020年排污许可发证登记工作的通告》，提高企业对排污许可工作的知晓度，积极主动参与申领和登记工作，对企业下发书面告知函，督促企业及时申领和登记，落实企业主体责任。科学服务，为企业排忧解难。制定全市排污许可工作方案，优化申领工作流程，成立六个排污许可发放工作小组，全市分为六个片区主动上门为企业服务。排污许可发放工作人员为企业提供操作讲解视频等辅导材料，辅导企业进行申报和登记，并下沉企业，面对面帮企业解决在申领和登记工作中遇到的问题，为企业提供全方位指导和服务。压实责任，定期调度，通报进展。每天上午各调度排污许可工作具体开展情况，及时掌握工作动态，督促各乡镇不断加大工作力度，按照时间节点完成工作任务。企业不配合的，打电话劝导，如仍未有效果，就上门服务。乐平排污许可证33个行业清理整顿工作任务已经全部完成。

【饮用水源地保护】　高度重视集中式饮用水源地环境保护工作，始终坚持把加强饮用水源地环境作为一项重中之重工作来抓，按照“划、立、治”原则，全面开展水源地环境保护工作。11个集中式饮用水源地均完成了保护区的划定、批复和矢量图制作工作，对所有水源地设置了标识牌和警示牌，完成了10个水源地的一级保护区隔离网建设。在巩固上年集中式饮用水源地专项整治的基础上，持续开展了乡镇集中式饮用水源地专项整治，并加大水源地巡查力度，及时消除水源地各类环境安全隐患，确保水源地水质安全。并按要求对11个水源地取水口水质开展了水质监测，每季度在“乐平市政府网”环保信息平台发布共库县级以上集中式饮用水源地水质信息，监测数据显示，2020年度乐平市水源地水质达标率为100%。

【污染源在线监控】　进一步提高污染源信息监控与环境执法融合发展。一是全面摸清污染源底数，有效掌握全市污染源情况。通过对原有的污染源在线监控平台优化提升，统一整合已建设的废水、雨水、废气自动在线监测数据、空气质量监测站数据、空气质量监测站视频数据、雨水排口视频数据以及气象站数据，通过GIS地图展示污染源企业点位与监测、视频监控设备点位的分布，还将实施园区有毒有害预警项目，最终通过智能化监控平台在污染源监控指挥中心大屏同步展现，从而全面有效掌握全市污染源情况。二是监控数据有效共享、信息互通。结合污染面源广，监察力量相对薄弱的现象，采取智能监控每一污染源企业的动态情况，达到有效管控，已完成全市污染源企业用电监控设施建设，多次配合完成查处污染源企业不规范运行污染治理设施，给环境污染监管提供了有效查处依据。三是环境信息监控利用无人机搭载高清摄像，对全市污染面源进行有效巡查，将移动监控手段应用于市环保监察领域，多次通过无人机在水源地排查出较为隐蔽的不规范污染排放口46多处。为落实生态环境部关于加快环境信息化建设的通知要求，乐平生态环境局主动谋划，对全市污染源企业的信息化监管进行了有效加强。严格规范了在线设施的正常运行：1. 进一步规范全市污染源自动监控软硬件设备运行。对68处在线监控设施运行情况进行双随机排查，且责令各在线设备运营单位及时了解设备的完好情况。协同项目技术部共处理监控中心软件故障128起、硬件故障96起、网络故障36起，以及提高污染源监控平台软件、网络等运行安全等级，有力地保障了污染源监控系统的正常运行。系统发挥了全面、良好的监督监管作用。2. 进一步规范各运维单位对所属企业的运维工作。严格要求各在线监控运营单位规范管理：对存在问题的站房严格要求企业废水不外排，站房内因设备部件异常导致数据不能有效上传平台的，一律要求立即整改。3. 配合完成了省厅污染源监控平台监控点位的信息录入，以及日常信息督办件回复。

经过污染源监控平台显示异常262起，其中现场在线设备故障异常有168起，在线数据预警报告86起。将自动在线数据预警情况及时有效交办到各运维单位和环境执法部门处置,大幅度降低了全市污染事故的发生率。

【辐射环境管理】 强化辐射环境管理工作,配合上级对各个涉及辐射环境管理单位进行培训,对辖区内的涉及辐射环境管理企业进行了调查,督促涉及辐射环境管理企业使用管理好环保工作,未办理环境保护审批手续的,督促其办理手续。

污染防治

【水污染防治】 严格落实《水污染防治行动计划》,认真履行"河长制"工作职责,以源头治理和重点整治相结合,推动水域、陆域共同发力,通过开展饮用水源地环境保护专项整治、加强乐安河及七大支流水质断面监测、强化工业园区监管、推进园区、城市建成区污水管网建设、入河排污口专项整治、清磷行动、农村水环境专项整治、"散乱污"企业专项整治、严厉打击环境违法行为等措施,乐安河流域水质持续改善,乐安河流域国控、省控断面水质年均值优良率100%,全市集中式饮用水源地水质达标率100%。

【大气污染防治】 大气污染防治工作以"控车、降尘、减排、禁烧、少油烟"为工作重点,进一步降低PM2.5浓度,减少重污染天数,达到改善大气环境质量。在大气污染防治上实施了一系列举措,并确定了一定的成效。开展了挥发性有机污染物(VOCs)综合治理:将全市五大行业企业进行分类管理,并制定分级管控名单。并按照省生态环境厅下发的重点企业挥发性有机物综合治理要求,制定乐平市挥发性有机物综合治理方案,纳入整治清单内的企业已全部完成LDAR检测和"一企一策"专家评审。工业园"一园一策"已编制完成并上报省生态环境厅备案。开展了施工扬尘防治工作:配合建设部门督促施工单位制定具体的施工扬尘污染防治实施方案,对在施工过程中未采取有效防治措施造成扬尘污染的,依据相关环保法律法规予以行政处罚。开展柴油货车联合执法检查:请景德镇生态环境局监测技术支持,采取生态环境部门检测取证、交警部门实施处罚、交通运输部门监督维修的联合监管执法模式,开展柴油货车联合执法检查,对检测出尾气不达标的柴油货车下达责令整治告知单。进行非道路移动机械登记:完成非道路移动机械摸底调查和编码登记工作,全市已经完成1012台非道路移动机械挂牌登记工作。对秸秆禁烧工作开展督查:做好农作物秸秆禁烧督查工作,充分利用无人机巡航、人工巡查等方式,并加强政策宣传。落实《乐平市农作物秸秆禁烧工作方案》,同时成立了秸秆禁烧考核领导小组,并将秸秆禁烧考核纳入各乡镇(街道办)年度综合考核内容。

【土壤污染防治】 全市有56个地块纳入建设用地土壤调查,48家在产企业,5家关闭搬迁企业,1家填埋场,2家尾矿库,并完成地块的风险分级,划分高风险、中风险、低风险;定制土壤污染重点监管企业名单,并向社会公开,监督土壤污染重点监管企业开展并完成风险隐患排查及自行监测,定期排查存在的土壤环境风险,定期整改;开展涉镉等重金属企业排查。开展全市涉镉等重金属重点行业企业排查,重点排查全市涉重矿山企业,形成整治清单,切断重金属污染农用地途径,上报两家矿山冶炼企业,正在开展涉镉整改销号工作;开展农村生活污水治理,已完成19个农村生活污水治理项目。

【固废污染防治】 对固体废物进行严格监管,确保固体废物安全处置利用。推进固体废物资源化、减量化、无害化。根据相关工作及专项行动要求,组织多次固体废物专项检查、排查工作。深入产废单位按照规范化管理要求进行检查和指导。严格规范固废存储及处置标准及程序,最大限度减少固废二次污染。尤其是对危险废物强化监管,对企业生产、存贮情况进行建档登记,督促相关企业与有资质的单位签订了固废处置协议,将危险废物转移到有资质的固废处置单位进行处置。依托江西省危险废物监管平台执行固体废物申报及转移联单制度,严格执行生产企业、运输单位、处置单位、环保部门和主管部门的电子联单管理,并对违反固废处置规定的企业进行处罚,消除环境隐患。

针对固体废物各级检查100余次,对30多家企业在危险废物规范化管理方面存在的问题提出整改意见。全年全市产生危险废物7000余吨,转移处置3000余吨,自行利用处置4000余吨。危险废物种类主要为精馏残渣(液)、有机溶液、污泥、活性炭、废包装材料(保温材料)等。一般工业固体废物产生企业26家,合计产废33.4万吨。

【自然生态保护】 指导临港镇临港村、下石村、胡家村、李边村、睦乐村、下牌村、礼林镇礼林村、马桥村、塔前镇新园村、双田镇德明村、高家镇仓田村等11个村市级生态村考核验收工作;陪同上级生态环境部门对2019年申报的省级生态村的村庄进行实地考核;完成省环科院交办的森林生态系统、农业生态系统、城镇生态系统、工矿交通遥感照片拍摄;指导洪岩风景名胜区开展"绿水青山就是金山银山"省级实践创新基地申报工作;配合乐平市自然资源和规划局开展乐平市生态保护红线优化的相关工作;组织开展乐平市饮用水源地WJBS排查工作。

【环保督察问题整改】 坚持以问题为导向,持续做好2016年中央环保督察、2018年中央环保督察"回头看"、2018年省环保督察和2020年省环保督察"回头看"反馈问题整改工作,坚决打好蓝天、碧水、净土保卫战,实现了全市生态环境质量持续改善。2020年1—12月,乐平市大气环境质量优良天数为349天,平均优良天数比例为95.4%。空气质量可吸入颗粒物PM_{10}平均浓度为44毫克/立方米;细颗粒物$PM_{2.5}$平均浓度为24毫克/立方米,达到二级空气质量标准。县级以上集中式饮用水水源地水质达标率100%,乐安河流域国控野鸡山断面水质Ⅲ类水以上,省控桃园、韩家渡断面水质为Ⅲ类水以上,土壤环境质量总体优良,受污染耕地安全利用率、污染地块安全利用率90%以上。

一是坚持问题导向,强力推动中央及省环保督察反馈问题整改工作。

1. 2016年7月中央第四环保督察组反馈16个问题已完成整改,16件环境信访件均已办结。2017年7月环保部约谈景德镇市,涉及乐平5个方面的问题,4个问题已完成整改。南内河综合治理工程清淤疏浚工程已完成,控源截污和清水补给工程正在按照项目设计方案实施。2. 2018年6月中央环保督察"回头看"督察反馈的4个现场问题已全部完成整改。另外共转办环境信访件20件均已办结。3. 2018年12月江西省第二环保督察组对乐平督查期间发现并反馈的15个现场问题按照要求整改到位,另外针对省环保督察反馈意见梳理出的17个问题,限期整改类问题10个,6个已完成,4个达到序时进度,另外交办7件环境信访问题已全部办结。4. 2020年7月江西省第二生态环境保护督察组反馈乐平6大方面30项具体问题,年底已完成16项问题整改,还有14项问题正在整改之中。另外交办49件环境信访问题均已办结。

二是突出重点问题,全面加强生态环境治理工作。

1. 乐平工业园区雨水沟偷排及水质超标问题整改情况:一是园区企业已按要求完善了相应污水处理设施,建设了应急池。企业废水预处理达到纳管标准后进入乐平凯发新泉污水处理厂处理。二是规范了园区企业污水排口和雨水排口设置,排污口已安装自动在线监控设施,并与市生态环境部门进行了联网。三是园区雨水管网改明渠工程已完工并投入使用,原老旧管网封堵工程已完成;对园区各企业污水管网实行"一企一管",并接入污水处理厂。四是进一步加大园区水、气巡查监管力度,制定了《乐平工业园区水气24小时巡查监测实施方案》,强化24小时水气巡查监管机制。设立了有奖举报平台,制定了举报环境违法予以奖励的通告和实施细则。五是建立了园区雨水沟"渠长制"、企业环保专员制、企业协查制,对工业园区违法排污的企业予以行政处罚或关停处理。六是采取措施对雨水沟地下渗水问题由企业回抽至污水处理站进行处理,各项污染物浓度保持在地表五类水质,乐平工业园区一期、二期雨水排口水质各项数据已基本稳定,企业废水偷排问题得到有效整治。

2. 乐平工业园区防护距离居民搬迁问题整改情况:2016年排查核定的江维电化厂红线内拆迁户数2514户已全部搬迁,安置小区摇号选房工作将于2021年2月初分配到位,计划3月底达到交房条件。5月中旬,根据江西省生态环境厅督察办现场检查意见,乐平市塔山工业园区卫生防护距离标准判定不清。根据此意见,乐平市按照各企业卫生防护距离环评要求,开展逐企逐项排查,并划定防护范围,范围内房屋初步核实为26户[江维厂物流北大门处周边有11户(2016年12月底因防护距离判定不准未作统计纳入),赛复乐化工新建项目周边有15户(2020年7月因赛复乐化工新建项目作统计纳入)]。截至年底,与需搬迁的26户全部签订了拆迁协议,投入拆迁资金5000多万元,按照排查要求完成整改。

环境执法、监测

【环境执法】 一是继续强化工

业园区环境监管。根据《乐平工业园区24小时环保巡查制度》《园区特殊天气水、气监管办法》,《乐平市工业园区雨水排放管理制度》以及园区雨水沟渠长制、包企责任制、园区企业环保专员协查制等一系列园区环境管理制度要求,加大力度在园区范围内开展24小时值班制度,实行无缝交接班。严格按照生态环境"属地管理、分级负责、无缝对接、全面覆盖、责任到人"的原则,对划定的下级网格按照"划片包干、定人定岗、定位定责"的监管模式进行严格监管,形成了生态环境部门统一监管、主管部门行业监管、乡镇属地监管的生态环境执法监管格局。

二是实行全天候、无死角生态环境执法监管。全市范围内不间断开展环保夜查、晨查和交叉、双随机等环保执法行动,实现环保执法无缝隙、无空当。

三是会同乡镇开展秸秆禁烧巡查工作。重点在入秋后火点高发期,会同乡镇环保站开展了秸秆禁烧巡查工作,并不定时使用无人机对秸秆禁烧工作进行巡查。

四是开展建筑工地扬尘管控联合检查。为强化建筑工地施工扬尘治理能力和水平,推动大气环境质量持续改善,乐平生态环境局会同市住建局相对建筑工地开展了联合检查。有法必依,执法必严,违法必究,严厉打击非法排污行为。市生态环境部门将查处环境违法案件作为加强环境执法工作的重要手段,充分运用《环境保护法》及其4个配套办法加大违法案件处罚力度,共查处环境违法案件35件,其中移送公安机关涉嫌违法犯罪案件3件。

【专项行动】 一是实施了以制砂行业为切入点的"散乱污"企业排查整治专项行动。根据《乐平市污染防治攻坚战"散乱污"企业整治专项行动实施方案》要求,为巩固"散乱污"企业整治工作成效,进一步明确"散乱污"企业监管常态的责任与措施,制定了《乐平市"散乱污"企业监管长效管理办法》,针对全市机制砂石行业存在的问题,成立"散乱污"企业排查整治工作领导小组,按照属地管理原则,以非法机制砂行业为切入点,会同当地环保站在全市范围内开展了"散乱污"企业大排查工作,制定了"散乱污"企业名单,对列入取缔类名单的,由乡镇会同相关部门实施取缔,实现"两断三清";对列入升级改造名单的,督促各企业完善相关证照,按要求建设污染防治设施,规范企业生产行为;对列入整合搬迁名单的,进行综合评估,对符合整合搬迁要求的依法限期进行整合整改。

二是全市钙粉行业产业链整改情况进行了再督查,对环保整改不完善、环保整改进度滞后的,根据《乐平市人民政府办公室关于印发乐平市钙粉产业链环保专项整改实施方案的通知》要求,对2019年9月底前仍未完成整改工作,未达到验收标准的钙粉产业链企业予以停业、关闭。为切实整治钙粉产业链企业生产过程中造成的环境污染问题,促进钙粉产业链企业以及周边生态环境得到进一步改善,完成省环保督察问题整改工作,组织召开相关行业会议,明确环保整治标准,督促企业按时完成整改工作。

三是强化了化工园区专项整治行动。根据全省中央环保督察"回头看"问题整改动员部署会暨全省污染防治攻坚战推进会会议精神,以及《江西省污染防治攻坚战八大标志性战役工作方案》要求,根据《乐平市污染防治攻坚战化工园区整治专项行动实施方案》进行了实施。利用企业春节停产及夏季错峰停产期间,对园区企业下达整改通知书,要求企业根据水、气处置情况及存在问题进行整改。经日常检查发现园区一期、二期水沟出现的裂缝及冒水点,已将情况告知乐平工业园区进行封堵。对企业通过雨水排口偷排问题进行突击检查,对偷排问题严肃查处。

四是开展饮用水水源地巡查工作。为加强乐平市饮用水水源地保护区的日常巡查和监督管理,对饮用水源地每月至少开展一次巡查工作,并取样检测,及时发现、制止、处理和报告水源地保护区内发生的各种破坏水环境的违法行为,防范水污染事件的发生,确保饮用水源的安全、洁净。

【环境执法大练兵】 为进一步加强乐平市生态环境执法队伍建设,全面提升生态环境执法水平,不断提高环境执法人员的现场执法能力,加快打造一支政治强、作风硬、本领高、敢担当,特别能吃苦、特别能战斗、特别能奉献的生态环境保护执法铁军,根据《江西省生态环境厅关于开展江西省2020年生态环境保护执法大练兵的通知》,下发了《景德镇市乐平生态环境局关于开展2020年生态环境保护执法大练兵的通知》,成立了乐平市2020年生态环境保护执法大练兵领导小组,此次执法大练兵活动重在部署落实,突出业务学习。根据工作安排,定于每周五下午开展集中学习,学习内容包括相关法律法规的学习,并由派出业务尖子对典型案例进行交流,包括案卷制作、现场执法程序内容、查处注意事项,并以案说法,通过对案例的点评剖析,使执法人员及熟练掌握环境执法法律法规,现场环境执法基本要领,总结执法经验,增强学习培训的实用性、可操作性。

【环境监测】 切实履行环境监测职能,为环境决策、管理提供科学依据。坚持环境监测为环境管理服务的方向,努力开拓环境监测工作新方向,围绕生态环境保护工作的重点任务,以执法监测为重点,以环境质量监测为基础,积极做好环境污染应急监测,不断加强监测能力建设,注重抓好监测技术人员的自身建设。强化环境监测管理,提高监测质量,扎实做好疫情防控期间环境质量监测工作。环境监测站顺利完成了各项监测工作和任务:1. 乐安河各断面及排口16个点位每两周监测一次;2. 每月对共库、磻溪河二个饮用水水源地水质进行30个项目采样监测分析;3. 每月对国控及省控戴村、韩家渡、桃园、野鸡山四个断面水质进行28个项目采样监测分析;4. 每月对9个入河排污口进行采样监测分析;5. 每月对市内七大支流进行采样监测分析;6. 重点排污单位监测工作:重点排污监测单位有11家,其中废水监测有世龙、天新、凯发、洪城、宏柏、东风共6家,废气监测有世龙、锦溪、天新、江维、宏柏、东风、赣丰白、钱亿亿、众合共9家,重点排污单位监测每年监测一次;7. 对工业园五排口进行了监督性监测及在线数据比对;8. 对园区各企业进行了废水、废气、噪声等监督性监测;9. 对多家企业进行了臭气浓度嗅辨工作;10. 对辖区内砖瓦厂有组织排放情况开展监测采样分析工作;11. 对浮梁、珠山、昌江农村生活污水处理站进行了监督性废水监测;12. 对刘家滩尾矿库淋溶水排放进行了采样监测分析;13. 对镇桥坑畔固体废物非法倾倒的周边地表水和地下水的水样进行了采样监测分析;14. 完成4个地表水环境质量监测网(野鸡山、戴村、十里岗、桃源)断面桩埋设;15. 参加并通过省生态环境厅组织开展的2020年度江西省生态环境监测机构专项能力验证考核工作;16. 每周三下午进行业务培训;17. 对各企业自行监测方案进行审核;18. 上报重点污染源企业监督性监测数据至全国污染源监测信息管理与共享平台;19. 开展乐平市辖区内污染源监督性监测、委托监测、应急监测及执法监测。共出具监测简报992份;正式监测报告102份:其中地表水水质监测报告7份、饮用水源地水质监测报告12份、重点排污单位监测报告16份、其他各类监测报告67份。

【工业园区环境整治】 工业园区环境监察工作在多年探索监管模式及总结工作经验的基础上,形成了《乐平市工业园区环境管理制度汇编》,切实有效地对工业园区企业进行监管。根据相关制度要求,执法人员严格对园区企业进行环境监察。1. 深入企业厂区,详细检查企业雨污分流情况、废水处理设施运行情况等,确保企业废水,包括生产、生活以及冲洗废水全部进行收集处理达标后通过园区污水动力管网排入园区污水处理厂进行深度处理。2. 协助推进园区五个雨水排口的在线监控设备的安装与联网工作,实现园区雨水排口的智能监管。3. 加大园区雨水管网水质情况巡查力度,并对重要部位与敏感点位进行取样送检。同时创新监察手段,通过运用机器人探测,对园区历史遗留的老旧管网进行开挖,斩断企业通过老管网偷排的“后腿”。4. 抓好固废日常规范贮存、处置工作。着重排查工业危险废物产生企业环评及台账记录中危险废物种类和数量与实际情况是否相符;危险废物贮存是否符合相关标准规范要求,贮存台账记录是否与实际情况相符,有无危险废物流失;是否严格执行危险废物转移联单制度,转移的数量与危险废物经营单位接收的数量是否一致;是否将危险废物委托给持经营许可证的单位利用处置。对排查出来的违规贮存、转移、处置等违法问题,予以依法查处。在抓好日常规范贮存、处置工作基础上,还可通过天网严密监控危废转移情况,全面掌控园区固废转移动态。5. 强化园区大气监管。一是执法人员在检查企业废气治理设施的同时,利用企业废气人工检控口,人为嗅闻判断企业废气处理情况。督促企业也要不定时利用人工检控口自查废气处理情况,确保无异味出现;二是充分发挥“第三方”公司的环保技术力量,配合北京雪迪龙科技股份有限公司技术人员对企业进行废气取样检测;三是根据废气在线监控预警平台的数据异常情况反馈,及时赶赴现场进行调处;四是协助推进企业无组织废气监测设备的安装与联网工作，以尽快实现园区无组织废气排放的在线监管。

宣传教育

【宣传教育】 切实加强环保宣传教育工作，努力营造良好的舆论氛围，促进全市生态环境保护和生态文明建设。1.加大新的法律法规宣传力度，继续开展送法入企活动，开展重点企业学习培训、专题讲座等活动，进一步加强对新环保法规的学习和理解，进一步提高企业环保意识。2.在“5·22”生物多样性日与“6·5”环境日期间，组织开展形式多样、内容丰富、范围广泛的专题宣传活动，大力宣传乐平生态环境环保事业发展取得的丰硕成果，进一步增强了群众保护生态环境的意识，使群众更加了解环保、支持环保、参与环保；通过群众喜闻乐见的多样形式开展环保宣传进学校、进企业、进农村、进社区活动，激发群众参与环保、支持环保的热情，助力生态文明建设。3.开展绿色创建主题宣传。以创建生态文明建设示范市、生态镇、生态村为重点，广泛宣传环保，引导大众参与环保，发挥典型示范作用，提升生态文明水平。4.为进一步加强环保宣传和方便群众参与市环境保护治理工作，发挥了乐平生态环境局创建的“乐平市环保”微信公众号和“乐平环保”微博自媒体宣传作用，便于群众参加互动，创建4年来自原创和转发相关消息3000余条。通过开展一系列宣传活动，营造了全市人民关心支持和参与环境保护的浓厚氛围，激发了社会公众的热情，参与环境保护的活动平台，发挥了媒体和公众对生态环境环保事业的推动作用。

【环境信访投诉】 做好生态环境信访工作，积极推进规范化建设。乐平生态环境局坚持为人民服务的宗旨，想群众之所想，急群众之所急，狠抓环境信访工作不放松，做到了接待、登记、回复热情服务。按照江西省环保厅下发的《江西省环境保护厅关于依照法定途径分类处理环保领域信访问题的实施意见》精神，环境信访及时受理，信访回复率达到100%，信访群众比较满意。针对环境保护方面群众来信来访工作的特点，一是建立了一把手亲自抓、负总责，分管领导具体抓，经常抓的工作机制，把信访工作纳入主要议事日程，及时研究解决信访工作中遇到的重大问题，指导信访工作。二是把信访工作目标分解到职能部门。做到任务到部门，责任到个人，并进行严格考核，形成了上下共同承担信访工作的局面。三是畅通生态环境举报渠道，充分维护了人民群众的环保权益。对于环境问题坚持有诉求必处置，及时妥善处理环境问题，为树立环保卫士形象，树立政府为民好形象，发挥了重要作用。把环保信访工作纳入大队工作重要议事日程，认真办理人民群众来信来访，不断强化服务意识。通过“12345”政府热线、“12369”环保热线、微信举报平台等渠道公正、及时、有效地调处污染纠纷，24小时受理群众对各类环境污染和违法行为投诉，举报咨询服务。全年共收到“12345”政府转办工单498起，其他环境污染和违法行为投诉件215件(江西网上信访服务中心投诉件13起，“12369”环保网络平台举报件45起，“12369”热线电话举报件160起)。在信访查处过程中做到了严格执法、热情服务、件件有落实，事事有回音。

(景德镇市乐平生态环境局)

教育科技

综 述

2020年,乐平市现有各级各类学校362所(民办学校6所),其中重点高中2所,普通高中4所,中等专业学校1所,职业高中1所,初级中学37所,小学224所,教学点91个,特殊教育学校1所,教师进修学校1所。在职教职工8180人,在校学生148681人。幼儿园359所(公办154所,民办205所),在园幼儿27209人,专任教师1796人。基础教育学校校舍面积144.85万平方米,校园占地面积382.26万平方米。教育经费支出202696万元,其中公共财政预算安排教育经费182768万元,财政经常性收入217044万元,公共财政教育支出占公共财政预算支出25.03%,公共财政教育支出增长高于财政经常性收入增长8.12%。2020年,在全国义务教育质量监测中获教育部优秀组织奖,在全省县级党政领导干部履行教育职责督导评价中被评为优秀等次,荣获景德镇市教育局"中小学校(幼儿园)责任督学挂牌督导先进集体"。

【各类教育均衡发展】 学前教育投入3530万元改造城镇小区配套幼儿园和28所小学附属幼儿园,新增公办学位6570个,公办幼儿占比达50.16%,普惠性幼儿园覆盖率达88.8%,全市学前毛入园率达92.4%。2000人口以上行政村公办幼儿园覆盖率达95%。义务教育修订编制《乐平市教育布点及学区规划设计(2020—2030)》,印发《关于全面加强乡村小规模学校和乡镇寄宿制学校建设的实施意见》《贯彻落实关于深化新时代教育督导体制机制改革的意见二十条措施》。2020年秋季全面消除超大班额,初始年级班额控制在省定标准内。高中教育投资3.82亿元规划新建第十中学,投资250.58万元完成普通高中教育信息化攻坚项目。高中学校以"分层、分类"教学为抓手,在补短板、塑特色、增优势上狠下功夫。职业教育投资1.37亿元实施乐平中专改扩建项目建设,建筑面积4.65万平方米。乐平中专采取"3+2"分段联合培养模式,加强与江西吉安职业技术学院、九江技术职业学院合作。举办全省退伍军人技能培训150人次。有6名教师获得江西省"双师型"教师荣誉称号。景德镇传统文化职业学校在江西省青少年散打锦标赛中,再夺团体总分第一名。在江西省青少年散打冠军赛中,夺得2枚金牌、2枚银牌、10枚铜牌。在江西省青少年武术套路冠军赛中,夺得5枚金牌、5枚银牌。在江西省武术协会年会上,学校荣获"2020年全省武术协会工作先进团体会员单位",校长邬长平荣获"先进个人"称号。运动训练专业高三学生王锋钱同学荣获国家中职奖学金。

【办学条件改善】 新改扩建七小、十五小投入使用;九小、十九小、三小、五小、市职业中等专业学校等重点项目开工建设。投资3235万元完成28个农村中小学教学楼、教师周转房建设或改造项目,建筑面积达26490平方米。投资1240万元完成15个农村中小学运动场建设项目,面积达42100平方米。投资1096万元完成20个农村中小学围墙、护坎等建设项目,围墙长度达5648米,护坎6572立方米。投入1100万元构建校园安防体系。投入2622万元实施班班通设备更新项目,全面更新教学终端。投入2448万元建设专递课堂,覆盖全市各级各类学校。投入460万完善学校功能馆室建设及教学设施设备,做好中小学大班额化解工作。

【教育民生落实】 落实教育民生资金4491.57万元。其中义务教育阶段免费提供教科书1747.61万元,民办学校减免杂费7175人次290.06万元,义务教育家庭经济困难生活补助13516人次458.8万元,资助家庭贫困幼儿1915人77.3万元、普通高中贫困学生5848人次657.6万元、中等职业教育贫困学生336人次33.6万元、高考困难学生397人198.5万元、家庭贫困高考新生入学资助164人10万元,为1254名家庭贫困大学生办理生源地助学贷款1018.1万元。对97名高考录取"985"院校的高中毕业生以及469名录取全日制硕士、46名博士研究生的乐平籍大学生,发放奖励资金438.4万元。教育扶贫"9+5"政策做到"应助尽助",资助28400人次,金额2726.03万元。通过政府兜底为异地就读学生381人次发放资助金37.7万元。疫情防控期间,为建档立卡户学生捐赠液晶电视74台。

【教育科研】 组织开展初中思政、物理、农村小学数学、语文、城区中小学体育、城区小学道德与法治优质课竞赛,初中化学教师命题大赛,小学数学教师命题培训,初中语文教师个性化朗读答辩大赛,小学语文教师书写大赛,小学道德与法治"三个一"竞赛,小学语文、数学课题研究成果评选等活动,为300余名中心小学新教师举办新教材培训。在第二届中华经典诵写讲大赛"迦陵杯·诗教中国"诗词讲解大赛中,获全国二等奖1名,三等奖2名,优秀奖11名。在景德镇市中小学师生书写大赛中,170位师生获奖。启动第六届"城乡结对共建"活动。有3个省"十三五"规划课题结项,5个省十四五规划课题、2个省级基础教育课题和17个地市级课题立项。

【素质教育】 开展陶瓷文化、红色文化、绿色文化和古色文化等研学旅行、"美丽乐平"、"爱国主义影片观后感"征文和"戏曲进校园"、"向雷锋同志学习"、"五老资源进校园"等活动,培育社会主义核心价值观。落实好领导干部上讲台制度,构建起"全员育人、全程育人、全社会育人"的"三全育人"格局。20名学生成功晋级"江西少年"诗词大会(第四季)。成功举办第二届"鸿宇杯"青少年校园足球联赛、第一届"鸿宇杯"中学生校园篮球赛、江西省第六届全民健身运动会乐平赛区活动、"乐平足协杯"八人制足球赛、"全民健身日"体育展示、《小康生活,巾帼风采》广场舞展示大赛、第六届文山山地自行车爬坡赛,承办"中国体育彩票杯"环鄱阳湖自行车精英赛景德镇乐平怪石林站比赛。

【队伍建设】 新增教师525名,培训教师11631人次,其中省级和国家级培训9193人次,本级培训2438人次。选派91名"2132"名师赴外地观摩学习。发放乡镇工作补贴1573.15万元,惠及教师4352人次。补发2015—2018年乡镇工作补贴6600万元。按照人均12900元标准发放义务教育教师绩效奖励资金8647.373万元。继续对187名在农村工作满30年的教师和3个教育世家一次性奖励5000元,优先选调22名满30年教龄教师在农村任教的子女进城任教。

【政治建设加强引领】 全面推进教育系统党组织"三化"建设。强化十九届五中全会精神学习,集中培训56学时以上,党员自学达到每人40个学时以上。发展预备党员25名,预备党员转正34名,确定入党积极分子139名。127个先进党支部、16名优秀党员、7名先进党务工作者获景德镇教育局党组和乐平市委表彰。加强党风廉政建设专项督导评估,推动主体责任和监督责任协同发力、相互促进。开展明察暗访39次,查处"三违"问题32起,党内立案11人,行政立案47人,收缴和清退违规所得58万元。

【疫情防控步入常态】 印发疫情防控文件7份,召开专题部署会、推进会、协调会等会议9次。组织300名快递小哥第一时间将3万本教科书投送到城区学生手中,组织44名心理咨询志愿者开通"抗疫心理疏导热线"、1500余名党员志愿者参与"返学校进社区(村)"活动、2400余名党员捐款20.8万余元。下派20名机关干部和20名城区小学副校长对口支援塔前镇打赢防控阻击战。完成110节一年级小学数学录课任务,联合景市教研所和《瓷都晚报》开办"名师公益讲堂"直播任务,观看量达到十余万人次。央视新闻、江西电视台等媒体对学校复学工作进行报道。

(市教体局)

江西省乐平中学

【概况】 乐平中学朝着"办人民满意的优质高中教育"的目标不懈努力,先后获得江西省平安校园、景德镇市教育系统十佳人民群众满意学校、景德镇市教育系统先进基层党组织、乐平市教育教学先进单位、景德镇市全市治安系统先进单位荣誉称号等,社会声誉、综合实力得到了进一步提升。

【主题教育,强化政治保障】 通过“党建 + 师德”“党建 + 教研”“党建 + 校园文化建设”“党建 + 学习”等工作形式,扎实开展中心组学习会、红色革命教育、校长上党课、专题研讨交流、十九届五中全会专题学习会等“不忘初心、牢记使命”主题教育,为该校的教育事业发展提供了坚强政治保障。

【防控疫情,停课而不停学】 受新冠肺炎疫情的影响,学校响应国家号召,依照上级要求,延长寒假时间,本着“统一目标、灵活开展、注重实效”的工作原则,朝着“停课不停学,全面参与、不落一人,让大家学有所得”的教育目标,“停课不停学”,积极组织全体师生开展线上课程教学。除充分利用赣教云平台外,各班都有统一的在线指导学生学习平台,还根据实际情况利用其他线上学习软件(包括钉钉、腾讯课堂、QQ群直播、录播课等平台)进行教学管理,严格落实上级部门对学生“停课不停学”的指示精神,在校领导和全体教师的努力之下,全体学生线上学习参与率达到了100%。

【养成教育,营造精神家园】 为加强校园管理,促进学生身心健康成长,营造师生共同的精神家园,学校向家长、同学们发出倡议,学生不得以任何理由携带手机、MP3、MP4、游戏机、平板电脑等电子产品进入校园;规定学生统一穿校服,让学生养成全天候、全时段穿校服的习惯,杜绝盲目攀比的现象;积极倡导“节约粮食、光盘行动”,让学生养成爱惜劳动、勤俭节约的品德。为了切实推进校园文明,乐平中学校长曹晓泉坚持每天 6:30 左右,在校门口迎接学生,和每个学生互相行礼、问候。校园文明有序,学生阳光向上,精气神大为提升。

【参与竞赛,学生成绩突出】 在第 37 届全国中学生物理竞赛中,4 名学生获奖,2 名学生获全国复试二等奖;在 2020 年全国高中数学联合竞赛江西赛区竞赛中,12 名学生获奖,3 名学生获二等奖;在第 34 届中国化学奥林匹克(初赛)中,1 名学生获获一等奖;在 2020 年全国中学生生物学联赛中,3 名学生获二等奖。

【注重教研,教师成果丰硕】 教师积极参加江西省中小学、幼儿园教师(景德镇赛区)优秀教学资源展示活动,其中段美云、叶文君、邓小辉、熊慧敏等教师荣获一等奖;余磊、王伟等教师荣获二等奖。在 2020 年江西省教育厅线上教学优质课评比活动中,该校教师戴婧荣获特等奖,徐晓栋荣获一等奖,江海凤、王伟、李林、罗旭、魏芳、周泉进等荣获二等奖。

【奖优助困,关爱贫困学生】 累计为 437 名“建档立卡”等五类学生减免学费 170430 元,为 1530 名家庭经济困难学生落实助学金 1584000 元,为 98 名家庭经济困难高中毕业生落实高考入学政府资助金 490000 元,为 34 名 2020 届建档立卡贫困学生申请高校新生入学路费资助 21500 元。积极与各级政府部门、企事业单位、杰出校友以及社会爱心人士对接,为 147 名学生落实奖助学金共计 511800 元。2020 年,江西天新药业有限公司捐资 50 万元资助该校教育事业。

【成绩喜人,高考创造辉煌】 2020 届高考创历史辉煌:理科六名同学录取清华、北大,其中程文欣同学以景德镇市最高分 702 分勇夺全省理科第二名,董开妍同学以 698 分喜获全省理科第六名,洪钰坤同学以 694 分位列全省理科第十六名;文科徐佳卿同学夺得景德镇市文科状元;吴俊钒同学考取空军飞行员,涂超华同学考取海军飞行员。一本上线 501 人,二本上线 1207 人,一、二本上线人数均创历史新高。

【精准扶贫,工作效果显著】 积极响应中央、省、市攻坚精神,积极部署攻坚工作,研究脱贫方式方法,在教育领域、基础设施建设上下功夫,加大人力、物力等投入,层层压实责任,精准施策,各项工作效果显著。

(乐中)

乐平市第一中学

【概况】 市第一中学办学 6 年来,学校发展势头强劲,得到了各级领导的充分肯定和社会各界的普遍认同,拥有一支素质精良的教师队伍。2020 年有专任教师 324 名,有研究生学历教师 55 名,现有班级 86 个,学生 5200 余名。

【“三化”建设提素质】 积极落实基层党组织“三化”建设。一方面,投资 30 万元打造出了集新时代文明实践站、党员活动室为一体的功能室。另一方面,制定并完善了各项党建制度,进一步抓好组织建设和党员队伍建设,全面提升该校党建整体质量。

【疫情防控不停学】 一方面做好疫情防控工作，成立了乐平一中疫情防控领导小组，先后制订了《乐平一中疫情防控期间寝室闭环管理制度》等多项制度。实行错峰上下学，日常测温等日常化管理，有效地确保了师生安全。另一方面，认真抓好线上教学工作，周鹏永、朱保军等教师参加省级赣教云录课并获奖。

【"双创双修"促文明】 按照乐平市委、市政府"双创双修"的部署要求，在全校范围内开展了"双创双修"的文明校园创建活动，取得了良好效果。通过召开"校领导班子会、师生动员部署会、各班主题班会"三个层面的会议，从我该为"双创双修做什么"和"怎么做"两方面，教育学生从我做起，从身边小事做起，人人争做"美丽乐平，文明校园"小卫士；该校搭建了"教师微信群平台、班级板报平台、开辟宣传橱窗平台"三个平台，畅通了双创双修的宣传教育渠道；织好了"组织保障、责任保障、监督保障"三张网，确保文明校园创建工作日常化、常态化，形成了长效机制，荣获"乐平市文明校园"。

【高考成绩结硕果】 2020届高考成绩斐然，实现本科上线人数三连增：一本上线23人，二本上线266人，学校荣获"乐平市教育教学先进单位"。

【斩获荣誉传捷报】 程伟、桑礼斌、吴露露、刘章凡等4位教师获乐平市人民政府表彰，周鹏永、胡文栋、马珊珊等多位老师在省市级比赛中取得可喜成绩；学生篮球队、学校足球队包揽了2020年乐平市校园篮球足球联赛高中组冠军；学校田径队荣获景德镇市2020年中小学校田径运动会高中组团体总分第一名。学校先后荣获"景德镇市十佳人民群众满意中小学校""江西省创建文明校园先进单位"等荣誉。

【教育扶贫益学子】 认真贯彻教育脱贫攻坚政策，做好教育扶贫工作，为全校64名建档立卡贫困学生在校就读免费；708名学生获国家助学金；给予275名学生免学杂费扶持。同乐平市乐益行动公益协会创立"乐益班"，为49名贫困生每年提供不少于3000元的资助金。

（市第一中学）

乐平市第二中学

【概况】 市第二中学有教职工328名，89个教学班，5107名学生。校园面积33367.6平方米，校舍面积17662平方米，其中专用办公房14072平方米。师生生活用房及其他用房3590平方米，绿化面积4800平方米。

【政治站位不断提升】 全面贯彻党的十九大关于新时代党的建设总要求和工作部署，大力推进学校党建工作标准化、规范化、信息化建设。严格落实"三会一课"制度和主题党日制度，充分发挥党组织战斗堡垒作用和党员先锋模范作用，积极参与社区共建、联防联控，积极开展疫情防控、"双创双修"、交通文明岗亭志愿者等一系列志愿服务活动。大力宣传社会主义核心价值观内容，加强对意识形态领域的管理，把意识形态工作列入党建工作重要内容，并融入日常教育教学工作。开展丰富的文明校园创建活动，不断创新活动内容和载体，利用多种途径学习。开展"遵守职业操守，拒绝有偿家教"专题警示会，签订师德师风承诺书，进一步规范学校的办学行为和教师的从教行为。认真受理12345热线来信来访，建立信访台账，严格执行"两报告一承诺"制度。坚持党务校务公开，坚持集体领导，认真落实民主集中制和"三重一大制度"。把党风廉政建设工作纳入总体工作规划，与教育教学工作同部署同落实，认真贯彻落实关于疫情防控、脱贫攻坚、扫黑除恶、双创双修等各项工作要求。

【办学条件不断完善】 投入资金改善办公条件。办公室、教室等全部安装了空调，对学校的老旧管网进行了改造，增设了箱式变压器一台，解决了安装空调的扩容需要，也消除了用电安全隐患。为解决师生校园内停车难问题，增设三处共216平方米停车棚，添置了电动车充电桩，解决了学校电动车、自行车乱停乱放，不便管理等历史遗留安全隐患。改建扩建了学校北面的水冲式厕所，告别了课间上厕所需要排队的老大难问题。为提高教育技术装备水平，各年级办公室、各班级都装上了希沃教学一体机，建设了多间录播教室，指派专人对教师进行了培训，引导师生使用班班通等现代化科技教育教学手段，从此告别了粉笔灰，教学效果得到明显改善，师生的学习兴趣更浓。按照基层党支部三化建设的要求，对党员活动室、阅览室及老年支部活动室进行了改造。

【疫情防控扎实开展】 面对突如其来的新冠肺炎疫情，学校根据上级部门疫情防控有关会议精神，制定《乐平二中关于切实做好新型冠状病毒感染的肺炎疫情防控工作应急预案》《乐平二中春季开学疫情防控应急方案》等，落实联防联控机制的要求，绘制乐平二中复学师生疫情防控网格化管理图，实行点对点闭环管理。组织师生进行培训和演练。通过各种方式加强疫情防控宣传。添置测温门、测温枪、口罩、消毒液，备齐备足各种疫情防控物资，对教室及公共场所进行消杀。积极做好卫生防疫、疫情防控、应急心理辅导等工作培训，推动复学工作顺利开展。坚持做好师生的晨午检登记，因病缺课学生登记报告等，建立健全疫情防控各种台账，做到疫情防控常态化管理。党员教师充分发挥先锋模范作用。成立乐平二中疫情防控志愿服务队，面对党旗，开展“我是党员我带头”宣誓活动。倡议全体党员、教师参与抗击疫情募捐活动，共计募捐 33716 元。

【教学质量稳中有升】 在新冠肺炎疫情的影响下，教育教学成绩依然大丰收。2020 届毕业生在 2019 年被八升九考试提前录取 258 人的情况下，中考录取南昌二中海航实验班 1 人，乐平中学统招 138 人，乐平第三中学统招 161 人，乐平一中上线 1169 人。在 2020 年的八升九考试中，录取乐中 90 人（共招 150 人），三中 88 人（共招 150 人），一中 73 人（共招 150 人），总共录取 251 人，占比例约为 55.8%。

【教研活动持续不断】 由于疫情防控的需要，师生延迟开学。学校为解决学生因长期封闭在家、延迟开学、停课不停学等原因所产生的一些心理问题，郎柳玉老师，“重燃心中那盏灯心理咨询室”创办者，江西省“三八红旗手”，录播网课“抗击新冠肺炎心理辅导”。成立线上教学领导小组，多种形式通知学生，转发登录“赣教云”平台的具体操作使用指南。利用网络、电视等现代化媒体，积极开展网络线上教学，通过网络加强学生的思想道德教育，培育爱国情怀。组织学生积极参加“同心抗疫”主题征文活动。为满足学生假期学习的需要，学校组织教师上门分发课本、资料，把相关书籍送到学生手中，学校教师自费购买直播课工具、摄像头，手机架、写字板等录播工具，各科老师分工合作，认真备课，合理有序地上好每一堂直播课。真正做到“停课不停教、停课不停学”。各学科涌现的网上名师公益课教师有：熊玉平、叶爱英、夏祥宪、杜鹏、石金霞、魏静、刘可斌等。

复学后，认真上好“开学第一课”，对学生做好爱国主义教育、思想政治理论和公共卫生知识普及的教育。不断提高教师业务水平和教研潜力，开展“名师工程”建设，进一步健全骨干教师、名师的培养、使用、管理机制，扎实开展“万师访万家”活动，积极开展校本培训和教育反思，提高专业水平。充分发挥骨干教师的示范和带头作用。狠抓教学常规管理，提高课堂教学效率。始终绷紧教学常规管理这根弦，不断完善符合学校实际的《教学常规管理制度》及其他教育教学管理制度，定期与不定期进行教学检查，并及时公布检查结果。为了真正地把课堂的主动权和主体地位还给学生，学校非常重视教学常规工作，对教师制定计划、备课、听课、批改、练习讲评等都有具体要求，既要有量的规范，也要有质的保证。为此，学校建立了其相应的检查、考核制度。对教师的上课情况有专门学生记载反馈，如有违背课改要求，学校有权要求教师及时调整授课方式；备课、听课、批改学校每周抽查，每月集中检查，并进行评优；鼓励教师集体备课与个人备课相结合，实行资源共享，期末考核时，同学科同年级综合考核评价；教师要开门上课，欢迎其他老师随时前来听课，有听课就要有交流；作业要做到有布置就有批改，同时当日作业当日清；试卷讲评有侧重点，有延伸；还要求老师每课一小结，每周一交流，每月一反思，每学期一课改论文等等。杜鹏老师被评为乐平市 2020 年度青年教学能手，胡宝香、邹爱秀老师被评为乐平市 2020 年度优秀教师。

【五育并举全面发展】 1. 围绕社会主义核心价值观等内容开展丰富多彩的德育活动。以学习强国等平台开展十九届五中全会精神等学习，孙火寿老师荣获乐平市教育系统“学习强国达人挑战赛”优胜奖，乐平市直机关“学习强国学习达人挑战赛”优秀奖。钟华仂老师获全市教育系统优秀党务工作者荣誉称号，张博琨同学获全国优秀少先队员荣誉称号。魏静老师任教班级被评为景德镇市 2020 年度先进班集体，个人被评为乐平市 2020 年优秀班主任。

2. 疫情防控期间，积极开展

疫情防控知识的宣传活动。郎柳玉老师荣获江西省心理咨询师协会颁发的“抗击疫情优秀志愿者”称号。

3. 组织教师参加各种教学比武竞赛。郎柳玉老师荣获第三届全国中小学教师读写比赛江西赛区二等奖，韩玉兰、孙火寿老师分别荣获乐平市中小学德育论文中学组一等奖、二等奖。韩玉兰老师在《百科论坛》发表论文《用好课前五分钟，提高初中生语文素养》获论文评比一等奖。孙火寿老师指导学生获第十五届青少年书信文化作文竞赛初中组一等奖。

4. 在乐平市第七届中小学现场书画比赛中，毕紫妍、黄炜路同学荣获中学书法组一等奖，徐可同学荣获绘画组二等奖。毕紫妍同学参加第十届“艺德杯”大中小学师生艺术作品征集活动中，作品《道德经》获初中组一等奖。在2020年景德镇市青少年校园足球联赛钟，荣获初中组第二名。

【安全工作常抓不懈】 始终把安全工作放在重中之重的位置，加强各设施设备安全排查和对学生的管理。认真开展学校安全集中整治行动，切实维护学校安全稳定。开展防疫情、防溺水安全教育，严格按照要求开展学生防溺水专项行动。落实扫黑除恶相关工作。开展平安文明校园创建活动。积极协调相关部门，不断加强校园周边环境和社会治安综合治理行动。加强法制教育，使学生知法懂法守法，提高他们的法制意识。充分利用社会教育资源，聘请法制副校长、司法部门宣讲团等到学校作专题讲座，对学生进行法制安全、食品安全、交通安全、网络安全等方面的教育。荣获2020年乐平市综治先进单位、景德镇市内保先进单位荣誉称号。

【学校荣誉】 学校荣获景德镇市2019—2020年度“十佳人民群众满意学校”；2020年景德镇市文明校园；乐平市2019—2020年度教育教学先进单位；2020年景德镇市内保工作先进单位。

（市第二中学）

乐平市第三中学

【概况】 市三中坐落于美丽的天湖公园之滨，享有“花园式”学校美誉。2009年被评为江西省重点中学，2020年有75个教学班，在校学生近5000人，在职教职工323人。

【政治建设】 1. 加强理论学习。通过中心组学习会、主题党日活动、“三会一课”、邀请党校专家宣讲、“学习强国”平台等学习教育方式，组织党员教师系统学习了十九届五中全会精神，习近平总书记讲话精神特别是对景德镇工作的三次重要指示批示精神。引导师生学习党史、新中国史、改革开放史、社会主义发展史，注重抓好革命传统教育和警示教育。2. 做实“党建＋”，引领学校特色发展。该校积极将党建工作与德育工作、教师成长、师德师风、教学科研等工作结合起来，形成“党建＋德育工作实效性”“党建＋教师专业成长”“党建＋师德师风建设”“党建＋教学教研提升”等模式，取得了良好的教育成效，有力推动了学校特色发展，走出了一条“党建＋教育”的特色之路。

【教育教学】 1. 高考成绩再创新高，招生模式不断创新。在2020年高考中，高考成绩再创历史新高，一本上线191人，二本以上上线总人数767人。7月，成功主办了全市八升九考试并招录了148名九年级优秀学生。

2. 教师业务竞赛传捷报。王光辉和汪霁虹老师被评为江西省第四批省骨干教师，6名省骨干教师通过省教育厅的复评。在景德镇市普通高中“我学新课改”征文活动中，7名教师获一等奖，23人获二等奖，8人获三等奖。吴阿珍老师在市直机关“学习强国”学习达人挑战赛获三等奖。在“全国高中数学联合竞赛”中，王辉安、杨平等6名教师获得省级指导奖。在景德镇市“一师一优课、一课一名师”活动中，龚明君、方勇等8名老师参选的微课堂荣获“优课”。在“迦陵杯·诗教中国”诗词讲解大赛中洪琼燕、潘萍等6名老师景德镇市一、二等奖。在乐平市教体局主办的“班会课教学设计”比赛中，江云琴、吴玲等10名老师获一、二奖。在乐平市教体局举办的“中小学（幼儿园）德育论文”比赛中，汪方方、万静娈等7名老师获一、二等奖。

3. 创新教学教研模式。注重加强教研管理，提升教师专业素养，提高课堂效率，采取了“请进来，走出去，校本教研”三大措施，加强校际交流，拓展教师视野，促进教师专业成长。11月11日，邀请景德镇市教研所科研室主任吴宪章与昌江一中正高级教师刘德华进行课题专项培训和指导。12月23—24日校长王清华、副校长钱明富、伍晓金带领部分教师赴九江一中、都昌一中学习交流，组织了骨干教师、备课组长、班主任等赴省内外学习交流。各教研组大力还开展了公开课、优质课活动、课件比赛、网上晒课；举行了青年教师“五项全能”比赛；在高一、高二年级推进高效课堂模式，以顺应即将到来的高考改革。

【“五育”并举】 1. 开展了系列主题教育活动。始终围绕“立德树人”这一根本任务，加强“四史”教育，注重红色、绿色、古色文化教育活动。每月定期开展了升国旗仪式，加强对学生进行爱国主义、中华优秀传统文化、文明礼仪等教育；5 月 26 日，举办了以“弘扬爱国精神，强化使命担当”为主题的诗歌朗诵比赛；10 月 1 日，举行了“同升一面旗同爱一个家”庆国庆升国旗仪式；11 月 3 日，乐平市关工委报告团来为同学们举行了一场抗美援朝专题报告会；开展了禁毒教育、气象科普、急救常识、防艾知识、法制宣讲等系列讲座。

2. 积极践行社会主义核心价值观。开展了“学雷锋，树新风”主题实践系列活动；4 月举办了第十届以“谷雨时节，感恩绽放”为主题的线上谷雨诗会；6 月 22 日举办了以“青春、梦想、感恩、责任”为主题的十八岁成人礼励志活动；7 月 10 日举行了以“年少逐梦，行远感恩”为主题的 2020 届高三毕业典礼；12 月 26 日举行了纪念毛泽东诞辰 127 周年活动。

3. 举办了系列文体艺活动。举行了以班级为单位的篮球赛、篮球宝贝赛、第 30 届秋季田径运动会、足球联赛、乒乓球、羽毛球比赛等体育活动，开展了“抒发家国之思，谱写时代新篇”为主题的第五届“新星杯”现场作文比赛；举办了以“奋进新时代，开启新征程”为主题的元旦文艺会演等。

【疫情防控不松懈】 自新冠肺炎疫情发生以来，该校加强领导，科学指挥，全体教师主动担当，服从指挥，不折不扣贯彻落实上级有关疫情防控的各项要求。疫情防控期间，做到停课不停教，停课不停学，停课不停研，统筹推进常态化疫情防控和教育教学工作，做到疫情防控与教育教学两不误。在全省防疫期间线上教学优质课评选中，张银兰等 3 名教师荣获省一、二等奖。

【“双创双修”有举措】 充分利用现有条件，因地制宜对楼道、走廊、墙壁等进行设计布置，悬挂学校“三风一训”、名人名言等，使校园文化承载起育人的功能，让学生随时随地受到感化和教育，有效提升学校文化品位，彰显校园的文化内涵。在全校开展了系列文明评比，切实提高创卫创文工作实效。建设了录播教室、电子阅卷室，改善了教师办公室和学生寝室等硬件设施条件。

【精准扶贫有力度】 严格规范学生资助的申请、审核等工作，做到应助尽助、精准资助，做到资助工作的公平公正公开；坚持做到扶贫与扶智、扶志相结合；落实好党员一帮一结对帮扶工作，及时解决贫困生在生活、思想、学习等各方面的问题，给予人文关怀。

【群团工作有好评】 每学期对困难职工、退休教师进行慰问，对患重大疾病的教职工进行帮扶；开展了学习宣传乐平市道德模范及身边好人和退休教职工重阳节系列活动；举行了青年教师座谈会及新入职教师蓝青结对；举行了以“歌颂祖国，唱响红歌”为主题的歌咏比赛，教职工冬季长跑等教职工活动。加强团员青年思想教育，举办了业余团校活动，团委工作深受好评。

【学校荣誉】 4 月 8 日，乐平市扫黑办授予 2019 年度全市扫黑除恶专项斗争先进单位称号。

4 月 22 日，景德镇市教育局授予景德镇市“无烟学校”称号。

9 月 10 日，乐平市委、市政府授予乐平市教育教学先进单位称号，王清华校长被评为乐平市优秀校长。

9 月 20 日，校男女气排球队在江西省第六届全民健身运动会（乐平赛区）气排球队比赛中，分获女子第二名，男子第三名的好成绩。

10 月 23 日，乐平市 2019 年度平安建设（综治工作）先进集体。

10 月 30 日，在 2019 年度乡科级领导班子和领导干部考核定格情况中，学校被定格为“优秀”班子，王清华、郑建华被定格为“优秀”等次。

11 月 2 日，荣获第二届乐平市文明校园荣誉称号。

（市第三中学）

乐平市第四中学

【概况】 市第四中学校园占地面积 56695 平方米，校舍总面积 21904 平方米，教学用房面积

13103平方米，学校共46个教学班，其中初中部2个班，2020年有学生2906人。在校教职工172人，其中中学高级教师91人，中学一级教师43人。学校坚持“校风好，质量好，校园美”的办学目标，坚持“会做人，会读书，会办事”的育人目标，构建“文明、安全、卫生、和谐”校园。学校坚持“合格+特长”的办学理念，弘扬体艺教学特色，搭建学生个性发展平台。

【思政工作】 学校组织学习中共中央、国务院《深化新时代教育评价改革总体方案》，对学校教育评价方面内容进行探索、改革。在学校全体党员中开展社会主义核心价值观教育，开展学雷锋志愿服务活动，重温党的历史，感受雷锋精神，坚定理想信念。在“烈士纪念日”举行升国旗仪式，增强全体师生的爱国情怀。学校邀请部队官兵对1035名高一新生进行了为期一周的军训，磨炼学生意志，增强学生体魄，增进同学间的友谊。通过这些活动，学校全体教师更加严格遵守法律法规，认真工作；学校全体学生更加明白自身的责任，遵纪守法，勤于学习。

【教学工作】 疫情防控期间，全校教师坚持线上教学。为丰富学生的学习生活，增强防疫意识，学校举办“抗疫主题征文”竞赛。学校开展全校教师听课周活动，各科40周岁以下的年轻教师都要上一节公开课，后由同科目教师进行评课，教师之间的教学交流得到加强，青年教师得到培养。学校组织学生参加乐平市中小学篮球、足球比赛，分别取得了亚军、季军的优异成绩。九九重阳节，学校召开了退休老教师座谈会，体现了中华民族尊老、爱老的优良传统。为适应新时代教学需要，学校于11月26日举办了“新高考江西信息化攻坚项目”全员培训活动。学校举办了第7届校园田径运动会，共有45个代表队参加。学校本着“合格加特长”的办学理念，为提高办学质量，在高一高二年级组建美术班、艺术班和体育班。元旦期间，学校举办“爱国心、报国情、强国志”为主题的校园文化节活动，丰富校园文化生活，提高学生的综合素质和能力，向社会各界展示学生乐观积极、锐意进取的面貌。学校团委获得景德镇共青团“五四红旗团委”。余左美老师在江西省教育厅主办的抗击疫情主题征文比赛中获得二等奖。余左美、徐春苗老师在2020年景德镇市普通高中“我学新课标”征文活动中分获二、三等奖。孙清老师在乐平市2020年班会课教学设计评选中获得中学组二等奖。叶文静、黄邵敏等同学在江西省中小学“读懂中国”征文比赛中获得优异成绩。

【扶贫工作】 以驻村扶贫和教育扶贫的方式开展脱贫攻坚工作。在驻村扶贫方面，校领导深入农户采集贫困信息，采取产业脱贫、就业脱贫的方式帮助脱贫。每月至少一次到帮扶村走访贫困户，送去党的温暖。在教育扶贫方面。学校认真解读和落实教育部门“9+5”帮扶政策，不让一个学生因家贫而失学。学校建立减免费用的制度，即建档立卡户免收学杂费，低保户、残疾学生减免学费，义务教育阶段建档立卡户学生全免各项费用。

【安全工作】 一是加强了疫情防控期间防疫安全工作，请蓝天救援队在5月复学前对校园进行了全方位的消杀工作。二是加强防溺水工作。邀请乐平市蓝天救援队人员对全校学生进行安全知识的讲座。学校每年暑假发放《致学生家长一封信》，告知家长履行教育职责，减少不必要的溺水事故。三是进行反邪教教育。邀请乐平市公安民警对各班学生进行反邪教宣传，让学生认识到什么是邪教，邪教的危害等。四是加强消防安全教育。邀请市消防队开展消防知识讲座和演练。五是加强法制教育。乐平四中法制副校长对全校学生进行法制知识的宣传，增强学生的法律意识、纪律意识。六是做好禁毒教育工作，利用健康教育课、班会课、宣传栏等形式对师生进行禁毒知识的教育，每个学生都参加了禁毒知识竞赛。七是加强对租住房学生的管理，每月定期检查。

【基础设施】 学校积极筹措资金，整饰教学楼南北两侧近700平方土地，铺设成为海绵水泥地面。教学楼四周环境得到综合整理，学生活动空间得到进一步加大；学校综合楼48间教室安装空调；直饮水机、希沃投影机，方便师生教学活动开展。学校主干道排水系统进行全面维修改造，校园积涝问题得到解决。

（市第四中学）

乐平市第五中学

【概况】 市第五中学占地面积约86亩，其中校舍占地面积

6215 平方米，校舍建筑面积 28926 平方米，现有教学班 99 个，在校学生 5794 人，教职工 317 人，10 余位教师跻身省市教学能手行列，其中江西省特级教师 1 人，江西省学科带头人 2 人，江西省优秀班主任 1 人，景德镇市拔尖人才 3 人，景德镇市骨干教师 2 人，景德镇市学科带头人 1 人，8 人入选景德镇市“511 名师工程”，8 人被评为乐平市领军教师。学校重视硬件设施建设，加快推进绿色学校建设的步伐，建成了校内花园和 S 形长廊，不断改善和优化办学条件，新建成的综合实验楼有各种功能馆室 24 间，仪器装备达到省定标准，所有班级都安装了“班班通”，基本满足了现代化教学的需求。学校被评为景德镇市内保系统工作先进单位和乐平市社会治安综合治理（平安建设）先进集体。

【党建“三化”建设全面加强】 学校党总支部始终把思想政治建设摆在首位，以习近平新时代中国特色社会主义思想武装头脑，认真学习习近平总书记视察江西重要讲话精神，推进“互联网 + 党建”，用好“学习强国”App，拓展学习阵地和考核平台，思想教育和意识形态工作取得新实效。积极推动“两学一做”学习教育常态化、制度化，切实巩固深化“不忘初心、牢记使命”主题教育成果，引导党员教师不断强化宗旨观念，树牢“四个意识”，坚定“四个自信”，坚决做到“两个维护”，始终在思想上、政治上、行动上同以习近平同志为核心的党中央保持高度一致。同时按照“一个支部一个活动阵地”的要求，落实党组织活动阵地，重新建设了党员活动室，真正做到以党建活动的常态化来增强学校党组织的凝聚力和向心力。在抓阵地建设同时，有效落实基层党建日常工作机制，抓好制度的落实，认真开展好“每月主题党日”活动，推动党内组织生活正常化、常态化、制度化，以规范的制度提高党内生活质量。

【抗疫情众志成城勇担当】 成立了新型冠状病毒感染的肺炎防控工作领导小组，建立了学校、年级、班级、家长四级防控工作联系网格，并制定了新型冠状病毒感染的肺炎疫情防控工作预案，确保疫情防控要求及时传达，师生身体情况及时掌握，疫情防控措施及时落实，疫情防控知识宣传到位。同时积极配合各级党委政府、社区做好教育宣传、肺炎排查等相关工作，全面落实各级部门对学校防控工作的相关要求。并且迅速组建了“新型冠状病毒防控”志愿服务队，主动对接东湖中心社区党委，组织力量投入抗击疫情一线。广大党员教师挺身而出，主动请战，走街入户，深入摸排，让党旗在教育系统疫情防控最前沿高高飘扬。为加强师生和家长疫情预警及宣传教育，通过多种渠道方式向家长、师生们及时传达预防措施和防控要求，引导师生和家长理性认识疫情，科学做好防护，让广大师生不信谣、不传谣、不在媒体上传播不良信息。

【停课期间不停教不停学】 疫情防控期间，结合教学实际，积极开展线上教育教学工作，通过赣教云和线上直播等网络形式对本班学生进行网络教学，做到了“停课不停教、停课不停学”，关注到每一位学生，不落下每一位学生，让每位学生在家也学有所得。为了保障线上学习指导和线上教学的有序开展，教师们充分利用网络资源，借助各种直播软件、智慧教学工具辅助开展线上教学，通过语言交流、课件学习、在线解答等多种形式与学生开展互动，调动学生线上学习兴趣，吸引学生广泛参与到线上教学环节，以确保教学效果不打折。在全校师生的共同努力下，线上教学运行平稳，学习效果良好。

【开学复课平稳有序】 疫情稳定后，结合学校实际，精准安排了教职工和学生以年级、班级为网格，分期、分批有序返校，保证了开学前所有入校教职工不存在疫情风险。全面复学后，防控和教学“两手抓、两不误”，一方面校园疫情防控健康打卡制度化、常态化。严格落实师生涉及疫情信息“日报告、零报告”制度，严格落实因病缺勤学生病因追查与登记报告制度，做好每日缺勤学生原因动向记录，随时进行监测。另一方面加强了教育教学管理，上好每一堂课，关注和爱护留守儿童，扎实抓好学困生转化工作，全面提高教学质量。顺利通过省义务教育质量监测，得到上级部门高度评价。虽受疫情影响，中考成绩仍然突出：师范定向上线 14 人，乐平中学统招上线 69 人，三中统招上线 189 人，一中统招上线 821 人；八升九考试乐中上线 37 人，三中上线 47 人，一中上线 57 人。

【立德树人抓常规促养成】 全面复学后，开展了校园环境卫生整治和消毒工作,特别是加大了对教室、办公室、图书馆等人员密集场所的通风消毒,掀起了校园卫生热潮,全力营造了一个干净卫生整洁的生活学习环境。同时结合乐平市创建“全国文明城市”和“国家卫生城市”的“双创”工作要求,引导全校师生积极参与“双创双修”活动和“防疫有我、爱卫同行”为主题的爱国卫生运动,倡导全校师生落实科学戴口罩、勤洗手、常通风、少聚集等健康文明生活方式,强化对学生安全、卫生、文明、学习等习惯的培养,确保了校园干净卫生整洁。还有加强师生志愿服务队伍建设,多方面开展“讲文明、树新风”志愿服务活动,使广大师生在参与中强化,在体验中养成,培育文明卫生行为习惯。

【教育扶贫精准落实见成效】 召开了五中“教育脱贫攻坚工作挂牌作战”会,对教育扶贫工作精准部署,要求班主任深入建档立卡贫困学生家进行家访,全面了解并做好建档立卡户“线上教育”工作,确保不让一人“掉线”。全面复学后,认真实施教育民生工程,落实好了义务教育阶段两免一补政策,建立健全了精准扶贫档案台账,学校无一学生因贫困而辍学。同时严格按国家规定的收费标准收费,公开收费标准,做到无乱收费、无随意提高收费标准等现象,自觉接受社会、学生家长的监督,积极打造“清廉校园”。

【校园闭环管理保安全】 一是加强了学校值班值守,严格执行学校领导带班、保卫人员轮流值班和门卫24小时值守制度,禁止外来人员及车辆进入,值班人员和师生进出校门必须戴口罩。二是加强了入学安全教育,上好开学第一课,做好卫生防疫知识普及和心理健康辅导,积极开展了多项健康、和谐、多彩的文体活动,全校师生返校后心态平和,安全平稳。三加强了晨检与午间巡查力度,加强了校园内车辆停放管理,完善了应急处置预案,保障应急措施能够有序落实。四是警钟长鸣,加强了安全教育宣传,各班召开了主题班会,更新了黑板报,突出疫情防控与防溺水安全教育,组织全校师生参加了网上安全知识竞赛和全国禁毒知识竞赛。

(市第五中学)

乐平市第六中学

【概况】 市第六中学于2003年从乐平三中剥离后成立,2005年8月正式启动(本址)校园建设,校园占地60017.4平方米,校舍总面积20750平方米,按教学区、体育运动区、生活区、实习区等功能要求设计建设。2019年秋季,设60个教学班,在校学生为3490人,在职教师189人,其中党员57名。

2020年,深入开展“乐平六中‘2+2双创双修’主题”活动,即创优校园环境及校园文化、创新教学成绩,修炼教育教学基本功、修复教学各项设备及设施,学校各项工作取得出色的成绩;学校获得2019—2020学年度乐平市“教育教学先进单位”,熊卫东获评乐平市“优秀校长”。

【积极应对新冠肺炎疫情】 1月30日,学校成立“乐平六中应对新冠肺炎疫情防控工作领导小组”,制定《乐平六中关于开学后出现新冠肺炎疫情突发事件的应急预案》《乐平六中师生因病缺勤登记追踪制度》等方案,2月4日,成立“乐平六中疫情防控党员志愿服务队”,2月11日上午,学校主要领导带领几十名党员代表,进社区开展“我是党员我带头”的宣誓活动;先后6次召开相关会议和2次防疫演练,对九年级学生返校复学和七、八年级学生返校复学工作充分研讨、科学研判、周密部署,确保师生安全,确保教学工作顺利开展;保持防疫常态化,全面加强教学设备和人员消毒、体温监测及晨、午检工作;加强学生校园及家校途中闭环管理,创造性的制定学生中午就餐的先预约后代购领餐制度;实行“日报告、零报告”制度,全校师生坚持每天健康“打卡”;并原创防疫“48字口诀”,要求全体学生背诵牢记在心。

【教学工作】 首先,招生考试有新突破。学校当年录取总人数达76人,其中录取乐平中学的人数为24人,创历年新高。其次,九年级中考成绩骄人。九年级毕业生在2020年中考中,录取乐平中学185人,录取乐平三中206人,重点高中录取率达27.5%;录取乐平一中329人,录取乐平四中、洪马中学、创新中学共296人,普通高中录取率达71.4%。“两率”均再创新高。再次,为进一步化解大班额,于9月初,按照上级指示精神,在各年级进一步开展化解大班额工作,各班人数均控制在50人以内,全部符合要求。

【开展课后托管服务】　从9月中旬起，按照遵照上级统一部署，按照省、地、市相关文件精神，开展“学生自愿在校课后托管服务”工作。

【努力加快教育信息化发展】　积极组织全体教师参加“国培计划(2019)中小学(幼儿园)教师信息技术应用能力提升工程2.0培训项目”，校长熊卫东作为示范学校代表之一，应邀与北京专家进行交流；11月下旬，校长熊卫东受邀赴福建，参加“2020年中央电化教育馆中小学校长‘网络学习空间人人通’专项培训”；12月初，副校长金林华赴赣州，参加“全省中小学校长信息化领导能力培训班”。

【不断加强教师队伍建设】　7月4日，党总支组织党员奔赴共产主义水库，开展“火红的七月，探寻共库精神”主题学习活动。先后开展“参观‘不忘初心、牢记使命’主题教育成果展”“党员返校进社区(村)防控疫情”“深入学习贯彻习近平总书记在浙江考察时的讲话精神”“向抗疫牺牲的烈士和同胞们默哀”“4·15全民国家安全教育集中学习”“幸福都是奋斗出来的”“学习两会精神，鼓足发展干劲”“学习贯彻习近平总书记对制止餐饮浪费行为的重要指示精神”“学习十九届五中全会精神”等主题党日活动。从6月5日起，分批次组织教师参加“教师意识形态”培训活动。6月30日，学校对“学习强国”总积分前30名和年度总分前30名的教师分别给予表彰奖励。

【加强未成年人思想道德建设】　2月17日，通过校讯通平台、家校微信群组织开展“共克时艰，守护家园”主题手抄报比赛活动；2月23日，组建“一对一”帮扶志愿服务队深入贫困学生家中，开展“停课不停学”帮扶活动；4月15日，开展“4·15”国家安全日宣传和“扫黑除恶”主题宣讲活动；6月15日，各班召开“反邪教”主题班会，学校政教处制作并发放《“反邪教”致学生家长一封信》；6月19—30日，组织全校师生参加全省“‘防控疫情、禁毒同行’，千万网民禁毒防疫学习答题活动”；9月1日，组织学生观看央视《开学第一课》，组织各班开展“扣好第一粒扣子”主题班会活动；10月12日起，学校组织全校师生参加全省“向国旗敬礼”网上签名寄语活动；11月9—19日，组织学生参加全市“青少年(感恩、感谢、感动)书信文化活动”；11月中下旬，组织师生参加“全省中小学‘追寻红色足迹’研学活动”等。

【创造性开展防溺水安全教育】　认真吸取入夏以来省内外发生多起学生溺水事故的教训，开创“每周一提醒”活动，通过短信方式向家长告知防溺水安全“六不准”，并借助主题班会、主题班刊、“致家长一封信”、校讯通等形式全面加强防溺水、防雷电、防山洪安全主题教育。6月8日，全校各班召开“珍视生命　预防溺水”安全教育主题班会；6月14日，组织党员志愿者奔赴周边水库、河流开展“防溺水安全”实地摸排及宣传活动；6月17日，通过微信群组织全校教师学习《江西省预防中小学生溺水管理暂行办法》；6月19日，召开专题行政会，学习教育部“防溺水”安全工作专题视频会议精神。

【扎实开展志愿服务工作】　8月4—11日，学校组织多批党员志愿服务队分别进入洎阳街道庞公桥社区和八一社区，开展“双创双修”志愿服务工作。9月15—17日，组织全体党员干部到各自所在社区助力“第七次人口普查”。从10月1日起，学校组织教师志愿者参与“文明劝导、志愿服务”活动。每天安排3名教师，到天湖路与洎阳北路交叉口红绿灯处引导交通秩序，劝阻制止不文明的交通行为。

（市第六中学）

乐平市第八中学

【概况】　市第八中学前身为塔山中学(2003年9月，江维子弟学校与电化子弟学校合并成立塔山中学，由先前的省属厂矿子弟学校划归地方政府管理)，因教育资源整合，2009年8月由乐平市人民政府批准，与坎上中学合并成立。2012年9月，学校迁至新校址。整所学校焕然一新，总投入1000余万元。学校坐落于翥山脚下，洎水南岸，塔山街道办天济村境内。学校交通便利，与乐平城区仅一河之隔。校园环境优雅。校园占地面积10000平方米，校舍建筑面积近6025平方米。有教学楼、学生宿舍楼各一幢。学校师资力量雄厚，共有在职教职工44人，其中本科学历15人，中学高级教师33人。教师中有市县优秀教师、优秀班主任、师德标兵、学科带头人10人。学生547人，共设11个教学班。

2020年,由于在教育教学工作方面成绩突出,获得了"全市中小学教育教学督导评估第三名",获二等奖,被中共乐平市委、乐平市人民政府评为"教育教学先进单位"。

【多管齐下抓德育】 学校着眼学生发展,深化教育改革,坚持"德育为首,五育并进",把德育工作放在学校工作的首位。坚持校长负责,统筹安排;教师为主,全员参与;教学为主,学科渗透;学校为主,各方协调。成立了校长为组长的学校德育工作领导小组,形成校领导班子、党支部、政教、团队、班主任组成的全方位多层次的工作体系,建立学校良好班集体、班主任工作十评比制度,健全德育的激励机制。认真制订德育工作计划,不断丰富德育内容,对不同年龄段的学生提出不同的要求,低年级主要抓好养成教育和文明礼貌教育,高年级抓好品德和诚信教育,并利用重大节假日广泛开展形式多样的爱国主义教育活动,同时加强对家庭教育指导和学生实践指导,努力形成家庭、社会、学校"三结合"教育网络,如开办法制讲座、开展交通安全教育,召开远离毒品、远离网吧、疾病预防、食品安全教育主题班会等,丰富的教育活动强化了学生的文明意识,塑造了学生的文明形象,改变了学生的精神面貌。

为不断密切家校联系,达到共同教育学生的目的。学校坚持每学期召开两次家长会,开通家校短信互动平台,发放致家长的一封信,经常进行家校联系,不定期进行家庭访问的工作制度,努力转变广大家长的人才观,加大宣传力度,进而带动社会各界教育观念的转变。

【控辍保学显成效】 学校控辍保学规定明确,责任落实,措施得力,制定了《乐平八中控辍保学工作机制》《乐平八中控辍保学奖惩制度》,学校领导分年级包干,对各自年级的控辍保学工作进行具体指导,并负责年级的家访工作。

对贫困生的帮扶提出了具体明确要求,班主任和课任老师都有对学困生的辅导计划,责任帮扶、情感帮扶、经济帮扶三管齐下,任课老师分类对学生进行教学,力求让学生学有所得,保证招得进,留得住。

关爱留守儿童是学校做好控辍保学工作的一个重要方面。学校一是关心他们的健康成长和道德品质教育,特别是把缺失的家庭教育在学校给予补偿,并在三好学生评比中增设学习进步奖;二是争取政策支持,把党和政府的关怀和温暖送到他们的心坎上。

【规范管理抓质量】 健全了教学常规管理工作的各项规章制度,并严格执行教学常规。加强了课堂教学的规范管理,补充和完善了《教学管理细则》,对课堂教学各个环节都作了具体要求。每学期都对学生发放了《向四十五分钟要效率——课堂教学问卷调查表》,做到对每位教师优缺点都有详细的了解。对教师有检查、考核、评价、奖励等措施;教学组织严密、实施有序、监督调控及时有效。

在加强教学管理的同时,进一步加强了师德师风建设。严格控制学生在校时间;没有在节假日上课、补课现象;组织教师认真学习贯彻执行上级教育行政部门有关规定,切实减轻学生过重的学习负担。学校没有教师从事有偿家教活动。

【文化建设美校园】 1. 加快校园建设。重视校园绿化、美化、净化、亮化建设。设有校务公开橱窗和通报表彰批评栏,每天进行校园广播。加强卫生管理,建立健全卫生包干和检查评比制度,各年段班级成立保洁小组,自我服务班级做好学校的保洁工作。2. 丰富校园文化。打造"洎水之南、读书圣地"特色校园文化,以爱国主义为中心,举办讲座、知识竞赛、征文、演讲、主题班会、参观访问、社会实践等校园文化活动,开通了校园广播,建设八中网站,既营造了浓郁的学校文化氛围,又加大了对学校的宣传报道。

【安全工作不松懈】 成立了以校长为组长的"乐平八中安全工作领导小组"。每学期邀请法制副校长到学校进行法制教育讲座。制订了安全工作责任书,层层签订,明确职责,营造氛围,强化教育。保卫科主要负责对学生的法制安全教育。办公室和总务处一起主要负责学生教育教学安全检查,学生活动场所安全检查。总务处主要负责检查校内安全及卫生情况。各处室、各年级能够在各自系统范围内主动开展自查、互查活动,把安全工作作为考评各部门、班级和每位教职工的重要条件,在对班主任进行考评时,实行安全责任事故一票否决制。

(市第八中学)

乐平市第九中学

【概况】 市第九中学(原乐平市二中分校)位于乐平市大连路206国道旁,始建于2017年8月。2020年学校有49个教学班,在校学生2600多名,教职工150余人,学历达标率100%。适龄人口入学率100%。学校有图书50000余册,教室全部安装了“班班通”设备。

【加强党风廉政建设】 坚持把党风廉政建设工作摆在全校工作的突出位置,纳入全校总体工作思路当中,制定了《党风廉政建设实施意见》《党风廉政建设责任追究制》等各项管理制度,把党风廉政建设作为纯洁党员教师和教职工的头等大事和重要的政治任务狠抓落实。健全组织,明确责任。落实领导责任,成立廉政建设领导小组,开成了学校党支部领导、校长负总责,副职领导分工协作,齐抓共管的校党风廉政建设责任制领导小组,全面负责部署、协调、指导学校各项反腐倡廉工作,将专项工作的目标分解到各科室和各岗位,落实到每一个人,形成一级抓一级,层层抓落实的工作机制。定期召开支部党员大会。充分发扬党内民主,保障党员在党内行使表决权和选举权,支持他们对党的工作提出意见,认真对待他们所提出的意见。其次是集体决策制度。凡涉及重大项目安排和大额资金使用,都必须通过学校支委会集体讨论,在教职工大会上公布决定。

【依法规范各项工作】 全面贯彻党和国家的教育方针。依照教育法律、法规制定了学校章程,依法规范学校各项工作,明确了学校办学宗旨以及对社会的承诺。以学生的终身发展奠定坚实的基础为根本任务。坚持“以生为本,和谐发展”的办学宗旨,以“育人是根本,质量是生命,安全是保障,规范是形象”的治校方略,加强校风建设,规范办学行为,严格按照规定收取有关费用,坚决杜绝乱收费现象发生。扎实推进学校各项工作,努力把学校办成管理科学、设施先进、环境优美、校风严谨、师资优秀、质量一流、家长满意的学校。

【全面提高教师素质】 进一步强化了“科研兴教、质量强校”意识,高度重视教研教改作,完善教研教改目标管理和激励引导机制,鼓励广大教师参与校本教研,同时尽可能地为教师创造条件,加强与兄弟学校的业务往来,提高教师的专业知识、教学技能水平。认真组织开展“校本研修”活动、“常规听评课”活动,为适应教育信息化的要求,大力支持鼓励教师积极参加各级各类继续教育培训和信息技术培训。开展青蓝工程,让有经验的老教师与新教师结对子,以老带新,以新促老,营造浓厚的教研学习交流氛围,促进学校的教学工作发展。

【校园活动丰富多彩】 充分挖掘校园人文资源,以校园文化活动为载体,以学生发展为根本,推动校园文化建设,力求让每位学生在校园文化的浸润下,激发学生爱校、爱国情感,增强学生的荣誉感和责任感。同时,注重寓教育于活动之中,组织了一系列的活动:如开展了“竞选大队长”演讲比赛、“12·13”国家公祭日活动、“最美乐平”征文活动、书画比赛、元旦联欢会演、冬季趣味运动会、“庆六一”文艺会演、“百灵鸟”学生歌唱比赛、“弘扬中华传统美德”演讲比赛、数学竞赛、英语拼写大赛、语文书写大赛、“春芽”杯播音员选拔大赛、三人制篮球赛、校园歌手大赛、师生绘画展览、英语故事会、元旦文艺会演、语文朗读比赛等一系列社团活动,是学校教育教学成果的综合展示,为学生提供了施展才华的机会和舞台,培养了学生的兴趣和能力,丰富了师生校园生活,提升了学校的办学水平,发展了学生综合素质,充分展示了九中学子朝气蓬勃、团结进取、奋发向上的精神风貌。坚持每周一次的国旗下讲话制度,每一个讲话者根据学期初确定的讲话主题开展德育教育,收到了较好的德育效果。学校广播站每天三个时段播音,发挥其宣传作用,成了学生锻炼和展示自我的平台。

【教育教学成果喜人】 始终坚持“德育为首,育人为本”的办学理念,全面贯彻教育方针,狠抓教学常规管理和校风、学风建设,办学效益日趋显著,教育质量稳中有升。虽然仅仅4年的时间,学校就已取得了一些可喜的成绩:继八升九录取20人后,首届毕业生中考成绩喜人,700分以上9人,乐平中学统招上线18人,三中统招上线34人,一中重点班(录取线623分)上线125人,全校791考生中,普通高中上线530人,上线率68.8%,其中乐平一中(录取线535分)上线271人。另外,乐中体育特长生录取8人,1人录取师范小学教育专业,1 人录取师范学前教育专业。

教师参与各项比赛成绩喜人:周磊老师的课例《第五单元 环球之旅(一)——亚洲之声——唱歌——樱花》被评为江西省 2019 年度“一师一优课,一课一名师”活动“优课”三等奖,执教的微课《最美京剧》荣获第二十六届江西省中小学、幼儿园教师优秀教学资源展示活动二等奖;胡红艳老师被授予全省优秀共青团干部称号,指导少先队员在全省第五届红领巾讲解员风采大赛中荣获一等奖;马国忠老师在全省第六届中小学班主任专业技能展示活动中,撰写的劳动教育典型经验荣获中学组二等奖;王蓓、万晶老师在“智慧作业”微课征集活动中,分别有数节公开课被“赣教云”平台收录,万晶老师参与编写教育类图书《以物价与课程标准物理作业本(配沪科—粤教版)八年级上册、下册、九年级全一册》;刘礼萍老师主讲的江西省中小学家庭教育课程项目的公益直播课《营造良好的家庭氛围对孩子成长的影响》被江西高校出版社家庭教育研究中心采用。

【安全教育有序推进】 教育全体师生牢固树立“安全重于泰山”的意识,充分利用周前会、国旗下讲话、广播站、宣传窗、观看班班通等各种阵地,在全体师生中,进一步增强安全工作的法制观念,切实做到学校发展与学校安全两头兼顾,通过签订安全工作责任书,以做到领导落实、岗位落实、措施落实。通过与家长签订安全责任书,明确了彼此的责任和义务,加强了学校、家庭双边监管的力度。认真抓好师生安全教育,每周开展的主题班会中涵盖交通安全教育、消防安全教育、食品安全教育、防溺水安全教育、网络安全教育、禁毒教育,同时积极采取各种预防措施,强化校舍、教育教学设施、食品卫生安全、走读生安全和学生的交通安全。由于学校特殊的交通环境,每天的上学、放学都安排了老师在马路上站岗执勤,维护家长、学生、老师的安全问题,楼道每天安排了值日教师巡视,维持秩序,保证学生安全,及时处理突发状况。深入开展了创建“平安校园”专项整治活动,加强了校园周边环境的综合治理,提高了自我防范能力,优化了育人环境。

【教育脱贫扎实开展】 切实解决家庭经济困难学生就学问题,坚持“以学生为本,为学生服务”的工作理念,规范工作程序。1. 精准识别,健全建档立卡适龄。2. 加强资助政策宣传。进行资助政策宣传,加强对资助范围、资助标准、资助程序等重点政策内容的宣传,充分利用课堂、校园网、广播站、宣传橱窗、进村入户、家访、“致毕业生一封信”等多种形式,加大对学生、家长等重点人群的宣传力度,做到国家资助政策家喻户晓。3. 学生台账,确保不错不漏一人;精准施策,确保教育“9+5”政策落地见效;根据景德镇市教育局下发的《关于对建档立卡贫困户子女辍学情况摸底排查的通知》认真做好摸底排查、辍学生劝返工作,下发“教促入学通知书”并留存家长签名的非因贫辍学的家访记录,认真填写《建档立卡贫困户家庭辍学情况排查表》与《建档立卡贫困户家庭辍学学生劝返记录表》。保障义务教育阶段建档立卡学生控辍保学成效,建档立卡辍学学生要做到 100% 返校。

【信息化建设卓有成效】 目前拥有短焦投影 25 套、25 套 65 寸一体机、2 套 86 寸移动一体机、1 间专递常态化录播教室、3 间录播教室。所有教室,教师办公室全部接入乐平市教育城域网,保证了教师授课、备课、办公的需要。校园广播系统每天定时定点智能广播,对学生进行安全养成教育。图书管理系统,改变传统手工登记方式,实现数学化的图书管理,配以图书条形码扫描仪使得图书的借阅、归还更为快捷高效。引进阅卷管理成绩分析系统,可以针对不同学科,不同年级,不同班级根据不同的需求指标分析成绩,从而对班级学科学生个人进行跟踪管理。成立爱心培优班,引进 60 套读书郎智慧课堂电子书包,义务为学生授课,大大服务于学生。学校组织教师 3 人次参加全省青少年科技竞赛骨干辅导员培训,组织教师 3 人次参加 3DONE 软件培训,组织教师 200 余次赣教云 2.0 教学通使用培训。 (市第九中学)

乐平市教师进修学校

【概况】 认真贯彻落实党的十九届五中全会精神,克服疫情影响,统筹推进疫情防控和培训工作,为推动乐平市教育的深入发展做出了贡献。

【党建引领促工作】 开好“不忘初心、牢记使命”主题教育的总结报告会,组织开展五级书记讲党课活动,要求党员进一步提高政治站位,增强政治定力,加强政治修养和业务能力,爱岗敬业、履职尽责,勇争先、走在前、做表率。结合主题党日,深入学习习近平新时代中国特色社会主义思想。积极做好基层党支部的“三化”建设,使支部党建工作又上一个新台阶。加强领导班子和干部队伍建设,增强党组织的凝聚力和战斗力。教职工在党总支的引领下,争当学校发展、服务群众的先锋队、排头兵,凝聚起加快学校教育发展,追赶超越的工作合力。

【筑牢战“疫”防控线】 成立了以校长王盛有为组长,其他班子成员为副组长的疫情防控领导小组,统一部署指挥协调全校疫情防控工作。面对新冠肺炎疫情,广大党员积极参与学校所在地社区——程家边社区和个人居住地社区疫情防控工作,开展捐款,共计捐款4950元,其中退休老党员捐款3250元。组织成教学员在各自的家乡积极投身疫情防控工作和捐赠活动。2012级大专班学员雷波于2月8日捐赠5000余千克各个品种绿色蔬菜给鄱阳县人民医院。

【纵深推进师训工作】 启动江西省“国培计划”示范县建设工作,并成功入选江西省“国培计划”示范县。

全年共完成六大类2400余人的培训:1.5月22—24日举办旨在提升了参训教师自身的心理健康水平和识别化解中小学生心理问题的能力,提高基层学校心理健康教育水平的第六期心理健康教育教师培训,参训教师101人。2.自6月5日起举办了6期班主任、政治教师意识形态和师德师风教育培训班,培训对象1200余人。以提高教师对学生的意识形态教育能力。3.9月18—27日,开展2020年新教师岗位培训,培训新入职教师410人。11月13—15日举办2020年高中及补训新教师培训,培训人数92人。4.旨在提升近年新入职校长管理水平的第十三期小学校长岗位培训于10月14—18日举办,参训人数120人。5.旨在提升书法教学水平和鉴赏能力书法培训于11月6—8日举办,有来自全市各小学的120名教师参训。6.12月11—20日,举办新教师岗位提升培训,旨在通过解决新教师在教育教学中普遍遇到的瓶颈问题,整体提升新教师教育教学水平。培训人数约410人。

【成人学历教育上台阶】 面对新冠肺炎疫情,学校通过微信、QQ群重点抓学员自学环节、辅导环节、作业环节、考试环节的管理。从入学引导入手,注重学法指导、学中辅导、学成复导环节,将学员个性化自主学习和多元化导学辅导面授相结合,独立学习与小组协作式学习相结合,传授专业知识与强化专业实践教学环节相结合,诚信学习教育与过程监督相结合,保证学员学有所得,学有所成。

【职称晋聘圆满完成】 1月2日召开教代会,根据学校形势发展实际,对原制定的《乐平市教师进修学校教师专业技术职称聘任工作细则》上进行了更为科学合理的修改,并在会上予以通过。4月8日启动职称晋聘工作,历时一个月,圆满完成了2020年职称晋聘工作。

【后勤保障稳步推进】 各项常规工作有序开展,扎实开展民主理财工作,做好“双创双修”和综治维稳扫黑除恶等工作,开展“烟头革命”行动。

强化后勤管理制度化,对不按有关规章制度执行的人员严格责任追究制。组织开展教职工参与法律知识学习、考试和学习强国知识竞赛。

【职工之家和谐温暖】 充分发挥工会的职能作用,通过开展趣味投篮、乒乓球竞赛,看望生病或丧亲教师,走访慰问退休教师等活动,提升了教职工的凝聚力和向心力。

【文明创建志愿服务】 继续开展精准扶贫工作。校工会和文明办联合组织开展“我们的节日”系列活动,引导教职工开展志愿服务活动,开展义务献血和捐款活动,积极响应“金秋助学”爱心公益项目,发起教职工捐献爱心活动。10月捐款1650元。

【工作成绩捷报频传】 先后被评为江西省国培项目示范校,国家开放大学教育部“一村一名大学生工程”优秀教学单位。

许多教师获得各类奖励。占捷被评为2020年江西省电大系统优秀教师年度人物,吴寿平的书法作品多次入展全国书法作品展,张建平撰写的《战“疫”心连心,我们在一起》一文获全市教育系统战“疫”主题论文二等奖,江峻被国家开放大学评为“教育部‘一村一名大学生计划’学生优秀创新创业案例优秀指导教师”。

（市教师进修学校）

乐平中等专业学校

【概况】 学校位于乐平市金山工业园区，环境幽雅，风景如画，交通便利，市区公交车可直达。学校占地面积 300 亩，建筑面积 30000 平方米，是周边县市区规模最大的公办普通中专及职业技术培训基地，学校实行全封闭式管理，四人一间带独立卫生间的学生公寓、24 小时热水供应、宽敞整洁卫生的食堂使学校具备了全省一流的学习及生活环境，是江西省省级示范校。学校拥有学前教育、计算机应用、电子商务、数控技术应用、汽车美容与装潢、园林绿化、古建筑修缮与仿建七大专业，2016 年起增设“三校生”高考班。2020 年在校生共 1800 余人。

【中高职对接及校企合作】 学校与江西陶瓷工艺美术职业技术学院进行合作，使用“3 +2”分段联合培养模式（初中起点 3 年制中专加 2 年大专），与其签订了《中高职合作办学协议》，合作专业为电子商务专业。学校与江西吉安职业技术学院“中高职对接 3 +2”合作，合作专业为学前教育，每期 150 人。校企合作方面，与江西汉辰泽云教育科技有限公司达成合作协议，合作专业为数控技术应用专业工业机器人方向。以上专业为企业定向培养相关人才，学生入学即签订协议，百分之百定向就业。另外，与“985”重点院校合作举办学历提升教育，可使广大学生获取大专及本科文凭，还面向社会举办汽车维修及美容装潢、数控与机械加工、计算机软件等技能培训。

【教学工作及师资建设】 强化管理工作的科学性、实效性，在课程设置与课表安排上注重了现代教育理念和科学、严谨的治学精神，在仅有的师资条件下（部分科目教师不全），合理编排各级课程表，修订教师教学考核细则，举行多种形式的活动，使教学工作井然有序。特别是强化了备课、上课、考查等工作，杜绝了用陈旧教案上课，缺课、迟到、早退现象较少。晚自习规范，教风、学风、考风良好，教学质量较为理想。学校还要求每一位教师根据新课程标准的要求，立足课堂，面向全体，正确把握教改方向，改进教学方法，着力培养学生学习能力，科学挖掘学生内在潜能，促进学生文化素质稳步提高。提高教师素质是教学工作重点之一，推行集体备课，评课等活动，并举行优质课比赛，大大激发了教师的学习、教学积极性，使教师业务水平有了很大提高。“以赛促教”是近年来的新模式，此举极大提高了教师的课堂积极性和课堂教学质量。5 月末，组织全体参赛教师赴江西电子信息工程学校参观学习。12 月，孙莉娟等 6 位教师被省厅认定为“双师型”教师。

【打造平安校园】 先后组织法律知识讲座和法律知识竞赛，实行 24 小时值班制度和学生出入登记及门卫管理制度，严把学生及校外社会人员的出入关。与农科园派出所进行安全协防，设立警务室，每天由一名学校领导和一名中层干部值班，另聘请七名教官参与管理，每幢宿舍楼安排一名宿管员，并制订出完善的安全工作制度。积极开展全校安全排查工作，通过“119”火警宣传日的宣传、教育，大大提高学生自我保护意识，从根本上杜绝消防安全事故发生。

【开辟第二课堂】 组织教务处与校团委、学生会、各体育老师联合开展丰富多彩的课外活动。3 月份的校园植树节活动，9 月中旬对全体新生进行为期两个星期的军训活动，另外还有迎新生晚会、烧烤节、校园爵士舞大赛、“中国梦，乐职心”演讲比赛、每周的“快乐星期天”“乐职好声音大合唱”比赛、趣味运动会、2018 级学生感恩毕业晚会、新年元旦晚会等。这些课外活动不仅极大丰富学生的课余生活、提高学生学习热情，也大大增强班级凝聚力，而且为扩大学校社会影响也起到积极作用。

【开展各类社会培训】 进行了为期 3 个月的全省退伍军人技能培训，培训人次共 120 人。这些培训的开展为学员们今后找到合适的工作打下了坚实的基础。

【办学条件改善】 通过公开招标或邀请招标，实施的项目有 1、2 栋学生宿舍维修改造，5 号学生宿舍装饰工程及路面硬化，旧宿舍供水改造等。另有 1.37 亿改扩建工程项目已于 10 月启动，建筑面积 4.65 万平方米。

（市中专）

科学技术

【概况】 面对新冠肺炎疫情带

来的严峻考验，乐平市科技局以习近平总书记新时代中国特色社会主义思想为指导，深入贯彻落实中央、省、市创新驱动发展战略，围绕“六稳”“六保”任务统筹推进各项工作落实，把增强创新能力作为乐平高质量跨越式发展的重要举措，较好完成了各项工作目标。

【疫情防控】 紧扣疫情防控形势，加强疫情防控、解惑辟谣，较好地完成了科普宣传任务；与共库管理局党员干部一起，持续做好了共库管理局疫情防控的联防联控工作；积极引导高新技术企业、科技型中小企业积极参与乐平市红十字会、市慈善会发起的捐款捐物的爱心活动，先后向乐平市红十字、乐平市慈善会捐款、捐赠防疫物资达 300 多万元。

【项目计划管理】 共获批市级以上科技计划项目立项 31 项，其中中央引导专项资金 1 项，省级 2 项，景德镇市级 28 项，争取项目资金 76 余万元；本级共下达科技计划项目 42 项，安排经费 100 万元；实施省市级“一村一品”专项 13 项，获批经费共 60 万。推荐 2 家企业申报省、市“科贷通”，共获得贷款 600 万元。

【研发投入和技术交易】 全年有创新活动企业数量达到 30 家以上，全社会研发投入（R&D）达到 3.53 亿元，占全市生产总值（GDP）的比重达到 0.99 左右，技术合同交易额达到 13000 万元以上，较上年增长 261%。

【创新平台建设】 乐平市生态农业科技园区晋升为景德镇国家农业科技园区，为乐平市增添一个“国”字号新名片，获批景德镇市级科技特派员工作站 23 个，全市高新技术企业达 40 家；24 家企业通过国家科技型中小企业评价。

【扶贫工作】 实现了科技特派员在乡镇全覆盖，以政策、技术、人才等创新要素为抓手，着力开展了成果转移转化、创业载体建设、科技特派员创业扶贫、进乡入村科普和挂点帮扶等五项行动，为全市脱贫攻坚提供了有力的科技支撑。

（市科技局）

气　象

【概况】 乐平市 2020 年总的气候特点是：气温比历年平均值偏高，降水偏多，日照偏少，属偏丰年景。

【气温】 年平均气温 18.6℃，较历年平均偏高 0.5℃。年极端最高气温 36.9℃，出现在 8 月 3 日，年极端最低气温 -5.8℃，出现在 12 月 31 日。

冬季（12 至次年 2 月）平均气温 8.5℃，与历年同期偏高 1.4℃，12 月 12—16 日、12 月 28—31 日出现了两次强寒潮天气，最低气温降至 -5.8℃。

春季（3—5 月）平均气温 18.3℃，较历年同期平均偏高 0.8℃。日平均气温稳定通过 10℃的初日为 4 月 1 日，较历年平均晚 10 天，稳定通过 15℃的初日为 4 月 22 日，较历年平均晚 15 天。有倒春寒，有清明寒。

夏季（6—8 月）平均气温 28.3℃，较历年同期平均偏高 0.2℃，7 月 17、7 月 22—24 日、7 月 31 日—8 月 5 日以及 8 月 14—20 日分别出现了日平均气温≥30.0℃、日极端最高气温≥35.0℃的晴热高温天气。

秋季（9—11 月）平均气温 19.0℃，与历年同期偏低 0.4℃，有轻度寒露风。

【降水】 年降水总量 2137.9 毫米，较历年平均偏多 311.3 毫米。

冬季（12 月—2 月）降水总量 374.0 毫米，较历年同期平均偏少 56.0 毫米。

春季（3 月—5 月）降水总量 574.4 毫米，较历年同期平均偏少 123.5 毫米。

夏季（6 月—8 月）降水总量 925.0 毫米，较历年同期平均偏多 255.0 毫米。

秋季（9 月—11 月）降水总量 297.5 毫米，较历年同期平均偏少 60.0 毫米。

【日照】 年日照总时数 1571.2 小时，较历年平均偏少 232.7 小时，年日照百分率 35%。

【主要气象灾害】 暴雨洪涝：6—7 月强降水天气频发，造成全市各个乡镇不同程度受灾。其中 6 月受高空槽、低涡、切变线和西南急流影响，出现了 4 次强降水天气过程，过程普降暴雨，大暴雨；造成全市所有乡镇不同程度受灾，截至 6 月 30 日全市受灾人口达 18642 人；直接经济损失 712 万元，其中农业经济损失 376 万元、家庭经济损失 84 万元、基础设施损失 252 万元；农作物受灾面积 2174 公顷；损坏房屋 13 间，紧急转移安置人口 374 人。7 月 2—10 日受高空槽和低涡、切变线共同影响，出现了2次强降水天气过程，截至7月11日造成所有乡镇（街道）不同程度受灾，受灾人口达116944人；直接经济损失11942.035万元，其中农业损失8561.71万元；农作物受灾面积12004公顷，其中农作物成灾面积12004公顷，农作物绝收面积234公顷；倒塌房屋2间，严重损坏房间数9间，一般损坏农房间数149间；应急转移人口4787人，需紧急生活救助人口6902人。

【气象服务】 面对强降水、雷暴大风、高温、寒潮等复杂多变的天气形势，坚持上下联动、严密监测、科学分析、及时预警、主动服务，有效应对了6月份的4次强降水过程和7月2—10日的强降水过程以及12月出现的两次强寒潮等灾害性天气，全年通过气象呈阅件、手机短信、电视、报刊、网站、电子显示屏、气象预警大喇叭等多种渠道对外发布气象灾害预警信息158条，预警种类覆盖寒潮、雷电、暴雨、大风、大雾、高温等，制作发布气象呈阅件22期，气象旬月报48期，农业气象服务材料60期，其他服务材料25期，电视天气预报366期。认真做好了节假日和重大活动气象服务保障工作，及时提供元旦、春节、两会、中高考等节假日和重大活动专题天气预报服务。

【人工影响天气】 不断加强人工影响天气能力建设，对作业设备进行定期年检和维护，对作业人员开展培训。时刻做好人工影响天气作业准备，密切关注天气变化，年内共开展人工增雨作业5次，发射火箭弹20余枚，有效地缓解了高温干旱天气，为全市抗旱保丰收取得了明显的社会效益和经济效益。

【防雷安全】 按照防雷减灾有关法律法规的要求，把防雷工作纳入安全责任制管理，严格规范行政行为。牢固树立“科学防雷、安全防雷”的管理和服务理念，推进城乡防雷安全建设。加大对易燃易爆、危化品、油库、气库等防雷安全重点单位的监管力度，要求各防雷安全重点单位建立健全防雷安全工作管理制度，切实落实企业安全主体责任。年内联合应急管理局开展了防雷安全督查检查。同时，加强对中小学学校、旅游景区等人员密集场所的防雷安全检查，对不符合要求的设施，督促其进行整改和完善，努力减少雷电灾害和损失，切实保护人民群众生命财产安全。

【气象科普宣传】 结合“三下乡”、“3·23”世界气象日、防灾减灾日、科普活动周、全国科普日、安全生产月等活动开展气象科普宣传，通过电视天气预报、气象手机短信、“乐平气象”微信公众号、气象电子显示屏等向公众广泛宣传气象防灾减灾知识。向市民、社区居民、学校学生、企业职工、农民朋友等发放气象科普宣传单和宣传册20000余份。与景德镇市气象局在第三中学联合开展了一次首席预报员进校园活动。加强全市乡镇信息员队伍建设，加强互动，切实做好监管与联络工作，为全市防灾减灾和安全度汛提供了有力保障。

（市气象局）

表1　　2020年乐平市气象资料表

项　目	月　份											
	1	2	3	4	5	6	7	8	9	10	11	12
平均气温（℃）	7.3	10.6	14.1	16.9	23.9	27.0	28.4	29.6	22.8	19.2	15.1	7.1
极端最高气温（℃）	26.0	26.6	26.9	32.3	35.5	34.7	36.2	36.9	34.1	31.1	29.6	17.3
出现日期	6	24	25	30	4	12	29	3	7	3	18	28
极端最低气温（℃）	-1.9	-2.0	5.6	6.1	15.2	20.3	23.2	22.7	16.9	9.7	7.1	-5.8
出现日期	29	17	11	12	13	19	7	29	23	23	29	31
降水量（毫米）	216.8	109.0	189.0	102.1	283.3	463.3	348.2	113.5	204.4	40.3	52.8	15.2
单日最大降水量（毫米）	51.3	25.2	35.7	32.9	56.3	110.8	100.8	35.8	29.3	15.2	16.3	8.6
出现日期	23	15	29	21	15	10	8	11	16	4	23	29

续表 1

项　目	月　　份											
	1	2	3	4	5	6	7	8	9	10	11	12
降水日数(≥0.1 毫米)	16	12	18	11	16	22	17	6	20	8	11	5
最长连续降水日数	6	7	6	8	6	8	9	3	12	4	8	2
降水量(毫米)	137.2	64.0	92.8	93.3	80.9	107.7	287.7	64.2	139.4	18.9	42.1	5.9
起止日期	22—27	10—26	26—31	26/3—2	5—10	18—25	2—10	10—12	13—24	16—19	22—29	13—14
日照时数(小时)	62.9	98.4	82.6	188.4	144.4	96.3	156.0	258.3	91.3	136.8	147.3	108.5
日照百分率(%)	19	31	22	49	34	23	37	63	25	39	46	34
相对湿度(%)	87	81	83	72	80	84	84	78	89	79	78	79
最小相对湿度(%)	34	25	25	21	22	52	49	46	30	24	21	24
出现日期	31	18	14	13	12	17	23	18	7	23	8	31
最多风向	NW	ENE	E	E	ENE	E	E	E	ENE	N	NW	N
平均风速(米/秒)	1.9	2.1	2.2	2.0	2.1	2.5	2.4	2.3	1.7	2.0	2.1	2.0

表 2　　2020 年乐平市气象现象初终日期(日/月)表

项目名称		上　年　度			本年度初日
		初　日	终　日	初终间日数	
霜		2/12	18/2	79	—
雪		16/2	16/2	1	14/12
积雪		—	—	—	—
结冰		29/1	18/2	21	—
最低气温(≤0℃)		3/12	18/2	78	15/12
地面最低温度(≤0℃)		3/12	18/2	78	15/12
当年	雷暴	25/2	17/9	206	—
	无霜期日数	317			—
	日平均气温≥5℃	18/2	13/12	300	—
	日平均气温≥10℃	1/4	26/11	240	—
	日平均气温≥20℃	26/4	4/10	162	—

文旅新闻

文旅事业

【概况】 2020年，市文广新旅局坚持落实上级文旅工作部署，扎实开展疫情防控、提升文旅融合发展水平、完善公共文化建设体系、推进全域旅游发展等工作，谱写文旅融合发展新篇章，迈出文化旅游新步伐，为建设特色鲜明的赣东北新明珠做出了文化和旅游新贡献。

【扎实开展疫情防控】 及时关停全市网吧76家，影院4家，歌舞娱乐场所31家，酒吧1家，游戏游艺场所1家，景点景区3处；督促星级酒店做好规范化疫情防控措施；常态化巡查排查全市公共文化娱乐场所暂停营业及旅行社、A级景区出入境旅游人员情况。支援村（社区）疫情防控，融合文化数字资源，为市民提供线上公共文化服务，支持引导文旅企业复工复产。

【推进公共文化服务体系建设】 申报全国一级文化馆、三级博物馆，推进市文化馆、市图书馆总分馆制建设试点工作；持续开展“文化惠民下乡”活动，送书籍20000余册，送电影5100场次，送戏下乡30余场次；完成336家乡镇（街道）、村级（社区）综合性文化服务中心标识标牌挂牌挂牌；打造乐港、农科院等乡镇综合性文化服务中心示范点。启动中波实验台（乐平861台）迁址重建工作。

【加强文化遗产保护与利用】 拍摄制作《乐平古戏台营造》宣传片；分别启动维修国保浒崦戏台安防项目、戴村上房戏台和宗祠维修项目、张家戏台、甘村戏台维修项目；成立了南窑遗址保护利用工作领导小组，南窑遗址确认为景德镇市大遗址申报世界文化遗产六大要素之一，完成南窑遗址保护范围和建控地带划定工作；“赣鄱青韵 · 瓷都之源”南窑陶瓷文化陈列展厅全面完工，正式对外开放。推荐申报第四批省级非物质文化遗产代表性传承1人，申报景德镇市第六批市级非物质文化遗产代表性项目1项，申报景德镇市第四批非物质文化遗产生陶瓷文化陈列展厅全面完工，正式对外开放。推荐中报第四批省级非物质文化遗产代表性传承1人，申报景德镇市第六批市级非物质文化遗产代表性项目1项，申报景德镇市第四批非物质文化遗产生产性保护示范基地1处，待公布乐平市县级非物质文化遗产3项。

申报2021年债券乐平市南窑遗址文化旅游建设项目及乐平市南窑遗址保护利用项目。

【开展系列文化活动】 举办第四届乐平市春节晚会；开展“4 · 23世界读书日——致敬最美逆行者抗疫”主题系列活动、“5 · 18国际博物馆日——致力于平等的博物馆：多元和包容”主题活动、“5 · 19中国旅游日”和“6 · 8中国遗产日”主题活动；开展“古戏台风情展”、“馆藏历史文物展”、“方志敏在乐平活动史迹展”、“迎新春、庆佳节”书画艺术作品展；承办2020年江西群众舞蹈大赛乐平选拔赛；参加扫黑除恶专项斗争原创小戏小品大赛和景德镇市第41届群众歌咏月活动；结对“名家传戏工程”，名师王耕梅来乐传授指导青年演员戏曲知识。

【启动全域旅游示范区创建】 全面启动全域旅游省级示范区创建及十四五文旅规划项目，成立全市创建国家全域旅游示范区工作领导小组；参加文化旅游宣传推广会，介绍乐平文化旅游资源；申报AAAA级乡村旅游点和文化旅游能人支持项目。

【夯实重要指标挂图作战任务】 全市335个村级（社区）综合性文化服务中心已全面挂牌；《瓷 · 心》剧本第五稿正在讨论中；乐平市创建国家全域旅游示范区工作领导小组已经市委常委会第133次会议通过。

【开展文旅市场行业专项整治】 深入开展网吧市场整治行动、校园周边环境整治行动、“扫黄打非”专项整治行动、扫黑除恶专项整治行动；共出动执法人员1368人次，执法车辆86车次，检查各类文化经营单位1136家次，立案查处违规经营单位19家，处罚网吧17家，处罚书店2家，扣缴销毁非法音像制品68张和非法书籍208本。

【获得荣誉】 抗疫文艺作品赣剧《无论生死解民悬》受到省文化和旅游厅表彰；电影文学剧本《凌空一鹤》获得国家电影事业发展专项资金扶持电影创作生产项目。市图书馆被评为2020年度江西省公共数字文化服务先进单位和江西省古籍保护工作先进单位。

（市文广新旅局）

广电网络

【概况】 广电网络部门大力实施舆论引导能力提升工程、新时代精品工程、智慧广电建设工程、视听江西工程、安全播出工程、管理优化工程等六大工程，积极应对疫情影响，完善政策措施，创新思想方法，公司加强内部管理，实行全员绩效考核机制，广电网络事业产业发展实现新突破。

【加大网络工程覆盖】 为进一步开拓市场，促进广电网络事业发展，对全市城区所有小区通达有线电视数字信号，宽带信号全覆盖。

【实施智慧作业工程】 深入实施智慧作业、新时代文明实践中心平台，持续推进广播电视便民工程，启动了智慧作业进学校工程，新时代文明实践中心平台进入全市各基层党支部，做到广播电视与新一代信息技术融合创新。

【强化网络维护】 始终坚持以省公司“信”立广电网络，“诚”就精彩生活的发展理论，坚持真诚为广大用户服务无私奉献，真正做到用户需要随叫随到。

【促用户促发展】 全市有线电视管理采取网格服务，深入社区宣传，上门服务到户，全年共发放宣传资料2万余份，摆摊设点100余场，保用户、促发展全年保持常态化。

（市广电网络公司）

图书发行

【概况】 江西省新华发行集团有限公司乐平市分公司按照省发行集团公司“一业为主，多元经营”的发展战略，努力巩固图书主业，着力搞好多元经营，积极提升企业效益，不断整合企业资源，细化内部管理，培育先进企业文化，振奋精神，坚定信心，攻坚克难，扎实工作，努力实现乐平市分公司健康稳步发展。

【指标完成情况】 全年实现营业收入9592万元，实现利润总额1566.32万元，圆满完成当年各项销售任务。

【教材发行工作】 坚持社会效益第一的原则，切实履行中标后的服务承诺，做好教材售后服务工作，确保教材教辅发行工作大局的稳定，保证“课前到书，人手一册”，全年发行教材316.7万册，码洋2443.3万元；发行教辅可代购教辅销售码洋2856万元。为乐平市教育事业的发展和地方经济建设做出了应有的贡献。

【一般图书销售】 不断提升中心门市部服务质量，强化市场营销宣传，内抓管理，外塑形象，图书门类齐全合理，店容店貌焕然一新。图书品种达到2.4万种左右，全年完成销售图书码洋340.3万元。

【发展多元经营】 一是与民营手机商强强联手，壮大乐平市新华移动手机广场实力。坚持媒体宣传做足文章，强化手机销售和售后服务，全年销售223万元。二是加强和上海晨光文具股份有限公司合作，大力支持、积极配合乐平市晨光生活馆的销售，全年晨光生活馆销售码洋12万元。三是研学活动扎实开展。把研学活动作为新的增长点，副经理袁雪冰直接负责，积极联系学校，与乐平市中小学合作，组织研学活动11次，2900人次，码洋57.42万元，取得了良好的成果。

【农家书屋配送】 “农家书屋”工程建设是一项惠及广大农民群众的民生工程，也是推进社会主义新农村建设的一项基础工程。农家书屋配送工作任务下达后，迅速成立了领导小组，组织了专题会议，由集团公司副经理王丽洁为组长并亲自带队分2组，在当地新闻出版分局及残联的积极配合下，短短12个工作日，加班加点，早出晚归，跑遍全市19个乡镇、街道办，266个自然村，共配送农家书屋266家。并帮助指导各村图书管理员图书分类上架，以及怎样进行图书管理，圆满完成了年度农家书屋配送工作，取得了良好的社会效益和经济效益。

【培育企业文化】 一是大力开展精神文明创建。充分发挥书店的主渠道和精神文明建设的阵地作用，大力开展精神文明创建活动，全员上下比文明、赛文明蔚然成风，时刻不忘省级“文明单位”的表率作用，积极申报创建十五届省级文明单位。二是广泛开展道德讲堂。广泛开展以“身边人讲身边事、身边人讲自己事、身边事教身边人”为主题的“道德讲堂”活动。有力激发全体干部职工学先进、树先进、做先进。三是学雷锋争先锋。大力弘扬雷锋精神，积极营造“奉献、友爱、互助、进步”的良好氛围，干部职工积极参加“学雷锋，争先锋”组织引导广大青少年和社会公众积极参与志愿服务行动。四是志愿者活动蔚蓝成风，全分公司人人争做志愿者，开展丰富多样的志愿者活动。如：和帮建村留守儿童一对一结对助学、2020 扶苗行动、协助文明交通等。累计志愿者服务时 39700 余小时。五是主动加强帮建活动，先后投入资金 12 万元对精准扶贫、精神文明、新农村、综治帮建村、社区共建进行针对性帮建，并取得了良好的效果。

【规范内部管理】 一是加强党风廉政建设。严格执行中央八项规定精神，把纪律挺在前面，进一步落实省发行集团关于企业廉洁从业的有关规定，规范经营管理，严肃财务纪律，推进党风建设和反腐倡廉工作。二是完善进销存管理。加强经营收入现金收款及应收账款管理，确保应收账款全部到位。三是健全管理机制。规范内部管理，制定系列规章制度，建立考核激励机制，使各个岗位权责明确，奖罚分明。四是注重开源节流。严格预算管理，加强成本控制，努力降低费用开支。五是加强综合治理。把社会治安综合治理工作和安全生产工作纳入重要议事日程，狠抓落实。六是发挥工青妇组织的作用。工、青、妇组织在上级组织和分公司党支部领导下，充分发挥本组织的职能作用，积极参与本单位精神文明创建，为企业献计献策，当好参谋，创效益、做贡献。

（新华集团乐平分公司）

融媒体

【概况】 乐平市融媒体中心按照上级宣传部门要求，多管齐下，全面发力，积极推进媒体深度融合，取得了“1 +1 >2”的可喜成效，融媒体中心建设也取得了开创性进展。

【媒体融合】 5 月，市委正式任命了融媒体中心主任，进行了事业单位和事业编登记。原乐平广播电视台和乐平新闻编辑部实现人员整合和集中办公，市融媒体中心建设情况于 9 月 16 日通过省委宣传部组织的联合验收。乐平市融媒体中心将原乐平市广播电视台、乐平新闻编辑部所有人员划归市融媒体中心，同时由市融媒体中心根据新的“三定”方案要求，优化结构力量，按照人岗相适的要求，自主竞聘、双向选择，重新划分和设立部室，激发了人员积极性。

【工作成效】 融媒体中心成立以来，通过人员、机构整合，服务市委、市政府中心工作的电视时政新闻栏目《乐平新闻》和报纸《乐平新闻》等重新进行定位，节目内容充分丰富，受众影响力得到明显提升，同时建立了以“乐平融媒”移动客户端为主要载体，包含《乐平新闻》数字报、“乐平之窗”“乐平广电”微信公众号、“乐平发布”微博、乐平政府网站（新闻版块）、乐平融媒体中心抖音号 10 多个等平台的移动传播矩阵。“乐平之窗”粉丝近 8 万人，“乐平融媒”App 下载量已超过 10 万人。建立了统一调度中心，实现融媒体资源（包括媒体平台、采访力量、硬件设备、新闻素材）统一调度。特别是 2020 年疫情发生以来，乐平融媒闻令而动，第一时间投入疫情防控，围绕强信心暖人心聚民心，统筹把握疫情和民情，4—6 月，复工复产、“六稳”“六保”新闻多次在中央新闻媒体和省新闻媒体播发，为疫情防控和经济社会发展营造了良好氛围。与此同时，加强与中央、省市主流媒体联络，聚焦大报大台大网，加强选题策划，精心设置议题，加大推介力度。在央视《朝闻天下》《新闻直播间》和其他中央媒体上稿十多篇，有效提升了乐平的知名度和影响力。

【事业发展】 在市委、市政府的大力支持下，投资 350 万元完成了融媒体平台建设项目，通过对传统媒体采编流程的再造，实现了“一次采集、多次生成、多元发布”，至此完成兼具报纸、电视、广播、微信、微博、网站、手机 App 等多元化全媒体融合的发展道路。市融媒体中心完成了电视转播的数字化改造，交付广播电视台使用。 （市融媒体中心）

乐平市历代名人暨洪皓马端临（历史文化）研究会

【概况】 市历代名人暨洪皓马端临（历史文化）研究会紧紧围绕阐发、传承、弘扬优秀传统文化这一工作重心，为着挖掘、研究、推介乐平这座省级历史文化名城的厚重人文历史，在建设优秀传统文化传承体系、推动乐平文化事业的发展繁荣上，做出了成绩。

【文化研究有方向】 秉持“崇贤启后、鉴古知今、资政育人、存史传薪”的既定办会宗旨，一方面在对历史文化的挖掘、阐发中，坚持唯物史观的指导，重对历史人物、历史事件所蕴含当代思想价值的挖掘，重对历史文化优长方面的阐述，重对当下青少年启迪教化作用的发挥。另一方面，注重服务中心，服从大局。全国性的大事或地方性的要事，如抗击新冠肺炎疫情、纪念抗美援朝70周年、纪念红十军建军90周年、纪念共产主义水库建成通水60周年、脱贫攻坚的战果等，都有会员参与，有或撰写或组稿的文章。

【抗疫参战有行动】 在抗击新冠肺炎疫情的人民战争中，名研会参战有行动，会员抗疫有贡献。有的参与防控值岗、测温检测等工作；有的服从大局、配合社区，做好个人及家人的防疫工作；有的撰文作诗，在“乐平之窗”有关抗疫专栏中刊发，或被通信企业运用在群发手机短信中广为传发。尤其是会员们踊跃为抗疫捐款，微信群中一倡导，很快得到响应，有57人捐款，共达6300元。

【纪念缅怀有活动】 列入年度回望、缅怀的先贤名人主要有：诞生930周年的北宋摄蜀帅、抗金名臣许尹，诞生900周年的南宋副宰相、钱币学家洪遵，诞生720周年的明代“开国忠臣”、高阳郡侯许瑗，诞生560周年敢斗权奸遭贬的明代知府程诰，诞生500周年的“扶瞽婆八年抱瘫婆七载”明代孝妇黎罕璧，诞生210周年的清代名中医蔡有道，诞生120周年历经磨难、自强不息的光自强，诞生110周年的首任乐平县人民卫生院院长、县政协副主席周志鸿，诞生100周年的瓷都“当代花鸟大王”张景寿，诞生90周年的原中共乐平县委书记、省水电局副局长孟庆余，诞生90周年的原中共乐平县委副书记、景德镇市政协主席廉润生。

为了缅怀红十军将士的历史功绩，弘扬红十军将士的革命精神，传承乐平的红色基因，联合众埠镇党委、市委党史办，在红十军诞生地众埠承办了全市性的纪念中国工农红军第十军建军90周年活动，两位会员在座谈会上作主旨发言，并得到好评。

【挖掘阐发有新作】 组织力量编写了一本以历史发展时间为主线索、兼编年史与纪传体为一体的新书——《乐平历史概览》，该书收录了历版乐平县志与有关文献记录的截至新中国成立前的重大历史事件、重要历史人物、于今尚在的一些历史遗存，作为2019年5月出版的以乐平多元文化为写作内容的《山翥泊灵——历史文化名城乐平阐微》（该书2020年获景市第九次社科成果政府奖）一书姊妹篇，奉献给读者。

对乐平历史上的人物，通过会刊发文，继续向人们推出了一些今人知之不详或鲜为人知的历史人物。对乐平的红色文化的研究，有结合纪念红十军建军90周年，缅怀方志敏在乐平的革命活动与探讨红十军精神的文章；也有写当年庙前战斗故事、写乐平最早的鸣山煤矿党支部领导工人罢工的文章。

【“指”媒纸媒有内容】 通过继续编写书籍、办好会刊《翥山泊水》、运用好现代“指”媒“乐平文化与乡贤”微信公众号，以及研究会网站及其他传媒渠道，不断推出会员们对乐平地方文化的研究成果，做到“指”媒、纸媒有内容。《翥山泊水》全年出刊4期，2020年起正式改版为彩印，共刊登了84篇各类文稿，约22余万字。办好微信公众号“乐平文化与乡贤”，全年共推出53期167条以乐平地方历史为主要内容的文化信息。

【文化宣介有参与】 在市内的一些文化活动中积极参与，付诸努力，发挥作用。全市性的重大项目，共产主义水库纪念馆、坝口沿江景观楼建设、乐平市青少年校外活动中心党史馆及家乡史馆、大田石凌鹤广场、鸬鹚乡情乡史馆，有会员或参与谋划或提出意见建议或提供布展内容；市委开展的纪念中国工农红军第十军建军90周年活动，名研会是具体承办单位之一；市人民武装部办军史展馆，会员为之提供部分有关资料。

【对外交流有往来】 在乡贤程绍沛、余佐赞等人的支持和协调下，市名研会与《辞海》进行了沟通，终于迎来2020年8月出版面世的《辞海》（第七版），已正式修正乐平先贤洪皓及其三子洪适、洪遵、洪迈籍贯为“乐平（今属江西）人”。

应安徽淮南有关方面的邀请，派员参加了7月5日在安徽寿县召开的“洪皓博物馆展陈内容专家评审会”，对陈展内容的基本框架及突出洪皓功业展现的当代思想价值等问题提出了建议，得到淮南方的采纳。在上半年抗击新冠肺炎疫情期间，乐平马氏联谊会联系马来西亚、俄罗斯、加拿大等国家与中国澳门特别行政区等地的马氏宗亲，以及乐平市马氏企业家，累计捐款145666元，支援乐平抗击疫情。

（市名研会）

卫生体育

卫 生

【概况】 2020年,全市卫健系统共有县、乡、村三级医疗卫生单位660家。县级医疗卫生单位有人民医院、中医医院、妇幼保健院、疾控中心、卫生计生综合监督执法局、皮防所等6个;乡(镇)卫生院19所(其中中心卫生院6所);社区卫生服务机构7所,医务室2所,门诊部10所,民营医院15所;个体诊所86个;村卫生室513个(其中零差率351所和非零差率162所),覆盖全市所有村委会;其他医疗机构2所(疾控中心预防接种门诊、结核病门诊、美沙酮门诊)。全市卫健系统在编人员1367人,其中委机关56人,市直医疗卫生单位817人,乡(镇)卫生院494人。全市卫健系统共有退休人员782人。全市共有执业(助理)医师1679人,注册护士2014人。有注册乡村医生1014人。全市医疗机构共设病床4008张。

2020年全市出生人口8154人,出生率8.15‰。其中男4364人,女3790人,出生人口性别比为115.15。死亡人数2349人,死亡率2.44‰。人口自然增长率5.71‰。

【上级领导调研】 5月12日,省卫健委党组成员、副主任朱烈滨率调研组一行到乐平市,就中央脱贫攻坚专项巡视"回头看"反馈健康扶贫问题整改等工作进行督导调研。朱烈滨一行深入镇桥中心卫生院、镇桥镇华家村卫生计生服务室实地了解健康扶贫问题整改落实情况,并来到江西天新药业股份有限公司、市疾控中心和市卫生计生综合监督执法局等单位,就疫情防控、职业健康、卫生监督等工作开展情况进行调研。朱烈滨一行充分肯定了乐平市前一阶段健康扶贫所取得的工作成绩,并指出,2020年是脱贫攻坚决胜之年,时间紧、任务重,全市卫生健康系统广大干部职工要统一思想、坚定信心、脚踏实地,围绕"基本医疗有保障"这一主线,扎实做好健康脱贫各项工作,坚决打赢脱贫攻坚战。

【新冠肺炎疫情防控】 在市委、市政府的坚强领导和景市卫健委的精心指导下,统筹推进疫情防控和卫生健康各项工作,实现了全省县级二甲医院治愈新冠肺炎确诊患者出院的首例,市疾控中心获得全省抗击新冠肺炎疫情先进集体称号。卫健系统作为疫情防控的主力军,自新冠肺炎疫情以来,市卫健委党委带领全系统党员干部职工取消休假,夜以继日地投身到抗击疫情一线工作中。一是充分发挥医疗机构发热门诊哨点作用,落实预检分诊,严格实行首诊负责制,对发热病人和新住院病人全部实行核酸检测。综合研判疫情风险,发布预警信息。二是加强120指挥体系建设,由专车接送疑似病例到定点救治医院诊疗,对全市二级医院和乡镇卫生院发热门诊(诊室)全面进行改造升级,加快人民医院、中医医院传染病区建设,人民医院作为定点救治医院,启用中医医院和乐平二院备用定点医院。三是加强人员队伍储备,对所有医务人员(包括乡医)开展全员核酸检测采样培训4767人,开展新冠肺炎救治人才培训246人。开展核酸检测人员培训47名检测人员取得资质。将中医医师纳入医疗救治专家组,开展医务人员核酸检测采样培训以及新冠肺炎救治培训,在人民医院、中医医院开展了应急演练。四是增强核酸检测能力,人民医院、中医医院、疾控中心已具备核酸检测能力,同时储备了第三方检测机构。五是加强防控物资储备,按照医疗机构满负荷运转30天需求储备各类实物医疗物资。六是做好宣传教育工作。着眼舆论氛围营造,讲好卫生健康和抗疫故事,推动健康知识普及,树立卫健系统良好形象。

【实施党建引领】 委党委先后17次召开党委(扩大)会议专题学习研究部署疫情防控、脱贫攻坚、扫黑除恶等工作,并纳入了党委中心组学习内容,定期召开工作协调推进会。疫情防控以来,成立3个临时党支部,组织13个党员志愿服务队(不含乡镇卫生院和村卫生室)进社区、厂矿、帮扶村开展疫情防控中工作;积极组织全市卫健系统党员干部职工2次捐款,共计285959元。火线入党的医护人员8人,申请入党的医护人员已达111人,积极靠拢党组织的人数还在持续增加。2020年,按计划培养9名预备党员转正,8人吸收为中共预备党员(不含火线入党人数),为党组织增添新鲜血液。

【健康乐平建设】 实施健康乐平,全方位全周期保障健康。一是健康乐平开新局。出台了《健康乐平2030规划纲要》和《关于健康乐平行动的实施意见》,组建了16个专项行动工作组。二是公卫服务惠民生。建立常住人口居民电子健康档案77.7万份,签约乡医644人,实行村卫生室一体化管理,为居民提供基本医疗、医保报销、健康扶贫、基本公共卫生等服务。三是健康扶贫夯底线。落实了先诊疗后付费、一站式结算、"四道保障线"等健康扶康各项优惠政策,开展10种大病免费救治2507人和25种大病专项救治79人,免费为贫困户接种流感和肺炎疫苗共3202人次,发放健康工具包6307份。四是一老一小同兼顾。所属医疗卫生机构与全市所有养老机构签订了医养签约合作协议,省卫健委、景德镇市和乐平市人大先后到乐平二院调研医养结合工作。开展建档立卡失能贫困老年人健康照护工作。通过全国健康扶贫动态管理系统对高风险失能贫困老年人1094人开展失能评估,已核实核准的失能贫困老年人159人。各医疗卫生机构围绕"提升健康素养、乐享银龄生活"这一主题,广泛开展老年健康宣传活动。争取到国家补助普惠托育项目6个,托位498个,建成1家托幼工作培训中心,托幼机构备案7家。

【推进综合医改】 一是以综合医改为统领,完善服务体系。市被确定为全省15个县域综合医改试点单位之一,以人民医院、中医医院为牵头单位,整合18家乡镇卫生院,推进两个医共体建设,逐步完善基层首诊、双向转诊、急慢分治的分级诊疗制度。二是以项目建设为载体,提升医疗保障能力。公共卫生应急医疗救治中心建设项目稳步实施,中医医院改扩建项目的综合大楼、急诊大楼、附属大楼已竣工人民医院综合大楼项目稳步推进,预计2021年6月可投入使用。三是以专科建设为抓手,提升医疗水平。市人民医院完成创伤中心、危重新生儿救治中心建设及挂牌,加快推进胸痛、卒中、危重孕产妇救治、健康体检等中心建设;中医医院针灸科、心病科获省级基层特色专科称号;妇幼保健院建设VIP产科病区和儿童早期发展中心。在加强自身专科建设的同时,人民医院与同济大学附属医院、中医医院与洪都中医院、市妇幼保健院与上海红房子医院等组成医联体,定期选派专家到乐平相关医院坐诊,使群众在"家门口"就能享受优质、便捷、高效的医疗服务。

【疾病预防控制】 开展传染病网络直报工作的管理和网络维护、业务技术培训,做好新冠肺炎、手足口病、人禽流感、肠道传染病、登革热、艾滋病、结核病等传染病防控工作,积极开展第四轮综合防治示范区工作,加强艾滋病、性病报告管理,推进扩大检测,实施综合干预,规范性病管理,落实贫困家庭关怀救治等工作。做好寄生虫病、地方病、慢病防治工作,全年无本地感染疟疾病例与输入性疟疾病例,未发生鼠疫"疫情三报"[报告病死鼠(獭)、报告疑似鼠疫病人、报告不明原因的高热病人和急死病人]。2020年脑卒中高危人群筛查与干预项目在礼林卫生院开展现场干预工作,已经完成。做好免疫规划工作,在原有"五苗"接种率达90%目标基础上,不断提高新增疫苗接种率,疑似异常反应调查率和处置率都达到100%。开展抗洪防病应急防控工作。2020年,全市连续强降雨,导致多数乡镇严重受灾,及时成立灾后防疫防病卫生应急领导小组,抽调专业人员20余名组成3个救灾防病消杀分队,深入受灾地区开展消杀工作指导,并现场为村民进行灾后居家和环境消杀。使用84消毒液3000多瓶、漂白精片2000余瓶,漂白粉300多千克,发放宣传单20000多份,到2020年底,没有因洪灾而造成传染病传播,确保了洪灾过后无大疫。

【爱国卫生运动】 持续巩固省级卫生城市创建成果,深入开展爱国卫生运动,做好新冠肺炎疫情防控工作,大力推进"厕所革命"工作助推乡村振兴。一是深入推进卫生城镇创建,2020年,洪岩镇被全国爱卫会正式命名为“国家卫生乡镇”；二是制定下发《关于深入开展爱国卫生运动做好新冠肺炎疫情防控工作的通知》文件，协调抓好全市环境卫生综合整治行动，助力常态化疫情防控工作，积极开展“防疫有我、爱卫同行”第32个爱国卫生运动月活动，动员机关、企（事）业单位、乡镇、社区（村）、学校、公共环境、公共交通、“五小行业”等积极开展消杀、保洁、排查、登记、宣传、走访等活动。三是加强和规范病媒生物预防控制工作，积极开展病媒工作业务培训，组织全市冬春季集中灭鼠和夏季灭蚊、灭蟑螂活动，严防登革热等疫情的暴发流行。四是积极配合推进农村“厕所革命”各项工作，组织各乡镇（街道）相关部门、驻村干部和施工人员参加农村“厕所革命”户厕技术指导专题培训，针对三格式化粪池户厕建设要求、管理维护等内容进行讲解和指导，并发放农村三格式户厕建设技术规范指导手册。大力推进全市乡村公厕建设及完善提升工作，不断改善农村人居环境，2018—2020年，全市新改建133座乡村公厕投入使用，超额完成省、景德镇市下达任务数。

【基层公共卫生】 继续实施基本公共卫生服务项目，加强常住居民电子健康档案管理，抓好高血压、糖尿病等慢性病的随访，加强家庭医生签约工作。开展乐平市基层医疗卫生机构整治活动，进一步提升基层就医环境、医疗服务规范。通过开展基层卫生人才能力提升培训项目、乡村医生能力在线培训、基层（卫生院、乡村医生、社区机构）疫情防控知识线上培训、举办基本公共卫生服务项目管理培训班等方式加大培训力度，共培训1074人次。积极开展优质服务基层行活动。按《关于做好江西省2019年“优质服务基层行”工作的通知》精神，基层卫生机构积极开展创建活动，接渡镇卫生院自评达标，景市卫健委组织专家对达标的医疗机构进行审核通过，接渡镇卫生院达到基本标准。

【人口信息共享】 加强出生信息互联互通，实现全员人口信息与产妇入院分娩、出生医学证明管理信息实时共享，同时与公安户籍人口信息无缝对接，初步构建了“网络全方位、业务全纳入、人群全覆盖”的出生人口信息监测预警机制。着力抓好生育政策调整前后计划生育家庭扶助保障政策有序衔接，落实城镇独生子女父母奖励办法，抓好失独家庭一次性抚慰金政策落到实处；继续落实农村奖励扶助、关爱女孩阳光助学、0—14周岁独生子女父母奖励等政策。

【职业疾病防治】 根据《江西省尘肺病防治攻坚行动实施方案》的要求，乐平市尘肺病康复站建设试点为乐平市涌山镇卫生院，从11月开始开展尘肺病康复站试点建设工作。通过主要是“线上为主，线下为辅”的方式开展第十八个《职业病防治法》宣传周活动。举办乐平市职业病危害现状调查工作专题技术培训班，2020年已完成280家企业调查并录入系统，已审核通过280家企业。组织实施重点职业病监测，召开乐平市职业性尘肺病随访调查工作培训会；对全市200余家矿山、化工、建材、制造业进行职业病危害调查摸底，开展粉尘危害专项治理行动，纳入重点行业尘毒危害专项治理工作的企业共57家，职业病危害项目申报率达到100%。

【卫生监督检查】 强化服务能力建设，开展国家“双随机”综合执法，开展药店消毒产品和集中消毒餐饮具单位检查，严厉打击非法行医活动，加大公共场所、生活饮用水、学校卫生以及医疗机构卫生监督。完成国家“双随机”监督抽检任务180件，监督173家，关闭13家、下达监督意见书173份、完成167家，任务完结率100%。对市90家城区药店单位进行了专项卫生监督检查，下达整改意见书95份；对7家餐饮具消毒单位进行了卫生监督检查，下达卫生监督意见书7份。对未取得医疗机构执业许可证擅自开展诊疗活动的“黑诊所”、未取得医师执业资格人员和非法开展医疗美容行为进行了严厉打击，监督检查8家，下达监督意见书7份，立案7起。全年共监督检查940家，出动卫生监督员2745人次，1123车次，当场处罚273家，罚款17.66.立案64家，罚款76.39万元。

【医政医管工作】 慎始如终抓实抓细抓好医疗机构院感防控各项措施，通过强化疫情防控指导，建立起医疗机构和学校间分层分级医疗和信息沟通机构，落实好一对一或一对多结对服务关系，严格落实联防联控机制等措施，做好学校全面复学后校园新冠肺炎疫情防控工作。积极做好贫困家庭15种重大疾病专项救助工作，做好“光明·微笑”、尿毒症、重性精神病、儿童“两病”、妇女“两癌”免费救治工作，以及做好医疗机构日常监管等工作。

【妇幼健康服务】 继续做好免费婚检与孕前优生优育检查工作，全年婚姻登记人数为5339对，免费婚前医学检查人数5496对，婚检率102.9%。全市预防艾滋病、梅毒和乙肝母婴传播工作全年完成数8951人，为乙肝表面抗原阳性498例产妇所分娩新生儿均免费接种乙肝免疫球蛋白，接种率100%。2020年全市目标人群增补叶酸知识知晓率达到100%，叶酸服用率达到95.08%，叶酸服用依从率达到80.69%。开展农村“两癌”普查工作，2020年农村妇女两癌检查宫颈癌任务数为18000人，乳腺癌任务数是2000人，宫颈癌完成18847人，乳腺癌完成18919人。2020年全市城镇贫困妇女两癌免费检查宫颈癌三年总任务数为2949人，2020年实际已完成1855人，三年总完成2949人，完成率为100%。

【创建“平安医院”】 联合市监局制定了《开展扫黑除恶重点行业领域突出问题专项整治和创建“平安医院”活动实施方案》，组织学习《乐平市开展扫黑除恶重点行业领域突出问题专项整治实施方案》，制定下发《关于建立健全乐平市卫生健康领域和疫情防控领域防范黑恶犯罪推动长效常治机制的通知》。加大宣传力度，充分运用电子显示屏、板报宣传栏等加大宣传力度，同时发动服务对象和群众举报突出问题和乱象，推动各单位深入摸排，卫健系统所有单位设置举报信箱，每月填报黑恶线索摸排表、侵占国有集体资产、黄赌毒、行业乱象等报表，建立台账。制作了扫黑除恶专项斗争工作微视频，推送到省里参赛。江南都市网刊登了《乐平市卫健委开出〈中华人民共和国基本医疗卫生与健康促进法〉实施后首张罚单》。

【党风廉政建设】 按照中央、省委和市委的要求，严格执行中央八项规定精神，严格领导干部和全体党员廉洁自律制度，扎实改进“四风”，积极推进党风廉政建设责任制落实，时刻要求全体干部职工要坚定政治纪律、政治规矩和廉洁自律底线，不断转变工作作风，依法依规开展工作，努力营造风清气正、干事担当的氛围。

（市卫健委）

乐平市人民医院

【概况】 乐平市人民医院始建于1933年11月，2011年9月23日实施整体搬迁。是一所集医疗、教学、科研、防保、急救和康复为一体的二级甲等综合性医院。医院占地面积为62919平方米，总建筑面积约53422.9平方米（不含感染病区），开设病床680张。综合大楼建设项目于3月开工建设，规划建筑面积34400平方米，楼层为13层。其中：地上综合大楼建筑面积23400平方米，地下建筑面积11000平方米。

【医疗业务】 全年完成门诊394370人次（含社区），与上年395584基本持平，收治住院病人34398例，较上年32678例同比增长5%。完成各类手术5779台，较上年5086台同比增长13%，“120”抢救急危重病人7646例，完成健康体检17327人次，“光明·微笑”工程为398例白内障患者成功实施复明手术。全年业务收入39421万元（含社区），较上年35576万元同比增长10%。医保报销人数24929人，报销金额18834万元。医院接受省大中专卫生院校实习生169人，选送医务人员外出进修23人，接收乡镇卫生院进修人员23人，较好地完成了教学培训任务。

【强化医院内部管理】 在院党委的高度重视下，新冠疫情防控工作贯穿全年，医院坚持疫情防控工作常态化，科学决策，合理部署，明确分工，责任到人，疫情防控工作得到上级领导的充分肯定。

1.周密部署，疫情防控常态化。主要是：迅速成立疫情防控救治医疗队伍，提升医院新冠肺炎核酸检测能力，落实疫情防控工作常态化，设立了新冠肺炎疫苗接种点。

2.科学管理，提升服务显成效。主要是：开设了专科门诊，开展了“我是患者、换位体验”活动，开展行政业务总查房，全面落实医疗安全核心制度建设，强化重点部门、重点环节的医疗安全风险管理，成立了县域慢病健康管理中心，设立了慢病专用药房，成立了创伤急救中心，成立了胸痛中心。

3.加强交流，医联医共促提升。主要是：加强与上级各大医院的合作交流，开展下乡慢病签约及义诊服务。

4.改善环境，保障服务促提升。主要是：引进专业物业管理，开展医院环境专项整治,全面更新指引标识,安排专人免费护送。

5.职业培训,内涵建设增合力。主要是:抓好目标管理与全员培训。

6.智慧建院,智能互联为便民,加大了智慧医疗建设力度。

(市人民医院)

乐平市中医医院

【概况】 全年业务总收入1.61亿元,同期增长12.79%;门诊108350人次,出院11846人次,实际开放床位450张,病床使用率77%,全年手术量2837台,同期增长14.9%;职工医保报销2885人,报销金额1813.8万元;职工慢病报销13639人,报销金额548.5万元;城乡居民外伤报销958人,报销金额801.2万元;城乡居民报销7333人,报销金额4089.2万元。城乡居民慢病报销21008人,报销金额758.4万元。7200人享受健康惠民优惠制度,让利金额136.9万元;为185位尿毒症患者免费血液透析23547人次。

徐德亮被中宣部评为"中国好人",江西省"劳动模范"、景德镇市"新乡贤"荣誉称号;胡庆花获评江西省"抗疫"先进个人;陶小霞、孙梦婷荣获江西省"战疫情有我家"最美家庭称号;胡庆花、吴衍钧、舒四锋、徐海丰荣获景德镇市"突出贡献好榜样"、景德镇市五一劳动奖章;景德镇市人社局记功一次;汪霞荣获景德镇三八红旗手;胡银花荣获景德镇市"学雷锋标兵"称号;胡伶清荣获景德镇市"杰出护理工作者"称号;华丽荣获景德镇市疫情防控社区"巾帼奋斗者"称号;廖新菊家庭荣获景德镇"文明家庭"称号。

【党建引领践行使命】 疫情发生以来,党员、团员纷纷递交"请战书",首例4名"白衣战士"主动请缨,勇敢逆行,在疫情最严重、群众最需要的地方,吹响了援助新余的"集结号",打响了一场保卫人民群众生命健康的疫情防控阻击战,并圆满完成任务,平安凯旋。

在"党建+疫情防控"的引领下,每名党员都是疫情防控的中流砥柱。4名在抗击疫情表现突出的医护人员"火线入党",一些非党员递交入党申请书。组织全体党员干部、职工、退休人员捐款,全院共捐款56226元,75岁高龄的退休党员刘基平凭着对党炽热的感情,在这个特殊时期捐款10200元。

【决战脱贫攻坚】 以决战决胜的姿态,因地制宜、精准施策。强调"精准到村到户到人"的帮扶措施,强化"产业扶贫、就业扶贫、生态扶贫、教育脱贫、健康扶贫"以及"农村危房改造、残疾人脱贫"等系统性扶贫脱贫政策的成效。投资106万元成立乐平市杏林春暖种养专业合作社,创办上南岸村榨糖厂和256亩油茶产业基地,消费扶贫80余万元,共为帮扶村助力帮扶资金285万元,不获全胜、决不收兵。努力让人民群众的获得感成色更足、幸福感更可持续、安全感更有保障。为乡村振兴打下坚实的基础。第一书记占敏华荣获2020年景德镇市"最美扶贫干部"称号,第一书记黄强荣获2020年乐平市名口镇优秀党员称号。

【引入先进技术】 开展经皮肾超声弹道碎石术、输尿管软镜治疗铸状结石、缺血性脑卒中静脉溶栓术、内镜下肠息肉切除术、冠状动脉造影+支架植入术、经股动脉插管全脑动脉造影术、消化道造影肠梗阻导管置入术、术中快速冰冻切片等新技术新项目,填补了乐平市医疗领域的空白。住院床位由原来200张增至600张。启动PCR方舱实验室、开启新型冠状病毒核酸检测工作快捷模式,购置成像人体测温初筛系统、核酸采样亭。8月经江西省卫生健康委员会批复乐平市中医医院为核酸检测机构,2020年检测新冠核酸10389人次,王青飞当选为县级医院唯一一名江西省整合医学学会病理学分会第一届委员会常委委员。

11月28日正式获得江西省卫生健康委员会"3级卒中中心"授牌,骨质疏松筛查和规范化诊疗能力建设项目启动,7月获评江西省景德镇区域"脑病诊疗中心建设单位",血透中心也经过景德镇卫健委验收并投入使用,科室现有血透机53台(包含血液滤过透析机5台);全新的大功率水处理设备1台,可提供100台以上血透机同时使用。12月重症医学科(ICU)、介入室正式开科运行,提高核心竞争力,以更好的技术服务急危重症患者,实现了一次里程碑式的跨越,为创建三级医院打下坚实基础。

【人才队伍建设】 输送45名医护人员到上级医疗机构进修学习,学习先进医疗技术及理念,主要内容涵盖心脏介入、神经介入、脑血管及外周介入、非血管介入、腔镜、微生物检验、肌骨超声、病理、中医儿科、中药制剂、妇产科及优质护理等方面；安排5名非中医类别医师，参加江西省中医药管理局举办的为期两年的“西学中”培训，各科护士长线上参加中华中医药学会主办的网络“西学中”全套课程；王思当选景德镇地区唯一一名江西省第二批中医药中青年骨干人才，退休中医主任医师程祥步潜心钻研业务，出版了乐平市第一部中医专著《程祥步医案医语论文集》。

邀请院内、外知名教授为中医院医护人员进行学术讲座20余次，内容涉及临床内外科、急救、防疫、医技及论文撰写、医疗纠纷等方面；同时按照上级要求开展了“新型冠状病毒肺炎防治”“新型冠状病毒肺炎核酸检测培训”全员培训工作，本年度在省级、国家级杂志发表论文6篇。

【基建工程项目】 改扩建工程是全市的重点政府民生项目，医院在严格落实疫情防控措施的前提下，改扩建工程稳步推进，2020年急诊大楼、医用附属楼已经封顶，已进入装修阶段，医院环境改造提升工程招标进行中，医院将科学规划科室布局流程不合理、优化车位不足等问题，完善医疗基础设施，提升医疗服务水平。

【抗疫志愿服务】 疫情防控期间，医院涌现了一批爱岗敬业逆行而上的“战士”，他们积极主动利用休息时间克服困难到社区、汽车站筛查体温，发放新冠肺炎宣传单，参加社会公益活动，无偿献血，传递正能量，用责任和爱心诠释医务工作者救死扶伤的天职，成立第一届妇女委员会，凝聚女职工力量，激发女职工活力进一步彰显。2020年“德亮”志愿服务者现注册270人次，志愿时长22万小时，“德亮”志愿服务队荣获乐平市抗疫优秀志愿服务队称号，“优秀新时代文明实践志愿服务组织”称号，11名医护人员荣获乐平市抗疫优秀志愿者称号。5名医护人员荣获“优秀新时代文明实践志愿者”称号。

血透室主任李良崽在抗击疫情一线中病倒，确诊为尿毒症，急需肾移植。全体医职员工向李良崽伸出援助之手，为他奉献一份爱心，共为李良崽捐款70050元。

（市中医医院）

乐平市妇幼保健院

【概况】 乐平市妇幼保健院始建于1953年，是全市唯一一所集医疗、保健、教学、科研于一体的二级甲等妇幼保健专科医院，医院占地面积35.5亩，建筑面积20000平方米，设置床位200张。全年医院业务收入为6175万元，同比增长10.78%；其中药品收入1240万元，药品比例为20.08%。住院人数为7391人次，较上年增长3.56%，门诊人次为97729人次，较上年增长3.10%，年分娩数4046人次，较去年增长0.35%。

【妇幼保健工作】 1.孕期保健。医院始终规范孕产妇保健中心门诊建设，对每位孕妇从早孕开始行围产期建卡，共建卡3251份。按照产前检查技术规范进行常规检查、高危筛查，对高危孕妇重点监测，加强管理，随访追踪，引导高危孕产妇提前住院待产，以保障母婴安康。

2.儿童保健。体检门诊对5795名0—6岁儿童进行了健康管理，并对复合建档要求的儿童建立了健康档案和填写儿童保健手册。对2151名新生儿进行了访视并记录，同时进行母乳喂养的指导。对324名高危儿进行了专案管理，对早产儿、低出生体重儿、窒息、高胆红素血症、贫血和佝偻病患儿进行了系统的治疗。对128名儿童进行了营养检测并管理。对城区40所幼儿园进行了卫生保健的督导。入托前的儿童体检800余人。儿童眼保健及视力筛查约7000余人，对这些儿童进行了专业指导及建议，并对视力有问题的儿童进行了用眼指导和及时的转诊。

3.婚检、孕优检工作方面：2020年国家免费孕前优生健康检查共完成1687对。免费婚前医学检查人数5168对，婚检率为99.99%。

【公共卫生项目】 1.农村妇女免费“两癌”检查项目。2020年两癌免费检查宫颈癌任务数为18000，乳腺癌任务数为2000。宫颈癌总任务数为18000人，实际完成18847人，完成率104.71%，乳腺癌任务数为2000人，实际完成2791人，完成率139.55%。

2.增补叶酸预防神经管缺陷项目。增补叶酸发放2376人，共计6844瓶。全市增补叶酸服用6981人，服用率94.16%；增补叶酸依从5678人，依从率81.33%。

3.预防艾滋病、梅毒和乙肝母婴传播项目。项目检测数5131人，其中检出艾滋病阳性1例，梅毒阳性14例。全市项目检测数6630人，其中检出艾滋病阳性7例（婚检3例），梅毒阳性22例。

【社区卫生服务】 共为辖区联盟社区内26460居民建立健康档案,0—6岁儿童健康管理7533人,孕产妇健康管理589人,其中早孕建册196人,产后家庭访视402人。对65岁以上老年人健康管理504人,高血压患者健康管理449人,糖尿病患者健康管理138人,重精患者健康管理88人。大力开展健康教育宣传课、主题宣传活动等。并与辖区居民签订家庭医生签约服务协议并完成履约。

【获奖情况】 荣获景德镇市三八红旗集体称号。

(市妇幼保健院)

体 育

【概况】 积极组织开展全民健身活动,发展壮大体育协会组织和社会体育指导员队伍,不断加强公共体育基础设施建设,积极推动全市体育事业发展。

【群众体育】 积极完成国家、省、市等各项工作任务。完成景德镇市第五次国民体质监测工作,样本总量640人。全面完成全国全民健身活动调查工作景德镇市任务,对抽样的九个乡镇(街道)13个村、居委会286人进行调查。承办“中国体育彩票杯”环鄱阳湖自行车精英赛景德镇乐平怪石林站比赛,荣获全省优秀赛区。全面完成国家体育总局、省市体育局下达的12块社会足球场地的建设任务。圆满完成江西省第六届全民健身运动会(乐平赛区)10个项目比赛,并获全省优秀组织奖。进一步规范了协会管理,对已成立的23协会完善了相关规范、管理工作,保证了协会工作的正常有序开展。三级社会体育指导员完成培训100多人。

【竞技体育】 认真抓好田径、篮球、男女足球等项目的训练;积极组队参加江西省2020年百县田径、篮球、男女足球、乒乓球比赛,荣获年度全省青少年业余训练精品县;积极组建少儿体操班,为省、市积极输送后备人才。

【场地建设】 按照活动有场所、健身在户外的要求,为配合“双创双修”,在全市新建全民健身工程20个;落实为民办实事,建设了12块社会足球场地;争取省体育局120万项目资金,完成了2个城市社区健身中心和2个村级健身中心的建设。为使健身场地覆盖全市每一个角落,积极争取有关部门的支持配合,要求在新建的小区及人群集中居住点安排一定的区域场地,作为群众开展体育活动的场所。

【体育产业】 体育产业与体育事业的发展紧密相连,是衡量一个地区体育整体水平的重要指标,全年体育彩票销售额5152万元。

(市体育局)

民政民生

综　述

2020年，市民政、就业、社保、医保等部门深入学习贯彻习近平总书记关于民政、民生工作重要指示和论述精神，紧密围绕市委、市政府中心工作和工作部署要求，认真践行“以人民为中心”的理念，坚持“稳中求进”的工作总基调，着力抓好底线民生保障、民政公共服务提升和基层社会治理创新等工作，为在与世界对话中打造特色鲜明的现代化赣东北明珠做出了积极贡献。

基层村（居）建设和区划地名

【基层民主】　做好村（居）委会书记、主任“一肩挑”工作。根据上级部门的部署和要求，部署了全市村书记、主任“一肩挑”，在9月底达到50%，年底前达到全面推行村书记、主任“一肩挑”的工作目标。通过深入细致的思想政治工作，积极引导村党员干部和群众正确认识提高村书记、主任“一肩挑”的现实意义，以实际行动主动参与这项工作中。截至10月底，已有241个村实现了村党组织书记任村主任“一肩挑”，占全市294个建制村总数的82%。其中，全市有涌山镇、十里岗镇、洪岩镇、鸬鹚乡、临港镇、双田镇等乡镇的村党组织书记、村主任“一肩挑”达到100%。

【社区建设】　开展“绿色社区　美丽家园”及农村社区建设试点申请和示范创建工作，按照景德镇市民政局《关于做好2019—2020年“绿色社区　美丽家园”示范创建工作的通知》及《关于进一步做好2020年度农村社区建设试点工作的通知》要求，我市申报“绿色社区　美丽家园”示范创建的绿色社区有8个，申报农村社区建设试点的农村社区有7个；前期已开展了对申报的城乡社区的调查摸底工作，并按照上级的要求进行了申报，并在9月份通过了检查验收，获得省级“绿色社区　美丽家园”示范创建的社区有5个，分别是浯口镇梅溪社区、接渡镇子安社区、涌山镇涌山社区、塔山街道上畈社区、鸬鹚乡杨湖社区，获得省级农村社区建设试点示范社区有5个，分别是众埠镇叶家村、临港镇下堡村、乐港镇大路边村、涌山镇杨潭村、十里岗镇篁坞村。

【区划调整】　根据江西省人民政府《关于同意景德镇市调整部分行政区划的批复》（赣府字〔2019〕38号）文件精神的要求：涉及行政区划界限要在12个月内完成勘定并更新行政区划图。为此，经多方协调工作，最后聘请景德镇市自然资源勘测规划院进行勘界测绘业务，并与其签订了《测绘业务合同》，目前，按照上级要求按质、按量、按时完成的了此项工作，通过了省民政厅验收工作。

【平安边界创建】　为巩固勘界工作成果，维护边界地区社会稳定和经济发展，根据省民政厅《关于做好2020年度行政区域界线联合检查工作的通知》（赣民电〔2020〕22号）精神及景德镇市、上饶市《关于印发万（年）乐（平）线联合检查工作实施方案》的通知（景民字〔2020〕57号）要求，开展了乐平与万年、乐平与德兴的县级行政区域界线联检工作，进行了县级行政区域界联合检查工作，共同协商制定了县级行政区域界联检工作实施方案，5月份进行了联合万年进行了实地踏勘，9月份联合德兴进行了实地踏勘，主要是进行界线走向及界线标志物的核查工作，10月份在联合踏勘的基础上，检查验收汇总资料。目前，界线的联检工作已顺利完成。

【新建道路命名】　随着城市建设的变化，很多新建设的道路未曾命名。为了更好地加强地名管理，适应对外开放和人民生活的需要，对乡镇（街道）上报道路命名情况收集整理，并开展了对我市城区新建22条道路命名广泛征求社会各界的命名意见及建议，10 月份通过了市委、市政府常委会研究，11 月份在乐平新闻报进行了登报公示，并及时下发了道路命名文件。

社会救助

【最低生活保障水平】　城市居民最低生活保障标准由上年的每人每月 660 元提高到每人每月 720 元；农村居民最低生活保障标准由上年的每人每月 400 元提高到每人每月 480 元；精减退职老弱残职工救济水平每人每月提高 40 元，城市的达到 495 元，农村的达到 455 元。各项提标提补工作全部落实到位，城市低保对象月人均补差达到了 450 元，农村低保对象月人均补差达到了 325 元。

【城乡低保动态管理】　严格按照“七不保”“四从严”“五步骤”的低保审核审批要求。全年累计新增城市低保对象 615 人，取消 911 人；累计新增农村低保对象 2180 人，取消 1092 人。2020 年末，全市共有城市低保 6192 户，13666 人；农村低保 14472 户，27569 人。

【农村五保】　集中供养标准由上年的每人每月 505 元提高到每人每月 625 元、分散供养标准由上年的每人每月 400 元提高到每人每月 520 元。完善了农村特困对象个人档案资料，规范了农村特困资金管理，农村特困供养资金实行按月发放，共发放农村特困供养资金 1424. 935 万元，其中集中供养资金 370. 109 万元，分散供养资金 1054. 826 万元。

【扶贫兜底保障】　加强与市扶贫办联系对接，将农村低保对象、农村特困人员与贫困人口进行数据核对。全年共将建档立卡一般贫困户 131 户 558 人纳入了农村低保。截至年末，列入建档立卡范围的农村低保对象有 5209 户 10919 人，农村特困对象 912 人，占总建档立卡贫困人口的 84. 94%。积极推进社会救助保障扶贫和“救急难”工作，临时救助共救助困难群众 469 人次，救助资金 55. 262 万元，并下达临时救助备用资金 362. 5 万元到各乡镇，用于困难群众的临时救助。把未纳入农村特困人员和农村低保范围的建档立卡贫困对象纳入定额付费专项医疗救助和支出型大病医疗救助范围。

福利慈善

【社会福利】　保障孤残儿童合法权益，对现有孤儿、事实无人抚养儿童实行动态管理，全市共有孤儿 46 人，其中机构供养 12 人，社会散居 34 人，事实无人抚养儿童 106 人。按照省民政厅对孤儿、事实无人抚养儿童基本生活保障政策规定，孤儿基本生活补助标准按城乡福利机构养育孤儿每人每月 1750 元执行，社会散居孤儿按每人每月 1350 元执行。事实无人抚养儿童 1350 元执行。

【福利项目】　争取国债项目资金 6000 万元，从 10 月开始启动对“乐平市社会福利中心”工程建设项目进行装修。乐平市城市公益性公墓、新殡仪馆及其他殡葬服务设施建设项目申报已完成并获得上级有关部门批准。10 月 21 日，新殡仪馆和城市公益性公墓已开工建设。

【慈善事业】　市慈善会接受新冠肺炎疫情专项捐赠共计 587. 72 万元，其中：接收捐赠资金 463. 52 万元，接收捐赠物资折价 124. 2 万元。开展“慈善一日捐”活动，接受全市干部职工捐赠款 72 万余元。落实“2020 省农商行助学”和“2020 景市金秋助学”项目，资助金额 17 万元。开展“百岁福”志愿服务项目，定期对全市 10 名百岁老人进行节日传统慰问、精神慰藉、家政卫生、健康指导等方面的服务。开展“童伴妈妈”项目，关爱留守儿童出成效。累计为当地儿童提供帮扶 1904 人次，开展日常活动 1438 次，开展主题活动 83 次。童伴妈妈通过家访关注孩子们学习和生活情况，搜集儿童家庭困难信息，帮助联系相关部门，童伴妈妈以真诚的关爱，专业的服务温暖了孩子们的心灵，给予了孩子们心理和情感支持，促进了乐平市儿童福利事业发展。

【福利彩票销售】　目前共有 63 个福利彩票投注站，全年彩票总销量共达 2900. 65 万元，其中电脑票销售 2382 万元（受疫情影响 2—3 月份休业），中福在线厅销售 436. 15 万元（受疫情影响 2—4 月份休业，7 月底按省福彩中心要求停业），即开票销售 82. 5 万元（受疫情影响 2—3 月休业）。

【未成年人保护】　加强未成年人和留守儿童关爱保护。通过摸底排查，全市有留守儿童 21772 人，其中困境儿童约 3000 人，占全市儿童总数的 4%。构建多方参与，社工介入，政府购买留守儿童和困境儿童社会工作服务项目，加快推动建立新型未成年人社会保护体系,市未保中心配备专业社工,乡镇(街道)配备业务骨干,村(社区)配备未保专干。全市21个乡镇均设立儿童督导员、387个村(居)委会设立儿保专干的目标,387名儿童督导员和儿保专干配发上岗证书。

社会事务

【社会组织】 全年批准成立社会团体7个,登记批准民办非企业单位13个,截至2020年年底,全市共有社会团体199个,民办非企业单位323家。

【收养登记】 全年办理福利院收养登记1起、群众收养1起。

【婚姻登记】 全市共办理婚姻登记11323对,其中结婚登记5422对,离婚登记2407对,补发婚姻证件3494对,登记合格率继续保持100%。

【养老服务】 全年度对后港镇敬老院、乐港镇敬老院、镇桥镇敬老院、涌山镇敬老院、接渡镇敬老院、浯口镇敬老院、众埠镇敬老院等7所农村敬老院进行了改造提升。在建制村建设了100个农村互助养老服务设施,使服务点增至196个。对民办养老机构进行消防安全、食品安全、防疫安全、环境安全、房屋安全、服务安全等工作进行了指导,促进改造提升,已有3所市场监督管理部门登记的民办养老机构进行备案,备案机构增至8个。各乡(镇)街道都已出台探视关爱文件,全面实行了对留老年人、高龄困难老年人的探视巡访和关爱帮扶服务。实行了特困全失能老年人集中供养,自愿集中供养人数达11人。继续申报了乐平市居家养老中心项目建设,在村(居)拟建336个居家养老服务设施为留守老年人、困难老年人、优抚对象老年人、计划生育政策户老年人进行服务。实行了依《养老机构管理办法》进行执法监管养老服务市场,全年养老服务有序发展。

【流浪乞讨人员救助】 全年,市救助站共接待和救助人员人59次,对符合救助条件的人给予救助,受助人员都得到了妥善安置。医疗机构救治、托养23人次;购票返乡11人次,外地接返7人次,护送返乡18人次。

(市民政局)

劳动就业

【概况】 市就业创业服务中心统筹推进疫情防控、经济社会发展和高质量打赢脱贫攻坚战的决策部署,围绕中心,服务大局,扎实做好"六稳"工作、全面落实"六保"任务,以实现更加充分更高质量就业为目标,强化就业优先政策,通过保障企业用工需求,稳定重点群体就业岗位,加大援企稳岗力度,严格落实各项就业优惠政策,全力保障就业形势的总体平稳,各项工作取得新进展,为"十四五"开好局、起好步奠定了基础。

【全力打赢疫情防控阻击战】 在疫情防控期间,市就业中心以"疫情就是命令,防控就是责任"的政治自觉,选派综合素质高的党员干部到洪岩镇段家村,严格落实交通防疫卡点工作。实行业务"不见面办理",办事群众通过与官网及微信公众号公布的联系人联系,进行申报材料准备,所需材料,扫描形成电子版发至指定邮箱,让群众更加便捷、高效地办理业务。储备疫情防控必备的物资,维护好全体干部职工的生命健康安全。加强监测、宣传和服务保障等工作,引导农民工合理安排节后返岗复工。在摸清全市劳动力资源和企业用工需求的基础上,组织线上招聘、视频面试,对滞留在本地的劳动力推行"点对点"送工模式,做到防疫与复工两手抓、两不误。

【坚决打赢脱贫攻坚收官战】 全面落实贫困劳动力就业扶贫政策,实施精准就业帮扶措施,克服了新冠肺炎疫情、洪涝灾情等给全市脱贫攻坚带来的风险挑战,实现贫困群众就业收入稳定。立足脱贫攻坚全面收官,将就业扶贫融入"十四五"规划常态化推进、制度化落实和长效化管理,建立健全就业扶贫长效机制,夯实筑牢返贫致贫防线。牵头起草了《乐平市关于建立健全就业扶贫长效机制促进贫困户稳定脱贫的实施意见》,围绕贫困劳动力稳定增收,通过外出务工、本地就业、公益性岗位兜底、产业创业带动等途径,力争贫困劳动力稳定就业,有力实现贫困群众就业收入稳定。

【重点打好稳就业保就业持久战】 全市城镇新增就业7237人,完成年度目标任务的129%;就业困难人员就业450人,完成年度目标任务的100%;城镇失业人员再就业2363人,完成年度目标任务的103%;零就业家庭安置率100%;新增农村劳动力转移 10423 人，完成年度目标任务的 105%，其中：省内转移 4700 人，完成年度目标任务的 107%；发放创业担保贷款 9418 万元，完成年度目标任务的 110%，扶持个人创业贷款 5618 万元，完成年度目标任务的 100%，新增担保基金 70 万元，完成年度目标任务的 100%，到期贷款回收率 99.9%；失业保险参保 26100 人，完成年度目标任务的 100%；企业职工岗位技能培训 5137 人，完成年度目标任务的 285%，创业培训 1154 人，完成年度目标任务的 109%，家庭服务从业人员技能培训 1642 人，完成年度目标任务的 357%。跨省外出务工 20.5 万人，防疫期间通过“点对点”的方式送工 2969 人，输送贫困劳动力 26 人。

【线上线下招聘搭建就业桥梁】 有效应对疫情冲击、强化稳就业举措，加大对高校毕业生、农民工等重点群体招聘力度，动态发布岗位信息，推行视频招聘、远程面试。乐平市 2020 年“春风行动”招聘活动由线下转为线上，邀请 173 家市内外企业参与，采集招聘岗位 1.8 万余个，开展线上招聘会 6 场，其中，高校毕业生专场招聘会 1 场，组织线上面试 6 次，网上招聘填写求职登记表 631 人。开展了 29 场线下招聘活动（其中，高校毕业生专场招聘会 5 场），进场招聘企业 442 家，共提供岗位数 37344 个，达成就业意向 2102 人，实现 31 名建档立卡贫困劳动力就业。

【落实援企稳岗政策稳定就业】 对生产消杀产品的江西省博浩源化工，给予一次性补助 99.2118 万元，发放 400 万元的创业担保贷款，其中 300 万元予以全额贴息。发放江西世龙实业一次性吸纳就业补贴 10 万元。向乐平市远创劳务派遣有限公司发放就业创业补贴 10.3 万元，向景德镇市百佳人力资源有限公司发放就业创业补贴 14.8 万元；失业补助金领取 119 人，发放金额 33.7 万元；发放失业保险金 99.59 万元，惠及 125 名失业人员，发放总量与去年相比增长 259.28%。扩大企业稳岗返还受益面，对裁员（减员）率不高于 5.5% 的中小微企业，返还其上年度实际缴纳失业保险费的 100%。发放 53 家企业稳岗补贴资金 197.95 万元，发放 2 家困难企业一次性稳岗补贴资金 348.33 万元，稳定职工 9357 人，发放总量同比增长 44.9%。

【开展职业技能培训促进就业】 贯彻落实《景德镇市职业技能提升行动实施细则（2019—2021 年）》有关要求，以企业职工为重点，大力开展岗前培训、岗位技能提升培训和新型学徒制培训。市新冠肺炎疫情防控期间，职业技能提升行动和技能扶贫工作有序顺利推进，动员市建档立卡贫困劳动力参加职业技能培训。开展了 152 期培训班累计培训 7684 人，其中：技能培训 66 期培训 2193 人次，企业职工岗位技能培训 70 期培训 5137 人，创业培训 16 期 1154 人，家庭服务从业人员技能培训 1642 人，完成年度目标任务，累计发放 989.12 万元技能提升补贴，惠及 47 家企业。

（市就业局）

社会保险

【概况】 市社会保险事业服务中心转变业务服务模式，提升经办工作水平，通过细化政策举措、精准执行政策、做好政策解读等方式，保民生、防风险、促发展、强基础，进一步完善养老保险制度，社会保险各项工作取得了新的成效。

【社会保险参保扩面】 全市企业职工基本养老保险、机关事业单位基本养老保险、城乡居民基本养老保险、工伤保险四大险种稳步回升，圆满完成“十三五”规划基本养老保险参保率 95% 的目标任务及省人社厅高质量发展考核要求，获得景德镇市人社局的通报表扬。参保情况：截至年底，企业养老参保 95540 人（其中在职 60159 人，退休 35381 人）；机关养老参保 19050 人（其中在职 12967 人，退休 6083 人）；城乡居民养老参保 459805 人（其中应缴费 366223 人，待遇领取 93582 人）；工伤保险参保 46266 人。征缴情况：全年企业养老征缴收入 34520.97 万元，待遇支出 92608.71 万元；机关养老征缴收入 21540.22 万元，待遇支出 31354.06 万元；城乡居民养老征缴收入 14591.99 万元，待遇支出 14003.97 万元；工伤保险征缴收入 824.22 万元，待遇支出 753.1 万元。

【企业保费阶段减免】 面对新冠肺炎疫情，充分发挥社会保险制度的社会减震器和民生安全网作用。市社保中心快速准确落实人社部出台的“减、免、缓”企业社会保险费政策，助力企业渡过难关。一是对疫情防控期间已经缴费的企业退费处理，累计退回社保费 169.39 万元（其中：退回企业养老保险单位缴费 159.2 万元，退回工伤保险单位缴费10.19万元)。二是2—12月为全市510家企业(其中大型企业14家，中小微企业477家，其他单位19家)实际减免社会保险费6015.24万元(其中减免企业养老5511.42万元，工伤保险347.4万元，失业保险156.42万元)。

【居民养老精准扶贫】 核定符合参加城乡居民基本养老保险的建档立卡贫困人员7406人，落实政府代缴配套资金74.06万元；符合参加城乡居民基本养老保险的城镇贫困群众4998人，落实政府代缴配套资金49.98万元，贫困人员参保率、代缴率均达到100%。继续推动社保"助保贷款"政策帮助灵活就业困难人员续保缴费，新增办理助保贷款28人，通过助保贷款办理退休并享受待遇累计295人。

【社保经办服务优化】 市社保中心秉着"数据多跑路，群众少跑腿"的理念，深化"放管服"改革，不断提升经办服务水平。一是积极推行"不见面"服务。通过"互联网+社会保险"完成参保人员信息申报、待遇资格认证等社保事项。二是全面启用"一卡通"服务。全面启用社会保障卡发放退休人员养老金，截至年底，社会保障卡发放退休人员养老金启用率达94.02%。三是练兵比武"强技能"服务。分期分批安排业务骨干参加省社保中心学习培训，掌握操作系统；同时，组织全局干部职工参与人社系统练兵比武理论学习，全面提升业务经办水平。

【待遇发放及时准确】 疫情防控期间，市社保中心快速响应、支持落实疫情防控工作，全力保发放、保民生。一方面，在全省应对疫情启动一级响应期间，全市退休人员养老金待遇发放均在19日之前完成。全年累计发放企业养老金92608.71万元，城乡居民基本养老金14003.97万元，机关事业单位养老金31354.06万元。另一方面，至2020年实现企业养老金"16连调"，从1月起调整34019名企业退休人员养老金待遇，人均月提高养老金118元，全市企业退休人员月人均养老金达到2142.75元。

【企业养老省级统筹】 从1月1日起实施企业职工基本养老保险基金省级统收统支。省级统筹实施前，乐平市是保发放的最大受益者。2016年以来，累计争取省里支持保发放资金258319万元(其中，累计拨付中央转移支付、省级调剂金、省级补助186814万元，占累计待遇发放总额的63%，被征地农民参保市本级挂账61399万元，1907名被征地农民未进省级笼子退休人员待遇支付挤占省级养老保险基金10106万元，合计71505万元)，在全省争取社保资金增幅增量排名第一；同时，着力解决一系列社保历史遗留问题，"十三五"期间实现"零京访"。省级统筹实施后，全省对乐平市养老资金倾斜支持期基本终结，对全市企业职工养老保险基金发放产生深刻影响。市社保中心认真梳理研判，分别就落实政府挂账偿还责任、统一养老保险政策、统一责任分担等方面，提出积极应对的办法和建议，明确要求将企业职工基本养老保险扩面征缴工作纳入全市年度目标考核，做好年度社保基金预算安排，按计划逐年清减政府挂账。争取省人社厅、省财政厅对乐平市企业养老保险基金征缴任务、参保人数调减等方面的支持。

【"不忘初心、牢记使命"主题教育】 从"党员初心、党员使命"和"社保初心、社保使命"出发持续推进"不忘初心、牢记使命"主题教育，通过集中学习培训、"学习强国"App、党支部联合党建等方式，结合社会保险群众关切、服务方式、经办水平、制度改革等实际，深入乡村、社区宣传社会保险政策，让群众"看得懂"政策，"算得清"待遇。

(市社保局)

医疗保障

【概况】 市医疗保障局主要承担全市医疗保障政策制度落实、医疗保障经办服务和基金监督管理等职能。下设1个事业单位，即乐平市医疗保障服务中心，在乐平市医疗保障局的管理和领导下，承担医保经办服务职能和为机关行使职能提供支持保障。

【医疗保险】 全市城镇职工基本医疗保险参保70710人，基金征缴18516.93万元；城乡居民基本医疗保险参保740663人，基金征缴20738.56万元，财政配套资金40736.47万元。城镇职工医疗保险住院21977人次，支付待遇13475.37万元；门诊慢病40197人次，支付待遇1716.02万元；门诊就诊668837人次，门诊统筹支付148.69万元；大病保险支出1014.12万元。城乡居民医疗保险住院100514人次，医疗待遇支付47972.13万元；门诊慢病95032人次，支付待遇4244.65万元，门诊就诊1061690人次，门诊统筹支付2905.83万元；大病保险支出5494.66万元；意外伤害住院7035人次，保险支出5348.45万元。城镇职工、城乡居民医疗保险政策内报销比分别达76.31%、76.06%，医保制度运行平稳有序、待遇水平稳步提升，实现了病有所医、医有所保。

【医疗救助】 最低生活保障成员和建档立卡贫困人口医疗费用（门诊慢病特殊疾病和住院费用），经基本医疗保险、大病保险报销后，政策范围内个人负担部分，按照75%的比例给予救助，年度最高救助限额为3万元；特困供养人员医疗费用（门诊慢性特殊疾病和住院费用），经基本医疗保险、大病保险报销后，政策范围内个人负担部分，按100%的比例给予救助，不设最高救助限额；患有国家明确的30种重特大疾病，经基本医疗保险、大病保险报销后，政策范围内个人负担部分，按70%的比例给予救助，年度最高救助限额为3万元。全年救助住院11302人次、救助资金1634.4万元，救助门诊64045人次、救助资金393.24万元，实现了应资助尽资助、应救助尽救助，不断提升困难群众的获得感、幸福感、安全感。

【医保扶贫】 建档立卡贫困人口参保14146人，参保率100%。为建档立卡贫困人口代缴医疗保险费396.088万元，参保资助率100%。全年建档立卡贫困人口住院报销6371人次，基本医保报销4318.02万元，大病保险报销814.3万元，医疗救助金额686.48万元，三重政策范围内报销比例81.3%，充分发挥医疗保障主体作用，彻底解决了建档立卡贫困人口“因病致贫、因病返贫”的问题。

【药品招采】 为深化药品集中带量采购制度改革的决策部署，充分发挥药品集中带量采购在深化医药服务供给改革中的引领作用，保障群众获得优质实惠的医药服务，通过采取医保基金预付、带量采购、网上监测等措施，实现了医疗机构药款30天回款的目标。实行专人对接，积极推动市内公立医疗机构做好江西中选的第一批25种、第二批32种、第三批55种、第四批45种的国家组织药品集中采购和使用工作。160余种药品价格大幅度下降，平均降幅达60%，全市共节约医保基金约780余万元，国家药品集中采购红利得到释放。

【基金监管】 共与21家定点医疗机构、98家定点零售药店签订了医保服务协议。结合“打击欺诈骗保，维护基金安全”集中宣传月活动，开展了医保政策“五进”活动。聚焦医保审计、飞行检查、交叉检查反馈的问题整改，针对定点医药机构骗取医疗保障基金问题，以基金监管方式创新试点工作为主线，以规范医药服务行为和维护基金安全为目标，紧紧医保重点工作，持续对全市定点医药机构开展打击欺诈骗保专项治理行动，通过各类专项检查、病例审核、审计监督等方式，共查处拒付基金14.88万元，追回基金49.47万元，行政处罚34.31万元，定点医药机构的医药服务行为持续向好。

（市医保局）

扶贫和移民工作

【概况】 在决战决胜脱贫攻坚之年，市扶贫办紧扣脱贫攻坚目标任务，坚持以习近平总书记关于扶贫工作的重要论述为根本遵循，按照“核心是精准、关键在落实、实现高质量、确保可持续”的要求，团结一致、攻坚克难，全面深入落实省、市委和市政府脱贫攻坚决策部署，全面完成脱贫攻坚任务，确保了脱贫攻坚工作务实、过程扎实、结果真实。

【打好疫情灾情“阻击战”】 成立了组织机构，有效应对疫情灾情，以非常之举完成非常之任务，干部职工下沉防控一线，与镇、村干部共同开展疫情防控；洪水中帮助群众转移财产，指导开展生产自救，降低灾情损失。

一是坚决落实《关于有效应对新冠肺炎疫情坚决打赢脱贫攻坚战的实施意见》和《关于统筹做好新冠肺炎疫情防控和脱贫攻坚驻村扶贫等相关工作的通知》的精神，在产业扶贫、就业扶贫、消费扶贫、项目资金等方面建立了配套措施，打出了应对疫情的“组合拳”。为应对灾情，及时下达了建档立卡贫困户家庭财产和产业扶贫基地与合作社受灾救灾资金192.1050万元，帮助贫困户与村集体开展生产生活自救；配合保险公司启动各类保险理赔，让受灾群众尽量减少损失，尽早得到补偿。

二是坚持疫情防控与脱贫攻坚统筹推进，在就业扶贫、产业扶贫、消费扶贫、公益性岗位、资金项目方面出台了相应措施,帮助贫困人口稳定就业、发展生产,促进复工复产,降低疫情影响。设置光伏公益性岗位促进贫困劳动力就业;实施扶贫产品“专馆、专区、专柜”“三专”销售,推进消费扶贫。

【打好脱贫任务“歼灭战”】 紧盯全市剩余的2159个贫困人口,整合扶贫资源,提升保障水平。截至年末,贫困人口“两不愁三保障”已经解决,收入超过了脱贫标准。

一是紧抓问题整改。坚持以问题为导向,明确目标,注重效果,提高站位抓整改、重点推进抓整改、建立机制抓整改、上下联动抓整改、增强实效抓整改,各项整改工作按照时间节点有序推进。截至年末,中央脱贫攻坚专项巡视“回头看”、主题教育、国家成效考核反馈的28个问题70条措施,2019年党委政府脱贫攻坚成效考核、两期省级脱贫攻坚暗访督导等发现的8个问题、市委第四巡察组巡察发现14个问题全部完成整改,销号清零。

二是开展脱贫质量专项调查,完成了6307户14125个贫困人口脱贫成效专项调查。进行了数据审核与验收,开展了脱贫成效专项调查事后质量抽查。经过周密调度,各乡镇、有关部门集中优势力量,主动靠前对接,充分提供佐证,提高数据质量。

三是实行动态管理。进行了贫困户动态调整和扶贫对象信息采集,完成了信息数据录入、数据清洗等工作。全市现有建档立卡贫困人口6215户13929人,脱贫不稳定户59户137人,边缘易致贫户301户738人。

【打好攻坚重点“强攻战”】 对全市18个乡镇(街道)重点推进的21个行政村的产业扶贫、就业扶贫、消费扶贫、保障扶贫、资金项目等工作实施重点推进。成立重点推进指挥部和13个专项工作小组,实施定期调度,确保高质量完成剩余脱贫任务。具体措施有:

一是产业扶贫。以“有、优、强”为发展目标,集中优势资源,规划一个、发展一个、建成一个,把扶贫产业建成上规模、有品质、高效益的农业特色产业群,为贫困村、贫困户长期稳定脱贫提供坚强保障。做到扶贫产业有规模,发展有主体、资金有保障、产业有竞争力。全市303个有脱贫攻坚任务的行政村都有了村集体经济,共建设“四个一”长效产业20000余亩,户均约3亩;套种中草药、花生、大豆等经济作物万余亩。全市16个乡镇的62个村委会建设光伏分布式站点167个、集中式站点1个,装机容量12557.14千瓦。

二是就业扶贫。加强动态摸排管理、精准对接稳岗、帮助就近就业,抓好外出务工交通补贴、公益性岗位安置、就业扶贫车间建设、劳动技能培训等就业政策落实。全市有5829人贫困劳动力务工就业,比上年增加15.6%,已发放外出务工交通补贴367人17.93万元。

三是消费扶贫。实行线上线下双重对接,开展扶贫产品“专区、专馆、专柜”销售,实施扶贫产品“六进”行动。全市认定扶贫产品122个、供应商54个,商品总价值3.665828亿元;全市扶贫产品累计销售金额1.2亿元。

四是保障扶贫。结合脱贫攻坚问题整改,堵漏洞、补短板,推动责任、政策、工作落实,巩固脱贫攻坚成果,提升贫困户生活保障水平。在义务教育方面:坚决落实属地和学校双负责制,教育扶贫政策资助5267人次400万元,落实“雨露计划”培训补助304人次47.6万元。在基本医疗方面:精准落实健康扶贫“四道保障线”、“一站式”结算和服务,以及家庭医生签约履约制度,所有建档立卡贫困户都参加了医疗保险。全市建档立卡贫困人口住院报销比例为91.07%,家庭医生履约率100%。在安全住房和饮水方面:6月30日以后因水灾产生的3户5人危房完成修理和重建,没有出现新的隐患,全市建档立卡贫困人口实现了住房安全和饮水安全。

五是金融扶贫。落实好“一领办四参与”金融扶贫,扶持所有建档立卡贫困户增收,让贫困户每年增收3750元,2017年以来贫困户共受益4815.94万元。用扶贫小额信贷帮助贫困户自主发展和抱团合作入股,让梁廷祥、张有根等一大批贫困群众借助扶贫小额信贷创业就业,实现增收脱贫致富。截至年末,全市扶贫小额信贷余额2633万元,每百户余额42.4万元。

【打好巩固成果“接续战”】 制定《关于建立防止返贫监测和帮扶机制的实施方案》,做好防止致贫返贫工作。各乡镇从6月开始,对59户137人脱贫不稳定户和301户738人边缘易致贫户每月实施收入监测预警。紧扣“两类人群”收入超过国家贫困线强劲发力，按照“缺什么、补什么”原则实施重点结对帮扶，通过兜底保障、产业扶贫、就业扶贫等政策增加“两类人群”家庭收入。为15000贫困人口和边缘易致贫人口购买防贫保险。截至年末，尚有1户3人脱贫不稳定户、50户129人边缘易致贫户未消除风险。

通过专刊——《乐平市脱贫攻坚简报》，专栏——《乐平新闻》打赢脱贫攻坚战栏目，专展——脱贫攻坚文学艺术展等形式全方面开展宣传总结。文学艺术展中，《泥土上的真情——乐平市脱贫攻坚纪实报告文学》《已是山花烂漫时——乐平市脱贫攻坚摄影书画集》和脱贫攻坚主题原创歌曲 MV《迎来这一天》，三个成果被全国文联、省文联广泛宣传。脱贫攻坚主题原创歌曲 MV《迎来这一天》，被“学习强国”平台在全国范围内广泛推介。人民网、新华网、中新网、《江西日报》、江西新闻等媒体107次宣传报道乐平脱贫攻坚工作。

【落实政策加强移民后扶】 全市核减移民直补人口485人，全市现有移民扶持对象共16685人［移民直补人口7949人，核定到村（组）8736人］。全年发放移民直补资金477.51万元。依据移民村（组）分布特点和资金项目扶持要求，对基础设施比较薄弱的移民村（组）建立项目库，实施资金项目扶持，并及时录入项目库向省、市申报工作。2020年投入后期扶持项目资金1479.64万元，建设项目161个，项目惠及全市19个乡镇（场）86个村委会175个自然村。

（市乡村振兴局）

殡葬管理

【概况】 市殡改办按照市委、市政府的总体布置，以“绿色、惠民、文明”为殡葬改革目标，继续将殡葬改革工作常态化，由市殡改办专项负责全市殡葬改革工作，实现了遗体火化率、骨灰入墓率双100%，全年不存在新增散埋乱葬墓；“三沿六区”历史埋葬坟墓得到全面治理，实现了“路边无墓、村旁无坟”的目标；农村公益性公墓全面完成三年殡改任务，建立健全了相应管理制度，实现了“一墓一档”管理，使农村公益性公墓真正建设成为花园式公墓；乡村丧葬礼俗改革得到全面推广，全市各村村规民约涵盖了文明节俭治丧条约，在丧葬新风中没有出现大操大办、办丧扰民现象，乐平市殡仪馆更新设施，满足了群众文明告别仪式的举办，乡（镇）、村红白理事会全程参与群众的丧葬流程，引导群众从简、文明治丧。

【殡葬管理】 全年全市死亡4391例，火化4391例，火化率达100%；全市“三沿六区”共治理26048座；全年建26座农村公益性公墓，其中乡镇自建25座，统建公墓1座，现已全部建成。公墓建成后，遗体火化后骨灰入公墓安放，已实现入墓率100%。

【加强领导健全工作机制】 一是实行乐平市委书记、市长双组长制乐平市绿色殡葬改革工作领导小组。殡改领导小组下设办公室，组建了市殡改执法大队。二是各乡（镇）、村也分别成立殡葬改革工作领导小组，各村成立了由党支部书记任理事长、乡贤及殡葬从业人员为成员的“红白理事会”。三是完善各项制度：1. 信息员制度。2. 党员干部带头实行殡改制度。3. 殡改工作协调制度。4. 日统计、周通报、月考核制度。5. 遗体火化后骨灰去向跟踪制度，确保了殡葬改工作常态化、长效化管理。

【农村公益性公墓投入使用】 农村公益性公墓按30年规划，10年基础建设，5年墓穴安装建设。2019年10月全面完成了农村公益性公墓建设并投入使用，全市共计建成农村公益性公墓138处，其中单村建或村村联建公墓108处，特建公墓（人文公司建设）30处，全面完成了“殡改三年行动”基础设施建设任务。

【公益性公墓管理得到加强】 自农村公益性公墓建设完成以后，市民政局（殡改办）及时出台了《乐平市农村公益性公墓管理办法》，从设施管理、法律责任、经费保障、入墓手续、档案管理等方面规范了农村公益性公墓的管理制度，由企业管理、乡镇协调、政府监管，实行公司、乡镇（街道）、市职能部门三重管理。一是企业日常维护管理：由乐平市人文事业有限公司聘请公墓管理员、保洁员，对公墓设施进行日常维护、保洁管理，如公墓绿化维护，祭品清理等，做到卫生有人扫，墓穴有人管理，毁损有人修。二是乡镇协调入墓管理：由乡镇民政办（殡改办）配合引导丧者家属将骨灰有序入墓，每一例骨灰入墓按顺序进行有序安葬，对每一个已使用的墓穴实行“一墓一档”管理，要求家属填写《入墓申请表》,出具死者身份证和火化证复印件,在公墓管理员引导下按序入墓安葬,乡镇民政办(殡改办)发放入墓安葬证书,同时做好“一墓一档”资料归档。三是职能部门监督管理:市民政局(殡改办)对乐平市人文事业有限公司每处公墓日常维护、卫生清洁情况进行监管,对乡镇协调公墓管理力度、入墓资料等进行考核评比,考核结果在每月市四套班子联席会上进行通报。

【农村殡葬礼俗改革蔚然成风】 一是市殡改办在各乡镇开展了红白理事会主导群众丧事试点,充分发挥村红白理事会作用,制定了《乐平市深化丧葬礼俗改革工作实施方案》,出台了《农村丧事办理流程指引(参考)》办法,让现代文明治丧礼仪成为新的风尚。二是继续深入开展殡葬丧葬礼俗改革,利用历史传统节日,大力开展鲜花换纸钱活动。清明期间,市殡改办推出了“五个一”活动(即:举行一场集体祭奠、擦拭一遍墓碑、敬献一枝鲜花、开放一个网络祭祀平台和开展一次“清明·寄思”征文活动),在翥山仙栖园和乐安陵园两处经营性公墓内无一人到现场祭扫,全市特建农村公益性公墓同时开展了鲜花换纸钱活动,基本实现了无焚烧纸钱、无燃放爆竹现象,形成了以鲜花祭祀的绿色、文明现代祭扫新风尚。三是出台制定了《关于加强农村红白理事会建设进一步推进移风易俗工作的实施方案》,全市实现了红白理事会全覆盖,每个村(居)委会组建、成立的红白理事会,由村党支部书记兼任理事会会长,村老党员、民间从事丧葬工作者任理事会成员,同时将《农村丧事办理流程》写进村规民约,约束群众治丧规模,制止大操大办、游丧闹丧等,控制治丧宴请、随礼数量,全市没有一例党员、干部违反规定办理丧事事件,没有出现办丧扰民事件。

(市殡改办)

乡镇（街道）

泊阳街道

【概况】 泊阳街道地处乐平市城区，是乐平市政治经济、文化中心，经济发达，交通便利。辖25个居委会（其中6个农村居委会），总面积22平方公里，街道总人口14万，街道全年完成财政收入2.96亿元。泊阳街道立足区域优势，大力打造“四最”营商环境，固定资产实现投入13.3亿元，夯实了街道全面建成小康社会的基础。

【夯实基层组织建设】 落实全面从严治党要求，牢固树立“四个意识”，坚定“四个自信”，坚决做到“两个维护”，积极贯彻落实全国、全省基层党建“三化”工作部署，培养党员忠诚性，发挥党员先锋模范作用，完善组织架构，构建富有泊阳特色的城市党建体系，不断加强基层组织力量，共发展党员17名。认真落实疫情防控机制和纪律，多措并举，逐户开展疫情宣传、排查、卡点值守及重点疫区对象管控等工作。设立党员示范岗102个，组建党员突击队33支，共有2300多名党员参加疫情防控工作，开展志愿服务5500人次，6名党员先进典型事迹。截至年底共排查外出返乐8568人，累计留观人员125人，实施居家（集中）隔离测体温及随访累计2384人，采集核酸检查604人。围绕“上帮党委政府，下帮百姓群众”继续壮大“帮帮团”队伍，泊阳“帮帮团”团员发展到1795人，8月被中宣部评为“全国最佳志愿服务组织”。据不完全统计，“帮帮团”2020年共召开举办各类志愿活动2万多次，开展志愿服务行动8万多人次。“帮帮团”群众说理组继续为群众化解矛盾纠纷达540人次。发挥快递小哥参与社会治理作用，通过邀请交警部门进行交通培训，签订“文明公约”加入综治网格化系统，及时发现动态治安和安全隐患，发挥了“平安使者”文明先锋作用。街道红色物业接管东湖名都和鸿宇天湖城两个小区后，成立了鸿宇天湖城新时代文明实践理事会，进一步为小区居民提供优质贴心的物业服务。东风、扶摇两个爱心食堂服务24000人次，赢得居民广泛赞誉。

【推进社会治理创新】 切实保障改善民生、组织群众、发动群众、提高群众共同参与的原则。以街道综治中心实体化建设，结合智慧社区建设，建立社区、城管、交警、“帮帮团”城市共建、共治、共享和网格化社会治理机制创新。推进综治中心实体化建设，创新城市共建、共治、共享社会治理机制。网格化管理。街道辖区共划分113个网格，并按照“网格长+网格员+网格辅助员”模式配备网格工作力量，做到“一格一员”“一员多辅”。坚持目标导向、问题导向、效果导向，运行以来共上报事件41478件，办结40899件，办结率为98.6%；建立街道每日领导接访和社区初信初访工作制度常态化。基本做到小事不出社区、大事不出街道、难事不出乐平、矛盾不上交，截至2020年底街道受理各级各类信访案件107件，办结101件，有效维护了街道社会大局持续稳定。不断加强司法工作，健全人民调解网络。认真开展矛盾纠纷排查，着力化解各类矛盾，下设了24个法律援助工作联系点，共有法律援助联络员87名，共承办各类法律援助案件35起，代写各类法律文书40件，办理诉讼代理案件12件，代书服务15件，解答群众法律咨询110余件，参加各种法律宣传活动9次，说事中心、社区说事室共完成说事工作506起。认真对待“12345”服务热线。把热线作为掌握社情民意、发现问题的重要渠道，做到认真受理、及时答复。截至2020年底，受理工单2915件，全部做到件件有回音、事事有落实。为配合打击乱占耕地建房专项治理工作，规划办在9月至10月之间利用宣传车、横幅、宣传画、宣传手册、广播、微信群等一切可利用手段进行全方位的宣传。共用宣传车4辆,制作横幅100余条,宣传画360张,宣传手册1000本,做到宣传发动无死角;做好安全保障,成立了应急保障分队,对突发事故做到及时到位处置上报,对春节期间四处房屋着火情况进行了调查,对屋主和周边居民加强家中用火用电等安全教育,大大提升了群众的安全感。按照市工作要求,守初心,担使命,全力推进城市环境治理,完成辖区背街小巷改造任务,建设宜居环境,打造美丽泊阳。树立和践行绿水青山就是金山银山的理念,坚持节约资源和保护环境的基本国策。继续做好殡葬改革工作。大力开展宣传,做到家喻户晓,并全力做好"葬前、葬中、葬后"三服务,已基本形成常态,拆除棺木198棺,死亡火化423人,无棺安葬414人,其中水葬5例,实现了火化率和无棺安葬率两个百分百。在全街开展污染源排查摸底,对辖区内不符合国家产业政策的"十小"及"小散乱污"企业进行监督和打击,截至11月对站前路禽类苗批发、九小旁石材厂等进行打击和整治,集中统计上报上级环保部门,通过有效措施,目前辖区内"十小"及"小散乱污"企业情况明显好转。坚持一张图作战,动真碰硬,坚决维护城市建设规划,坚持"不谈判、讲政策、做工作、搞服务"工作方法,彻底扭转了曾经"一拖就赢,越拖越赢,没有例外"的乱象。一是打击"两违"和乱占耕地建房专项治理工作。按照"新增零增长、存量逐减少"的目标,始终保持违建管控高压态势,严厉查处打击两违行为,巡查发现违规建房、乱搭乱建59起,并上报市"两违"办,配合城管、国土部门拆除地基8栋,拆除乱搭乱建38起,共2140平方米,在建公用水厕14处,已建好67座。二是征地拆迁。为拉大城市框架,推进城市发展,拆除三眼洞、九小、新平中路、东阳路等89户,为城市建设打好了前战,使城市交通更加通畅,环境更加美丽。

【服务民生成效显著】 坚持"以民为本,为民解围"的工作理念,服务群众,着力解决群众最关心、最直接、最现实的利益问题,提升群众幸福感获得感。

街道以"依法行政、规范服务、廉洁高效"为主线,围绕"为民、便民、利民"建设目标,实行"一厅式办公,一站式服务"。一是简政放权。为进一步在更大范围、更深层次、以更有力举措推进简政放权、放管结合、优化服务改革,延伸行政审批服务,建立村(社区)便民服务室,实行村(社区)干部、代办人员轮流值班制,打通服务群众"最后一公里"。二是落实好错时延时服务政策。将涉及广大群众的各项行政审批事项和社会服务事项全部集中到大厅服务窗口办理,积极开展机关效能建设活动,构建节假日服务体系,提升服务水平,方便办事群众,最大限度地满足广大群众对行政审批和公共服务的需求,截至2020年底共接待1万余人,办理业务4300余件。三是规范挂牌,简化服务。完善便民服务硬件设施,敞开的柜台式窗口,严格执行挂牌制度,贴心、微笑服务使前来办事的群众,享受到了轻松舒适的环境。严格落实《最低生活保障审核审批办法》,实行三级上户审核、听证会评议和三榜公示制度,对新申报城市低保214户进行入户调查和数据进机,取消不符合要求低保190户。加强重点救助。对城市低保对象大病户、重大疾病致困户、受灾户及时开展救助,发放大病医疗救助金126.89万元,发放社会化救灾资金53万元,救助447户困难户,发放80岁以上高龄资金119.2万元及残疾人两项补助156万元,"疫情"期间临时救助资金14万元。根据上级的要求,圆满完成了上级赋予的各项军事训练任务,圆满完成了征兵工作任务。泊阳街道退役军人服务站强化人员队伍能力素质提升,围绕就业创业、权益保障、政策咨询、社保接续等方面,坚持每季度开展1次业务培训班,先后累计培训50批次700余人次,切实提升服务效能,让退役军人感受到"家"人的贴心、暖心。围绕生育政策调整、人口家庭服务体系建设、流动人口服务管理等重点,主动适应新常态,全面提升服务质量。扎实做好全员人口系统数据录入及完善、优生检测工作,办理服务证1121人,录入及完善全员人口数据59230余条,完成优生检测423例,全年任务完成率达104.18%;核实及上报城镇独生子女父母奖励540人,独生子女特别扶助65人。加强宣传教育。8月在天湖市民之家开展了以"健康江西药具助力,科学避孕你我同行"为主题"宣传服务月"和第二医院及泊阳卫生院开展了健康教育宣传和义诊活动。组织安排了1190妇女进行检查,超额完成市下达的指导任务。

【作风建设切实增强】 按照乐巡办字〔2020〕66号文件要求,街道认真开展自查自纠。认真反思，立行立改，坚决把讲政治贯穿整改全过程，坚决做到整改责任全承担，坚决推进整改要求全落实，多次召开会议逐条对照一项一项进行研究，一条一条制定整改措施，一个阶段一个阶段深入推进。对疫情防控中的干部到岗到位、工作落实和防疫物资发放等各环节开展监督检查15次。在街道上下树立“为市委分忧、为政府解难、为百姓添福”的价值取向，把“守初心、担使命，找差距、抓落实”作为街风街训，整治“怕慢假庸散”不良风气，在具体工作中坚持“看清楚，想明白”“不谈判、讲政策、做工作”等一系列方法要求，着力锻造信念过硬、政治过硬、责任过硬、能力过硬、作风过硬的干部队伍。

塔山街道

【概况】 塔山街道位于乐平市城区南郊，与市区仅一桥之隔，东、西、北三面被乐安江环抱，南面靠山，中部属冲积平原，地势平坦，总面积22.1平方公里。辖5个居委会（天济、坎上、南岸、上畈、塔山），18个自然村，总人口约1.97万人。耕地面积5858.11亩，林地面积6667亩。境内有省级精细化工基地——乐平工业园区，206国道穿境而过。

【综合实力提升】 共完成财政总收入86748万元，同比增长38%；公共财政预算收入完成39608万元，同比增长37.2%。税收收入完成80760万元；非税收入完成5988万元，同比增长203%。坚持工业强基、项目驱动，狠抓招商引资项目落地。一是成功引进乐平市赛复乐医药化工有限公司年产12000吨精细化学品项目，该项目正加快实施；二是完成乐平兴华纺织年产4000万米窗帘帘布项目征地及土地平整工作；三是与乐平市同宇新材料有限公司（年产800吨熔喷布项目）签订投资协议；四是积极配合市委、市政府参与对接广东同宇新材料有限公司年产20万吨电子级树脂项目，该项目总投资20亿元，建成投产后，解决就业600人。同时，年产100万平方米集成墙板、200万平方米PVC板、30万套浴室柜、橱柜和衣柜项目，乐平市车辆检测中心项目，乐平市百瑞化工有限公司正在扩大生产规模。这些项目的成功引进和扩大生产，为街道的经济增添了后劲。

【意识形态责任落实】 全面落实意识形态工作责任制要求，把意识形态工作纳入党建工作责任制以及领导班子、领导干部目标管理和年终绩效考核的主要内容。建立健全意识形态工作研判机制，把意识形态工作与经济工作一同部署，一并落实。依托党工委理论学习中心组等各类学习平台，重点学习和宣讲党的十九大和十九届二中、三中、四中、五中全会精神及习近平新时代中国特色社会主义思想，学习《中国共产党廉洁自律准则》和《中国共产党纪律处分条例》。同时，要求党政班子成员撰写学习心得和汇报，确保思想跟得上形势发展，真正做到用理论武装头脑，指导实践，推动工作。

【党建基础更加夯实】 按照“抓党建、促发展、保稳定”的工作理念，以主题活动为载体，突出重点，开创了党建工作新局面。一是抓活动。认真落实“三会一课”制度，结合重点工作开展形式多样的主题党日活动。二是抓管理，党员干部管理进一步规范化。2020年新发展预备党员6名，按期转正党员7名，各党支部吸收入党积极分子10名，培养发展对象8名，培训发展对象6名，收缴党费31088元。三是大力推进党建“三化”工作。目前，天济、南岸、上畈、塔山社区党支部已完成“三化”场所设置工作，坎上社区正在积极推进村级组织场所重建工作。此外，对各党支部党建工作进行了深入摸底和督查，查缺补漏，整改不足。四是完善相关党建规章制度。狠抓党风廉政建设、“党务公开”、党员结对帮扶等制度，不断推进“服务型基层党组织”建设，不断提升群众满意度。

【反腐倡廉持续深入】 认真落实党工委主体责任和纪工委监督责任，始终把党风廉政建设和反腐败工作作为重要政治任务，列入党工委、办事处的重要议事日程。一是突出加强警示教育。积极开展廉政教育，深入开展重温入党誓词、诵读红色家书、“初心守廉”等主题教育，组织观看廉政教育片3部。组织全体机关干部、各社区书记主任、社区纪检员进行了《中国共产党纪律处分条例》测试，切实增强了党员干部拒腐防变“免疫力”。二是突出加强纪律建设。认真贯彻落实中央八项规定，严格执行党的政治纪律、组织纪律、廉洁纪律、财经纪律和生活纪律，坚决纠正无组织无纪律、自由主义、好人主义现象，做到以上率下。三是突出抓好作风建设。开展绩效考核,实行人脸识别考勤,建立健全各项规章制度,并对机关干部上班考勤进行不定期检查,每周至少一次。开展精准扶贫和环境整治等中心工作监督检查。四是突出加强执纪问责。充分运用监督执纪“四种形态”,抓早抓小,防微杜渐。

【综治及信访工作】 街道共解决矛盾纠纷106起,无重大事件发生,共接待来访群众30批110人次,处理“12345”政府服务热线246件,均已答复办结。街道成立了“黄赌毒”专项整治领导小组,制定工作方案,并结合疫情防控工作,在各社区设立巡防队,每天对棋牌室、超市等人员聚集地进行排查,成立由扫黑办、派出所、司法所、城管中队组成的联合执法队,发现一起,处理一起。组织力量对扫黑除恶督导反馈问题、扫黑除恶巡视巡察反馈问题和问题整改落实情况进行全面梳理。做好侵占国有集体资产资源清零工作,截至年底共摸排侵占线索25条,并全部清零。

【民生实事加快实施】 发展成果与民共享。一是扎实推进“双创双修”工作,街道认真落实大干项目年的精神,扎实推进“双创双修”项目建设,现已完成投资390万元的示范厂示范村建设和投资160万元的污水处理设施建设,在建项目三个:总投资980万元的沈家岭示范村建设;总投资810万元的通塔大道建设;总投资180万元的天济总排水沟建设。街道共有新农村建设点33个,其中省建点13个,自建点20个。为了全面做好新农村建设工作,开展选点和布点前的调查摸底工作,召开村民大会,成立村民理事会。新农村建设硬化路面2200米、建设排水沟1900米、改塘2口、改房36户、绿化2000平方米,安装路灯200盏,街道的基础设施得到了全面改善。二是环境整治工作。街道共刷写宣传标语20条,固定宣传栏3期,宣传展板5块,发放宣传单5000余张,张贴“门前三包”责任牌5000块,举办讲座1期,逐步营造全民动手、齐抓共管的工作氛围。充分利用春节期间开展“全民动员义务大扫除、干净整洁迈入小康年”主题月活动,疫情防控期间开展“战疫情、治脏乱”专项整治行动,夏季以开展推进爱国卫生运动为契机全面开展村庄清洁行动,秋冬开展清洁村庄秋冬战役等专项活动。三是集中力量积极开展“五拆五清一树”工作,共清理存量垃圾760吨,拆除空心房26栋、旱厕112座、残墙断壁2160米、违规院墙940米,清理沟渠8.9千米,杂草、杂物180吨。深化“清河行动”,建立污水处理设施,减少污水排放。共建设排水沟2180米,污水处理设施4处,生物膜污水处理系统一处。全面落实河长制,清理水塘11口、沟渠11.2千米,清理污泥136吨、垃圾65吨、漂浮物32吨、杂草35吨,建筑垃圾260吨,河道沿线面貌得到改善。有序推进“厕所革命”,今年共改户厕247户,其中新农村建设村改户厕192户,新建公厕6座,其中4座已建好使用,2座已开工建设。四是精准扶贫工作。建档立卡脱贫户156户350人,边缘户7户17人,其中5户11人已消除风险。帮扶单位2个,帮扶干部71人,残疾脱贫户106人,低保脱贫户138户317人,五保17户20人,教育帮扶72人,健康帮扶和金融分红156户;脱贫劳动力194人,未就业40人,已就业154人(省外32人,省内122人),其中享受就业帮扶61人:市级公益岗位12人,村级保洁员28人,帮扶车间4人,临时性公益岗位17人。

涌山镇

【概况】 全国千强重点镇、全省经济发达镇、景德镇小城镇示范镇和乐平市经济重镇——涌山镇,地处乐平、浮梁、婺源三县(市)通衢要道,交通便利、区位优势明显、物产资源丰富、文化底蕴深厚、功能设施齐全、民间资本雄厚,综合实力位居全省前列。镇域总面积185平方公里,辖16个村委会、5个矿区居委会,人口9348户56624人,山林面积近20万亩,境内交通四通八达,黄(泥头)乐(平)公路纵穿南北,湘(湖)—官(庄)一级公路横贯东西,镇区距景德镇仅25公里,离乐平市区32公里。

【疫情防控】 自新冠肺炎疫情发生以来,涌山镇党委、政府严格落实中央、省、市防控工作安排部署,成立常态化疫情防控指挥部,召开专题工作会议,周密部署疫情防控工作,及时对密切接触人员进行隔离观察,每日监测体温,准确上报每日疫情防控数据信息,确保排查管控不漏一户、不漏一人。强化舆论宣传,告知广大群众减少外出,村级设卡,杜绝与外来人员接触,疫情防控工作取得实效。疫情防控期间涌山企业家和社会爱心人士抗疫捐款捐物200余万元。疫情得到有效控制后，科学有序推进复工复产，坚决克服疫情对脱贫攻坚工作带来的影响。

【基层党建】 共有党员1385人。一是全面实现16个行政村5个社区100%书记、主任一肩挑，并对新任命的五个党支部书记开展了任前廉政谈话；二是打造了涌山、杨潭两个村级党支部和非公党支部春景钙业“三化”示范点，实现了硬件高标准、软件高规格、人员高素质，提高支部战斗力、凝聚力及为民办事服务能力；三是启动9个产业项目建设及维修（稍田桑葚、沿沟肉牛养殖、涌山肉牛养殖、林头猕猴桃马家柚种植、官口油茶、车溪油榨坊、厚田肉牛养殖、东岗葡萄、里村扶贫基地维修），共投入资金117万元，实现各村集体经济收入全部在5万元以上。

【经济发展】 坚持以年产360万吨水泥的江西乐平万年青水泥有限公司为龙头的建材产业、年销量破亿的纳米钙生产企业春景钙业的高科技产业为主导；创新农业发展结构，坚定“一村一品”的发展方向，创办“家庭农场”，发展休闲农业，大力扶持林头香菇、稍田杨梅、杨潭灰包蛋、涌山腊猪头、“年丰”沙琪玛等一批叫得响的特色农产品品牌，带动农民增收致富。2020年农民人均纯收入突破2万元。全年引进招商景德镇圆陶陶业有限公司新型环保隧道窑陶器制品生产线、江西宜器作医用产品有限公司日产100万只医用一次性口罩、江西长松墙材有限公司建设年产1亿万块煤矸石标砖和多孔砖新型环保隧道窑生产线等项目。2020年完成固定资产投资15.36亿元，财政总收入3.9亿元，新增规上企业2家。

【脱贫攻坚】 一是大力发展集体产业。全年新增扶贫项目21个，争取扶贫资金266.5万元，累计完成村级光伏电站建设3个、扶贫产业基地建设34个，实现3大类、8种特色农产品种植964余亩，水产养殖80亩、肉牛养殖112余头、肉鸡养殖1000只，并成立专业管理公司对产业基地进行规范化管理。二是营造良好社会氛围。通过逐村开展“三讲一评”感恩教育活动，营造“自主脱贫、脱贫光荣”的社会氛围，加速贫困户“等靠要”思想观念和精神面貌的转变。三是强化各项扶贫问题整改。依照专项巡视“回头看”反馈意见和成效考核指出问题制定详细的整改方案和整改清单，按期完成16个村委会共计13个方面、93个问题的整改落实。四是巩固脱贫攻坚成果。成立了镇脱贫攻坚普查组，建立监测预警机制，及时做好返贫人口和新发生贫困人口帮扶，对全镇贫困户进行脱贫攻坚排查普查。实现全镇308户722人建档立卡贫困人口稳定脱贫。

【生态环境】 针对涌山镇工矿企业多的特点，在统筹监督的基础上重拳整治违规土法冶炼厂、固废堆放点及煤矸厂加工点，全年打击拆除3处非法冶炼厂、拆除2个选址不符合规划的企业、清理整治4处固废堆放点，发现制止14起秸秆焚烧行为。开展了S205、湘官线、乐黄线等公路两侧煤矸石加工点专项整治工作，坚决取缔到位。全面对农村黑臭水体进行排查，推进新屋段、张家店村污水管网建设。完善“一长两员”管理架构体系，整合护林员队伍，按照“六化”标准，进一步提升林长办建设标准和管理能力；加大森林督查图斑问题梳理，严厉打击破坏森林资源的行为，保护好森林资源，涌山镇稍田村获评“全省森林乡村”。大力开展环境卫生行动，发挥好党员干部、模范村民农户改厕、“门前三包”示范作用，全年完成农村户改厕417户和乡村公厕6座，建立闵口村农业产业示范点，打造车溪、石潭、张家店3个示范村建设。通过广泛动员、评比考核、两级督查、全面管护，确保镇域内道路沿线环境卫生、青山白化治理、“两违”管护工作常态化。

【安全稳定】 一是贯彻落实上级安全生产会议精神，着力开展安全生产暨“打非治违”百日攻坚行动，加强对镇内各行各业的监管，强矿区巡查值守，确保了矿区安全平稳，同时加大隐患排查力度，以“零容忍”的态度实现安全生产的“零事故”。二是按照上级规定对锦宏煤业（原五一矿井）和同春煤矿依法依规进行关闭，对非煤矿山企业进行整治，严厉打击非法违法生产行为。加强打非工作值班值守，杜绝了非法盗采现象。三是主动开展矛盾纠纷排查，全年排查各类矛盾纠纷253起、成功调解243起；充分利用群众说事中心（室）积极受理投诉举报，全年受理各类群众诉求658件。四是继续推进扫黑除恶工作,依托“群众说事室”、“法律明白人”培养工程、“12345”政府服务热线、信访接待平台等广辟线索来源,共收集、移交上级部门涉黑涉恶线索12条,承办上级部门交办的线索9条,排查侵占国有集体资产资源线索78条,确保了全镇社会和谐稳定。

【社会民生】 一是全面完成涌山镇中心敬老院提升改造建设,共投资285万元;二是建设高标准农田1.291万亩,种植早稻生产9800亩,发放耕地保护587.01万元、稻谷补贴139.66万元,完成东岗、杨潭、涌山、林头4个村轻度污染田块土壤治理;三是全年新增村级爱心食堂7个,共有爱心食堂12个;四是全面完成16个村级综合服务中心建设,2个社区综合服务中心建设;五是全面完成危房改造7户;六是全镇参加农村居民医疗保险达36639人,农村社会养老保险20900人;七是全镇共有享受低保1924人、五保86人,共发放低保资金929.13亿元,五保金55.03万元。

【经济发达镇建设】 整合机构穿好“一根线”。统筹配置机构编制资源,设置“一办七局”等8个职能机构,全盘承接县级14个部门158项审批管理权限,及时开展跟踪、评估、调整,确保“接得住、管得好、用得顺”。同时,采取“条块结合、以块为主、相对集中、联合执法”模式,将9个部门下放的99项行政处罚权限集中归口到综合执法办公室,形成上下联动、左右互动、镇村一体的镇域行政执法格局。优化服务用好“一扇窗”。完成集镇便民服务中心改造提升建设工程,配备LED电子屏、高拍仪、宣传台等硬件设施,设置农医、农保、计生、民政、财政等6个综合性窗口12个服务台,将服务载体向镇村(社区)延伸,实现便民服务“一窗通办”。共受理为民服务事项6300起,办结率100%,群众满意率99%以上。社会治理织好“一张网”。280个高清摄像头覆盖镇区主要街道、村(居)委会主要干道,并与市公安“天网”连接。在全镇范围内打造“人防+技防”的网格化社会治理防控体系。同时以互联网为基础,以综合化网格为依托,建设“智慧涌山”云平台,全面规范整合各类管理网格和专网端口,建立“互联网+”行政服务体系、社会治理体系、公共安全体系,确保反应迅速、处置得力、安全可靠。经济发达镇行政管理体制改革微视频《腾飞的涌山》荣获全省基层改革管理创新成果微视频一等奖。

镇桥镇

【概况】 镇桥镇位于乐平市西南边缘,与万年县交接。东邻礼林镇,南接万年石镇,西、北边与乐港镇一衣带水,隔河(乐安河)相望。是乐平市水利重镇之一,水域面积0.8万亩。有小(1)型水库“共青水库”“栽禾峰水库”两座,小(2)型水库14座,高排沟2条。全镇沟渠纵横交织,排灌便利,旱能浇、涝能排,农业生产条件优越。镇政府驻地坑口村,镇桥镇区域位置优越,交通便利,路网建设完备。新老“206”国道、皖赣铁路同时穿境而过,并在库前三合源村设有库前火车站,离乐平市区仅12公里。全境地域约102平方公里,辖21个村委会、1个居委会,总户数14829户,总人口59336人,耕地面积3.47万余亩,蔬菜种植面积1.16万亩,林地面积5.49万余亩,森林覆盖率44%。

【财政收入稳中有进】 财税总收入完成8713万元,同比增长10.5%;实现公共财政预算收入5763.4万元,同比增长4.4%。其中:税收收入完成7260.6万元,财政收入完成1452.4万元。

【集体经济再上新台阶】 所有村村集体经济均超过5万元,其中有5个村村集体经济超过10万元。通过实施“党建+”工程,激活乡村振兴的动力源泉,探索基层党员与产业发展、脱贫攻坚、基层治理互促互赢的新路子,充分发挥党建示范引领、辐射带动作用,有效破解基层发展瓶颈。

【疫情防控全面落实】 建立镇桥镇疫情防控网格化管理制度和防控责任体系,严格落实属地责任,对防疫物资提供充分保障,确保防控工作顺利、有效开展。下发《新冠肺炎防控宣传单》,发放新冠肺炎防控漫画手册,制作疫情防控宣传栏,利用微信公众号推送省市县最新疫情情况和消毒防护知识等信息。

【贫困人口全部脱贫】 紧扣脱贫攻坚年度目标任务,聚焦“一收入两不愁三保障”,推动九大帮扶政策落地生效,全镇466户915人的贫困户全部,实现现行标准下贫困人口"清零"。

【产权制度改革完成】　22 个村(居)委会 100 个自然村,全部完成清产核资、集体经济组织成员身份确认、股份合作制改革、集体经济组织登记等方面的工作,进行了合理量化资产及股权科学设置,全镇产权制度改革全面完成,共计发放股权证 15429 本。

【蔬菜产业新格局形成】　在稳定粮食产量的基础上,深入实施蔬菜振兴计划,持续巩固以百乐蔬菜为龙头,以蔡家灯笼辣椒、镇桥毛豆、石墨蛋鸡等地方农产品为特色的"1 + N"农产品新格局。

【工业经济稳步推进】　积极开展招商引资,以现有重点骨干企业为基础,积极培育产业集群,不断优化工业经济结构,吸引关联配套企业,延长产业链条,投资 2 个亿的乐平市中央厨房项目已开工建设,投资 5000 万元落户杨范工业区的年产 50 万平方米轻质隔墙板项目已通过预审。

【现代农业稳步提升】　大力发展优质特色现代生态休闲农业,围绕古戏台这一独特的文化旅游资源打造集民俗文化、乡村体验、观光旅游为一体的休闲农业区,拓展农业的生产、生活、生态和服务功能。以"乐平市花正红农业发展有限公司"为引领的现代化观光休闲农业基地基本建设完成,基地"桃花节"观光休闲和"蜜桃采摘游"项目吸引游客十万余人次。

【人居环境持续改善】　深入开展农村人居环境三年整治和"厕所革命",切实做好街面管理维护和房前屋后垃圾清理工作,镇村形象面貌得到大幅改善。新农村建设 16 个省点、27 个自建点已全面竣工。完成与乐联公司对接,全面推行城乡环卫一体化工作,完成各村环卫基础设施的更新。大力实施农村危房改造,深入推进农村饮水安全巩固工程,全面开展"四好"农村路建设。积极推动河道治理、农田灌溉、水利设施修复工程、涝区改造工程,农业生产条件得到有效改善,农业生产能力和机械化水平不断提升。

【移风易俗成效明显】　全面开展"讲文明、除陋习、树新风"专项行动,大力培育和践行社会主义核心价值观。积极倡导"光盘行动",培养勤俭节约的良好行为习惯。不断完善村规民约等基层自治规范,持续推进农村移风易俗,继续做好绿色殡葬改革、"青山白化"专项治理等工作,全镇死亡火化率和入公墓率均达到 100%。

【一批民生工程完工】　完成库前村党建主题公园、神溪示范村、孙家村、坑畔官山美丽乡村、金山村至金喜村通村道路、镇公墓进出道路建设,启动坑口中心小学新校区建设,新增了爱心食堂 4 个,完成 800 户农户厕所改造和 2 个乡村公厕建设。

【社会保障落实到位】　全面完成新农合、新农保的缴费工作。落实民政信息动态管理制度及走访慰问工作,全年发放低保资金 1000 万余元,发放物价临时补贴 16.8 万余元。为解决农村养老体系问题,申报 7 个瓷都爱心食堂。建立农村留守儿童保护队伍,落实孤儿救助政策,申报 4 个童伴妈妈项目。切实做好突发自然灾害应急救援工作,发放临时救助资金 9 万余元,发放救灾资金 13 万余元。

【综治维稳成效显著】　严格落实领导包案负责制,全年共受理 52 起信访件,办结 45 起。深入推进扫黑除恶专项斗争,共摸排侵占国有、集体资产资源线索 104 条,结案 104 条,市扫黑办转交 5 条线索已积极办理结案并形成材料上报。收到"12345"政府服务热线 214 起,办结 214 起,满意率达 95%。严格落实河长制、湖长制、林长制,巩固清理非法畜禽养殖业和加工业整治工作成效,坚决打击肥水养鱼、非法冶炼等违法违规行为。

接渡镇

【概况】　接渡镇位于乐平市主城区东郊,距市中心 5 公里,东邻浯口镇,西毗礼林镇,南靠众埠镇,北与市区接壤。全境总面积 85 平方公里,总人口 8.1 万人,16980 户,其中非农业人口 1.53 万,耕地面积 36550.33 亩,其中旱地面积 7337.6 亩,水面面积 29212.73 亩。辖区有 22 个村,7 个居民委员会,村"两委"干部 146 人。接渡镇地理位置优越,人口稠密,交通便捷,德昌高速、206 国道、吴(乐)秧二级公路及乐德铁路穿境而过,乐安河航道纵横东西。境内石英砂、瓷土、黄金等矿产资源丰富,民营企业以建材、刺绣、渔网加工为主,东畈粉藕、李家白薯、香烟糖和邹家狗肉等地方特产享誉盛名。接渡人文景观丰富、文化底蕴深厚,乐平十景之一“泪滩双月”、南窑唐代陶瓷遗址、唐代饶娥祠遗址等旅游景点正开发升级。

全镇地区生产总值达31.78亿元;完成财政总收入8773万元,其中完成税收收入6523万元,非税收入2250万元。全年完成招商引资任务9000万元;固定资产投资8.79亿元;农村居民人均可支配收入达到17259元,全镇经济社会持续保持健康良好发展态势。

【疫情防控有力有效】 全镇上下闻讯而动、守望相助、同心同德、共克时艰,坚决贯彻落实上级决策部署,坚持人民至上、生命至上原则,分区分片组建“网格化”管理模块,合理布控29个防控卡点(信息登记点),构建了联防联控、群防群治大格局,突出抓好农贸市场、中小学、超市等重点场所和重点人员管控,大力普及疫情防控知识要点,牢牢守住了来之不易的防控成果,全年未出现一例确诊病例,有效保护了人民生命财产安全。

【基础设施不断完善】 农村道路建设养护建设力度进一步加大,公路日常养护里程约20公里,新建农村道路2.1公里,改造危桥2座。高位推动高标农田建设,基本完成高标准农田建设面积10387亩,完成土地污染治理2430亩,新建大型仓储1个。供水电网保障水平持续提升,镇辖区内14350户已安装自来水,预计2021年10月底能基本解决辖区自来水需求,投资达2150万元的接洄线农网改造项目有序推进,各行政村4G网络已全覆盖,不断改善群众的生产生活条件。

【重点项目成效明显】 子安、周家片区整体环境提升改造项目接近尾声,接渡大桥改造有序推进,袁钟公路顺利通车,续湖联圩除险加固工程建设步伐加快,子安桥重建正在进行中,滨江公园、天新总部、十三小通道、邱家山西侧道路、袁礼公路等一批项目相继启动。累计启动土地征收916亩,已征收拆迁房屋42栋,完成迁坟400余棺。

【脱贫攻坚胜利收官】 促进脱贫攻坚与乡村振兴有效衔接,实现了628户贫困户“产业+金融”扶持全覆盖,以直接受益的方式每户每年可受益分红3750元。打造了1400亩的马铃薯种植基地,发展油茶732亩、马家柚131亩、水面养殖106亩,办理了68户小额信贷,2个村级光伏电站发电总收入达9.9万元,为贫困户脱贫后稳定增收提供了有力保障。预脱贫户110户238人已成功通过上级脱贫成效考核验收并批复,全镇贫困户628户1545人全部如期脱贫,与全国人民一道齐奔小康。

【乡村环境持续改善】 全面打造新农村建设点,按照“扫一遍”原则,实现完工省建点55个、市建点39个的好成绩。积极推进“厕所革命”,引导村民进行“旱改水”主题户厕改造,户厕改造约1044座,建设城市公厕1座,乡村公厕9座。扎实开展污染防治专项整治行动,清理整治“散乱污”企业10家,食品小作坊21家。打击乱占耕地建房10户,打击违法用地12起4100平方米,现场禁止违建28起。投资1800万元的接渡社区整体提升改造项目有序推进,子安滨水景观项目全面建成并一举荣获全市“双创”项目大巡查第一名的优异成绩。

【文明乡风渐入佳境】 推进绿色殡葬改革,治理“三沿六区”坟墓405座。全镇火化330人,全部入公墓,火化率和入墓率均实现100%。引导和鼓励村民摒弃丧葬旧俗,抵制“天价”彩礼,大力推行《乡规民约》,弘扬社会主义核心价值观,通过大张旗鼓选树典型,宣传先进,着力提升乡风文明,建设自治、法治、德治“三治”结合的社会主义新农村。2020年以来,新组村级五老志愿服务队1支。开展“古戏台讲堂”1场。湖滨村支部书记洪秀萍荣获景德镇市“三八红旗手”称号,子安社区村民王启霖家庭荣获景德镇市“五好”家庭称号,子安社区村民王明显家庭荣获乐平市“十大文明家庭”称号。

【社会事业不断发展】 积极构建“大信访”工作格局,促进综治矛盾调处、群众说事、“12345”政府服务热线和群众来访接待有机结合,推进镇村干部扎实履责,做好工作。2020年,开展群众说事479件,“12345”服务热线共办理1209件,化解信访积案8件,办理初信初访事项50余件。全镇摸排扫黑除恶线索11条和侵占集体资产资源线索161条,均有效处理到位。同时,严格落实安全生产责任制,强化对项目施工、食品、易燃易爆品等领域的日常监管,共开展安全检查38次,发现整改问题41起，秸秆禁烧巡查353次，有力消除了安全隐患。扎实开展全镇“瓷都爱心食堂”建设工作，16个爱心食堂建成并投入使用。关心关爱困难群众、留守老人、留守儿童和残疾人等特殊群体，临时性救助达367起，发放救助资金22万元。

众埠镇

【概况】 众埠镇位于乐平市东南部，东与德兴市黄柏乡毗邻，南与弋阳县曹溪镇连接，西同万年县大源镇、乐平市礼林镇接壤，北与乐平市接渡、鸬鹚、洺口、十里岗四乡镇山水相依。是宋末元初著名史学家《文献通考》作者马端临的故里及中国工农红军第十军诞生地，曾荣获全国、江西省文明村镇、全国重点镇、全国敬老模范单位、江西省商贸强镇、江西省十大文化古镇等荣誉称号。全镇辖32个村委会、1个居委会、1个社区、3个林场，178个自然村。镇域面积279平方公里，其中耕地面积10.1万亩、林地面积22.5万亩、水域面积5000亩。全镇2.5万余户，人口10.2万人。

农作物以水稻为主，主要农特色产品有大米、翠冠梨、杨梅、雷竹、木材等。主要水域为乐安河支流建节水。全镇有小(1)型水库11座、小(2)型水库30座、山塘水库229座。文化资源丰富，有全国爱国主义教育示范基地、全国国防教育基地——南界首红十军建军旧址，历史悠久的楼前村世界马氏宗祠；同时还具备丰富的自然资源，有国家AAAA风景区文山怪石林、水帘洞、省级AAAA乡村旅游点沃博生态园。镇域内交通便利，省道205线、409线及众篁公路、松黄公路、松文公路，德昌高速公路穿境而过，设有高速入口一座，距乐平市20公里、距镇政府驻地5公里。全镇共有两大支柱园区，即返乡创业工业园、现代农业示范园。

全年实现社会总产值49.17亿元，较上年增长4.23%；财政总收入1.37亿元，较上年增长22.86%；固定资产总投入37.5亿元，较上年增长12.39%。

【招商引资提质升级】 不断加大招商引资宣传力度，优化营商“软”“硬”环境，努力营造“重商、安商、惠商、亲商”的良好氛围，先后前往江苏南京、浙江兰溪、江西赣州等地进行招商洽谈及项目考察，在谈20亿元恒盛化工追加项目、15亿元朱美美现代农业项目、1亿元窗帘配件生产项目和3亿元仿古瓷砖生产项目等。做好已落户企业服务。总投资1.02亿元的江西沃博中药文化田园综合体项目已完成实际投资4000万元；鑫恒金属科技有限公司完成实际投资1500万元；成功引进总投资6000万元，年产5000吨有机硅复合材料的江西赛力思新材料科技有限公司。农业发展巩固提升。2020年在顶住特大洪灾的强压下，全镇干部群众群策群力，坚持把提升农业现代化水平和规模化发展作为提高农民收入水平的重要手段。继续农业基础设施资金投入。完成2019年度1.46万亩高标建设，启动总投资2200万元的碧湾灌区节水配套改造工程和5220亩污染耕地土壤治理项目。大力推进早稻粮食扩面工作，完成早稻种植面积51168亩，较上年新增面积82%。

【重点项目扎实推进】 树立龙头企业引领。加快推进沃博中药文化田园综合体项目建设，发挥其较强的经济辐射带动能力，目前7个项目功能区已完成5个，剩余2个也在建设当中。“五一”期间沃博农业休闲观光区正式对外开放，成为乐平市乡村旅游的新贵。交通项目建设紧锣密鼓。S409(新秧战备路)拓宽改造工程全面完成实现通车；松黄线拓宽改造工程、尚濂咀大桥正在按期动工。镇村配套基础设施快步推进建设。其中，总投资5000余万元的众埠污水处理厂完成总面积15.6亩的土地征收，污水处理厂房及镇区污水处理管网铺设快速建设；湾头小区、黎桥小区农垦危房改造配套基础设施项目建设已近尾声。

【镇区环境呈新气象】 全年投入资金1520万元用于众埠镇新农村建设，涉及20个村委会35个自然村。完成改路91800平方米、安装路灯1677盏、种植树木660棵、改沟5339米、安装健身器材38套、新建广场14个，新建厕所2个、修建码头283立方米、新建文化墙244平方米、新建洗衣雨棚1430平方米。围绕“五拆五清一树”开展，广泛发动群众积极参与，实现全面突破。截至目前，众埠镇共拆除旱厕360个、违规院墙3000米、搭建房1900平方米、破旧广告牌390块、清理农村生活垃圾3100吨、建筑垃圾6300吨、村内水塘160口、沟渠15000米、“牛皮癣”900余处、畜禽养殖粪污等农业生产废弃物190余吨，新建改善了农村人居生活环境。同时依托“双创双修”，花亭村村容村貌提升工程以及双北村共商共治共享示范村建设均已建设完工。

【脱贫攻坚稳固提升】 全镇紧紧围绕712户、1692人贫困人口实现全部脱贫总目标,认真研究制定脱贫计划,压实责任,狠抓政策落实,积极开展中央脱贫攻坚专项巡视"回头看"等整改工作,着力抓好就业扶贫和产业扶贫两个关键。共组织开展贫困户专场就业培训招聘会5场,解决贫困户岗位就业105名,帮助贫困户申请外出务工交通补贴345名。协调40户贫困户申请小额贷款179万元;帮助发展村集体扶贫产业基地31个,其中新增濮家村莲藕种植基地70亩,石源村蓝莓种植基地100亩,南山油茶种植基地700亩;全镇7个省市级贫困村共投入512万元,安装光伏1283.41千瓦,已产生效益近55.7万元;整合帮扶资金148万元入股江西沃博农业大力发展中草药种植312亩,大大增强了脱贫"造血"功能,提升了村集体经济实力。2020年,众埠镇按照要求坚决打好打赢"蓝天保卫战""碧水保卫战"和"净土保卫战",对全镇41座小(1)型、小(2)型水库水质实行定期抽样检测,出动人员打击非法采砂刑拘1人,切割大型非法采砂船13艘;依法取缔污染企业3家,搬迁企业3家。

【综治及信访工作创新局面】 大力开展社会治安综合治理,进一步健全镇、村(居)两级治安防控网络,加强平安建设工作领导,强化网络电信诈骗安全宣传,先后发放电信网络诈骗防范攻略手册1000余本、防诈骗宣传单16690余份。11月开展"千名干警进万家,暖心问计送平安"活动,进村入户走访农户1845户,收集群众反映的热点问题101件,已化解65件,有效推进了平安众埠建设。按照"减存量、降增量"信访稳定工作目标,通过健全党委信访联席会议、镇领导每日坐班接访制度、信访调度制度等,不断压实信访责任,10月开展"奋战一百天、迎接新起点"行动,实行严格信访责任奖惩,强化矛盾纠纷化解力度,社会稳定继续趋于平稳。全年疑难积案化解率达到50%,新增信访案件较上年大幅减少,一批长期积案得到根本性化解。一个全新的、稳定的、有序的众埠正在实现不断的突破与超越。

【放管服稳落实处】 主动加压、提升标杆,扎实推进"五型政府"建设。持之以恒深化体制改革。全面完成本镇农村集体产权制度改革工作,成立203个农村集体经济股份合作组织,全镇9.8万农民享受到村集体产权红利;结合众埠实际,研究制定《众埠镇村民小组管理办法(试行)》,加强对村民小组和"三资"监督管理工作;对接市直部门,认真开展74项乡镇赋权体制改革。坚持不懈提升管理服务水平。按照习近平总书记关于坚决制止餐饮浪费重要指示精神,众埠镇及时研究制定《众埠镇厉行节约反对浪费创建节约型机关管理办法》,在全镇范围内开展绿色节能办公、"光盘行动"等措施,积极构建节约型政府和社会;206名普查员逐人逐户细致开展第七次全国人口普查工作;在2019年建成11个基础上,再新增13个"爱心食堂";"12345"政府服务热线全年受理群众反映问题工单1550件,并做到了件件有回复,件件有落实,赢得了广大群众的信任;便民服务窗口共为居民办理城乡合作医疗报销业务1430份,医疗救助220份,办理生育服务卡近300份,一站式优质服务为政府在群众中树立了良好形象。

【党的建设不断加强】 巩固深化"不忘初心、牢记使命"主题教育成果取得显著成效。党政领导班子开展以深入学习贯彻习近平新时代中国特色社会主义思想为主要内容的"不忘初心、牢记使命"主题教育,实现了理论学习有收获、思想政治受洗礼、干事创业敢担当、为民服务解难题、清正廉洁作表率的目标任务,"四个意识"得到加强,"四个自信"得到巩固,"两个维护"得到提升。基层党建水平得到规范提高。全镇2015名党员做到主题教育、"两学一做"等党内政治生活学习不松劲,党员标准不降低;村级组织活动场所先后完成高桥、南昌畈两村的重建与装修入住办公;完成共树、湾头两个村软弱涣散党组织整顿工作;完成了全镇37个村级活动场所"三化"建设工作。加大党员干部队伍管理力度。强化了驻村第一书记的日常管理和村"两委"干部的考核管理,村干部报酬显著提高,村书记报酬平均超过3万元,较2019年增长15%,全年吸纳新党员22名。加大执纪问责力度。镇纪委运用第一种形态处理4个党支部和42人,约谈14人,诫勉谈话12人,谈话提醒16人;通报批评4个党支部和18个人;党内立案审查8起9人,其中党内警告处分7人、党内严重警告1人、开除党籍1人。另外给予1人留党察看处分(2019年立案)。

乐港镇

【概况】 乐港镇地处乐平市西南郊区,东邻塔山街道,南接镇桥镇、万年县,北靠后港镇、洎阳街道,西连鄱阳县,镇政府驻地港口村。全镇国土总面积109.7平方公里,有圩堤50.241公里,小(1)型水库2座,小(2)型水库12座,山塘水库98座,排涝站10座,启闭机闸38座,东、西高排沟约26公里。地形地貌大致为三山二水三分田二分道路和庄园,计税耕地面积3.78万亩,其中蔬菜面积2.2万亩,山林面积5.1万亩,其中国家公益林面积7500亩,天然保护林面积1900亩;全镇共辖30个行政村,3个社区居委会,167个自然村,313个村民小组。经2020年全国第七次人口普查,全镇共2.5万户,总人口9.3万人。党委下设45个党支部,包括3个"两新"组织(蔬菜产销协会、云杰畜牧、沁园合作社),党员人数1798人。2020年有农村初级中学3所,村级小学26所,在校中、小学生近万名。全镇上下齐心协力、奋发有为,在砥砺奋进中诠释初心,在艰苦奋斗中书写精彩,取得了较好的工作业绩,获得景德镇市信访"三无"乡镇、消防工作先进单位等殊荣。

【经济建设基本情况】 乐港镇始终坚持"工业强镇、商贸活镇、蔬菜富民"战略,工业、农业携手并进,多元化提升镇域经济。一方面实施了招商引资"五个一"改革(即一把手工程、一盘棋理念、一体化格局、一股绳合力、一站式服务),成功引入德孚环保科技、景顺化工、远洋威利等8家企业落户乐港镇,工业经济不断提升;另一方面大力实施"东菜西进"工程,通过引进"大集团"规模种菜、引导小农户改粮种菜、利用低洼地开发种菜,发展规模、高效、绿色蔬菜。同时,引进江绿集团落户里首村,新增蔬菜面积4000亩,农业经济增效显著。2020年全镇实现社会总产值88.3亿元,财政总收入1.2亿元;固定资产投资28.8亿元,农民年人均收入20865元,镇域主要经济指标平稳较快增长,经济发展质量持续趋优。

【基层党组织工作情况】 深入开展"不忘初心、牢记使命"主题教育,牢牢把握"守初心、担使命,找差距、抓落实"的总要求,坚持将学习教育、调查研究、检视问题、整改落实四项重点措施贯穿始终,结合市委第一巡察组反馈问题,坚持不懈抓整改,不断提高党建工作制度化规范化水平,深化党的建设,充分发挥了党建引领作用和提升了党建工作质量。一是强阵地,进一步完善了乐港党校,新建村级活动场所2个,打造了蔬菜产销协会、龙溪、鸣山3个党建示范点。二是强队伍,坚决将受到过刑事处罚的干部清理出"两委"班子,配齐配强了村(居)两委班子,发展党员24名。三是强学习,利用主题党日、流动党校培训在基层、古戏台讲堂等形式,组织各类学习培训580余场次,培训党员干部16000余人次。同时,持续加大"四风"问题整治力度,深入贯彻落实中央八项规定精神,充分发挥纪委执纪监督作用,营造了良好的政治生态。

【聚力打造张家桥综合农贸市场】 按照上级"承接城区市场功能、唱响江南菜乡品牌、打造一村一品特色"的总体要求,乐港镇聚力打造张家桥综合农贸市场。该市场一期规划占地7.5亩,主要建设为1000平方米的钢结构菜市场、120个停车位的停车场以及配套道路排水设施等。该项目于2019年3月开工建设,于2020年3月20日完工试营业,3月28日正式开业,工程总投资580万元(其中土建工程300万元,装饰装修和辅助工程280万元),农贸市场内设摊位36个,店面13间。其中时鲜蔬菜摊位22个、肉类、豆制品摊位14个、精准扶贫助困菜摊6个、助困创业商铺1个、党员创业商铺2个。该农贸市场按照全市一流乡镇农贸市场的标准进行规划、设计、建设、管理。市场内设置了检测室,实施了市场分区分类管理,严格场地定期定时消毒,安装了电子秤、公平秤、视频监控系统、电子屏幕、紫光无菌消毒灯等。地下管网齐全,各摊位均有独立的给排水系统、供电和通信系统。场外地势平整空旷,绿树成荫,附属设施齐全,是一个集购物、停车、美食于一体的民心工程。该农贸市场的建成,丰富了当地村民的物质生活需求,改善了当地商家经营环境和秩序,被老百姓誉为"民心市场""安心市场""最美市场"。

【开展"古戏台讲堂"宣讲活动】 12月30日下午,由市委宣传部主办、乐港镇党委协办,在乐港镇里汪村正式举行“古戏台讲堂”宣讲活动。市委宣传部领导与乐港镇党政班子成员、各村(居)支部书记以及当地群众共计约400余人参与了此次活动。此次活动采取节目表演和主题宣讲相结合的方式开展,时长约2小时,活动全程围绕宣传贯彻党的十九届五中全会精神,紧扣乐港镇党委“不忘初心、牢记使命”主题教育的思想要求,融入约1.5小时的节目表演中,寓教于乐。乐港镇党委书记李希有在现场致辞并开展党的十九届五中全会精神宣讲教育,同时结合实际,对乐港镇全面推进乡村振兴工作进行阐述。李希有号召全镇干部群众要深入学习贯彻党的十九届五中全会精神,切实增强“四个意识”、坚定“四个自信”、做到“两个维护”,真正将习近平新时代中国特色社会主义思想融入日常学习工作之中。

洪岩镇

【概况】 洪岩镇位于乐平市东北部,与婺源县、德兴市毗连,镇域面积120平方公里,辖8个村委会,12个分场;山林面积13.6万亩,森林覆盖率达80%以上。境内生态环境优美、旅游资源丰富、人文底蕴深厚,境内有国家AAAA级风景名胜区“洪源仙境”和风景秀丽、气候宜人的历居山。是风节名臣洪皓、南宋宰相洪适、《容斋随笔》作者洪迈故里,并相继创建为国家森林公园、江西省首批特色小镇、江西省旅游风情小镇、江西省地质公园等。2020年,该镇再添国字号名片“国家卫生乡镇”、先后荣获江西省魅力乡镇十强、江西省生态文明示范基地、江西省首批“五型”政府建设示范乡镇,洪岩村获评全国文明村镇。

全镇总户数4768户,总人口17444人,全年出生人口140人,死亡90人,人口自然增长率7.27‰。

全镇地区生产总值10.45亿元;完成财政总收入1.19亿元,其中公共预算收入8937万元;全社会固体资产投资9.03亿元;农民人均纯收入21232元。

【项目建设加快实施】 紧紧抓住国家大力实施乡村振兴战略,推进生态旅游发展机遇,全面实施总投资15.61亿元的洪岩旅游总体开发建设PPP项目,引领洪岩生态旅游创新快速发展,已完成投资约12.6亿元。基础设施建设全面提速。全省旅发大会看点15.7公里樱花大道项目已全线竣工通车;4.9公里盘山公路项目(盘龙山至夏家坞段)已建成通车;加上已建成通车的历库公路、盘山公路(历居寺至曹家里段),主要交通框架基本成型,村民和游客出行更加便捷。景观景点不断增多。建设了夏家坞休闲谷子项目,包含2公里高空玻璃漂流、飞龙谷栈道、花海、游客中心和“知青文化街”、农耕文化体验园、幸福堰和健步道等景观景点;2021年全省旅发大会看点洪皓故里项目已竣工;配套服务显著提升。历居山青年度假酒店正在改造提升,历居山度假酒店、“古道边”民宿已建成营业,将有效解决我镇当前发展全域旅游最紧要的“有景无房”问题。百姓自改民宿、乡村“农家乐”正陆续涌现,洪岩乡村旅游发展迈入新的阶段。

【民生事业有力推进】 兴产业、增收入,贫困群众全面脱贫。全年实现143户贫困户“产业+金融”扶持全覆盖,落实了5家企业与金融部门对接,以直接受益的方式每户每年可受益分红3750元。发展莲子种植基地200亩、果业600余亩、油茶230余亩、菌菇2万棒、茶叶改造500余亩,办理了26户小额信贷,9个村级光伏电站发电总收入达20余万元,为贫困户脱贫后稳定增收提供了有力保障。2020年预脱贫户36户53人已成功通过上级脱贫成效考核验收并批复,全镇贫困户143户302人全部如期脱贫。

【“双创双修”扎实开展】 促改革,升品质,乡村环境持续改善。以乡村振兴为主抓手,以重点项目为依托,强化改革创新,大力实施秀美乡村建设,久久为功抓好环境整治,奋力将“醉美洪岩”打造成乐平最靓丽的名片。绘好环境整治画卷。全年共清理分类生活垃圾4320吨,其中可腐烂垃圾720吨,制造有机肥360吨。“三沿六区”坟墓已完成治理533座,其中迁坟208座,平坟172座,绿化遮挡153座。火化率实现100%。全年共拆除旱厕402座,户厕改造402户,新建旅游公厕2座,村级公厕5座,切实填补这块影响群众生活品质的短板。做好显山露水文章。洪岩镇始终将洪岩“天更蓝、水更清、山更绿、气更净、景更美”作为发展目标。完成清溪河沿线13个村污水管线,9座小型水库得到进一步加固。洪岩镇空气质量特别是负氧离子含量高居全市前列。全面落实“林长制”,让绿色成为洪岩最美的底色。小坑分场成功创建国家森林乡村、省级乡村森林公园。

【获奖情况】 洪岩镇再添国字号名片“国家卫生乡镇”、先后荣获江西省魅力乡镇十强、江西省生态文明示范基地、江西省首批“五型”政府建设示范乡镇,洪岩村获评全国文明村镇称号。

高家镇

【概况】 高家镇地处乐平市东部,是乐平的“东大门”。高家镇辖区面积 113 平方公里,约 6616 户,人口 2.6 万余人;全镇 11 个村委会、1 个社区、1 个镇办林场(鸟树村、上老村、官庄村、仓田村、高家村、鲁家村、山田村、梅岩村、杨家边村、庄泉村、樟木里村、八面山居委会、董家林场)。耕地面积 45752 亩,山林面积 85141 亩,活立林蓄积量 16.39 万立方米,森林覆盖率达 49.83%。大小水库 110 座,其中中型水库一座,小(2)型以上水库 12 座,水域面积 3833 亩。2020 年,全镇生产总值完成 7.2 亿元,财政收入累计完成 7272 万元,其中公共预算收入 5273 万元,固定资产投资总额 5.2 亿元,农民人均纯收入 15080 元。高家镇资源丰富,山金探明储量达 5.3 吨,石灰石储量达 2.4 亿立方米,镇内现有钙业企业 2 家,采石厂 1 家。全镇共有 3 家规模以上工业企业。高家镇交通便利,吴乐二级公路(乐德公路)、乐德铁路横穿东西,湘官(高)一级公路和新秧战备路纵贯南北,镇中心距亚洲最大的铜矿德兴铜矿 30 公里,距瓷都景德镇 40 公里,距乐平市区 25 公里。高家镇农业兴旺,粮食生产连年稳产丰收,播种面积达 36938 亩,粮食总产量 17750 吨;农业产业特色显著,形成了以白茶、中草药、特色养殖业为主的特色农业体系,白茶种植规模达 5000 亩,已形成“健民春”“雷达岭”“裕瑾”等白茶品牌;中药材种植面积达 2600 余亩,甲鱼、小龙虾、石蛙和蛋鸭等特色养殖规模逐年扩大。高家镇豆腐乳历史悠久、品质优良,是乐平有名的特产。

【政府自身建设不断加强】 始终将理想信念教育贯穿党员教育培训工作中,加强党性教育和党性锻炼,扎实推进“不忘初心、牢记使命”主题教育常态化制度化,坚持以党的政治建设为统领,自觉加强理论学习,切实用习近平新时代中国特色社会主义思想武装头脑、指导实践、推动工作。理论学习取得新收获。坚持把政治建设摆在首位,坚持镇村干部每周学习制,结合当前工作重点,先后围绕新时代中国特色社会主义思想、习近平总书记系列重要讲话精神等不同内容组织学习达 20 多次,开展专题学习研讨 4 次,辅导讲座 5 次,有效地增强了学习活动的生动性与实践性。通过远程教育平台、学习强国 App、干部网络学院等多种方式开展党员教育活动,持续开展好党员“三会一课”,推动党员学习不断档,教育有成效。阵地建设获得新提标。严格按照基层党建“三化”建设要求,按照“重点打造、全面落实”的工作原则,全力做好基层“三化”建设工作。目前已全面完成高家村、杨家边、鲁家村、梅岩村、樟木里村 5 个示范点建设,其他 6 个行政村正按照已完成的示范点要求进一步完善中,社区和非公企业“三化”建设也在稳定推进中。三是党建品牌呈现新亮点。在基层治理上,实行党建 + 网格。疫情发生后,充分发挥党员先锋模范作用,镇党委划分 13 个党员网格责任区,广大党员同志主动“亮身份、当先锋、做表率”,成立疫情防控志愿者队,为村民提供服务。宣传意识形态工作有了新提升。镇党委注重加强意识形态宣传教育工作,共组织开展 11 次党委理论中心组学习,召开 1 次专题会议研究意识形态工作。积极利用微信群、公众号、政府网站等媒体对辖区民众进行宣传教育和舆论引导,共发布信息 200 多条,其中省市级媒体上稿 42 篇。全面从严治党工作常抓不懈。充分发挥纪检员一线“探头”作用,2020 年以来信访问题线索处理 14 起,共组织开展督查 28 次,诫勉谈话 11 起,通报 18 次,下发自查自纠函 5 份,立案 8 起,给予党纪政纪处分 9 人。

【经济社会发展稳中提质】 通过全力抓好招商引资、村集体经济发展、服务入园企业开工建设等工作,促进高家镇经济发展。瞄准浙江、广东、福建等重点地区,大力实施“工业优先”战略,把招商引资作为经济发展的重中之重来抓,先后多次召开高家镇优秀在外创业人员座谈会,多次组织招商小分队赴浙江等地开展招商引资工作,成功引进投资 5000 万元年产 60 万吨固体建筑垃圾处理项目,目前已试机生产预计年底投产,积极与乐平启瑞科技有限公司、乐平市巨业化工科技有限公司和苏州利良环保建材有限公司对接落户相关事宜。现代农业产业发展稳步推进,大力开展高标准农田等基础设施建设,完成改造高标准农田5800余亩,庄泉村大塘下长沙畈万亩农业高产示范点采取良种良法,粮食品质和粮食产量逐年提高。完成早稻种植面积9020亩,中稻种植面积17834亩,晚稻种植面积9920亩,粮食产量均超过1.8万吨。利用白茶龙头企业健民春、雷达岭、兴园茶业带动作用,改造和新建茶园面积5000亩,改种优良白茶,延长茶叶采摘期,茶叶总产达到4万千克,产值3000万元。大力扶持鑫利中药材、财建中药材两家中草药龙头企业,实现种、管、产、销一体模式,前胡、覆盆子、芍药、黄栀子等种植面积达2600余亩。同时,甲鱼、小龙虾、石蛙和蛋鸭等特色养殖规模逐年扩大。盘活山林土地,整合资源,充分利用梅岩村、山田村、樟木里村、刘家村等精品村庄优势,积极开展"栀子花节""白茶节"等活动,积极宣传推介高家霉豆腐、土鸡等农产品,打造集休闲垂钓、野外拓展、采摘等内容为主体的休闲农业体验区,综合性"农家乐"经济初具雏形。

【脱贫攻坚工作完美收官】 始终把脱贫攻坚作为最大的政治责任、最大的民生工程、最大的发展机遇,紧紧聚焦"两不愁四保障",抓紧抓实产业扶贫、就业扶贫、教育医疗、兜底保障等政策落实,巩固提高脱贫质量。全镇现有建档立卡贫困人口150户340人,已脱贫全部脱贫。2020年继续加大扶贫产业项目实施力度,共计建成600千瓦光伏、840亩白茶、992亩油茶、215亩黄栀子、80亩石蛙、30亩黄精、35亩果园、30箱蜜蜂等扶贫产业,实现了全镇各村扶贫产业全覆盖,套种一年生草本中草药紫苏、凤仙花、白术715亩,种植效益良好。开展各类培训4场次、培训贫困户劳动力130多人次、新增转移农村劳动力人数5400余人,就业扶贫车间1个,解决贫困户就业7人,扶贫专岗扶持就业解决贫困户就业34人。深入推进感恩自立教育、自强培育、自力激励、自尊治理"四项行动"和推行"三讲一评"颂党恩活动情况。全镇各村累计开展"三讲一评"颂党恩活动30场240人次。

【社会和谐安全生产有保障】 扫黑除恶专项斗争常抓不懈。持续加大宣传,保持扫黑除恶的高压态势,在重要道路节点和各村悬挂扫黑除恶专项斗争宣传横幅、制作宣传栏,并组织镇村干部进村入户发放宣传单6000多份,扎实开展"千名干警进万家,暖心问计送平安"活动,巩固扫黑除恶成果,不断提升群众幸福感安全感。信访工作保持平稳。认真落实定期排查、领导包案、责任追究等制度,化解信访积案5件,共受理信访件22起,调处率100%,息诉息访率100%,办结率100%,处理"12345"政府服务热线378起,及时处理老百姓反映的道路问题的投诉及求助,实现了事事有答复、件件有回音,有效地维护了信访人权益。安全生产工作扎实推进。认真贯彻落实《地方党政领导干部安全生产责任制规定》,强化责任体系建设和责任落实,突出安全管理台账、安全生产大检查、打非治违、专项整治等工作重点,对镇域内的非煤矿山、工业企业、烟花爆竹经营点、危险品营销站等领域开展不定期检查,特别是全国两会期间,加强对重点行业的监督检查,做到不留死角,未发生一起重大安全事故。

【民生社会事业蓬勃发展】 绿色殡改进展顺利。疫情防控期间加强管控宣传力度,积极引导群众从简办理丧事活动,严禁大操大办。充分发挥红白理事会的作用,引导群众移风易俗,简易办丧,镇、村、组干部全程参与管控督导。以来死亡109例,火化109例,骨灰入公墓安葬103例和生态葬6例,遗体火化及入公墓安葬确保100%。扎实开展散埋乱葬坟墓整治专项活动,对排查出来的散埋乱葬81座坟墓,逐一登记造册,分类进行整治到位。保障体系不断健全。农村低保436户841人,城市低保19户60人,保障人口869人,共发放城镇低保金34.3万元,农村低保金333.3万元,五保供养金39万元,残疾人两补31万元,80周岁以上高龄补贴15.57万元,孤儿和事实无人抚养儿童救助金7235元,临时救助2.7万元,此外在退役军人管理服务等方面严格按照政策为居民提供优质服务,切实保障民生需求。为民服务水平不断提高。进一步深化乡镇机构改革,提升村(社区)网格化管理与精准服务的有效衔接。公开、规范乡镇和村(社区)两级政务服务事项和便民服务事项办理流程,推动事项网上的申报和办理,提升服务品质。人民武装工作成效明显。认真做好征兵工作,通过初检、上站体检、政审等环节层层筛选，共有 8 名优秀青年光荣入伍，超额完成了今年的征兵任务。始终坚持在“管”武装、“建”武装、“用”武装三方面下功夫，以高标准、高质量工作要求统筹推进各项武装工作。

【农村人居环境不断改善】 环保整改工作成效明显。加大环保巡查力度，除镇环境保护所工作人员在全镇范围内进行不定期巡查外，还动员村“两委”干部及小组干部对本村污染企业进行日监控，做到及时发现、及时汇报、及时处理。拆除了 2 家死灰复燃的非法经营无环保设备的碎石厂，对官庄水源地水源非法挖砂、盗采砂进行了打击，保证了官庄水源地的水质安全。加大了秸秆禁烧巡查力度，发现秸秆燃烧 25 余次，组织人员及时扑灭，并对当事人进行了批评教育。打击“两违”工作渐成常态。继续实行严格的用地管控制度，按照“限高、限大、治乱打违”要求，对本辖区违法违规建房现象进行了严厉打击，共打击偷建抢建 63 起，违法用地 12 起，面积约 4500 平方米，打击非法开采 10 宗，查扣非法设备 8 台，拆除“两违”建房 3 起约 700 平方米，有效调解土地纠纷 25 起，有效地遏制了“两违”现象的发生。农村环境整治持续发力。坚持每月定期组织镇村干部进行环境卫生巡查评比活动，发动党员干部带头进村入户对全镇 13 个村(居)46 个村小组进行环境卫生整治，积极推进“清洁村庄”“清洁家庭”评比工作；开展境内交通主干道沿线可视范围内乱搭乱建环境整治工作，对乐德公路、湘官公路两边进行了美化提升，对官庄水系进行了清杂清淤；新建集镇公厕 1 座，村级公厕 6 座，完成与乐联公司环卫一体化对接工作，严格落实“门前三包”制度，各村小组村民响应“爱国卫生运动”主动参与卫生清扫活动，提升村民生活环境和生活质量。秀美乡村建设推进有力。按照“整洁美丽、和谐宜居”的工作目标，稳步推进秀美乡村建设，总投资 1000 多万元的来龙山公园、下埔精品建设项目已基本完工，被作为全市城乡环境整治现场巡查看点接受巡查，文田村示范村、高家镇现代农贸市场、高家镇集镇所在地环境提升及乡镇党校等项目扎实推进。

临港镇

【概况】 临港镇位于乐平市东北部腹地，处景德镇、乐平、德兴金三角区域内，距市区 25 公里，乐德公路、乐历公路、湘官一级公路穿境而过。全镇辖 16 个村委会，67 个自然村，总面积约 117 平方公里，其中耕地面积 32170 亩，山林面积 8.7 万亩(含石山面积 8000 亩)，总人口约 33000 人。镇域资源丰富，其中矿石资源石灰石、松香、黄金等储量较大；农业资源主要以粮食、蔬菜、油菜、木材为主，并辅以杨梅、柑橘、桃、李、绿壳鸡蛋、鸭蛋等农副特产品，拥有水库 136 座，可养水面 3800 余亩，水产资源丰富。镇域历史文化悠久，百姓民风淳朴善良、热情好客，村民自发组建 40 余支舞蹈、武术等民间娱乐文化队伍，群众文化生活丰富；民间艺术和传统文化繁荣昌盛，剪纸、纳鞋垫、雕刻等民间艺术活动随处可见；桥板龙灯在临港镇有数百年历史，端午划龙舟的传统一直延续到现代，文明和谐的文化氛围浓厚。

【党建工作】 一是基层党建“三化”建设有落点。共投入 70 万元提升改造景德镇市“三化”建设示范点临港镇中堡村党群服务中心，投入 50 万元新建临港镇李边村党群服务中心，投入 20 万元对临港镇村党群服务中心进行提升改造，同时不断规范镇党委会议、支部党员大会、支部委员会等议事决策会议制度，全面加强党委中心组学习会、“三会一课”主题党日活动、组织生活会、民主评议党员等组织活动。二是学习教育有方法。坚持学习强国“天天学”、干部例会“每周学”、年轻干部座谈会“每月学”，使党员干部学习教育常态化。继续巩固提升“不忘初心、牢记使命”主题教育成果，切实做到学深、悟透、做实。三是选人育人有导向。政治上激励干部，重视从优秀的村书记中积极组织符合条件的人员考录副科级领导及事业编干部；生活上关心干部，大幅度提高村干部待遇，村书记平均报酬达 3.3 万元。

【经济指标】 一是财税收入稳步增长。财政总收入 8883.68 万元，增长 43.2%，形成一般公共预算收入 6977.01 万元，增长 37.4%，实现生产总值 12.4 亿元，增长 5.3%，完成固定资产投资 8.7 亿元。二是招商引资稳步推进。成功引进乐平市晟德医疗科技有限公司年产 800 亿只一次性健康防护手套项目和江西索闻特化工有限公司 5 万平方米渗透气化膜项目、年产 2 万吨乙腈项目。三是各企业发展良好。持续做好进园企业和镇域企业的服务工作,积极协调解决企业发展存在的问题。目前,招商企业乐盛化工、恒立化工、锦溪朔编、锦溪建材、石灰厂等企业发展质效增强,个体工商企业也不断发展壮大。

【脱贫攻坚】 “十三五”规划期间共有省级贫困村1个,市级贫困村2个,到2020年底均已完成脱贫目标,全镇建档立卡贫困户323户721人,均已实现全面脱贫,边缘户16户36人,已全部消除致贫风险,人均收入稳步增加,脱贫成效显著。教育扶贫、健康扶贫政策实现全覆盖,住房安全和饮水安全均得到保障,农村五保、低保、残疾人两项补贴、临时救助等政策做到“应保尽保”,有效保障贫困户生产生活需求。16个村委会全部建成产业扶贫基地,其中睦乐、中堡、古田等10个村建设了20—300亩不等的油茶产业,共计形成917亩油茶种植基地,九墩、四联、下牌、汪家等4村对接江西善若农业发展有限公司入股合作建成270亩龙井茶叶种植项目,于当年实现3.3万元分红。睦乐有机稻、中堡生态鸡等特色农产品成功进驻江西线上扶贫馆,消费扶贫进一步发挥作用。大力发展“产业+金融”模式,引导企业深度参与到金融扶贫,为全镇贫困户实现每年分红3750元。

【环境治理】 实行全镇秸秆禁烧,严厉打击扬尘污染,协助抓好车溪河流域治理项目,定期做好山塘水库水质抽样检测,确保水质达标,严格落实“河长制”,依法打击河道非法采砂和非法捕鱼现象20余起,没收捕鱼器具8套、电瓶2台,放生鱼类100余斤。投入2200万元完成集镇高标准改造工程,投入930余万元用于临港镇新农村建设,涉及11个村委会15个自然村,计划改路5万平方米,安装路灯200余盏、新增绿化面积1万平方米、改沟2000余米等。大力开展“五拆五清一树”行动和厕所革命,共拆除旱厕80个,拆除违章搭建355平方米,拆除圈舍23个,拆除残墙断壁532米,拆除违规院墙382米;清理农村生活垃圾1130吨,清理村内水塘69口,清理村内沟渠3000余米,清理村内淤泥150吨,清理畜禽养殖粪污等农业生产废弃物82吨,新建公厕5个,完成农户改厕586户,农村人居环境得到明显改善。

【重点项目快速推进】 镇域范围内区域供电网络正式由国网接管,累计投入4946.6万元对镇域12个村配网进行改造升级,成功解决了困扰临港近3万名群众近20年的用电难题,临港群众用上放心电、安全电。多项重点交通项目圆满完成,临港大桥和古田大桥重建项目完成,成功架起了干部群众“连心桥”,新建乐德挂线经四联至临港公路、下石至洪岩旅游公路、涌临公路,提升改造省道303临港街路段,通村公路覆盖16个行政村,打通群众出行“最后一公里”,群众出行更加便捷。

【社会治理越发稳定】 一是筑牢新冠肺炎疫情防控防线。全面贯彻落实各级党委、政府关于疫情防控的工作要求,压实工作责任,常态化做好疫情防控工作,严格落实网格化管理制度,在全镇筑起了疫情防控的坚固防线。未出现确诊和疑似病例,有效保障广大群众的生命安全。二是保障安全生产。深入开展矛盾纠纷排查化解,定期组织矛盾纠纷排查,及时协调化解单位进行化解,坚决做到小事不出村,大事不出镇。“12345”政府服务热线全年受理群众反映诉求工单382件,办复率达100%,有效解决群众诉求。不断加大安全生产宣传,加大安全隐患排查力度,对各村企业及农村家庭小作坊进行安全生产大检查,做到“查深、查细、查透、查实”,对发现的问题及时责令整改,全年未发生重大安全事故。

【民生事业扎实推进】 严格落实低保、五保供养政策,提升低收入人群生产生活水平和民政工作服务水平。共有城市低保对象36户58人,已发放生活保障资金103.968万元;农村低保对象共598户1137人,已发放生活保障资金666.8853万元,残疾人两项补贴发放人数378人,发放资金40.654万元,发放高龄补贴419人,共计266250元;全镇共有特困供养人员73人,其中集中供养9人,分散供养64人,临时救助230户,发放临时救助金11.04万元,发放冬春救助金56万元,春节慰问金7200元,使困难群众生活得到有效保障。

浯口镇

【概况】 浯口镇地处乐平市域中部,境内水网密布,因乐安河、车溪河、梅溪水、茅山水和木龙坑“五水”交汇而得名。这里历史悠久、资源丰富、山川秀丽、交通便利、民风淳朴，具有得天独厚的交通、资源、区位优势，是“工业强、商贸活、农业特、生态美”的风水宝地。

浯口镇域总面积66.4平方公里，52个自然村，8361户，3.4万人口，下辖13个村委会（环琇村、浯口村、韩塘村、瑶冲村、枧头村、江村村、赵家村、梅溪村、西桥村、杨溪村、桃园村、尖山村、程家墩村）。2020年共完成财政总收入12647.8万元，较上年增长29.8%，公共财政预算收入8606.6万元。农林牧渔业总产值2.796亿元，工业企业营业收入12.699万元，固定资产总投资6亿元。耕地总面积30607亩，林地38630亩，森林覆盖率达40%，生态环境优美。浯口镇资源丰富，尤以优质的膨润土和丰富的煤炭闻名。其中膨润土已探明储量8000万吨，储量及品质位于全国前列，境内现有5家膨润土采矿企业和1家加工企业。

【加快兴农步伐】 尖山、石明、瑶冲等村高标准农田建设，完成高标准农田改造7342亩，受污染耕地治理3078亩。水稻种植总面积42479.3亩，其中早稻13539.54亩，中稻14459.46亩，晚稻14480.3亩。全镇有生猪养殖户4户，生猪存栏2727头，出栏1.2万头。有养禽户16户，年出栏5.53万羽，产蛋200吨，三王牧业有限公司年出栏湖羊1万头。

【推进系列改革】 认真开展集体产权制度改革，核实集体产权资产总额4561.2万元，总资源80593.13亩，确认农村集体经济组织成员34446人，确认股东34446个，8560本股权证已基本发放到户。积极推进“房地一体化”不动产确权登记发证工作，发放不动产权证4558本。

【强化基础设施】 着力改善群众出行难问题，持续加大农村道路建设力度，稳步推进浯尖公路等6条道路改造，里程达14.8公里，投入资金达1300万元；坚持项目引领，新农村建设多点开花。以“双创双修”为抓手，全力推进项目建设，争取了浯口集镇功能提升，环琇、石明、大院前村示范村建设，项目资金达3900万元，开展22个新农村建设点工作。人居环境整治持续发力。不断巩固人居环境整治“三年攻坚”成果，积极开展“五拆五清一树”行动。积极推进“厕所革命”，新建农村公厕6座，改厕505户，全镇改厕率达99.44%，卫生厕所改厕率达98.42%；

【打赢脱贫攻坚】 浯口镇共255户599人贫困户，已如期完成脱贫目标。另外，边缘易致贫困户21户46人，全部消除致贫风险；脱贫不稳定户4户9人，全部消除返贫风险。积极发展扶贫产业，按照“四个一”发展规划，着力推进特色果业发展。通过“企业+农户+贫困户”和“合作社+村集体+贫困户”的模式，发展脐橙、蓝莓、油桃、油茶等果业基地1300余亩，实现贫困户“人均2亩果”目标，并套种菊花、紫苏、红薯等300余亩，实现短期收益。光伏发电330千瓦，年度收益达10余万元。积极鼓励贫困户发展畜禽、农作物等种养业，共发放产业直补3.73万元，大力推进消费扶贫，线上线下销售扶贫产品5万元；着力推进果业、光伏等扶贫产业基地建设，合理安置公益性岗位107人，共发放9.63万元，稳定带动贫困户增收。

【突出民生保障】 扎实落实低保、“五保”等各项惠民政策，加强对贫困户、边缘户和老年人等群体的摸底排查，严格把关各项惠民政策申请、审批等程序，切实做到“应保尽保、应退必退”。全年发放低保565.59万元、五保28.29万元、优抚金65.1万元、孤儿救助1.37万元、洪水灾害救助资金9万元。构建农村家庭互助式养老模式，扎实推进敬老院改造提升工程，积极筹建瓷都“党建+爱心食堂”，建成爱心食堂3个。

【办好公共事业】 全面推动移风易俗，扎实推进文化惠民工程，建设了13个新时代社会文明实践站，13个农家书屋，打造了2个村级综合性文化服务中心，1个篮球场和1个足球场；推动义务教育控辍保学，巩固率达99.7%；积极开展群众性文体活动，举办古戏台讲座1次，组织戏曲、电影下乡活动共20次，组织广场舞选拔赛1次。定期举办月嫂等岗位技能培训活动，组织培训44人次，送岗上门28家；积极推进绿色殡葬改革，治理“三沿六区”坟墓142座，持续巩固火化率和入墓率“两个百分之百”成果。加强社保政策宣传，充分调动村民参保积极性，全年共参保21101人。

【社会秩序平稳】 深入开展扫黑除恶宣传教育活动，加强对18

个重点行业领域涉黑涉恶线索摸排,依法打击村集体资产资源侵占行为,持续巩固扫黑除恶成果。认真落实定期排查、领导包案、责任追究等制度,共办理信访件27起,化解信访积案3起,开展群众说事417次,为群众解决335起事件。受理"12345"热线工单427起,为群众及时解决反映诉求。

塔前镇

【概况】 塔前镇地处乐平市西北部,素称"乐平北大门"。这里历史悠久、资源丰富、山川秀丽、交通便利、民风淳朴,具有得天独厚的"交通、区位、园区、文化"四大优势,是经济与环境和谐发展的风水宝地。镇域总面积122.5平方公里,82个自然村,12946户,4.7万人口。辖15个村委会、1个居委会、1个分场,耕地总面积3.1万亩,水面2370亩,山林10.3万亩,森林覆盖率60.79%,生态环境优美。

【经济发展取得新突破】 一方面充分依托乐平工业园塔前小区招商优势平台,不断加大对外招商力度,签约瓷创源瓷器和远恒建材2个项目,另有皓宇新材料和投资达28.6亿元的温泉小镇2个项目正在跟进当中。一方面统筹疫情防控和经济发展,指导企业在做好疫情防控工作的前提下,有序推动复工复产,扛住一季度、奋战二季度、提速三季度、冲刺四季度,助力经济回暖复苏。全年实现生产总值29.15亿元,同比增长9.3%;固定资产投资完成16.5亿元,同比增长7.6%;财政总收入达1.69亿元,同比增长达98.8%,经济形势一片大好。

【机构改革取得新成效】 深入贯彻市委、市政府决策部署和市深改委有关要求,始终坚持改革创新、主动担当,积极稳妥推进各项改革措施落细落地。镇机关按五大办公室、一个便民服务中心、一个综合执法大队重新进行了职能和编制配置,人员做了分工调整,有效优化了组织机构。同时及时与上级主管部门签订赋权协议,稳步推进权限对接。通过推进改革,机关各部门职能更加清晰、运行机制更加规范,执法力量得到整合和加强,政府行政力得到明显提升。

【项目建设取得新进展】 G206拓宽改造和塔荷公路改造建设项目征地、拆迁等工作全面完成,锦溪矿业主体工程已经竣工,塔前工业小区钙业基地项目已全部投产,塔前变电站、中乐古建、祥泰电力等项目都在有序推进中,塔科公路4座危桥改造项目进入扫尾阶段。高圳示范村休闲公园、污水系统、庭院整治、绿化美化等工程均已完工,成为全镇乡村打造的示范样板。

【民生福祉取得新改善】 高质量推动脱贫攻坚工作,全面落实"两不愁三保障"和其他各项扶贫政策,指导各村结合自身实际,发展油茶种植和水产养殖等16个长期产业,启动实施肉牛、肉鸡养殖、野生甜茶叶及水果种植、土制咸蛋和手工陶器等21个短平快项目,实现了16个行政村全覆盖,壮大了集体收入,补齐了脱贫短板,夯实了稳定脱贫基础,圆满完成479户985人的脱贫攻坚目标任务。一年来,实施危房改造409户,完成了651盏太阳能路灯安装,15公里村内主、支干道路面硬化,3000余平方绿化、2800余米水沟维修改造。推进了25个新农村建设点和2个"双创双修"项目,实施了陈家坞安置点等3个生活污水处理项目,完成了10座山塘水库除险加固、6座堰坍改造等系列水利设施建设项目和1095户户厕改造任务,建设了6座乡村公厕并投入使用,极大改善了群众生产生活。

【综治信访工作取得新进步】 严格落实领导"包案"制度和领导日常接访制度,按照合理诉求解决到位、生活困难帮扶到位、无理诉求解释到位、非法信访依法打击"的原则,积极做好矛盾纠纷排查、信访积案化解工作,对苗头性问题及早发现、及早解决。全年接待群众初信初访51起,已化解49起,其余2起正在办理当中。化解信访积案10起,其中桃林2起、下徐5起、新园2起、蓝桥1起。积极发挥"群众说事"平台作用,镇村两级成功化解大小矛盾纠纷380多起。持续深化扫黑除恶宣传发动,切实提高群众知晓率、参与率和满意率。扎实开展"千名干警进万家、暖心问计送平安"活动,主动配合政法干警进村入户,收集并解决群众烦心事、揪心事、操心事,切实让群众认识到平安、感受到平安、享受到平安,提高群众幸福感、获得感、安全感。

【环保治理取得新探索】 在加强日常环保巡查,监督企业达标排放的同时,不断探索环保治理新途径，大力整治塔科沿线钙粉行业粉尘污染问题，组织钙粉企业负责人远赴浙江建德等地学习取经，引导整合6家钙粉企业抱团搬迁进驻塔前工业小区，实行集中管理，制定并试行《塔前镇钙业基地安全环保管理办法》，有力地促进了钙粉行业升级改造直至环保达标。

双田镇

【概况】 双田镇位于乐平市北部腹地，距乐平市区10公里，南临后港北依塔前，以境内双溪、田里合称“双田”而得名。境内矿产资源主要有黄、黑、白“三朵金花”。黄（黄金、铜），品位高，储量多；黑（煤炭），为优质无烟煤，煤炭8000万吨以上；白（石灰石），为露天开采，据不完全统计，全镇露天石灰石储量达8亿方以上，是优质石灰、水泥等建材工业产品的原料。另外，境内还有一定储量铅、锌、锰、硫、磺、铁等矿藏。

乐涌公路穿境而过。镇所在地往乐平方向3公里左右就到206国道。市乡公路四通八达，交通十分便利。镇域总面积114平方公里，下辖15个村委会，1个居委会，共有65个自然村，总户数为15330户，总人口数为48103人。2020年实现社会总产值12.62亿元，财政收入实现0.9亿元，农民人均纯收入为17712元，全镇经济呈现出速度加快、结构改善、效益提高、活力增强的良好发展态势。

【党建工作基础得到夯实】 发展预备党员12名，完成预备党员按期转正15名，为基层党支部注入新鲜血液。严格落实基层党建“三化”建设，打造了黄岭、龙庙、龙珠等3个“三化”建设示范点。严格落实组织生活制度，认真落实“三会一课”、主题党日、民主生活会和组织生活会、谈心谈话、民主评议党员等基本组织生活制度；落实党费收缴、使用和管理制度，管好用好党费；健全完善党组织领导的村级事务运行机制，落实村级重大事项“四议两公开”决策机制。

【招商引资取得重大进展】 乐平市上河建材有限公司投资1.6亿元，年产10万吨的轻质碳酸钙项目开工建设；引进江西省宏亚能源科技有限公司投资4亿元的林光互补发电项目；江西景德中药股份有限公司投资1亿元的三期项目；浙江山联新材料股份有限公司。双田镇省重点项目有2个，一个是投资12亿元的乐德国际商城，一期工程已完工并招商营业，另一个是投资5.3亿元的锦溪纳米钙项目。

【多项措施助力脱贫攻坚】 通过产业分红、小额贷款等多种形式推进产业扶贫，发展种植业1000余亩，其中油茶种植及套种900余亩，沙田柚、马家柚、黄精等果、药产业170亩；积极开展劳动技能培训，提高贫困户劳动技能，落实全镇贫困户就业171人、一次性交通补贴63人次29500元、疫情防控期间临时性公益性岗位3批次137人次；精准落实各项帮扶措施，为16户贫困户办理贷款73万元，“雨露计划”补助8人次2.4万元，贫困户危房改造2户，开展扶贫扶志感恩教育活动30余场。2020年，双田镇与全国同步实现全镇建档立卡贫困人口261户480人全面脱贫。

【殡葬改革成效明显】 全年死亡252例，火化252例，火化率100%，骨灰入葬公墓250例，绿色生态安葬2例（水葬）。积极推进“三沿六区”豪华墓、活人墓、住宅墓的整治工作。

【科技助力农业发展】 全年实现粮食总产25130吨，较上年增长1745吨。全年共完成8200亩高标准农田建设项目土地的平整。采取叶面阻控剂治理方法，对新睦、桥头、上河等村4000余亩污染土壤进行治理及安全利用。在横路村种植富硒水稻1000余亩，并结合本地特色打造休闲观光农业产业链，带动当地村民增收致富。

【健全社会治理网络】 全镇16个行政村委会均建立了村级综治中心，其中一级综治中心有4个，二级综治中心有8个，三级综治中心有4个，全年共报送各类综治信息5016件，办结5016件，办结率100%。注重社会基层矛盾纠纷的排查及化解，全年排查矛盾纠纷395件，化解395件。

【乡村建设再创佳绩】 投资1000万元的黄岭精品村建设，投资300万元的龙珠港下示范村建设、投资400多万元的德明岐山下示范村建设，均已全面完工，转入收尾管护阶段，黄岭公路驿站完工并交付使用，上河钙粉园区环境卫生明显改善。涉及9个行政村、17个自然村的66个新农村建设点完成主体工程建设，新农村建设实现全覆盖。农村生活垃圾治理全面实施城乡一体化,由乐联公司顺利接管,全镇共聘请保洁员100名,日均转运垃圾15.5吨;完成乡村公厕10座,户厕改造1070座,超额完成我市下达的目标任务,厕改率达到85%以上;完成黄岭、岐山下两个示范村污水管网布设,其他各村基本实现污水有序排放。

【生态环境加强保护】 引进江西宏亚科技,采取林光互补光伏模式,在光伏板间及板下种植灌木、亚乔木等植被,循序渐进治理破坏的地表,对矿区土壤进行生态修复。对11家机制砂企业进行整治,强制拆除非法用地碎石场5处,监督自行拆除6处,耆德村非法塑料粒子厂拆除到位,何定洪石灰厂等3家企业周边实现绿化全覆盖。

【新冠肺炎疫情全面防控】 及时调整防控策略,健全常态化防控机制,全面筑牢疫情防控坚固防线,做到守土有责、守土负责、守土尽责。全镇共排查120余次362人。有效处理各村上报来的涉外人员信息150余次,全镇排查外地返乡人员6700余人。完成了全镇4.7万人的信息采集及网格化划分工作,摸排登记湖北返乡人员84人,其中武汉返乡人员53人。摸排登记境外人员53人,外籍新娘149人,核实境外返乡人员40人,送怡莱酒店留观13人,网格化管理效果明显,全镇没有发生一起确诊或疑似病例。

名口镇

【概况】 名口镇位于乐平市东部,与德兴市交界,东邻德兴银屯、香屯街道办事处,南靠众埠镇、十里岗镇,西毗鸬鹚乡,北至高家镇、洪岩镇。

全镇总面积111.4平方公里,5800余户,28717人。辖12个村委会,1个居委会,35个自然村。行政村(居)分别是名口村、名口居委会、流一村、流二村、流三村、流四村、上四村、兰坑村、朱坞村、许家湾村、戴村、五一桥村、上南岸村。有耕地面积31000亩,其中:水田25200亩,旱地5800亩,受矿水污染废弃耕地约9000亩。山林面积10.8万亩,森林覆盖率达65%。有小(1)型水库1座,小(2)型水库25座,山塘水库97座,水域面积5100亩。年经济总收入达到51273万元,财政收入达到5116余万元,农民人均纯收入增长12%,达到13500元。

【抓"三化"建设,强筋健骨,基层党建创新活力】 一是强化领导班子建设。深入学习宣传贯彻习近平新时代中国特色社会主义思想、习近平总书记重要讲话精神、党的十九届五中全会精神等,做到始终忠诚于党,把中央、省、景德镇市和乐平市的有关部署和要求落实到位。二是抓实党建"三化"建设。按照基层党建"三化"建设有关要求,我们花心思、下大力气抓好基层组织活动场所的建设,使支部成为党员群众最贴心的"家",打造名口村红旗党支部、朱坞村村级示范点,以点带面,推动全镇党建阵地过硬。三是做好党建日常工作。提高村干部待遇,村(社区)党支部书记年工资收入不低于3万元,其他村"两委"干部不低于2万元;注入新活力。2020年新发展党员9名,预备党员转正11名;增添新动力。"七一"期间表彰了3个先进党支部、40名优秀共产党员、6名优秀党务工作者,走访慰问100名农村困难党员和老党员;强教育。开展了12次党务工作者培训和7次党员教育培训;补不足。完成对软弱涣散党组织——上南岸村党支部的整顿工作。四是深化党建引领。抓党建促"双创双修"。开展名口村大村庄垃圾分类工作,名口村垃圾分类参与率已经接近100%,合格率总体达到99%;抓党建促脱贫攻坚。发挥村党支部、第一书记、"两新"党组织和党员的作用,借力"输血"强"造血",大力发展茅蔗、油茶、中草药、茶叶种植等产业,不断壮大村集体经济,夯实脱贫攻坚基础;抓党建促社会治理。名口村在党支部的领导下,开展"三治"(自治、法治、德治),提升村民主人翁意识,加快形成共建共治共享社会治理新格局。

【抓作风建设,执纪监督,党风廉政扛新要求】 围绕作风建设、"双创双修"、农村乱占耕地建房专项整治、村(居)小组"三资"监督等工作,做好日常监督,注重抓早抓小。发放"廉政提示卡"48张,下发《纪律检查建议书》3份,《问题函告书》3份,《督促履职通知单》6份,回复党风廉政意见81人次,对5名干部评优提出否定意见。开展脱贫攻坚专项督查4次,查处问题2个,处理2人,问责党组织1个,为决战脱贫攻坚决胜全面小康提供纪律保障。开展疫情防控、违反中央八项规定精神、作风建设等专项监督检查 49 人次，查处问题 6 个，处理 7 人；共立案 5 起，上缴违纪款 20400 元，给予党内警告处分 5 人，开除党籍 1 人。采取第一种形态处理 20 人，其中通报批评 9 人、诫勉谈话 10 人，谈话提醒 1 人，问责党组织负责人 5 人，问责党组织 2 个。

【抓“六稳”“六保”，招商引资，经济发展上新台阶】 一是抓好复工复产工作。按照上级要求严格把好辖区内企业复工复产关，协助企业解决疫情防控期间的特殊情况，督促企业制定复工复产方案、应急预案、备案表及承诺书等，帮助企业顺利复工复产。同时，做好农民的复工复产工作，全镇新增农村劳动力转移就业 9349 人；二是抓好农业生产工作。完成早稻种植面积 2600 余亩。种粮大户规模经营种植粮面积达 4320 余亩，同比增加 8%。开展土壤耕地修复工作，调进石灰 3768 吨，用于中稻和旱地土壤施石灰调酸，共调酸 14438 亩。三是抓好招商引资工作。抓好疫情防控期间招商引资工作，大力开展招商引资，增加财政收入，引进的江西宏芳电力建筑有限公司已正式投产，江西煜旺化工兼并亿科达重组事宜正在积极协调中；四是抓好财政税收工作。打造“四最”营商环境，确保税收工作有序开展。

【抓社会治理，以民为本，民生改善见新成效】 一是疫情防控。全面贯彻落实上级工作要求，压实责任，做好常态化疫情防控，实施网格化管理，及时与重点地区返乡人员联系，进行核酸检测，在全镇筑起了疫情防控的坚固“防线”。二是脱贫攻坚。做细“两不愁三保障”工作。全镇享受教育扶贫政策的人数 135 人，其中义务教育阶段 89 人均已享受“两免一补”政策，12 名中职高职在读学生均已享受了“雨露计划”。健康扶贫全覆盖，危房改造全部到位，饮水安全得到保障；做大产业扶贫工作。做好“一领办四参与”文章。12 个村委会全部建有产业扶贫基地，270 户贫困户与相关的企业签订了帮扶协议。发展村集体油茶种植面积 902 亩、黄金芽种植面积 55 亩，总面积达到 957 亩。争取到 59.2 万元项目资金用于红糖特色产业发展。8 个光伏扶贫电站站点，共计 482.02 千瓦光伏，已全部并网发电，按照年度收益分配使用计划已差异化分红给贫困户。做稳就业创业扶贫工作。申请受疫情影响临时性扶贫岗位 40 余个。鼓励支持贫困户返乡创业，新增 165 万元小额贷款用于创业，每百户贷款余额为 68.5 万元。三是做强消费扶贫工作。2020 年已有本地红糖、鸭蛋、鹅、黄金芽茶叶等特色农产品进驻江西线上扶贫馆。镇工会积极对接各类扶贫产品，采购菊花茶、红糖、鸭蛋等各类扶贫产品共计 2 万余元。全镇有建档立卡贫困人口 270 户 652 人，已全部完成脱贫。边缘户 25 户 69 人，其中 23 户 65 人已消除致贫风险，脱贫不稳定户 5 户 14 人，已全部消除返贫风险。“十二五”期间有省级贫困村 2 个，“十三五”期间有市级贫困村 3 个，目前均已完成脱贫目标。四是殡葬改革。加大工作力度，先后出动宣传车 52 次，印发《推行生态安葬，倡导绿色殡葬》倡议书 7000 余份，积极倡导全镇人民牢固树立“接地绿色生态”的现代文明殡葬意识，得到了群众支持。截至 11 月，死亡 146 例，火化 146 例，入公墓 149 例（包括 2019 年 12 月底死亡），全面实现遗体火化后 100% 入公墓。结合流芳大桥建设，对近 40 座坟墓搬迁。加强青山白化治理工作。购置 288 棵松柏树对鸭戴线 45 座坟墓进行绿化遮挡，并对 2019 年官名线已绿化遮挡的 22 座坟墓进行补栽，购置 67 棵竹子对羊家山 36 座坟墓进行绿化遮挡。五是打击“两违”和非法河道采砂。打击“两违”23 次，下达停建通知书 153 次，打击新开挖 4 起，并回填 480 平方米，捣毁地梁 12 起，拆除一层以上的违法建房 8 栋，拆除面积 960 平方米，拆除非法加工棚 100 平方米，拆除非法养殖棚面积约 800 平方米并对其复耕复绿。严厉打击非法河道采砂行为，共抓获运输车辆 25 辆，铲车 7 辆，挖机 2 辆。六是农村人居环境整治。与乐联公司配合完成了城乡环卫一体化农村生活垃圾清扫保洁管理。全镇共拆搭建房 2800 平方米，拆违规院墙 1356 米，清理农村生活垃圾 1232 吨，清理村内水塘 21 口，清理村内沟渠 32.5 千米，清理“牛皮癣”865 处；六是城乡居民医保。积极做好城乡居民医保报销和缴费工作。截至 11 月 30 日已完成医保缴费人数 22244 人，完成缴费金额 622.72 万元。为老百姓办理医疗报销 454 人次。七是厕所革命。公厕建设：共建成上四村乡村公厕、戴村乡村公厕、名口集镇公厕。农户改厕：共计拆除旱厕 116 座，农户改厕 296 户，卫生厕所改厕率达到 99%。采购塑料一体化粪池桶 214 只，用于各村老旧化粪池翻新及农户未建成卫生厕所的。八是垃圾分类。投入60余万元,对名口村开展整村垃圾分类工作。截至11月底,对全村1585户6527人采取点对点、户对户宣传。共发放垃圾分类宣传、指导画册1600余份,开展垃圾分类知识宣讲20余期,制作垃圾分类音频3个,号召、发动志愿者近100名。建设了占地280平方米的名口镇垃圾分类处理中心。名口村村民垃圾分类参与率基本接近100%,合格率整体达到了99%以上。据测算,通过垃圾分类,名口村生活垃圾减量率达到了60%以上。九是民政救助。1—11月及时发放农村低保人员补助款近310万元,发放城市低保人员补助款近22万元,发放残疾人两项补贴及其提标资金近19万元。

【抓项目建设,谋篇布局,镇村面貌有新提升】 一是抓好新农村建设。做好了名口中心小学路口至农贸市场道路环境整治、名口村沿河环境改造、上南岸村宝山寺农村基础设施完善(排水沟建设、道路硬化、道路亮化、广场硬化、村牌建设、护栏及洗衣码头修建)、上四村池口弄村内道路改善(主要涉及排水沟建设、道路硬化、村内巷道拓宽)、流芳村新农村建设(村委会门口改造、道路硬化、栏杆和凉亭油漆刷新、道路硬化)、戴村桥头新农村建设(戴村休闲广场乡村公厕建设)共7个省级新农村建设村点的建设和1个自建村点的建设;二是抓好“双创双修”建设。名口村甲山里示范村建设。以村庄环境整治提升为目标,以“竹韵”文化为建设中心,投资200万元建设“古镇名口 翠美甲山里”示范村,目前该项目的污水管道基本铺设完毕,广场、竹篱笆、竹林小道正在加快建设中;名口集镇建设。投入2400万元建设名口镇集镇所在地名口村,该项目主要建设内容有:名口村“三治”馆(自治、法治、德治)建设,突出移风易俗、天价彩礼等治理;把名口村大礼堂改造成乡镇党校;进村主干道沿线环境提升(名口村至“三治”馆周边环境提升工程);拆除镇属老麻油厂房建设停车场;停车场周边环境提升(建设集镇公厕);5口连体水塘治理(60亩)及附属工程,连接水塘巷道排污管网建设及建设雨污处理设施;名口村高阳祠古建筑保护及利用,建设村史馆;名口村古码头古迹保护修缮及沿河环境改造提升(名口村部分道路硬化及护栏建设工程)。目前,名口村“三治”馆、集镇公厕已经建设完毕,镇属老麻油厂拆除完毕,停车场硬化完毕。其余建设项目也在紧密施工中;三是抓好交通建设。打通全市唯一不通水泥路的行政村——五一桥村(修建6.5公里的环村路),3.3公里上南岸村至十里岗镇湖洋村边境水泥路,戴村中桥、陈家源桥建成通车,流芳大桥、戴村下渡大桥新建及高阳桥改建在进行中。同时,投资50万元在镇主干道沿线安装太阳能路灯近300盏。

礼林镇

【概况】 礼林镇素有“礼仪之邦,文明之林”之美誉,位于乐平市西南部,距城区13.5公里,东毗接渡镇,南邻众埠镇、万年县大源镇和珠田乡,西接镇桥镇,北靠塔山街道办。皖赣铁路入境斜穿而过,设有甘棠站,德昌高速公路和省级公路渡汪线穿境而过。镇域面积156.4平方公里,耕地面积5.8万亩,林地面积13.99万亩,辖22个村委会,4个居委会,1个国有林场,166个自然村,总户数13000户,总人口6.01万人。2020年,实现工农业生产总值42.88亿元,同比“十三五”(下同)增长9.25%;规模以上工业经济完成19.65亿元,同比增长13.42%;固定资产投资7.19亿元,同比增长7.2%;完成财政总收入1.419亿元,同比增长53.47%;农村居民可支配收入18820元,同比增长22.86%。礼林镇荣获2020年全国模范人民调解委员会、杨桥村2020年被命名为江西省省级生态村、全省森林乡村。

【坚持党建引领,政治建设纵深推进】 一是狠抓学习强基础。深入开展“两学一做”学习教育、“不忘初心、牢记使命”主题教育、党史学习教育,不断提升基层党组织的凝聚力和战斗力。二是围绕中心抓党建。围绕党委、政府的中心工作,切实把责任落实到每一名班子成员和各办、站(所)。按时保质完成村“两委”换届选举工作,一肩挑实现全覆盖。先后完成朱桥、白土、马桥等村党建“三化”示范点建设。三是强化纪律转作风。正确运用“四种形态”,坚持把监督、把纪律挺在前面,深入开展作风建设专项行动,集中整治“怕慢假庸散”等突出问题。坚决反对“四风”,全面落实中央八项规定及其实施细则精神。扎实开展廉政警示教育和理想信念教育,严格落实党风廉政建设责任制，在各行政村均配备了村级纪检监察员。党员干部作风得到好转，为民服务意识不断增强，党群、干群关系持续改善。

【坚持工业强镇，综合实力不断增强】 一是招商引资成效显著。先后出台礼林镇镇村招商引资管理办法和优化营商环境实施方案，永鹏实业、中设国联、晶山玻璃、云财机械制造、安音河仿古建材、云鹏矿业、泉欣鳗鱼养殖等工业项目落户礼林镇并相继建成投产。全镇现有投资过亿元工业企业2家（即：全省首家台资A股上市企业江西宏柏新材料股份有限公司和光伏发电企业景德镇中设国联新能源有限公司），规模以上工业企业7家。

二是项目建设快速推进。扎实开展“项目建设提速年”活动，坚持“一切围着项目转，一切围着项目干”的鲜明导向，掀起“大干项目、干大项目”热潮。积极协调解决江西宏柏新材料股份有限公司特种硅烷及气凝胶项目建设中的困难和问题，1个月内完成项目范围内原赣东北供电公司宿舍楼的征拆工作。全力做好德孚环保项目征地、土地平整、林地报批、樟树移栽等服务工作。积极配合开展乐平工业园区扩园扩区规划设计，按时保质完成任务。

【坚持振兴乡村，“三农”工作稳步提升】 一是脱贫攻坚取得全胜。全镇3个景德镇市级贫困村全部出列，建档立卡贫困户447户、1080人全部脱贫。“两不愁、三保障”、义务教育、基本医疗、住房安全及饮水安全等问题全面清零；扶贫产业快速发展，已建成绿色扶贫产业基地30个，扶贫车间3家，实现产业扶贫全覆盖。

二是农业基础全面夯实。新增农业产业化龙头企业2家，农民专业合作社24家，家庭农场15家。建成高标准农田4万余亩，粮食生产实现连年增长。扎实推进“财政惠农信贷通”，发放贷款2000余万元扶持新型农业主体，以种养为主的各类新型农业经营主体迅速兴起。

三是美丽礼林初见雏形。农村房地一体确权登记发证8879户。积极开展“五拆五清一树”行动，开展集镇、村落环境集中整治120余次，加强乐联公司托管监管，做到全镇生活垃圾日产日清无积压。166个村点开展了新农村建设，重点实施了礼林集镇、洄田集镇改造和围渡杨家村、马桥村示范村项目建设美丽乡村建设扎实有序推进。

【坚持绿色崛起，生态环境更加优美】 牢固树立“绿水青山就是金山银山”理念，坚持以问题为导向，持续做好中央、省环保督察反馈问题整改工作，对辖区内砂场进行全面清理。全面落实“林长制”，严厉打击乱砍滥伐和侵占林地的行为，查办涉林案件3起，有效保护森林资源。坚持走林业产业化发展道路，完成造林4000余亩。深入落实“河长制”，扎实开展河湖“清四乱”“清河行动”等活动，全镇11座小型水库完成退养，安殷河水质常年保持在Ⅱ类水质以上。全镇生态环境质量持续改善，杨桥村2020年被命名为江西省省级生态村、全省森林乡村。

【坚持发展为民，全镇上下和谐稳定】 一是民生投入不断加大。改造乡村道路120余公里，完成118县道渡汪线礼林段改造、牌楼圩堤顶公路建设，袁礼线、柴洄线改造和洄田、张家滩、孙塘大桥重建快速推进，乡村路桥全面升级。安殷河小流域治理如期竣工，礼林水厂扩建即将完成，不仅让礼林人民用上优质的安殷水，还将解决塔山街道群众用水困难问题。

二是疫情防控精准有效。认清严峻形势，周密部署疫情防控工作，严格落实主体责任，全镇软硬件设施全方位运转，做到群众对防控措施应知尽知，排查所有返乡人员，人民群众生命安全与身体健康得到保障。坚持“疫情防控、复工复产”两手抓，通过采取“点对点”“一企一策”的精准服务，助力精准复工；运用“减税降费”政策，稳步推进企业复产。顺应疫情防控常态化特点，持续实施“外防输入、内防反弹”总体防控策略，科学准确分析研判疫情形势走向，坚持严防死守、精准防控。

三是社会管理持续加强。巩固提高义务教育水平，切实做好关爱留守儿童工作，全镇适龄儿童入学率达100%，初中三年巩固率达95%。规范发展学前教育，建设3所示范幼儿园。城乡居民医疗保险和城乡居民养老保险实现全覆盖。全力开展绿色生态殡葬改革，建设并投入使用8座公墓，火化率及入公墓率实现“双百”。畅通民生诉求渠道，2020年开展面对面接访48起，已结47起，群众满意度98%；受理网访件35起办结33起，办结率95%；化解积案21起，化解率91.3%。化解意外事故5起，群众满意率100%。“12345”政府服务热线受理工单611件,办结594件,办结率97.22%,综合排名位于全市前列。行政村天网工程覆盖率达到100%,创新开展“一村一辅警”镇域社会治理、大力开展“帮帮团”和平安志愿者活动。加强对非煤矿山、危化、交通、消防、食品药品等行业和领域的监管,未发生一起较大以上安全生产事故及森林火灾。

后港镇

【概况】 后港镇位于乐平市北郊,从东、西、北三个方向环抱市区,总面积80.5平方公里,辖15个村委会,6个居委会,1个林场,115个自然村,总户数11469户,总人口55680人。后港镇是乐平市政治、经济、文化中心,乐平市为民服务中心大楼、长途客运公司、赣东北商贸城、嘉里购物中心、金山工业园、体育中心、洪皓森林公园、一方公园、食品小镇等坐落于后港镇,是乐平市粮食、蔬菜生产基地和主要的货物集散地之一。后港镇有新旧206国道、黄(泥头)乐(平)公路、景鹰高速挂线、S306省道、皖赣铁路贯穿全境,是乐平市的交通枢纽所在,矿产资源主要有煤炭、海泡石、焦宝石、沙金、瓷土。共有耕地面积27752亩,山地面积49858亩,水面4800亩,可养殖水面2640亩。有小(1)型水库2座、小(2)型水库12座。磻溪河穿境而过,沿河有10.5公里乐北联圩,千亩以下小型圩堤12.5公里。

【经济发展态势良好】 财政收入10333.9万元,工业企业营业收入12.87亿元,其中规模以上工业4.3亿元;社会消费品零售额达到3.2亿元;固定资产投资总额12.61亿元,经济指标呈现稳步增长态势。

【服务城市融合发展】 后港镇完成土地征收1225.65余亩:S306及景鹰连接线便道拓宽征地共计43.9余亩;皖赣线以东征地300余亩,其中中奥项目征地已完成200余亩;磻溪河特色休闲小镇征地扫尾40余亩,征地工作基本结束;凯光综合体项目测量水库51.5亩、旱地60余亩;东风北路三期征地59.85亩;食品聚集基本征地198亩;大坞里水库扩容46亩;菱田高速便道17.2亩;新港中学征地49.2亩;南内河及民电路扫尾35亩;新十中征地141亩;文体中心征地31亩;应急中心征地85亩;凤凰御龙湾征地38亩;鸿宇曲悦风荷测量大棚30亩。大部分项目土地已基本完成,其中一方公园及水库扩容地、菱田便道、文体中心、南内河安置地已全部征收。房屋拆迁:磻溪田园综合体16幢、南内河及民电路2幢、兴丰丽园1幢、S306及景鹰连接线便道拓宽6幢、西冲鱼塘清理4口、凯光城市综合体项目35幢、皖赣线以东5幢、新港中学项目3幢、大连路教育园区拆迁1户、大田精品村拆迁6户。

【镇村建设提档升级】 统筹推进了全镇53个新农村建设点,33个自然村开展新农村建设,上级安排53个建设点(其中省级点36个,自建点17个),新农村建设按照七改三网要求实施建设,安装了太阳能路灯1020盏、水沟建设5630米,村内主支干路面硬化79.47公里、绿化面积1062万余平方米。精心打造西牛坞、新山村示范村。梯次推进“污水革命”,相继完成了大田、曹家、梅花园、新田、西牛坞、集镇等6个点的生活污水处理项目,受益4590户,21330人。共计打击违章建筑45幢,打击处理违法建筑6345平方米。对凯光项目用地红线范围内乱搭乱建进行彻底摧毁,占地面积约15000平方米。对辖区范围内的村(居)民建房,做到疏堵结合,对原拆原建、无房户、拟建户,利用荒山荒坡建设用地100余户(正在审核阶段)建房做到规划先行,依法报批。

【纵深推进深化改革】 梳理公开全镇行权清单,进一步提升管理和服务水平,始终把便民高效优质服务与行政权力依法规范公开运行有机结合起来。2020年,行政处罚办件2件,行政给付287件,行政确认391件,其他行政权力办理23件。综治中心实体化建设。完善工作制度,推行组团式服务,设立“四室一窗口”,综治工作室,含网格员工作站、综治信息化平台和显示屏;矛盾纠纷调解室,含群众来访接待室;警务室;心理咨询室;公共服务窗口。建立群众说事中心,实现来人来访登记,群众反映问题归类整理,解决群众所急。

【民生事业协调发展】 以产业支撑脱贫攻坚全面胜利。以“党支部+贫困户”模式,由支部引领,党员带头,群众参与,干部真联真帮,统筹各方力量,落实“四个一”产业发展。申报两批扶贫产业项目共计23个,发展油茶基地800余亩,套种西瓜、大豆、花生、铁扫把、中草药、凤仙花等经济作物约400亩,多村联建荷花基地294亩,养殖黄牛80余头、种羊700多只、肉鸡1500只。农村厕所革命如火如荼。全镇户厕改造完成8997户,农村户用卫生厕所覆盖率81.3%,户用无害化卫生厕所覆盖率95%。各村建有公厕26座,其中包括官将村委会官将村、顾家居委会茅芦岗村6座面积37.73平方米的标准化乡村公厕及大田1座60平方米旅游公厕,集镇、庙顶下居委会张家、黎家仓城市公厕。打造"瓷都爱心食堂",实现农村互助养老形式。在叶兴村、西冲村两个省级示范点的模范带头作用下,有7个村委会上报,绾口村已开张迎接绾口村委会70周岁以上老人用餐,其他6个村委会相继开始老人用餐。改造提升后港镇敬老院,实现集中供养模式。对后港镇敬老院主建筑、设计设备、用房功能、院区场地、适老化改造、护理型床位、消防安全等方面进行了改造提升,共花费近百万元,目前改造已基本完成,21位集中供养老人住养环境焕然一新。

【党的建设全面加强】 全面提升基层党组织力,狠抓基层党建工作机制。以"主题党日"为抓手,认真落实"三会一课"、组织生活会、谈心谈话、民主评党员等制度,推进各党组织和党员干部牢固树立"四个意识",积极探索务实管用的工作机制,不断提高镇党组织工作制度化、规范化、程序化水平。坚持完善党支部书记抓基层党建工作述职评议考核制度,加大对驻村第一书记的培训、管理与服务,先后开展第一书记培训8次,持续推进基层党建工作督查常态化。全镇发展14名预备党员,有21名发展对象在党校进行培训,预备党员转正7名。严格落实"三化"要求,强化基层党组织建设。打造大田、山塘、义方三个村级党支部"三化"示范点,实现硬件高标准、软件高规格、人员高素质,提高支部战斗力、凝聚力及为民办事服务能力。同时促进其他各村级组织活动场所达标升级,建强便民服务平台。采取股份合作、土地置换、资源租赁等方式,盘活农村"三资"资源,强化帮扶措施,加力消灭空壳村。抓好党风廉政建设,保持惩防高压态势。落实党风廉政建设体制机制建设,严把党风廉政意见关,对评优、评先、干部提拔等方面,认真使用好廉政意见否决权,党风廉政意见回复5起,对90人提供了党风廉政意见。同时充分运用四种形态,坚持教育和惩处相结合,对核查中发现的问题共立案10起,诫勉谈话8人,谈话提醒8人,通报6起11人。

十里岗镇

【概况】 十里岗镇位于乐平市东南边缘,北连乐平市名口镇,东接德兴市张村乡,南与德兴市黄柏乡交界,西邻乐平市众埠镇。国土总面积81平方公里,2020年有耕地面积26340亩,其中水田25586亩,旱地754亩,山林面积7.89万余亩,森林覆盖率63.3%。

政府驻地南港社区,位于长乐水上游,距乐平市区49公里,离德兴市区13公里。共辖1个居委会、8个村委会、4个农垦分场,37个自然村。

年底,全镇居民6007户,20035人。全年实现地区生产总值12.44亿元,较上年增长6.1%;完成地方财政收入7047万元,较上年增长14.5%;完成规模以上工业总产值9.6亿元;完成全社会固定资产投资8.5亿元。农村居民人均纯收入达19850元,较上年增长4.9%。

【基层组织建设】 十里岗镇下设18个党支部,共有党员530人(女71人),35岁以下57人;60岁及以上237人;大专以上75人;高中及以下455人。十里岗镇以党建"三化"工作为契机,不断提升全镇党员干部的理想信念、发展意识、竞争意识、创新意识;基层服务型党组织不断优化,领导班子和干部队伍建设不断加强;认真落实党委主体责任,严格执行党风廉政建设责任制,深入开展反腐倡廉,惩治和预防腐败体系不断健全;统一战线、老干部、人民武装等工作进一步加强,工青妇、科协、残联等群团组织的桥梁纽带作用得到充分发挥。

【民生领域保障】 严格落实各项惠农惠民政策保障,共发放各项惠农惠民补贴资金1302.26万元,其中:耕地地力保护补贴286.56万元,公益林补助56.15万元,稻谷种植补贴200.54万元,低保313.57万元,特困补助33.10万元,残疾人两项补贴40.55万元,优抚63.61万元,危房改造122.15万元,自然灾害救助35.7万元,孤儿生活补助2.29万元,水库移民后期扶助13.02万元,高考入学资助1.5万元,高中生助学金17.02万元,寄宿生补助8.65万元,非寄宿生补助2.42万元,计划生育家庭扶助14.40万元,临时救助1.20万元,困难群众医疗救助5.86万元,“雨露计划”2.70万元,老支书补助2.76万元,农机补贴78.45万元。

【社会事业发展】 坚持以人民为中心,大力推动社会各领域事业发展,加快补齐基础设施短板,各行政村皆精心打造功能齐全、布局完善的卫生室、图书馆等场所,为群众提供均等化公共卫生文化服务。全镇新建幼儿园1所,建成后能容纳300名幼儿就读,将进一步优化全镇教育资源配置;新建“瓷都爱心食堂”7个,基本实现在建制村全覆盖,让“居家养老”理念真正转化成实际保障。

【人文与乡风】 十里岗镇是革命老区,篁坞方志敏旧居坐落在镇境内,近年来通过加大对篁坞方志敏旧居基础性改造,完善相关功能性配套,大大提升了作为党员培训、爱国主义教育基地作用,也进一步增强我镇红色底蕴。革命先烈的红色基因和洁白朴素的崇高品质促进了十里岗镇红色人文理念的形成。

通过发挥基层自治组织作用,强化服务意识,有效发动志愿团体开展平安创建、纠纷调解等公益活动,真正做到“上帮政府、下帮群众”,使镇社会治理更加有效,乡风更加文明。

【农业与农村】 随着高标准农田建设项目的推进,农业基础设施得到进一步完善,有力的推进农业往高产能、高效率方向发展。为进一步加快农业高质量发展,十里岗镇结合自然资源优势,大力发展特色种养,引进了白莲种植产业。并在此基础上套养鱼、虾等水产,打造成集观光、采摘、休闲娱乐为一体的现代农业产业链。各行政村成立专业种养合作社,以“党支部+合作社+贫困户”的经营模式,带动贫困户参与分红并就近就业。2020年各村集体经营性收入达10万余元,全镇建档立卡户201户451人与全国同步脱贫。

为巩固拓展脱贫攻坚成果与乡村振兴有效衔接,以“补短板、强弱项”为落脚点,大力推动基础设施建设,以南港集镇改造提升为“主奏”,以各村点新农村建设为“协奏”,全面奏响新时代十里岗镇乡村建设“交响曲”。随着“一河两岸”景观道、“弱电下地”工程、污水管网铺设、街道亮化、终端设备安装等各项工程的完善,街道更加整洁有序、村容村貌更加秀美、社会治理更加有效。同时,随着横跨长乐河的新南港大桥、仓下大桥、湖洋大桥相继竣工,镇域内交通更加便捷;随着“银十”公路、环镇路启动建设,与周边区域互联互通的格局将得到提升,发展空间将进一步扩大,综合实力必定逐步增强。

鸬鹚乡

【概况】 鸬鹚乡地处乐平市境东南部,因地处乐安河畔,村前有鸬鹚洲,得村名,乡以驻地得名。东临名口镇,西毗接渡镇,南濒乐安河、与众埠镇隔河相望,北与高家镇、浯口镇、临港镇交界。距乐平市27公里,距德昌高速连接线3公里,114县道及新秧战备路穿境而过。总面积82平方公里,43个自然村,6680户,2.6万人,辖10个村委会,1个居委会,2个分场,乡镇经济总收入93991万元,增长4.7%;财政总收入9502万元,增长7%;农村居民人均可支配收入1.78万元,增长7.2%;固定资产投资总额166959万元,增长116%。规模以上工业企业营业收入10180万元,同比增长14.9%;耕地总面积2.6万亩,水域0.52万亩,山林5.6万亩,森林覆盖率45%,具有典型的江南风貌,素有“乐平之肺、天然氧吧”美称,是个环境优美、资源丰富的省级生态乡镇。同时,鸬鹚乡人民政府与凤凰山垦殖场合并办公,属乡场合一单位。

【联防联控构屏障】 疫情之初,乡党委政府见事早、行动快、施策准,带领全乡干群上下争分夺秒,率先实施全域封控、率先取消全员休假,打响疫情防控的人民战争、总体战、阻击战,筑起了铜墙铁壁,及时阻断了疫情传播。并按照“外防输入,内防反弹”要求,依法、科学、规范、有序做好疫情防控工作。按照全乡疫情防控“一张网”的工作部署,共设置1个一级网格,13个二级网格,38个三级网格,配备网格信息员121名。

【全面脱贫兴产业】 通过产业扶贫、就业扶贫、教育扶贫、健康扶贫等方面的政策落实,强化了“四项保障”“三项动能”“四大支撑”,切实解决了“两不愁三保障”的突出问题。全乡建档立卡贫困人口192户445人已全部脱贫,并全力做好脱贫人员的巩固工作。龙口村获得“全省脱贫攻坚先进集体”称号，龙口村第一书记罗晓敏荣获“全国脱贫攻坚先进个人”称号。结合脱贫攻坚要求，以鸬鹚万辉农业开发公司为依托，发展农光互补香菇特色产业，打造“一乡一品”，解决当地就业岗位200多个。

【招商引资促发展】 紧抓招商引资“一号工程”，不断加大外引内联的力度，突出推动落实新发展理念的要求，加大引进新产业、新经济、新项目的力度，促进招商引资工作从数量向质量转变。先后外出浙江、福建等地广泛开展招商活动。目前已引进江西乐平鑫平金属机械有限公司，项目总投资8000万元，预计年产值4000万元，可实现利税100万元。多个项目的不断引进，将有力地促进产业发展和民生改善，为全乡经济发展和社会进步注入了新活力。

【五拆一清树形象】 陆续拆除搭建房和残破房100余处，拆除残墙断壁和违规院墙6000余平方米，清理生活污水和水沟100余处，清理房前屋后垃圾、建筑垃圾、杂草5000余吨。针对境内非法电捕鱼、投料养鱼、河道采砂、秸秆焚烧等情况进行严格管控，打击此类非法行为500余起；针对东方红水库等中小型水库搭建坝内围栏2000多米，防止水质污染；针对辖区内各大养殖场实施环保监管，定期排查督导，关停超标排放场所5个，用生态文明发展的理念，全力实现鸬鹚“天蓝地绿水清村美”目标。

【深挖文旅扬声名】 打造出“龙口—倪坞—龙亭”乡村一日游路线，完成路线公路基础建设，修建路灯、绿化带等配套设施共17公里，打造出独具鸬鹚特色的十里画廊。深度挖掘辖区内明黔宁王沐英故里，宋元史学家马端临墓、泪滩双月景观、朱元璋休养生息的“龙亭”，高岸岭新石器时代遗址、韩家千年古村落、产业致富龙口村、钟灵毓秀万西村等文旅资源，让人们看得到美景，吃得到美食，听得到故事，打造出乐平人民流连忘返的美丽后花园。

【基础设施补短板】 先后投入3000余万元，建设了龙口示范村、万西示范村，把“脏、破、穷”的省级贫困村转变成干净整洁、设施完善的示范村，上演了鸬鹚版的“龙须沟的变迁”；通过整合资源，推动大洪山集镇项目建设，完善道路硬化40万平方米，栽建太阳能路灯125盏，新建公共停车场1个，公共厕所7个，补足相关基础设施短板；投入20余万元升级改造敬老院的硬件设施，改水改电，绿化亮化，提升孤寡老人居住条件。

【创新服务保民生】 履行基本民生保障职责，提高基本民生保障水平，做好各类困难群体提标提补应保尽保各项工作。通过整合项目资金改造提升乡中心敬老院，对院民宿舍进行了设施升级，大力改善孤寡老人的居住环境。科学选定龙口、杨湖等8个村点建设瓷都爱心食堂，切实解决了老年人的吃饭难题。大力推动“三沿六区”坟墓整治工作，节地环保生态葬理念深入人心，全乡火化率及入公墓率全年保持100%。开展“我为群众办实事”为原则严格推进机构改革，设置五办两中心一站，理顺职责、规范流程，提高工作效能，保证鸬鹚的便民服务公平公正、方便快捷。

共产主义水库工程管理局

【概况】 共库管理局(简称)位于乐平市东北部，离城区43公里，东北与婺源县交界，东南与洪岩镇接壤，西南、西北与涌山镇毗邻，区域总面积13.6平方公里，山林面积8000亩，森林覆盖率91.2%。共库管理局属正科级事业管理单位，实行乡库合一的运作模式，承担水利工程管理和乡镇行政管理事务，设1个党委，8个党支部，下属4个基层单位，分别是灌区总站、水力发电站、水产养殖公司和五峰山林场，总人口1200人。

【疫情防控】 新冠肺炎疫情自发生以来，共库管理局高度重视，及时成立应对疫情工作领导小组与疫情防控指挥部，下设一办八组，各尽其职、各负其责，加大疫情防控宣传力度，加强检测口24小时轮班值守，执行好网格化管理，做好扫码、测温、登记等工作，下沉疫情防控力量，深入基层、深入群众，深入防控一线，与广大群众共同构筑一道联防联控、群防群治严密防线，确保人民群众生命安全和身体健康。当疫情在全球蔓延严峻复杂的形势下、国内零星散发病例和局部暴发疫情的风险中，共库管理局始终绷紧疫情防控这根弦，持续压实属地、部门、单位、社区、个人“五方责任”，加强重点风险地区外来人员摸排、管控，慎终如始抓好疫情常态化防控。

【水资源保护】 一是全面实施

封山育林,开展天然林、生态公益林保护,涵养水源。二是加大水资源保护宣传,通过宣传栏、LED显示屏滚动播放等多种方式,积极引导全民参与保护行动。三是坚持水资源保护巡查机制,加强与婺源珍珠山乡衔接、沟通,联合市环保、农业、水上公安、海事等部门联合执法,共同打击一切破坏水资源的违法行为。10月16—18日开展为期三天的大库非法捕捞集中清理整治联合执法行动,拆除收缴渔网32张、地笼18个、钓具420竿。四是督促水投公司按合同在规定的时间在大库内投放“四大家鱼”鱼苗1000余万尾,有效调和水生物种、净化水质、改善水环境。

【环境整治】 结合疫情防控、新农村建设,积极响应市“双创双修”“战疫情、治脏乱”专项环境整治工作部署,发动群众开展春季爱国卫生运动,加强人居环境大清扫、大清杀,营造洁净、安全工作生活环境。广泛开展农村人居环境清洁行动,落实环境卫生“门前三包”,全面清除“脏乱差”现象和安全隐患,推动人居环境长效管护,共创生态宜居秀美家园,不断增强人民群众的获得感、幸福感、满意度。

【防汛抗旱】 防汛工作立足“防”“严”“实”观念,及时召开防汛工作动员大会,宣读防汛工作纪律,下达基层单位2020年防汛目标任务书及安全生产目标责任书,严明纪律、落实责任。强化领导带班制度与防汛会商机制,科学调度泄洪。加强大坝枢纽工程与渠系工程巡查,及时发现问题及时处置。备足防汛物资,落实值班值守,保持信息24小时畅通,确保度汛安全。抗旱工作树立“防大旱、抗长旱、抗大灾”思想,督促受益乡镇(街道)主汛期过后及时对所辖渠道进行清杂、清淤、清堵,保障渠道畅通。正确分析旱情形势,科学调配用水。发挥“团结协作”精神,实行“一把锄头放水”,保障11个乡镇(街道)10余万亩农田农业灌溉。

【项目建设】 一是共产主义水库纪念馆项目,历经近一年建设,于5月完工,同月18日正式开馆,向“国际博物馆日”及市两会召开献礼。为加强爱国主义教育,弘扬社会主义核心价值观,新添一处颇具乐平本土特色教育基地。二是共产主义水库除险加固工程项目,2019年12月申报,2020年4月初步设计由省发改委报国家发改委批复,8月成立项目部,10、11月开始招投标,从12月始开工至2021年12月底完工。该项目建成,将保障水库安全运行,充分发挥工程效益,有效保障下游人民生命财产及公共设施安全。

【结对帮扶】 共库管理局帮扶干部加强涌山官口、横山两村帮扶点结对帮扶,坚持问题导向,聚焦突出问题,通过下户走访、日常沟通联系、节日慰问等方式,及时掌握帮扶户动态信息,切实帮助解决就业、收入、就学、社保、医保、住房等方面的实际困难与问题,补短项、强弱项,实现帮扶政策、措施、责任全覆盖,确保结对帮扶任务如期完成,目标如期实现。

【安全稳定】 贯彻落实习近平总书记关于安全生产的重要论述精神,牢固树立安全发展观念,深刻汲取各地安全事故教训,加大预防宣传力度,落实安全管理责任,强化隐患排查,及时整治消除,坚决遏制各类安全事故发生。落实包案领导与包案责任人,建立完善源头预防和矛盾纠纷排查机制,充分发挥局“12345”政府服务热线作用,畅通群众诉求,维护合法权益。全年无一例安全事故发生,共库管理局已连续三年获得全市综治先进单位称号。

【基层党建】 贯彻落实党的十九大和十九届五中全会精神,用习近平新时代中国特色社会主义思想武装头脑,严格按照基层党组织“三化”要求,把党的基层组织建好用好,充分发挥党组织战斗堡垒和党员先锋模范作用。一是创新党建工作载体,组织全局党员干部开展党建知识竞赛3次、邀请市委党校老师授课5次,党委书记上党课4次,加强《习近平治国理政》第三卷、“四史”、党的十九届五中全会精神等学习教育,巩固深化“不忘初心、牢记使命”主题教育成果,提高政治站位,增强“四个意识”、坚定“四个自信”、做到“两个维护”。二是将“党建+”发展模式融入重点工作,激发广大党员干部活力与动力,在水资源保护、环境整治、防汛抗旱、项目建设、疫情防控等方面,立足岗位、敢于担当、勇于奉献。三是积极配合市委党校、各中小学将“共库精神”纳入思政课、微党课,充分利用这些平台,讲好“共库故事”,传播“共库声音”,弘扬“共库精神”。自开馆至2020年年底景德镇地区共有100多个机关单位和企事业单位来参观学习，共接待各级党组织的党员达2200余人次。

农业高新科技示范园

【概况】 农科园位于城区东郊6公里处，原名梅岩垦殖场和金鹅山乡，1958年成立梅岩垦殖场，1984年成立金鹅山乡，2001年更名为乐平市农业高新科技示范园区，2007年被农业部批准为全国农垦现代农业示范区，2008年又被省政府命名为省级农业生态科技园区。下辖王家、岀头两个村委会和金鹅山分场、三百分分场四个单位，人口7629人，总面积27.6平方公里，耕地面积7317亩，山林面积1.5万亩，乐德公路、吴乐挂线、S306、四联路横贯东西，上金线纵穿南北，交通十分便利，具有得天独厚的区位优势。主要盛产西瓜、蓝莓、花生、茶叶、生猪、水芹等特色农业产品，蕴藏丰富的原煤、石英砂、膨润土等矿产资源。

【经济发展】 完成财政总收入14389万元，同比增长83.4%，其中公共预算收入10483万元，同比增长103.2%。全年完成税收收入12395万元，其中公共预算收入8489万元，全年完成非税收入1994万元。

【党建工作】 共有党员204人，基层党支部8个，其中非公有制党支部1个，企业党支部1个。园区千方百计推进基层党建"三化"建设，全面实现村党支部书记、主任"一肩挑"，先后投入300余万打造村级党组织场所，其中投入260万元新建金鹅山文体中心，全面提升村级党建示范点建设。

【招商引资】 坚持工业强园战略不动摇，依托金山工业区优势，招商引资连续四年全市乡镇排名第一，2020年实际进资5.3亿元，2020—2021年，投资3.2亿元的江西承诚实业高铁混凝土预制件生产项目、投资3亿元的景德镇洛维捷高分子科技环保雨鞋项目、投资1.5亿元的高精锻压机械汽配项目均先后投产。目前已形成了以陶瓷、机械、建材、服饰、食品加工等产业为主的工业发展格局，锦溪商砼、金翔建陶、元昶膨润土等规模企业组成了农科园经济社会发展的重要支撑。

【特色农业】 依托三百分场1000亩茶叶，王家村200亩杨梅，金鹅山分场60亩蓝莓等一批特色生态农业产业，发展现代休闲农业，促进农民增收。目前，境内拥有3个万头养猪场，1个省级农业产业化龙头企业（金园牧业）。

附 录

机构与领导名录

市 委

书　　记　俞小平
副 书 记　高　翔
　　　　　吴顺斌(2020.7任)
　　　　　高晓云(至2020.4)
常　　委　李群芳
　　　　　徐志军
　　　　　吴顺斌
　　　　　王枥珍(2020.7任)
　　　　　王　晨
　　　　　邹国良(2020.7任)
　　　　　周　军(2020.1任)
　　　　　朱瑞龙(2020.4任)
　　　　　郭江槐(2020.5任)
　　　　　潘赛新(至2020.4)
　　　　　张汉坤(至2020.4)
　　　　　王慧娟(至2020.7)
　　　　　吕贵平(至2020.1)
　　　　　杜建峰(至2020.1)

市委工作部门及直属单位

市委办公室

主　　任　徐庭家
副 主 任　汪雪庚
　　　　　周义福

市委组织部

部　　长　王枥珍(2020.7任)
　　　　　潘赛新(至2020.7)
常务副部长　王蓓蓓
副 部 长　吴智强
　　　　　汪勇鸣

市委宣传部

部　　长　李群芳
常务副部长　汪长征
副 部 长　夏松宝
　　　　　吴　雄(至2020.4)

市委统战部

部　　长　徐志军(2020.8任)
　　　　　王慧娟(至2020.8)
常务副部长　朱敬锋
副 部 长　包春辉
　　　　　朱少华(至2020.11)

市委政法委

书　　记　朱瑞龙(2020.4任)
　　　　　吕贵平(至2020.4)
常务副书记　伍枝平(至2020.9)
副 书 记　甘华平
　　　　　汪海生
　　　　　占志远(兼,至2020.8)

市委编委办

主　　任　王桂平
副 主 任　梅永欣

市直机关工委

第一书记　王枥珍(2020.7任)
　　　　　潘赛新(至2020.4)
书　　记　熊伟力(至2020.4)
副 书 记　孙秋照(挂职)
　　　　　洪建军

市委信访局

局　　长　吴玲华
副 局 长　袁清华
　　　　　刘加发
　　　　　陶晶晶
　　　　　程雪生(挂职)

市委党校

校　　长　吴顺斌(2020.7 任)
　　　　　高晓云(至 2020.4)
常务副校长　程启明
副 校 长　徐忠华
　　　　　徐　靓
校务委员　叶文平
　　　　　吴雄妹

市行政学校

校　　长　王　晨(2020.4 任)
　　　　　张汉坤(至 2020.4)

市委党史办

主　　任　汪雪芳
副 主 任　汪小龙
　　　　　胡东海

融媒体中心

主　　任　吴　雄(2020.4 任)

市纪律检查委员会（市监察委员会）

书　　记　吴顺斌
副 书 记　王兆荣
　　　　　潘维涌
　　　　　倪桂平
常　　委　蔡芳华
　　　　　蒋建晖
　　　　　余立驾
　　　　　王金根
　　　　　王和胜
监委主任　吴顺斌
监委副主任　王兆荣
　　　　　潘维涌
　　　　　倪桂平
监委委员　蔡芳华
　　　　　蒋建晖
　　　　　王金根
　　　　　王和胜
　　　　　董电波
办公室主任　唐学科(2020.11 任)
组宣部部长　王彩霞(2020.11 任)
党风政风监督室主任　张海珍(2020.11 任)
信访室主任　杜　堃(2020.11 任)
纪检监察干部监督室主任　王国波(2020.11 任)
第一纪检监察室主任　江中平(2020.11 任)
第二纪检监察室主任　高乐红
第三纪检监察室主任　朱尚华(2020.11 任)
第四纪检监察室主任　叶海平(2020.11 任)
第五纪检监察室主任　王　峰(2020.11 任)
案件监督管理室主任　夏　芳(2020.11 任)
案件审理室主任　江　涛
纪委监委驻市委办纪检监察组组长　段炳坤
纪委监委驻市政府办纪检监察组组长　金观兵
纪委监委驻市委组织部纪检监察组组长　方加华
纪委监委驻市委宣传部纪检监察组组长　徐亚靖
纪委监委驻市委政法委纪检监察组组长　齐平英
纪委监委驻市发改委纪检监察组组长　倪继华
纪委监委驻市直机关工委纪检监察组组长　朱瑞良
纪委监委驻市人社局纪检监察组组长　王薇敏
纪委监委驻市住建局纪检监察组组长　徐廷汉
纪委监委驻市农业农村局纪检监察组组长　程建斌
纪委监委驻市卫健委纪检监察组组长　黄乐华
纪委监委驻市自然资源和规划局纪检监察组组长　王光真
纪委监委驻市教育体育局纪检监察组组长　程继军
纪委监委驻市财政局纪检监察组组长　程　娟

市委巡察办

主　　任　程　威
副 主 任　周长柏

市委第一巡察组

组　　长　戴桂生
副 组 长　吴矿华

市委第二巡察组

组　　长　彭乐昌

副 组 长　黎赛凤

市委第三巡察组

组　　长　吕朝阳
副 组 长　李兆琴

市委第四巡察组

组　　长　朱其云
副 组 长　方志军
市委正科级巡察专员
余守号
徐世晓
周国伟
方福海

市人大常委会

党组书记、主任　王颖军(2020.5 任)
党 组 成 员　张北海
周长波
朱柳英
童福根
徐德文
王　斌(2020.4 任)
方玉兰(至 2020.4)
副 主 任　张北海
周长波
朱柳英
童福根
王　斌(2020.3 任)
熊小凤(2020.3 任)

市人大常委会工作部门

办 公 室

主　　任　徐德文
副 主 任　方　明

预算审查工作委员会

主　　任　卢华彬
副 主 任　杨　洋

监察和司法工作委员会

主　　任　邱德平

选举任免联络工作委员会

主　　任　王云海

环境和资源保护工作委员会

主　　任　徐淑红
副 主 任　徐海花

教育科学文化卫生工作委员会

主　　任　方建兵
副 主 任　吴丽华

农业和农村工作委员会

副 主 任　吴双林

市人民政府

党组书记、市长　高　翔
党组副书记　王　晨(2020.4 任)
张汉坤(至 2020.4)
党 组 成 员　王　晨
邹国良(2020.7 任)
郭江槐(2020.4 任)
程明波(2020.7 任)
韩　伟
童　勇(2020.8 任)
方克华
董醇兵
汪海茂
徐志军(至 2020.7)
占志远(至 2020.8)
乐先锋(至 2020.7)
副 市 长　王　晨
邹国良(2020.7 任)
郭江槐(2020.5 任)
李晓滨(2020.7 任)
程明波(2020.7 任)
韩　伟
童　勇(2020.7 任)
占志远(至 2020.7)

方　静(至2020.4)
乐先锋(至2020.7)

市政府组成部门及直属单位

办公室

党组书记、主任　方克华
党 组 成 员　金观兵(兼,2020.4任)
党组成员、副主任
程　冲(副主任任至2020.11)
舒则安
范大良
副 主 任　赵　毅
党 组 成 员　张尚天
市志办
主　　任　彭建光
乐平宾馆
经　　理　吴幼蓉

发展和改革委员会

党组书记、主任　吴雪生
党 组 成 员　倪继华(兼,2020.4任)
副 主 任　甘　丰
党 组 成 员　王广才
程文华
信息中心主任　张垦军

工业和信息化局

党 委 书 记　徐亚涛
局　　长　卢　敏
党委委员、副局长　朱小平
周　宏
刘永红
王长华
党 委 委 员　占自和
袁勇民

教育体育局

党委书记、局长　黄天赐
党 委 委 员　程继军(兼,2020.4任)
党委委员、副局长　周科庚
胡旺仁
副 局 长　袁　媛
党 委 委 员　吴流树(2020.11任)
党委委员、教研室主任　石发秋
电教站站长　杨丽珊

体育发展中心

主　　任　邓振锋
党支部书记　余全球

乐平中学

党总支部副书记、校长　曹晓泉
党总支书记　姚　东
党总支副书记　李俊青
副 校 长　吴福周
袁文敏
洪陈林
吴全明
办公室主任　黄冠兰
教务处主任　周泉进
总务处主任　蔡如寿
教研室主任　余昌军

乐平市第一中学

校　　长　倪文华
党支部书记　程　伟
副 校 长　徐长才
徐建兵
程建华
徐振江
王胜忠
工 会 主 席　张　鹏

乐平市第二中学

校　　长　徐国生
副 校 长　金劲松
邹兆渊
毕　欣
汪发有
占如何
工 会 主 席　郑海虎

乐平市第三中学

校　　长　王清华

副　校　长　郑建华
钱明富
伍晓金
工会主席　郑新萍

乐平市第四中学

党总支副书记、校长　张旅勇
党总支书记　徐胜根
副　校　长　徐海英
宋　敏
黄业海
曹和平

乐平市第五中学

校　　长　刘晓雷
党总支书记　胡文喜
副　校　长　彭　清
郑　良
孙长焱
陈小华
工会主席　吴三星

乐平市第六中学

校　　长　熊卫东
党支部书记　董喜爱(至2020.11)
副　校　长　黄万华
金林华
柴　彪
工会主席　华小平

乐平市第七中学

校　　长　黄培东

乐平市第八中学

校　　长　孙华厦
党支部书记　石　山

乐平市教师进修学校

校　　长　王盛有
党总支书记　占　捷
副　校　长　吴寿平
张建平

乐平中专

校　　长　董喜爱(2020.11任)
董志强(至2020.8)
副　校　长　曹清平
孙莉莉

乐平市第一小学

校　　长　金　虹

乐平市第三小学

校　　长　徐　芬

乐平市第四小学

校长、党支部书记　何红英

乐平市第五小学

校　　长　周　琳

乐平市第六小学

校　　长　周　燕

乐平市第七小学

校　　长　张迎春(至2020.11)

乐平市第八小学

校　　长　洪　燕
党支部书记　刘　岚

乐平市第九小学

校　　长　王健美

乐平市第十小学

校　　长　夏向东

乐平市第十一小学

校　　长　华　静

乐平市第十二小学

校　　长　李桂珍

乐平市幼儿园

园　　长　李　燕

乐平市启智学校

校　　长　骆路明

农村中学

众埠中学校长　王　鹏
湾头中学校长　陈涌林
界首中学校长　张建华(2020.11 任)
　　　　　　　倪必彬(至 2020.11)
接渡中学校长　胡金虎
鸣山中学校长　徐青山
观峰中学校长　刘圣锦
高家中学校长　石国华
凤凰山中学校长　程水木
礼林中学校长　程　鹏
镇桥中学校长　汪栋梁
洄田中学校长　邵长平
塔前中学校长　吴长权
桥矿中小学校长　杨发周
新港中学校长　钟　鸣
新乐中学校长　董志平
横路中学校长　华明平
双田二中校长　程　平
临港中学校长　胡加旺
浯口中学校长　蔡为叔
名口中学校长　张建斌
历居山中学校长　朱元胜
涌山中学校长　汪维发
沿沟中小学校长　潘维波
金鹅山中小学　余　斌

科技局

党组书记、局长　徐小林
党组成员　程冬华

公安局

党委书记、局长、督察长
　　　　　童　勇(2020.8 任)
　　　　　占志远(至 2020.8)
党委副书记、政委　黄立新
党委副书记　焦　杰
党委委员、常务副局长　方克林
党委委员、副局长　江风平
　　　　　王光辉
　　　　　汪　涛
党委委员、副政委　范思祖
　　　　　李文华(至 2020.2)
党委委员、政工科科长　全泽广
党委委员、刑警大队长　邵　杰
党委委员　朱国文
　　　　　徐兆东
　　　　　戴炳勇(至 2020.4)
指挥中心主任　李国忠
警务保障室主任　袁祥国
户政科科长　李世平
信访科科长　张国清
法制大队
大队长　吴文军
国内安全保卫大队
大队长　许均林
教导员　高发亮
经济犯罪侦查大队
大队长　秦建平
教导员　孙建敏
治安警察大队
大队长　韩争舸
教导员　董长江
刑事警察大队
教导员　万林海
公共信息网络安全监察大队
教导员　徐彪义
巡逻警察大队
大队长　揭恒峰
教导员　李志祥
禁毒大队
大队长　范为华
教导员　吴　坚
监察室
主　　任　熊乐华
市看守所
所　　长　林文楼
教导员　孙赞辉
拘留所
所　　长　黄翠颖
教导员　吴新站
城南派出所

教 导 员 王 云
城西派出所
所 长 陈新根
教 导 员 程杰锋
城北派出所
所 长 吴龙水
教 导 员 唐延林
涌山派出所
所 长 徐有龙
教 导 员 汪 洋
乐港派出所
所 长 李和财
教 导 员 夏永康
双田派出所
教 导 员 李有金
接渡派出所
所 长 江晓峰(至2020.4)
教 导 员 石贵峰
后港派出所
所 长 程卫华
教 导 员 黄景春
镇桥派出所
所 长 王俊军
教 导 员 叶德华
礼林派出所
所 长 王永钢
教 导 员 汪尚坊
塔前派出所
所 长 杨金保
教 导 员 邹振宇
塔山派出所
所 长 徐兆东
教 导 员 蒋志国
众埠派出所
所 长 朱松涛
教 导 员 陈志军
浯口派出所
所 长 余佐金
教 导 员 黄冬生
高家派出所
所 长 邹传灯
教 导 员 程忠平
临港派出所
所 长 胡亚鹏
教 导 员 李 楠
十里岗派出所
所 长 汪晓东
教 导 员 袁建华
鸬鹚派出所
所 长 黄 胜
教 导 员 石显福
名口派出所
所 长 李少宏
教 导 员 蔡鸿鸣
洪岩派出所
所 长 吴兴柱
教 导 员 朱林封
农科园派出所
所 长 傅国伟
教 导 员 徐国华
水上派出所
所 长 汪 勇
教 导 员 白 晖

公安局交通警察大队

大 队 长 焦 杰
教 导 员 朱国文
副大队长 林志军
方林崽
程鹏羽
石 峰
副教导员 汪水华
杨长根
综合中队
中 队 长 吴振好
指 导 员 姚本造
秩序中队
中 队 长 方锦建
指 导 员 蔡成敏
事故处理中队
中 队 长 徐云贵
指 导 员 彭 琦
车辆管理所
所 长 黄胜平
指 导 员 蔡艳华
公路巡逻中队

中 队 长 汪 明
指 导 员 胡 鹏
宣传科技中队
中 队 长 施欢敏
指 导 员 方 妍
城区一中队
指 导 员 吴流银
城区二中队
中 队 长 彭贤浩
指 导 员 余 辉
涌山中队
中 队 长 李志冬
指 导 员 余慧敏
高家中队
中 队 长 杨铁峰
指 导 员 王有才
众埠中队
中 队 长 吕红东
指 导 员 查钢盛
塔山中队
中 队 长 王冬青

民政局

党组书记、局长 张金良
党 组 成 员 蒋调华(兼,至 2020.4)
党组成员、副局长 鄢胜勇
丁志斌
党 组 成 员 钟晓英

扶贫办

党组书记、主任 章国忠
党组成员、副主任 程诗文
副 主 任 汪义武(挂职)

医疗保障局

党组书记、局长 杨中全
党组成员、副局长 李文忠
张爱花

司法局

党组书记、局长 杨乐军
党组成员、副局长 吴少华
孙艳林
张 满
程晓燕
党 组 成 员 杨选平
洎阳司法所所长 胡灵喜
塔山司法所所长 章芳启
众埠司法所所长 张金良
接渡司法所所长 汪光柏
乐港司法所所长 程汉华
镇桥司法所所长 吕 芳
涌山司法所所长 杨肖梅
后港司法所所长 董文波
双田司法所所长 熊林松
礼林司法所所长 王韶东
塔前司法所所长 梁献红
高家司法所所长 胡雪峰
浯口司法所所长 许 辉
名口司法所所长 华火青
临港司法所所长 程 英
洪岩司法所所长 廖金保
鸬鹚司法所所长 宋建芳(至 2020.4)
十里岗司法所所长 罗文翔
农科园司法所所长 王皖皖
共库司法所所长 杨义平

财政局

党组书记、局长 彭建和
党组副书记 彭松华
党 组 成 员 程 娟(兼,2020.4 任)
张天艳(兼,至 2020.4)
党组成员、副局长 曹新华
范华龙
余晓明
许丽华(至 2020.11)
党 组 成 员 刘 涛
徐晓虹
华宗平(至 2020.11)

行政事业性国有资产管理中心

主 任 程 咏

非税收入管理局

局 长 洪嘉乐

财政绩效管理局

局　　长　邹小华

国库集中支付中心

主　　任　黄晓慧

城投公司

总 经 理　曹新华
副总经理　程南平
　　　　　　黄亚琴

人力资源和社会保障局

党组书记、局长　熊成炳(至2020.11)
党组副书记　吴望铭
党 组 成 员　王薇敏(兼,2020.4任)
党组成员、副局长　余昌进
　　　　　　　　　孙俊锋
党 组 成 员　戴　碇(2020.11任)
社会保险局
局　　长　吴望铭
就业管理局
局　　长　汪凌云

景德镇市乐平生态环境局

党组书记、局长　彭建飞
党组成员、副局长　唐建军
　　　　　　　　　何礼林
　　　　　　　　　叶勇刚
　　　　　　　　　徐江萍(至2020.1)

文化广电新闻出版旅游局

局长、党委书记　程田新
党委委员、副局长　谢春晓
　　　　　　　　　汪春芳
　　　　　　　　　杜肖进

图书馆

馆　　长　邹晓玲
党支部书记　王建华

文化馆

馆　　长　徐汉清

博物馆

馆　　长　余宏标

卫生健康委员会

党委书记、主任　李回春
党委副书记　石　秀
党 委 委 员　黄乐华(兼,2020.4任)
党委委员、副主任　马文韬
　　　　　　　　　吴立波
　　　　　　　　　吴流才
　　　　　　　　　毕秀飞
　　　　　　　　　吴树庆

疾控中心

主　　任　陈　斌
党支部书记　张水生

人民医院

党 委 书 记　王中东
党委副书记、院长　徐贵明
党委副书记、纪委书记　史雪山
党委委员、副院长　谭健鹏
　　　　　　　　　王春晖
　　　　　　　　　唐建锋
　　　　　　　　　王文庆

中医医院

党总支书记　余　璋
党总支副书记、院长　胡长和
副 院 长　林晓明
工 会 主 席　徐德亮

妇幼保健院

党支部书记　汪志虎
党支部副书记、院长　李　春
副 院 长　徐　怡

退役军人事务局

党组书记、局长　高建喜
党组成员、副局长　王礼金
党 组 成 员　郑新明

审计局

党组书记、局长 蔡四妹
党组成员、副局长 汪 华
党组成员、总审计师 纪东升

应急管理局

党组书记、局长 汪福明
党组成员、副局长 童庆华
王 锐
黄 伟
党组成员 彭仁为
安全生产监督执法大队
大队长 彭仁为

农业农村局

党委书记、局长 朱小平
党委副书记 彭秋林(至2020.6)
党委副书记、副局长 盛道平
党委委员 程建斌(兼,2020.4任)
党委委员、副局长 刘春发
徐道林
张红华
吴松林
徐新义
韩小飞
张瑞宁
王树根
程晓桃
朱桂发
朱玉懿
党委委员 陈为健
张松华
张 鸾
汪文明
洪海清
华金生(至2020.9)
农技推广中心
主任 朱清华
农业机械化管理局
局长 汪文明
农村经营管理局
局长 洪海清
种子管理局
局长 戴秋发
菜科所
所长 吴海军
党支部书记 程洪涛
现代农业示范园
主任 袁文清

国家农业经济(乐平)信息中心

主任 齐武铭

水利局

党组书记、局长 邵 波
党组成员、副局长 张云开
余发桃
陈海根
刘文武(挂职)
党组成员 孙加强
勤俭水库管理局
局长 孙加强
河道堤防管理局
局长 廖家华

林业局

党委书记、局长 方跃华
党委委员、副局长 余能斌
程金炎(至2020.6)
党委委员 余永忠
陈新林
黄庆丰
市森林扑火队
队长 陈新林
鹄山林场
场长、党支部书记 刘新生

森林公安局

局长 黄庆丰
教导员 叶 俊
副局长 徐洪浪
许长海
李 政
副教导员 汪东红
文山派出所

所　　长　梁　平
鹄山派出所
所　　长　毕少钧
指 导 员　李　达

统计局

党组书记　吴　杰
局　　长　王　娟
党组成员、副局长　余华民
副 局 长　程　佳
党组成员、城调队队长　许海清
党组成员　李田生
企调队队长　潘　磊

交通运输局

党委书记、局长　万雪生
党委委员、副局长　汪晓明
汪小平
余照海
党委委员　洪明清
公路管理站
站　　长　王正亮
运输管理所
所　　长　洪明清
港航管理所
所　　长　王建炜

市场监督管理局

党委书记、局长　李安乐
党委副书记　涂少庆
党委委员、副局长　曹树春
吕玉平
金跃明
吴炎林
汪俊鸿
胡叶琴
副 局 长　毕清梅
市场经营服务中心
副 主 任　程茂津
市场监督管理执法大队
大 队 长　王冬青
洎阳分局局长　王福文
乐涌分局局长　吴清林
众埠分局局长　桂　敏
后港分局局长　吴能平
接渡分局局长　李少俊
乐港分局局长　李继宏
临港分局局长　章智明
涌山分局局长　周向东
镇桥分局局长　郑焰良

自然资源和规划局

党组书记、局长　徐道新
党组副书记　刘卫平
党组成员、副局长　徐志华
朱长根
程有根
党组成员　黄　彬
梅晓军
邹国东
李栋华
副 局 长　石　芳

住房和城乡建设局

党委书记、局长　邹劲松(至2020.11)
党委委员　徐廷汉(兼,2020.4任)
党委委员、副局长　胡水林
邹达林
曹乐发
曹淑玲
吴新贵
汪伟星
李光秋
党委委员　蒋富祖
程珍林
程庭义
汪登金

建筑设计院

副 院 长　张益群
周　坤(至2020.11)

商务局

党委书记、局长　王晓林
党委委员、副局长　洪明正
王初升

黄慧华
华小华
洪　清
王荣欢

供销社

党委书记、主任 徐义生
党委委员、副主任 彭发华
党委委员 王　斌

行政服务中心

党工委书记、主任 徐　波
党工委委员、管委会副主任 雷清友
徐柳发
华叶鑫

公共资源交易中心

主任 王华生

城市管理局

党委书记、局长 黄文生
党委委员、副局长 徐承富

紫泽公司

总经理 徐长明

国资公司

董事长 郑　珩
总经理 黄　强(挂职,至2020.7)
财务总监 张进锋
副总经理 洪笑苗
周　坤(2020.11任)

共库管理局

党委书记 聂　刚
党委副书记、局长 刘　鹏
党委委员 魏福旦
陈光清
副局长 程东恒
工会主席 王明华
总工程师 汪志刚

政协乐平市委员会

党组书记、主席 潘赛新(2020.4任)
王颖军(至2020.3)
党组副书记 徐志军(2020.8任)
党组成员 王进才
蒋西爱
姚　东
李回春(2020.4任)
副主席 王进才
祝金标
蒋西爱
陈东升
李回春(2020.3任)
黎　萍(2020.3任)
王　岚(2020.5任)
吴春芳(至2020.1)
方　华(至2020.1)
党组成员、秘书长 丁筱安(至2020.11)
副秘书长 徐晓华(至2020.11)

市政协工作部门

办公室

主任 李晓秋
副主任 李宝琴
提案委员会主任 黎　萍(至2020.11)
提案委员会副主任 潘　莹(2020.11任)

文化文史和学习委员会

主任 徐晓华(至2020.11)

教科卫体委员会

主任 梁鑫棠(至2020.4)
副主任 胡　琛

农业农村经济委员会

主任 童　萍
副主任 董永才

人口和环境资源办

主任 周雪莲

副 主 任 汪建青
张东霞

法制社团和港澳台侨委员会

主 任 刘和秀
副 主 任 詹 玲

市人民法院

院长、党组书记 周 理
副院长、党组副书记 张武超(至2020.11)
党组成员、副院长 王庆军
党 组 成 员 戴建华
蔡金寿
邹光杰
左 斌
审委会副科级专职委员 徐俊胜
查卫华
执行局
局 长 邹光杰
政 委 胡俊杰
港口法庭庭长 汪喜太
双田法庭庭长 夏发忠
接渡法庭庭长 陈建军

市人民检察院

党组书记、检察长 胡 捷
党组成员、副检察长 梅 平
杨荣华
张 超
叶小乐
党 组 成 员 徐曙春
党组成员、政工科长 钟 明
驻高家检察室主任 蒋考良
驻众埠检察室主任 胡洁莹

洪岩风景名胜区管理局

书 记 朱瑞龙(至2020.4)
副 局 长 王正泉
汪晓洋

群众团体

乐平市总工会

党组书记、主席 张北海
党组成员、常务副主席 邵胜军
党组成员、副主席 石水泉
邵 琳(挂职)
徐建兵(至2020.4)

中国共产主义青年团乐平市委员会

书记、党组书记 徐 新
副 书 记 徐梦欣
江小芬(2020.11任)
徐志鹏(2020.11任)

乐平市妇女联合会

党组书记、主席 孙爱萍
党组成员、副主席 江 萍
程莉莉
程明枝
王桂香(挂职)

乐平市科学技术协会

党组书记、主席 胡有根
党 组 成 员 李 涛
党组成员、副主席 周文元
副 主 席 吴春明
廖里霞(挂职)

乐平市归国华侨联合会

党组书记、主席 王细平
副 主 席 涂怡芳

乐平市工商业联合会

主 席 王 岚
党 组 书 记 张 赟
常务副主席 张 赟(2020.12任)
党组成员、副会长 戴金寿(至2020.11)
党组成员、副主席 张晓峰(2020.12任)
潘 莹(至2020.11)
副 主 席 程 洁(2020.11任)

黎　红(至2020.11)
党组成员　方雪梅(2020.11任)

乐平市文学艺术界联合会

党组成员　王美珍
党组成员、副主席　程　慧

乐平市残疾人联合会

党组书记、理事长　徐祥新
党组成员、副理事长　邹海华
副理事长　胡乐保
党组成员　孙清华

乐平市红十字会

党组书记、常务副会长　汪春艳
党组成员、副会长　汪建英
监事会监事长　徐雨根(兼)
党组成员、监事会副监事长　马礼贵(兼)

乐平市社会科学学会联合会

党组书记、主席　徐正金

各乡镇(街道)

洎阳街道

党工委书记　朱瑞龙
党工委副书记　魏光华
胡雪彬
何定灿(挂职)
王国华(挂职)
朱朝阳(挂职)
党工委委员　程善元
梅晓卫
汪乐华
邵镇聪
江　鹏
柴新梅
人大工委主任　叶银水
人大工委副主任　江志群(2020.11任)
郑金保(至2020.11)
主任　魏光华
副主任　梅晓卫
余水才
周洎翔
王燕霞(2020.11任)
江志群(至2020.11)
纪工委书记　程善元
政法委员　柴新梅(2020.6任)
综治办副科级专职副主任　邹琪玉

塔山街道

党工委书记　陈新有
副书记　余新仁
吴圣哲
郑　珩(挂职)
吴满虹(挂职)
党工委委员　张细生
梁茂忠
周海华
徐兆东
彭　烨
胡建彬
彭培根
人大工委主任　陈咏梅
人大工委副主任　余桂芳
主任　余新仁
副主任　梁茂忠
余娅平
蒋思思
纪工委书记　张细生
政法委员　吴圣哲(2020.6任)
综治办副科级专职副主任　汪　晶

涌山镇

党委书记　丁　巍
副书记　朱晓春
吴荣正
陈　新(挂职)
党委委员　石元洪
邹先贵
汪发武
徐思锐
吴　婷
徐有龙
熊敏霞(至2020.11)

人大主席　戴俊华
人大副主席　胡长发
镇　　长　朱晓春
副 镇 长　邹先贵
　　　　　汪发武
　　　　　程桂生
　　　　　程文武
纪委书记　石元洪
政法委员　吴荣正(2020.6任)
综治办副科级专职副主任　柴建明

镇桥镇

党委书记　石卫果
副 书 记　毕正友
　　　　　杨　宾
　　　　　王光瑞(挂职)
党委委员　彭声泉
　　　　　王功进
　　　　　章志勇
　　　　　程瑞模
　　　　　王明海
　　　　　徐春生
　　　　　王俊军
人大副主席　蔡清水
镇　　长　毕正友
副 镇 长　王功进
　　　　　石崇峰
　　　　　孙进美
纪委书记　彭声泉
政法委员　章志勇(2020.6任)

接渡镇

党委书记　袁　文
副 书 记　陈　明
　　　　　王晓华
　　　　　刘金才(挂职)
　　　　　华德坤(挂职)
　　　　　叶秋生(挂职)
党委委员　江国英
　　　　　朱海保
　　　　　石　峰
　　　　　余耀晟(2020.11任)
　　　　　徐国银(至2020.11)
人大主席　王富旺(至2020.11)
人大副主席　洪　霞
镇　　长　陈　明
副 镇 长　余耀晟(2020.11任)
　　　　　周晓萍
　　　　　毕玉琦
　　　　　杨万民(挂职)
　　　　　屠俊哲(2020.11任)
　　　　　徐国银(至2020.11)
纪委书记　江国英
政法委员　王晓华(2020.6任)
综治办副科级专职副主任　袁青平

众埠镇

党委书记　徐元旺
副 书 记　程春山
　　　　　彭建华
　　　　　聂方飞(挂职)
　　　　　魏明灯(挂职)
党委委员　胡哥平
　　　　　倪于贤
　　　　　张占科
　　　　　徐中民
　　　　　何大华
　　　　　张建华
　　　　　朱松涛
人大主席　周海涛
人大副主席　吴元根
镇　　长　程春山
副 镇 长　倪于贤
　　　　　何大华
　　　　　汪　翔
　　　　　张小康(2020.11任)
　　　　　方雪梅(至2020.11)
纪委书记　胡哥平
政法委员　徐中民(2020.6任)
综治办副科级专职副主任　谢　军

乐港镇

党委书记　李希有
副 书 记　许金根
　　　　　肖有宾
　　　　　刘灯平(挂职)

王小丰(挂职)
党委委员 朱金猛(2020.4任)
吴流发
吴雪妹
李　华
钟彩云
李和财
胡美林(2020.11任)
人大主席 刘发桂
人大副主席 陈庆兵
镇　　长 许金根
副 镇 长 吴流发
钟彩云
吴有煌
徐昌斌(2020.11任)
胡美林(至2020.11)
纪委书记 朱金猛(2020.4任)
政法委员 肖有宾(2020.6任)
综治办副科级专职副主任 虞淑卿

洪岩镇

党委书记 占　文
副 书 记 汪任飞
党委委员 徐宏波
吴大河
廖　远
吴兴柱
吴晶鑫(2020.11任)
人大主席 徐泉水
人大副主席 程雄伟
镇　　长 汪任飞
副 镇 长 吴大河
朱佳月
蔡如永(2020.11任)
余耀晟(至2020.11)
纪委书记 徐宏波
政法委员 廖　远(2020.6任)
综治办副科级专职副主任 张　平

高家镇

党委书记 叶　华
副 书 记 李新松
盛明华
彭春林(挂职)
徐铁光(挂职)
党委委员 朱定仁
吴士平
蒋阳兵
张建明
邹传灯
人大主席 程智海
人大副主席 王　珍
镇　　长 李新松
副 镇 长 吴士平
张红军
黄玲萍
纪委书记 朱定仁
政法委员 盛明华(2020.6任)
综治办副科级专职副主任 高清华

临港镇

党委书记 董　斌
副 书 记 叶毫有
余　华
李　华(挂职)
党委委员 杨爱珍
孙　斌
程小林
戴金福
胡亚鹏
人大主席 吴　明
人大副主席 杨万红
镇　　长 叶毫有
副 镇 长 孙　斌
齐贵保
徐大雪
纪委书记 杨爱珍
政法委员 戴金福(2020.6任)
综治办副科级专职副主任 邹　健

浯口镇

党委书记 石必太
副 书 记 程良武
余佐金
董强华
徐海梅(挂职)

党委委员　程兵兵
康寿明
黄海红
李建斌
人大主席　彭冬彬
人大副主席　张冬梅
镇　　长　程良武
副 镇 长　吴清林
高鹏飞
纪委书记　程兵兵
政法委员　黄海红(2020.6 任)
综治办副科级专职副主任　吴秋生(至 2020.11)

塔前镇

党委书记　曹　宇
副 书 记　张武炎
张宝三
盛　伟(挂职)
党委委员　余惠微
廖明华
洪著宝
杨金保
徐君芳(至 2020.4)
人大主席　蔡祖平
人大副主席　叶宝荣
镇　　长　张武炎
副 镇 长　廖明华
黄海龙
王顺生
彭天鹏(2020.11 任)
肖志华(至 2020.11)
纪委书记　余惠微
政法委员　张宝三(2020.6 任)

双田镇

党委书记　赵　兴
副 书 记　洪　辉
刘文庆
王建军(挂职)
戴　碇(挂职,至 2020.11)
党委委员　夏　冰
余发全
程春财
徐庭华
胡真真
人大主席　邵海水
人大副主席　李雷金
镇　　长　洪　辉
副 镇 长　余发全
王永华
何玉珍
张　帆
纪委书记　夏　冰
政法委员　程春财(2020.6 任)
综治办副科级专职副主任　蔡建光

名口镇

党委书记　梁彩东
副 书 记　徐光祥
程冬根(挂职)
党委委员　程水平
朱胜林
程联胜
戴五小
李少宏
人大主席　黎　新
人大副主席　张兵玖
副 镇 长　朱胜林
黄　金
邱阳明
纪委书记　程水平
政法委员　徐光祥(2020.6 任)
综治办副科级专职副主任　程鹏飞

礼林镇

党委书记　汪勤海
副 书 记　董利华
程海兰
王　亮(挂职)
吴　磊(挂职)
党委委员　李有明
夏元宏
吴毛毛
朱如新
雷清平
王永钢

人 大 主 席　洪建平
人大副主席　马达金
镇　　　长　董利华
副　镇　长　夏元宏
　　　　　　洪乃华
　　　　　　金　美
　　　　　　黄邵贵
纪 委 书 记　李有明
政 法 委 员　程海兰(2020.6 任)
综治办副科级专职副主任　段林水

后港镇

党 委 书 记　王　斌
副　书　记　蔡衍栋
　　　　　　汪庭杰
　　　　　　虞正飞(挂职)
　　　　　　董志伟(挂职)
党 委 委 员　汪颖红
　　　　　　翁红军
　　　　　　程　波
　　　　　　王　清
　　　　　　蔡晓波
　　　　　　石　勇(2020.11 任)
　　　　　　程卫华
　　　　　　戴思桦(挂职,至 2020.7)
人 大 主 席　汪金海
人大副主席　王图海
镇　　　长　蔡衍栋
副　镇　长　翁红军
　　　　　　王　清
　　　　　　邹　峰
　　　　　　洪　波(2020.11 任)
　　　　　　戴思桦(挂职,至 2020.7)
　　　　　　石　勇(至 2020.11)
纪 委 书 记　汪颖红
政 法 委 员　汪庭杰(2020.6 任)
综治办副科级专职副主任　袁新霞

鸬鹚乡

党 委 书 记　王志荣
副　书　记　马　建
　　　　　　戴秀荣(挂职)
党 委 委 员　徐国银(2020.11 任)
　　　　　　程长海
　　　　　　王成勇
　　　　　　张天滨
　　　　　　黄　胜
　　　　　　汪萌莉(至 2020.11)
人 大 主 席　华昌宇
人大副主席　程树占
乡　　　长　马　建
副　乡　长　程长海
　　　　　　曹建波
　　　　　　彭志方
纪 委 书 记　徐国银(2020.11 任)
　　　　　　汪萌莉(至 2020.11)
政 法 委 员　张天滨(2020.6 任)
综治办副科级专职副主任　栾　鹰

十里岗镇

党 委 书 记　赵江雄
副　书　记　高　翔
　　　　　　马有胜
　　　　　　徐瓷明(挂职)
党 委 委 员　徐君芳(2020.4 任)
　　　　　　吴朝君
　　　　　　徐保军
　　　　　　钟　鹏
　　　　　　汪晓东
人 大 主 席　夏种丘
镇　　　长　高　翔
副　镇　长　吴朝君
　　　　　　马清花
　　　　　　朱　建(2020.11 任)
　　　　　　吴晶鑫(至 2020.11)
纪 委 书 记　徐君芳(2020.4 任)
政 法 委 员　马有胜(2020.6 任)
综治办副科级专职副主任　付正勇

农业高新科技示范园

党工委书记　朱　敏
党工委副书记　雷科敏
　　　　　　汪萌莉(2020.11 任)
　　　　　　黄桂生(挂职)
　　　　　　彭秋英(挂职)
党工委委员　徐洪琴

刘金炎
傅国伟
主　　任　雷科敏
副 主 任　许火春
纪工委书记　徐洪琴
政 法 委 员　刘金炎(2020.6 任)
综治办副科级专职副主任　陈红宇

江西乐平工业园区管委会

党工委书记　吴金财
党工委副书记、主任
邹劲松(主任 2020.7 任,
副书记 2020.8 任)
汪胜勇(至 2020.1)
党工委委员、副主任　温　泉(挂职,2020.7 任)
党工委副书记、常务副主任　郑　珩
党工委委员、副主任　朱志勇
汪洪喜
党工委委员　程晓武(挂职)

省、景德镇市所属单位和部门

国家税务总局乐平市税务局

党委书记、局长　黄　波(至 2020.10)
党委副书记、副局长　张艳民
党委副书记　徐　涛
党委副书记、副局长　吴精华
党委委员、副局长　周　磊
汪长华
占勇华
宁　炜
张林春(2020.12 任)
徐梅英(至 2020.11)
党委委员、纪检组组长　张佳琪(2020.12 任)
党委委员兼第二税务分局局长　张　延
第一税务分局局长　胡荣富
洎阳税务分局局长　徐华生(至 2020.11)
后港税务分局局长　孔祥冬
乐港税务分局局长　程　卫
接渡税务分局局长　徐　静

电信公司

总 经 理　汪新平(2020.2 任)
张启明(至 2020.2)
总经理助理　熊骁杰
余玲玲
胡祖勤
何　羿(2020.3 任)

邮政公司

总 经 理　刘金英
副总经理　胡　明
吴　亮(2020.9 任)
赵俊韬(挂职)
韩　伟(至 2020.9)

乐平市供电有限公司

党委副书记、经理　吴有彬
党委书记、副经理　江泽明(2020.7 任)
汪镇军(至 2020.7)
副 经 理　袁云峰
许翼康
刘显明(2020.3 任)
姚　强(2020.12 任)
郭泉辉(至 2020.6)
张少波(至 2020.6)
王一波(至 2020.1)
纪委书记、工会主席　王旻峰(2020.10 任)
王一波(至 2020.1)

气象局

党组书记、局长　曹雨田
党支部书记、气象台台长　郑卡妮
工 会 主 席　郑卡妮
副 局 长　叶奋勇(至 2020.5)

景德镇市公路管理局乐平分局

行政负责人　盛双福(2020.8 任)
叶　军(至 2020.8)
党总支负责人　朱瑞才
副 主 任　方　伟
李　燕
董　征
盛开义

新华发行集团有限公司乐平市分公司

负 责 人　徐根生

副 经 理 汪亮华
王丽洁
袁雪冰
周 纲

中国人民银行乐平市支行

行长、党组书记 刘田旺(2020.5任)
孙景煌(至2020.5)
副 行 长 汪晓峰
朱红海
纪检组长 汪庭锋

中国工商银行乐平市支行

行长、党组书记 钱晓荣
副 行 长 汪日旭(2020.1任)
马伶俐(至2020.8)

中国农业银行乐平市支行

行长、党组书记 卢 平
副 行 长 曹国清
张 莉
聂 翔(2020.5任)
盛建华(至2020.5)

中国银行乐平市支行

行长、党组书记 秦国强(2020.7任)
李正华(至2020.7)
副 行 长 汪春梅
吴 标

中国建设银行乐平市支行

行长、党组书记 施腾飞(2020.10任)
周 琪(至2020.10)
副 行 长 施 璐
汪雄胜
曾 艳
叶饶斌

交通银行乐平市支行

行长、党组书记 邵韵飘

中国农业发展银行乐平市支行

行长、党支书记 余幼龙(2020.1任)
周 良(至2020.1)
副 行 长 王小平
支 委 王 彬

景德镇市农商银行乐平市支行

党总支书记、行长 漆 胜
副 行 长 石 敏
王卫东
接渡支行行长 夏 禄

中国邮政储蓄银行乐平市支行

行 长 蔡鸿翔
副 行 长 华 伟
钟秋霞(2020.8任)
黄佳亭(至2020.2)

江西省石油公司乐平支公司

党总支书记、经理 孙海涛
副 经 理 石依婷
戴吉柳(至2020.12)

景德镇市住房公积金管理中心乐平办事处

主 任 陈 军

乐平市烟草专卖局(公司)

局长、经理 王翼飞
副 局 长 李祥征
副 经 理 孙 伟

中国人民保险公司乐平市支公司

经 理 刘亦汛
副 经 理 徐勇敏
黄河洲
程云勃

人保寿险乐平市支公司

经 理 龚建武
副 经 理 程美军

中国人寿保险公司乐平市支公司

经 理 熊志波
副 经 理 朱玲玲

经 理 助 理　胡　燕(2020.11 任)
　　　　　　　占　鸣(至 2020.11)

乐平市消防救援大队

大　队　长　付宝华(2020.10 任)
政治教导员　王　颖(2020.10 任)
　　　　　　　彭政财(至 2020.10)
副 大 队 长　张庐川(2020.3 任)
　　　　　　　李　青(至 2020.3)

江西省乐平虎山水文巡测中心

副　主　任　刘祖彪
　　　　　　　吴火明(至 2020.8)

中国移动通信乐平分公司

总　经　理　胡志高
副 总 经 理　刘达平
　　　　　　　刘　琳(2020.1 任)
　　　　　　　曹汉斌(2020.1 任)
　　　　　　　程　婕(至 2020.1)

中国联通乐平分公司

总　经　理　邵华宇(2020.5 任)
　　　　　　　吴　鹏(至 2020.5)
副 总 经 理　胡　健
　　　　　　　乐伟杰(至 2020.8)

太平洋财产保险公司

经　　　理　鲍先博(2020.6 任)
　　　　　　　胡任之(至 2020.6)

太平洋人寿保险公司

经　　　理　葛世祥

国家统计局乐平调查队

队　　　长　韩本干
副　队　长　曾　鸣
纪　检　员　姜木兰

乐平市广电网络公司

总　经　理　冯志斌
副 总 经 理　帅　霞
　　　　　　　汪　洋
总经理助理　柴　广
工 会 主 席　江　剑(2020.9 任)

说明:1. 以上收录的为全市各单位副科级以上组织机构和领导名录,其中在职副科级以上职务排列顺序以市委文件为准;
2. 姓名后面没有注明时间的,均为 2020 年任职未有变动的;
3. 所列机构和领导名称均由市委组织部提供。

重要文件目录

乐发〔2020〕1 号

中共乐平市委
乐平市人民政府

关于抓好“三农”领域重点工作确保如期实现全面小康的实施意见

乐发〔2020〕2 号

中共乐平市委

关于全面融入景德镇国家陶瓷文化传承创新试验区建设的决定

乐发〔2020〕3 号

中共乐平市委
乐平市人民政府

关于有效应对新型冠状病毒感染的肺炎疫情坚决打赢脱贫攻坚战的实施意见

乐发〔2020〕4 号

中共乐平市委

印发《关于贯彻〈中国共产党宣传工作条例〉的实施细则》的通知

乐发〔2020〕5 号

中共乐平市委

关于进一步激励广大干部新时代新担当新作为十条意见

乐发〔2020〕7 号

中共乐平市委
乐平市人民政府

关于全面深化新时代教师队伍建设改革的实施意见

乐发〔2020〕8 号

中共乐平市委

关于印发《中共乐平市委常委会2020年工作要点》的通知

乐发〔2020〕9号

中共乐平市委
乐平市人民政府
关于全面实施预算绩效管理的实施意见

乐发〔2020〕10号

中共乐平市委
关于加强和改进市直机关党的建设的实施意见

乐发〔2020〕11号

中共乐平市委
关于建立市人民政府向市人大常委会报告国有资产管理情况制度的意见

乐发〔2020〕12号

中共乐平市委
关于批转《乐平市人大常委会2020年工作评议方案》的通知

乐发〔2020〕13号

中共乐平市委
关于加强新时代人大工作的实施意见

乐发〔2020〕14号

中共乐平市委
关于新时代加强和改进人民政协工作的实施意见

乐发〔2020〕15号

中共乐平市委
乐平市人民政府
关于印发《乐平市新时代爱国主义教育实施方案》的通知

乐发〔2020〕16号

中共乐平市委
乐平市人民政府
关于印发《乐平市新时代公民道德建设实施方案》的通知

乐发〔2020〕17号

中共乐平市委
乐平市人民政府
关于新时代加快完善社会主义市场经济体制的实施意见

乐发〔2020〕18号

中共乐平市委
印发《关于贯彻〈党委(党组)意识形态工作责任制实施办法〉的实施细则》的通知

乐办发〔2020〕5号

市委办公室
印发《关于进一步规范文件发布、阅读、办理和管理工作细则(试行)》的通知

乐办发〔2020〕8号

市委办公室
市政府办公室
关于印发《乐平市贯彻落实〈关于深化新时代教育督导机制改革的意见〉的二十条措施》的通知

乐办字〔2020〕42号

市委办公室
市政府办公室
关于印发《乐平市城乡规划设计室撤并整合实施方案》等16个经营类事业单位改革实施方案的通知

乐办字〔2020〕44号

市委办公室
市政府办公室
关于印发《乐平市推进市域社会治理现代化试点工作方案》的通知

乐办字〔2020〕46号

市委办公室
市政府办公室
印发《关于实施乐平市产业链链长制的工作方案》的通知

乐办字〔2020〕47号

市委办公室
市政府办公室
关于印发《乐平市全面融入景德镇国家陶瓷文化传承创新试验区行动计划》的通知

乐府发〔2020〕1号

关于做好2020年稳定粮食生产工作的意见

乐府发〔2020〕2号

关于做好“六稳”工作落实“六保”任务的实施意见

乐府发〔2020〕3号

关于印发乐平市赋予乡(镇)、街道首批县级审批服务执法权限实施方案的通知

乐府发〔2020〕4 号

关于贯彻落实江西省降成本优环境专项行动领导小组 2020 年工作要点的实施意见

乐府发〔2020〕5 号

关于创新工业园区管理体制机制促进园区经济高质量快速发展的实施意见

乐府发〔2020〕6 号

关于健康乐平行动的实施意见

乐府发〔2020〕7 号

关于做好 2020 年冬种工作的意见

乐府发〔2020〕8 号

关于进一步发挥科技特派员在乡村振兴中作用的意见

乐府发〔2020〕9 号

关于关闭乐平市锦宏煤业(原五一煤矿)和乐平市涌山镇同春煤矿的决定

乐府发〔2020〕10 号

关于开展网络招商工作的意见

乐府发〔2020〕11 号

关于加快推进现代种业发展的实施意见

在中共乐平市委六届九次全体(扩大)会议上的讲话

(2020 年 1 月 7 日)

市委书记　俞小平

同志们:

2019 年,我们用汗水浇灌收获,以实干笃定前行。在省委、景德镇市委的坚强领导下,市委常委会坚持以习近平新时代中国特色社会主义思想为指导,深入学习贯彻习近平总书记视察江西重要讲话精神,全面落实党中央、国务院,省委、省政府和景德镇市委、市政府的决策部署,主动融入景德镇国家陶瓷文化传承创新试验区建设,全力打造特色鲜明的现代化赣东北明珠,统筹做好稳增长、促改革、调结构、优生态、惠民生、防风险、保稳定各项工作,推动全市党的建设和经济社会发展取得新成效,迈出“六大明珠”建设新步伐。先后荣获“中国古戏台之乡”、全国“七五”普法先进县(市、区)、全国基层理论宣讲先进集体、全国城市基层党建示范市、全省加快工业发展加速工业崛起“年度贡献奖”、全省义务教育基本均衡发展积极贡献集体、全省农业农村工作先进县(市)、新农村工作先进县(市)、省级卫生城市等 20 余项国家、省级奖项。重点抓好了七个方面的工作。

一、全面学习贯彻习近平新时代中国特色社会主义思想,对标看齐的政治方向更加坚定

始终把学懂弄通做实习近平新时代中国特色社会主义思想作为首要政治任务,结合“不忘初心、牢记使命”主题教育,推动习近平新时代中国特色社会主义思想往心里走、往实里走。

*一是理论学习有收获。*市委常委会带头学习贯彻习近平新时代中国特色社会主义思想,带头学习必读科目,带头为党员干部上专题党课,全年进行了 26 次集体学习研讨。指导“流动党校”“古戏台讲堂”“赣鄱红色娘子军”宣讲团开展大宣讲,采取“线上 + 线下”“送学 + 自学”多渠道解决流动、退休和年老体弱党员学习教育难题,实现学习对象全覆盖,推动党的创新理论“飞入寻常百姓家”、入脑入心。

*二是调查研究有变化。*市委常委会全面落实《关于全省党员干部直接联系群众的意见》,带头开展“蹲点式”“结伴式”调研,带领全市形成调研报告 900 余篇,发现问题 155 个,梳理意见建议 171 条。

*三是检视问题有实效。*坚持早学习早检视,第二批主题教育开展前,针对 2016 年换届以来工作检视存在问题,8 月份制定《乐平市检视问题整改落实台账》。活动开展后,带头征求意见,深入检视问题,收到意见建议 647 条,梳理为 6 个方面 155 条。

*四是整改落实有温度。*带头深化“8 + 6 + 1 + N”整治整改,推动问题真改有效。针对“营商环境

不优”问题，建设符合省定标准的综合性行政服务中心并投入使用。针对学前教育“入园难”“入园贵”问题，加快推进乡镇公办中心幼儿园建设，稳步推进城镇小区配套幼儿园专项治理，公办幼儿园在园幼儿数达40%以上。针对农村养老问题，建成96个“爱心食堂”，实现农村失能半失能特困老人50%以上集中供养。针对“行路难”问题，启动了206国道大田—桃林段改造，加快了S306、景鹰高速连接线、S411改造，城市外环、湘官公路、S205乐涌路、镇杨公路等主干道全线通车。完成省、市级54个重点贫困村和25户以上自然村的通村道路建设，加快了31座危桥改造步伐，12座桥梁建成通车。大力整治“文山会海”等形式主义、官僚主义问题的做法，被省委主题教育办作为典型案例介绍。中央主题教育简报，省委主题教育办主要领导点名肯定我市主题教育的有关经验做法。

二、全面对接国家试验区战略，景乐一体化驶上正轨道

坚持把全面融入国家试验区建设作为“开启对话世界、讲好乐平故事”的政治任务和战略路径，着力全面学习、全心领悟、全力擘画、全速融入，牢记嘱托，感恩奋进，用心用情用力推进景乐一体化。

一是全面学习精准把握。深入学习贯彻习近平总书记视察江西重要讲话精神和国家试验区建设动员大会会议精神，深入准确把握《景德镇国家陶瓷文化传承创新试验区实施方案》文件精神，推进国家试验区战略落地乐平。

二是全盘考虑精细谋划。围绕国家试验区“两地一中心”战略定位，开展大调研，富有针对性、操作性的调研成果随之而出；开展大讨论，形成《乐平市关于“我的景德镇——国家试验区建设怎么看怎么干”意见建议汇编》。

三是全域推进用心落实。全面启动了国土空间总体规划编制，开展了道路、公共服务设施等26项专项规划编制；编制南窑遗址保护规划方案，南窑遗址入选第八批全国重点文物保护单位名单；对标景德镇市创建全国全域旅游示范区，完善了《乐平市全域旅游总体规划》，推进了全域旅游发展；有力推进了古戏台文化发展、赣剧复兴工程。

三、全面贯彻新发展理念，经济发展更加高质量

加强党对经济工作的领导，坚持以深化供给侧结构性改革为主线，全力实施高质量跨越式发展战略，推动经济发展稳中有进、稳中向好。

一是工业发展获全省表彰。坚持稳字当头，每季度召开经济形势分析会，切实加强分析研判，统筹解决重大问题，推动各项任务落实，实现工业实力进一步提升、产业发展进一步提质、发展平台进一步拓展，宏柏、天新2家企业上市步伐坚实。江西世龙入选“2019中国石油和化工500强”。乐平工业园被中国石化联合会列为第二批中国智慧化工园区试点示范(创建)单位。

二是重大项目建设获省2019年首批及时奖励。深入实施“大干项目年”活动，开展重点项目建设“百日攻坚”行动，大力优化项目建设环境，着力扩大有效投资，年度159个重点项目扎实推进，一大批重大项目建成投产。全年呈报农转用和征收土地列全省县市区第一，获得全省耕地保护优秀县市荣誉，省政府奖励120亩新增建设用地计划指标。

三是改革开放获省优秀案例。全年188项改革任务基本完成，农村产业融合发展示范园、垃圾分类、返乡创业园等20余项国家级、省级试点和自选改革举措落地落效，重点项目推进落实问责办法、数字政府平台建设等一批重点改革课题扎实推进。引进省外资金62.19亿元。国家高新技术企业新增17家达33家，23家企业获批国家级科技型中小企业。

四是农业发展入选首批国家农村产业融合发展示范园创建名单(全省4个之一)。认真落实各项强农惠农政策，圆满完成粮食生产任务，实现“十六连增”。加快农业“接二连三”，促进一、二、三产融合，推进规模化、设施化、产业化发展。唱响“江南菜乡”品牌，蔬菜产量再提高、效益再提升。由市生态农业科技园、市国家现代农业示范区融合而成的景德镇国家农业科技园区，作为全省唯一向科技部推荐的项目。

四、全力推进“双创双修”，生态明珠更加靓丽

坚持以“双创双修”为统领，统筹推进城市功能与品质提升和农村人居环境整治三年行动计划，使乐平对内更有认同感、归属感、自豪感，对外更有承载力、吸引力和感召力。

一是农村环境持续提升。扎实推进了“整洁美丽、和谐宜居”新农村建设，深入实施了农村人居环境整治，突出“三边五线”环境提升，加快了一方公园、子安片区改造，打造了礌溪河田园综合体、大田

赣剧文化特色村等一批具有乐平特色的精品示范村。洪岩镇成为全省秀美乡村建设典范,被评为洪岩国家森林公园。

二是文化提升更有魅力。实施了老北街等历史文化街区保护修缮工程;启动了5个省级传统文化村落为重点的"古建修缮工程";推进了赣东北特委旧址、红十军建军旧址、篁坞方志敏旧居等红色旅游项目建设。

三是城市营造更有品质。全面推进城市功能与品质提升八大行动,统筹推进智慧城市、城市双修等工作,抓好城乡接合部、城中村、背街小巷等环境整治,优化教育、医疗、文体、停车场等设施布局,完善城市基础设施,全面禁止城区燃放烟花爆竹,城市功能品质不断提升。

四是环境提升更加生态。全面启动了山水林田湖草——矿山生态修复综合治理调查和规划编制,推进绿色矿山建设,推进治理了沿沟、科山煤矿等一批废弃矿山生态环境。稳步推进环保整改和污染防治攻坚战,全年乐安河野鸡山断面总体保持在Ⅲ类水质以上,其中8月份达到了Ⅰ类水。完成20余个美丽宜居示范村庄建设,上榜全省首批美丽宜居试点建设县,5个村落列入中国传统村落名单。

五是双城创建步伐坚实。组织开展了"不忘初心为百姓·大干项目庆华诞""大战两个月·比拼大巡查""树文明新风·办全国半马"等活动和两轮现场巡查,营造了比学赶超氛围。开展斑马线礼让行人、机动车规范停靠、店面规范经营、车辆规范行驶、卫生门前三包等专项整治行动。被正式命名为江西省卫生城市,顺利通过全国文明城市创建提名城市第三方评估。

五、全力推进民生改善,民生福祉更加均衡殷实

坚持把改善民生作为最大政绩,做到财力优先向民生集中、政策优先向民生倾斜、服务优先向民生覆盖,让每一个生活工作在乐平的人,都能感受到这座城市的温暖。

一是"脱贫攻坚"精准有为。压茬推进"春季整改""夏季提升""秋冬巩固"三大攻势,着力开展扶贫扶志感恩行动,圆满完成全年减贫任务。1个省级贫困村退出,1404户3569名贫困人口脱贫,贫困发生率降至0.29%,至2019年全市6个省级贫困村全部退出。提拔重用扶贫专职副书记、第一书记11人,表彰第一书记61人、驻村工作队员17人、先进帮扶单位28个。

二是"风险防范"科学有度。坚持每季度定期研判经济形势,严格落实重大项目听证制、"三重一大"决策机制,规范举债融资行为,控制全市债务总量,今年以来,没有新增一起隐性债务。坚持房子是用来住的,房地产市场平稳健康发展。严厉打击了非法集资等金融违法犯罪行为,全市经济金融安全稳健运行。

三是"扫黑除恶"群众有赞。圆满完成专项清查,专项清查工作受到中央督导组下沉督导充分肯定。严厉打击"行业霸""资源霸""黑恶势力团伙",社会更加和谐稳定,全市上半年公众安全感满意率达97.27%,由去年全省第82位上升至58位。

四是"殡葬改革"稳步有序。印发《乐平市加快推进殡葬改革促进殡葬事业发展的实施方案》等8个配套文件和规章制度,推进殡葬改革制度化规范化。着力在治丧、治乱、治陋、治俗上全面发力,全市实现遗体火化率100%,没有发生一起因丧葬引发的不稳定事件,厚养薄葬成为新时代新风尚。

五是"垃圾革命"全面有效。"户分类、村收集、乡转运、县处理"城乡垃圾一体化收运处理体系全面建立,城乡环卫一体化进程全面加速,农村环境卫生前端清扫保洁第三方治理全面推行。洪岩镇全域农村生活垃圾分类试点工作有序推进。

六是"社会事业"稳中有进。落实就业优先政策,超额完成城镇就业、农村劳动力转移年度计划。坚持教育优先发展,一批中小学校建成投入使用,促进义务教育均衡发展,减轻中小学教育负担,深化教师队伍建设,教育事业全面进步;"厕所革命"深入推进,农户卫生厕所普及率达82.4%;"污水革命"全省有位,城乡污水处理一体化稳步推进;深化医药卫生体制改革,村卫生计生服务室标准化配置全面完成,被列为国家级紧密型县域医共体建设试点县和省级综合医改试点地。抓好生猪稳价保供工作,及时发放临时价格补贴,"菜篮子"市场产品供应充足。

六、全力画好最大同心圆,全市上下更加团结奋进

坚持把党的领导、人民当家作主和依法治市有机统一起来,加强民主法治建设,充分调动各方面的积极性、主动性、创造性。

一是民主法治建设持续加强。始终坚持党的领导、人民当家作主和依法治市的有机统一。支持人

大及其常委会依法行使职权，定期听取人大、政协建议和提案办理情况。支持政协推进协商民主制度化、规范化和程序化建设。爱国统一战线得到巩固发展，工商联、老干部、红十字会、关工委等工作取得较好成效，乐平市工商联荣获“五好”县级工商联称号，关工委喜获景德镇市离退休干部正能量活动示范点。

*二是政法事业发展坚强有力。*支持法院、检察院依法履职，全面落实司法责任制，深入推进法治乐平、平安乐平建设。圆满完成新中国成立70周年大庆安保维稳任务。

*三是党管武装工作更加有力。*广泛开展科技拥军、文化拥军、教育拥军活动，为部队提高战斗力提供了有力支撑；妥善安置部队转业干部、退役士兵和随军家属，先后出台现役军人、残疾军人和重点优抚对象免费乘坐公交车、服务窗口军人优先、每年提高优抚抚恤标准等措施，开创了双拥工作新局面。

七、全面加强党的建设，政治生态更加风清气正

全面贯彻新时代党的建设总要求，以党的政治建设为统领，坚决落实管党治党主体责任，不断提升党的建设质量。

*一是意识形态工作更加牢固。*定期召开常委会专题研究意识形态领域重要工作，定期组织中心组理论学习。深入推进融媒体中心和新时代文明实践中心建设，融媒体中心揭牌成立。全市20个乡镇（街道）新时代文明实践所、294个村（居）委会“新时代文明实践站”全部挂牌成立。“古戏台讲堂”宣讲团，被中宣部表彰为全国基层理论宣讲先进集体，为我省唯一获此殊荣的县（市、区）。

*二是基层基础特色更加鲜明。*出台并推动了我市“党支部书记”“村干部队伍”两个管理办法（试行）实施，扎实开展了软弱涣散党组织整顿，严格落实了“三会一课”等政治制度。继续为每个党支部安排5000元工作经费，确保每个社区经费不少于15万元。按每名党员100元的标准，为全市所有的村（社区）发放党员活动经费，按照每人50元/月的标准为70周岁以上无固定收入老党员发放生活补助等。村级集体发展财政安排资金23132.89万元（本级配套8262.6万元）。

*三是党建品牌更加闪亮。*打造了天湖市民之家，培育发展了“帮帮团”等公益性社会组织，探索出一条中小城市加强城市基层党建引领城市社会治理的新路径。建立“街区吹哨、部门报到”工作机制，全市3289名在职党员进社区报到。全面抓好了幸福东湖、法治天湖、快递小哥驿站3个“点线面党建共同体”项目建设。我市城市基层党建经验做法获评全国城市基层党建创新优秀案例。

*四是人才工作更加科学。*市委常委会常态研究部署、推动人才工作。推动人才改革“十条意见”落地见效，安排不少于1000万元人才工作专项经费。发放奖励金920余万元。推动实施“青年123计划”，招录公务员、教师、“三支一扶”大学生等人才608名，归雁计划34名，团圆计划7人；评选市第八批专业技术拔尖人才19名和第七批优秀乡土人才18名。

*五是政治生态更加清明。*突出抓好党风廉政建设，层层传导压责任，推动全面从严治党政治责任在乐平落细落实。紧盯“关键少数”实施精准监督，共立案408起，涉及494人，其中科级干部立案87起，涉及99人。坚定不移打伞破网，查处党员干部或公职人员；持之以恒落实中央八项规定精神；集中整治形式主义、官僚主义；乡镇纪委书记、副书记单列考核工作做法在全省推广，《江西改革动态》两次予以重点推介；同级监督更加精准，出台了《关于加强对市委常委会及其成员同级监督实施办法（试行）》，“一卡两问三书四单”的做法切实增强了同级监督的实用性、操作性和规范性；党风廉政教育有声有色，两部廉政微电影获全省大奖，其中《百年一当》在中央纪委国家监委网站“清廉中国”专栏向全国推介；巡察利剑作用更加彰显，全年开展了3轮43个单位巡察，前两轮巡察共发现问题线索78件。

回顾一年来的工作，我们沿着习近平新时代中国特色社会主义思想指引的康庄大道坚定前行，按照习近平总书记视察江西重要讲话精神狠抓落实，经受了各种风险挑战，办成了一批大事要事实事，破解了一批制约发展的难点堵点阻点，充分展现了乐平干群感恩奋进、真抓实干的良好精神风貌。这些成绩的取得，最根本的在于习近平总书记的领航掌舵，在于以习近平同志为核心的党中央坚强领导，在于习近平新时代中国特色社会主义思想科学指引，在于上级党委政府的正确领导、重视关心，在于全市干部群众的共同努力、奋力拼搏。一年来，市委全委会的同志和各乡（镇、街道）、各部门、各单位负责同志在各自岗位上胸怀大局、勤勉工作，对市委常委会的工作给予了大力支持。借此机会，我代表市委常

委会，向同志们表示衷心的感谢！

在肯定成绩的同时，我们也清醒地看到，工作中还存在不足。主要有：一是经济发展内生动力依然不强，实体经济发展压力较大，“回归全省十强”目标不容轻视；二是城市功能品质提升不够均衡，城乡人居环境整治还不平衡，与全国文明城市、国家卫生城市标准还有差距；三是创新能力较弱，创新人才不足，产业发展层次水平还不够高；四是面临的风险挑战仍然不少，脱贫攻坚任务仍旧繁重，污染防治压力仍然较大；五是制约高质量跨越式发展的体制机制问题还不少，放管服工作仍须加力，“最多跑一次”还未全面形成，“四最”营商环境差距还较大，全面深化改革任重道远；六是少数干部锐意进取的精气神还不足，“怕慢假庸散”等作风顽疾依然不同程度存在。市委常委会将团结带领全市广大干部群众，坚持目标导向、问题导向，强化工作落实，攻坚克难、担当实干，加快推进全市高质量跨越式发展，奋力迈出建设富裕美丽幸福现代化赣东北明珠新步伐。

2020年，是全面建成小康社会、“十三五”规划收官之年，是脱贫攻坚、农村人居环境整治、城中村改造集中交账年，是国家试验区建设开局之年。做好今年工作，意义十分重大。今年全市工作的总体要求是：坚持以习近平新时代中国特色社会主义思想为指导，全面贯彻党的十九大和十九届二中、三中、四中全会以及中央经济工作会议精神，认真落实省委十四届十次全会、景德镇市委十一届八次全会精神，深入贯彻习近平总书记视察江西时重要讲话精神，坚持稳中求进工作总基调，坚持新发展理念，全面融入景德镇国家陶瓷文化传承创新试验区建设，以“大学大干大变”为主导、以“回归十强”为主引、以“双创双修”为主线、以“项目建设”为主攻，全力打好“三大攻坚战”，全力实现全面建成小康社会和“十三五”规划圆满收官，奋力描绘现代化赣东北明珠的新画卷。具体要做到“六个聚力”，让六大明珠更加明亮：

一、聚力高质量发展，让经济明珠更加实力雄厚

要抓住优势，放大特色，竞相发展，全力构筑城乡一体、区域融合、协调发展的高质量发展新格局，让经济明珠乐平更加实力雄厚。

*一要大力实施项目建设提速工程。*真正做到以项目为王，资金向项目倾斜、人员向项目集中、“帽子”向项目佩戴，大力推进项目建设提速年活动。要围绕发展壮大首位产业、承接对接沿海产业、推进城乡一体化谋划项目。要千方百计争资金、挤资金、筹资金，千方百计抢时间、抢进度、抢成效，千方百计给政策、给保障、给激励，快速推进项目。要瞄准世界、国家500强和现代服务业，开展精准招商、以商招商，引进更多亿元以上的好项目落户乐平、与乐平投资、兴业乐平。

*二要大力实施改革提质工程。*要始终坚持问题导向，坚持有什么问题就改什么问题，快速推进既定的改革方案，精心谋划重点攻坚的改革举措，狠下决心谋求改革新突破，进一步推进改革提质，要在基层治理、人员激活、环境整治上敢于言行、敢于冲锋、敢于制胜，形成更多可复制改革案例，力争改革特色亮点在全省有地位、全国有影响。

*三要大力实施为企服务质量提效工程。*要深化“放管服”改革，全面打造“办理事项最少、办事效率最高、办结时限最短、办理流程最简”的服务环境，推行“保姆式”“店小二”政务服务，让企业办理事务更方便、享受政策更快捷、兴业发展更安心。

*四要大力实施企业提壮工程。*落实好国家政策做强做优做大国有资本；落实好“国家支持民企改革发展意见”，出台实用的支持民营经济的政策，让企业有更大感受度、更多获得感。大力开展“营商环境提升年”行动，叫板“破坏企业发展行为”，叫停“不利企业发展政策”，叫响“服务企业四最环境”，叫好“服务企业施惠行为”，全力助力企业做大做强。

二、聚力景乐一体化，让开放明珠更能对话世界

要主动融入、积极策应、全面整合，努力将乐平打造成全面融入国家试验区的新高地、新样板、新亮点、新名片，让开放明珠乐平更能对话世界。

*一要全力做好瓷源遗址开发。*围绕国家试验区建设“两地一中心”战略定位，编制好南窑遗址保护和“平等青”制陶原料挖掘利用规划，抓实南窑遗址保护利用工程，以最快速度抓好政策变现。鼓励接渡、塔前、镇桥挖掘开发利用“平等青”，努力打造世界陶瓷考古之城。以汪野亭、程甫代表的乐平陶瓷文化传承为基础，激活乐平的陶瓷文化基因。

*二要全力做好古戏台文化推广。*用好“中国古戏台之乡”“赣剧之乡”金字招牌，升级手工木雕产业，做好老北街历史文化街区保护建设项目，抓好以古戏台为核心的古建文化展示推广工作，让古戏台文化成为国际瓷都新的文化名片。

三要全力做好现代农业发展。用活“江南菜乡”和“国家级现代农业示范区”两张农业特色名片,打好“蔬菜牌”和“园区牌”,巩固提升老菜区,发展壮大新菜区,推进一、二、三产业融合发展,形成特色鲜明、结构优化、充满活力、富有生机的现代农业产业体系,努力建成全省现代农业发展示范样板。

四要全力做好全域旅游发展。依托洪岩仙境、文山石林及古戏台等特色资源,做大做优旅游产业,特别要结合乡村振兴战略,大力发展乡村旅游,全力打造生态旅游升级版,把乐平打造成“国际瓷都”的美丽大明珠。

五要全力做好人才培育发展。成立“乐平市高级技工学校”,推进特色优势学科和专业建设,培养乐平陶瓷工艺、工程技术以及建筑材料、精细化工等专业人才。依托南窑陶瓷文化、古建筑雕刻技艺、民间艺人剪纸等特色文化,放开政策争取吸引省、部属高校人才研究机构落户乐平、与乐平合作,形成各具特色的“乐平文化人才研究基地”。

三、聚力全面小康社会,让活力明珠更加幸福向上

要一鼓作气、尽锐出战,决战决胜脱贫攻坚战,确保贫困人口全部退出,让活力明珠乐平更加幸福向上。

一要全面抓好脱贫攻坚收官行动。打赢脱贫攻坚战是全面建成小康社会的重中之重,要一鼓作气、乘势而上,集中力量全面完成脱贫任务。要巩固脱贫成果防止返贫,及时做好返贫人口和新发生贫困人口帮扶。要坚持现行标准,确保稳定实现“两不愁三保障”。

二要全面开展农村居民增收行动。全面建成小康社会,最突出的短板在“三农”。脱贫质量怎么样、小康成色如何,关键看农村居民增收。要加快发展扶贫产业,完善贫困群众稳定增收长效机制,确保贫困村、贫困户长期稳定增收;实施返贫监测,确保脱贫成果高质量可持续。健全企业和贫困户利益联结机制,以光伏、养殖、油茶、林果产业为主导,帮助农村贫困家庭劳动力家门口就业,让更多农村居民稳定增收。

三要全面开展集体经济强村行动。实施乡村振兴战略,立足产业兴旺目标,整合山水林田湖等资源,推行“基地+合作社+农户”产业化经营模式,走出一条发展壮大集体经济、实现强村富民的新路子,通过两年努力实现每村经营性收入5万元以上。要提高农村基础设施建设密度,提高农村供水保障水平,提高农村教育质量,提高农村医疗卫生服务、社会保障水平,改善乡村公共文化服务,切实发挥好“三农”压舱石作用。

四、聚力“双创双修”,让生态明珠更加环境优美

要再鼓劲、再聚焦、再统筹,确保“双创”创成功、“双修”修美丽,让生态明珠乐平更加环境优美。

一要精心打好交通项目建设突破战。要继续大力推进“大干交通、干大交通”战略,竣工一批、开工一批、新建一批、通车一批、堵点破解一批,千方百计保证高铁乐平北站及配套工程同步建设,确保全市道路更通畅、交通路网更完善,全力实现“大环套小环、小道通大道、乡镇邻乡镇、水路连陆路”的交通网络新格局。

二要精心打好城市品质提升升级战。要推进规划建设现代化,让风貌“新”起来;推进城市环境生态化,让颜值“靓”起来;推进城市管理精细化,让品位“高”起来;推进社会治理法治化,让秩序“和”起来;推进市民素质文明化,让气质“雅”起来;推进市民生活品质化,让人民“乐”起来。

三要精心打好农村人居环境整治战。紧扣“双创双修”“六个一”要求,扎实推进“五拆五清一树”行动,严格管控违规建房、无序建房,精心打造一批富有特色、人民点赞的精品村。着力改善农村人居环境,重点做好垃圾污水治理、村容村貌提升,把乡村建设得更加美丽,让居民望得见山、看得见水、记得住乡愁。

四要精心打好社会文明素质提升战。坚持习惯是管出来的理念,通过培育选树身边好人、礼让斑马线等教育活动,将社会公德、职业道德、家庭美德、个人品德教育活动制度化规范化。继续强化志愿者服务活动,充分发挥党员干部示范引领作用,带动涵养全市人民文明素质,夯实创建国家卫生城市、全国文明城市坚强基础。

五、聚力基层社会治理,让和谐明珠更加快乐平安

要认真学习贯彻落实党的十九届四中全会精神,把制度优势转化为治理效能,让和谐明珠乐平更加快乐平安。

一要强化社会治理创新。整合综治中心实体化、“12345”服务热线、智慧城管、“雪亮工程”等平台,建设智慧化、信息化、全域化的治安防控体系,全面提高社会治理效能。纵深推进扫黑除恶专项斗争,保持“打伞破网、打财断血”的高压态势,推动取得新成效。巩固殡葬改革成果,开展天价彩礼、红白喜事大操大办等专项整治行动。严格落实安全生产责任制,杜绝重特大事故发生,确保社会和谐稳定。

二要强化生态文明建设。像保护眼睛一样保护生态环境,像对待生命一样对待生态环境,坚决打好污染防治攻坚战,深入推进净空、净水、净土行动,突出园区环境、农业面源污染、城市建筑施工扬尘整治,加大力度禁止秸秆焚烧,深入实施河长制、林长制,守护好“一河七水”,抓好林业督察整改,确保断面水质不下降、园区异味不进城、优良空气天数不减少,生态更优。

三要强化民生事业保障。坚持把群众需求作为第一选择、群众满意作为第一标准、群众期待作为第一信号,抓实夯实落实民生工程。坚持把稳就业摆在突出位置,优先发展教育事业,持续推进义务教育优质均衡发展,基本建成广覆盖、保基本、有质量的学前教育公共服务体系,着力推进普及高中阶段教育,做大做优中等职业教育,努力办好人民满意的教育。深化医药卫生体制改革,加强医疗卫生体系建设,建强基层医疗卫生人才队伍,着力提高基层医疗卫生机构服务水平和质量。

六、聚力全面从严治党,让廉洁明珠更加风清气正

要深入贯彻新时代党的建设总要求,扛牢抓实管党治党责任,让廉洁明珠乐平更加风清气正。

一要扛牢“两个维护”的政治责任。把政治建设放在首位,始终做到党中央、省委、景德镇市委要求的坚决照办、禁止的坚决不干、部署的坚决落实。落实不忘初心、牢记使命制度,推进“不忘初心、牢记使命”主题教育常态化制度化。牢牢把握意识形态领域的领导权、主动权,强化斗争精神,增强斗争本领。坚持和完善党的领导制度体系,强化党对一切工作的领导,充分发挥市委把方向、谋大局、定政策、促改革的作用,坚持先说好再干、干中不说不,坚决做到想清楚、说明白、干到位,把对党绝对忠诚落实到具体行动上。

二要提升基层组织力建设。要纵深推进全国城市基层党建示范市建设,按照“重心在基层、基础在社区(村)、关键在党建”的要求,深化“三基四化三起来”基层党建工作模式,持续整顿软弱涣散基层党组织,消灭年收入5万元以下空壳村。进一步完善党员网格化管理体系,形成覆盖城市全方位的“15分钟党建区域化服务圈”。抓实在职党员进社区活动,打造更多非公组织党建示范点。全面推动村办公场所“三化”建设,打造一批农村党建精品村;加强村干部管理,促使其职业化,更加专心为民办事,以群众获得感评判基层战斗力,以人民幸福感检验基层战斗力;提升村干部工资性收入,保障村支书、主任人均工资年收入至少3万元。创优“市民之家”“爱心食堂”“城管之家”“养老中心”等品牌。

三要锻造担当作为的干部队伍。坚持党管干部原则,坚持德才兼备、以德为先,牢固树立“重担当、重实干、重实绩”用人导向。坚持“为做事者撑腰、让无为者让位”,以做事论英雄、看担当用干部、凭实绩给平台,用好“考核指挥棒”,做实乡镇机关工作人员绩效考核,考出好作风、考出真水平、考出精气神;更加注重平时考核、社会评价和群众公认,把坚守基层一线、适应艰苦环境、完成重大任务、应对重大事件作为检验和考察干部的主战场,作为识别和使用干部的主阵地,真正把那些政治上靠得住、工作上有本事、作风上过得硬、人民群众信得过的干部选拔出来。坚持“只为事业用干部,不为个人谋官位”,堵死“人情路”,关紧“关系门”,让做事者“有底气”,“跑官要官”者“无市场”。坚持严管和厚爱相结合,正向激励和严管重处双发力,在制度上保障党员干部担当作为,以做事是最好的作风锻造担当作为的干部队伍。

四要推进从严治党向基层延伸。持之以恒落实中央八项规定精神,坚决破除形式主义、官僚主义,坚决整治“怕慢假庸散”等作风顽疾。紧紧抓住党组织领导班子特别是一把手这个“关键少数”,压实主体责任和监督责任,以严格的责任落实保障风清气正的政治生态。深入推进党风廉政建设和反腐败斗争,发挥巡视巡察利剑作用,反腐败同扫黑除恶一体推进,坚决查处黑恶势力背后的腐败问题,推动全面从严治党向基层延伸。

在全市“不忘初心、牢记使命”主题教育总结大会上的讲话

（2020 年 1 月 13 日）

市委书记　俞小平

尊敬的镇清组长，同志们：

在全党开展“不忘初心、牢记使命”的主题教育是党的十九大做出的重大决策，党中央对此高度重视，做了精心准备，周密部署。从去年 5 月底开始，主题教育自上而下分两批进行。我们在座的各位都参加了，今天进行总结。今年 1 月 8 日党中央召开了“不忘初心、牢记使命”主题教育总结大会，习近平总书记发表重要讲话。他从新时代党和国家事业发展全局战略高度，充分肯定了主题教育取得的主要成效，深刻总结了主题教育的成功经验，对巩固拓展主题教育成果，不断升华党的自我革命，持续推动全党“不忘初心、牢记使命”做出了全面部署，提出了明确要求。习近平总书记的重要讲话立意高远、思想深邃、内涵丰富，具有很强的政治性、思想性、理论性、指导性，为全党又一次上了一堂“不忘初心、牢记使命”的生动党课。

在主题教育过程中，我们学习了习近平总书记在 2019 年 5 月 30 日主题教育动员大会上的讲话精神。上次动员会上的讲话，习近平总书记对为什么开展主题教育，主题教育怎么开展进行了阐述。这次总结大会上，习近平总书记对主题教育开展的效果、经验，尤其是下一步如何巩固主题教育成果，形成制度化常态化，进行了总结，提出了要求。上次的动员会开到省部级，而这次总结会则通过视频会议方式，开到了乡科级。习近平总书记在总结大会上的重要讲话，为推进新时代党的建设伟大工程又提供了根本遵循。

昨天（1 月 12 日）下午，省委召开了全省主题教育总结大会。刘奇书记做了总结讲话，他从“着眼高质量、有特色、走前列，推动主题教育取得明显成效；认真总结主题教育深刻启示，不断提高新时代党的建设质量水平，忠实履行党的初心使命，答好新时代党的建设永恒课题和党员干部终身课题”三大方面，全面回顾了主题教育开展以来情况，深刻总结了经验启示，对贯彻中央“不忘初心、牢记使命”主题教育总结会的精神，巩固主题教育成果，进一步推进全面从严治党提出了明确要求。特别是刘奇书记在总结会上，点到了我们乐平的古戏台讲堂，这是对我们主题教育和在座同志的巨大鼓舞和鞭策。

今天上午，景德镇市委召开了主题教育总结大会，就贯彻党中央主题教育总结大会的会议精神，巩固主题教育成果专门进行了部署。今天下午，我们召开全市“不忘初心、牢记使命”主题教育总结会议，主要任务就是深入学习贯彻习近平总书记重要讲话精神，认真学习贯彻中央、省委和景德镇市委会议精神，始终牢记初心使命，永葆党的先进性和纯洁性，加快推动全市高质量的发展。

这次大家看到了，从中央到省委、到景德镇市委、再到我们乐平市委，四个层面分别召开了四次“不忘初心、牢记使命”主题教育总结大会。之前的动员大会也是从四个层面分别召开。尤其是这次总结会议，上级文件明确要求，不能套开，必须要层层开。通过这种程序性的硬性要求，让大家深刻认识并理解开展“不忘初心、牢记使命”主题教育活动的重要性和必要性。

省委、景德镇市委对我市主题教育工作高度重视，去年 10 月 24 日省委第三巡回指导组组长、副组长，还有景德镇市委第一督导组组长、副组长来我市指导，参加党课，深入部分乡镇、街道、村，进行面对面的指导督导，推动了我市主题教育活动开展扎实有效，特别是景德镇市委第一督导组，在周镇清组长、欧阳毅文副组长的带领下，多次到我市，为我市的主题教育活动开展做了很好的指导。我提议，让我们以热烈的掌声对第一督导组各位同志辛勤的劳动和敬业精神，表示崇高的敬意和衷心的感谢！等下周镇清组长还要作指示，我们要认真抓好落实。

下面，就我市“不忘初心、牢记使命”主题教育，我从三个方面总结如下：

一、回顾主题教育工作，我们取得了一笔成效

按照中央和省委决策部署，我市为第二批参加单位，于2019年9月正式启动。主题教育开展以来，各级党组织聚焦“不忘初心、牢记使命”这个主题，牢牢把握深入学习贯彻习近平新时代中国特色社会主义思想这个根本任务，认真贯彻“守初心，担使命，找差距，抓落实”的总要求，认真落实省委提出的“全面创特色、高质量、走前列”的工作要求，一体推进“学习教育、调查研究、检视问题、整改落实”四项重点措施。整个主题教育有力推动、特色鲜明、扎实紧凑，实现了中央提出的“理论学习有收获、思想政治受洗礼、干事创业敢担当、为民服务解难题、清正廉洁做表率”的目标，达到了预期目的，取得了明显成效。中央、省委的主题教育简报、《江西日报》等，多次刊登我市主题教育经验做法，上稿达12篇。省委主题教育办主要领导点名肯定我市相关做法。我市整治文山会海等形式主义、官僚主义问题的做法，省委主题教育办作为典型案例介绍。总结起来，我市主题教育主要取得了以下五个方面的成效：

*一是聚焦理论学习有收获。*党员干部真学、真信、真懂、真用的思想更加自觉，以学贯穿，以学为要，坚持把学懂弄通做实习近平新时代中国特色社会主义思想作为重中之重。采取读书班、专题研讨、市委理论中心组学习，邀请名师大家辅导授课，创新性地采取市委中心组成员诵读《习近平关于“不忘初心、牢记使命”重要论述摘编》，引领推动了全市92个单位、944个党支部、27001名党员学习习近平新时代中国特色社会主义思想，往深里走、往心里走、往实里走。特色性地运用古戏台讲堂和流动党校，在基层平台注重分类做好流动党员、无职党员、年老体弱党员、文化水平较低党员、“两新”组织党员的学习教育。不仅较好地推动了主题教育党员“一个都不能少”，而且吸纳了更多群众参与到主题教育中来，让党的创新理论真正“飞进千家万户”。“古戏台讲堂”荣获全国基层理论宣讲先进集体，成为江西省唯一获此殊荣的县（市、区）。越来越多的党员认识到只要真学、真信、真用习近平新时代中国特色社会主义思想，就能找到办好乐平事情的金钥匙，越学越觉得有信心，越学越觉得有力量。特别是学习对年轻党员干部的教育意义更加重大，对年老党员干部是又一次的思想洗礼。

*二是聚焦思想政治受洗礼。*党员干部听党话、感党恩、跟党走的政治认识更加清醒，注重从红色基因中感悟初心使命，汲取信仰力量。组织党员干部到景德镇荷塘党性教育基地、景德镇廉政教育基地、众埠红色教育基地、十里岗方志敏故居开展现场革命传统教育。结合庆祝新中国成立70周年，开展了形式多样的爱国主义活动，党员干部党性得到了锤炼，全市干部群众爱祖国爱乐平的热情高涨。严格按照习近平总书记“四个对照”“四个找一找”要求，组织开展了对照党章党规找差距专题会议、专题民主生活会，带头讲党课，向先进典型朱华文同志学习等活动，使广大党员干部感悟了初心使命，接受了深刻的党性洗礼。市纪委原创的家风微电影《百年一当》登上中央纪委国家监委网站视频专栏，向全国观众推介。成立5个组，采取个别访谈、座谈会、设立意见箱、发放征求意见表、新媒体留言等各种形式，广泛征求了意见建议。市委常委会共收到意见、建议647条，且都主动认领，严格整改落实。越来越多的党员干部，更加坚定了对马克思主义的信仰，对中国特色社会主义的信念，对办好乐平事情的信心。在树牢“四个意识”、坚定“四个自信”、做到“两个维护”上政治更加清醒、认识更加深刻、行动更加自觉。

*三是聚焦干事创业敢担当。*党员干部讲好乐平故事、干好乐平事业、展现乐平形象的斗志更加迸发。坚持“做事是最好的作风”，在第二批主题教育还没启动前，市委就先学先做先改，围绕上级决策部署和换届以来自身工作存在的问题，市委制定了《乐平市检视问题整改落实问题台账》，举办了迎国庆“大干项目年”推进大会和集中签约、竣（开）工巡礼活动，赛复乐医药化工等20亿元级大项目引进顺利，加快了接渡大桥重建、206国道、景鹰挂线升级改造，打造了一方公园、子安片区等一批具有乐平特色的示范村，被省政府正式命名为江西省卫生城市。一大批影响乐平未来发展的交通项目全面启动或竣工，一批长期停滞不前的项目加速推进，干成了一些多年来想干还没有干成的事情。坚持激励约束并重，严管厚爱结合，让敢担当者、善担当者有舞台，让不担当者、无作为者没位子。主题教育期间，选树担当作为典型6名、曝光不担当不作为反面典型3名，容错乡科级干部2名，组织处理不担当不作为干部

16名,全市广大党员干部精神面貌更加团结一致、更为积极作为。越来越多的党员干部认识到,只有做事才有出路,只有担当才有位置。

四是聚焦为民服务解难题。党员干部“我是谁、为了谁、依靠谁”的初心本色更加纯洁。“为中国人民谋幸福、为中华民族谋复兴”的共产党人初心使命更加坚定。广大党员干部深入基层开展“蹲点式”“解剖麻雀式”调研,坚持开门搞教育,一批群众最急、最忧、最盼的问题得到有效解决。针对住房问题,超额完成棚户区改造任务。全面完成四类对象危房改造任务1191户,发放危房改造补助资金2143万元,有效解决了贫困群众的住房问题。针对学前教育“入园难”“入园贵”问题,乡镇中心幼儿园建设基本完成,全市公办幼儿园在园幼儿数占比达40.5%,6个小区配套幼儿园已经签订移交协议。对11个已出售的小区配套幼儿园,按照“一园一案”进行整改,将全部建成普惠性幼儿园。针对城乡医疗一体化、厕所革命问题,全市除卫生院所在地的每个行政村都建了卫生室,我市获全省县域综合医改试点地,有力提升了基层医疗卫生水平。城区新改建公厕34座,集镇13座基本竣工。针对营商环境不优问题,在景德镇市率先打造了8300平方米的行政服务中心并投入使用(按照省政府2018年的要求,行政服务中心面积必须达到8000平方米以上,2019年只有乐平完成了这一目标任务。省政府根据这一实际情况,将行政服务中心面积调整为5000平方米以上)。这是满足集中事项办公,让群众办事只跑一次的需要。针对农村养老问题,建成96个爱心食堂,目前在爱心食堂用餐的人数达2000人以上。针对行路难问题,投资3.5亿元,建成54个重点贫困村和25户以上自然村通村路,加快了31座危桥改造步伐,12座桥梁建成通车。针对肉价上涨问题,及时发放临时价格补贴。针对漠视群众利益问题,开展了漠视侵害群众利益问题专项整治,查处形式主义官僚主义问题126起,处理165人;查处扶贫领域优亲厚友、雁过拔毛等作风问题21起25人;查处部分教师违规为农村学生进城读书非法牟利问题,共清退31.4万元。这些都极大增强了人民群众的幸福感、获得感和安全感,以看得见的变化回应了和人民群众息息相关的看病难、住房难、上学难等突出问题。

五是聚焦清正廉洁作表率。坚持既抓思想引导,又抓行为规范,使务实清廉的“螺丝帽”拧得更紧。党员干部严守底线、不越红线、不踩高压线的行动更加自觉。深入开展警示教育,用“身边的案”教育警示“身边的人”,使党员干部灵魂受到触动,感受到党纪国法的威严和力量。突出抓好党风廉政建设,共立案408起,涉及494人,其中科级干部立案87起、涉及99人。坚定不移打伞破网,查处党员干部或公职人员148人,涉“保护伞”问题14人,对6人采取留置措施。持之以恒落实中央八项规定精神,查处问题106起,处理121人,纵深推进了全面从严治党。落实基层减负年要求,《江西日报》2版头条刊登我市主题教育整治形式主义官僚主义、为基层减负的做法经验,市委发文总量较去年减少43%;督查检查减少33%;乡级挂牌数减少59.1%,村级挂牌数减少29.4%;县级对乡镇的考核评比减少66.7%,乡镇涉及村级的考核评比只保留1项综合考核,让更多的基层干部轻装上阵,腾出更多精力集中抓落实。

二、总结主题教育做法,我们积累的一些经验

实践证明,党中央在全党开展主题教育的战略决策正当其时、完全正确、成效显著,得到了广大党员干部和人民群众的衷心拥护,为全面加强新时代党的建设积累了新经验。习近平总书记在主题教育总结大会上,总结了六条宝贵经验,刘奇书记在全省主题教育总结大会上,总结了五条宝贵经验,非常深刻、非常精辟,我们一定要认真学习贯彻。回顾我市主题教育开展以来情况,以下五个方面启示值得认真总结。

一是突出示范带动,这是推进主题教育的前提。这次,我们主题教育的一个特点就是领导带头、示范开路。无论是学习必读科目、专题研讨、参加革命传统教育,还是调查研究,讲专题党课,首先是常委班子一帮人先动起来,进而带动全市上下行动起来,起到了“一把手”带动“一班人”、“关键少数”带动“绝大多数”、“先进典型”引领干部群众的重要作用。实践证明,要搞好主题教育,领导干部既要当好领导者、组织者,更要当好先行者、推动者,只有一级带着一级干、一级干给一级看,才能相互衔接、压茬推进、取得成效。

二是突出问题导向,这是推动主题教育的关键。从相关文件、报道中可以看出,两批主题教育,都要求将“改”字贯穿始终,要求奔着问题去、盯着问题改。学习教育,既要求全面学、系统学,又要求缺什

么、补什么。调查研究，要求直插现场、直面问题。检视问题，要求制定整改台账，明确进度期限。整改落实，要求一锤接着一锤敲，做到问题不解决不松劲、解决不彻底不放过。活动开展前，我们就制定了《乐平市检视问题整改落实台账》，包括“8 +6 +1 + N”专项整治，都是始终盯着问题不放，先学先做先改、边学边做边改、真学真做真改，这是我们取得的、必须长期坚持的宝贵经验。

三是突出严实作风，这是推进主体教育的保障。这次主题教育一个鲜明的特点就是，坚决反对形式主义官僚主义，要求学习教育不能蜻蜓点水、调查研究不能走马观花、检视问题不能避实就虚、整改落实不能虎头蛇尾。主题教育办公室做了大量协调、调度、督促的工作。实践发现，县级领导的材料普遍较为规范、质量较高；同时，刚开始上交的调研报告、党课稿、对照党章党规找差距材料相对不高，督一督，格式也规范了、质量也高了。这体现了好的作风就会有好的效果。主题教育期间，全市摸排出了 21 个软弱涣散村党组织，清理了 21 名不符合新时代任职条件的村干部，补齐配强了村“两委”干部。实践告诉我们，事事都是环境、人人都是形象。任何人做任何工作，只有严实的作风，才能把责任压实，才能有成事的保障。

四是突出依靠群众，这是推进主题教育的根本。这次主题教育坚持“开门办教育”，各乡镇(街道)各部门坚持真开门、开大门，全程听群众意见、让群众参与、对群众公开、请群众监督，群众成为主题教育的真正主角。通过开展深调研，干部与群众坐在一条板凳上；开展走村组，干部走进了群众的心坎里；聚焦“三最”解难题，打通了联系服务群众“最后一公里”。我们所做的一切，群众都知道、能看到、也感受得到。实践证明，坚持群众路线，是我们做好一切工作的法宝。任何时候，这个法宝都不能丢。只有始终坚持一切为了群众、一切依靠群众，才能确保我们各项工作成果经得起人民和历史的检验。

五是突出特色优势，这是推进主题教育的财富。这次主题教育，中央、省委主题教育简报，“学习强国”、《江西日报》等多次刊发了我市经验做法，统计了一下，光上稿就超过了 12 篇。特别是我市古戏台讲堂荣获全国基层理论宣讲先进集体，城市基层党建经验做法，获评全国城市基层党建创新优秀案例，省委主题教育办主要领导(省委组织部部长)在会上充分肯定我市这些好的经验做法。如果没有鲜明的文化特色作支撑，没有前期大量的工作作基础，是办不到的。在全省宣传工作会上，施小琳部长要求全省其他一百多个县到乐平来学习。今天景德镇主题教育会上也提到我市的古戏台讲堂的先进经验做法。事实上早在两年前，我们在文化强市方面，就提出了要充分运用好全市的这 450 多座古戏台。最近中央也出台了关于优秀传统文化复兴工程的系列政策，这就需要我们一方面充分运用好国家政策优势，另一方面充分利用好我们已形成的品牌特色，让更多更好的经验集聚叠加，扬优成势。

在肯定成绩的同时，我们也要清醒地看到存在的问题，主要是：一是思想认识还存在“不深不透”。有的党员干部对建立不忘初心、牢记使命的制度认识不够，嘴上说建立制度，心里还是认为所谓的常态化、制度化只是说说而已，最终会一阵风，雨过地皮湿。二是学习教育还存在“学用脱节”。有的领导干部理论学习学用脱节，运用党的创新理论指导实践的能力还不足；我市在景德镇“学习强国”学习排行中倒数第一，拖了景德镇的后腿。三是检视整改还存在“前热后冷”。前期发力较猛，都集中检视整改了一批问题，到 12 月份，这个热度慢慢淡了下来，一些深层次问题还没有得到有效解决和根本解决。对这些问题，我们一定要高度重视，采取有效措施加以解决。

党的十九届四中全会决定把“不忘初心、牢记使命”作为一项必须坚持的制度，作为党的建设永恒课题和党员干部的终身课题。无论是党组织还是党员个人，要始终坚持“不忘初心、牢记使命”，千万不能是一阵风。无论是从坚决做到“两个维护”，还是从树牢“四个意识”的角度来讲，我们都必须把“不忘初心、牢记使命”的制度要求，自觉地、自始至终地贯彻落实下去。中央和省里会适时进行“回头看”，对我们的主题教育成果进行检验。比如，问题整改方面，是不是真正改了？是不是存在形式主义、官僚主义？如果还存在问题整改不到位的情况，是一定会追责的，大家一定要注意。今天主题教育总结大会结束，并不代表我们过去所做的一切就画上句号。现在是动态的、常态的、立体的、交叉的检验。大家一定要认真去理解，坚决地去落实。

通过上述五个方面的启示、三个问题的警示，大家一定要牢记三个方面：一是不忘初心、牢记使命永远在路上。这是党建的永恒课题，党员个人的终身课题。二是理论武装永远在路上。大家一定要学习理论，习近平总书记在这次中央主题教育总结大会上对理论学习，用了很长的篇幅，而且言词分量很重，强调一定要学习新时代理论。大家要深刻理解理论武装的重要性。这对我们乐平的干部尤为重要，大家过去可能更多是靠实践摸索着干，现在则更多的是要靠先进的理论指导着干。要用新理论来武装头脑，这样我们就不会停留在过去的老观念、老方法、老思想中。三是为党尽责、为民尽心永远在路上。无论是整改工作的需要，还是践行群众路线的需要，还是全心为人民服务宗旨的需要，为党尽责、为民尽心都永远在路上。

三、巩固主题教育成果，答好新时代党的建设永恒课题和党员干部终身课题

习近平总书记强调，“不忘初心、牢记使命，必须作为加强党的建设的永恒课题和党员、干部的终身课题常抓不懈”。全市各级党组织和党员干部要以这次主题教育为新的起点，巩固好主题教育成果，深入学习贯彻习近平总书记重要讲话精神，充分运用我市作为“洪马文化诞生地”中华优良传统和“红十军建军地、方志敏战斗地、赣东北特委旧址地”红色基因深厚的优势，挖掘好弘扬好新时代“共库精神”，始终不忘初心、牢记使命，答好新时代党的建设永恒课题和党员干部终身课题，让初心和使命成为描绘好现代化赣东北明珠新画卷的强大动能。

习近平总书记要求我们党员把党章放在床头柜上，言下之意就是党章要经常翻一翻，要明白党章里面的要求，要经常用党章提醒、警示自己。中央主题教育办要求，各级党组织要认真学习贯彻习近平总书记在主题教育总结大会上的重要讲话精神。各级中心组专门召开研讨班，研讨习近平总书记的重要讲话。这要作为我们 2 月份主题党日活动的一项重要内容，宣传部门和组织部门要认真布置好这项工作。要从五个方面推动并巩固主题教育成果：

*一要深化理论武装，推动习近平新时代中国特色社会主义思想走深走实。*政治上的坚定，源于理论上的清醒。注重思想建党、理论强党，是我们党的鲜明特色和光荣传统。习近平新时代中国特色社会主义思想，是当代中国的马克思主义，是 21 世纪的马克思主义，是解决一切问题的“思想宝库”和“金钥匙”，是引领中华民族伟大复兴的指路明灯。我们要坚持学懂、弄通、做实习近平新时代中国特色社会主义思想不动摇，做到真信笃行、知行合一、指导实践。要常态常效学。坚持从常态化学习党的创新理论中滋养初心、引领使命；从常态化学习党史、新中国史、改革开放史中找寻初心、激励使命；从常态化将党的创新理论与中华优秀文化相结合学习中坚定初心、牢记使命。要及时跟进学。坚持及时跟进学习习近平总书记最新重要讲话精神和重要指示精神，认真抓好党委（党组）理论学习中心组学习、理论辅导和党员教育培训工作，积极采取喜闻乐见、通俗易懂、灵活多样的方式方法，推动党的创新理论学习常抓不懈。要联系实际学。坚持理论联系实际马克思主义学风，围绕改革发展稳定重点难点问题，聚焦人民群众最急最忧最盼的问题，把自己摆进去、把职责摆进去、把工作摆进去。用好习近平新时代中国特色社会主义思想这个理论武器，切实解决实际问题、推动工作落实，努力把学习成果转化为加快推动高质量跨越式发展的强大动力和实际成效。

*二要强化建章立制，推动不忘初心、牢记使命的制度建立建好。*制度是管根本、管全局、管长远的。党的十九届四中全会强调，要建立不忘初心、牢记使命的制度。我们要紧密结合实际，巩固拓展主题教育成果，坚持守正创新，抓好建章立制，推动广大党员干部更好坚守初心、担当使命。要建立好制度。这次主题教育，我们坚持“当下改”与“长久立”相结合，形成了一批制度成果。下一步中央将出台不忘初心、牢记使命制度，省委十四届十次全会也对我省建立和落实不忘初心、牢记使命制度作了部署。我们要坚决落实好党中央、省委要求，坚持从实际出发、立足百姓期待、解决实际问题。同党内法规制度融会贯通，加强调查研究，广泛听取意见，完善制度机制，加快构建不忘初心、牢记使命的制度体系。要遵守好制度。要加大制度宣传，强化制度学习，让遵守制度成为全市党员干部的自觉追求、良好习惯，贯穿于履行职责、行使权力、开展工作的全过程。要把制度执行融入日常工作，与落实“三会一课”、组织生活会、主题党日等制度结合起来，引导党员干部严格遵守、自觉践行，确保制度执行到人到事，形成常态长效。要监督好制度。用好党委督查、巡察利剑，发挥纪检监察机关专责监督作用，加强对制度执行的监督，推动不忘初心、牢记使命的制度落实落地，坚决杜绝做选择、搞变通、打折扣的现象，防止硬约束变成“橡皮筋”，“长效”变成“无效”。总之，就是要把制度建立好、执行好和监督好。大家要结合学习党的十九届四中全会精神，增强对制度遵循的行

动自觉。

*三要常态化整改落实，推动新时代新担当新作为入心入魂。*总书记反复强调，有多大的担当就能干多大的事业，尽多大的责任就能有多大的成就。初心的分量、使命的重量，不能挂在嘴上说说而已，而要转化到担当作为上，体现在推动发展上，决不能一年、两年、三年，还是涛声依旧，重复昨天的故事。当前，最重要的就是要常态化抓好整改落实，做到主题教育收官不收兵，问题不解决不放过、整改不到位不罢休、群众不满意不止步。特别是刘奇书记在总结大会上强调，整改落实要列入巡察督察，党建述职、民主生活会内容，充分体现了省委对主题教育持续整改落实的坚定决心。这些都是“硬扛扛”，是“带刀的”，是“混不过去的”。我们必须要高度重视，决不能在思想上麻痹大意，行动上安于现状。要梳理好。各级党组织和广大党员要梳理好主题教育期间还有哪些问题没解决，决不以时间来判定主题教育有没有结束，而以问题整改有没有完成来判定有没有实效。我们制定的整改方案内容中涉及的责任单位、责任人、责任时效、责任内容一直要到整改任务完成为结束，而不是今天开完总结会，整改就算完成，整改方案就可以束之高阁、放置一边了。要整改好。要把“当下改”和“长久立”结合起来，依靠各级党支部，抓好主题教育各项整改任务落实，已经整改的要巩固成果，正在整改的要加大力度，决不允许出现“烂尾”工程。既要从点上解决问题，又要从面上建章立制，及时总结好的经验、好的做法，形成我们特有的制度成果。要巩固好。把主题教育激发出来的干事热情和劲头坚持好、巩固好、持续好，完善评价考核机制，容错纠错机制，引导激励广大党员干部担当作为。

*四要优化作风建设，推动自我净化、自我完善、自我革命、自我提高落实落地。*勇于自我革命，从严管党治党，是我们党最鲜明的品格。总书记在中央主题教育总结大会上强调，温室里长不出参天大树，懈怠者干不出宏图伟业。自我革命，说起来容易，做起来很难，是一个在痛苦中蜕变的过程。要把牢信念开关。从红色基因中汲取强大的信仰力量，牢记革命理想高于天，始终旗帜鲜明讲政治，增强“四个意识”、坚定“四个自信”、做到“两个维护”，全力锤炼忠诚干净担当的政治品格。要强化自我革命。我们一定要“吾日三省吾身”，经常照一照镜子、擦一擦灰尘，推动自我净化、自我完善、自我革新、自我提高，始终保持党的先进性和纯洁性。要严格执行中央八项规定精神。坚决克服“怕慢假庸散”作风顽疾，大力整治形式主义官僚主义，全力提振干事创业的精气神。要发扬斗争精神。面对大是大非要敢于亮剑、面对矛盾要敢于迎难而上、面对危机要敢于挺身而出、面对失误要敢于承担责任、面对歪风邪气要敢于坚决斗争，同各种否定党的言论、弱化党的形象的现象和行为作坚决斗争，决不做老好人、太平官、墙头草，全力做党和人民事业的忠诚战士。

*五要硬化战斗堡垒，推动党的建设新的伟大工程筑牢筑实。*乐平基层党组织建设类型多，特别是农村基层党建目前较为薄弱。要建设好。全面深化全国城市基层党建示范市建设，进一步牢固树立大抓基层、抓大基层的鲜明导向，严格落实党支部工作条例，按照“增加先进支部、提升中间支部、整顿后进支部”的思路，抓两头带中间，特别是要持续深化基层党建“三基四化三起来”景德镇工作模式，大力推进省委提出的基层党建标准化、规范化、信息化“三化”建设。要管理好。进一步严肃党组织生活制度，落实好“三会一课”、主题党日等制度，严格党员教育管理监督，抓紧解决一些基层党组织弱化、虚化、边缘化问题，使每名党员都成为一面鲜红的旗帜，每个支部都成为党旗高高飘扬的战斗堡垒。要净化好。要持续抓好党风廉政建设，扎紧制度笼子，切实管住渎职、失职行为，加快构建一体推进不敢腐、不能腐、不想腐体制机制，巩固和发展反腐败斗争压倒性胜利。特别是春节即将来临，要坚决同一切消极腐败现象作斗争，决不能被“围猎”、被腐蚀，做到不该说的话不说、不该吃的饭不吃、不该去的地方不去，更不能打着“联系感情”“人情往来”的旗号行贿受贿，不断推动党的建设新的伟大工程筑牢筑实。

在各种场合我都多次讲过，大家一定要清来清往，感情可以多来往，但物质可以少来往。从那些被查处的干部的忏悔书中，可以看到，很多人都在过年过节时收受了名贵烟酒和礼品。希望大家一定要引以为戒。正常的人情往来是可以的，但也应该在一个合理范围之内，绝对不能有利益输送、不能有权钱交易。习近平总书记对这种庸俗的官场作风是深恶痛绝的，也是坚决反对的。希望大家通过这次“不忘初心、牢记使命”主题教育，牢记并牢守底线，带头做好表率。组织上会继续加强对包括村支部书记在内的考核工作，加大考核力度，通过考核来激励大家干事创业，只要工作做得好，就一定有提拔重用的机会。通过制度建设与完善，强化用人导向，用制度来规范选人用人。也就是说，只要工作过得硬，不用找关系、走后门，一样有机会。这里再强调一下，党员领导干部要带头守纪律，坚决不能插手工程，尤其是不能介绍给自己的亲朋好友。党内和社会都要给予监督。

同志们，践行党的初心和使命永无止境。主题教育收官不收兵，永远在路上。让我们更加紧密地团结在以习近平同志为核心的党中央周围，坚持以习近平新时代中国特色社会主义思想为指导，持续用力、抓常抓长、巩固深化拓展主题教育成果，在新起点上持续推动乐平的每一个党员不忘初心、牢记使命，为打造现代化赣东北明珠接续奋斗。

在中共乐平市委六届九次全体（扩大）会议上的讲话

（2020 年 1 月 7 日）

市长　高　翔

同志们：

下面，根据会议安排，我就经济工作讲几点意见。

一、关于 2019 年经济工作的基本评价

今年是新中国成立 70 周年，面对复杂多变的外部环境和持续加大的经济下行压力，我们坚持以习近平新时代中国特色社会主义思想为指导，认真贯彻落实党的十九大和十九届二中、三中、四中全会以及习近平总书记视察江西重要讲话精神，坚持稳中求进工作总基调，以第二批“不忘初心、牢记使命”主题教育为抓手，突出“大学、大干、大变”，推进“五型”政府建设，实现了经济社会持续健康发展。

预计全年完成地区生产总值 330 亿元，增长 8.3%；财政总收入 46.53 亿元，增长 7.3%；规模以上工业增加值增长 9%；固定资产投资增长 11%；外贸出口 23.22 亿元，增长 1.3%；社会消费品零售总额 120 亿元，增长 13%；城镇居民人均可支配收入 37065 元，增长 8%；农村居民人均可支配收入 17976 元，增长 9.1%。

一年来，我们主要做了以下几个方面的工作。

（一）全力以赴强实体，经济发展蹄疾步稳

*工业实体固强领跑。*预计全市规模以上工业总产值 350 亿元，增长 10.0%；实现主营业务收入 330 亿元，增长 12.0%。荣获全省加快工业发展加速工业崛起先进单位和江西省工业高质量发展先进县（市、区）称号。重点推进了投资 5 亿元的德孚环保科技资源再生利用等项目，世龙实业入选中国石油和化工企业 500 强，宏柏新材料成为我省今年唯一获得全国制造业单项冠军示范企业，上市前期各项工作有条不紊推进。扎实推进众埠返乡创业园二期建设，正式启动乐平工业园区调区扩区工作，完成“一企一管”升级改造工程基础建设。

*现代农业进中调优。*全市蔬菜播种面积达 35.4 万亩，蔬菜年产量达 115 万吨，蔬菜年总产值 14.9 亿元，粮食生产实现“十六连丰”。先后建成江西绿色产业集团蔬菜基地、花正红蔬菜产业示范基地，做大做强蔬菜产业。“中国好粮油”示范县项目稳步推进，完成订单农业 9 万亩。2019 年度，10.34 万亩高标准农田建设有序推进。中远农业再获江西民企百强荣誉。

*第三产业增速提质。*大力发展农村电商平台，逐步搭建起“工业品下乡，农产品进城”的渠道平台。成功举办了首届全市烹饪大赛和饮食文化展，弘扬地方饮食文化。积极打造特色商业示范街，建成商旅文融合发展的示范商业区。依法收回了洪岩仙境景区管理权和经营权，切实完善文山怪石林景区创 AAAA 级景区复核工作。

（二）全力以赴守底线，三大攻坚稳步落实

*风险防控成效显著。*严格控制政府债务总量，

积极化解隐性债务,有效防范金融风险。全面清查核实我市国有资产,实现国有资产价值最大化。严厉打击经济犯罪活动,挽回经济损失2238万元,房地产市场总体平稳。打击非法小煤窑,连续13年实现“零开采、零死亡”目标,连续17年未发生重大安全生产事故。

脱贫攻坚成果丰硕。实现全市1404户3569名贫困人口脱贫、1个省级贫困村退出。市本级财政投入专项扶贫资金4875万元,发展扶贫基地215个。选派4006名帮扶干部、253个帮扶单位与贫困户结对帮扶。发放“产业+金融”扶贫贷款3亿元,帮扶6007户建档立卡贫困户每年受益3750元。

生态环保成绩斐然。环保整改工作稳步推进。持续开展秸秆禁烧、城区禁燃禁放、扬尘治理工作,淘汰燃煤锅炉22座,清理整治钙粉企业24家。扎实推进城西生活污水主管网建设、南内河综合治理工程。乐安河野鸡山村断面水质总体保持在Ⅲ类水质以上,其中8月份达到Ⅰ类水质标准。完成9个沿河乡镇的重金属污染农田划定工作。“河长制”“林长制”工作有序推进,河道采砂从严管理,完成1.4万亩松材线虫病除治任务。

(三)全力以赴促创新,改革开放纵深推进

深化改革不停顿。持续深化“放管服”改革,积极推行“一次不跑”“只跑一次”。“双随机、一公开”机制进一步完善,事中事后监管进一步加强。政务服务大厅升级改造项目按期完成,运行以来办结各类事项5.2万件。“赣服通”乐平分厅成功上线,共纳入82个服务事项,访问量达17万次。深入推进减税降费,预计全年为企“减负”8.05亿元。

创新引领不止步。扎实推进创新型县(市、区)建设,预计全年社会研发投入强度占全市生产总值比重可达1.8%。全市新增国家高新技术企业17家,实现翻倍增长。江西远洋威利、福乐欣等23家企业成功获批国家级科技型中小企业,天新药业维生素实验室获得省重点优良实验室。

招商安商不懈怠。围绕“三请三回”,扎实开展各类主题招商活动。成功新引进项目39个,其中引进了凯光城市综合体、赛复乐医药扩建项目等8个亿以上项目。预计全年引进内资124.2亿元人民币,较去年同期增长8%,引进外资8132万美元,较去年同期增长6%。成功签约引进阿里巴巴天猫优品项目落户乐平,推动农村电子商务产业取得新发展。

(四)全力以赴抓项目,激发城市内生动力

重点项目压茬推进。重大项目建设领域受到省政府首批及时奖励通报表扬。全年共安排实施重点项目159个,完成投资89亿元。嘉里购物中心项目投入运营,年交易额近3亿元。江维电化厂棚户区改造项目和乐矿棚户区改造后港小区项目按期完工,洪岩风景区开发建设、生活垃圾焚烧发电建设等一批重点项目有序推进。11座规划外小(2)型病险水库除险加固工程正在扫尾。

交通网络日臻完善。城市外环、G206罗源至大田段已建成通车,G206桃林至大田段升级改造等项目正有序推进,一批交通“咽喉”项目全面铺开。积极推进“四好农村路”建设,镇杨公路、鸣观公路、历库公路等相继建成通车,S411乐镇线示范路、涌临公路等农村公路都有了重大进展。全面完成渡汪线、礼众线等5条县道共80公里的美丽生态农村路建设,全面完成省、市级贫困村水泥路建设。已完成镇桥金山桥、洪岩罗家洲桥等12座危桥改造,接渡大桥重建工程已开始启动。

(五)全力以赴求实效,城乡面貌呈现新颜

城市品质进一步提升。大力实施城市功能品质提升八大专项工程行动。有序推进洪皓公园二期建设,打通了春华路、中远路、通站路等一批断头路,完成了安平路改造提升、人民路改造等项目,城市面貌明显改善。加大了违法建筑查处力度,共拆除违章搭建4.46万平方米。城区新、改建公厕34座,切实解决市民如厕不安全、不卫生问题。

乡村环境进一步改善。入选全省首批美丽宜居试点县。全面开展农户庭院专项整治行动,完成20余个美丽宜居示范村庄建设,有序推进2500个美丽宜居示范农户庭院创建。深入推进农村厕所革命,拆除旱厕1.1万个。扎实推进城乡环卫一体化,梯次开展农村污水治理,完成了磻溪河水和官口水库饮用水源保护区的8个村庄生活污水治理。

(六)全力以赴解民忧,民生福祉持续增进

十件实事基本完成。面向社会提供就业岗位近3.8万个,完成目标任务的151%;发放创业担保贷款8473万元,完成年度目标任务的114%。新建的十三小和新港中小学按期投入使用。311个村卫生计生服务室标准化配置全部完成。新增乐平至景德镇北站客运专线。新增管输天然气用户6204户,完成目标任务的103%。新增20辆出租车并投入使用。背街小巷6个片区改造完成。超额完成1200户棚改任务。打通公共文化服务“最后一公里”,建

成一批新时代文明实践中心。完成自建 48 个村级体育工程。

社会事业全面发展。成功承办了第四届全国半程马拉松等大型体育赛事。先后荣获“中国古戏台之乡”“赣剧之乡”等荣誉称号。南窑遗址成功入选第八批全国重点文物保护单位。大力推进“文化下乡”工程。成功举办了中国文化遗产大会、第六届文化艺术节等大型活动。被正式命名为“江西省卫生城市”，顺利通过创建全国文明城市第三方评估。扎实推进殡葬改革，火化率、入公墓率均实现 100%。

公共服务更加优质。全力推进城镇小区配套幼儿园专项治理，实现公办在园幼儿数占比 40% 的目标。成功推动市职业中等专业学校升级。七小、十五小建设快速推进，全面启动 21 所农村薄弱学校改造提升，“大校额”“大班额”得到有效化解。荣获全省义务教育基本均衡发展工作积极贡献集体称号。养老服务体系建设有序推进，96 个“爱心食堂”建成并投入使用。全市退役军人服务保障体系不断完善，实现了全市服务中心（站）100% 覆盖率。“12345”政府服务热线平稳运行，全年共接受市民来电 8 万余个，办结率达 96.47%，持续提升人民群众的幸福感和获得感。

治理体系不断完善。深入推进扫黑除恶专项斗争，共破九类案件 42 起，刑拘 131 人，连续七年保持命案现案破案率 100%。生产经营安全事故继续保持“双零”目标。建立“群众说事”制度，群众满意率达 93%，司法调解移动“法务通”工作平台已开通使用。切实做好信访源头化解工作，全市没有发生重大影响的刑事案件和群体性事件。

二、关于 2020 年经济工作的目标要求

根据当前的内外发展形势，市委确定了 2020 年全市经济工作的总体要求：坚持以习近平新时代中国特色社会主义思想为指导，全面贯彻党的十九大和十九届二中、三中、四中全会以及中央经济工作会议精神，认真落实省委十四届十次全会、景德镇市委十一届八次全会精神，深入贯彻习近平总书记视察江西时重要讲话精神，坚持稳中求进工作总基调，坚持新发展理念，全面融入景德镇国家陶瓷文化传承创新试验区建设，以“大学大干大变”为主导、以“回归十强”为主引、以“双创双修”为主线、以“项目建设”为主攻，全力打好“三大攻坚战”，全力实现全面建成小康社会和“十三五”规划圆满收官，奋力描绘现代化赣东北明珠的新画卷。

对照上述要求，综合研判各方面情况，2020 年全市经济社会发展的主要预期目标是：生产总值增长 8%，财政总收入增长 4.5%，一般公共预算收入增长 4%，规模以上工业增加值增长 8.3% 左右，固定资产投资增长 10%，社会消费品零售总额增长 10.5%，实际利用外资增长 6%，城镇、农村居民人均可支配收入分别增长 8%、8.5% 左右，居民消费价格总水平涨幅控制在 3.5% 左右，城镇登记失业率控制在 4.5% 以内，节能减排完成省下达任务。

三、关于 2020 年经济工作的主要任务

2020 年是全面建成小康社会和“十三五”规划收官之年，是“十四五”谋篇发展之年。做好今年经济工作，机遇与挑战并存，动力和压力同在。我们要全面做好“六稳”工作，统筹推进稳增长、促改革、调结构、惠民生、防风险、保稳定等各项工作，实现我市经济社会高质量跨越式发展。为实现上述目标，我们将重点做好六个方面工作：

（一）突出产业优化，奋力谱写经济发展新篇章

聚焦工业集群集聚。立足首位产业和龙头企业，积极培育壮大新材料、新能源、新医药等新兴产业，力争完成工业总产值 380 亿元，实现主营业务收入 340 亿元。稳步推进众埠返乡创业园及其二期建设，扎实做好乐平工业园扩区调区及后续详规设计工作。积极申报“两化”融合示范项目，全力助推宏柏等重点企业上市。开展“腾笼换鸟”，盘活存量土地资源。持续打击“地条钢”，加快淘汰落后产能。扶持新进重点企业高精锻压、汇智科技建成投产，力争启动产城融合项目。

聚焦农业提质增效。以农业供给侧结构性改革为主线，进一步调整优化农业结构，加快形成“产地生态、产品绿色、产业融合、产出高效”的现代化农业发展新格局。力争粮食总产量达 43 万吨以上，新增新型农业经营主体 120 家以上，完成 9 万亩高标准农田建设任务。严格落实耕地目标保护责任制，确保实现耕地占补平衡。继续推动“中国好粮油”行动示范县项目，完成 8 家粮食产后服务中心建设。以绿色生态农业为抓手，加快转变农业生产经营管理方式，深入推进磻溪河、乐以科、花正红等现代农业产业示范园建设，培育新型农业龙头企业，积极创建绿色生态品牌，推动现代农业高质量发展。以农业科技园区为平台，积极打造现代农业创新高地，为

争创景德镇国家农业科技园区蓄势增能。

聚焦三产转型升级。积极融入国家试验区建设，大力推进南窑遗址保护研究与“平等青”制陶原料挖掘利用，扎实做好古戏台文化推广工作，形成乐平特色文化名片。进一步推动我市文化旅游深度融合发展。加快完善全域旅游发展规划，打造OTA旅游综合服务平台，逐步构建“一部手机游乐平”的智慧旅游体系。突出培育建设大型商贸综合体、五星级酒店、特色商业街等服务业平台。大力发展物流信息平台、仓储服务、第三方物流，加快电子商务产业配套功能完善提升，带动传统产业转型升级。积极发展大健康、信息服务、康养、中央厨房等新兴业态，大力培育“夜经济”“她经济”“童经济”等新型消费经济，进一步满足市民消费需求，激发城市活力。

（二）突出开放提升，不断强化内生增长新动力

集中精力招项目。坚持工业招商主导地位不动摇，依托现有工业基础和产业门类，重点围绕高端装备制造、城市综合体、高端教育等产业开展特色招商。力争引进2家总投资20亿元以上的工业项目落户，积极储备1个20亿元级大项目及4个5亿—10亿元项目。围绕工业地产和总部经济招商引资，着力引进高效益无污染企业，打造绿色循环产业链和产业集群。大力支持民营企业发展壮大。持续开展“降成本、优环境”专项行动，进一步提高政务服务效能，打造“四最”营商环境，帮助企业破解发展难题。

千方百计聚人才。积极开展“三请三回”，促进招才引智与招商引资相互融合、同步进行。加强与乐平市驻外商会沟通联系，建立招才引智工作站，重点围绕生物医药、精细化工、陶瓷工艺等产业引进和培养高端人才。精心组织申报省“双千计划”等重大人才工程，继续做好“优秀青年人才123计划”“两类人才”评选认定工作，不断优化人才发展环境，激发人才创新创业动力。

多措并举稳外贸。加大对外贸易企业备案登记工作力度，继续实行出口退（免）税无纸化申报，着力提高贸易便利化水平，切实降低企业成本。密切关注中美贸易摩擦、出口数据变化和国家对外经贸政策调整，加强外贸企业跟踪服务协调，积极为企业争取上级扶持政策和资金，不断完善奖励机制，促进出口优势产业稳而不降、稳中提质。

（三）突出创新引领，全面释放改革发展新活力

深化重点领域改革。不断深化供给侧结构性改革、事业单位机构改革等政策，确保改有所成、改有所进。扎实做好“三去一降一补”，促进省降成本“新30条”在我市落地生效。积极推进税收征管体制改革，努力构建集约高效的现代税收征管方式。以医共体建设为抓手，强力推进县域综合医改工作，切实提高基层医疗机构管理水平和服务质量。积极探索农村集体土地“三权分置”和农村宅基地改革，持续推进农村“三权”交易平台建设，切实做好农村集体产权制度改革试点工作。

优化创新平台建设。整合盘活分散的经营性资产，进一步做大做强国资平台，有效盘活国有资产。积极推进创新型城市建设、国家精细化工园区建设、乐平市现代农业示范园区建设。打造3—5个众创空间，新增2—3家工程技术中心。加快培育科技型企业，力争新增高新技术企业8家以上、科技型中小微企业20家以上。积极策应江西省“一廊两区五城多点”创新区域体系建设，加强与长江经济带沿线省市科技合作，争取共建产学研合作平台、联合研究中心和成果转移转化平台，加快推动科技型企业发展。

提升政务服务水平。加快数字化平台建设，完善“赣服通”乐平分厅建设，不断拓展“赣服通”新接入事项。推进政务服务“一网通办”，加快部署使用“一窗式”综合服务平台，推动更多事项网上办理。扎实推进行政审批集中进厅，加快推动政务服务“一次不跑”“只跑一次”落到实处。进一步优化完善延时错时预约服务机制，增强服务针对性和有效性。加快乡（镇）、街道便民服务中心和村（社区）便民服务代办点规范化建设，推进“互联网+政务服务”向基层延伸，为基层企业和群众提供更加优质、便捷、贴近的服务。

（四）突出绿色生态，着手构建秀美宜居新环境

全力实施污染防治。树牢“生态优先、绿色发展”理念，确保方向不变、力度不减，继续做好中央环保督察“回头看”反馈问题整改工作。深入推进“净空、净水、净土”行动。强化扬尘污染管控，严格落实“网格化”监管措施，加大秸秆禁烧力度，打赢蓝天保卫战。全面完成“一企一管”项目和园区智慧平台二期建设，强化重点企业废水达标治理，坚决杜绝企业偷排，打好碧水保卫战。有序推进“无废城市”建设试点工作，建立土壤环境质量监测网络，做好重点企业土壤污染调查监测，强化固废危废规范管理，严厉打击危废非法跨界转移、倾倒等违法犯

罪行为，打响净土保卫战。

着力筑牢生态屏障。推进河（湖）长巡河常态化、制度化，规范河道采砂秩序，深入开展水环境整治，启动乐安河生态修复、乐平市集镇生活污水治理（一期）工程、工业园区污水管网建设等工程。深入推进林长制，抓好主要区域的“四化”建设，稳步推进森林资源保护管理专项整改落地见效，强化松材线虫病防治工作，完善城区古树名木保护举措。

大力推动绿色崛起。通过关闭、兼并、收购等形式，对高污染、高耗能、高风险、设备落后的企业进行优化重组。以创建生态文明建设示范市、生态镇、生态村为重点，广泛开展环保宣传，积极倡导培育绿色生活方式，推进绿色建筑发展，做好省市绿色社区创建工作。扎实做好农村垃圾分类试点县工作，力争实现生活垃圾分类全覆盖。深入推进殡葬改革，完善公益性公墓管理制度，保持火化率和入公墓率“双百”目标。

（五）突出城乡融合，加快形成统筹发展新格局

提升城市品质功能再发力。深入推进城市功能与品质提升三年行动，全力打造“智慧城市”，推行城市网格化、精细化管理，实现城市管理电子化、可视化。启动建筑垃圾消纳处置场、大型货车停车场及物流园建设，全面完成洪皓森林公园二期、东湖景观二期和三期等项目建设，继续实施好老旧小区改造、城区雨污分流改造、污水管网延伸等工程。推动春华路、东风路延伸工程，对 32 条主次干道进行全面修补。积极推进城市微型绿地建设，拟新建 20 个绿地。有序推进海绵城市、油烟革命、厕所革命，确保完成 2020 年厕改任务。

推动乡村振兴发展再发力。继续深入推进新农村建设和美丽宜居示范县创建工作。积极申报新农村建设村点。重点围绕“五拆五清一树”、农村生活垃圾治理、污水治理，打好农村人居环境整治三年行动计划收官战。实施农村饮水安全巩固提升工程，扩建润泉水厂、礼林水厂，实施幸福水厂、东方红水厂管网等延伸工程。强化水利基础设施建设，继续推进续湖联圩、塘西联圩除险加固工程和车溪水、礌溪水、安殷水河道治理工程。

促进城乡共建共享再发力。加快推进景鹰高速挂线连接线、G206 大田至桃林、S306 A 标、塔荷公路、涌临公路等重点项目建设步伐，确保 2020 年顺利完工。启动实施 S306 C 标、跨皖赣铁路大桥建设和韩家渡大桥改造工程，打造进出乐平快速通道。扎实推进众埠松树岭至德兴黄柏、沿沟至婺源周坑、礼林上戴坂至前鲍等一批县乡道改建工程，加快通村组公路建设及贫困村水泥路建设。加快接渡大桥等 31 座危桥重建步伐，力争 2020 年完成危桥改造任务。

（六）突出民生导向，积极营造和谐社会新氛围

坚决打赢脱贫攻坚战。坚持“两不愁三保障”脱贫标准，紧盯剩余未脱贫贫困人口，加大帮扶工作力度，确保全市建档立卡贫困人口全部脱贫销号，如期全面完成脱贫任务。加强乡（镇）扶贫工作站“四化”建设，进一步完善专职信息员队伍，夯实基层扶贫基础。加强扶贫产业基地建设和光伏扶贫电站运维，提高长效产业效益。针对贫困人口开展多种形式的职业教育培训扶持，提升扶贫对象的就业能力，让更多贫困劳动力家门口就业。坚持扶贫扶志扶智相结合，扎实推进脱贫攻坚感恩教育，激励贫困户自身发展动力。建立健全长期稳定脱贫机制，巩固贫困户、贫困村脱贫退出成果，稳定脱贫不返贫。

织密织牢民生保障网。紧盯群众身边的操心事、烦心事、揪心事，积极谋划 2020 年为民办十件实事。全面落实“先诊疗、后付费”“一站式”同步即时结算服务机制，确保医保基金安全有效运行。建立救灾物资储备和社会动员长效机制，健全各乡镇、街道“社会救助一门受理”平台。推进全市居家养老服务中心项目建设，打造更多高标准敬老院。着力打造“童伴妈妈”项目，推进“爱心食堂”建设。全面建成 336 个村（社区）综合性文化服务中心，让老百姓在家门口就有获得感。深入实施保障性安居工程，完成 7999 户老旧小区改造，完成 530 套保障房建设、600 户棚户区改造，全面完成建档立卡贫困户危改任务。

加快补齐社会事业短板。大力发展普惠性学前教育，加快乡镇中心幼儿园和 2000 人以上行政村公办园建设进度，确保完成公办在园人数达 50% 的目标。持续推进城镇小区配套幼儿园专项治理工作，解决“入园难”“入园贵”突出问题。启动义务教育优质均衡发展工程，持续加大对“三违”行为治理力度。启动新建、改扩建一批中小学项目，持续化解“大校额”“大班额”。加快市人民医院综合大楼建设，进一步完善市中医医院改扩建项目，缓解群众“看病难、看病贵”问题。持续推进全民参保，夯实社会保障基础。积极筹备举办好第十届环鄱阳湖国际自行车大赛、南窑古瓷窑址文化展等活动。

营造和谐稳定社会环境。持续开展扫黑除恶专

项斗争，强力打击整治“盗抢骗”“黄赌毒”等社会治安乱象。建立“公安+城管”联合执法体制，提高城市综合管理水平。继续推进“问题楼盘”等历史遗留问题化解工作，保持房地产市场的健康稳定。加大重点产品质量监管力度，强化食品药械等重点领域专项治理。切实做好对各类重点人、重点群体的稳控工作。实施农村“法律明白人”培养工程，确保全市各行政村（社区）每10户至少培养1名“法律明白人”骨干，全力把矛盾化解在基层。以综治中心实体化建设为抓手，不断健全基层社会治理平台，打造共建共治共享社会治理新格局。

同志们，为政不在言多，贵在实干。我们要更加紧密地团结在以习近平同志为核心的党中央周围，高举习近平新时代中国特色社会主义思想伟大旗帜，在市委的坚强领导下，锐意进取、奋力拼搏，以更加积极有为的精神状态、行之有效的工作举措，推动我市经济社会高质量跨越式发展，为在与世界对话中打造特色鲜明的现代化赣东北明珠接续奋斗！

在市政府六届七次全体会议上的主持讲话

（2020年4月2日）

市长　高　翔

同志们：

关于今年工作，市委作了全面部署，《政府工作报告》也将作具体安排。这里，我就做好今年政府工作，简要讲几点意见，总结起来就是“抓好四个融合、创好四个新篇”：

一、抓好四个融合

去年在专题务虚会上我们也专门研究讨论了，建设国家试验区重点就在“传承”和“创新”两个方面。下一步，我们就是要紧紧围绕景德镇国家陶瓷文化传承创新试验区这条主线，抓好“四个融合”，全力以赴实现空间、产业、文化和人才的融合发展。一是抓好空间的融合。加快实施206国道、景鹰高速挂线改造提升工程，进一步打通乐平至景德镇的快速通道，逐步缩短与景德镇的物理空间距离，积极谋划高铁站商务区，扎实推动景乐一体化。二是抓好产业的融合。我们将围绕“陶瓷”这一核心，主攻关联性产业的发展。结合乡村振兴战略，大力打造景乐产业走廊，沿线布局文化旅游产业。同时适当留白，做好产业转移承接的准备。三是抓好文化的融合。积极将陶瓷文化元素糅合进我市文化旅游和地方产品里，深度挖掘洪马文化、古戏台文化、赣剧文化，以及南窑遗址、古人类遗址，突出地域特色，让“古戏台”与“陶瓷”碰撞出新的火花。积极策应景德镇“世界著名陶瓷文化旅游目的地”的定位，重点打造洪岩仙境风景区，抓好旅游业的发展。四是抓好人才的融合。以职业教育为抓手，进一步加大与景德镇本土的职业学校联办力度，推进特色优势学科和专业建设。大胆地闯、细致地干，引进外来力量，积极探索办学模式，为未来国家陶瓷创新传承试验区的建设输送更多人才，全方位地融入景德镇陶瓷发展战略。

二、创好四大新篇

（一）强化自身建设创新篇

一是要进一步强化政治意识。始终坚持把政治建设放在第一位，担负起党和人民赋予的政治责任，切实扛起“两个维护”的政治责任，对标对表讲政治，不折不扣抓落实，确保中央、省、景德镇市和乐平市委的各项决策部署落地生根、见效结果。二是要进一步强化创新意识。聚焦于学，以学促知，以知促行，按照创新、协调、绿色、开放、共享的新发展理念，及时校准政治上、思想上、行动上的偏差。坚持解放思想，坚决打破老思想旧思路，放开手脚去闯、去试。三是要进一步强化担当意识。切实克服遇到困难就问“怎么办”、碰到矛盾就推“找政府”的不良风气。倡导一线工作法，敢于跳起来摘桃子，以更加奋发有为的精神、更加求真务实的作风，开创出充满活力、朝气蓬勃的工作局面。四是要进一步强化宗旨意识。我们要坚持以人民为中心的发展思想，大力倡导“事事马上办、人人钉钉子、个个敢担当”，积极顺应人民群众美好生活新期待，抓重点、补短板、强弱项，主动高效地服务企业和群众。五是要进一步强化廉洁意识。我们要充分发挥纪检监察在监督中的主流作用，弘扬清风正气。同时要畅通人大代表、政协委员、群众监督的通道，让大家有地方讲话、有地方监督。进一步转变干部作风，多存公心，少存私心，用汗水、用实干绘就乐平六大明珠新画卷。

（二）打好三大攻坚创新篇

一是全力打赢脱贫攻坚战。坚持“两不愁三保障”脱贫标准，加大帮扶工作力度，坚持长短结合，推进“一领办四参与”扶贫产业发展。坚持扶贫扶志扶智相结合，抓好脱贫攻坚收官行动，确保最后1036户2159名贫困人口顺利脱贫。二是全力打赢污染防治攻坚战。牢固树立绿色发展理念，全面纵深推进环保督察整改和污染防治工作，深入开展“净空、净水、净土”行动，坚决打赢蓝天保卫战、碧水保卫战和净土保卫战。扎实推进“无废城市”试点工作，务必要坚守好生态底线。三是全力打赢防范化解重大风险攻坚战。进一步强化政府债务管理，继续推进“问题楼盘”等历史遗留问题化解工作，维护房地产市场的健康稳定。持续开展扫黑除恶专项斗争，不断健全基层社会治理平台，打造共建共治共享社会治理新格局。

（三）夯实产业基础创新篇

一是要稳农业。紧紧围绕着抓住“米袋子”、稳住“菜篮子”两大目标，抓好生猪生产及蔬菜等农产品有效供给，确保市场稳定。用活“江南菜乡”和“国家级现代农业示范区”两张名片，推进农业“接二连三”融合发展。加强高标准农田建设，把小田建成大田；锚定本土特色产品，集中精力打造农业产业化品牌，由粗放式转向品牌式；推动龙头企业做大做强，积极打造现代农业创新高地，把小农业做成大农业。二是强工业。我们要继续突出新材料、新能源、精细化工等主导产业，实现与其他县市区错位发展。突出盘活存量，深入推进“腾笼换鸟”，加快“僵尸”企业出清，促进产业优化重组。突出为企服务，积极营造“四最”营商环境，以优质服务帮助企业解决实际问题。三是优服务。全面推动服务业发展提速，突出旅游带动，大力发展文化旅游产业。突出传统服务业的转型升级，引进规模化物流企业、零售企业，建成更大的平台，实现传统服务业的转型升级。突出大型服务业平台建设，包括大型商贸综合体、五星级酒店、婚庆中心等大型服务平台建设，增强我们的规模以上营利性服务业。

（四）抓住重点关键创新篇

这里，我想重点要紧扣“创新、开放、担当、绿色”四个重点关键，开创乐平发展新篇章。

一是以“创新”求突破。抓好机制的创新，积极探索农村集体土地“三权分置”和农村宅基地改革，持续推进农村“三权”交易平台建设。抓好平台的创新，要扎实推进乐平工业园区调区扩区和众埠返乡创业园建设，进一步做活做优国有公司平台，多元融资渠道。抓好社会治理的创新，一方面以制度化巩固帮帮团、蓝天救援等志愿服务组织参与社会治理模式常态化，另一方面进一步加大基层社会治理的探索和创新力度，凝聚红人、贤人、能人和老人四类人参与到城乡社会治理中来，破解基层治理虚化、弱化的问题，形成齐抓共管的良好氛围。

二是以“开放”求发展。乐平不临江、不靠湖、不沿边，只有积极放眼于外，不断拓展开放空间，打造开放平台，提升开放能级，打造投资洼地，吸引优质企业入驻，方为高质量发展的突破之路。之前我就讲过，根据市委、市政府的安排部署，今年将是大开放之年，招商的质量和数量都会有一个更高的要求，压力一定会变大。因此，我们一是要转变思想。招商战线的同志一定要有开放的思维和胸怀，务必要有“舍得”精神，坚持“让大利、招大商”，正确处理好“舍”和“得”的关系。一个优质大企业的落地，带来的不仅仅是税收等经济方面的物理变化，更多的还有发展理念、发展格局、发展路径的化学反应，甚至可能引发一个地方的民风民情的转变。二是要动真碰硬。要树立大开放观念，持续开展“三请三回”和“三企入乐”活动，加强与名企对接，引进1个20亿元以上大项目，储备1个20亿元以上大项目和4个5亿—10亿元项目，掀起大开放热潮。三是要优化服务。进一步深化“放管服”改革，依托现有的行政服务中心一体化综合平台，力争服务更实、项目更多、流程更畅。要持续优化营商环境，提供更有效的公共服务供给。

三是以“担当”求实效。主要是在三个方面持续加力，积极作为、攻坚克难。一是对于历史遗留问题要有担当。再难的事情、再硬的骨头，比如问题楼盘，只要我们不存私心、不畏难、不退缩，持之以恒地去啃、去干,就一定能解决。二是对于信访积案化解工作要有担当。我们各单位要进一步转变思想观念,逐级压实工作责任,一级要有一级的担当,每个干部都要有每个干部的责任,不断强化担当作为,有效解决群众诉求。三是对于重点项目的建设要有担当。全市各部门要紧紧围绕重点项目的突破,坚持“高位化调度、集成化作战、扁平化协调、一体化办理”,扎实开展“项目建设提速年”活动,不断强化项目建设的政策支持、资金保障。

四是以“绿色”求持续。我们既要金山银山,更要绿水青山。一是抓好“河长制”工作。推动河(湖)长巡河常态化、制度化,规范河道采砂秩序,完成市级集中式饮用水水源地环境保护。二是落实“林长制”工作。狠抓森林资源保护管理专项整改,扎实做好松材线虫病除治工作。三是抓好产业绿色化,积极引进高效益无污染的企业,努力打造绿色循环产业链和产业集群。四是做好垃圾分类工作。积极探索生活垃圾分类新模式,坚持精准化分类、精细化实施,扎实做好农村垃圾分类处理试点县工作。

最后,就当前的几项重点工作,这里我再强调一遍:

一是春耕备耕工作,当前省农业农村厅的专家坐镇乐平,采用无人机等方式,督导我们早稻的种植情况,各乡镇务必要高度重视,不折不扣地完成26.17万亩(省下达任务数为25.5万亩)早稻生产任务。二是疫情防控工作,虽然国内疫情形势持续向好,境内的流行高峰已经过去,但是境外的疫情仍然在蔓延,无症状感染者更是加大了防控难度,我们和新冠的这场战斗还有很长的路要走。特别是马上就是清明节小长假,又将是一小波人口流动,请应急指挥部积极行动,强化清明节期间聚集性活动的管制,切实做好疫情防控工作。三是安全生产工作。近期各地发生了不少事故,比如T179次列车的倾覆,还有造成19人遇难的西昌森林大火,接二连三的事故也给我们敲响了警钟,各责任部门务必要打起十二分精神,做好安全隐患的清查和整改。特别是清明节即将来临,火灾风险加大,要严格落实值班和巡查制度,确保及时发现、及时处置。四是复学准备工作。4月7日,我们全市的高三、初三年级学生和中等职业学校毕业年级学生就要返校学习了,务必要合理安排时间,倡导错峰上下学,避免聚集性活动,统筹做好学校疫情防控和学生返校学习工作,坚决把疫情阻挡在校外。

总之,希望大家按照市委、市政府的统一要求部署,铆足劲、绷紧弦,坚持目标导向、问题导向、效果导向,安全、有序、高效地抓好抓实各项工作任务,全力以赴将疫情的不利影响降到最低,确保圆满完成2020年各项工作任务!

在市政府六届八次全体会议上的讲话

(2020年7月30日)

市长 高 翔

同志们:

刚才,各位分管领导都作了发言,讲得都很到位,我完全赞同。下面,我就上半年工作总结及下半年工作打算,讲几点意见。

一、迎难而上,化危为机谋发展

今年以来,面对疫情影响和经济下行的“双重压力”,我们在市委的坚强领导下,坚持疫情防控和经济建设“两手抓、两手硬”,全力以赴抢回时间、抢回进度、抢回损失,开足马力大学大干大变,持续推动乐平经济社会持续健康发展,统筹做好了稳增长、促改革、调结构、优生态、惠民生、防风险、保稳定等各项工作。

主要体现在以下几个方面:

(一)突出一盘棋,全力应对疫情和汛情

疫情防控取得阶段性成效。及时启动应急响

应。严格按照一级响应要求，做好严防输入、精准排查、闭环管控等工作，有力保障了全市人民的生命财产安全。认真做好收诊救治。坚持“四集中”“四早”原则，我市唯一一名确诊患者一周内治愈出院，并一直保持确诊病例的“零新增”。积极组织对外支援。先后派出医疗力量参与新余、武汉、随州等地防控工作，现均已载誉平安归来。全力抓好物资保障。确保了防疫物资和生活必要品的生产和调度，谋划和落实好了疫情平稳后的复工复产和春耕生产工作。持续开展常态化防控。继续做好来乐平人员排查、日常检验检疫等工作，不断巩固防控成果。

防洪救灾取得阶段性成果。提前开展科学谋划。对重点防御部位的物资储备和人员力量配备进行了提前谋划，并及时召集各类专家进行研判和会商，为应对灾情提供科学决策依据。统一指挥有力调度。迅速启动防汛应急响应，人员、技术力量向重点乡镇倾斜，确保了防汛力量的科学使用。众志成城同心抢险。在驻景、驻乐部队、武警和当地民兵的有力支援下，化解了续湖联圩接渡镇大塘洲段 20 米塌方、中洲圩堤邵湾段塌方，成功处置多处泡泉、管涌险情。高效调配防汛物资。组建了 1000 余人的应急救援队伍奔赴抗洪一线并成立了救灾物资运送组，全力做好抗洪抢险物资、设备调配运输工作。全力以赴防灾减灾。及时开展灾民转移、救灾物资调配和查灾核灾工作，确保将灾害损失降到最低程度。

（二）突出高质量，有力推进经济提速增效

经济指标回升向好。上半年全市地区生产总值为 156.17 亿元，同比增长 0.9%，实现“双过半”由负到正的逆转。上半年，财政总收入 25.85 亿元，完成年初预算的 52.9%；固定资产投资同比增长 9.7%，完成全年目标的 72%；规模以上工业净增入库 4 家，完成全年目标的 50%；均实现“双过半”目标。重点项目加快推进。“项目建设提速年”活动扎实开展，项目施工稳步推进。1—6 月，我市 146 个重点项目完成投资 29.3 亿元，完成投资比例 23.8%，较去年提高 9.8%，新开工项目 25 个，开工率 43%，省重点项目完成计划投资比例较去年同期增长 12.3%，景德镇重点项目完成计划投资比例较去年同期增长 7.2%。招商引资迎头赶上。1—6 月，全市在谈项目 74 个，开工项目 9 个，签约 25 个，投产项目 8 个。开工“5020”项目 1 个，在谈“5020”项目 3 个；1—6 月，经省厅认定引进项目 33 个，其中亿元以上项目 3 个；完成了 6 家限上新增企业的申报。

（三）突出强弱项，努力补齐发展短板

生态环境不断向好。全面推进碧水保卫战，上半年，我市乐安河流域国控、省控断面水质优良率 100%，全市集中式饮用水源地水质达标率 100%；深入推进蓝天保卫战，完成 3 家 30 万千瓦以下燃煤发电机组超低排放改造，淘汰 22 家 10 蒸吨以下燃煤小锅炉；稳步推进净土保卫战，开展了东风厂场地调查，初步建立污染地块名录，完成了工业园区周边土壤及地下水监测项目；持续开展森林资源专项整改工作，全市人工造林、封山育林和森林抚育任务和 2.755 万亩的松材线虫病除治任务全面完成。

“三农”工作稳步提升。稳住农业生产，落实早稻面积 26.17 万亩，全市肉类总产量 1.04 万吨，水产品总成交量 1.1 万吨，渔业经济总产值 1.66 亿元；加快农业现代化，争取到中央财政农机购置补贴资金 1800 万元，新建蔬菜钢架大棚 3000 余亩；提升农村人居环境，农村生活污水治理梯次推进，农村户厕改造进展顺利；环卫一体化持续向好，已全面实现农村生活垃圾清扫、转运、填埋全程、全域化第三方治理；成功完成 2019 年国家森林乡村创建工作，十里岗镇篁坞村等 4 个村庄荣获第一批“国家森林乡村”荣誉称号；有效地遏制了乱占乱建行为，共拆除“两违”建筑 26 幢、基础地梁 136 幢，拆除违建面积 2 万余平方米。

改革创新不断深化。深入推进“放管服”改革，加快打造“赣服通”升级版，“三集中三到位”改革工作取得重大突破；全市依申请类事项 90% 以上项目纳入大厅办理，基本达到了“进一扇门”办所有事的工作目标；切实转变政府职能、扩大乡镇管理权限，启动了乡镇赋权工作；持续优化营商环境，共完成出口退税 26 户次，办理出口退税 1866.76 万元；启动临港镇区域供电网络交接暨配网改造工程，圆满化解临港地区近 20 年的供电历史遗留问题；通过财园信贷通发放贷款 23.5 亿元，通过财政惠农信贷通发放贷款 0.66 亿元，减免商户房租 74.11 万元；扎实推进从事生产经营活动事业单位改革，全市 16 家单位纳入改革范围。

民生福祉持续增进。安排扶贫专项资金 3577.25 万元，突出发展特色产业，进一步夯实“两不愁三保障”基础；扎实开展争创省级“四好农村路”示范县建设，加强汛期农村公路巡查和维修；重点实施了官湾线、景鹰高速连接线维护，完成了 5 座危桥重建,启动了40公里县道升级改造建设,打造美丽生态文明农村路;积极开展爱国卫生运动,累计消杀约32.7万次,消杀面积约6000万平方米;大力加强矛盾纠纷排查化解,共排查矛盾纠纷2976起,化解2846起,化解率95.6%;遴选“法律明白人”骨干9216人,普通“法律明白人”7.6万名,有力推进了“法治乐平”的建设;有序开展了第七次全国人口普查的各项准备工作。

上半年来,压力空前巨大,成绩来之不易,离不开大家的辛勤付出。在此,我代表市政府领导班子,向大家致以诚挚的感谢!

二、认清差距,增强补弱蓄动能

(一)压力有待化解

一是经济下行压力。上半年以来,受疫情影响,我市多项经济指标呈现低开低走、逐步回升的发展态势。主要经济指标同比下降的有财政总收入、规模以上工业总产值等,距离完成半年任务差距较大的有固定资产投资、社会消费品零售总额等。可以看出,我市经济运行面临较大下行压力,距离半年乃至全年任务的完成还有一定差距。横向来比,我市在全省的排位,总体的形势是“标兵越来越远、追兵越来越近”,我们去年在全省GDP的排名是16位,而排在后面的几个县市区跟得都很紧。可以说这时候退一小步、慢一小步就是退一大步、慢一大步,形势逼人、挑战逼人、使命逼人,所有干部要急起来、动起来、快起来,唯有迎难而上,积极作为,方能激流勇进,战胜一切困难。

二是财政减收压力。上半年全市财政总收入25.85亿元,完成年初预算的52.9%,同比下降8.5%,减收2.41亿元;全市一般公共预算支出完成35.91亿元,同比下降3.7%,减支1.38亿元。总体上收入大于支出,减收大于减支。如何加强财政收支管理,更好发挥财政资金作用,进一步推动经济发展和促进民生保障,我们面临前所未有的压力。

三是项目推进压力。开展“项目建设提速年”活动以来,各个重点项目都在抢抓施工进度、提高工程质量、加强运行管理。但客观来说,疫情、汛情等因素的影响确实存在。今年全市市级层面重点推进146个市重点项目(续建项目63个、新建项目58个、前期工作项目25个)。新建重点项目58个中,上半年开工25个,开工率仅为43%。有33个未按期开工。下一步项目进度的完成还是面临相当大的压力。

(二)潜力有待挖掘

一是产业转型升级方面。今年以来,我市围绕推动产业升级开展了一系列的工作,“调区扩区”“招大引强”等工作正在逐步开展,但相关数据只能算差强人意。上半年规模以上工业总产值141.55亿元,同比下降7.5%,工业增加值同比增长0.2%;规模以上工业实现营业收入114.72亿元,同比下降23%。可以看到,乐平的资源优势和区位优势还没有充分地发挥,工业经济转型升级还有很大的空间。

二是体制机制改革方面。上半年,我市深入推进“放管服”改革取得了比较好的成效,行政服务中心新办事大厅的作用得到成分发挥,基本实现了“进一扇门”办所有事的工作目标。同时也要看到,在深化供给侧结构性改革、巩固“三去一降一补”成果等重点领域改革,在加快推进农村“三权”交易平台建设和宅基地改革等方面,还有待加强。

三是城乡一体发展方面。今年以来,我们在城市功能品质提升、宜居秀美乡村建设方面做了很多工作,“双创双修”工作成果也在不断显现。但在城乡一体发展方面,我们还有比较长的一段路要走,如何缩小城乡之间就业、医疗等方面的差距实现人口融合,如何整合城乡资源、统筹推动产业发展实现产业融合,如何推动城乡之间深层次交流,实现文化融合,这些工作都还刚刚起步,是一个长期努力、挖掘潜力的过程。

(三)活力有待释放

一是主动对标不够。主动是走向成功的基石,通过上半年重点项目、重点工作的进展情况,红旗、黄旗和蓝旗,体现的不仅是进度,更是干事创业的激情、决心和作风。我们有些单位不是不能做事,比如有的部门某项工作就能得红旗,而另外一项工作却是黄旗甚至是蓝旗。这说明我们在工作中要进一步增强主动性,剥离惯性思维,跳出强者恒强、弱项恒弱的怪圈,对标先进、主动作为、补齐短板,不断地取真经、求突破、谋赶超,把工作做到点上、把力量用在刀尖上。

二是谋划在前不够。今年上半年我们做了很多应急的工作,想必大家都更深地认识到考虑在先、行动在前的重要性。如何在今后工作中,遇到急难险重的时候能够平心静气地应对、很快拿出对策;在面对情况复杂、利益纠缠的历史遗留问题时,能够对症下药;在开展长期性工作的时候,能够看准形势、理清思路，这些都需要我们事前做好谋划。

三是开拓进取不够。一些干部还是存在不思进取、得过且过的思想；存在避重就轻、能拖则拖、能推则推的现象；在面对较为复杂的工作时，存在畏难情绪，缺少锐意进取的精神状态。这些归根结底还是事业心、责任心的问题，要进一步增强主动迎难而上的精神，敢于打攻坚战、啃硬骨头，不要把主动作为当成担风险、找苦吃的事。

三、聚焦关键，争先创优赋新篇

（一）聚焦项目抓投入

一是着力推进项目建设。继续大力开展“项目建设提速年”活动，坚持“高位化调度、集成化作战、扁平化协调、一体化办理”，特别要加快专项债券和特别国债项目落地见效，着力推进总投资373亿元的146个重点建设项目建设，确保宏柏新材料氯硅烷绿色循环产业升级等一批产业类重点项目建成投产。二是着力深化招大引强。积极策应江西内陆开放型经济试验区建设，坚持工业招商主导地位不动摇。咬住“5020”目标，开展产业招商、专业招商、补链招商，确保引进1个20亿元以上大项目，储备1个20亿元以上大项目和4个5亿—10亿元项目。三是着力培育新兴业态。以环保和效益为生命线，全力引进符合新兴环保循环产业的高税收、高就业项目，推动互联网、大数据、人工智能和实体经济深度融合，促进传统产业优化升级。

（二）聚焦平台抓后劲

一是做大园区平台。继续大力推进乐平工业园调区扩区工作，重点抓好返乡创业园二期（乐港杨范工业集聚区和后港食品小镇）建设，坚持能纳尽纳、能扩尽扩，力争早日通过批复，拓展工业集聚发展新平台。积极打造“一园四区”新格局，推进创新型城市建设和国家精细化工园区、现代农业示范园等园区建设，积极打造一批具有地方特色的众创空间、星创天地和工程技术中心，吸引更多优质企业入驻。二是做优服务平台。积极搭建大型商贸综合体、五星级酒店等服务业平台，大力培育新兴业态。突出传统服务业的转型升级，引进建成更大的平台，要促进消费扩容提质，有效带动服务业发展。三是做活三权平台。大力开展“三权分置”“三股分红”“三手合力”试点，加快推进农村“三权”交易平台建设和宅基地改革，不断优化农村产权制度和要素市场化配置。

（三）聚焦工业抓提质

一是突出首位。坚持工业强市战略不动摇，突出主导产业，牢牢把握高质量、跨越式发展要求，以创新引领为动力，以龙头企业为引擎，以“亩产论英雄”为导向，加快“僵尸企业”回购，推进“腾笼换鸟”工作，积极培育经济增长新动力。积极申报“两化”融合示范项目，推进“两化”融合贯标。二是优化环境。着力打造“四最”营商环境，构建新型政商关系。全面推行“双随机、一公开”跨部门联合监管机制，构建审管互动的办事平台，最大程度减少对市场主体的干扰。继续推进“映山红行动”，加快天新药业上市步伐。加大跟踪服务力度，努力培育规上工业企业，增加规模以上工业总量。三是铸牢链条。要全力推行“链长制”工作，把特色产业做大做强做优。充分做好延链、补链、强链、联链、融链工程，推动产业链向上游延伸、向下游拓展，形成协同发展的集群效应。

（四）聚焦“三农”抓振兴

坚持藏粮于地、藏粮于技，继续推进9.6万亩高标准农田建设。紧紧抓住“米袋子”、稳住“菜篮子”，全面落实农业保险、粮食奖补等政策，切实抓好夏粮收购、水利设施抢修、田间管理和病虫害防治等工作，确保农产品市场稳定。坚持绿色兴农、质量兴农、品牌强农，进一步加大新型农业龙头企业培育力度，推进农业“接二连三”融合发展。着力加快美丽宜居示范县（市）建设，围绕“五拆五清一树”和农村生活垃圾污水治理，落实“五定包干”村庄环境常态化管护机制，扎实开展农村人居环境整治。深入推进“绿美村庄”建设，打造更多的国家、省级“森林乡村”，实现村在画中、人在景中的绿化目标。不断培育新型农业经营主体，引导合作社和家庭农场健康发展。以生态文明试验区建设为契机，全面落实“河长制”“林长制”，推动河（湖）长巡河、巡湖和巡库常态化制度化，加强集中式饮用水水源地环境保护。扎实做好生活垃圾分类工作，实现生活垃圾分类全覆盖。全面深化绿色殡葬改革，加快公益性墓地建设步伐，巩固火化率和入公墓率。

（五）聚焦收官抓攻坚

一是打好精准脱贫攻坚战。要确保打好精准脱贫攻坚战。把脱贫攻坚作为必须完成的“硬任务”，落实产业扶贫、就业扶贫、综合保障扶贫等措施和“四个不摘”要求，确保已脱贫人口不返贫，剩余贫困人口顺利脱贫。同时进一步加强扶贫与扶志扶智相结合力度，用好“防贫保险政策”，建立健全返贫监测预警机制。积极按照普查工作要求，做好规定动作，让脱贫成效经得起实践、历史和群众检验。二是打好污染防治攻坚战。认真开展长江经济带“共抓大保护”攻坚行动，确保13项刚性指标全部完成，高质量完成中央环保督察“回头看”反馈问题整改和森林资源专项整改工作。纵深推进蓝天、碧水、净土保卫战，全力遏制钢铁行业新增产能，进一步畅通“两山”转化通道，提升生态文明制度水平，促进人与自然和谐共生。三是打好防范化解重大风险攻坚战。坚决守住不发生区域性金融风险底线，强化地方政府债务限额和预算管理，积极有序化解存量债务。继续推进“问题楼盘”等历史遗留问题化解工作。进一步优化支出结构，坚决守住“三保”底线。加大非法集资防范和处置力度，重拳整治金融乱象，确保不发生系统性金融风险。

（六）聚焦环境抓提升

继续巩固“创卫”成果，积极创建全国文明城市、国家卫生城市，让“双创”深入人心、人人参与。始终坚持把绿色发展理念融入城市管理和发展，按照“300米见绿、500米见园”的要求，推进城市绿化多样化、色彩化、本土化，不断扩大“绿色增量”，提升城市绿化品质。加快沿渠巷改造，做好背街小巷空间整治和地面维修。推进双拥路和凤凰大道延伸工程，对32条城市主次干道进行全面修补。启动不停车称重和电子抓拍系统，实现治超科学化、规范化、常态化、制度化，进一步遏制货运车辆超限超载运输行为。坚持深化城市管理体制改革，继续推进“数字城管”建设，进一步完善“城管+交警”“媒体+执法”联动工作机制，形成执法合力，积极推行网格化管理，推动城市管理工作更加人性化、精细化。

（七）聚焦民生抓保障

继续深入开展为民办10件实事，坚持每月一调度，确保年底如期保质向群众交卷。着力破解“行路难”问题，启动实施跨皖赣铁路大桥、鸣山码头及袁礼公路5条县乡公路改建。进一步加快推进“天网工程”“雪亮工程”“智慧城市”建设，建立健全网格化、精细化管理的路长制和街长制。按照“集中办理、规范透明、便民高效”的原则，加快乡（镇）、街道便民服务中心和村（社区）便民服务代办点规范化建设，提供更加优质、便捷、贴近的服务。以县域社会治理现代化试点为抓手，开展18个扫黑除恶重点行业领域突出问题专项整治。牢固树立安全发展理念，认真吸取“4·19”较大道路交通事故教训，持续深入开展安全生产打非治违和各项专项整治，确保山河无恙，人民安康。继续加大信访积案化解力度，全力营造和谐稳定的社会环境。

（八）聚焦作风抓落实

一是强化政治意识抓落实。我们要始终坚持把政治建设放在第一位，对标对表讲政治，不折不扣抓落实，确保中共中央、江西省委、景德镇市委和乐平市委的各项决策部署落地生根、见效结果。重点要继续深化“五型”政府建设，坚决落实“三减三强两倡导”，不断推进政府治理体系和治理能力现代化。努力打造人民满意政府。二是强化服务意识抓落实。我们要紧盯各项重点工作任务，以更加奋发有为的精神、更加求真务实的作风，不断开创出充满活力、朝气蓬勃的工作局面。关键要坚持以人民为中心的发展思想，进一步深化“放管服”改革，做好乡镇赋权工作，完成“好差评”系统建设，建成“赣服通”3.0升级版，提供更有效的公共服务供给。三是强化廉洁意识抓落实。我们要严格落实中央八项规定精神，认真履行“一岗双责”，驰而不息整治“怕慢假庸散”等作风顽疾，抓好政府系统党风廉政建设和反腐败斗争，进一步转变干部作风，提升服务效能。

此外，我们还要一如既往地抓好教育卫生、安全生产、信访稳定、民生实事和人大代表政协委员议案提案办理等系列工作，用实干绘就乐平六大明珠新画卷。

同志们，事有所成，必是吏有所为。要抓紧今年最后五个月的时间，向全面完成年终目标再发起一次冲刺，只争朝夕、砥砺前行，朝着早日“回归全省十强”目标不断迈进！

统计资料

国民经济与社会发展主要指标

表 3

指标名称	计量单位	2019 年	2020 年	2020 年比 2019 年增长(%)
地区生产总值	亿元	338.43	353.26	3.6
第一产业	亿元	36.74	40.80	1.7
第二产业	亿元	159.63	163.27	3.5
#工业	亿元	146.43	149.55	3.5
第三产业	亿元	142.07	149.19	4.3
固定资产投资	亿元	—	—	8.5
房地产开发投资	亿元	14.81	16.27	9.9
财政总收入	亿元	46.53	47.26	1.6
一般公共预算收入	亿元	31.63	32.49	2.7
一般公共预算支出	亿元	66.07	73.02	10.5
农林牧渔业总产值	亿元	60.41	67.24	2.04
粮食总产量	万吨	40.66	36.85	-9.38
规模以上工业总产值	亿元	358.31	371.77	3.6
规模以上工业营业收入	亿元	333.61	357.98	4.4
规模以上工业增加值	亿元	—	—	4.5
规模以上工业利税总额	亿元	29.58	29.12	-0.2
社会消费品零售总额	亿元	143.67	148.15	3.1

续表 3

指标名称	计量单位	2019 年	2020 年	2020 年比 2019 年增长(%)
外贸出口(人民币值)	亿元	23.81	24.03	0.93
实际利用外商投资	万美元	8160	8671	6.26
利用省外 5000 万元以上项目资金	亿元	124.8	135.3	8.4
旅游总收入	亿元	192.52	77	-60.0
旅游总人数	万人次	1604.75	656.3	-59.1
物价(上年同期为 100)				
居民消费价格总指数	%	102.6	102.1	2.1
金融机构存款余额	亿元	373.0	423.0	13.4
住户存款	亿元	301.18	344.81	14.5
金融机构贷款余额	亿元	197.85	231.88	17.2
人民生活				
居民人均可支配收入	元	—	29643	6.7
#城镇居民人均可支配收入	元	37074	39214	5.8
农村居民人均可支配收入	元	17919	19150	6.9
人口数(户籍人口)	万人	94.81	94.66	-0.15
乡村	万人	59.46	59.49	0.06
城镇	万人	35.35	35.17	-0.50
教育卫生				
义务教育在校学生数	万人	12.89	12.74	-1.2
义务教育专任教师数	人	6733	6867	2.0
卫生机构数	个	126	126	-
病床数	张	3513	3869	10.1
卫生技术人员数	人	3557	3645	2.5

乐平的一天

表 4

指标名称	计量单位	2019 年	2020 年	2020 年比 2019 年增长(%)
生产总值	万元	9272	9678	3.6
第一产业	万元	1007	1118	1.7
第二产业	万元	4373	4473	3.5
第三产业	万元	3892	4087	4.3
农林牧渔业总产值	万元	1655	1842	2.0
粮食总产量	吨	1114	1010	-9.3
肉类总产量	吨	82.1	79.3	-3.4
水泥产量	吨	8141	7918	-2.7
烧碱(折 100%)	吨	698	675	-3.3
公路货物运输量	万吨	3.718	3.162	-15.0
公路旅客发送量	万人次	0.811	0.501	-38.2
社会消费品零售总额	万元	3936	4059	3.1
财政总收入	万元	1275	1295	1.6
财政支出	万元	1810	2001	10.6

主要指标年人均水平

表 5

指标名称	计量单位	2019 年	2020 年	2020 年比 2019 年增长(%)
生产总值	元	44274	46653	4.6
第一产业	元	4806	5388	2.7
第二产业	元	20882	21562	4.5
第三产业	元	18585	19703	5.3
农林牧渔业总产值	元	7902	8880	3.0
粮食总产量	千克	532.0	486.7	-8.5
肉类总产量	千克	39.22	38.23	-2.5
水泥产量	千克	3887	3781	-2.7
金融机构存款余额	元	48796	55864	14.5
金融机构贷款余额	元	25883	30624	18.3
社会消费品零售总额	元	18794	19565	4.1
城镇居民人均可支配收入	元	37074	39214	5.8
农村居民人均可支配收入	元	17919	19150	6.9
财政总收入	元	6087	6242	2.5
财政支出	元	8643	9643	11.6

主要比例关系

表6

指标名称	计量单位	2019年	2020年	2020年比2019年增长(%)
生产总值	%	100.0	100.0	—
第一产业	%	10.8	11.5	0.7
第二产业	%	47.7	46.2	-1.5
第三产业	%	41.5	42.3	0.8
一般公共预算收入	%	100.0	100.0	—
#税收收入	%	73.4	69.8	-3.6
非税收入	%	26.6	30.2	3.6
农林牧渔业总产值	%	100.0	100.0	—
农　　业	%	64.18	61.47	-2.71
林　　业	%	8.18	7.57	-0.61
牧　　业	%	13.66	17.84	4.18
渔　　业	%	6.45	5.92	-0.53
农林牧渔服务业	%	7.53	7.20	-0.33
固定资产投资	%	100.0	100.0	—
第一产业	%	4.77	6.91	2.14
第二产业	%	68.25	61.04	-7.21
第三产业	%	26.98	32.05	5.07

生产总值

表7

指标名称	计量单位	2019年	2020年	2020年比2019年增长(%)
生产总值	亿元	338.43	353.26	3.6
第一产业	亿元	36.74	40.80	1.7
第二产业	亿元	159.63	163.27	3.5
工业	亿元	146.43	149.55	3.5
建筑业	亿元	13.39	13.93	3.7
第三产业	亿元	142.07	149.19	4.3
交通运输、仓储和邮政业	亿元	5.39	5.41	2.2
批发和零售业	亿元	30.24	31.16	4.9
住宿和餐饮业	亿元	4.34	3.83	-10.3
金融业	亿元	17.01	19.59	7.2
房地产业	亿元	20.22	22.02	9.4
营利性服务业	亿元	15.87	16.38	3.8
非营利性服务业	亿元	47.62	49.38	2.5

农村基本情况

表8

指标名称	计量单位	2019年	2020年	2020年比 2019年增长(%)
一、乡村从业人员	人	348835	347101	-0.5
#农业从业人员	人	122583	122020	-0.46
二、年末实有耕地面积	公顷	61142.53	61142.53	—
每一乡村人口拥有耕地	亩	1.43	1.43	—
每一农业劳动力拥有耕地	亩	7.47	7.52	0.67
三、机耕面积	万公顷	7.48	7.49	0.13
四、化肥施用量(实际量)	吨	55993	54298	-3.03
五、农业机械总动力	万千瓦	49.54	52.26	5.49
大中型拖拉机	混合台	1157	1329	14.87
小型拖拉机	台	6769	7060	4.3
六、农田有效灌溉面积	万公顷	3.3	3.15	-4.55
七、农村用电量	万千瓦时	21545	22359	3.78

农 业

表 9

指标名称	计量单位	2019 年	2020 年	2020 年比 2019 年增长(%)
一、农林牧渔业总产值(现价)	万元	604053	672422	2.04
#多种经营产值	万元	501954	568199	13.2
1. 农业产值	万元	387387	413351	3.07
2. 林业产值	万元	49414	50904	2.82
3. 牧业产值	万元	82540	119987	-3.39
4. 渔业产值	万元	38958	39787	0.13
5. 农林牧渔服务业	万元	45473	48393	3.9
二、农业商品产值	万元	456223	512878	12.42
三、主要产品产量				
1. 粮食总产量	吨	406649	368500	-9.38
#早稻	吨	92005	83135	-9.64
二晚	吨	128290	113121	-11.82
2. 油料产量	吨	27204	27405	0.74
3. 棉花产量(皮棉)	吨	1366	1375	0.66
4. 水果产量	吨	11536	11710	1.51
5. 茶叶产量	吨	707	720	1.84
6. 生猪年末存栏数	头	112393	179133	59.38
7. 当年出栏肉猪	头	293724	240432	-18.14
8. 牛年末存栏数	头	7586	9278	22.3
9. 肉类总产量	吨	29981	28948	-3.45
#猪　　肉	吨	23831	21345	-10.43
10. 家禽产蛋量	吨	6063	13879	128.91
11. 水产品产量	吨	21761	21832	0.33

规模以上工业

表 10

指标名称	计量单位	2019 年	2020 年	2020 年比 2019 年增长(%)
一、全部规模以上工业				
企业单位数	个	126	138	9.5
工业总产值(当年价格)	万元	3583060	3717664	3.6
工业增加值	万元	—	—	4.5
营业收入	万元	3336143	3579825	4.4
利税总额	万元	295769	291205	-0.2
利润总额	万元	248132	248101	1.9
税金总额	万元	47637	43104	-10.8
资产合计	万元	3047296	2975789	-2.3
流动资产合计	万元	704869	747296	6.0
二、5+2 特色产业				
工业总产值(当年价格)	万元	3379615	3641902	7.8
营业收入	万元	3209806	3497184	6.7
利税总额	万元	283317	284275	-0.8
利润总额	万元	238783	243015	1.2
税金总额	万元	74561	41260	-11.7
资产合计	万元	2867459	2793121	-2.6
流动资产合计	万元	676113	701832	3.8
三、主要工业产品产量				
水泥	万吨	297.16	289	-2.7
钢化玻璃	平方米	764160	1074352	40.6
烧碱(折 100%)	吨	254737	246371	-3.3
#离子膜法烧碱	吨	254737	246371	-3.3
化学农药原药(折 100%)	吨	11058	4577	-58.6
化学药品原药	吨	16388	14103	-13.9

园区主要经济指标

表 11

指标名称	计量单位	2019 年	2020 年	2020 年比 2019 年增长(%)
园区实际开发面积	平方公里	5.59	5.59	—
完成基础设施投入	亿元	15.68	17.62	12.3
园区内开工企业数	个	69	69	—
工业销售产值	亿元	318.71	316.59	3.64
出口交货值	亿元	19.29	18.42	-4.49
招商实际到位资金	亿元	4.41	27.5	523.2
#省外资金	亿元	4.41	27.5	523.2
资产总计	亿元	235.35	227.60	-2.4
营业收入	亿元	301.1	314.09	7.2
利润总额	亿元	17.72	18.69	6.6
从业人员	人	15402	13405	-12.0

交通运输

表 12

指标名称	计量单位	2019 年	2020 年	2020 年比 2019 年增长(%)
一、主要运输工具				
1. 民用汽车	辆	69465	76274	9.8
(1)载客汽车	辆	63357	69843	10.2
(2)普通载货汽车	辆	6108	6431	5.3
2. 摩托车	辆	23600	25302	7.2
3. 载货挂车	辆	303	283	-6.6
二、客货运输量				
1. 货运量				
铁　　路	万吨	76.6	53.5	-30.2
公　　路	万吨	1357	1154	-15.0
2. 客运量				
铁　　路	万人	27.04	15.5	-42.7
公　　路	万人	296	183	-38.2
3. 货运周转量				
公　　路	万吨公里	149337	126604	-15.2
4. 客运周转量				
公　　路	万人公里	18989	11583	-39.0
附:年末机动车驾驶员	人	193612	181249	-6.4

注:公路客货运输量相关数据调整2019年同期数

邮政、通信

表 13

指标名称	计量单位	2019 年	2020 年	2020 年比 2019 年增长(%)
一、邮政				
1. 邮政公司	处	1	1	—
2. 邮政支局、所合计	处	23	23	—
#邮政支局	处	2	2	—
邮政所	处	21	21	—
3. 邮政业务收入	万元	8610	9537	10.8
4. 速递公司	个	12	13	8.3
私有速递公司	个	11	12	9.1
二、通信				
1. 电信营业厅	处	106	98	-7.5
#自办营业厅	处	12	12	—
代办营业厅	处	94	86	-8.5
2. 移动公司网点	个	193	164	-15.0
#合作专营店	个	153	129	—15.7
村级点	个	20	19	—5.0
社区便利站	个	20	16	-20.0
3. 联通公司网点	个	100	105	5.0
4. 固定电话用户数	万户	2.32	2.34	0.9
5. 移动电话用户数	万户	64.35	68.36	6.2
6. 互联网用户数	万户	19.91	20.55	3.2

固定资产投资

表 14

指标名称	计量单位	2019 年	2020 年	2020 年比 2019 年增长(%)
一、固定资产投资完成额	亿元	—	—	8.5
亿元以上项目	亿元	—	—	8.3
亿元以上工业项目	亿元	—	—	-6.4
1. 按所有制分组				
公　有	亿元	—	—	28.8
非公有	亿元	—	—	7.5
2. 按产业分组				
第一产业	亿元	—	—	59.6
第二产业	亿元	—	—	-1.9
工业	亿元	—	—	-1.9
第三产业	亿元	—	—	30.8
二、房地产开发投资	亿元	14.81	16.27	9.9
商品房施工面积	万平方米	263.85	264.32	0.2
房屋竣工面积	万平方米	23.23	1.92	—
商品房销售面积	万平方米	72.91	74.36	2.0
商品房销售额	亿元	35.83	41.44	15.7

市场消费与开放型经济

表 15

指标名称	计量单位	2019 年	2020 年	2020 年比 2019 年增长(%)
一、社会消费品零售总额	万元	1436650	1481507	3. 1
按销售单位所在地分				
城　镇	万元	928341	961928	3. 6
乡　村	万元	508309	519579	2. 2
二、限额以上消费品零售额	万元	184083	206800	11. 7
按行业类别分				
批发业	万元	9768	14934	52. 9
零售业	万元	162461	178897	10. 1
住宿业	万元	3821	4224	10. 6
餐饮业	万元	8033	8746	8. 9
三、外贸出口(人民币值)	万元	238050	240264	0. 93
四、实际利用外商投资	万美元	8160	8671	6. 26
利用省外 5000 万元以上项目资金	亿元	124. 8	135. 3	8. 4
五、旅　游				
1. 旅游总人数	万人次	1604. 75	656. 3	–59. 1
境外人数	人次	9350	880	–90. 6
2. 旅游总收入	亿元	192. 52	77	–60. 0
旅游收汇	万美元	280. 5	30. 8	–89. 0

财　政

表 16

指标名称	计量单位	2019 年	2020 年	2020 年比 2019 年增长(%)
一、财政总收入	万元	465309	472645	1.6
税收总收入	万元	381178	374684	-1.7
二、一般公共预算收入	万元	316339	324871	2.7
1. 税收收入	万元	232208	226910	-2.3
#增值税	万元	61192	56041	-8.4
企业所得税	万元	15525	15148	-2.4
契税	万元	53694	58176	8.3
2. 非税收入	万元	84131	97961	16.4
#罚没收入	万元	5873	8641	47.1
行政性收费收入	万元	7378	4977	-32.5
三、一般公共预算支出	万元	660677	730201	10.5
#一般公共服务	万元	78397	63924	-18.5
教　育	万元	169230	182768	8.0
科学技术	万元	13220	14647	10.8
社会保障和就业	万元	71694	91349	27.4
医疗卫生	万元	75069	69311	-7.7
环境保护	万元	11234	21284	89.5
农林水事务	万元	62520	69876	11.8

金 融

表 17

指标名称	计量单位	2019 年	2020 年	2020 年比 2019 年增长(%)
一、各项存款余额合计	万元	3730026	4230041	13.4
(一)境内存款	万元	3727346	4223591	13.3
1. 住户存款	万元	3011844	3448064	14.5
#活期存款	万元	893791	992368	11.0
定期及其他存款	万元	2118053	2455696	15.9
2. 非金融企业存款	万元	399739	478942	19.8
#活期存款	万元	319140	322405	1.0
定期及其他存款	万元	80599	156537	94.2
3. 广义政府存款	万元	315740	296582	-6.1
#财政性存款	万元	26886	42889	59.5
机关团体存款	万元	288854	253693	-12.2
4. 非银行业金融机构存款	万元	23	3	-87.0
(二)境外存款	万元	2679	6450	140.8
二、各项贷款余额合计	万元	1978512	2318849	17.2
1. 住户贷款	万元	973252	1149657	18.1
#短期贷款	万元	187114	203472	8.7
中长期贷款	万元	786139	946185	20.4
2. 非金融企业及机关团体贷款	万元	1005259	1169193	16.3
#短期贷款	万元	317150	359239	13.3
中长期贷款	万元	648632	760956	17.3
票据融资	万元	39477	48998	24.1

社会事业

表 18

指标名称	计量单位	2019 年	2020 年	2020 年比 2019 年增长(%)
一、教　　育				
1. 校(园)数				
幼儿园	所	303	284	-6.3
义务教育	所	278	262	-5.8
#小学	所	240	224	-6.7
初中	所	38	38	—
高中	所	5	5	—
特殊教育	所	1	1	—
2. 在校学生数				
幼儿园	人	29340	28664	-2.3
义务教育	人	128934	127400	-1.2
#小学	人	85749	82465	-3.8
初中	人	43185	44935	4.1
高中	人	18003	19227	6.8
特殊教育	人	54	52	-3.7
3. 专任教师数				
幼儿园	人	1616	1643	1.7
义务教育	人	6733	6867	2.0
#小学	人	4352	4380	0.6
初中	人	2381	2487	4.5
高中	人	1149	1170	1.8
特殊教育	人	9	7	-22.2
4. 中小学生升学率				
小学生毕业升初中	%	99.84	99.52	-0.32

续表 18

指标名称	计量单位	2019 年	2020 年	2020 年比 2019 年增长(%)
初中毕业升高中	%	57.68	76.95	19.27
5. 中等职业在校学生数	人	1632	2002	22.7
中等职业专任教师数	人	73	90	23.3
二、文　　化				
1. 电影放映单位数	个	4	4	—
公益电影放映场次	场	6230	5041	-19.1
观众人数	万人次	85	56	-34.1
2. 艺术表演情况				
专业剧团数	个	1	1	—
演出场数	场	456	120	-73.7
观众人数	万人次	80	30	-62.5
3. 公共图书馆数	个	1	1	—
公共图书馆藏书	千册	198	210	6.06
4. 公共博物馆数	个	1	1	—
馆藏文物	个	2479	2479	—
文保单位(国家级)	个	2	2	—
文保单位(省级)	个	17	17	—
文保单位(市级)	个	53	53	—
5. 公共文化馆数	个	1	1	—
辅导点	个	8	8	—
辅导培训人数	个	1050	1200	14.3
组织文艺演出	场	16	32	100
非物质文化遗产(国家级)	个	1	1	—
(省级)	个	1	1	—
(市级)	个	10	10	—
三、卫　　生				

续表18

指标名称	计量单位	2019 年	2020 年	2020 年比 2019 年增长(%)
1. 卫生机构数	个	126	126	—
#医院	个	15	15	—
2. 病床数	张	3513	3869	10.1
#医院病床数	张	2972	3328	12.0
3. 卫生工作人员	人	4257	4210	-1.1
#卫生技术人员	人	3557	3645	2.5
##执业医师和执业助理医师	人	1281	1358	6.0
注册护士	人	1586	1583	-0.2
四、体　　育				
1. 体育系统职工人数	人	10	10	—
行政管理干部	人	9	9	—
2. 少年儿童业余体校数	所	1	1	—
在校学生数	人	241	235	-2.49
专职教练员	人	9	9	—
3. 在省级以上比赛获奖牌数	枚	52	8	-84.6
金　牌	枚	23	2	-91.3
银　牌	枚	10	2	-80.0
铜　牌	枚	19	4	-78.9
4. 农民体育健身工程(本市自建)	个	57	24	-57.9
5. 体育协会	个	22	23	4.5
五、人口变动				
1. 人口出生率	‰	9.21	8.15	-1.06
2. 人口死亡率	‰	3.06	2.44	-0.62
3. 人口自然增长率	‰	6.14	5.71	-0.43

物价指数

表 19

指标名称	计量单位	2019 年	2020 年
居民消费价格总指数	%	102. 6	102. 1
非食品价格指数	%	101. 1	100. 9
服务项目价格指数	%	100. 9	100. 7
消费品价格指数	%	105. 8	104. 8
（一）食品类	%	106. 2	105. 1
1. 粮食	%	100	100. 4
2. 油脂类	%	99. 6	102. 7
3. 肉禽及其制品	%	124. 2	98. 8
4. 蛋	%	103. 5	95. 8
5. 水产品	%	98. 3	102. 2
（二）烟酒及用品	%	103. 2	102. 3
（三）衣着	%	101. 5	102. 0
（四）家庭设备用品及维修服务	%	100. 5	100. 2
（五）医疗保健和个人用品	%	101. 4	100. 5
（六）交通和通信	%	99	98. 1
（七）娱乐教育文化用品及服务	%	101. 1	99. 7
（八）居住	%	101	99. 3
水、电、燃料	%	100. 5	99. 7

城镇住户调查

表 20

指标名称	计量单位	2019 年	2020 年
调查户数	户	50	50
平均每户居民家庭人口数	人	4. 36	4. 2
平均每户就业人口数	人	2. 4	2. 46
平均每一就业者负担人数	人	1. 82	1. 71
平均每人房屋建筑面积	平方米	53. 34	60
人均可支配收入	元	37074	39214
#工资性收入	元	15426	15767
人均总支出	元	30336	34125
#消费性支出	元	20696	19956
##食品烟酒	元	6312	6492
衣着	元	1250	1220
医疗保健	元	2071	2364
交通与通讯	元	2207	3072
教育文化娱乐	元	2873	2359
居住	元	4682	3383
平均每百户家庭耐用品拥有量			
家用汽车	辆	22	20
彩电	台	148	142
电冰箱	台	110	106
洗衣机	台	82	80
家用电脑	台	58	62
空调器	台	136	134

农村住户调查

表 21

指标名称	计量单位	2019 年	2020 年
单位	2019 年	2020 年	
调查户数	户	70	70
平均每户居民家庭人口数	人	4. 5	4. 39
平均每户劳动力	人	2. 37	2. 01
平均每一劳动力赡养人口	人	1. 9	2. 18
平均每人经营耕地面积	亩	6. 55	5. 4
平均每人住房面积	平方米	60. 34	74. 1
人均可支配收入	元	17919	19150
经营净收入	元	7460	7998
人均总支出	元	22842	27036
#消费性支出	元	14243	15088
##食品烟酒	元	3704	4447
衣着	元	793	863
居住	元	3582	4392
交通和通讯	元	2325	2220
教育文化娱乐	元	1561	1263
平均每百户耐用品拥有量			
家用汽车	辆	34	34
家用电脑	台	47	46
洗衣机	台	74	74
移动电话	部	327	330
空调器	台	101	123
彩色电视机	台	133	124
电冰箱	台	116	109

社会保障

表22

指标名称	计量单位	2019年	2020年	2020年比2019年增长(%)
一、就业和再就业				
城镇新增就业人数	人	8611	7237	-16.0
二、社会保险				
城镇职工基本养老保险参保人数	人	95550	95540	-0.01
城乡居民基本养老保险参保人数	人	387208	459805	18.75
基本医疗保险参保人数	人	827598	874887	5.71
城乡居民基本医疗保险参保人数	人	750418	789096	5.15
失业保险参保人数	人	25620	22538	-12.03
三、社会救助				
各种社会福利收养性单位数	个	23	23	—
各种社会福利收养性单位床位数	床	2550	2124	-16.71
城镇居民最低生活保障人数	人	14045	13666	-2.7
农村居民最低生活保障人数	人	26468	27514	3.95

说明:“统计资料”的各项数据来源于《2021乐平市情提要》,其中由于四舍五入的原因,部分数据存在分项之和与合计不相等的情况。部分指标完成额标记“—”,表示本数据未公布;增长标记“-”,表示增长为零或无法计算。2020年比2019年增长是指本年完成数与上年同期完成数增长的百分比,但是部分指标存在计算方法不同,一是按可比价格计算,如地区生产总值(GDP)、各产业增加值、农业总产值、规模以上工业增加值等指标绝对数按现价计算,增长按可比价格计算;二是按当期基数计算,如规模以上工业、园区主要指标、限额以上消费品零售额等指标上年同期按新增或退库企业的变动调整上年同期数,不能直接除2019年同期基数;三是其他指标计算,如居民消费价格总指数增长是以上年同期为100,即本期总指数减100为增长。

索　引

说明：一、本索引以2013年6月5日国务院公布的《通用规范汉字表》为准，采用本年鉴概况和综述之外的条目首字检字法，特载、特辑、大事记、专记、附录、彩页、表格等均不做索引，右边的数字表示该条目出现的正文页码。

二、本索引按条目首字笔画由少到多排列，笔画数相同的，按起笔笔形横（一）、竖（丨）、撇（丿）、点（丶）、折（乛）的顺序排列。起笔笔形相同的，按第二笔笔形排列，依次类推。

三、一、丨、丿、丶、乛以外的笔形做如下处理：提（㇀）、捺（㇏）做点（丶），笔顺带顺钩的做竖（丨），笔顺带逆钩或曲折的做折（乛）。

四、索引款目中首字包含非汉字字符，如标点符号、数字、拉丁字母、希腊字母等，均排于中文汉字款目之前。

首字检字表

（按《通用规范汉字表》笔画检字表顺序排列）

非汉字字符串排序

一画

二画

三画

四画

五画

六画

七画

八画

九画

十画

十一画

十二画

十三画

十四画

十五画

十六画